501 Essential Spanish VERBS

PABLO GARCÍA LOAEZA, PH.D.

DOVER PUBLICATIONS, INC.
Mineola, New York

Bibliographical Note

501 Essential Spanish Verbs is a new work, first published
by Dover Publications, Inc., in 2010.

Library of Congress Cataloging-in-Publication Data

Loaeza, Pablo García, 1972–
    501 essential Spanish verbs / Pablo García Loaeza.
        p. cm.
    Includes index.
    ISBN-13: 978-0-486-47617-9
    ISBN-10: 0-486-47617-0
        1. Spanish language—Verb. 2. Spanish language—Grammar.
    3. Spanish language—Textbooks for foreign speakers—English. I. Title.
    PC4271.L63 2010
    468.2'421—dc22

                                                          2010021188

Manufactured in the United States by Courier Corporation
47617001
www.doverpublications.com

CONTENTS

PREFACE

In Spanish, a conjugated verb provides a lot of information. It tells not only what action was, is, or will be performed, but also when and by whom. The number of forms may seem daunting at first, but in general the system is very regular and, thus, highly predictable. Nevertheless, this book will be useful as a self-learning tool for the beginner and as a reference for more proficient speakers.

The book offers 501 fully conjugated common Spanish verbs, including many irregular and reflexive verbs that are frequently used. Each conjugation chart presents the non-active forms of a verb (infinitive, present participle, and past participle), five simple and four compound tenses in the indicative mood, two simple and two compound tenses in the subjunctive mood, and affirmative and negative forms of the imperative. Since many verbs can be variously translated depending on context, three sample sentences and their English translation are included to showcase the different meanings a verb may have in Spanish. The subject pronouns have been omitted from the conjugation tables so as to emphasize the verb forms, but the reflexive pronouns do appear as part of the conjugated form of reflexive verbs. When a verb's reflexive and non-reflexive forms have a significantly different meaning, a separate translation has been provided. The verbs are presented alphabetically for easy reference. However, the bilingual indexes at the end of the book will facilitate finding the meaning of a Spanish verb in English or the Spanish equivalent of an English verb.

The introduction provides basic but useful information for understanding how verbs work in Spanish. It includes sections dealing with pronouns, certain semantic distinctions, some subtle differences between tenses and moods, commands and requests, a family of seemingly convoluted verbs, and expressing negativity. A pronunciation guide is included at the end for the true beginners. However, even advanced speakers may want to review the rules for written accents in Spanish as they play a significant role in verb conjugation and manipulation. Those interested in deepening their knowledge of Spanish grammar beyond what is presented here can consult Dover's *Essential Spanish Grammar* (ISBN 0-486-20780-3).

Finally, I would like to acknowledge the assistance of Liliana Acosta-Santacruz, Sandra Cuesta, María Gómez, León Guerrero, Marian Pérez, and Susana Mazuelas in the preparation of this book.

INTRODUCTION

This section offers some basic information about verbs and the way they are used in Spanish. It is intended as a helpful resource for a beginner, but can also serve as a quick reference for a more advanced speaker. A Spanish pronunciation guide is included at the end.

NON-ACTIVE VERB FORMS

Infinitive

In English, the preposition "to" indicates the infinitive form of a verb. In Spanish, the infinitive form of a verb can be recognized by its ending in either **-ar**, **-er**, or **-ir**. It may be said that the infinitive is the verb "turned off" because no action is taking place. When the verb is "turned on" the **-ar**, **-er**, and **-ir** endings are replaced by others which signify specific subjects, tenses, and moods.

The infinitive in Spanish is often used as a noun in the same way a gerund is used in English. For instance, to express a general statement such as "smoking and drinking are unhealthy activities," which does not point to a specific subject or instance, Spanish uses infinitives: *Fumar y beber son actividades malsanas.*

Present Participle

Spanish verbs form the present participle by substituting the infinitive ending with **-ando** for **-ar** verbs and with **-iendo** for **-er** and **-ir** verbs. It is often translated using the gerund (-ing) of the equivalent verb in English:

hablar > *hablando*: talking   *comer* > *comiendo*: eating
vivir > *viviendo*: living

In Spanish, however, the present participle is reserved for actions which are ongoing (progressive) or concurrent with the main verb:

> *Al final del día, Pedro sale **sonriendo** y **quitándose** la corbata.*
> At the end of the day, Pedro comes out smiling and taking off his tie.

Most often the present participle is used with *estar* (to be) to express progressive action; the form of *estar* conveys both the subject and the time of the action:

> ***Estaba comiendo** cuando llamaste.*
> I was eating when you called.

> *En un mes **estaré vacacionando** en Cancún.*
> In a month I will be vacationing in Cancún.

Besides *estar*, there are several verbs, such as *ir* (to go), *andar* (to walk), *venir* (to come), *seguir* (to continue), and *continuar* (to continue), that can be combined with the present participle to express an ongoing action:

> *¿Qué **andas haciendo**?*
> What are you doing?

> *No puedo creer que **siga saliendo** con ella.*
> I can't believe he's still going out with her.

> ***Vine corriendo** en cuanto pude.*
> I came running as soon as I could.

Note that the present participle is invariable: it does not change on account of either gender or number.

Past Participle

Regular verbs form the past participle by substituting the infinitive ending with **-ado** for **-ar** verbs and **-ido** for **-er** and **-ir** verbs. It is the equivalent of the past participle (-ed) in English. And, as in English, there are many irregular forms such as *escrito* for *escribir* (to write), *dicho* for *decir* (to say), and *roto* for *romper* (to break).

The past participle is used in combination with the verb *haber* to form the prefect tenses. It is also used with the verb *ser* to form the passive voice. It can also be combined with the verb *estar* to express a resulting state (i.e., the result of an action). Finally, the present participle can serve independently as an adjective:

*Alguien ha **abierto** la ventana.*
Someone has opened the window.

*La ventana fue **abierta** por el profesor.*
The window was opened by the professor.

*La ventana está **abierta**.*
The window is open.

*Las ventanas **abiertas** dejan entrar el aire fresco.*
Open windows let in the fresh air.

Note that when it is combined with *haber* to form a perfect tense the past participle remains invariable. However, in combination with either *ser* or *estar* or as an adjective, the past participle must agree with the subject in gender and number.

PRONOUNS

Pronouns in Spanish function mostly as they do in English; they are used to replace the subject or the objects in a sentence to improve speech flow. Pronouns always operate in the immediate orbit of a verb and can significantly modify its configuration as well as its meaning.

Subject Pronouns

Singular		Plural	
yo	I	*nosotros/as*	we m./f.
tú	you	*vosotros/as*[2]	you m./f.
él	he	*ellos*	they m.
ella	she	*ellas*	they f.
usted[1]	you (formal)	*ustedes*	you

Table Note 1. **Usted** *(Ud.)* is a more formal way of addressing a second person; it is used to address people of a superior rank (elders, bosses, officials, etc.) and with new acquaintances. Formal address uses the verb forms and pronouns of the third person as a way of setting a respectful distance between speaker and addressee. In most instances context is sufficient to avoid confusion. However, the subject pronoun may be added for clarity or for emphasis. Compare the following sentences:

Formal:	*¿Cómo está (usted)?*	How are you?
	*No quiero molestar**lo**.*	I don't want to bother you.
Informal:	*¿Cómo estás (tú)?*	How are you?
	*No quiero molestar**te**.*	I don't want to bother you.

Usted is used systematically in Latin America where it is considered polite, but only sporadically in Spain.

Table Note 2. **Vosotros/as** and **ustedes** are used to address a group (some English dialects use "you all" or "y'all" for the same purpose). **Vosotros/as** has its own set of verb forms and pronouns, while **ustedes** uses those of the third person plural. Although **ustedes** is the plural form of **usted**, no formality is necessarily implied. **Vosotros/as** is only used in Spain.

In Spanish a verb's conjugation generally corresponds to a specific subject, therefore subject pronouns can be, and often are, omitted.

| *¿Qué haces?* | What are you doing? |
| *Estoy trabajando.* | I'm working. |

Note that Spanish does not have an equivalent of the subject pronoun "it":

| *Está lloviendo.* | It is raining. |
| *¿Quién era?* | Who was it? |

Object Pronouns

In order to use object pronouns accurately and avoid confusion it is important to remember that most nouns in Spanish are gendered: *silla* (chair) and *mesa* (table) are feminine while *escritorio* (desk) and *sombrero* (hat) are masculine. However, not all feminine nouns end in -**a**, nor do all masculine nouns end in -**o**: *carne* (meat), *flor* (flower), *canción* (song), and *mano* (hand) are feminine, while *sobre* (envelope), *calor* (heat), *camión* (bus), and *clima* (weather) are masculine. In some cases, the gender of a noun will depend on the object or person to which it applies: *cantante* (singer) can be either feminine or masculine. Likewise, *orden* (order) is feminine when it refers to the order issued by an authority and masculine when it refers to the order of things.

The best way to figure out whether a noun is masculine or feminine is to look at its corresponding definite (*the*) or indefinite (*a*) article:

	Definite (*the*)		Indefinite (*a/an/some*)	
	Masculine	**Feminine**	**Masculine**	**Feminine**
Singular	*el*	*la*	*un*	*una*
Plural	*los*	*las*	*unos*	*unas*

An object pronoun must match the noun it replaces in both gender and number:

—"*¿Quieres visitar **la catedral**?*"
—"Do you want to visit the cathedral?"

—"*Sí, quiero visitar**la**.*"
—"Yes, I want to visit it."

—"*¿Visité a **tus tías y tíos** ayer?*"
—"Did you see your aunts and uncles yesterday?"

—"*No, no **los** vi.*"
—"No, I didn't see them."

Note that when there are both feminine and masculine objects in a group, a masculine pronoun is used.

1. Direct Object Pronouns

Singular		Plural	
me	me	*nos*	us
te	you	*os*	you
lo	him it m. you m. (formal)	*los*	them m. you m.
la	her it f. you f. (formal)	*las*	them f. you f.

2. Indirect Object Pronouns

Singular		Plural	
me	to me	*nos*	to us
te	to you	*os*	to you
le [se]	to him/her to it to you	*les [se]*	to them to you

Object pronouns can precede an active verb or be attached at the end of infinitives and present participles; they are always attached at the end of an affirmative command:

Quiero comer una   > **La** *quiero comer.* = *Quiero comer***la***.*
manzana.

I want to eat an apple. >   I want to eat it.

Estoy comiendo una   > **La** *estoy comiendo.* = *Estoy comién***do***la.**
manzana.

I am eating an apple. >   I am eating it.

¡Come la manzana!   > *¡Cóme***la***!* but   *¡No comas la manzana!* >
                                  *¡No **la** comas!*

Eat the apple. >   Eat it.   Don't eat the apple. > Don't eat it.

Direct objects can appear in a sentence as either a noun or a pronoun but not both. However, indirect object pronouns *must be used* whether or not the indirect object noun appears in the sentence:

  *Pedro **me** da dinero (**a mí**).*   Pedro gives money to me.

  *Juan **le** da flores (**a María**).*   Juan gives flowers to Mary.

When the referent of **le** and **les** is not obvious from context, the indirect object noun may be provided for clarity:

  —"***Le** voy a dar unas flores.*"
  —"I'm going to give (?) some flowers."

---

* Note the written accent; it is added to "anchor" the emphasis where it belongs (comi**ÉN**dola). Otherwise, the extra syllable would tend to drag the emphasis forward resulting in an incorrect pronunciation (comien**DO**la). The infinitive does not need a written accent unless two syllables are added (see below, and the last section of this introduction for written accent rules).

—*"¿A quién? ¿A mí?"*
—"To whom? To me?"

—*"No, no a usted."*
—"No, not to you."

—*"**Le** voy a dar unas flores **a María**."*
—"I'm going to give some flowers to María."

When using two object pronouns, the indirect object pronoun <u>always</u> comes first:

*Pedro **me lo** da.*   Pedro gives it to me.

*Voy a dár**selas** a María.*   I'm going to give them to María.

When combined with the direct object pronouns **lo**, **la**, **los**, or **las**, the indirect object pronoun **le** changes to **se**:

*Él **se las** da (a ella).*   He gives them to her.

*¡Dá**selas**!*   Give them to her.

Reflexive Pronouns

Singular		Plural	
me	myself	*nos*	ourselves
te	yourself	*os*	yourselves
se	yourself him/herself itself[1]	*se*	yourselves themselves

Table Note 1. In Spanish the pronoun **se** is very often used to express a <u>passive</u> or an impersonal action in which the object may assume the function of the subject (which creates a reflexive-like expression):

*En México **se** habla español.*   Spanish is spoken in Mexico.
          People speak Spanish in Mexico.

*No **se** deben desperdiciar los alimentos.*   Food shouldn't be wasted.
          One shouldn't waste food.

Reflexive pronouns are used to "<u>reflect</u>" or return the action <u>expressed</u> by the verb back upon the subject:

***Me** veo en el espejo.*   I see myself in the mirror.

*María **se** viste.*   María dresses herself.

Common reflexive actions include getting up (*levantarse*), washing (*lavarse*) or bathing (*bañarse*), sitting (*sentarse*), lying down (*acostarse*), and falling asleep (*dormirse*). However, as long as it makes sense, any verb can be made to describe a reflexive action by adding a reflexive pronoun. Sometimes reflexivity is added for precision or emphasis. Compare the following:

romper	to break	*Rompiste la ventana.*	You broke the window.
romperse	to break	*Te rompiste la pierna.*	You broke your leg.
dormir	to sleep	*Juan está durmiendo.*	Juan is sleeping.
dormirse	to fall asleep	*Juan está durmiéndose.*	Juan is falling asleep.
ir	to go	*Vamos al cine.*	Let's go to the movies.
irse	to leave	*Vámonos al cine.*	Let's leave for the movies.
comer	to eat	*Come tu sopa.*	Eat your soup.
comerse	to eat up	*Cómete tu sopa.*	Eat up your soup.

When two pronouns are used, the reflexive pronoun always precedes the direct object pronoun:

—"*¿Se cepillaron los dientes después de comer?*"
—"Did you brush your teeth after eating?"

—"*Sí, **nos los** cepillamos.*"
—"Yes, we brushed them."

HABER, SER, AND ESTAR

Haber

Although it is translated as "to have," *haber* no longer conveys the idea of possessing which has shifted to the verb *tener* (to have). Nevertheless, *haber* still serves two particular and indispensable functions.

A defective version of the verb *haber* is very commonly used to mean "to be" in the sense of presence alone. There is only one invariable form in each tense.

INDICATIVE				
Present	**Preterit**	**Imperfect**	**Future**	**Conditional**
hay	hubo	había	habrá	habría
SUBJUNCTIVE				
	Present	**Past**		
	haya	hubiera		

In this case the verb does not reveal anything about the subject except its existence at some point in time; further information has to be provided by adverbs and/or pronominal phrases:

Hay varias personas.
There are several people.

Hubo una junta general ayer.
There was a general meeting yesterday.

Espero que haya pastel en la fiesta.
I hope that there's cake at the party.

The full conjugation of *haber* is used with the past participles to form the perfect tenses of other verbs. As a helping verb, *haber* functions like "to have" does in English.

¿Has estado en Sudamérica?
Have you been in South America?

Nunca habíamos visto tantas flores.
We had never seen so many flowers.

Ser vs. Estar

English translates both the verb *ser* and the verb *estar* as "to be." However, in Spanish they have very different meanings. *Ser* is used to talk about essences (aspects that are perceived as being inherent to or definitive of the subject) and about time. *Estar* is used to talk about states (aspects or conditions that are merely circumstantial to the subject) and about location (space). Compare the following sentences:

Pedro es un tipo simpático pero hoy está enojado.
Pedro is a nice guy but today he is angry.

Son *la dos y María todavía* ***está*** *dormida.*
It is two o'clock and María is still asleep.

La casa que ***está*** *en esa colina* ***es*** *amarilla.*
The house that is on that hill is yellow.

States can be permanent. In Spanish, death is considered a state:

Las plantas de mi casa ***están*** *muertas.*
My house plants are dead.

Since events are not defined by or essentially tied to their location, the verb *ser* is used to talk about parties, ceremonies, and events in general:

La fiesta ***fue*** *en la casa de Juan.*
The party was at Juan's house.

La boda ***será*** *en la catedral.*
The wedding will be in the cathedral.

The verb *ser* can be used in combination with past participles to form the passive voice:

Las leyes ***son firmadas*** *por el Presidente.*
Laws are signed by the President.

La víctima ***fue socorrida*** *por los paramédicos.*
The victim was helped by the paramedics.

The verb *estar* can be used in combination with a present participle to form progressive forms:

Estoy escribiendo *en la computadora.*
I am writing on the computer.

Estábamos pensando *en llamarte.*
We were thinking about calling you.

PRETERIT VS. IMPERFECT

Most tenses in Spanish function like they do in English. However, the preterit and the imperfect tend to be problematic even for advanced speakers of Spanish as a second language. As with other aspects of language learning, proficiency comes from practice. The following remarks may serve to clarify the basic difference between the preterit and the imperfect.

The preterit tense is used when a past action is considered singular and definitely concluded:

> **Pasé** un mes en Madrid el año pasado.
> I spent a month in Madrid last year.

> **Fue** entonces cuando **conocí** a Juan.
> It was then when I met Juan.

The imperfect tense is used for recurring actions in the past or actions that happened over an indefinite period of time in the past:

> Antes, **iba** a Madrid cada año.
> Before, I used to go to Madrid every year.

> En esa época, Juan **estudiaba** leyes.
> In those days, Juan studied (was studying) law.

The preterit and the imperfect are often combined in a sentence to emphasize certain actions (preterit) over others that provide context or serve as backdrop (imperfect):

> **Decidía** comer mientras te **esperaba**.
> I decided to eat while I waited (was waiting) for you.

> **Llovía** cuando **llegó** el avión.
> It was raining when the plane arrived.

In narrative, using the preterit can make a story move along quickly while the imperfect can be used to slow down the pace of events.

PERFECT TENSES

In both Spanish and English the perfect tenses are compound tenses which combine the helping verb *haber*, or "to have," with a past participle in order to express an action which happened earlier in relation to a given moment in time or to another action:

*Ya **he estado** en Venezuela.*
I **have been** in Venezuela.

*Ya **había salido** cuando llamaste.*
I **had already** left when you called.

The present perfect expresses an action that **has happened** in relation to the present. Likewise, the past perfect is used to express a previous action relative to an action or a moment in the past. All tenses have a perfect form that follows the same principle (future perfect for actions which precede an action or moment in the future, etc.). However, in Spanish, the preterit perfect has practically disappeared from speech and writing. One might come across the form in a text but it is safe to say that it has been replaced in common usage by the imperfect perfect (or pluperfect). The form is presented here for the sake of curiosity, but it has been omitted from the conjugation tables in this book.

Preterit Perfect	
hube hablado, comido, vivido	**hubimos** hablado, comido, vivido
hubiste hablado, comido, vivido	**hubisteis** hablado, comido, vivido
hubo hablado, comido, vivido	**hubieron** hablado, comido, vivido

INDICATIVE VS. SUBJUNCTIVE

One way to think about verbal moods is to imagine two different time-lines that run parallel to each other. The indicative timeline is where things actually happened in the past, are happening or happen in the present, and will happen in the future. The subjunctive timeline is where things may (or may not) happen, or may (or may not) have happened. In other words, the subjunctive mood is the realm of uncertainty and possibility. The subjunctive timeline is subordinate (subjoined) to the indicative timeline because possibility must always be grounded in reality. In practice, a subjunctive clause always depends, at least implicitly, on an indicative statement; they are linked by a conjunctive element, most often *"que"*:

*Es posible **que** vaya a México en verano.*
It is possible that I will go to Mexico in the summer.

In general, the subjunctive is used to talk about situations that are beyond the control of a sentence's primary subject and whose outcome, therefore, is uncertain. For instance, we may say that it is important, necessary even, for drivers to come to a full stop at a stop sign, which does not guarantee that they will. Likewise, even if Juan wanted Pedro to lend him money, Pedro might have refused. Consider the following examples:

*Es importante (necesario) que los conductores **respeten** las señales de tránsito.*
It is important (necessary) that drivers respect traffic signals.

*Juan quería que Pedro le **prestara** dinero.* *
Juan wanted Pedro to lend him money.

For similar reasons, the subjunctive is also used to express empathy. For instance, a person may feel sorry about another's tragedy, but be unable to do anything to change it:

*Siento que **hayas perdido** tu vuelo.*
I am sorry [that] you (have) missed your flight.‡

In Spanish *pensar* (to think) and *creer* (to believe) express certainty on the part of the primary subject. Therefore, the subjunctive is unnecessary. However, lack of belief does not rule out possibility altogether; therefore, the subjunctive is appropriate. Consider the following sentence:

*María **cree (piensa)** que exist**en** los fantasmas, pero yo **no pienso (creo)** que exist**an**.*
María believes (thinks) ghosts exist, but I don't think (believe) that they do.

When the subject alone is involved in the intended action, there is no need to introduce a subordinate (subjunctive) clause. The verb in the infinitive is used in the main clause instead. Compare the following sentences:

---

* Generally, if the verb in the main clause is in the present tense, the verb in the subjunctive clause will also be in the present. Likewise, a past-tense verb in the main clause calls for the past tense in the subjunctive clause.
‡ While the word "that" may be omitted in English, *"que"* must be used in Spanish to join subordinate clauses.

Quiero que (tú) **aprendas** *español.*   I want you to learn Spanish
Quiero **aprender** *español.*   I want to learn Spanish.

An alternate form of the past subjunctive

The past subjunctive that is presented in the conjugation tables is the most common form (left-hand columns). There exists an alternate form of the past subjunctive (right-hand columns):

HABLAR (to love)			
hablara	habláramos	hablase	hablásemos
hablaras	hablarais	hablases	hablaseis
hablara	hablaran	hablase	hablasen
hubiera hablado		hubiese hablado	
etc.		etc.	
COMER (to eat)			
comiera	comiéramos	comiese	comiésemos
comieras	comierais	comieses	comieseis
comiera	comieran	comiese	comiesen
hubiera comido		hubiese comido	
etc.		etc.	
VIVIR (to live)			
viviera	viviéramos	viviese	viviésemos
vivieras	vivierais	vivieses	vivieseis
viviera	vivieran	viviese	viviesen
hubiera vivido		hubiese vivido	
etc.		etc.	

The two forms are equivalent and may be used interchangeably. However, the first form, with endings in **-ara** and **-iera**, is much more commonly used in everyday speech. Perhaps as a result of its rarity, the alternate form with endings in **-ase** and **-iese** has come to be associated with formality; it may still be used deliberately to add a note of solemnity to a speaker's or writer's discourse. Since the alternate form is totally predict-able, easily recognizable, and seldom used, it has been omitted from the conjugation tables in this book in order to avoid clutter and confusion.

The alternate past subjunctive may eventually become archaic. A precedent exists in the extinction of the future subjunctive (endings in **-are** and **-iere**) whose fossilized remains can be found in some prover-bial expressions:

*A donde **fueres** haz lo que **vieres**.*
Wherever you should go do what you see.
(When in Rome, do as the Romans do.)

COMMANDS AND REQUESTS

Commands can be affirmative or negative. In Spanish they can also be formal or informal. Informal commands are directed at someone whom the speaker would address as *"tú"* (a child, a family member, a good friend, etc.). On the other hand, formal commands are directed towards someone who would be addressed as *"usted"* such as an elder, a teacher, an officer, the president, a new acquaintance, etc. (see section on subject pronouns above).

	Affirmative commands	Negative commands
Informal commands	*habla* (talk) *come* (eat) *siéntate* (sit down)	*no hables* (don't talk) *no comas* (don't eat) *no te sientes* (don't sit down)
Formal commands (requests)	*hable* (talk) *coma* (eat) *siéntese* (sit down)	*no hable* (don't talk) *no coma* (don't eat) *no se siente* (don't sit down)

Note that formal commands use subjunctive verb forms as if implying the possibility of refusal on the part of the addressee. In that sense, for-mal affirmative commands are more like requests. Likewise, since there is no guarantee that a negative command will be carried out, subjunctive forms are also used.

Commands and requests can also be addressed to a group. Here again, subjunctive forms are used as if to imply that a group has the power to refuse a given order:

	Affirmative commands	**Negative commands**
***Nosotros* commands**	*hablemos* (let's talk) *comamos* (let's eat) *sentémonos* (let's sit down)*	*no hablemos* (let's not talk) *no comamos* (let's not eat) *no nos sentemos* (let's not sit down)
***Vosotros* commands**	*hablad* (talk) *comed* (eat) *sentaos* (sit down) ‡	*no habléis* (don't talk) *no comáis* (don't eat) *no os sentéis* (don't sit down)
***Ustedes* commands**	*hablen* (talk) *coman* (eat) *siéntense* (sit down)	*no hablen* (don't talk) *no coman* (don't eat) *no se sienten* (don't sit down)

* Note the dropping of the "s" in reflexive-verb *nosotros* commands.
‡ Note the dropping of the "d" in reflexive-verb *vosotros* commands.

THE VERB GUSTAR

The verb *gustar* is generally, and accurately, translated as "to like":

*A Juan **le gustan** los postres.*   Juan likes desserts.

In Spanish, however, Juan is not the subject of the verb **gustan** but its indirect object, while *los postres* functions as both subject and direct object. Note that the verb agrees with *los postres* and that **le** agrees with Juan. Therefore, a more literal translation would be: "Desserts are pleasing to Juan." There are a number of verbs that function like *gustar*. Consider the following examples:

*María **le gusta** a Pedro.**
Pedro likes Mary. (lit. Mary is pleasing to Pedro.)

*(A Ana y a Luis) No **les interesa** la ciencia.*‡
Science doesn't interest them (Ana and Luis).

---

* Since in Spanish object nouns can precede the verb, the preposition *"a"* is used to avoid confusion when two possible agents are involved (i.e., Mary might be the one who likes Pedro).
‡ The indirect-object pronoun is necessary, but the indirect object itself may be omitted or included to add precision to the sentence.

(A mí) **Me preocupa** *llegar tarde a mi cita.*
Being late for my appointment worries me.

Other common verbs that function like *gustar* include *encantar* (to really like), *importar* (to matter), *aburrir* (to bore), *enfadar* (to anger), *quedar* (to have left), *faltar* (to lack), and *doler* (to hurt). It is interesting to note that this type of verb generally expresses subjective perceptions. In other words, it is used to talk about things the subject finds pleasing, boring, important, or painful.

Most often verbs like *gustar* appear in the third-person form (*gusta, gustan*) because generally a person likes something or someone (i.e., something or someone is pleasing to a person). In some cases, logic restricts the number of forms that can be used. For instance, a person can't hurt (*doler*) someone in the same way as their head might hurt—except, perhaps, in a metaphorical sense. However, *gustar* and other such verbs can be fully conjugated, as indeed they must to express certain ideas. Consider the following:

Yo *le gust**o** a María.*
María likes me. (lit. I am pleasing to María)

*Me falt**as** **tú**.*
I miss you. (lit. You are lacking to me)

*(**Nosotros**) no te import**amos**.*
We don't matter to you.

Nevertheless, these are very specific situations. Nine times out of ten verbs like *gustar* are used in the third person singular (*gusta, duele, falta*, etc.) or plural (*gustan, duelen, faltan*). Thus, full conjugation tables for this family of verbs have not been included here.

NEGATIVITY

In a negative sentence, a negative word <u>must</u> come before the verb and any preceding pronouns:

No *te quiero pero **nunca** te lo había dicho.*
I do not love you but I had never told you.

Spanish actually requires double, and even triple negatives. Negativity must be expressed throughout the sentence:

Nunca *has querido a* **nadie**.
You have never loved anyone.
(lit. You have never loved no one)

Nadie *quiere ir* **nunca** *a* **ningún** *lado conmigo*.
No one ever wants to go anywhere with me.
(lit. No one never wants to go nowhere with me.)

SPANISH PRONUNCIATION

Vowels

Spanish only has five vowel sounds (English has over 15!), which correspond to the five vowel letters, regardless of their position in a word. There are no silent vowels in Spanish. The five vowel sounds in Spanish are:

a as in dr**a**ma   *Habla a la casa blanca.*   Call the White House.

e as in b**e**t   *Él es el rebelde René Pérez.*   He is the rebel René Pérez.

i as in d**ee**p   *Sí, viví sin ti.*   Yes, I lived without you.

o as in c**o**at   *Los locos no son tontos.*   Crazy people aren't dumb.

u as in l**oo**p   *Fui a un club nocturno.*   I went to a nightclub.

The semi-consonant **y** is pronounced like **i** [ee] when used as a conjunction: *Pedro y María* (Pedro and María); its sound softens next to a vowel (as in **y**ellow): *Juan y yo somos muy buenos amigos* (Juan and I are very good friends).

Consonants

In general, Spanish has the same consonant sounds as English. However, there are a few particulars to keep in mind:

b and **v** are very often pronounced the same way, as in "**b**ee."

c (soft), **s**, and **z** vary in pronunciation in some Spanish dialects. However, in all but the rarest cases, they can all be pronounced like the **s** in "**s**oft" without risk of confusion.

g is hard as in **g**ood before **a**, **o**, and **u**, but soft as in **h**orse before **e** or **i**.

gu is used before **e** and **i** to represent a hard **g** sound as in **g**ood (note that here the **u** does not function as a vowel; **gu** is a digraph in which two letters represent a single sound as **th** in **th**at).

h is always mute as in **h**erbs.

j is pronounced like the **h** in **h**orse.

ll is always pronounced as the **y** in **y**ellow.

ñ represents a particular sound which resembles the **ny** combination found in ca**ny**on.

qu is used before **e** and **i** to represent a hard **c** sound as in **c**at (see **gu** above).

r at the beginning of a word is trilled.

rr represents a trill in the middle of a word.

Stress and written accents

Spanish words tend to have two or more syllables; when they are pronounced one syllable always sounds a little bit louder than the others. The stressed syllable is either the last, the penultimate (most often), or the antepenultimate syllable (least often). Word stress in Spanish is determined by two simple rules:

1. In words that end in a **vowel**, **n**, or **s** the stress generally falls on the **penultimate syllable**:
   Ven**ta**na (*window*), **bar**co (*boat*), pa**la**bras (*words*), tú **can**tas (*you sing*), ellos **co**men (*they eat*)

2. Words which end in a **consonant** other than **n** or **s** are generally stressed on the **last syllable**:
   pa**pel** (*paper*), fe**liz** (*happy*), acti**tud** (*attitude*), can**tar** (*to sing*), co**mer** (*to eat*)

Written accent marks are used when a word's pronunciation is at odds with these rules. In other words, accent marks indicate a stress where you wouldn't normally expect it.

Thus, words which end in a **vowel**, **n**, or **s** but require the stress to fall on the last syllable need a written accent mark to "drag" the sound forward:

ciem**piés** (*centipede*), can**ción** (*song*), él can**tó** (*he sang*),* yo co**mí** (*I ate*)

Conversely, words that need the stress to fall on the penultimate syllable but end in a consonant other than **n** or **s** need a written accent mark to "drag" the sound backward:

lápiz (*pencil*), **árb**ol (*tree*), a**zú**car (*sugar*), ca**rác**ter (*character*)

Finally, words that need the stress on the antepenultimate syllable always have a written accent:

mur**cié**lago (*bat*), **cír**culo (*circle*), **lá**grima (*eye tear*), **cán**talo (*sing it*)

When syllables are added to a word a written accent is also added if needed to maintain the word's original emphasis; it happens most often when pronouns are attached at the end of infinitives, present participles, and affirmative commands:

árbol (tree)	> *árboles* (trees)
No te voy a prestar dinero.	> *No voy a prestártelo.*
I'm not going to lend you money.	I'm not going to lend it to you.
Aunque me lo estás pidiendo.	= *Aunque estás pidiéndomelo.*
	Even though you are asking me for it.
Te ordeno que me lo prestes	> *¡Préstamelo!*
I order you to lend it to me!	Lend it to me!

---

* Note the difference with yo **can**to (*I sing*): a change in stress can significantly change the meaning of a word or even a whole sentence.

VERB PRACTICE

Once you have reviewed the introduction, you may want to test your verbal dexterity by attempting the exercises that follow with the aid of the conjugated verbs in this book. The answers are provided at the end of this section.

1. For the following sentences, conjugate the verb in parentheses in the **present tense** of the **indicative mood**.

    a. ¡Hola! ¿Cómo ___estás___ (estar) hoy?

       Hello! How are you today?

    b. Mi nombre ___es___ (ser) Juan y ___soy___ (ser) de España.

       My name is Juan and I am from Spain.

    c. Mis amigos y yo ___queremos___ (querer) visitar la ciudad.

       My friends and I want to visit the city.

    d. Tú y tu novia ___podéis___ (poder) venir con nosotros, si ___queréis___ (querer).

       You and your girlfriend can come with us, if you want to.

    e. Le ___tengo___ (tener) que preguntar a ella, pero ___creo___ (creer) que dirá que sí.

       I have to ask her, but I think that she will say yes.

    f. ¿A dónde ___piensan___ (pensar, ustedes) ir primero?

       Where are you thinking of going first?

    g. ¿Por qué no ___vamos___ (ir, nosotros) al museo de arte moderno?

       Why don't we go to the modern art museum?

    h. Escuché que ___hay___ (haber) una exhibición de Pablo Picasso muy interesante.

I heard there is a very interesting Pablo Picasso exhibit.

i. ¿Qué tal si luego ___comemos___ (comer, nosotros) en el centro?

What if afterwards we eat downtown?

j. ¡Excelente idea! ___Conozco___ (conocer) un buen restaurante de mariscos.

Excellent idea! I know a good seafood restaurant.

2. For the following sentences, conjugate the verbs in parentheses in the **preterit tense** of the **indicative mood**.

a. El verano pasado ___estuve___ (estar, yo) en México por seis semanas.

Last summer I was in Mexico for six weeks.

b. ___Fue___ (ser) uno de los viajes más divertidos de mi vida.

It was one of the most fun trips of my life.

c. ___Conocí___ (conocer, yo) a mucha gente e ___hice___ (hacer) muchos amigos.

I met many people and made many friends.

d. ¿ ___Comiste___ (comer, tú) mucha comida mexicana?

Did you eat a lot of Mexican food?

e. ___Probé___ (probar) de todo, ¡hasta chapulines fritos en Oaxaca!

I tried everything, even fried grasshoppers in Oaxaca!

f. ¿Qué cosas ___viste___ (ver, tú)? ¿Qué lugares ___visitaste___ (visitar, tú)?

What things did you see? What places did you visit?

g. La familia con la que ___me quedé___ (quedarse, yo) me ___llevó___ (llevar) a todas partes.

The family that I stayed with took me everywhere.

h. ___Subimos___ (subir, nosotros) a las pirámides de Tulúm y ___buceamos___ (bucear) en Cancún.

We climbed the pyramids in Tulúm and scuba dived in Cancún.

i. Suena como que _te divertiste_ (divertirse, tú) mucho.

It sounds like you had a lot of fun.

j. Sí, me _dio_ (dar) tristeza pero al final _tuve_ (tener, yo) que regresar a casa.

Yes, it made me sad to leave but in the end I had to come back home.

3. For the following sentences, conjugate the verbs in parentheses in the **future tense** of the **indicative mood**.

a. ¿Adónde _iréis_ (ir, vosotros) de vacaciones este verano?

Where will you all go on vacation this summer?

b. No lo _sabremos_ (saber, nosotros) hasta el último minuto.

We won't know until the last minute.

c. Pero en cuanto sepáis me lo _diréis_ (decir, vosotros), ¿no?

But as soon as you all know you will tell me, won't you?

d. ¿Para qué? De cualquier manera no _podrás_ (poder, tú) venir con nosotros.

What for? You won't be able to come with us anyway.

e. No, pero finalmente _tendré_ (tener, yo) un poco de paz y tranquilidad.

No, but I will finally have some peace and quiet.

4. For the following sentences, conjugate the verbs in parentheses in the **present perfect tense** of the **indicative mood**.

a. ¿Alguna vez _has estado_ (estar, tú) enamorado de alguien?

Have you ever been in love with someone?

b. No, nunca _he querido_ (querer, yo) a nadie en mi vida.

No, I have never loved anyone in my life.

c. Nunca le _he dicho_ (decir, yo) palabras de amor a nadie.

I have never said words of love to anyone.

d. Nadie me ___ha escrito___(escribir) ni yo ___ha abierto___(abrir) una carta de amor nunca.

No one has written me nor have I opened a love letter ever.

e. Parece que tu vida ___ha sido___ (ser) muy triste hasta ahora.

It seems that your life has been very sad until now.

f. Pero ___he tenido___(tener, yo) muchos buenos amigos y ___he hecho___ (hacer, yo) muchas cosas.

But I have had many good friends and I have done many things.

g. Simplemente no ___he puesto___ (poner, yo) mucho esfuerzo en el aspecto romántico de mi vida.

I simply haven't put much effort in the romantic aspect of my life.

h. Por lo menos tampoco ___han roto___(romperse) muchos corazones por mi culpa.

At least not many hearts have been broken because of me.

i. Y ¿ ___has resuelto___(resolver, tú) hacer algo al respecto de tu vida amorosa?

And have you resolved to do something about your love life?

j. Todo lo que puedo decir es que no ___he muerto___(morir, yo) todavía.

All that I can say is that I haven't died yet.

5. For the following sentences, conjugate the verbs in parentheses in the **present tense** of the **subjunctive mood**.

a. ¿Qué quieres ser cuando ___seas___ (ser, tú) grande?

What do you want to be when you grow up?

b. Sólo espero que en el futuro todavía ___haya___ (haber) recursos naturales suficientes.

I only hope that in the future there are still sufficient natural resources.

c. Es probable que el planeta ___tenga___ (tener) muchos más problemas de los que tiene ahora.

It's probable that the planet may have many more problems than it has now.

d. ¡Necesitamos que los líderes del mundo ___hagan___ (hacer) algo ahora!

   We need the world leaders to do something now!

e. ¿Crees que a ellos les importa lo que tú ___pienses___ (pensar) o ___digas___ (decir, tú)?

   Do you think that they care what you may think or say?

6. For the following sentences, conjugate the verbs in parentheses in the **past tense** of the **subjunctive mood**.

   a. No puedo creer que nadie ___estuviera___ (estar) consciente del peligro.

      I can't believe that no one was aware of the danger.

   b. Yo pedí muchas veces que alguien ___hiciera___ (hacer) una investigación completa.

      I requested many times that someone do a thorough investigation.

   c. Supongo que nadie pensaba que algo así ___pudiera___ (poder) pasar.

      I suppose that nobody thought that something like this could happen.

   d. O quizá alguien les ordenó a los empleados que no ___dijeran___ (decir) nada.

      Or maybe someone ordered the employees not to say anything.

   e. Si yo ___fuera___ (ser) tú, trataría de involucrar a los medios en el asunto.

      If I were you, I would try to get the media involved in the matter.

7. For the following sentences, use the appropriate **imperative** form of the verb in parentheses.

   a. ¡Anda! ___Llévame___ (llevar + me, inf.) al cine esta noche.

      Come on! Take me to the movies tonight.

   b. Bueno, pero no ___te tardes___ (tardarse, inf.) mucho en salir de la casa.

      All right, but don't take too long getting out of the house.

c. ¡No ___seas___ (ser, inf.) pesado!

Don't be a pain!

d. ___Denos___ (dar+nos, for.) dos boletos para la función de las ocho, por favor.

Give us two tickets for the eight o'clock show, please.

e. No le ___ponga___ (poner, for.) mucha mantequilla a las palomitas, por favor.

Don't put too much butter on the popcorn, please.

ANSWER KEY

1. **a.** estás, **b.** es, soy, **c.** queremos, **d.** pueden, quieren, **e.** tengo, creo, **f.** piensan, **g.** vamos, **h.** hay, **i.** comemos, **j.** conozco

2. **a.** estuve, **b.** fue, **c.** conocí, hice, **d.** comiste, **e.** probé, **f.** viste, visitaste, **g.** me quedé, llevó, **h.** subimos, buceamos, **i.** te divertiste, **j.** dio, tuve

3. **a.** iréis, **b.** sabremos, **c.** diréis, **d.** podrás, **e.** tendré

4. **a.** has estado, **b.** he querido, **c.** he dicho, **d.** ha escrito, he abierto, **e.** ha sido, **f.** he tenido, he hecho, **g.** he puesto, **h.** han roto, **i.** has resuelto, **j.** he muerto

5. **a.** seas, **b.** haya, **c.** tenga, **d.** hagan, **e.** pienses, digas

6. **a.** estuviera, **b.** hiciera, **c.** pudiera, **d.** dijeran, **e.** fuera

7. **a.** llévame, **b.** te tardes, **c.** seas, **d.** denos, **e.** ponga

ABRAZAR   *To hug, to embrace*

Past part. abrazado   *Ger.* abrazando

INDICATIVE

Present
abrazo	abrazamos
abrazas	abrazáis
abraza	abrazan

Present Perfect
he abrazado	hemos abrazado
has abrazado	habéis abrazado
ha abrazado	han abrazado

Preterit
abracé	abrazamos
abrazaste	abrazasteis
abrazó	abrazaron

Past Perfect
había abrazado	habíamos abrazado
habías abrazado	habíais abrazado
había abrazado	habían abrazado

Imperfect
abrazaba	abrazábamos
abrazabas	abrazabais
abrazaba	abrazaban

Future Perfect
habré abrazado	habremos abrazado
habrás abrazado	habréis abrazado
habrá abrazado	habrán abrazado

Future
abrazaré	abrazaremos
abrazarás	abrazaréis
abrazará	abrazarán

Conditional Perfect
habría abrazado	habríamos abrazado
habrías abrazado	habríais abrazado
habría abrazado	habrían abrazado

Conditional
abrazaría	abrazaríamos
abrazarías	abrazaríais
abrazaría	abrazarían

SUBJUNCTIVE

Present
abrace	abracemos
abraces	abracéis
abrace	abracen

Present Perfect
haya abrazado	hayamos abrazado
hayas abrazado	hayáis abrazado
haya abrazado	hayan abrazado

Past
abrazara	abrazáramos
abrazaras	abrazarais
abrazara	abrazaran

Past Perfect
hubiera abrazado	hubiéramos abrazado
hubieras abrazado	hubierais abrazado
hubiera abrazado	hubieran abrazado

IMPERATIVE
abraza	no abraces	abracemos	no abracemos
abrace	no abrace	abrazad	no abracéis
		abracen	no abracen

Los amigos se abrazan cuando se encuentran.
Friends hug each other when they meet.
Hace mucho tiempo que no nos vemos; déjame que te abrace.
It has been a long time since we saw each other; let me hug you.
Te pedí que no me abrazaras tan fuerte.
I asked you not to hug me so hard.

Past part. abierto   *Ger.* abriendo

INDICATIVE

Present
abro	abrimos
abres	abrís
abre	abren

Present Perfect
he abierto	hemos abierto
has abierto	habéis abierto
ha abierto	han abierto

Preterit
abrí	abrimos
abriste	abristeis
abrió	abrieron

Past Perfect
había abierto	habíamos abierto
habías abierto	habíais abierto
había abierto	habían abierto

Imperfect
abría	abríamos
abrías	abríais
abría	abrían

Future Perfect
habré abierto	habremos abierto
habrás abierto	habréis abierto
habrá abierto	habrán abierto

Future
abriré	abriremos
abrirás	abriréis
abrirá	abrirán

Conditional Perfect
habría abierto	habríamos abierto
habrías abierto	habríais abierto
habría abierto	habrían abierto

Conditional
abriría	abriríamos
abrirías	abriríais
abriría	abrirían

SUBJUNCTIVE

Present
abra	abramos
abras	abráis
abra	abran

Present Perfect
haya abierto	hayamos abierto
hayas abierto	hayáis abierto
haya abierto	hayan abierto

Past
abriera	abriéramos
abrieras	abrierais
abriera	abrieran

Past Perfect
hubiera abierto	hubiéramos abierto
hubieras abierto	hubierais abierto
hubiera abierto	hubieran abierto

IMPERATIVE

abre	no abras	abramos	no abramos
abra	no abra	abrid	no abráis
		abran	no abran

Hace mucho calor aquí. ¡Por favor abre la ventana!
It is very hot here. Please open the window!

La tienda abrirá sus puertas a las 7 de la mañana.
The store will open its doors at 7:00 a.m.

Ni siquiera he abierto el libro que compré la semana pasada.
I haven't even opened the book I bought last week.

ABROCHAR   *To fasten, to button up, to buckle*

Past part. abrochado   *Ger.* abrochando

INDICATIVE

Present

abrocho	abrochamos
abrochas	abrocháis
abrocha	abrochan

Preterit

abroché	abrochamos
abrochaste	abrochasteis
abrochó	abrocharon

Imperfect

abrochaba	abrochábamos
abrochabas	abrochabais
abrochaba	abrochaban

Future

abrocharé	abrocharemos
abrocharás	abrocharéis
abrochará	abrocharán

Conditional

abrocharía	abrocharíamos
abrocharías	abrocharíais
abrocharía	abrocharían

Present Perfect

he abrochado	hemos abrochado
has abrochado	habéis abrochado
ha abrochado	han abrochado

Past Perfect

había abrochado	habíamos abrochado
habías abrochado	habíais abrochado
había abrochado	habían abrochado

Future Perfect

habré abrochado	habremos abrochado
habrás abrochado	habréis abrochado
habrá abrochado	habrán abrochado

Conditional Perfect

habría abrochado	habríamos abrochado
habrías abrochado	habríais abrochado
habría abrochado	habrían abrochado

SUBJUNCTIVE

Present

abroche	abrochemos
abroches	abrochéis
abroche	abrochen

Past

abrochara	abrocháramos
abrocharas	abrocharais
abrochara	abrocharan

Present Perfect

haya abrochado	hayamos abrochado
hayas abrochado	hayáis abrochado
haya abrochado	hayan abrochado

Past Perfect

hubiera abrochado	hubiéramos abrochado
hubieras abrochado	hubierais abrochado
hubiera abrochado	hubieran abrochado

IMPERATIVE

abrocha	no abroches	abrochemos	no abrochemos
abroche	no abroche	abrochad	no abrochéis
		abrochen	no abrochen

Deja que te abroche el abrigo.
Let me button up your coat.

Cuando era niño, me abrochaba solo los botones.
When I was a child, I buttoned myself.

Por favor abróchense el cinturón de seguridad para el despegue.
Please fasten your seat belt for takeoff.

ABURRIRSE   *To get bored*   **Aburrir** *To bore*

Past part. aburrido   *Ger.* aburriendo

INDICATIVE

Present

me aburro	nos aburrimos
te aburres	os aburrís
se aburre	se aburren

Present Perfect

me he aburrido	nos hemos aburrido
te has aburrido	os habéis aburrido
se ha aburrido	se han aburrido

Preterit

me aburrí	nos aburrimos
te aburriste	os aburristeis
se aburrió	se aburrieron

Past Perfect

me había aburrido	nos habíamos aburrido
te habías aburrido	os habíais aburrido
se había aburrido	se habían aburrido

Imperfect

me aburría	nos aburríamos
te aburrías	os aburríais
se aburría	se aburrían

Future Perfect

me habré aburrido	nos habremos aburrido
te habrás aburrido	os habréis aburrido
se habrá aburrido	se habrán aburrido

Future

me aburriré	nos aburriremos
te aburrirás	os aburriréis
se aburrirá	se aburrirán

Conditional Perfect

me habría aburrido	nos habríamos aburrido
te habrías aburrido	os habríais aburrido
se habría aburrido	se habrían aburrido

Conditional

me aburriría	nos aburriríamos
te aburrirías	os aburriríais
se aburriría	se aburrirían

SUBJUNCTIVE

Present

me aburra	nos aburramos
te aburras	os aburráis
se aburra	se aburran

Present Perfect

me haya aburrido	nos hayamos aburrido
te hayas aburrido	os hayáis aburrido
se haya aburrido	se hayan aburrido

Past

me aburriera	nos aburriéramos
te aburrieras	os aburrierais
se aburriera	se aburrieran

Past Perfect

me hubiera aburrido	nos hubiéramos aburrido
te hubieras aburrido	os hubierais aburrido
se hubiera aburrido	se hubieran aburrido

IMPERATIVE

abúrrete	no te aburras	aburrámonos	no nos aburramos
abúrrase	no se aburra	aburríos	no os aburráis
		abúrranse	no se aburran

Nos aburrimos mucho en la fiesta de anoche.
We were really bored at the party last night.

Sé que te vas a aburrir con mis padres.
I know my parents will bore you.

Me aburren los discursos largos.
Long speeches bore me.

Past part. abusado   **Ger.** abusando

INDICATIVE

Present

abuso	abusamos
abusas	abusáis
abusa	abusan

Present Perfect

he abusado	hemos abusado
has abusado	habéis abusado
ha abusado	han abusado

Preterit

abusé	abusamos
abusaste	abusasteis
abusó	abusaron

Past Perfect

había abusado	habíamos abusado
habías abusado	habíais abusado
había abusado	habían abusado

Imperfect

abusaba	abusábamos
abusabas	abusabais
abusaba	abusaban

Future Perfect

habré abusado	habremos abusado
habrás abusado	habréis abusado
habrá abusado	habrán abusado

Future

abusaré	abusaremos
abusarás	abusaréis
abusará	abusarán

Conditional Perfect

habría abusado	habríamos abusado
habrías abusado	habríais abusado
habría abusado	habrían abusado

Conditional

abusaría	abusaríamos
abusarías	abusaríais
abusaría	abusarían

SUBJUNCTIVE

Present

abuse	abusemos
abuses	abuséis
abuse	abusen

Present Perfect

haya abusado	hayamos abusado
hayas abusado	hayáis abusado
haya abusado	hayan abusado

Past

abusara	abusáramos
abusaras	abusarais
abusara	abusaran

Past Perfect

hubiera abusado	hubiéramos abusado
hubieras abusado	hubierais abusado
hubiera abusado	hubieran abusado

IMPERATIVE

abusa	no abuses	abusemos	no abusemos
abuse	no abuse	abusad	no abuséis
		abusen	no abusen

La familia de Marta abusa de su amabilidad.
Martha's family takes advantage of her kindness.

Él abusó de su poder durante años.
He abused his position for years.

No es bueno abusar del alcohol.
It's not good to abuse alcohol.

ACABAR   *To finish, to end*   **Acabarse**   *To run out, to come to an end*

Past part. acabado   *Ger.* acabando

INDICATIVE

Present

acabo	acabamos
acabas	acabáis
acaba	acaban

Present Perfect

he acabado	hemos acabado
has acabado	habéis acabado
ha acabado	han acabado

Preterit

acabé	acabamos
acabaste	acabasteis
acabó	acabaron

Past Perfect

había acabado	habíamos acabado
habías acabado	habíais acabado
había acabado	habían acabado

Imperfect

acababa	acabábamos
acababas	acababais
acababa	acababan

Future Perfect

habré acabado	habremos acabado
habrás acabado	habréis acabado
habrá acabado	habrán acabado

Future

acabaré	acabaremos
acabarás	acabaréis
acabará	acabarán

Conditional Perfect

habría acabado	habríamos acabado
habrías acabado	habríais acabado
habría acabado	habrían acabado

Conditional

acabaría	acabaríamos
acabarías	acabaríais
acabaría	acabarían

SUBJUNCTIVE

Present

acabe	acabemos
acabes	acabéis
acabe	acaben

Present Perfect

haya acabado	hayamos acabado
hayas acabado	hayáis acabado
haya acabado	hayan acabado

Past

acabara	acabáramos
acabaras	acabaréis
acabara	acabaran

Past Perfect

hubiera acabado	hubiéramos acabado
hubieras acabado	hubierais acabado
hubiera acabado	hubieran acabado

IMPERATIVE

acaba	no acabes	acabemos	no acabemos
acabe	no acabe	acabad	no acabéis
		acaben	no acaben

Ya casi hemos acabado la tarea.
We have almost finished the homework.

Préstame el libro cuando acabes de leerlo.
Lend me the book when you finish reading it.

No podemos bañarnos: se acabó el agua caliente.
We can't take a shower: the hot water ran out.

ACARICIAR   *To caress, to stroke*

Past part. acariciado   *Ger.* acariciando

INDICATIVE

Present

acaricio	acariciamos
acaricias	acariciáis
acaricia	acarician

Present Perfect

he acariciado	hemos acariciado
has acariciado	habéis acariciado
ha acariciado	han acariciado

Preterit

acaricié	acariciamos
acariciaste	acariciasteis
acarició	acariciaron

Past Perfect

había acariciado	habíamos acariciado
habías acariciado	habíais acariciado
había acariciado	habían acariciado

Imperfect

acariciaba	acariciábamos
acariciabas	acariciabais
acariciaba	acariciaban

Future Perfect

habré acariciado	habremos acariciado
habrás acariciado	habréis acariciado
habrá acariciado	habrán acariciado

Future

acariciaré	acariciaremos
acariciarás	acariciaréis
acariciará	acariciarán

Conditional Perfect

habría acariciado	habríamos acariciado
habrías acariciado	habríais acariciado
habría acariciado	habrían acariciado

Conditional

acariciaría	acariciaríamos
acariciarías	acariciaríais
acariciaría	acariciarían

SUBJUNCTIVE

Present

acaricie	acariciemos
acaricies	acariciéis
acaricie	acaricien

Present Perfect

haya acariciado	hayamos acariciado
hayas acariciado	hayáis acariciado
haya acariciado	hayan acariciado

Past

acariciara	acariciáramos
acariciaras	acariciareis
acariciara	acariciaran

Past Perfect

hubiera acariciado	hubiéramos acariciado
hubieras acariciado	hubierais acariciado
hubiera acariciado	hubieran acariciado

IMPERATIVE

acaricia	no acaricies	acariciemos	no acariciemos
acaricie	no acaricie	acariciad	no acariciéis
		acaricien	no acaricien

A mi perro le gusta que lo acaricien.
My dog likes to be stroked.
El éxito puede acariciar el ego de una persona.
Success can stroke a person's ego.
La niña acarició a su muñeca como si fuera un bebé.
The girl caressed her doll as if it were a baby.

ACEPTAR   *To accept, to agree*

Past part. aceptado   *Ger.* aceptando

INDICATIVE

Present		Present Perfect	
acepto	aceptamos	he aceptado	hemos aceptado
aceptas	aceptáis	has aceptado	habéis aceptado
acepta	aceptan	ha aceptado	han aceptado

Preterit		Past Perfect	
acepté	aceptamos	había aceptado	habíamos aceptado
aceptaste	aceptasteis	habías aceptado	habíais aceptado
aceptó	aceptaron	había aceptado	habían aceptado

Imperfect		Future Perfect	
aceptaba	aceptábamos	habré aceptado	habremos aceptado
aceptabas	aceptabais	habrás aceptado	habréis aceptado
aceptaba	aceptaban	habrá aceptado	habrán aceptado

Future		Conditional Perfect	
aceptaré	aceptaremos	habría aceptado	habríamos aceptado
aceptarás	aceptaréis	habrías aceptado	habríais aceptado
aceptará	aceptarán	habría aceptado	habrían aceptado

Conditional	
aceptaría	aceptaríamos
aceptarías	aceptaríais
aceptaría	aceptarían

SUBJUNCTIVE

Present		Present Perfect	
acepte	aceptemos	haya aceptado	hayamos aceptado
aceptes	aceptéis	hayas aceptado	hayáis aceptado
acepte	acepten	haya aceptado	hayan aceptado

Past		Past Perfect	
aceptara	aceptáramos	hubiera aceptado	hubiéramos aceptado
aceptaras	aceptarais	hubieras aceptado	hubierais aceptado
aceptara	aceptaran	hubiera aceptado	hubieran aceptado

IMPERATIVE

acepta	no aceptes	aceptemos	no aceptemos
acepte	no acepte	aceptad	no aceptéis
		acepten	no acepten

Miguel quiso que yo aceptara sus condiciones.
Miguel wanted me to accept his conditions.

No aceptamos la invitación.
We didn't accept the invitation.

Debes aceptarte tal cómo eres.
You must accept yourself as you are.

ACERCARSE   *To get closer*   **Acercar** *To bring closer*

Past part. acercado   *Ger.* acercando

INDICATIVE

Present

me acerco	nos acercamos
te acercas	os acercáis
se acerca	se acercan

Preterit

me acerqué	nos acercamos
te acercaste	os acercasteis
se acercó	se acercaron

Imperfect

me acercaba	nos acercábamos
te acercabas	os acercabais
se acercaba	se acercaban

Future

me acercaré	nos acercaremos
te acercarás	os acercaréis
se acercará	se acercarán

Conditional

me acercaría	nos acercaríamos
te acercarías	os acercaríais
se acercaría	se acercarían

Present Perfect

me he acercado	nos hemos acercado
te has acercado	os habéis acercado
se ha acercado	se han acercado

Past Perfect

me había acercado	nos habíamos acercado
te habías acercado	os habíais acercado
se había acercado	se habían acercado

Future Perfect

me habré acercado	nos habremos acercado
te habrás acercado	os habréis acercado
se habrá acercado	se habrán acercado

Conditional Perfect

me habría acercado	nos habríamos acercado
te habrías acercado	os habríais acercado
se habría acercado	se habrían acercado

SUBJUNCTIVE

Present

me acerque	nos acerquemos
te acerques	os acerquéis
se acerque	se acerquen

Past

me acercara	nos acercáramos
te acercaras	os acercarais
se acercara	se acercaran

Present Perfect

me haya acercado	nos hayamos acercado
te hayas acercado	os hayáis acercado
se haya acercado	se hayan acercado

Past Perfect

me hubiera acercado	nos hubiéramos acercado
te hubieras acercado	os hubierais acercado
se hubiera acercado	se hubieran acercado

IMPERATIVE

acércate	no te acerques	acerquémonos	no nos acerquemos
acérquese	no se acerque	acercaos	no os acerquéis
		acérquense	no se acerquen

El cazador se acercó a su presa silenciosamente.
The hunter got closer to his prey quietly.

¡Ten cuidado! No te acerques tanto al precipicio.
Be careful! Don't get so close to the precipice.

Te puedo acercar a tu casa en mi coche.
I can bring you closer to your house in my car.

ACLARAR   *To clarify, to clear up*

Past part. aclarado   *Ger.* aclarando

INDICATIVE

Present

aclaro	aclaramos
aclaras	aclaráis
aclara	aclaran

Present Perfect

he aclarado	hemos aclarado
has aclarado	habéis aclarado
ha aclarado	han aclarado

Preterit

aclaré	aclaramos
aclaraste	aclarasteis
aclaró	aclararon

Past Perfect

había aclarado	habíamos aclarado
habías aclarado	habíais aclarado
había aclarado	habían aclarado

Imperfect

aclaraba	aclarábamos
aclarabas	aclarabais
aclaraba	aclaraban

Future Perfect

habré aclarado	habremos aclarado
habrás aclarado	habréis aclarado
habrá aclarado	habrán aclarado

Future

aclararé	aclararemos
aclararás	aclararéis
aclarará	aclararán

Conditional Perfect

habría aclarado	habríamos aclarado
habrías aclarado	habríais aclarado
habría aclarado	habrían aclarado

Conditional

aclararía	aclararíamos
aclararías	aclararíais
aclararía	aclararían

SUBJUNCTIVE

Present

aclare	aclaremos
aclares	aclaréis
aclare	aclaren

Present Perfect

haya aclarado	hayamos aclarado
hayas aclarado	hayáis aclarado
haya aclarado	hayan aclarado

Past

aclarara	aclaráramos
aclararas	aclararais
aclarara	aclararan

Past Perfect

hubiera aclarado	hubiéramos aclarado
hubieras aclarado	hubierais aclarado
hubiera aclarado	hubieran aclarado

IMPERATIVE

aclara	no aclares	aclaremos	no aclaremos
aclare	no aclare	aclarad	no aclaréis
		aclaren	no aclaren

Espero que esta situación se aclare pronto.
I hope this situation clears up soon.
El profesor aclaró las dudas de los alumnos.
The professor cleared up the students' doubts.
Si se aclara el día podremos ir al parque.
If the day clears up we will be able to go to the park.

ACORDARSE *To remember* **Acordar** *To agree*

Past part. acordado   *Ger.* acordando

INDICATIVE

Present

me acuerdo	nos acordamos
te acuerdas	os acordáis
se acuerda	se acuerdan

Present Perfect

me he acordado	nos hemos acordado
te has acordado	os habéis acordado
se ha acordado	se han acordado

Preterit

me acordé	nos acordamos
te acordaste	os acordasteis
se acordó	se acordaron

Past Perfect

me había acordado	nos habíamos acordado
te habías acordado	os habíais acordado
se había acordado	se habían acordado

Imperfect

me acordaba	nos acordábamos
te acordabas	os acordabais
se acordaba	se acordaban

Future Perfect

me habré acordado	nos habremos acordado
te habrás acordado	os habréis acordado
se habrá acordado	se habrán acordado

Future

me acordaré	nos acordaremos
te acordarás	os acordaréis
se acordará	se acordarán

Conditional Perfect

me habría acordado	nos habríamos acordado
te habrías acordado	os habríais acordado
se habría acordado	se habrían acordado

Conditional

me acordaría	nos acordaríamos
te acordarías	os acordaríais
se acordaría	se acordarían

SUBJUNCTIVE

Present

me acuerde	nos acordemos
te acuerdes	os acordéis
se acuerde	se acuerden

Present Perfect

me haya acordado	nos hayamos acordado
te hayas acordado	os hayáis acordado
se haya acordado	se hayan acordado

Past

me acordara	nos acordáramos
te acordaras	os acordarais
se acordara	se acordaran

Past Perfect

me hubiera acordado	nos hubiéramos acordado
te hubieras acordado	os hubierais acordado
se hubiera acordado	se hubieran acordado

IMPERATIVE

acuérdate	no te acuerdes	acordémonos	no nos acordemos
acuérdese	no se acuerde	acordaos	no os acordéis
		acuérdense	no se acuerden

No podía acordar cómo se llama la esposa de Miguel.
I couldn't remember what Miguel's wife is called.

¿No te acuerdas de mí?
You don't remember me?

Acordaron no pelear enfrente de los niños.
They agreed not to fight in front of the children.

ACOSTARSE   *To lie down, to go to bed*

Past part. acostado   *Ger.* acostando

INDICATIVE

Present

me acuesto	nos acostamos
te acuestas	os acostáis
se acuesta	se acuestan

Preterit

me acosté	nos acostamos
te acostaste	os acostasteis
se acostó	se acostaron

Imperfect

me acostaba	nos acostábamos
te acostabas	os acostabais
se acostaba	se acostaban

Future

me acostaré	nos acostaremos
te acostarás	os acostaréis
se acostará	se acostarán

Conditional

me acostaría	nos acostaríamos
te acostarías	os acostaríais
se acostaría	se acostarían

Present Perfect

me he acostado	nos hemos acostado
te has acostado	os habéis acostado
se ha acostado	se han acostado

Past Perfect

me había acostado	nos habíamos acostado
te habías acostado	os habíais acostado
se había acostado	se habían acostado

Future Perfect

me habré acostado	nos habremos acostado
te habrás acostado	os habréis acostado
se habrá acostado	se habrán acostado

Conditional Perfect

me habría acostado	nos habríamos acostado
te habrías acostado	os habríais acostado
se habría acostado	se habrían acostado

SUBJUNCTIVE

Present

me acueste	nos acostemos
te acuestes	os acostéis
se acueste	se acuesten

Past

me acostara	nos acostáramos
te acostaras	os acostarais
se acostara	se acostaran

Present Perfect

me haya acostado	nos hayamos acostado
te hayas acostado	os hayáis acostado
se haya acostado	se hayan acostado

Past Perfect

me hubiera acostado	nos hubiéramos acostado
te hubieras acostado	os hubierais acostado
se hubiera acostado	se hubieran acostado

IMPERATIVE

acuéstate	no te acuestes	acostémonos	no nos acostemos
acuéstese	no se acueste	acostaos	no os acostéis
		acuéstense	no se acuesten

El niño nunca se acuesta antes de las 10 de la noche.
The boy doesn't go to bed before 10:00 p.m.

No permito que mis hijos se acuesten tarde.
I don't allow my children to go to bed late.

Acuéstate si estás cansado.
Lie down if you are tired.

Past part. actuado   *Ger.* actuando

INDICATIVE

Present
actúo	actuamos
actúas	actuáis
actúa	actúan

Present Perfect
he actuado	hemos actuado
has actuado	habéis actuado
ha actuado	han actuado

Preterit
actué	actuamos
actuaste	actuasteis
actuó	actuaron

Past Perfect
había actuado	habíamos actuado
habías actuado	habíais actuado
había actuado	habían actuado

Imperfect
actuaba	actuábamos
actuabas	actuabais
actuaba	actuaban

Future Perfect
habré actuado	habremos actuado
habrás actuado	habréis actuado
habrá actuado	habrán actuado

Future
actuaré	actuaremos
actuarás	actuaréis
actuará	actuarán

Conditional Perfect
habría actuado	habríamos actuado
habrías actuado	habríais actuado
habría actuado	habrían actuado

Conditional
actuaría	actuaríamos
actuarías	actuaríais
actuaría	actuarían

SUBJUNCTIVE

Present
actúe	actuemos
actúes	actuéis
actúe	actúen

Present Perfect
haya actuado	hayamos actuado
hayas actuado	hayáis actuado
haya actuado	hayan actuado

Past
actuara	actuáramos
actuaras	actuarais
actuara	actuaran

Past Perfect
hubiera actuado	hubiéramos actuado
hubieras actuado	hubierais actuado
hubiera actuado	hubieran actuado

IMPERATIVE
actúa	no actúes	actuemos	no actuemos
actúe	no actúe	actuad	no actuéis
		actúen	no actúen

Esta actriz ha actuado en muchas buenas películas.
This actress has acted in lots of good movies.
Deja de actuar como un niño.
Stop acting like a child.
Las autoridades actuaron rápidamente para evitar un desastre.
The authorities acted quickly to avoid a disaster.

ACUDIR *To go, to come, to turn to*

Past part. acudido   Ger. acudiendo

INDICATIVE

Present		Present Perfect	
acudo	acudimos	he acudido	hemos acudido
acudes	acudís	has acudido	habéis acudido
acude	acuden	ha acudido	han acudido

Preterit		Past Perfect	
acudí	acudimos	había acudido	habíamos acudido
acudiste	acudisteis	habías acudido	habíais acudido
acudió	acudieron	había acudido	habían acudido

Imperfect		Future Perfect	
acudía	acudíamos	habré acudido	habremos acudido
acudías	acudíais	habrás acudido	habréis acudido
acudía	acudían	habrá acudido	habrán acudido

Future		Conditional Perfect	
acudiré	acudiremos	habría acudido	habríamos acudido
acudirás	acudiréis	habrías acudido	habríais acudido
acudirá	acudirán	habría acudido	habrían acudido

Conditional	
acudiría	acudiríamos
acudirías	acudiríais
acudiría	acudirían

SUBJUNCTIVE

Present		Present Perfect	
acuda	acudamos	haya acudido	hayamos acudido
acudas	acudáis	hayas acudido	hayáis acudido
acuda	acudan	haya acudido	hayan acudido

Past		Past Perfect	
acudiera	acudiéramos	hubiera acudido	hubiéramos acudido
acudieras	acudierais	hubieras acudido	hubierais acudido
acudiera	acudieran	hubiera acudido	hubieran acudido

IMPERATIVE

acude	no acudas	acudamos	no acudamos
acuda	no acuda	acudid	no acudáis
		acudan	no acudan

Acudieron puntuales a la cita.
They arrived on time to the appointment.
Si tienes un problema debes acudir a un especialista.
If you have a problem you must go to a specialist.
No tengo a nadie a quien acudir.
I have no one to turn to.

ACUSAR   *To accuse, to charge*

Past part. acusado   *Ger.* acusando

INDICATIVE

Present

acuso	acusamos
acusas	acusáis
acusa	acusan

Present Perfect

he acusado	hemos acusado
has acusado	habéis acusado
ha acusado	han acusado

Preterit

acusé	acusamos
acusaste	acusasteis
acusó	acusaron

Past Perfect

había acusado	habíamos acusado
habías acusado	habíais acusado
había acusado	habían acusado

Imperfect

acusaba	acusábamos
acusabas	acusabais
acusaba	acusaban

Future Perfect

habré acusado	habremos acusado
habrás acusado	habréis acusado
habrá acusado	habrán acusado

Future

acusaré	acusaremos
acusarás	acusaréis
acusará	acusarán

Conditional Perfect

habría acusado	habríamos acusado
habrías acusado	habríais acusado
habría acusado	habrían acusado

Conditional

acusaría	acusaríamos
acusarías	acusaríais
acusaría	acusarían

SUBJUNCTIVE

Present

acuse	acusemos
acuses	acuséis
acuse	acusen

Present Perfect

haya acusado	hayamos acusado
hayas acusado	hayáis acusado
haya acusado	hayan acusado

Past

acusara	acusáramos
acusaras	acusarais
acusara	acusaran

Past Perfect

hubiera acusado	hubiéramos acusado
hubieras acusado	hubierais acusado
hubiera acusado	hubieran acusado

IMPERATIVE

acusa	no acuses	acusemos	no acusemos
acuse	no acuse	acusad	no acuséis
		acusen	no acusen

Me acusaron de haber mentido a la corte.
They accused me of having lied to the court.

No me acuse si no tiene pruebas sólidas.
Don't accuse me if you don't have solid proof.

Acusarán al hombre de robo a mano armada.
The man was charged with armed robbery.

ADIVINAR   *To guess*

Past part. adivinado   *Ger.* adivinando

INDICATIVE

Present		Present Perfect	
adivino	adivinamos	he adivinado	hemos adivinado
adivinas	adivináis	has adivinado	habéis adivinado
adivina	adivinan	ha adivinado	han adivinado

Preterit		Past Perfect	
adiviné	adivinamos	había adivinado	habíamos adivinado
adivinaste	adivinasteis	habías adivinado	habíais adivinado
adivinó	adivinaron	había adivinado	habían adivinado

Imperfect		Future Perfect	
adivinaba	adivinábamos	habré adivinado	habremos adivinado
adivinabas	adivinabais	habrás adivinado	habréis adivinado
adivinaba	adivinaban	habrá adivinado	habrán adivinado

Future		Conditional Perfect	
adivinaré	adivinaremos	habría adivinado	habríamos adivinado
adivinarás	adivinaréis	habrías adivinado	habríais adivinado
adivinará	adivinarán	habría adivinado	habrían adivinado

Conditional	
adivinaría	adivinaríamos
adivinarías	adivinaríais
adivinaría	adivinarían

SUBJUNCTIVE

Present		Present Perfect	
adivine	adivinemos	haya adivinado	hayamos adivinado
adivines	adivinéis	hayas adivinado	hayáis adivinado
adivine	adivinen	haya adivinado	hayan adivinado

Past		Past Perfect	
adivinara	adivináramos	hubiera adivinado	hubiéramos adivinado
adivinaras	adivinarais	hubieras adivinado	hubierais adivinado
adivinara	adivinaran	hubiera adivinado	hubieran adivinado

IMPERATIVE

adivina	no adivines	adivinemos	no adivinemos
adivine	no adivine	adivinad	no adivinéis
		adivinen	no adivinen

¡Adivina quién habla!
Guess who is calling!
No es justo: adivinaste a la primera.
It's not fair: you guessed on the first try.
Nunca hubiera podido adivinar lo que nos esperaba.
I never could have guessed what was in store for us.

ADMINISTRAR   *To manage, to administer*

Past part. administrado   *Ger.* administrando

INDICATIVE

Present
administro	administramos
administras	administráis
administra	administran

Present Perfect
he administrado	hemos administrado
has administrado	habéis administrado
ha administrado	han administrado

Preterit
administré	administramos
administraste	administrasteis
administró	administraron

Past Perfect
había administrado	habíamos administrado
habías administrado	habíais administrado
había administrado	habían administrado

Imperfect
administraba	administrábamos
administrabas	administrabais
administraba	administraban

Future Perfect
habré administrado	habremos administrado
habrás administrado	habréis administrado
habrá administrado	habrán administrado

Future
administraré	administraremos
administrarás	administraréis
administrará	administrarán

Conditional Perfect
habría administrado	habríamos administrado
habrías administrado	habríais administrado
habría administrado	habrían administrado

Conditional
administraría	administraríamos
administrarías	administraríais
administraría	administrarían

SUBJUNCTIVE

Present
administre	administremos
administres	administréis
administre	administren

Present Perfect
haya administrado	hayamos administrado
hayas administrado	hayáis administrado
haya administrado	hayan administrado

Past
administrara	administráramos
administraras	administrarais
administrara	administraran

Past Perfect
hubiera administrado	hubiéramos administrado
hubieras administrado	hubierais administrado
hubiera administrado	hubieran administrado

IMPERATIVE
administra	no administres	administremos	no administremos
administre	no administre	administrad	no administréis
		administren	no administren

Juan administra muy bien su dinero.
Juan manages his money very well.
La enfermera le administró la medicina al paciente.
The nurse administered the medicine to the patient.
Nos gustaría que administraras la empresa de ahora en adelante.
I would like you to manage the company from now on.

17

ADMIRAR   *To admire, to amaze*   **Admirarse** *To be amazed*

Past part. admirado   *Ger.* admirando

INDICATIVE

Present		Present Perfect	
admiro	admiramos	he admirado	hemos admirado
admiras	admiráis	has admirado	habéis admirado
admira	admiran	ha admirado	han admirado

Preterit		Past Perfect	
admiré	admiramos	había admirado	habíamos admirado
admiraste	admirasteis	habías admirado	habíais admirado
admiró	admiraron	había admirado	habían admirado

Imperfect		Future Perfect	
admiraba	admirábamos	habré admirado	habremos admirado
admirabas	admirabais	habrás admirado	habréis admirado
admiraba	admiraban	habrá admirado	habrán admirado

Future		Conditional Perfect	
admiraré	admiraremos	habría admirado	habríamos admirado
admirarás	admiraréis	habrías admirado	habríais admirado
admirará	admirarán	habría admirado	habrían admirado

Conditional	
admiraría	admiraríamos
admirarías	admiraríais
admiraría	admirarían

SUBJUNCTIVE

Present		Present Perfect	
admire	admiremos	haya admirado	hayamos admirado
admires	admiréis	hayas admirado	hayáis admirado
admire	admiren	haya admirado	hayan admirado

Past		Past Perfect	
admirara	admiráramos	hubiera admirado	hubiéramos admirado
admiraras	admirarais	hubieras admirado	hubierais admirado
admirara	admiraran	hubiera admirado	hubieran admirado

IMPERATIVE

admira	no admires	admiremos	no admiremos
admire	no admire	admirad	no admiréis
		admiren	no admiren

Admiro tu paciencia.
I admire your patience.

¡Admiremos este paisaje espectacular!
Let's admire this spectacular landscape!

Nos admiramos de la perfección de su baile.
We were amazed by the perfection of his dance.

ADMITIR   *To admit, to allow entry*

Past part. admitido   *Ger.* admitiendo

INDICATIVE

Present		Present Perfect	
admito	admitimos	he admitido	hemos admitido
admites	admitís	has admitido	habéis admitido
admite	admiten	ha admitido	han admitido

Preterit		Past Perfect	
admití	admitimos	había admitido	habíamos admitido
admitiste	admitisteis	habías admitido	habíais admitido
admitió	admitieron	había admitido	habían admitido

Imperfect		Future Perfect	
admitía	admitíamos	habré admitido	habremos admitido
admitías	admitíais	habrás admitido	habréis admitido
admitía	admitían	habrá admitido	habrán admitido

Future		Conditional Perfect	
admitiré	admitiremos	habría admitido	habríamos admitido
admitirás	admitiréis	habrías admitido	habríais admitido
admitirá	admitirán	habría admitido	habrían admitido

Conditional	
admitiría	admitiríamos
admitirías	admitiríais
admitiría	admitirían

SUBJUNCTIVE

Present		Present Perfect	
admita	admitamos	haya admitido	hayamos admitido
admitas	admitáis	hayas admitido	hayáis admitido
admita	admitan	haya admitido	hayan admitido

Past		Past Perfect	
admitiera	admitiéramos	hubiera admitido	hubiéramos admitido
admitieras	admitierais	hubieras admitido	hubierais admitido
admitiera	admitieran	hubiera admitido	hubieran admitido

IMPERATIVE

admite	no admitas	admitamos	no admitamos
admita	no admita	admitid	no admitáis
		admitan	no admitan

Admito que hice una bobada.
I admit I did a silly thing.
Ella admitió haber cometido el robo.
She admitted having committed the theft.
No se admiten mascotas en este hotel.
Pets aren't allowed in this hotel.

ADORAR *To adore, to love, to worship*

Past part. adorado   Ger. adorando

INDICATIVE

Present
adoro	adoramos
adoras	adoráis
adora	adoran

Present Perfect
he adorado	hemos adorado
has adorado	habéis adorado
ha adorado	han adorado

Preterit
adoré	adoramos
adoraste	adorasteis
adoró	adoraron

Past Perfect
había adorado	habíamos adorado
habías adorado	habíais adorado
había adorado	habían adorado

Imperfect
adoraba	adorábamos
adorabas	adorabais
adoraba	adoraban

Future Perfect
habré adorado	habremos adorado
habrás adorado	habréis adorado
habrá adorado	habrán adorado

Future
adoraré	adoraremos
adorarás	adoraréis
adorará	adoraran

Conditional Perfect
habría adorado	habríamos adorado
habrías adorado	habríais adorado
habría adorado	habrían adorado

Conditional
adoraría	adoraríamos
adorarías	adoraríais
adoraría	adorarían

SUBJUNCTIVE

Present
adore	adoremos
adores	adoréis
adore	adoren

Present Perfect
haya adorado	hayamos adorado
hayas adorado	hayáis adorado
haya adorado	hayan adorado

Past
adorara	adoráramos
adoraras	adorarais
adorara	adoraran

Past Perfect
hubiera adorado	hubiéramos adorado
hubieras adorado	hubierais adorado
hubiera adorado	hubieran adorado

IMPERATIVE
adora	no adores	adoremos	no adoremos
adore	no adore	adorad	no adoréis
		adoren	no adoren

Carlos adora el fútbol.
Carlos loves soccer.
Los antiguos incas adoraban al sol.
The ancient Incas worshiped the sun.
Miguel y María se adoran.
Miguel and Maria adore each other.

Past part. afeitado   *Ger.* afeitando

INDICATIVE

Present
me afeito	nos afeitamos
te afeitas	os afeitáis
se afeita	se afeitan

Present Perfect
me he afeitado	nos hemos afeitado
te has afeitado	os habéis afeitado
se ha afeitado	se han afeitado

Preterit
me afeité	nos afeitamos
te afeitaste	os afeitasteis
se afeitó	se afeitaron

Past Perfect
me había afeitado	nos habíamos afeitado
te habías afeitado	os habíais afeitado
se había afeitado	se habían afeitado

Imperfect
me afeitaba	nos afeitábamos
te afeitabas	os afeitabais
se afeitaba	se afeitaban

Future Perfect
me habré afeitado	nos habremos afeitado
te habrás afeitado	os habréis afeitado
se habrá afeitado	se habrán afeitado

Future
me afeitaré	nos afeitaremos
te afeitarás	os afeitaréis
se afeitará	se afeitarán

Conditional Perfect
me habría afeitado	nos habríamos afeitado
te habrías afeitado	os habríais afeitado
se habría afeitado	se habrían afeitado

Conditional
me afeitaría	nos afeitaríamos
te afeitarías	os afeitaríais
se afeitaría	se afeitarían

SUBJUNCTIVE

Present
me afeite	nos afeitemos
te afeites	os afeitéis
se afeite	se afeiten

Present Perfect
me haya afeitado	nos hayamos afeitado
te hayas afeitado	os hayáis afeitado
se haya afeitado	se hayan afeitado

Past
me afeitara	nos afeitáramos
te afeitaras	os afeitarais
se afeitara	se afeitaran

Past Perfect
me hubiera afeitado	nos hubiéramos afeitado
te hubieras afeitado	os hubierais afeitado
se hubiera afeitado	se hubieran afeitado

IMPERATIVE
aféitate	no te afeites	afeitémonos	no nos afeitemos
aféitese	no se afeite	afeitaos	no os afeitéis
		aféitense	no se afeiten

Mi hermano se afeita dos veces al día.
My brother shaves twice a day.
No me he afeitado en dos semanas.
I haven't shaved in two weeks.
No me gusta afeitarme.
I don't like to shave.

AGUANTAR   *To bear, to endure, to tolerate*

Aguantarse *To contain oneself*

Past part. aguantado   *Ger.* aguantando

INDICATIVE

Present		Present Perfect	
aguanto	aguantamos	he aguantado	hemos aguantado
aguantas	aguantáis	has aguantado	habéis aguantado
aguanta	aguantan	ha aguantado	han aguantado

Preterit		Past Perfect	
aguanté	aguantamos	había aguantado	habíamos aguantado
aguantaste	aguantasteis	habías aguantado	habíais aguantado
aguantó	aguantaron	había aguantado	habían aguantado

Imperfect		Future Perfect	
aguantaba	aguantábamos	habré aguantado	habremos aguantado
aguantabas	aguantabais	habrás aguantado	habréis aguantado
aguantaba	aguantaban	habrá aguantado	habrán aguantado

Future		Conditional Perfect	
aguantaré	aguantaremos	habría aguantado	habríamos aguantado
aguantarás	aguantaréis	habrías aguantado	habríais aguantado
aguantará	aguantarán	habría aguantado	habrían aguantado

Conditional	
aguantaría	aguantaríamos
aguantarías	aguantaríais
aguantaría	aguantarían

SUBJUNCTIVE

Present		Present Perfect	
aguante	aguantemos	haya aguantado	hayamos aguantado
aguantes	aguantéis	hayas aguantado	hayáis aguantado
aguante	aguanten	haya aguantado	hayan aguantado

Past		Past Perfect	
aguantara	aguantáramos	hubiera aguantado	hubiéramos aguantado
aguantaras	aguantarais	hubieras aguantado	hubierais aguantado
aguantara	aguantaran	hubiera aguantado	hubieran aguantado

IMPERATIVE

aguanta	no aguantes	aguantemos	no aguantemos
aguante	no aguante	aguantad	no aguantéis
		aguanten	no aguanten

Ya no aguantabas el peso de tus responsabilidades.
You couldn't bear the weight of your responsibilities anymore.

No pudo aguantar más esa situación.
He couldn't endure that situation anymore.

No aguanto a las personas que tiran basura en la calle.
I can't tolerate people who litter.

AHORRAR

To save, to spare **Ahorrarse** *To spare oneself*

A

Past part. ahorrado *Ger.* ahorrando

INDICATIVE

Present		Present Perfect	
ahorro	ahorramos	he ahorrado	hemos ahorrado
ahorras	ahorráis	has ahorrado	habéis ahorrado
ahorra	ahorran	ha ahorrado	han ahorrado

Preterit		Past Perfect	
ahorré	ahorramos	había ahorrado	habíamos ahorrado
ahorraste	ahorrasteis	habías ahorrado	habíais ahorrado
ahorró	ahorraron	había ahorrado	habían ahorrado

Imperfect		Future Perfect	
ahorraba	ahorrábamos	habré ahorrado	habremos ahorrado
ahorrabas	ahorrabais	habrás ahorrado	habréis ahorrado
ahorraba	ahorraban	habrá ahorrado	habrán ahorrado

Future		Conditional Perfect	
ahorraré	ahorraremos	habría ahorrado	habríamos ahorrado
ahorrarás	ahorraréis	habrías ahorrado	habríais ahorrado
ahorrará	ahorrarán	habría ahorrado	habrían ahorrado

Conditional	
ahorraría	ahorraríamos
ahorrarías	ahorraríais
ahorraría	ahorrarían

SUBJUNCTIVE

Present		Present Perfect	
ahorre	ahorremos	haya ahorrado	hayamos ahorrado
ahorres	ahorréis	hayas ahorrado	hayáis ahorrado
ahorre	ahorren	haya ahorrado	hayan ahorrado

Past		Past Perfect	
ahorrara	ahorráramos	hubiera ahorrado	hubiéramos ahorrado
ahorraras	ahorrarais	hubieras ahorrado	hubierais ahorrado
ahorrara	ahorraran	hubiera ahorrado	hubieran ahorrado

IMPERATIVE

ahorra	no ahorres	ahorremos	no ahorremos
ahorre	no ahorre	ahorrad	no ahorréis
		ahorren	no ahorren

Este camino nos ahorra 30 minutos de viaje.
This road saves us 30 minutes of travel.

Puedes ahorrar mucho dinero si compras en línea.
You can save a lot of money if you buy on-line.

Ahórrate el esfuerzo por algo que no vale la pena.
Spare yourself the effort for something that isn't worth it.

23

ALCANZAR   *To reach, to catch, to achieve, to be sufficient*

Past part. alcanzado   *Ger.* alcanzando

INDICATIVE

Present
alcanzo	alcanzamos
alcanzas	alcanzáis
alcanza	alcanzan

Present Perfect
he alcanzado	hemos alcanzado
has alcanzado	habéis alcanzado
ha alcanzado	han alcanzado

Preterit
alcancé	alcanzamos
alcanzaste	alcanzasteis
alcanzó	alcanzaron

Past Perfect
había alcanzado	habíamos alcanzado
habías alcanzado	habíais alcanzado
había alcanzado	habían alcanzado

Imperfect
alcanzaba	alcanzábamos
alcanzabas	alcanzabais
alcanzaba	alcanzaban

Future Perfect
habré alcanzado	habremos alcanzado
habrás alcanzado	habréis alcanzado
habrá alcanzado	habrán alcanzado

Future
alcanzaré	alcanzaremos
alcanzarás	alcanzaréis
alcanzará	alcanzarán

Conditional Perfect
habría alcanzado	habríamos alcanzado
habrías alcanzado	habríais alcanzado
habría alcanzado	habrían alcanzado

Conditional
alcanzaría	alcanzaríamos
alcanzarías	alcanzaríais
alcanzaría	alcanzarían

SUBJUNCTIVE

Present
alcance	alcancemos
alcances	alcancéis
alcance	alcancen

Present Perfect
haya alcanzado	hayamos alcanzado
hayas alcanzado	hayáis alcanzado
haya alcanzado	hayan alcanzado

Past
alcanzara	alcanzáramos
alcanzaras	alcanzarais
alcanzara	alcanzaran

Past Perfect
hubiera alcanzado	hubiéramos alcanzado
hubieras alcanzado	hubierais alcanzado
hubiera alcanzado	hubieran alcanzado

IMPERATIVE

alcanza	no alcances	alcancemos	no alcancemos
alcance	no alcance	alcanzad	no alcancéis
		alcancen	no alcancen

No sé si podamos alcanzar la meta.
I don't know if we can reach the finish line.

¡A que no me alcanzas!
I bet you can't catch me!

Esta comida no alcanza para todos nosotros.
This food is not sufficient for all of us.

ALEGRARSE   *To be glad, to be happy*   **Alegrar** *To make happy*   A

Past part. alegrado   *Ger.* alegrando

INDICATIVE

Present
me alegro	nos alegramos
te alegras	os alegráis
se alegra	se alegran

Present Perfect
me he alegrado	nos hemos alegrado
te has alegrado	os habéis alegrado
se ha alegrado	se han alegrado

Preterit
me alegré	nos alegramos
te alegraste	os alegrasteis
se alegró	se alegraron

Past Perfect
me había alegrado	nos habíamos alegrado
te habías alegrado	os habíais alegrado
se había alegrado	se habían alegrado

Imperfect
me alegraba	nos alegrábamos
te alegrabas	os alegrabais
se alegraba	se alegraban

Future Perfect
me habré alegrado	nos habremos alegrado
te habrás alegrado	os habréis alegrado
se habrá alegrado	se habrán alegrado

Future
me alegraré	nos alegraremos
te alegrarás	os alegraréis
se alegrará	se alegrarán

Conditional Perfect
me habría alegrado	nos habríamos alegrado
te habrías alegrado	os habríais alegrado
se habría alegrado	se habrían alegrado

Conditional
me alegraría	nos alegraríamos
te alegrarías	os alegraríais
se alegraría	se alegrarían

SUBJUNCTIVE

Present
me alegre	nos alegremos
te alegres	os alegréis
se alegre	se alegren

Present Perfect
me haya alegrado	nos hayamos alegrado
te hayas alegrado	os hayáis alegrado
se haya alegrado	se hayan alegrado

Past
me alegrara	nos alegráramos
te alegraras	os alegrarais
se alegrara	se alegraran

Past Perfect
me hubiera alegrado	nos hubiéramos alegrado
te hubieras alegrado	os hubierais alegrado
se hubiera alegrado	se hubieran alegrado

IMPERATIVE
alégrate	no te alegres	alegrémonos	no nos alegremos
alégrese	no se alegre	alegraos	no os alegréis
		alégrense	no se alegren

Me alegra verte.
I am glad to see you.
Se alegraron mucho cuando lo supieron.
They were really happy when they knew it.
Se alegrarán al recibir tu regalo.
They will be happy when they receive your gift.

ALIVIARSE *To get better, to be relieved* **Aliviar** *To relieve*

Past part. aliviado   *Ger.* aliviando

INDICATIVE

Present

me alivio	nos aliviamos
te alivias	os aliviáis
se alivia	se alivian

Present Perfect

me he aliviado	nos hemos aliviado
te has aliviado	os habéis aliviado
se ha aliviado	se han aliviado

Preterit

me alivié	nos aliviamos
te aliviaste	os aliviasteis
se alivió	se aliviaron

Past Perfect

me había aliviado	nos habíamos aliviado
te habías aliviado	os habíais aliviado
se había aliviado	se habían aliviado

Imperfect

me aliviaba	nos aliviábamos
te aliviabas	os aliviabais
se aliviaba	se aliviaban

Future Perfect

me habré aliviado	nos habremos aliviado
te habrás aliviado	os habréis aliviado
se habrá aliviado	se habrán aliviado

Future

me aliviaré	nos aliviaremos
te aliviarás	os aliviareis
se aliviará	se aliviarán

Conditional Perfect

me habría aliviado	nos habríamos aliviado
te habrías aliviado	os habríais aliviado
se habría aliviado	se habrían aliviado

Conditional

me aliviaría	nos aliviaríamos
te aliviarías	os aliviaríais
se aliviaría	se aliviarían

SUBJUNCTIVE

Present

me alivie	nos aliviemos
te alivies	os aliviéis
se alivie	se alivien

Present Perfect

me haya aliviado	nos hayamos aliviado
te hayas aliviado	os hayáis aliviado
se haya aliviado	se hayan aliviado

Past

me aliviara	nos aliviáramos
te aliviaras	os aliviarais
se aliviara	se aliviaran

Past Perfect

me hubiera aliviado	nos hubiéramos aliviado
te hubieras aliviado	os hubierais aliviado
se hubiera aliviado	se hubieran aliviado

IMPERATIVE

alíviate	no te alivies	aliviémonos	no nos aliviemos
alíviese	no se alivie	aliviaos	no os aliviéis
		alíviense	no se alivien

Me alivia saber que ya llegaste a casa.
I'm relieved to know that you got home.

Gracias al tratamiento médico, Juan se alivió en sólo un par de días.
Thanks to the medical treatment, Juan got better in just a couple of days.

Esta medicina aliviará el dolor rápidamente.
This medicine will relieve the pain quickly.

ALQUILAR *To rent, to lease, to hire*

Past part. alquilado   *Ger.* alquilando

INDICATIVE

Present		Present Perfect	
alquilo	alquilamos	he alquilado	hemos alquilado
alquilas	alquiláis	has alquilado	habéis alquilado
alquila	alquilan	ha alquilado	han alquilado

Preterit		Past Perfect	
alquilé	alquilamos	había alquilado	habíamos alquilado
alquilaste	alquilasteis	habías alquilado	habíais alquilado
alquiló	alquilaron	había alquilado	habían alquilado

Imperfect		Future Perfect	
alquilaba	alquilábamos	habré alquilado	habremos alquilado
alquilabas	alquilabais	habrás alquilado	habréis alquilado
alquilaba	alquilaban	habrá alquilado	habrán alquilado

Future		Conditional Perfect	
alquilaré	alquilaremos	habría alquilado	habríamos alquilado
alquilarás	alquilaréis	habrías alquilado	habríais alquilado
alquilará	alquilarán	habría alquilado	habrían alquilado

Conditional	
alquilaría	alquilaríamos
alquilarías	alquilaríais
alquilaría	alquilarían

SUBJUNCTIVE

Present		Present Perfect	
alquile	alquilemos	haya alquilado	hayamos alquilado
alquiles	alquiléis	hayas alquilado	hayáis alquilado
alquile	alquilen	haya alquilado	hayan alquilado

Past		Past Perfect	
alquilara	alquiláramos	hubiera alquilado	hubiéramos alquilado
alquilaras	alquilarais	hubieras alquilado	hubierais alquilado
alquilara	alquilaran	hubiera alquilado	hubieran alquilado

IMPERATIVE

alquila	no alquiles	alquilemos	no alquilemos
alquile	no alquile	alquilad	no alquiléis
		alquilen	no alquilen

Es imposible alquilar un apartamento barato aquí.
It's impossible to lease a cheap apartment here.

Alquilaré un carro para las vacaciones.
I will rent a car for the holidays.

Todos los veranos alquilamos una casa en la playa.
Every summer we rent a house on the beach.

Past part. amado   *Ger.* amando

INDICATIVE

Present		Present Perfect	
amo	amamos	he amado	hemos amado
amas	amáis	has amado	habéis amado
ama	aman	ha amado	han amado

Preterit		Past Perfect	
amé	amamos	había amado	habíamos amado
amaste	amasteis	habías amado	habíais amado
amó	amaron	había amado	habían amado

Imperfect		Future Perfect	
amaba	amábamos	habré amado	habremos amado
amabas	amabais	habrás amado	habréis amado
amaba	amaban	habrá amado	habrán amado

Future		Conditional Perfect	
amaré	amaremos	habría amado	habríamos amado
amarás	amaréis	habrías amado	habríais amado
amará	amarán	habría amado	habrían amado

Conditional	
amaría	amaríamos
amarías	amaríais
amaría	amarían

SUBJUNCTIVE

Present		Present Perfect	
ame	amemos	haya amado	hayamos amado
ames	améis	hayas amado	hayáis amado
ame	amen	haya amado	hayan amado

Past		Past Perfect	
amara	amáramos	hubiera amado	hubiéramos amado
amaras	amarais	hubieras amado	hubierais amado
amara	amaran	hubiera amado	hubieran amado

IMPERATIVE

ama	no ames	amemos	no amemos
ame	no ame	amad	no améis
		amen	no amen

Amaos los unos a los otros.
Love each other.

Te amaré hasta que la muerte nos separe.
I will love you until death do us part.

Mis abuelos se amaron toda su vida.
My grandparents loved each other all their lives.

AMARRAR   *To tie, to moor*

Past part. amarrado   *Ger.* amarrando

INDICATIVE

Present		Present Perfect	
amarro	amarramos	he amarrado	hemos amarrado
amarras	amarráis	has amarrado	habéis amarrado
amarra	amarran	ha amarrado	han amarrado

Preterit		Past Perfect	
amarré	amarramos	había amarrado	habíamos amarrado
amarraste	amarrasteis	habías amarrado	habíais amarrado
amarró	amarraron	había amarrado	habían amarrado

Imperfect		Future Perfect	
amarraba	amarrábamos	habré amarrado	habremos amarrado
amarrabas	amarrabais	habrás amarrado	habréis amarrado
amarraba	amarraban	habrá amarrado	habrán amarrado

Future		Conditional Perfect	
amarraré	amarraremos	habría amarrado	habríamos amarrado
amarrarás	amarraréis	habrías amarrado	habríais amarrado
amarrará	amarrarán	habría amarrado	habrían amarrado

Conditional	
amarraría	amarraríamos
amarrarías	amarraríais
amarraría	amarrarían

SUBJUNCTIVE

Present		Present Perfect	
amarre	amarremos	haya amarrado	hayamos amarrado
amarres	amarréis	hayas amarrado	hayáis amarrado
amarre	amarren	haya amarrado	hayan amarrado

Past		Past Perfect	
amarrara	amarráramos	hubiera amarrado	hubiéramos amarrado
amarraras	amarrarais	hubieras amarrado	hubierais amarrado
amarrara	amarraran	hubiera amarrado	hubieran amarrado

IMPERATIVE

amarra	no amarres	amarremos	no amarremos
amarre	no amarre	amarrad	no amarréis
		amarren	no amarren

¿Quieres que te ayude a amarrarte los cordones de tus zapatos?
Do you want me to help you tie your shoelaces?

Harry Houdini sabía cómo desamarrar cualquier nudo.
Harry Houdini knew how to untie any knot.

Amarra el barco al muelle para que no se lo lleve el mar.
Moor the boat to the dock so that the sea doesn't sweep it away.

ANALIZAR   *To analyze*

Past part. analizado   *Ger.* analizando

INDICATIVE

Present		Present Perfect	
analizo	analizamos	he analizado	hemos analizado
analizas	analizáis	has analizado	habéis analizado
analiza	analizan	ha analizado	han analizado

Preterit		Past Perfect	
analicé	analizamos	había analizado	habíamos analizado
analizaste	analizasteis	habías analizado	habíais analizado
analizó	analizaron	había analizado	habían analizado

Imperfect		Future Perfect	
analizaba	analizábamos	habré analizado	habremos analizado
analizabas	analizabais	habrás analizado	habréis analizado
analizaba	analizaban	habrá analizado	habrán analizado

Future		Conditional Perfect	
analizaré	analizaremos	habría analizado	habríamos analizado
analizarás	analizaréis	habrías analizado	habríais analizado
analizará	analizarán	habría analizado	habrían analizado

Conditional	
analizaría	analizaríamos
analizarías	analizaríais
analizaría	analizarían

SUBJUNCTIVE

Present		Present Perfect	
analice	analicemos	haya analizado	hayamos analizado
analices	analicéis	hayas analizado	hayáis analizado
analice	analicen	haya analizado	hayan analizado

Past		Past Perfect	
analizara	analizáramos	hubiera analizado	hubiéramos analizado
analizaras	analizarais	hubieras analizado	hubierais analizado
analizara	analizaran	hubiera analizado	hubieran analizado

IMPERATIVE

analiza	no analices	analicemos	no analicemos
analice	no analice	analizad	no analicéis
		analicen	no analicen

Analicemos el problema con cuidado.
Let's analyze the problem carefully.

Despúes de analizarlo podremos solucionarlo.
After analyzing it we will be able to solve it.

¿Analizaste los resultados de la encuesta?
Did you analyze the results from the survey?

ANDAR   *To walk, to go ahead, to work*

Past part. andado   *Ger.* andando

INDICATIVE

Present		Present Perfect	
ando	andamos	he andado	hemos andado
andas	andáis	has andado	habéis andado
anda	andan	ha andado	han andado

Preterit		Past Perfect	
anduve	anduvimos	había andado	habíamos andado
anduviste	anduvisteis	habías andado	habíais andado
anduvo	anduvieron	había andado	habían andado

Imperfect		Future Perfect	
andaba	andábamos	habré andado	habremos andado
andabas	andabais	habrás andado	habréis andado
andaba	andaban	habrá andado	habrán andado

Future		Conditional Perfect	
andaré	andaremos	habría andado	habríamos andado
andarás	andaréis	habrías andado	habríais andado
andará	andarán	habría andado	habrían andado

Conditional	
andaría	andaríamos
andarías	andaríais
andaría	andarían

SUBJUNCTIVE

Present		Present Perfect	
ande	andemos	haya andado	hayamos andado
andes	andéis	hayas andado	hayáis andado
ande	anden	haya andado	hayan andado

Past		Past Perfect	
anduviera	anduviéramos	hubiera andado	hubiéramos andado
anduvieras	anduvierais	hubieras andado	hubierais andado
anduviera	anduvieran	hubiera andado	hubieran andado

IMPERATIVE

anda	no andes	andemos	no andemos
ande	no ande	andad	no andéis
		anden	no anden

Generalmente ando muy deprisa.
Generally, I walk really fast.

Anda, dime lo que estás pensando.
Go ahead; tell me what you're thinking.

Este reloj no anda bien; se atrasa.
This watch isn't working well; it runs slow.

Past part. apagado   *Ger.* apagando

INDICATIVE

Present

apago	apagamos
apagas	apagáis
apaga	apagan

Present Perfect

he apagado	hemos apagado
has apagado	habéis apagado
ha apagado	han apagado

Preterit

apagué	apagamos
apagaste	apagasteis
apagó	apagaron

Past Perfect

había apagado	habíamos apagado
habías apagado	habíais apagado
había apagado	habían apagado

Imperfect

apagaba	apagábamos
apagabas	apagabais
apagaba	apagaban

Future Perfect

habré apagado	habremos apagado
habrás apagado	habréis apagado
habrá apagado	habrán apagado

Future

apagaré	apagaremos
apagarás	apagaréis
apagará	apagarán

Conditional Perfect

habría apagado	habríamos apagado
habrías apagado	habríais apagado
habría apagado	habrían apagado

Conditional

apagaría	apagaríamos
apagarías	apagaríais
apagaría	apagarían

SUBJUNCTIVE

Present

apague	apaguemos
apagues	apaguéis
apague	apaguen

Present Perfect

haya apagado	hayamos apagado
hayas apagado	hayáis apagado
haya apagado	hayan apagado

Past

apagara	apagáramos
apagaras	apagarais
apagara	apagaran

Past Perfect

hubiera apagado	hubiéramos apagado
hubieras apagado	hubierais apagado
hubiera apagado	hubieran apagado

IMPERATIVE

apaga	no apagues	apaguemos	no apaguemos
apague	no apague	apagad	no apaguéis
		apaguen	no apaguen

Apaga la computadora antes de salir de casa.
Shut the computer off before leaving the house.

¿Apagaste la luz de la cocina?
Did you turn off the kitchen light?

Se nos apagó la vela.
The candle went out on us.

APLICAR   *To apply, to put into practice*   **Aplicarse** *To apply oneself*   A

Past part. aplicado   *Ger.* aplicando

INDICATIVE

Present		Present Perfect	
aplico	aplicamos	he aplicado	hemos aplicado
aplicas	aplicáis	has aplicado	habéis aplicado
aplica	aplican	ha aplicado	han aplicado

Preterit		Past Perfect	
apliqué	aplicamos	había aplicado	habíamos aplicado
aplicaste	aplicasteis	habías aplicado	habíais aplicado
aplicó	aplicaron	había aplicado	habían aplicado

Imperfect		Future Perfect	
aplicaba	aplicábamos	habré aplicado	habremos aplicado
aplicabas	aplicabais	habrás aplicado	habréis aplicado
aplicaba	aplicaban	habrá aplicado	habrán aplicado

Future		Conditional Perfect	
aplicaré	aplicaremos	habría aplicado	habríamos aplicado
aplicarás	aplicaréis	habrías aplicado	habríais aplicado
aplicará	aplicarán	habría aplicado	habrían aplicado

Conditional	
aplicaría	aplicaríamos
aplicarías	aplicaríais
aplicaría	aplicarían

SUBJUNCTIVE

Present		Present Perfect	
aplique	apliquemos	haya aplicado	hayamos aplicado
apliques	apliquéis	hayas aplicado	hayáis aplicado
aplique	apliquen	haya aplicado	hayan aplicado

Past		Past Perfect	
aplicara	aplicáramos	hubiera aplicado	hubiéramos aplicado
aplicaras	aplicarais	hubieras aplicado	hubierais aplicado
aplicara	aplicaran	hubiera aplicado	hubieran aplicado

IMPERATIVE

aplica	no apliques	apliquemos	no apliquemos
aplique	no aplique	aplicad	no apliquéis
		apliquen	no apliquen

Aplicaré al trabajo esta semana.
I will apply for the job this week.
Es más fácil explicar la teoría que aplicarla.
It's easier to explain the theory than put it into practice.
Aplícate en la clase para tener buenas notas.
Apply yourself in class to get good grades.

33

APOYAR   *To support, to back*   **Apoyarse** *To lean on, against*

Past part. apoyado   *Ger.* apoyando

INDICATIVE

Present

apoyo	apoyamos
apoyas	apoyáis
apoya	apoyan

Present Perfect

he apoyado	hemos apoyado
has apoyado	habéis apoyado
ha apoyado	han apoyado

Preterit

apoyé	apoyamos
apoyaste	apoyasteis
apoyó	apoyaron

Past Perfect

había apoyado	habíamos apoyado
habías apoyado	habíais apoyado
había apoyado	habían apoyado

Imperfect

apoyaba	apoyábamos
apoyabas	apoyabais
apoyaba	apoyaban

Future Perfect

habré apoyado	habremos apoyado
habrás apoyado	habréis apoyado
habrá apoyado	habrán apoyado

Future

apoyaré	apoyaremos
apoyarás	apoyaréis
apoyará	apoyarán

Conditional Perfect

habría apoyado	habríamos apoyado
habrías apoyado	habríais apoyado
habría apoyado	habrían apoyado

Conditional

apoyaría	apoyaríamos
apoyarías	apoyaríais
apoyaría	apoyarían

SUBJUNCTIVE

Present

apoye	apoyemos
apoyes	apoyéis
apoye	apoyen

Present Perfect

haya apoyado	hayamos apoyado
hayas apoyado	hayáis apoyado
haya apoyado	hayan apoyado

Past

apoyara	apoyáramos
apoyaras	apoyarais
apoyara	apoyaran

Past Perfect

hubiera apoyado	hubiéramos apoyado
hubieras apoyado	hubierais apoyado
hubiera apoyado	hubieran apoyado

IMPERATIVE

apoya	no apoyes	apoyemos	no apoyemos
apoye	no apoye	apoyad	no a apoyéis
		apoyen	no apoyen

¡Tenemos que apoyar a nuestro equipo!
We have to support our team!

Los legisladores no apoyaron las propuestas del presidente.
The legislators didn't back the president's proposals.

Siempre puedes apoyarte en mí
You can always lean on me.

APRECIAR   *To be fond of, to appreciate*

Past part. apreciado   *Ger.* apreciando

INDICATIVE

Present

aprecio	apreciamos		
aprecias	apreciáis		
aprecia	aprecian		

Present Perfect

he apreciado	hemos apreciado
has apreciado	habéis apreciado
ha apreciado	han apreciado

Preterit

aprecié	apreciamos
apreciaste	apreciasteis
apreció	apreciaron

Past Perfect

había apreciado	habíamos apreciado
habías apreciado	habíais apreciado
había apreciado	habían apreciado

Imperfect

apreciaba	apreciábamos
apreciabas	apreciabais
apreciaba	apreciaban

Future Perfect

habré apreciado	habremos apreciado
habrás apreciado	habréis apreciado
habrá apreciado	habrán apreciado

Future

apreciaré	apreciaremos
apreciarás	apreciaréis
apreciará	apreciarán

Conditional Perfect

habría apreciado	habríamos apreciado
habrías apreciado	habríais apreciado
habría apreciado	habrían apreciado

Conditional

apreciaría	apreciaríamos
apreciarías	apreciaríais
apreciaría	apreciarían

SUBJUNCTIVE

Present

aprecie	apreciemos
aprecies	apreciéis
aprecie	aprecien

Present Perfect

haya apreciado	hayamos apreciado
hayas apreciado	hayáis apreciado
haya apreciado	hayan apreciado

Past

apreciara	apreciáramos
apreciaras	apreciarais
apreciara	apreciaran

Past Perfect

hubiera apreciado	hubiéramos apreciado
hubieras apreciado	hubierais apreciado
hubiera apreciado	hubieran apreciado

IMPERATIVE

aprecia	no aprecies	apreciemos	no apreciemos
aprecie	no aprecie	apreciad	no apreciéis
		aprecien	no aprecien

Todos apreciaron tu presencia en la reunión.
Everybody appreciated your presence at the meeting.
Desde este mirador se puede apreciar todo el valle.
From this lookout you are able to appreciate the whole valley.
Yo aprecio mucho a mi amigo Pedro.
I'm very fond of my friend Pedro.

APRENDER *To learn*

Past part. aprendido   *Ger.* aprendiendo

INDICATIVE

Present

aprendo	aprendemos
aprendes	aprendéis
aprende	aprenden

Preterit

aprendí	aprendimos
aprendiste	aprendisteis
aprendió	aprendieron

Imperfect

aprendía	aprendíamos
aprendías	aprendíais
aprendía	aprendían

Future

aprenderé	aprenderemos
aprenderás	aprenderéis
aprenderá	aprenderán

Conditional

aprendería	aprenderíamos
aprenderías	aprenderíais
aprendería	aprenderían

Present Perfect

he aprendido	hemos aprendido
has aprendido	habéis aprendido
ha aprendido	han aprendido

Past Perfect

había aprendido	habíamos aprendido
habías aprendido	habíais aprendido
había aprendido	habían aprendido

Future Perfect

habré aprendido	habremos aprendido
habrás aprendido	habréis aprendido
habrá aprendido	habrán aprendido

Conditional Perfect

habría aprendido	habríamos aprendido
habrías aprendido	habríais aprendido
habría aprendido	habrían aprendido

SUBJUNCTIVE

Present

aprenda	aprendamos
aprendas	aprendáis
aprenda	aprendan

Past

aprendiera	aprendiéramos
aprendieras	aprendierais
aprendiera	aprendieran

Present Perfect

haya aprendido	hayamos aprendido
hayas aprendido	hayáis aprendido
haya aprendido	hayan aprendido

Past Perfect

hubiera aprendido	hubiéramos aprendido
hubieras aprendido	hubierais aprendido
hubiera aprendido	hubieran aprendido

IMPERATIVE

aprende	no aprendas	aprendamos	no aprendamos
aprenda	no aprenda	aprended	no aprendáis
		aprendan	no aprendan

Hemos aprendido mucho en nuestra clase de historia.
We have learned a lot in our history class.

Lo que se bien aprende nunca se olvida.
What is well learned is never forgotten.

Mi madre quiso que yo aprendiera piano de niña.
My mother wanted me to learn piano as a child.

APROBAR   *To approve, to pass (an exam)*

Past part. aprobado   *Ger.* aprobando

INDICATIVE

Present		Present Perfect	
apruebo	aprobamos	he aprobado	hemos aprobado
apruebas	aprobáis	has aprobado	habéis aprobado
aprueba	aprueban	ha aprobado	han aprobado

Preterit		Past Perfect	
aprobé	aprobamos	había aprobado	habíamos aprobado
aprobaste	aprobasteis	habías aprobado	habíais aprobado
aprobó	aprobaron	había aprobado	habían aprobado

Imperfect		Future Perfect	
aprobaba	aprobábamos	habré aprobado	habremos aprobado
aprobabas	aprobabais	habrás aprobado	habréis aprobado
aprobaba	aprobaban	habrá aprobado	habrán aprobado

Future		Conditional Perfect	
aprobaré	aprobaremos	habría aprobado	habríamos aprobado
aprobarás	aprobaréis	habrías aprobado	habríais aprobado
aprobará	aprobarán	habría aprobado	habrían aprobado

Conditional	
aprobaría	aprobaríamos
aprobarías	aprobaríais
aprobaría	aprobarían

SUBJUNCTIVE

Present		Present Perfect	
apruebe	aprobemos	haya aprobado	hayamos aprobado
apruebes	aprobéis	hayas aprobado	hayáis aprobado
apruebe	aprueben	haya aprobado	hayan aprobado

Past		Past Perfect	
aprobara	aprobáramos	hubiera aprobado	hubiéramos aprobado
aprobaras	aprobarais	hubieras aprobado	hubierais aprobado
aprobara	aprobaran	hubiera aprobado	hubieran aprobado

IMPERATIVE

aprueba	no apruebes	aprobemos	no aprobemos
apruebe	no apruebe	aprobad	no aprobéis
		aprueben	no aprueben

Aprobaréis todos los exámenes en mayo.
You will pass all the exams in May.
No apruebo tu mal comportamiento.
I do not approve your bad behavior.
Mi jefe aprobó mi proyecto.
My boss approved my project.

APROVECHAR   *To make the most of, to use*

Aprovecharse *To take advantage*
Past part. aprovechado   *Ger.* aprovechando

INDICATIVE

Present

aprovecho	aprovechamos
aprovechas	aprovecháis
aprovecha	aprovechan

Present Perfect

he aprovechado	hemos aprovechado
has aprovechado	habéis aprovechado
ha aprovechado	han aprovechado

Preterit

aproveché	aprovechamos
aprovechaste	aprovechasteis
aprovechó	aprovecharon

Past Perfect

había aprovechado	habíamos aprovechado
habías aprovechado	habíais aprovechado
había aprovechado	habían aprovechado

Imperfect

aprovechaba	aprovechábamos
aprovechabas	aprovechabais
aprovechaba	aprovechaban

Future Perfect

habré aprovechado	habremos aprovechado
habrás aprovechado	habréis aprovechado
habrá aprovechado	habrán aprovechado

Future

aprovecharé	aprovecharemos
aprovecharás	aprovecharéis
aprovechará	aprovecharán

Conditional Perfect

habría aprovechado	habríamos aprovechado
habrías aprovechado	habríais aprovechado
habría aprovechado	habrían aprovechado

Conditional

aprovecharía	aprovecharíamos
aprovecharías	aprovecharíais
aprovecharía	aprovecharían

SUBJUNCTIVE

Present

aproveche	aprovechemos
aproveches	aprovechéis
aproveche	aprovechen

Present Perfect

haya aprovechado	hayamos aprovechado
hayas aprovechado	hayáis aprovechado
haya aprovechado	hayan aprovechado

Past

aprovechara	aprovecháramos
aprovecharas	aprovecharais
aprovechara	aprovecharan

Past Perfect

hubiera aprovechado	hubiéramos aprovechado
hubieras aprovechado	hubierais aprovechado
hubiera aprovechado	hubieran aprovechado

IMPERATIVE

aprovecha	no aproveches	aprovechemos	no aprovechemos
aproveche	no aproveche	aprovechad	no aprovechéis
		aprovechen	no aprovechen

Carlos aprovecha toda la comida que sobra.
Carlos uses all the leftovers.

Debemos aprovechar este clima.
We must make the most of this weather.

Creo que te estás aprovechando de mi amabilidad.
I think you are taking advantage of my kindness.

ARMAR   *To assemble, to put together, to arm*

Past part. armado   *Ger.* armando

INDICATIVE

Present		Present Perfect	
armo	armamos	he armado	hemos armado
armas	armáis	has armado	habéis armado
arma	arman	ha armado	han armado

Preterit		Past Perfect	
armé	armamos	había armado	habíamos armado
armaste	armasteis	habías armado	habíais armado
armó	armaron	había armado	habían armado

Imperfect		Future Perfect	
armaba	armábamos	habré armado	habremos armado
armabas	armabais	habrás armado	habréis armado
armaba	armaban	habrá armado	habrán armado

Future		Conditional Perfect	
armaré	armaremos	habría armado	habríamos armado
armarás	armaréis	habrías armado	habríais armado
armará	armarán	habría armado	habrían armado

Conditional	
armaría	armaríamos
armarías	armaríais
armaría	armarían

SUBJUNCTIVE

Present		Present Perfect	
arme	armemos	haya armado	hayamos armado
armes	arméis	hayas armado	hayáis armado
arme	armen	haya armado	hayan armado

Past		Past Perfect	
armara	armáramos	hubiera armado	hubiéramos armado
armaras	armarais	hubieras armado	hubierais armado
armara	armaran	hubiera armado	hubieran armado

IMPERATIVE

arma	no armes	armemos	no armemos
arme	no arme	armad	no arméis
		armen	no armen

Los niños deberían estar armados con la mejor educación.
Children should be armed with the best education.

Desarmé este rompecabezas y ahora no puedo armarla de nuevo.
I took apart this puzzle and now I can't put it back together again.

ARREGLAR   *To fix, to repair, to arrange, to sort out*

Arreglarse *To get ready*
Past part. arreglado   *Ger.* arreglando

INDICATIVE

Present		Present Perfect	
arreglo	arreglamos	he arreglado	hemos arreglado
arreglas	arregláis	has arreglado	habéis arreglado
arregla	arreglan	ha arreglado	han arreglado

Preterit		Past Perfect	
arreglé	arreglamos	había arreglado	habíamos arreglado
arreglaste	arreglasteis	habías arreglado	habíais arreglado
arregló	arreglaron	había arreglado	habían arreglado

Imperfect		Future Perfect	
arreglaba	arreglábamos	habré arreglado	habremos arreglado
arreglabas	arreglabais	habrás arreglado	habréis arreglado
arreglaba	arreglaban	habrá arreglado	habrán arreglado

Future		Conditional Perfect	
arreglaré	arreglaremos	habría arreglado	habríamos arreglado
arreglarás	arreglaréis	habrías arreglado	habríais arreglado
arreglará	arreglarán	habría arreglado	habrían arreglado

Conditional	
arreglaría	arreglaríamos
arreglarías	arreglaríais
arreglaría	arreglarían

SUBJUNCTIVE

Present		Present Perfect	
arregle	arreglemos	haya arreglado	hayamos arreglado
arregles	arregléis	hayas arreglado	hayáis arreglado
arregle	arreglen	haya arreglado	hayan arreglado

Past		Past Perfect	
arreglara	arregláramos	hubiera arreglado	hubiéramos arreglado
arreglaras	arreglarais	hubieras arreglado	hubierais arreglado
arreglara	arreglaran	hubiera arreglado	hubieran arreglado

IMPERATIVE

arregla	no arregles	arreglemos	no arreglemos
arregle	no arregle	arreglad	no arregléis
		arreglen	no arreglen

¿Arreglaremos los problemas causados por el calentamiento global a tiempo?
Will we fix the problems caused by global warming in time?

La ciudad no ha arreglado los baches causados por las fuertes lluvias.
The city hasn't repaired the potholes caused by the heavy rains.

Elena siempre se tarda mucho en arreglarse para salir.
Elena always takes a long time getting ready to go out.

ASISTIR *To attend, to assist*

Past part. asistido *Ger.* asistiendo

INDICATIVE

Present
asisto	asistimos
asistes	asistís
asiste	asisten

Present Perfect
he asistido	hemos asistido
has asistido	habéis asistido
ha asistido	han asistido

Preterit
asistí	asistimos
asististe	asististeis
asistió	asistieron

Past Perfect
había asistido	habíamos asistido
habías asistido	habíais asistido
había asistido	habían asistido

Imperfect
asistía	asistíamos
asistías	asistíais
asistía	asistían

Future Perfect
habré asistido	habremos asistido
habrás asistido	habréis asistido
habrá asistido	habrán asistido

Future
asistiré	asistiremos
asistirás	asistiréis
asistirá	asistirán

Conditional Perfect
habría asistido	habríamos asistido
habrías asistido	habríais asistido
habría asistido	habrían asistido

Conditional
asistiría	asistiríamos
asistirías	asistiríais
asistiría	asistirían

SUBJUNCTIVE

Present
asista	asistamos
asistas	asistáis
asista	asistan

Present Perfect
haya asistido	hayamos asistido
hayas asistido	hayáis asistido
haya asistido	hayan asistido

Past
asistiera	asistiéramos
asistieras	asistierais
asistiera	asistieran

Past Perfect
hubiera asistido	hubiéramos asistido
hubieras asistido	hubierais asistido
hubiera asistido	hubieran asistido

IMPERATIVE

asiste	no asistas	asistamos	no asistamos
asista	no asista	asistid	no asistáis
		asistan	no asistan

Asistiremos gustosos a su fiesta el viernes.
We will gladly attend your party on Friday.

Los estudiantes responsables siempre asisten a clase.
Responsible students always attend class.

La tecnología ha asistido al éxito de muchas operaciones quirúrgicas.
Technology has assisted in the success of many surgical operations.

Past part. asoleado   *Ger.* asoleando

INDICATIVE

Present

me asoleo	nos asoleamos
te asoleas	os asoleáis
se asolea	se asolean

Present Perfect

me he asoleado	nos hemos asoleado
te has asoleado	os habéis asoleado
se ha asoleado	se han asoleado

Preterit

me asolée	nos asoleamos
te asoleaste	os asoleasteis
se asoleó	se asolearon

Past Perfect

me había asoleado	nos habíamos asoleado
te habías asoleado	os habíais asoleado
se había asoleado	se habían asoleado

Imperfect

me asoleaba	nos asoleábamos
te asoleabas	os asoleabais
se asoleaba	se asoleaban

Future Perfect

me habré asoleado	nos habremos asoleado
te habrás asoleado	os habréis asoleado
se habrá asoleado	se habrán asoleado

Future

me asolearé	nos asolearemos
te asolearás	os asolearéis
se asoleará	se asolearán

Conditional Perfect

me habría asoleado	nos habríamos asoleado
te habrías asoleado	os habríais asoleado
se habría asoleado	se habrían asoleado

Conditional

me asolearía	nos asolearíamos
te asolearías	os asolearíais
se asolearía	se asolearían

SUBJUNCTIVE

Present

me asolee	nos asoleemos
te asolees	os asoleéis
se asolee	se asoleen

Present Perfect

me haya asoleado	nos hayamos asoleado
te hayas asoleado	os hayáis asoleado
se haya asoleado	se hayan asoleado

Past

me asoleara	nos asoleáramos
te asolearas	os asolearais
se asoleara	se asolearan

Past Perfect

me hubiera asoleado	nos hubiéramos asoleado
te hubieras asoleado	os hubierais asoleado
se hubiera asoleado	se hubieran asoleado

IMPERATIVE

asoléate	no te asolees	asoleémonos	no nos asoleemos
asoléese	no se asolee	asoleaos	no os asoleéis
		asoléense	no se asoleen

Nos asoleamos toda la tarde cerca de la piscina.
We sunbathed all afternoon by the pool.

No es sano que se hayan asoleado tanto tiempo.
It's not healthy for you to have sunbathed for such a long time.

No te asolees sin crema solar.
Don't sunbathe without sun cream.

Past part. atado   *Ger.* atando

INDICATIVE

Present		Present Perfect	
ato	atamos	he atado	hemos atado
atas	atáis	has atado	habéis atado
ata	atan	ha atado	han atado

Preterit		Past Perfect	
até	atamos	había atado	habíamos atado
ataste	atasteis	habías atado	habíais atado
ató	ataron	había atado	habían atado

Imperfect		Future Perfect	
ataba	atábamos	habré atado	habremos atado
atabas	atabais	habrás atado	habréis atado
ataba	ataban	habrá atado	habrán atado

Future		Conditional Perfect	
ataré	ataremos	habría atado	habríamos atado
atarás	ataréis	habrías atado	habríais atado
atará	atarán	habría atado	habrían atado

Conditional	
ataría	ataríamos
atarías	ataríais
ataría	atarían

SUBJUNCTIVE

Present		Present Perfect	
ate	atemos	haya atado	hayamos atado
ates	atéis	hayas atado	hayáis atado
ate	aten	haya atado	hayan atado

Past		Past Perfect	
atara	atáramos	hubiera atado	hubiéramos atado
ataras	atarais	hubieras atado	hubierais atado
atara	ataran	hubiera atado	hubieran atado

IMPERATIVE

ata	no ates	atemos	no atemos
ate	no ate	atad	no atéis
		aten	no aten

Ata esa leña para poder cargarla más fácilmente.
Tie that firewood so that you can carry it more easily.
Até los perros al árbol antes de entrar a la tienda.
I tied the dogs to the tree before going into the store.
Átate los cordones de los zapatos.
Tie up your shoelaces.

ATENDER   *To pay attention, to serve, to tend to*

Past part. atendido   *Ger.* atendiendo

INDICATIVE

Present

atiendo	atendemos
atiendes	atendéis
atiende	atienden

Preterit

atendí	atendimos
atendiste	atendisteis
atendió	atendieron

Imperfect

atendía	atendíamos
atendías	atendíais
atendía	atendían

Future

atenderé	atenderemos
atenderás	atenderéis
atenderá	atenderán

Conditional

atendería	atenderíamos
atenderías	atenderíais
atendería	atenderían

Present Perfect

he atendido	hemos atendido
has atendido	habéis atendido
ha atendido	han atendido

Past Perfect

había atendido	habíamos atendido
habías atendido	habíais atendido
había atendido	habían atendido

Future Perfect

habré atendido	habremos atendido
habrás atendido	habréis atendido
habrá atendido	habrán atendido

Conditional Perfect

habría atendido	habríamos atendido
habrías atendido	habríais atendido
habría atendido	habrían atendido

SUBJUNCTIVE

Present

atienda	atendamos
atiendas	atendáis
atienda	atiendan

Past

atendiera	atendiéramos
atendieras	atendierais
atendiera	atendieran

Present Perfect

haya atendido	hayamos atendido
hayas atendido	hayáis atendido
haya atendido	hayan atendido

Past Perfect

hubiera atendido	hubiéramos atendido
hubieras atendido	hubierais atendido
hubiera atendido	hubieran atendido

IMPERATIVE

atiende	no atiendas	atendamos	no atendamos
atienda	no atienda	atended	no atendáis
		atiendan	no atiendan

Los estudiantes atienden la conferencia del profesor.
The students pay attention to the professor's lecture.

Ese mesero nos atendió muy bien la semana pasada.
That waiter served us very well last week.

El médico atiende pacientes sólo de nueve a dos.
The doctor only sees patients from nine to two.

ATERRIZAR *To land, to arrive*

Past part. aterrizado   Ger. aterrizando

INDICATIVE

Present		Present Perfect	
aterrizo	aterrizamos	he aterrizado	hemos aterrizado
aterrizas	aterrizáis	has aterrizado	habéis aterrizado
aterriza	aterrizan	ha aterrizado	han aterrizado

Preterit		Past Perfect	
aterricé	aterrizamos	había aterrizado	habíamos aterrizado
aterrizaste	aterrizasteis	habías aterrizado	habíais aterrizado
aterrizó	aterrizaron	había aterrizado	habían aterrizado

Imperfect		Future Perfect	
aterrizaba	aterrizábamos	habré aterrizado	habremos aterrizado
aterrizabas	aterrizabais	habrás aterrizado	habréis aterrizado
aterrizaba	aterrizaban	habrá aterrizado	habrán aterrizado

Future		Conditional Perfect	
aterrizaré	aterrizaremos	habría aterrizado	habríamos aterrizado
aterrizarás	aterrizaréis	habrías aterrizado	habríais aterrizado
aterrizará	aterrizarán	habría aterrizado	habrían aterrizado

Conditional	
aterrizaría	aterrizaríamos
aterrizarías	aterrizaríais
aterrizaría	aterrizarían

SUBJUNCTIVE

Present		Present Perfect	
aterrice	aterricemos	haya aterrizado	hayamos aterrizado
aterrices	aterricéis	hayas aterrizado	hayáis aterrizado
aterrice	aterricen	haya aterrizado	hayan aterrizado

Past		Past Perfect	
aterrizara	aterrizáramos	hubiera aterrizado	hubiéramos aterrizado
aterrizaras	aterrizarais	hubieras aterrizado	hubierais aterrizado
aterrizara	aterrizaran	hubiera aterrizado	hubieran aterrizado

IMPERATIVE

aterriza	no aterrices	aterricemos	no aterricemos
aterrice	no aterrice	aterrizad	no aterricéis
		aterricen	no aterricen

¿A qué hora aterriza el avión?
At what time does the plane land?
El vuelo aterrizará en breve.
The flight will land briefly.
El piloto no aterrizó muy bien el avión.
The pilot didn't land the plane very well.

ATRAPAR *To catch*

Past part. atrapado   *Ger.* atrapando

INDICATIVE

Present
atrapo	atrapamos
atrapas	atrapáis
atrapa	atrapan

Present Perfect
he atrapado	hemos atrapado
has atrapado	habéis atrapado
ha atrapado	han atrapado

Preterit
atrapé	atrapamos
atrapaste	atrapasteis
atrapó	atraparon

Past Perfect
había atrapado	habíamos atrapado
habías atrapado	habíais atrapado
había atrapado	habían atrapado

Imperfect
atrapaba	atrapábamos
atrapabas	atrapabais
atrapaba	atrapaban

Future Perfect
habré atrapado	habremos atrapado
habrás atrapado	habréis atrapado
habrá atrapado	habrán atrapado

Future
atraparé	atraparemos
atraparás	atraparéis
atrapará	atraparán

Conditional Perfect
habría atrapado	habríamos atrapado
habrías atrapado	habríais atrapado
habría atrapado	habrían atrapado

Conditional
ataparía	ataparíamos
ataparías	ataparíais
ataparía	ataparían

SUBJUNCTIVE

Present
atrape	atrapemos
atrapes	atrapéis
atrape	atrapen

Present Perfect
haya atrapado	hayamos atrapado
hayas atrapado	hayáis atrapado
haya atrapado	hayan atrapado

Past
atrapara	atrapáramos
atraparas	atraparais
atrapara	atraparan

Past Perfect
hubiera atrapado	hubiéramos atrapado
hubieras atrapado	hubierais atrapado
hubiera atrapado	hubieran atrapado

IMPERATIVE

atrapa	no atrapes	atrapemos	no atrapemos
atrape	no atrape	atrapad	no atrapéis
		atrapen	no atrapen

El jugador atrapó la pelota.
The player caught the ball.

No han atrapado al león que se escapó del zoológico.
They haven't caught the lion that escaped from the zoo.

Atraparás un resfriado si sales sin un abrigo.
You will catch a cold if you go out without a coat.

ATRAVESAR   *To cross, to go through*

Past part. atravesado   *Ger.* atravesando

INDICATIVE

Present

atravieso	atravesamos
atraviesas	atravesáis
atraviesa	atraviesan

Present Perfect

he atravesado	hemos atravesado
has atravesado	habéis atravesado
ha atravesado	han atravesado

Preterit

atravesé	atravesamos
atravesaste	atravesasteis
atravesó	atravesaron

Past Perfect

había atravesado	habíamos atravesado
habías atravesado	habíais atravesado
había atravesado	habían atravesado

Imperfect

atravesaba	atravesábamos
atravesabas	atravesabais
atravesaba	atravesaban

Future Perfect

habré atravesado	habremos atravesado
habrás atravesado	habréis atravesado
habrá atravesado	habrán atravesado

Future

atravesaré	atravesaremos
atravesarás	atravesaréis
atravesará	atravesarán

Conditional Perfect

habría atravesado	habríamos atravesado
habrías atravesado	habríais atravesado
habría atravesado	habrían atravesado

Conditional

atravesaría	atravesaríamos
atravesarías	atravesaríais
atravesaría	atravesarían

SUBJUNCTIVE

Present

atraviese	atravesemos
atravieses	atraveséis
atraviese	atraviesen

Present Perfect

haya atravesado	hayamos atravesado
hayas atravesado	hayáis atravesado
haya atravesado	hayan atravesado

Past

atravesara	atravesáramos
atravesaras	atravesarais
atravesara	atravesaran

Past Perfect

hubiera atravesado	hubiéramos atravesado
hubieras atravesado	hubierais atravesado
hubiera atravesado	hubieran atravesado

IMPERATIVE

atraviesa	no atravieses	atravesemos	no atravesemos
atraviese	no atraviese	atravesad	no atraveséis
		atraviesen	no atraviesen

El río atraviesa valles y montañas antes de llegar al mar.
The river crosses valleys and mountains before reaching the sea.

La bala atravesó la pierna del soldado.
The bullet went through the soldier's leg.

Ten cuidado al atravesar la avenida.
Be careful when crossing the avenue.

Past part. auxiliado   *Ger.* auxiliando

INDICATIVE

Present		Present Perfect	
auxilio	auxiliamos	he auxiliado	hemos auxiliado
auxilias	auxiliáis	has auxiliado	habéis auxiliado
auxilia	auxilian	ha auxiliado	han auxiliado

Preterit		Past Perfect	
auxilié	auxiliamos	había auxiliado	habíamos auxiliado
auxiliaste	auxiliasteis	habías auxiliado	habíais auxiliado
auxilió	auxiliaron	había auxiliado	habían auxiliado

Imperfect		Future Perfect	
auxiliaba	auxiliábamos	habré auxiliado	habremos auxiliado
auxiliabas	auxiliabais	habrás auxiliado	habréis auxiliado
auxiliaba	auxiliaban	habrá auxiliado	habrán auxiliado

Future		Conditional Perfect	
auxiliaré	auxiliaremos	habría auxiliado	habríamos auxiliado
auxiliarás	auxiliaréis	habrías auxiliado	habríais auxiliado
auxiliaré	auxiliarán	habría auxiliado	habrían auxiliado

Conditional	
auxiliaría	auxiliaríamos
auxiliarías	auxiliaríais
auxiliaría	auxiliarían

SUBJUNCTIVE

Present		Present Perfect	
auxilie	auxiliemos	haya auxiliado	hayamos auxiliado
auxilies	auxiliéis	hayas auxiliado	hayáis auxiliado
auxilie	auxilien	haya auxiliado	hayan auxiliado

Past		Past Perfect	
auxiliara	auxiliáramos	hubiera auxiliado	hubiéramos auxiliado
auxiliaras	auxiliarais	hubieras auxiliado	hubierais auxiliado
auxiliara	auxiliaran	hubiera auxiliado	hubieran auxiliado

IMPERATIVE

auxilia	no auxilies	auxiliemos	no auxiliemos
auxilie	no auxilie	auxiliad	no auxiliéis
		auxilien	no auxilien

Los médicos auxiliaron a los heridos.
The doctors assisted the injured.

La iglesia auxilia a los necesitados.
The church helps the needy.

¿Quién podrá auxiliarnos a nosotros ahora?
Who will help us now?

To throw **Aventarse** *To dare*

Past part. aventado *Ger.* aventando

INDICATIVE

Present		Present Perfect	
aviento	aventamos	he aventado	hemos aventado
avientas	aventáis	has aventado	habéis aventado
avienta	avientan	ha aventado	han aventado
Preterit		**Past Perfect**	
aventé	aventamos	había aventado	habíamos aventado
aventaste	aventasteis	habías aventado	habíais aventado
aventó	aventaron	había aventado	habían aventado
Imperfect		**Future Perfect**	
aventaba	aventábamos	habré aventado	habremos aventado
aventabas	aventabais	habrás aventado	habréis aventado
aventaba	aventaban	habrá aventado	habrán aventado
Future		**Conditional Perfect**	
aventaré	aventaremos	habría aventado	habríamos aventado
aventarás	aventaréis	habrías aventado	habríais aventado
aventará	aventarán	habría aventado	habrían aventado
Conditional			
aventaría	aventaríamos		
aventarías	aventaríais		
aventaría	aventarían		

SUBJUNCTIVE

Present		Present Perfect	
aviente	aventemos	haya aventado	hayamos aventado
avientes	aventéis	hayas aventado	hayáis aventado
aviente	avienten	haya aventado	hayan aventado
Past		**Past Perfect**	
aventara	aventáramos	hubiera aventado	hubiéramos aventado
aventaras	aventarais	hubieras aventado	hubierais aventado
aventara	aventaran	hubiera aventado	hubieran aventado

IMPERATIVE

avienta	no avientes	aventemos	no aventemos
aviente	no aviente	aventad	no aventéis
		avienten	no avienten

Mi mamá me dijo que no aventara la pelota dentro de la casa.
My mom told me not to throw the ball in the house.

Tomás se aventó a la piscina sin fijarse si tenía agua.
Thomas threw himself in the pool without checking if it had water.

¿Te avientas a manejar hasta México conmigo?
Do you dare to drive to Mexico with me?

AVERIGUAR   *To find out, to check*

Past part. averiguado   *Ger.* averiguando

INDICATIVE

Present		Present Perfect	
averiguo	averiguamos	he averiguado	hemos averiguado
averiguas	averiguáis	has averiguado	habéis averiguado
averigua	averiguan	ha averiguado	han averiguado

Preterit		Past Perfect	
averigüé	averiguamos	había averiguado	habíamos averiguado
averiguaste	averiguasteis	habías averiguado	habíais averiguado
averiguó	averiguaron	había averiguado	habían averiguado

Imperfect		Future Perfect	
averiguaba	averiguábamos	habré averiguado	habremos averiguado
averiguabas	averiguabais	habrás averiguado	habréis averiguado
averiguaba	averiguaban	habrá averiguado	habrán averiguado

Future		Conditional Perfect	
averiguaré	averiguaremos	habría averiguado	habríamos averiguado
averiguarás	averiguaréis	habrías averiguado	habríais averiguado
averiguará	averiguarán	habría averiguado	habrían averiguado

Conditional	
averiguaría	averiguaríamos
averiguarías	averiguaríais
averiguaría	averiguarían

SUBJUNCTIVE

Present		Present Perfect	
averigüe	averigüemos	haya averiguado	hayamos averiguado
averigües	averigüéis	hayas averiguado	hayáis averiguado
averigüe	averigüen	haya averiguado	hayan averiguado

Past		Past Perfect	
averiguara	averiguáramos	hubiera averiguado	hubiéramos averiguado
averiguaras	averiguarais	hubieras averiguado	hubierais averiguado
averiguara	averiguaran	hubiera averiguado	hubieran averiguado

IMPERATIVE

averigua	no averigües	averigüemos	no averigüemos
averigüe	no averigüe	averiguad	no averigüéis
		averigüen	no averigüen

Por favor, averigua el teléfono del señor Andrade.
Please, find out Mr. Andrade's phone number.

¿Cómo averiguaremos dónde es la fiesta?
How will we find out where the party is?

Averiguamos las puertas de llegados.
Let's check the departure gates.

AVISAR   *To notify, to warn, to let know*   A

Past part. avisado   *Ger.* avisando

INDICATIVE

Present		Present Perfect	
aviso	avisamos	he avisado	hemos avisado
avisas	avisáis	has avisado	habéis avisado
avisa	avisan	ha avisado	han avisado

Preterit		Past Perfect	
avisé	avisamos	había avisado	habíamos avisado
avisaste	avisasteis	habías avisado	habíais avisado
avisó	avisaron	había avisado	habían avisado

Imperfect		Future Perfect	
avisaba	avisábamos	habré avisado	habremos avisado
avisabas	avisabais	habrás avisado	habréis avisado
avisaba	avisaban	habrá avisado	habrán avisado

Future		Conditional Perfect	
avisaré	avisaremos	habría avisado	habríamos avisado
avisarás	avisaréis	habrías avisado	habríais avisado
avisará	avisarán	habría avisado	habrían avisado

Conditional	
avisaría	avisaríamos
avisarías	avisaríais
avisaría	avisarían

SUBJUNCTIVE

Present		Present Perfect	
avise	avisemos	haya avisado	hayamos avisado
avises	aviséis	hayas avisado	hayáis avisado
avise	avisen	haya avisado	hayan avisado

Past		Past Perfect	
avisara	avisáramos	hubiera avisado	hubiéramos avisado
avisaras	avisarais	hubieras avisado	hubierais avisado
avisara	avisaran	hubiera avisado	hubieran avisado

IMPERATIVE

avisa	no avises	avisemos	no avisemos
avise	no avise	avisad	no aviséis
		avisen	no avisen

Avísame cuando hayas llegado a tu destino.
Let me know when you have reached your destination.

Los testigos le avisaron a la policía inmediatamente.
The witnesses notified the police immediately.

Nadie nos aviso sobre los riesgos posibles de este viaje.
Nobody warned us about this trip's possible risks.

51

Past part. ayudado   *Ger.* ayudando

INDICATIVE

Present

ayudo	ayudamos
ayudas	ayudáis
ayuda	ayudan

Present Perfect

he ayudado	hemos ayudado
has ayudado	habéis ayudado
ha ayudado	han ayudado

Preterit

ayudé	ayudamos
ayudaste	ayudasteis
ayudó	ayudaron

Past Perfect

había ayudado	habíamos ayudado
habías ayudado	habíais ayudado
había ayudado	habían ayudado

Imperfect

ayudaba	ayudábamos
ayudabas	ayudabais
ayudaba	ayudaban

Future Perfect

habré ayudado	habremos ayudado
habrás ayudado	habréis ayudado
habrá ayudado	habrán ayudado

Future

ayudaré	ayudaremos
ayudarás	ayudaréis
ayudará	ayudarán

Conditional Perfect

habría ayudado	habríamos ayudado
habrías ayudado	habríais ayudado
habría ayudado	habrían ayudado

Conditional

ayudaría	ayudaríamos
ayudarías	ayudaríais
ayudaría	ayudarían

SUBJUNCTIVE

Present

ayude	ayudemos
ayudes	ayudéis
ayude	ayuden

Present Perfect

haya ayudado	hayamos ayudado
hayas ayudado	hayáis ayudado
haya ayudado	hayan ayudado

Past

ayudara	ayudáramos
ayudaras	ayudarais
ayudara	ayudaran

Past Perfect

hubiera ayudado	hubiéramos ayudado
hubieras ayudado	hubierais ayudado
hubiera ayudado	hubieran ayudado

IMPERATIVE

ayuda	no ayudes	ayudemos	no ayudemos
ayude	no ayude	ayudad	no ayudéis
		ayuden	no ayuden

Los amigos siempre ayudan a los amigos.
Friends always help friends.
¡Ayúdame!
Help me!
Te ayudaré en cuanto termine con mi tarea.
I will help you as soon as I finish my homework.

Past part. bailado   *Ger.* bailando

INDICATIVE

Present		Present Perfect	
bailo	bailamos	he bailado	hemos bailado
bailas	bailáis	has bailado	habéis bailado
baila	bailan	ha bailado	han bailado

Preterit		Past Perfect	
bailé	bailamos	había bailado	habíamos bailado
bailaste	bailasteis	habías bailado	habíais bailado
bailó	bailaron	había bailado	habían bailado

Imperfect		Future Perfect	
bailaba	bailábamos	habré bailado	habremos bailado
bailabas	bailabais	habrás bailado	habréis bailado
bailaba	bailaban	habrá bailado	habrán bailado

Future		Conditional Perfect	
bailaré	bailaremos	habría bailado	habríamos bailado
bailarás	bailaréis	habrías bailado	habríais bailado
bailará	bailarán	habría bailado	habrían bailado

Conditional	
bailaría	bailaríamos
bailarías	bailaríais
bailaría	bailarían

SUBJUNCTIVE

Present		Present Perfect	
baile	bailemos	haya bailado	hayamos bailado
bailes	bailéis	hayas bailado	hayáis bailado
baile	bailen	haya bailado	hayan bailado

Past		Past Perfect	
bailara	bailáramos	hubiera bailado	hubiéramos bailado
bailaras	bailarais	hubieras bailado	hubierais bailado
bailara	bailaran	hubiera bailado	hubieran bailado

IMPERATIVE

baila	no bailes	bailemos	no bailemos
baile	no baile	bailad	no bailéis
		bailen	no bailen

Anoche bailamos mucho en la fiesta.
We danced a lot last night at the party.
Ernesto baila muy bien.
Ernesto dances very well.
¿Bailaréis en la nueva discoteca?
Will you dance at the new disco?

Bajarse *To get off, to get out*
Past part. bajado   *Ger.* bajando

INDICATIVE

Present		Present Perfect	
bajo	bajamos	he bajado	hemos bajado
bajas	bajáis	has bajado	habéis bajado
baja	bajan	ha bajado	han bajado

Preterit		Past Perfect	
bajé	bajamos	había bajado	habíamos bajado
bajaste	bajasteis	habías bajado	habíais bajado
bajó	bajaron	había bajado	habían bajado

Imperfect		Future Perfect	
bajaba	bajábamos	habré bajado	habremos bajado
bajabas	bajabais	habrás bajado	habréis bajado
bajaba	bajaban	habrá bajado	habrán bajado

Future		Conditional Perfect	
bajaré	bajaremos	habría bajado	habríamos bajado
bajarás	bajaréis	habrías bajado	habríais bajado
bajará	bajarán	habría bajado	habrían bajado

Conditional	
bajaría	bajaríamos
bajarías	bajaríais
bajaría	bajarían

SUBJUNCTIVE

Present		Present Perfect	
baje	bajemos	haya bajado	hayamos bajado
bajes	bajéis	hayas bajado	hayáis bajado
baje	bajen	haya bajado	hayan bajado

Past		Past Perfect	
bajara	bajáramos	hubiera bajado	hubiéramos bajado
bajaras	bajarais	hubieras bajado	hubierais bajado
bajara	bajaran	hubiera bajado	hubieran bajado

IMPERATIVE

baja	no bajes	bajemos	no bajemos
baje	no baje	bajad	no bajéis
		bajen	no bajen

Bajaremos al pueblo para comprar víveres.
We'll go down to the village to buy some supplies.
Tenemos que bajar de la montaña antes de que anochezca.
We have to come down from the mountain before night falls.
Anoche bajé varias canciones de la red.
Last night I downloaded several songs from the Internet.

BAÑARSE *To take a bath* **Bañar** *To bathe*

Past part. bañado   Ger. bañando

INDICATIVE

Present		Present Perfect	
me baño	nos bañamos	me he bañado	nos hemos bañado
te bañas	os bañáis	te has bañado	os habéis bañado
se baña	se bañan	se ha bañado	se han bañado

Preterit		Past Perfect	
me bañé	nos bañamos	me había bañado	nos habíamos bañado
te bañaste	os bañasteis	te habías bañado	os habíais bañado
se bañó	se bañaron	se había bañado	se habían bañado

Imperfect		Future Perfect	
me bañaba	nos bañábamos	me habré bañado	nos habremos bañado
te bañabas	os bañabais	te habrás bañado	os habréis bañado
se bañaba	se bañaban	se habrá bañado	se habrán bañado

Future		Conditional Perfect	
me bañaré	nos bañaremos	me habría bañado	nos habríamos bañado
te bañarás	os bañaréis	te habrías bañado	os habríais bañado
se bañará	se bañarán	se habría bañado	se habrían bañado

Conditional	
me bañaría	nos bañaríamos
te bañarías	os bañaríais
se bañaría	se bañarían

SUBJUNCTIVE

Present		Present Perfect	
me bañe	nos bañemos	me haya bañado	nos hayamos bañado
te bañes	os bañéis	te hayas bañado	os hayáis bañado
se bañe	se bañen	se haya bañado	se hayan bañado

Past		Past Perfect	
me bañara	nos bañáramos	me hubiera bañado	nos hubiéramos bañado
te bañaras	os bañarais	te hubieras bañado	os hubierais bañado
se bañara	se bañaran	se hubiera bañado	se hubieran bañado

IMPERATIVE

báñate	no te bañes	bañémonos	no nos bañemos
báñese	no se bañe	bañaos	no os bañéis
		báñense	no se bañen

Joaquín siempre se baña con agua fría.
Joaquin always take a bath with cold water.
Me bañaré después de hacer ejercicio.
I will take a bath after exercising.
Parece que no te has bañado en tres días.
It seems that you haven't taken a bath for three days.

BARRER *To sweep, to sweep away* **Barrerse** *To slide*

Past part. barrido   Ger. barriendo

INDICATIVE

Present		Present Perfect	
barro	barremos	he barrido	hemos barrido
barres	barréis	has barrido	habéis barrido
barre	barren	ha barrido	han barrido

Preterit		Past Perfect	
barrí	barrimos	había barrido	habíamos barrido
barriste	barristeis	habías barrido	habíais barrido
barrió	barrieron	había barrido	habían barrido

Imperfect		Future Perfect	
barría	barríamos	habré barrido	habremos barrido
barrías	barríais	habrás barrido	habréis barrido
barría	barrían	habrá barrido	habrán barrido

Future		Conditional Perfect	
barreré	barreremos	habría barrido	habríamos barrido
barrerás	barreréis	habrías barrido	habríais barrido
barrerá	barrerán	habría barrido	habrían barrido

Conditional	
barrería	barreríamos
barrerías	barreríais
barrería	barrerían

SUBJUNCTIVE

Present		Present Perfect	
barra	barramos	haya barrido	hayamos barrido
barras	barráis	hayas barrido	hayáis barrido
barra	barran	haya barrido	hayan barrido

Past		Past Perfect	
barriera	barriéramos	hubiera barrido	hubiéramos barrido
barrieras	barrierais	hubieras barrido	hubierais barrido
barriera	barrieran	hubiera barrido	hubieran barrido

IMPERATIVE

barre	no barras	barramos	no barramos
barra	no barra	barred	no barráis
		barran	no barran

Carolina nos pidió que barriéramos el patio.
Carolina asked us to sweep the patio.

El viento barrió todas las hojas que habían caído en el jardín.
The wind swept away all the leaves that had fallen in the yard.

El jugador tuvo que barrerse para alcanzar la base.
The player had to slide to reach the base.

BATALLAR   *To battle, to fight, to struggle*

Past part. batallado   *Ger.* batallando

INDICATIVE

Present
batallo	batallamos
batallas	batalláis
batalla	batallan

Present Perfect
he batallado	hemos batallado
has batallado	habéis batallado
ha batallado	han batallado

Preterit
batallé	batallamos
batallaste	batallasteis
batalló	batallaron

Past Perfect
había batallado	habíamos batallado
habías batallado	habíais batallado
había batallado	habían batallado

Imperfect
batallaba	batallábamos
batallabas	batallabais
batallaba	batallaban

Future Perfect
habré batallado	habremos batallado
habrás batallado	habréis batallado
habrá batallado	habrán batallado

Future
batallaré	batallaremos
batallarás	batallaréis
batallará	batallarán

Conditional Perfect
habría batallado	habríamos batallado
habrías batallado	habríais batallado
habría batallado	habrían batallado

Conditional
batallaría	batallaríamos
batallarías	batallaríais
batallaría	batallarían

SUBJUNCTIVE

Present
batalle	batallemos
batalles	batalléis
batalle	batallen

Present Perfect
haya batallado	hayamos batallado
hayas batallado	hayáis batallado
haya batallado	hayan batallado

Past
batallara	batalláramos
batallaras	batallarais
batallara	batallaran

Past Perfect
hubiera batallado	hubiéramos batallado
hubieras batallado	hubierais batallado
hubiera batallado	hubieran batallado

IMPERATIVE
batalla	no batalles	batallemos	no batallemos
batalle	no batalle	batallad	no batalléis
		batallen	no batallen

Los ejércitos batallaron a las afueras de la ciudad.
The armies fought on the city outskirts.
Mi madre está batallando contra el cáncer.
My mother is battling against cancer.
Nicolás ha batallado toda su vida para tener éxito.
Nicolas has struggled throughout his life to be successful.

BATIR   *To beat, to churn, to mix*   **Batirse** *To fight a duel*

Past part. batido   *Ger.* batiendo

INDICATIVE

Present		Present Perfect	
bato	batimos	he batido	hemos batido
bates	batís	has batido	habéis batido
bate	baten	ha batido	han batido

Preterit		Past Perfect	
batí	batimos	había batido	habíamos batido
batiste	batisteis	habías batido	habíais batido
batió	batieron	había batido	habían batido

Imperfect		Future Perfect	
batía	batíamos	habré batido	habremos batido
batías	batíais	habrás batido	habréis batido
batía	batían	habrá batido	habrán batido

Future		Conditional Perfect	
batiré	batiremos	habría batido	habríamos batido
batirás	batiréis	habrías batido	habríais batido
batirá	batirán	habría batido	habrían batido

Conditional	
batiría	batiríamos
batirías	batiríais
batiría	batirían

SUBJUNCTIVE

Present		Present Perfect	
bata	batamos	haya batido	hayamos batido
batas	batáis	hayas batido	hayáis batido
bata	batan	haya batido	hayan batido

Past		Past Perfect	
batiera	batiéramos	hubiera batido	hubiéramos batido
batieras	batierais	hubieras batido	hubierais batido
batiera	batieran	hubiera batido	hubieran batido

IMPERATIVE

bate	no batas	batamos	no batamos
bata	no bata	batid	no batáis
		batan	no batan

Batimos los huevos para hacer merengue.
We beat the eggs in order to make the meringue.

Luego batiremos la mantequilla y el azúcar.
Later we will mix the butter and the sugar.

Los enemigos se batieron en duelo por una tontería.
The enemies fought a duel over a silly thing.

BEBER   *To drink*   **Beberse** *To drink up*

Past part. bebido   *Ger.* bebiendo

INDICATIVE

Present

		Present Perfect	
bebo	bebemos	he bebido	hemos bebido
bebes	bebéis	has bebido	habéis bebido
bebe	beben	ha bebido	han bebido

Preterit

		Past Perfect	
bebí	bebimos	había bebido	habíamos bebido
bebiste	bebisteis	habías bebido	habíais bebido
bebió	bebieron	había bebido	habían bebido

Imperfect

		Future Perfect	
bebía	bebíamos	habré bebido	habremos bebido
bebías	bebíais	habrás bebido	habréis bebido
bebía	bebían	habrá bebido	habrán bebido

Future

		Conditional Perfect	
beberé	beberemos	habría bebido	habríamos bebido
beberás	beberéis	habrías bebido	habríais bebido
beberá	beberán	habría bebido	habrían bebido

Conditional

bebería	beberíamos
beberías	beberíais
bebería	beberían

SUBJUNCTIVE

Present

		Present Perfect	
beba	bebamos	haya bebido	hayamos bebido
bebas	bebáis	hayas bebido	hayáis bebido
beba	beban	haya bebido	hayan bebido

Past

		Past Perfect	
bebiera	bebiéramos	hubiera bebido	hubiéramos bebido
bebieras	bebierais	hubieras bebido	hubierais bebido
bebiera	bebieran	hubiera bebido	hubieran bebido

IMPERATIVE

bebe	no bebas	bebamos	no bebamos
beba	no beba	bebed	no bebáis
		beban	no beban

No bebas tanto.
Don't drink so much.
¿Qué quieres beber con la comida?
What do you want to drink with lunch?
Nos bebimos toda la cerveza de la nevera.
We drank up all the beer in the fridge.

BESAR *To kiss* **Besarse** *To kiss each other*

Past part. besado   *Ger.* besando

INDICATIVE

Present		Present Perfect	
beso	besamos	he besado	hemos besado
besas	besáis	has besado	habéis besado
besa	besan	ha besado	han besado

Preterit		Past Perfect	
besé	besamos	había besado	habíamos besado
besaste	besasteis	habías besado	habíais besado
besó	besaron	había besado	habían besado

Imperfect		Future Perfect	
besaba	besábamos	habré besado	habremos besado
besabas	besabais	habrás besado	habréis besado
besaba	besaban	habrá besado	habrán besado

Future		Conditional Perfect	
besaré	besaremos	habría besado	habríamos besado
besarás	besaréis	habrías besado	habríais besado
besará	besarán	habría besado	habrían besado

Conditional	
besaría	besaríamos
besarías	besaríais
besaría	besarían

SUBJUNCTIVE

Present		Present Perfect	
bese	besemos	haya besado	hayamos besado
beses	beséis	hayas besado	hayáis besado
bese	besen	haya besado	hayan besado

Past		Past Perfect	
besara	besáramos	hubiera besado	hubiéramos besado
besaras	besarais	hubieras besado	hubierais besado
besara	besaran	hubiera besado	hubieran besado

IMPERATIVE

besa	no beses	besemos	no besemos
bese	no bese	besad	no beséis
		besen	no besen

En muchos países hombres y mujeres se saludan besándose en la mejilla.
In many countries men and women greet each other by kissing on the cheek.

Puede que no nos volvamos a ver; déjame que te bese.
We may not see each other again; let me kiss you.

Se besaron para despedirse.
They kissed each other to say good-bye.

Past part. borrado   *Ger.* borrando

INDICATIVE

Present		Present Perfect	
borro	borramos	he borrado	hemos borrado
borras	borráis	has borrado	habéis borrado
borra	borran	ha borrado	han borrado

Preterit		Past Perfect	
borré	borramos	había borrado	habíamos borrado
borraste	borrasteis	habías borrado	habíais borrado
borró	borraron	había borrado	habían borrado

Imperfect		Future Perfect	
borraba	borrábamos	habré borrado	habremos borrado
borrabas	borrabais	habrás borrado	habréis borrado
borraba	borraban	habrá borrado	habrán borrado

Future		Conditional Perfect	
borraré	borraremos	habría borrado	habríamos borrado
borrarás	borraréis	habrías borrado	habríais borrado
borrará	borrarán	habría borrado	habrían borrado

Conditional	
borraría	borraríamos
borrarías	borraríais
borraría	borrarían

SUBJUNCTIVE

Present		Present Perfect	
borre	borremos	haya borrado	hayamos borrado
borres	borréis	hayas borrado	hayáis borrado
borre	borren	haya borrado	hayan borrado

Past		Past Perfect	
borrara	borráramos	hubiera borrado	hubiéramos borrado
borraras	borrarais	hubieras borrado	hubierais borrado
borrara	borraran	hubiera borrado	hubieran borrado

IMPERATIVE

borra	no borres	borremos	no borremos
borre	no borre	borrad	no borréis
		borren	no borren

Borra todos los pensamientos malos de tu mente.
Clear all evil thoughts from your mind.
Se borraron todos los datos de la computadora.
All the data was deleted from the computer.
La tinta de este manuscrito se ha borrado con el tiempo.
The ink in this manuscript has faded over time.

61

BOSTEZAR *To yawn*

Past part. bostezado   *Ger.* bostezando

INDICATIVE

Present

bostezo	bostezamos
bostezas	bostezáis
bosteza	bostezan

Present Perfect

he bostezado	hemos bostezado
has bostezado	habéis bostezado
ha bostezado	han bostezado

Preterit

bostecé	bostezamos
bostezaste	bostezasteis
bostezó	bostezaron

Past Perfect

había bostezado	habíamos bostezado
habías bostezado	habíais bostezado
había bostezado	habían bostezado

Imperfect

bostezaba	bostezábamos
bostezabas	bostezabais
bostezaba	bostezaban

Future Perfect

habré bostezado	habremos bostezado
habrás bostezado	habréis bostezado
habrá bostezado	habrán bostezado

Future

bostezaré	bostezaremos
bostezarás	bostezaréis
bostezará	bostezarán

Conditional Perfect

habría bostezado	habríamos bostezado
habrías bostezado	habríais bostezado
habría bostezado	habrían bostezado

Conditional

bostezaría	bostezaríamos
bostezarías	bostezaríais
bostezaría	bostezarían

SUBJUNCTIVE

Present

bostece	bostecemos
bosteces	bostecéis
bostece	bostecen

Present Perfect

haya bostezado	hayamos bostezado
hayas bostezado	hayáis bostezado
haya bostezado	hayan bostezado

Past

bostezara	bostezáramos
bostezaras	bostezarais
bostezara	bostezaran

Past Perfect

hubiera bostezado	hubiéramos bostezado
hubieras bostezado	hubierais bostezado
hubiera bostezado	hubieran bostezado

IMPERATIVE

bosteza	no bosteces	bostecemos	no bostecemos
bostece	no bostece	bostezad	no bostecéis
		bostecen	no bostecen

La conferencia nos hizo bostezar.
The lecture made us yawn.

Los estudiantes bostezan cuando se aburren en clase.
The students yawn when they get bored in class.

No bosteces delante del profesor.
Don't yawn in front of the teacher.

BRINCAR   *To jump, to skip*

Past part. brincado   *Ger.* brincando

INDICATIVE

Present
brinco	brincamos
brincas	brincáis
brinca	brincan

Present Perfect
he brincado	hemos brincado
has brincado	habéis brincado
ha brincado	han brincado

Preterit
brinqué	brincamos
brincaste	brincasteis
brincó	brincaron

Past Perfect
había brincado	habíamos brincado
habías brincado	habíais brincado
había brincado	habían brincado

Imperfect
brincaba	brincábamos
brincabas	brincabais
brincaba	brincaban

Future Perfect
habré brincado	habremos brincado
habrás brincado	habréis brincado
habrá brincado	habrán brincado

Future
brincaré	brincaremos
brincarás	brincaréis
brincará	brincarán

Conditional Perfect
habría brincado	habríamos brincado
habrías brincado	habríais brincado
habría brincado	habrían brincado

Conditional
brincaría	brincaríamos
brincarías	brincaríais
brincaría	brincarían

SUBJUNCTIVE

Present
brinque	brinquemos
brinques	brinquéis
brinque	brinquen

Present Perfect
haya brincado	hayamos brincado
hayas brincado	hayáis brincado
haya brincado	hayan brincado

Past
brincara	brincáramos
brincaras	brincarais
brincara	brincaran

Past Perfect
hubiera brincado	hubiéramos brincado
hubieras brincado	hubierais brincado
hubiera brincado	hubieran brincado

IMPERATIVE
brinca	no brinques	brinquemos	no brinquemos
brinque	no brinque	brincad	no brinquéis
		brinquen	no brinquen

Los niños brincaron a la cuerda en el parque.
The children jumped rope in the park.

Este reproductor de cedés siempre brinca algunas canciones.
This CD player always skips some songs.

Brincaremos el riachuelo para llegar a la otra orilla.
We will jump over the creek to get to the other bank.

Past part. buceado   *Ger.* buceando

INDICATIVE

Present

buceo	buceamos
buceas	buceáis
bucea	bucean

Preterit

buceé	buceamos
buceaste	buceasteis
buceó	bucearon

Imperfect

buceaba	buceábamos
buceabas	buceabais
buceaba	buceaban

Future

bucearé	bucearemos
bucearás	bucearéis
buceará	bucearán

Conditional

bucearía	bucearíamos
bucearías	bucearíais
bucearía	bucearían

Present Perfect

he buceado	hemos buceado
has buceado	habéis buceado
ha buceado	han buceado

Past Perfect

había buceado	habíamos buceado
habías buceado	habíais buceado
había buceado	habían buceado

Future Perfect

habré buceado	habremos buceado
habrás buceado	habréis buceado
habrá buceado	habrán buceado

Conditional Perfect

habría buceado	habríamos buceado
habrías buceado	habríais buceado
habría buceado	habrían buceado

SUBJUNCTIVE

Present

bucee	buceemos
bucees	buceéis
bucee	buceen

Past

buceara	buceáramos
bucearas	bucearais
buceara	bucearan

Present Perfect

haya buceado	hayamos buceado
hayas buceado	hayáis buceado
haya buceado	hayan buceado

Past Perfect

hubiera buceado	hubiéramos buceado
hubieras buceado	hubierais buceado
hubiera buceado	hubieran buceado

IMPERATIVE

bucea	no bucees	buceemos	no buceemos
bucee	no bucee	bucead	no buceéis
		buceen	no buceen

Julio y yo nunca hemos buceado en el Caribe.
Julio and I have never dived in the Caribbean.

Este verano bucearé en Cuba.
I will dive in Cuba this summer.

Mi esposo buceaba mucho cuando era joven.
My husband dived a lot when he was younger.

BUSCAR *To look for, to search*

Past part. buscado   *Ger.* buscando

INDICATIVE

Present

busco	buscamos
buscas	buscáis
busca	buscan

Present Perfect

he buscado	hemos buscado
has buscado	habéis buscado
ha buscado	han buscado

Preterit

busqué	buscamos
buscaste	buscasteis
buscó	buscaron

Past Perfect

había buscado	habíamos buscado
habías buscado	habíais buscado
había buscado	habían buscado

Imperfect

buscaba	buscábamos
buscabas	buscabais
buscaba	buscaban

Future Perfect

habré buscado	habremos buscado
habrás buscado	habréis buscado
habrá buscado	habrán buscado

Future

buscaré	buscaremos
buscarás	buscaréis
buscará	buscarán

Conditional Perfect

habría buscado	habríamos buscado
habrías buscado	habríais buscado
habría buscado	habrían buscado

Conditional

buscaría	buscaríamos
buscarías	buscaríais
buscaría	buscarían

SUBJUNCTIVE

Present

busque	busquemos
busques	busquéis
busque	busquen

Present Perfect

haya buscado	hayamos buscado
hayas buscado	hayáis buscado
haya buscado	hayan buscado

Past

buscara	buscáramos
buscaras	buscarais
buscara	buscaran

Past Perfect

hubiera buscado	hubiéramos buscado
hubieras buscado	hubierais buscado
hubiera buscado	hubieran buscado

IMPERATIVE

busca	no busques	busquemos	no busquemos
busque	no busque	buscad	no busquéis
		busquen	no busquen

Todavía estoy buscando el regalo perfecto para ti.
I'm still looking for the perfect gift for you.

Te busqué en tu casa pero no te encontré ahí.
I looked for you at your home but I didn't find you there.

Todos buscamos el amor y la felicidad.
We all search for love and happiness.

C CABER   *To fit, to hold (capacity)*

Past part. cabido   *Ger.* cabiendo

INDICATIVE

Present
quepo	cabemos
cabes	cabéis
cabe	caben

Present Perfect
he cabido	hemos cabido
has cabido	habéis cabido
ha cabido	han cabido

Preterit
cupe	cupimos
cupiste	cupisteis
cupo	cupieron

Past Perfect
había cabido	habíamos cabido
habías cabido	habíais cabido
había cabido	habían cabido

Imperfect
cabía	cabíamos
cabías	cabíais
cabía	cabían

Future Perfect
habré cabido	habremos cabido
habrás cabido	habréis cabido
habrá cabido	habrán cabido

Future
cabré	cabremos
cabrás	cabréis
cabrá	cabrán

Conditional Perfect
habría cabido	habríamos cabido
habrías cabido	habríais cabido
habría cabido	habrían cabido

Conditional
cabría	cabríamos
cabrías	cabríais
cabría	cabrían

SUBJUNCTIVE

Present
quepa	quepamos
quepas	quepáis
quepa	quepan

Present Perfect
haya cabido	hayamos cabido
hayas cabido	hayáis cabido
haya cabido	hayan cabido

Past
cupiera	cupiéramos
cupieras	cupierais
cupiera	cupieran

Past Perfect
hubiera cabido	hubiéramos cabido
hubieras cabido	hubierais cabido
hubiera cabido	hubieran cabido

IMPERATIVE
cabe	no quepas	quepamos	no quepamos
quepa	no quepa	cabed	no quepáis
		quepan	no quepan

Mi ropa no cabe en esta maleta.
My clothes don't fit in this suitcase.
No creo que quepamos todos en el ascensor.
I don't think we will all fit in the elevator.
Aquí dice que caben solamente diez personas.
It says here it only holds ten people.

66

CAER   *To fall*   **Caerse** *To fall off, to fall out*

Past part. caído   *Ger.* cayendo

INDICATIVE

Present		Present Perfect	
caigo	caemos	he caído	hemos caído
caes	caéis	has caído	habéis caído
cae	caen	ha caído	han caído

Preterit		Past Perfect	
caí	caímos	había caído	habíamos caído
caíste	caísteis	habías caído	habíais caído
cayó	cayeron	había caído	habían caído

Imperfect		Future Perfect	
caía	caíamos	habré caído	habremos caído
caías	caíais	habrás caído	habréis caído
caía	caían	habrá caído	habrán caído

Future		Conditional Perfect	
caeré	caeremos	habría caído	habríamos caído
caerás	caeréis	habrías caído	habríais caído
caerá	caerán	habría caído	habrían caído

Conditional	
caería	caeríamos
caerías	caerían
caería	caerían

SUBJUNCTIVE

Present		Present Perfect	
caiga	caigamos	haya caído	hayamos caído
caigas	caigáis	hayas caído	hayáis caído
caiga	caigan	haya caído	hayan caído

Past		Past Perfect	
cayera	cayéramos	hubiera caído	hubiéramos caído
cayeras	cayerais	hubieras caído	hubierais caído
cayera	cayeran	hubiera caído	hubieran caído

IMPERATIVE

cae	no caigas	caigamos	no caigamos
caiga	no caiga	caed	no caigáis
		caigan	no caigan

No caigas en la tentación.
Don't fall into temptation.
No quiero caer enfermo otra vez este invierno.
I don't want to fall ill again this winter.
La temperatura caerá veinte grados mañana.
The temperature will drop twenty degrees tomorrow.

CALLARSE *To be quiet, to shut up* **Callar** *To be quiet, to shut up*

Past part. callado   *Ger.* callando

INDICATIVE

Present

me callo	nos callamos
te callas	os calláis
se calla	se callan

Preterit

me callé	nos callamos
te callaste	os callasteis
se calló	se callaron

Imperfect

me callaba	nos callábamos
te callabas	os callabais
se callaba	se callaban

Future

me callaré	nos callaremos
te callarás	os callaréis
se callará	se callarán

Conditional

me callaría	nos callaríamos
te callarías	os callaríais
se callaría	se callarían

Present Perfect

me he callado	nos hemos callado
te has callado	os habéis callado
se ha callado	se han callado

Past Perfect

me había callado	nos habíamos callado
te habías callado	os habíais callado
se había callado	se habían callado

Future Perfect

me habré callado	nos habremos callado
te habrás callado	os habréis callado
se habrá callado	se habrán callado

Conditional Perfect

me habría callado	nos habríamos callado
te habrías callado	os habríais callado
se habría callado	se habrían callado

SUBJUNCTIVE

Present

me calle	nos callemos
te calles	os calléis
se calle	se callen

Past

me callara	nos calláramos
te callaras	os callarais
se callara	se callaran

Present Perfect

me haya callado	nos hayamos callado
te hayas callado	os hayáis callado
se haya callado	se hayan callado

Past Perfect

me hubiera callado	nos hubiéramos callado
te hubieras callado	os hubierais callado
se hubiera callado	se hubieran callado

IMPERATIVE

cállate	no te calles	callémonos	no nos callemos
cállese	no se calle	callaos	no os calléis
		cállense	no se callen

Cuando entró el director, todos se callaron.
When the director entered, everyone became quiet.

Es mejor callar que decir cualquier cosa.
It's better to be quiet than to say just anything.

¡Cállate!
Shut up!

Past part. calmado   *Ger.* calmando

INDICATIVE

Present
me calmo	nos calmamos
te calmas	os calmáis
se calma	se calman

Present Perfect
me he calmado	nos hemos calmado
te has calmado	os habéis calmado
se ha calmado	se han calmado

Preterit
me calmé	nos calmamos
te calmaste	os calmasteis
se calmó	se calmaron

Past Perfect
me había calmado	nos habíamos calmado
te habías calmado	os habíais calmado
se había calmado	se habían calmado

Imperfect
me calmaba	nos calmábamos
te calmabas	os calmabais
se calmaba	se calmaban

Future Perfect
me habré calmado	nos habremos calmado
te habrás calmado	os habréis calmado
se habrá calmado	se habrán calmado

Future
me calmaré	nos calmaremos
te calmarás	os calmaréis
se calmará	se calmarán

Conditional Perfect
me habría calmado	nos habríamos calmado
te habrías calmado	os habríais calmado
se habría calmado	se habrían calmado

Conditional
me calmaría	nos calmaríamos
te calmarías	os calmaríais
se calmaría	se calmarían

SUBJUNCTIVE

Present
me calme	nos calmemos
te calmes	os calméis
se calme	se calmen

Present Perfect
me haya calmado	nos hayamos calmado
te hayas calmado	os hayáis calmado
se haya calmado	se hayan calmado

Past
me calmara	nos calmáramos
te calmaras	os calmarais
se calmara	se calmaran

Past Perfect
me hubiera calmado	nos hubiéramos calmado
te hubieras calmado	os hubierais calmado
se hubiera calmado	se hubieran calmado

IMPERATIVE

cálmate	no te calmes	calmémonos	no nos calmemos
cálmese	no se calme	calmaos	no os calméis
		cálmense	no se calmen

Hablaremos cuando me calme.
We will talk when I calm down.

El medicamento calmará tu tos en seguida.
The medicine will relieve your cough immediately.

Después de varias horas, la tormenta se calmó.
After many hours, the storm finally eased off.

CAMBIAR *To change, to swap*

Cambiarse *To change (clothes), to move (lodging)*
Past part. cambiado   *Ger.* cambiando

INDICATIVE

Present

cambio	cambiamos
cambias	cambiáis
cambia	cambian

Present Perfect

he cambiado	hemos cambiado
has cambiado	habéis cambiado
ha cambiado	han cambiado

Preterit

cambié	cambiamos
cambiaste	cambiasteis
cambió	cambiaron

Past Perfect

había cambiado	habíamos cambiado
habías cambiado	habíais cambiado
había cambiado	habían cambiado

Imperfect

cambiaba	cambiábamos
cambiabas	cambiabais
cambiaba	cambiaban

Future Perfect

habré cambiado	habremos cambiado
habrás cambiado	habréis cambiado
habrá cambiado	habrán cambiado

Future

cambiaré	cambiaremos
cambiarás	cambiaréis
cambiará	cambiarán

Conditional Perfect

habría cambiado	habríamos cambiado
habrías cambiado	habríais cambiado
habría cambiado	habrían cambiado

Conditional

cambiaría	cambiaríamos
cambiarías	cambiaríais
cambiaría	cambiarían

SUBJUNCTIVE

Present

cambie	cambiemos
cambies	cambiéis
cambie	cambien

Present Perfect

haya cambiado	hayamos cambiado
hayas cambiado	hayáis cambiado
haya cambiado	hayan cambiado

Past

cambiara	cambiáramos
cambiaras	cambiarais
cambiara	cambiaran

Past Perfect

hubiera cambiado	hubiéramos cambiado
hubieras cambiado	hubierais cambiado
hubiera cambiado	hubieran cambiado

IMPERATIVE

cambia	no cambies	cambiemos	no cambiemos
cambie	no cambie	cambiad	no cambiéis
		cambien	no cambien

¿Dónde nos cambiamos la ropa?
Where do we change clothes?

Cambié las entradas de la ópera con Carmen.
I swapped the tickets for the opera with Carmen.

Vamos a cambiar la fecha del viaje.
We are going to change the date of the trip.

CAMINAR   *To walk*

Past part. caminado   *Ger.* caminando

INDICATIVE

Present

camino	caminamos
caminas	camináis
camina	caminan

Present Perfect

he caminado	hemos caminado
has caminado	habéis caminado
ha caminado	han caminado

Preterit

caminé	caminamos
caminaste	caminasteis
caminé	caminaron

Past Perfect

había caminado	habíamos caminado
habías caminado	habíais caminado
había caminado	habían caminado

Imperfect

caminaba	caminábamos
caminabas	caminabais
caminaba	caminaban

Future Perfect

habré caminado	habremos caminado
habrás caminado	habréis caminado
habrá caminado	habrán caminado

Future

caminaré	caminaremos
caminarás	caminaréis
caminará	caminarán

Conditional Perfect

habría caminado	habríamos caminado
habrías caminado	habríais caminado
habría caminado	habrían caminado

Conditional

caminaría	caminaríamos
caminarías	caminaríais
caminaría	caminarían

SUBJUNCTIVE

Present

camine	caminemos
camines	caminéis
camine	caminen

Present Perfect

haya caminado	hayamos caminado
hayas caminado	hayáis caminado
haya caminado	hayan caminado

Past

caminara	camináramos
caminaras	caminarais
caminara	caminaran

Past Perfect

hubiera caminado	hubiéramos caminado
hubieras caminado	hubierais caminado
hubiera caminado	hubieran caminado

IMPERATIVE

camina	no camines	caminemos	no caminemos
camine	no camine	caminad	no caminéis
		caminen	no caminen

Hoy caminaré hasta el colegio.
Today I will walk to school.

¿Caminaste hasta aquí?
Did you walk all the way here?

Antes caminaba cuatro millas todos los días.
I used to walk four miles every day.

71

CANSARSE *To get tired* **Cansar** *To tire, to be tiring*

Past part. cansado   *Ger.* cansando

INDICATIVE

Present

me canso	nos cansamos
te cansas	os cansáis
se cansa	se cansan

Present Perfect

me he cansado	nos hemos cansado
te has cansado	os habéis cansado
se ha cansado	se han cansado

Preterit

me cansé	nos cansamos
te cansaste	os cansasteis
se cansó	se cansaron

Past Perfect

me había cansado	nos habíamos cansado
te habías cansado	os habíais cansado
se había cansado	se habían cansado

Imperfect

me cansaba	nos cansábamos
te cansabas	os cansabais
se cansaba	se cansaban

Future Perfect

me habré cansado	nos habremos cansado
te habrás cansado	os habréis cansado
se habrá cansado	se habrán cansado

Future

me cansaré	nos cansaremos
te cansarás	os cansaréis
se cansará	se cansarán

Conditional Perfect

me habría cansado	nos habríamos cansado
te habrías cansado	os habríais cansado
se habría cansado	se habrían cansado

Conditional

me cansaría	nos cansaríamos
te cansarías	os cansaríais
se cansaría	se cansarían

SUBJUNCTIVE

Present

me canse	nos cansemos
te canses	os canséis
se canse	se cansen

Present Perfect

me haya cansado	nos hayamos cansado
te hayas cansado	os hayáis cansado
se haya cansado	se hayan cansado

Past

me cansara	nos cansáramos
te cansaras	os cansarais
se cansara	se cansaran

Past Perfect

me hubiera cansado	nos hubiéramos cansado
te hubieras cansado	os hubierais cansado
se hubiera cansado	se hubieran cansado

IMPERATIVE

cánsate	no te canses	cansémonos	no nos cansemos
cánsese	no se canse	cansaos	no os canséis
		cánsense	no se cansen

Me canso cuando subo las escaleras.
I get tired going up the stairs.
La excursión de ayer me cansó.
Yesterday's day trip tired me.
Oír siempre la misma canción cansa.
Always listening to the same song is tiring.

CANTAR *To sing*

Past part. cantado   *Ger.* cantando

INDICATIVE

Present		Present Perfect	
canto	cantamos	he cantado	hemos cantado
cantas	cantáis	has cantado	habéis cantado
canta	cantan	ha cantado	han cantado

Preterit		Past Perfect	
canté	cantamos	había cantado	habíamos cantado
cantaste	cantasteis	habías cantado	habíais cantado
cantó	cantaron	había cantado	habían cantado

Imperfect		Future Perfect	
cantaba	cantábamos	habré cantado	habremos cantado
cantabas	cantabais	habrás cantado	habréis cantado
cantaba	cantaban	habrá cantado	habrán cantado

Future		Conditional Perfect	
cantaré	cantaremos	habría cantado	habríamos cantado
cantarás	cantaréis	habrías cantado	habríais cantado
cantará	cantarán	habría cantado	habrían cantado

Conditional	
cantaría	cantaríamos
cantarías	cantaríais
cantaría	cantarían

SUBJUNCTIVE

Present		Present Perfect	
cante	cantemos	haya cantado	hayamos cantado
cantes	cantéis	hayas cantado	hayáis cantado
cante	canten	haya cantado	hayan cantado

Past		Past Perfect	
cantara	cantáramos	hubiera cantado	hubiéramos cantado
cantaras	cantarais	hubieras cantado	hubierais cantado
cantara	cantaran	hubiera cantado	hubieran cantado

IMPERATIVE

canta	no cantes	cantemos	no cantemos
cante	no cante	cantad	no cantéis
		canten	no canten

Siempre canto en la ducha.
I always sing in the shower.

Decías que cantabas muy mal.
You used to say you sang poorly.

Cantaré aunque no te guste.
I will sing whether you like it or not.

CAPTAR *To attract, to grasp, to get, to gain*

Past part. captado   *Ger.* captando

INDICATIVE

Present

capto	captamos
captas	captáis
capta	captan

Present Perfect

he captado	hemos captado
has captado	habéis captado
ha captado	han captado

Preterit

capté	captamos
captaste	captasteis
captó	captaron

Past Perfect

había captado	habíamos captado
habías captado	habíais captado
había captado	habían captado

Imperfect

captaba	captábamos
captabas	captabais
captaba	captaban

Future Perfect

habré captado	habremos captado
habrás captado	habréis captado
habrá captado	habrán captado

Future

captaré	captaremos
captarás	captaréis
captará	captarán

Conditional Perfect

habría captado	habríamos captado
habrías captado	habríais captado
habría captado	habrían captado

Conditional

captaría	captaríamos
captarías	captaríais
captaría	captarían

SUBJUNCTIVE

Present

capte	captemos
captes	captéis
capte	capten

Present Perfect

haya captado	hayamos captado
hayas captado	hayáis captado
haya captado	hayan captado

Past

captara	captáramos
captaras	captarais
captara	captaran

Past Perfect

hubiera captado	hubiéramos captado
hubieras captado	hubierais captado
hubiera captado	hubieran captado

IMPERATIVE

capta	no captes	captemos	no captemos
capte	no capte	captad	no captéis
		capten	no capten

El conferenciante captó mi atención durante dos horas.
The lecturer captured my attention for two hours.

La empresa está captando fondos de inversión.
The company is attracting investment funds.

¿Captas lo que te estoy diciendo?
Do you get what I'm telling you?

CARECER   *To lack, to be lacking*

Past part. carecido   *Ger.* careciendo

INDICATIVE

Present

carezco	carecemos
careces	carecéis
carece	carecen

Present Perfect

he carecido	hemos carecido
has carecido	habéis carecido
ha carecido	han carecido

Preterit

carecí	carecimos
careciste	carecisteis
careció	carecieron

Past Perfect

había carecido	habíamos carecido
habías carecido	habíais carecido
había carecido	habían carecido

Imperfect

carecía	carecíamos
carecías	carecíais
carecía	carecían

Future Perfect

habré carecido	habremos carecido
habrás carecido	habréis carecido
habrá carecido	habrán carecido

Future

careceré	careceremos
carecerás	careceréis
carecerá	carecerán

Conditional Perfect

habría carecido	habríamos carecido
habrías carecido	habríais carecido
habría carecido	habrían carecido

Conditional

carecería	careceríamos
carecerías	careceríais
carecería	carecerían

SUBJUNCTIVE

Present

carezca	carezcamos
carezcas	carezcáis
carezca	carezcan

Present Perfect

haya carecido	hayamos carecido
hayas carecido	hayáis carecido
haya carecido	hayan carecido

Past

careciera	careciéramos
carecieras	carecierais
careciera	carecieran

Past Perfect

hubiera carecido	hubiéramos carecido
hubieras carecido	hubierais carecido
hubiera carecido	hubieran carecido

IMPERATIVE

carece	no carezcas	carezcamos	no carezcamos
carezca	no carezca	careced	no carezcáis
		carezcan	no carezcan

Si hubieras ahorrado un poco no carecerías de dinero ahora.
If you had saved a little you wouldn't be lacking money now.

Ese actor es popular pero carece de talento.
The actor is popular but lacks talent.

Mucha gente en el mundo carecerá de agua en el futuro.
Many people in the world will lack water in the future.

CARGAR *To load, to bear, to charge, to fuel, to carry*

Past part. cargado | *Ger.* cargando

INDICATIVE

Present
cargo	cargamos
cargas	cargáis
carga	cargan

Present Perfect
he cargado	hemos cargado
has cargado	habéis cargado
ha cargado	han cargado

Preterit
cargué	cargamos
cargaste	cargasteis
cargó	cargaron

Past Perfect
había cargado	habíamos cargado
habías cargado	habíais cargado
había cargado	habían cargado

Imperfect
cargaba	cargábamos
cargabas	cargabais
cargaba	cargaban

Future Perfect
habré cargado	habremos cargado
habrás cargado	habréis cargado
habrá cargado	habrán cargado

Future
cargaré	cargaremos
cargarás	cargaréis
cargará	cargarán

Conditional Perfect
habría cargado	habríamos cargado
habrías cargado	habríais cargado
habría cargado	habrían cargado

Conditional
cargaría	cargaríamos
cargarías	cargaríais
cargaría	cargarían

SUBJUNCTIVE

Present
cargue	carguemos
cargues	carguéis
cargue	carguen

Present Perfect
haya cargado	hayamos cargado
hayas cargado	hayáis cargado
haya cargado	hayan cargado

Past
cargara	cargáramos
cargaras	cargarais
cargara	cargaran

Past Perfect
hubiera cargado	hubiéramos cargado
hubieras cargado	hubierais cargado
hubiera cargado	hubieran cargado

IMPERATIVE
carga	no cargues	carguemos	no carguemos
cargue	no cargue	cargad	no carguéis
		carguen	no carguen

No es justo que ella cargue con toda la responsabilidad.
It's not fair that she should bear all the responsibility.
Necesito cargar la pila de mi videograbadora.
I need to charge my camcorder's battery.
Si no cargamos de gasolina el coche no llegaremos a nuestro destino.
If we don't fuel the car we won't reach our destination.

Past part. casado *Ger.* casando

INDICATIVE

Present
me caso	nos casamos
te casas	os casáis
se casa	se casan

Present Perfect
me he casado	nos hemos casado
te has casado	os habéis casado
se ha casado	se han casado

Preterit
me casé	nos casamos
te casaste	os casasteis
se casó	se casaron

Past Perfect
me había casado	nos habíamos casado
te habías casado	os habíais casado
se había casado	se habían casado

Imperfect
me casaba	nos casábamos
te casabas	os casabais
se casaba	se casaban

Future Perfect
me habré casado	nos habremos casado
te habrás casado	os habréis casado
se habrá casado	se habrán casado

Future
me casaré	nos casaremos
te casarás	os casaréis
se casará	se casarán

Conditional Perfect
me habría casado	nos habríamos casado
te habrías casado	os habríais casado
se habría casado	se habrían casado

Conditional
me casaría	nos casaríamos
te casarías	os casaríais
se casaría	se casarían

SUBJUNCTIVE

Present
me case	nos casemos
te cases	os caséis
se case	se casen

Present Perfect
me haya casado	nos hayamos casado
te hayas casado	os hayáis casado
se haya casado	se hayan casado

Past
me casara	nos casáramos
te casaras	os casarais
se casara	se casara

Past Perfect
me hubiera casado	nos hubiéramos casado
te hubieras casado	os hubierais casado
se hubiera casado	se hubieran casado

IMPERATIVE

cásate	no te cases	casémonos	no nos casemos
cásese	no se case	casaos	no os caséis
		cásense	no se casen

Clara y Fernando se casarán en marzo.
Clara and Fernando will marry in March.
Yo me casé a los veintisiete años.
I got married at twenty-seven.
No te cases si no estás enamorado.
Don't get married if you aren't in love.

CASTIGAR *To punish, to penalize*

Past part. castigado   *Ger.* castigando

INDICATIVE

Present		Present Perfect	
castigo	castigamos	he castigado	hemos castigado
castigas	castigáis	has castigado	habéis castigado
castiga	castigan	ha castigado	han castigado

Preterit		Past Perfect	
castigué	castigamos	había castigado	habíamos castigado
castigaste	castigasteis	habías castigado	habíais castigado
castigó	castigaron	había castigado	habían castigado

Imperfect		Future Perfect	
castigaba	castigábamos	habré castigado	habremos castigado
castigabas	castigabais	habrás castigado	habréis castigado
castigaba	castigaban	habrá castigado	habrán castigado

Future		Conditional Perfect	
castigaré	castigaremos	habría castigado	habríamos castigado
castigarás	castigaréis	habrías castigado	habríais castigado
castigará	castigarán	habría castigado	habrían castigado

Conditional	
castigaría	castigaríamos
castigarías	castigaríais
castigaría	castigarían

SUBJUNCTIVE

Present		Present Perfect	
castigue	castiguemos	haya castigado	hayamos castigado
castigues	castiguéis	hayas castigado	hayáis castigado
castigue	castiguen	haya castigado	hayan castigado

Past		Past Perfect	
castigara	castigáramos	hubiera castigado	hubiéramos castigado
castigaras	castigarais	hubieras castigado	hubierais castigado
castigara	castigaran	hubiera castigado	hubieran castigado

IMPERATIVE

castiga	no castigues	castiguemos	no castiguemos
castigue	no castigue	castigad	no castiguéis
		castiguen	no castiguen

Si no te portas bien te castigaré.
If you don't behave I will punish you.

El padre castigó a su hijo por portarse mal.
The father punished his son for misbehaving.

El juez castiga severamente los delitos de los criminales.
The judge punishes the criminals' crimes severely.

Past part. cazado   *Ger.* cazando

INDICATIVE

Present

cazo	cazamos
cazas	cazáis
caza	cazan

Present Perfect

he cazado	hemos cazado
has cazado	habéis cazado
ha cazado	han cazado

Preterit

cacé	cazamos
cazaste	cazasteis
cazó	cazaron

Past Perfect

había cazado	habíamos cazado
habías cazado	habíais cazado
había cazado	habían cazado

Imperfect

cazaba	cazábamos
cazabas	cazabais
cazaba	cazaban

Future Perfect

habré cazado	habremos cazado
habrás cazado	habréis cazado
habrá cazado	habrán cazado

Future

cazaré	cazaremos
cazarás	cazaréis
cazará	cazarán

Conditional Perfect

habría cazado	habríamos cazado
habrías cazado	habríais cazado
habría cazado	habrían cazado

Conditional

cazaría	cazaríamos
cazarías	cazaríais
cazaría	cazarían

SUBJUNCTIVE

Present

cace	cacemos
caces	cacéis
cace	cacen

Present Perfect

haya cazado	hayamos cazado
hayas cazado	hayáis cazado
haya cazado	hayan cazado

Past

cazara	cazáramos
cazaras	cazarais
cazara	cazaran

Past Perfect

hubiera cazado	hubiéramos cazado
hubieras cazado	hubierais cazado
hubiera cazado	hubieran cazado

IMPERATIVE

caza	no caces	cacemos	no cacemos
cace	no cace	cazad	no cacéis
		cacen	no cacen

Mañana cazaremos jabalíes salvajes.
Tomorrow we will hunt wild boars.
En África se cazan leones ilegalmente.
Lions are hunted illegally in Africa.
Cazar no es lo mismo que casarse.
Hunting is not the same as getting married.

CELEBRAR   *To celebrate, to perform*

Past part. celebrado   Ger. celebrando

INDICATIVE

Present
celebro	celebramos
celebras	celebráis
celebra	celebran

Present Perfect
he celebrado	hemos celebrado
has celebrado	habéis celebrado
ha celebrado	han celebrado

Preterit
celebré	celebramos
celebraste	celebrasteis
celebró	celebraron

Past Perfect
había celebrado	habíamos celebrado
habías celebrado	habíais celebrado
había celebrado	habían celebrado

Imperfect
celebraba	celebrábamos
celebrabas	celebrabais
celebraba	celebraban

Future Perfect
habré celebrado	habremos celebrado
habrás celebrado	habréis celebrado
habrá celebrado	habrán celebrado

Future
celebraré	celebraremos
celebrarás	celebraréis
celebrará	celebrarán

Conditional Perfect
habría celebrado	habríamos celebrado
habrías celebrado	habríais celebrado
habría celebrado	habrían celebrado

Conditional
celebraría	celebraríamos
celebrarías	celebraríais
celebraría	celebrarían

SUBJUNCTIVE

Present
celebre	celebremos
celebres	celebréis
celebre	celebren

Present Perfect
haya celebrado	hayamos celebrado
hayas celebrado	hayáis celebrado
haya celebrado	hayan celebrado

Past
celebrara	celebráramos
celebraras	celebrarais
celebrara	celebraran

Past Perfect
hubiera celebrado	hubiéramos celebrado
hubieras celebrado	hubierais celebrado
hubiera celebrado	hubieran celebrado

IMPERATIVE

celebra	no celebres	celebremos	no celebremos
celebre	no celebre	celebrad	no celebréis
		celebren	no celebren

Celebraréis vuestro cumpleaños el sábado.
You will celebrate your birthday on Saturday.

El juez celebró la boda civil y luego el sacerdote celebró la boda religiosa.
*The judge preformed the civil wedding and then the
priest preformed the religious wedding.*

Estamos celebrando mi ascenso a gerente regional.
We are celebrating my promotion to Regional Manager.

CENAR   *To have dinner*

Past part. cenado   **Ger.** cenando

INDICATIVE

Present		Present Perfect	
ceno	cenamos	he cenado	hemos cenado
cenas	cenáis	has cenado	habéis cenado
cena	cenan	ha cenado	han cenado

Preterit		Past Perfect	
cené	cenamos	había cenado	habíamos cenado
cenaste	cenasteis	habías cenado	habíais cenado
cenó	cenaron	había cenado	habían cenado

Imperfect		Future Perfect	
cenaba	cenábamos	habré cenado	habremos cenado
cenabas	cenabais	habrás cenado	habréis cenado
cenaba	cenaban	habrá cenado	habrán cenado

Future		Conditional Perfect	
cenaré	cenaremos	habría cenado	habríamos cenado
cenarás	cenaréis	habrías cenado	habríais cenado
cenará	cenarán	habría cenado	habrían cenado

Conditional	
cenaría	cenaríamos
cenarías	cenaríais
cenaría	cenarían

SUBJUNCTIVE

Present		Present Perfect	
cene	cenemos	haya cenado	hayamos cenado
cenes	cenéis	hayas cenado	hayáis cenado
cene	cenen	haya cenado	hayan cenado

Past		Past Perfect	
cenara	cenáramos	hubiera cenado	hubiéramos cenado
cenaras	cenarais	hubieras cenado	hubierais cenado
cenara	cenaran	hubiera cenado	hubieran cenado

IMPERATIVE

cena	no cenes	cenemos	no cenemos
cene	no cene	cenad	no cenéis
		cenen	no cenen

Cenaré esta noche con ustedes en casa de Felipa.
I will have dinner with all of you tonight at Felipa's house.
Mi novia insistió en que yo cenara con su familia.
My girlfriend insisted on me having dinner with her family.
Si no has cenado, queda pizza en el refrigerador.
If you haven't had dinner, there's pizza in the fridge.

CEPILLAR   *To brush, to plane (wood)*

Cepillarse *To brush one's teeth, hair, etc.*
Past part. cepillado   *Ger.* cepillando

INDICATIVE

Present		Present Perfect	
cepillo	cepillamos	he cepillado	hemos cepillado
cepillas	cepilláis	has cepillado	habéis cepillado
cepilla	cepillan	ha cepillado	han cepillado

Preterit		Past Perfect	
cepillé	cepillamos	había cepillado	habíamos cepillado
cepillaste	cepillasteis	habías cepillado	habíais cepillado
cepilló	cepillaron	había cepillado	habían cepillado

Imperfect		Future Perfect	
cepillaba	cepillábamos	habré cepillado	habremos cepillado
cepillabas	cepillabais	habrás cepillado	habréis cepillado
cepillaba	cepillaban	habrá cepillado	habrán cepillado

Future		Conditional Perfect	
cepillaré	cepillaremos	habría cepillado	habríamos cepillado
cepillarás	cepillaréis	habrías cepillado	habríais cepillado
cepillará	cepillarán	habría cepillado	habrían cepillado

Conditional	
cepillaría	cepillaríamos
cepillarías	cepillaríais
cepillaría	cepillarían

SUBJUNCTIVE

Present		Present Perfect	
cepille	cepillemos	haya cepillado	hayamos cepillado
cepilles	cepilléis	hayas cepillado	hayáis cepillado
cepille	cepillen	haya cepillado	hayan cepillado

Past		Past Perfect	
cepillara	cepilláramos	hubiera cepillado	hubiéramos cepillado
cepillaras	cepillarais	hubieras cepillado	hubierais cepillado
cepillara	cepillaran	hubiera cepillado	hubieran cepillado

IMPERATIVE

cepilla	no cepilles	cepillemos	no cepillemos
cepille	no cepille	cepillad	no cepilléis
		cepillen	no cepillen

Mi hermano está cepillando al perro.
My brother is brushing the dog.

El carpintero cepilló las tablas que usará para las repisas.
The carpenter planed the boards he will use for the shelves.

Cepíllate bien los dientes después de comer.
Brush your teeth well after eating.

CERRAR   *To close, to shut, to turn off*

C

Past part. cerrado   **Ger.** cerrando

INDICATIVE

Present		Present Perfect	
cierro	cerramos	he cerrado	hemos cerrado
cierras	cerráis	has cerrado	habéis cerrado
cierra	cierran	ha cerrado	han cerrado

Preterit		Past Perfect	
cerré	cerramos	había cerrado	habíamos cerrado
cerraste	cerrasteis	habías cerrado	habíais cerrado
cerró	cerraron	había cerrado	habían cerrado

Imperfect		Future Perfect	
cerraba	cerrábamos	habré cerrado	habremos cerrado
cerrabas	cerrabais	habrás cerrado	habréis cerrado
cerraba	cerraban	habrá cerrado	habrán cerrado

Future		Conditional Perfect	
cerraré	cerraremos	habría cerrado	habríamos cerrado
cerrarás	cerraréis	habrías cerrado	habríais cerrado
cerrará	cerrarán	habría cerrado	habrían cerrado

Conditional	
cerraría	cerraríamos
cerrarías	cerraríais
cerraría	cerrarían

SUBJUNCTIVE

Present		Present Perfect	
cierre	cerremos	haya cerrado	hayamos cerrado
cierres	cerréis	hayas cerrado	hayáis cerrado
cierre	cierren	haya cerrado	hayan cerrado

Past		Past Perfect	
cerrara	cerráramos	hubiera cerrado	hubiéramos cerrado
cerraras	cerrarais	hubieras cerrado	hubierais cerrado
cerrara	cerraran	hubiera cerrado	hubieran cerrado

IMPERATIVE

cierra	no cierres	cerremos	no cerremos
cierre	no cierre	cerrad	no cerréis
		cierren	no cierren

El último en salir debe cerrar la puerta atrás de él.
The last one out has to shut the door behind him.
El banco cierra a las cuatro los viernes.
The bank closes at four on Fridays.
La tienda de ropa que estaba aquí se cerró el año pasado.
The clothing store that used to be here closed last year.

83

CHECAR *To check*

Past part. checado   *Ger.* checando

INDICATIVE

Present		Present Perfect	
checo	checamos	he checado	hemos checado
checas	checáis	has checado	habéis checado
checa	checan	ha checado	han checado

Preterit		Past Perfect	
chequé	checamos	había checado	habíamos checado
checaste	checasteis	habías checado	habíais checado
checó	checaron	había checado	habían checado

Imperfect		Future Perfect	
checaba	checábamos	habré checado	habremos checado
checabas	checabais	habrás checado	habréis checado
checaba	checaban	habrá checado	habrán checado

Future		Conditional Perfect	
checaré	checaremos	habría checado	habríamos checado
checarás	checaréis	habrías checado	habríais checado
checará	checarán	habría checado	habrían checado

Conditional	
checaría	checaríamos
checarías	checaríais
checaría	checarían

SUBJUNCTIVE

Present		Present Perfect	
cheque	chequemos	haya checado	hayamos checado
cheques	chequéis	hayas checado	hayáis checado
cheque	chequen	haya checado	hayan checado

Past		Past Perfect	
checara	checáramos	hubiera checado	hubiéramos checado
checaras	checarais	hubieras checado	hubierais checado
checara	checaran	hubiera checado	hubieran checado

IMPERATIVE

checa	no cheques	chequemos	no chequemos
cheque	no cheque	checad	no chequéis
		chequen	no chequen

Checa si el pastel en el horno está ya listo.
Check if the cake in the oven is ready yet.
Checaré los resultados del partido en el periódico.
I will check the game score in the newspaper.
El médico checa la presión del paciente.
The doctor checks the patient's blood pressure.

CHIFLAR   *To whistle, to boo*   **Chiflarse** *To be crazy about*

Past part. chiflado   *Ger.* chiflando

INDICATIVE

Present		Present Perfect	
chiflo	chiflamos	he chiflado	hemos chiflado
chiflas	chifláis	has chiflado	habéis chiflado
chifla	chiflan	ha chiflado	han chiflado

Preterit		Past Perfect	
chiflé	chiflamos	había chiflado	habíamos chiflado
chiflaste	chiflasteis	habías chiflado	habíais chiflado
chifló	chiflaron	había chiflado	habían chiflado

Imperfect		Future Perfect	
chiflaba	chiflábamos	habré chiflado	habremos chiflado
chiflabas	chiflabais	habrás chiflado	habréis chiflado
chiflaba	chiflaban	habrá chiflado	habrán chiflado

Future		Conditional Perfect	
chiflaré	chiflaremos	habría chiflado	habríamos chiflado
chiflarás	chiflaréis	habrías chiflado	habríais chiflado
chiflará	chiflarán	habría chiflado	habrían chiflado

Conditional	
chiflaría	chiflaríamos
chiflarías	chiflaríais
chiflaría	chiflarían

SUBJUNCTIVE

Present		Present Perfect	
chifle	chiflemos	haya chiflado	hayamos chiflado
chifles	chifléis	hayas chiflado	hayáis chiflado
chifle	chiflen	haya chiflado	hayan chiflado

Past		Past Perfect	
chiflara	chifláramos	hubiera chiflado	hubiéramos chiflado
chiflaras	chiflarais	hubieras chiflado	hubierais chiflado
chiflara	chiflaran	hubiera chiflado	hubieran chiflado

IMPERATIVE

chifla	no chifles	chiflemos	no chiflemos
chifle	no chifle	chiflad	no chifléis
		chiflen	no chiflen

Me gustaría saber como chiflar fuertemente.
I would like to know how to whistle loudly.
El público le chifló al cantante tras sólo un par de notas.
The audience booed the singer after just a couple of notes.
Me chiflan los panqueques y la miel de maple.
I am crazy about pancakes and maple syrup.

CHOCAR   *To crash, to collide, to run into*

Past part. chocado   *Ger.* chocando

INDICATIVE

Present
choco	chocamos
chocas	chocáis
choca	chocan

Present Perfect
he chocado	hemos chocado
has chocado	habéis chocado
ha chocado	han chocado

Preterit
choqué	chocamos
chocaste	chocasteis
chocó	chocaron

Past Perfect
había chocado	habíamos chocado
habías chocado	habíais chocado
había chocado	habían chocado

Imperfect
chocaba	chocábamos
chocabas	chocabais
chocaba	chocaban

Future Perfect
habré chocado	habremos chocado
habrás chocado	habréis chocado
habrá chocado	habrán chocado

Future
chocaré	chocaremos
chocarás	chocaréis
chocará	chocarán

Conditional Perfect
habría chocado	habríamos chocado
habrías chocado	habríais chocado
habría chocado	habrían chocado

Conditional
chocaría	chocaríamos
chocarías	chocaríais
chocaría	chocarían

SUBJUNCTIVE

Present
choque	choquemos
choques	choquéis
choque	choquen

Present Perfect
haya chocado	hayamos chocado
hayas chocado	hayáis chocado
haya chocado	hayan chocado

Past
chocara	chocáramos
chocaras	chocarais
chocara	chocaran

Past Perfect
hubiera chocado	hubiéramos chocado
hubieras chocado	hubierais chocado
hubiera chocado	hubieran chocado

IMPERATIVE
choca	no choques	choquemos	no choquemos
choque	no choque	chocad	no choquéis
		choquen	no choquen

Los carros chocaron en el puente por ir demasiado rápido.
The cars crashed on the bridge because they were speeding.
En algunos experimentos de física las partículas chocan.
In some physics experiments particles collide.
Cuando chocas con alguien deberías pedir disculpas.
When you run into someone you should say you're sorry.

Past part. cobrado   *Ger.* cobrando

INDICATIVE

Present		Present Perfect	
cobro	cobramos	he cobrado	hemos cobrado
cobras	cobráis	has cobrado	habéis cobrado
cobra	cobran	ha cobrado	han cobrado

Preterit		Past Perfect	
cobré	cobramos	había cobrado	habíamos cobrado
cobraste	cobrasteis	habías cobrado	habíais cobrado
cobró	cobraron	había cobrado	habían cobrado

Imperfect		Future Perfect	
cobraba	cobrábamos	habré cobrado	habremos cobrado
cobrabas	cobrabais	habrás cobrado	habréis cobrado
cobraba	cobraban	habrá cobrado	habrán cobrado

Future		Conditional Perfect	
cobraré	cobraremos	habría cobrado	habríamos cobrado
cobrarás	cobraréis	habrías cobrado	habríais cobrado
cobrará	cobrarán	habría cobrado	habrían cobrado

Conditional	
cobraría	cobraríamos
cobrarías	cobraríais
cobraría	cobrarían

SUBJUNCTIVE

Present		Present Perfect	
cobre	cobremos	haya cobrado	hayamos cobrado
cobres	cobréis	hayas cobrado	hayáis cobrado
cobre	cobren	haya cobrado	hayan cobrado

Past		Past Perfect	
cobrara	cobráramos	hubiera cobrado	hubiéramos cobrado
cobraras	cobrarais	hubieras cobrado	hubierais cobrado
cobrara	cobraran	hubiera cobrado	hubieran cobrado

IMPERATIVE

cobra	no cobres	cobremos	no cobremos
cobre	no cobre	cobrad	no cobréis
		cobren	no cobren

El restaurante nos cobró demasiado por la cena.
The restaurant charged us too much for dinner.
Si yo fuera tú, cobraría más por mi trabajo.
If I were you, I would charge more for my work.
Tengo que ir a cobrar mi sueldo esta semana.
I have to go collect my salary this week.

Past part. cocido   *Ger.* cociendo

INDICATIVE

Present

cuezo	cocemos
cueces	cocéis
cuece	cuecen

Present Perfect

he cocido	hemos cocido
has cocido	habéis cocido
ha cocido	han cocido

Preterit

cocí	cocimos
cociste	cocisteis
coció	cocieron

Past Perfect

había cocido	habíamos cocido
habías cocido	habíais cocido
había cocido	habían cocido

Imperfect

cocía	cocíamos
cocías	cocíais
cocía	cocían

Future Perfect

habré cocido	habremos cocido
habrás cocido	habréis cocido
habrá cocido	habrán cocido

Future

coceré	coceremos
cocerás	coceréis
cocerá	cocerán

Conditional Perfect

habría cocido	habríamos cocido
habrías cocido	habríais cocido
habría cocido	habrían cocido

Conditional

cocería	coceríamos
cocerías	coceríais
cocería	cocerían

SUBJUNCTIVE

Present

cueza	cozamos
cuezas	cozáis
cueza	cuezan

Present Perfect

haya cocido	hayamos cocido
hayas cocido	hayáis cocido
haya cocido	hayan cocido

Past

cociera	cociéramos
cocieras	cocierais
cociera	cocieran

Past Perfect

hubiera cocido	hubiéramos cocido
hubieras cocido	hubierais cocido
hubiera cocido	hubieran cocido

IMPERATIVE

cuece	no cuezas	cozamos	no cozamos
cueza	no cueza	coced	no cozáis
		cuezan	no cuezan

La sopa se está cociendo desde las dos de la tarde.
The soup has been cooking since two in the afternoon.

¿Ya cociste el pan?
Have you baked the bread yet?

No cuezas demasiado las lentejas.
Don't cook the lentils too much.

COCINAR   *To cook*

Past part. cocinado   *Ger.* cocinando

INDICATIVE

Present
cocino	cocinamos
cocinas	cocináis
cocina	cocinan

Present Perfect
he cocinado	hemos cocinado
has cocinado	habéis cocinado
ha cocinado	han cocinado

Preterit
cociné	cocinamos
cocinaste	cocinasteis
cocinó	cocinaron

Past Perfect
había cocinado	habíamos cocinado
habías cocinado	habíais cocinado
había cocinado	habían cocinado

Imperfect
cocinaba	cocinábamos
cocinabas	cocinabais
cocinaba	cocinaban

Future Perfect
habré cocinado	habremos cocinado
habrás cocinado	habréis cocinado
habrá cocinado	habrán cocinado

Future
cocinaré	cocinaremos
cocinarás	cocinaréis
cocinará	cocinarán

Conditional Perfect
habría cocinado	habríamos cocinado
habrías cocinado	habríais cocinado
habría cocinado	habrían cocinado

Conditional
cocinaría	cocinaríamos
cocinarías	cocinaríais
cocinaría	cocinarían

SUBJUNCTIVE

Present
cocine	cocinemos
cocines	cocinéis
cocine	cocinen

Present Perfect
haya cocinado	hayamos cocinado
hayas cocinado	hayáis cocinado
haya cocinado	hayan cocinado

Past
cocinara	cocináramos
cocinaras	cocinarais
cocinara	cocinaran

Past Perfect
hubiera cocinado	hubiéramos cocinado
hubieras cocinado	hubierais cocinado
hubiera cocinado	hubieran cocinado

IMPERATIVE
cocina	no cocines	cocinemos	no cocinemos
cocine	no cocine	cocinad	no cocinéis
		cocinen	no cocinen

Esta noche cocino yo.
I'm cooking tonight.

Le pedí que cocinara arroz con pollo para la cena.
I asked him to prepare chicken with rice for dinner.

¿Cenas fuera o cocinas en casa?
Do you eat out or do you cook at home?

C   COGER   *To take, to pick, to catch, to get*   **Cogerse** *To hold on*

Past part. cogido   *Ger.* cogiendo

INDICATIVE

Present		Present Perfect	
cojo	cogemos	he cogido	hemos cogido
coges	cogéis	has cogido	habéis cogido
coge	cogen	ha cogido	han cogido

Preterit		Past Perfect	
cogí	cogimos	había cogido	habíamos cogido
cogiste	cogisteis	habías cogido	habíais cogido
cogió	cogieron	había cogido	habían cogido

Imperfect		Future Perfect	
cogía	cogíamos	habré cogido	habremos cogido
cogías	cogíais	habrás cogido	habréis cogido
cogía	cogían	habrá cogido	habrán cogido

Future		Conditional Perfect	
cogeré	cogeremos	habría cogido	habríamos cogido
cogerás	cogeréis	habrías cogido	habríais cogido
cogerá	cogerán	habría cogido	habrían cogido

Conditional	
cogería	cogeríamos
cogerías	cogeríais
cogería	cogerían

SUBJUNCTIVE

Present		Present Perfect	
coja	cojamos	haya cogido	hayamos cogido
cojas	cojáis	hayas cogido	hayáis cogido
coja	cojan	haya cogido	hayan cogido

Past		Past Perfect	
cogiera	cogiéramos	hubiera cogido	hubiéramos cogido
cogieras	cogierais	hubieras cogido	hubierais cogido
cogiera	cogieran	hubiera cogido	hubieran cogido

IMPERATIVE

coge	no cojas	cojamos	no cojamos
coja	no coja	coged	no cojáis
		cojan	no cojan

Coge tus libros y vamos a clase.
Take your books and let's go to class.
Necesito coger el autobús de las cinco.
I need to catch the five o'clock bus.
Podemos coger varios folletos en la agencia de viajes.
We can get several brochures at the travel agency.

Past part. cojeado   *Ger.* cojeando

INDICATIVE

Present

cojeo	cojeamos
cojeas	cojeáis
cojea	cojean

Present Perfect

he cojeado	hemos cojeado
has cojeado	habéis cojeado
ha cojeado	han cojeado

Preterit

cojeé	cojeamos
cojeaste	cojeasteis
cojeó	cojearon

Past Perfect

había cojeado	habíamos cojeado
habías cojeado	habíais cojeado
había cojeado	habían cojeado

Imperfect

cojeaba	cojeábamos
cojeabas	cojeabais
cojeaba	cojeaban

Future Perfect

habré cojeado	habremos cojeado
habrás cojeado	habréis cojeado
habrá cojeado	habrán cojeado

Future

cojearé	cojearemos
cojearás	cojearéis
cojeará	cojearán

Conditional Perfect

habría cojeado	habríamos cojeado
habrías cojeado	habríais cojeado
habría cojeado	habrían cojeado

Conditional

cojearía	cojearíamos
cojearías	cojearíais
cojearía	cojearían

SUBJUNCTIVE

Present

cojee	cojeemos
cojees	cojeéis
cojee	cojeen

Present Perfect

haya cojeado	hayamos cojeado
hayas cojeado	hayáis cojeado
haya cojeado	hayan cojeado

Past

cojeara	cojeáramos
cojearas	cojearais
cojeara	cojearan

Past Perfect

hubiera cojeado	hubiéramos cojeado
hubieras cojeado	hubierais cojeado
hubiera cojeado	hubieran cojeado

IMPERATIVE

cojea	no cojees	cojeemos	no cojeemos
cojee	no cojee	cojead	no cojeéis
		cojeen	no cojeen

Mi amigo cojea desde que tuvo el accidente.
My friend limps since he had the accident.

Los piratas con patas de palo cojeaban sobre el puente.
The peg-legged pirates hobbled on deck.

Esta mesa cojea; busquemos otra.
This table wobbles; let's look for another one.

COLABORAR   *To collaborate, to cooperate*

Past part. colaborado   *Ger.* colaborando

INDICATIVE

Present

colaboro	colaboramos
colaboras	colaboráis
colabora	colaboran

Present Perfect

he colaborado	hemos colaborado
has colaborado	habéis colaborado
ha colaborado	han colaborado

Preterit

colaboré	colaboramos
colaboraste	colaborasteis
colaboró	colaboraron

Past Perfect

había colaborado	habíamos colaborado
habías colaborado	habíais colaborado
había colaborado	habían colaborado

Imperfect

colaboraba	colaborábamos
colaborabas	colaborabais
colaboraba	colaboraban

Future Perfect

habré colaborado	habremos colaborado
habrás colaborado	habréis colaborado
habrá colaborado	habrán colaborado

Future

colaboraré	colaboraremos
colaborarás	colaboraréis
colaborará	colaborarán

Conditional Perfect

habría colaborado	habríamos colaborado
habrías colaborado	habríais colaborado
habría colaborado	habrían colaborado

Conditional

colaboraría	colaboraríamos
colaborarías	colaboraríais
colaboraría	colaborarían

SUBJUNCTIVE

Present

colabore	colaboremos
colabores	colaboréis
colabore	colaboren

Present Perfect

haya colaborado	hayamos colaborado
hayas colaborado	hayáis colaborado
haya colaborado	hayan colaborado

Past

colaborara	colaboráramos
colaboraras	colaborarais
colaborara	colaboraran

Past Perfect

hubiera colaborado	hubiéramos colaborado
hubieras colaborado	hubierais colaborado
hubiera colaborado	hubieran colaborado

IMPERATIVE

colabora	no colabores	colaboremos	no colaboremos
colabore	no colabore	colaborad	no colaboréis
		colaboren	no colaboren

Todo el equipo colaboró en el proyecto.
The whole team collaborated on the project.

Será más fácil tener éxito si colaboramos.
It will be easier to succeed if we cooperate.

Los que no colaboren que se vayan.
Those who don't collaborate should leave.

COLECCIONAR *To collect*

Past part. coleccionado   *Ger.* coleccionando

INDICATIVE

Present

colecciono	coleccionamos
coleccionas	coleccionáis
colecciona	coleccionan

Present Perfect

he coleccionado	hemos coleccionado
has coleccionado	habéis coleccionado
ha coleccionado	han coleccionado

Preterit

coleccioné	coleccionamos
coleccionaste	coleccionasteis
coleccionó	coleccionaron

Past Perfect

había coleccionado	habíamos coleccionado
habías coleccionado	habíais coleccionado
había coleccionado	habían coleccionado

Imperfect

coleccionaba	coleccionábamos
coleccionabas	coleccionabais
coleccionaba	coleccionaban

Future Perfect

habré coleccionado	habremos coleccionado
habrás coleccionado	habréis coleccionado
habrá coleccionado	habrán coleccionado

Future

coleccionaré	coleccionaremos
coleccionarás	coleccionaréis
coleccionará	coleccionarán

Conditional Perfect

habría coleccionado	habríamos coleccionado
habrías coleccionado	habríais coleccionado
habría coleccionado	habrían coleccionado

Conditional

coleccionaría	coleccionaríamos
coleccionarías	coleccionaríais
coleccionaría	coleccionarían

SUBJUNCTIVE

Present

coleccione	coleccionemos
colecciones	coleccionéis
coleccione	coleccionen

Present Perfect

haya coleccionado	hayamos coleccionado
hayas coleccionado	hayáis coleccionado
haya coleccionado	hayan coleccionado

Past

coleccionara	coleccionáramos
coleccionaras	coleccionarais
coleccionara	coleccionaran

Past Perfect

hubiera coleccionado	hubiéramos coleccionado
hubieras coleccionado	hubierais coleccionado
hubiera coleccionado	hubieran coleccionado

IMPERATIVE

colecciona	no colecciones	coleccionemos	no coleccionemos
coleccione	no coleccione	coleccionad	no coleccionéis
		coleccionen	no coleccionen

Julián colecciona mariposas exóticas.
Julian collects exotic butterflies.

De pequeño coleccionaba sellos de todo el mundo.
I used to collect stamps from all over the world as a child.

¿Conoces a alguien que coleccione coches clásicos?
Do you know anyone who collects classic cars?

COLGAR   *To hang, to put up*   **Colgarse** *To hang oneself*

Past part. colgado   Ger. colgando

INDICATIVE

Present

		Present Perfect	
cuelgo	colgamos	he colgado	hemos colgado
cuelgas	colgáis	has colgado	habéis colgado
cuelga	cuelgan	ha colgado	han colgado

Preterit

		Past Perfect	
colgué	colgamos	había colgado	habíamos colgado
colgaste	colgasteis	habías colgado	habíais colgado
colgó	colgaron	había colgado	habían colgado

Imperfect

		Future Perfect	
colgaba	colgábamos	habré colgado	habremos colgado
colgabas	colgabais	habrás colgado	habréis colgado
colgaba	colgaban	habrá colgado	habrán colgado

Future

		Conditional Perfect	
colgaré	colgaremos	habría colgado	habríamos colgado
colgarás	colgaréis	habrías colgado	habríais colgado
colgará	colgarán	habría colgado	habrían colgado

Conditional

colgaría	colgaríamos
colgarías	colgaríais
colgaría	colgarían

SUBJUNCTIVE

Present

		Present Perfect	
cuelgue	colguemos	haya colgado	hayamos colgado
cuelgues	colguéis	hayas colgado	hayáis colgado
cuelgue	cuelguen	haya colgado	hayan colgado

Past

		Past Perfect	
colgara	colgáramos	hubiera colgado	hubiéramos colgado
colgaras	colgarais	hubieras colgado	hubierais colgado
colgara	colgaran	hubiera colgado	hubieran colgado

IMPERATIVE

cuelga	no cuelgues	colguemos	no colguemos
cuelgue	no cuelgue	colgad	no colguéis
		cuelguen	no cuelguen

Cuelga el cuadro sobre la chimenea.
Hang the picture over the chimney.

Al terminar la llamada, dije adiós y colgué el teléfono.
When the call was finished, I said good-bye and hung up the phone.

El preso se colgó en su celda.
The prisoner hanged himself in his cell.

COLOCAR   *To place, to put, to lay*

Colocarse *To get a job, to place oneself*
Past part. colocado   *Ger.* colocando

INDICATIVE

Present

coloco	colocamos
colocas	colocáis
coloca	colocan

Present Perfect

he colocado	hemos colocado
has colocado	habéis colocado
ha colocado	han colocado

Preterit

coloqué	colocamos
colocaste	colocasteis
colocó	colocaron

Past Perfect

había colocado	habíamos colocado
habías colocado	habíais colocado
había colocado	habían colocado

Imperfect

colocaba	colocábamos
colocabas	colocabais
colocaba	colocaban

Future Perfect

habré colocado	habremos colocado
habrás colocado	habréis colocado
habrá colocado	habrán colocado

Future

colocaré	colocaremos
colocarás	colocaréis
colocará	colocarán

Conditional Perfect

habría colocado	habríamos colocado
habrías colocado	habríais colocado
habría colocado	habrían colocado

Conditional

colocaría	colocaríamos
colocarías	colocaríais
colocaría	colocarían

SUBJUNCTIVE

Present

coloque	coloquemos
coloques	coloquéis
coloque	coloquen

Present Perfect

haya colocado	hayamos colocado
hayas colocado	hayáis colocado
haya colocado	hayan colocado

Past

colocara	colocáramos
colocaras	colocarais
colocara	colocaran

Past Perfect

hubiera colocado	hubiéramos colocado
hubieras colocado	hubierais colocado
hubiera colocado	hubieran colocado

IMPERATIVE

coloca	no coloques	coloquemos	no coloquemos
coloque	no coloque	colocad	no coloquéis
		coloquen	no coloquen

Coloca los paquetes sobre la mesa, por favor.
Put the packages on the table, please.
Van a colocar nuevas alfombras en la casa mañana.
They are going to lay new carpets in the house tomorrow.
Quiero colocarme en esta compañía de publicidad.
I want to get a job in this marketing company.

C COMENZAR *To begin, to start*

Past part. comenzado   *Ger.* comenzando

INDICATIVE

Present

comienzo	comenzamos
comienzas	comenzáis
comienza	comienzan

Preterit

comencé	comenzamos
comenzaste	comenzasteis
comenzó	comenzaron

Imperfect

comenzaba	comenzábamos
comenzabas	comenzabais
comenzaba	comenzaban

Future

comenzaré	comenzaremos
comenzarás	comenzaréis
comenzará	comenzarán

Conditional

comenzaría	comenzaríamos
comenzarías	comenzaríais
comenzaría	comenzarían

Present Perfect

he comenzado	hemos comenzado
has comenzado	habéis comenzado
ha comenzado	han comenzado

Past Perfect

había comenzado	habíamos comenzado
habías comenzado	habíais comenzado
había comenzado	habían comenzado

Future Perfect

habré comenzado	habremos comenzado
habrás comenzado	habréis comenzado
habrá comenzado	habrán comenzado

Conditional Perfect

habría comenzado	habríamos comenzado
habrías comenzado	habríais comenzado
habría comenzado	habrían comenzado

SUBJUNCTIVE

Present

comience	comencemos
comiences	comencéis
comience	comiencen

Past

comenzara	comenzáramos
comenzaras	comenzarais
comenzara	comenzaran

Present Perfect

haya comenzado	hayamos comenzado
hayas comenzado	hayáis comenzado
haya comenzado	hayan comenzado

Past Perfect

hubiera comenzado	hubiéramos comenzado
hubieras comenzado	hubierais comenzado
hubiera comenzado	hubieran comenzado

IMPERATIVE

comienza	no comiences	comencemos	no comencemos
comience	no comience	comenzad	no comencéis
		comiencen	no comiencen

Comenzaremos el tour del museo en breve.
We will start the museum tour shortly.

Mi hija comenzará el colegio en agosto.
My daughter will start school in August.

Comenzó el discurso con un chiste no muy chistoso.
He began the speech with a joke that wasn't very funny.

Past part. comido   *Ger.* comiendo

INDICATIVE

Present		Present Perfect	
como	comemos	he comido	hemos comido
comes	coméis	has comido	habéis comido
come	comen	ha comido	han comido

Preterit		Past Perfect	
comí	comimos	había comido	habíamos comido
comiste	comisteis	habías comido	habíais comido
comió	comieron	había comido	habían comido

Imperfect		Future Perfect	
comía	comíamos	habré comido	habremos comido
comías	comíais	habrás comido	habréis comido
comía	comían	habrá comido	habrán comido

Future		Conditional Perfect	
comeré	comeremos	habría comido	habríamos comido
comerás	comeréis	habrías comido	habríais comido
comerá	comerán	habría comido	habrían comido

Conditional	
comería	comeríamos
comerías	comeríais
comería	comerían

SUBJUNCTIVE

Present		Present Perfect	
coma	comamos	haya comido	hayamos comido
comas	comáis	hayas comido	hayáis comido
coma	coman	haya comido	hayan comido

Past		Past Perfect	
comiera	comiéramos	hubiera comido	hubiéramos comido
comieras	comierais	hubieras comido	hubierais comido
comiera	comieran	hubiera comido	hubieran comido

IMPERATIVE

come	no comas	comamos	no comamos
coma	no coma	comed	no comáis
		coman	no coman

Me muero de hambre porque no he comido desde hace horas.
I'm starving because I haven't eaten for hours.

Coman tanto como quieran pues preparamos mucha comida.
Eat as much as you want for we prepared a lot of food.

¡No te comas todo!
Don't eat up everything!

COMETER   *To commit, to make*

Past part. cometido   *Ger.* cometiendo

INDICATIVE

Present

cometo	cometemos
cometes	cometéis
comete	cometen

Present Perfect

he cometido	hemos cometido
has cometido	habéis cometido
ha cometido	han cometido

Preterit

cometí	cometimos
cometiste	cometisteis
cometió	cometieron

Past Perfect

había cometido	habíamos cometido
habías cometido	habíais cometido
había cometido	habían cometido

Imperfect

cometía	cometíamos
cometías	cometíais
cometía	cometían

Future Perfect

habré cometido	habremos cometido
habrás cometido	habréis cometido
habrá cometido	habrán cometido

Future

cometeré	cometeremos
cometerás	cometeréis
cometerá	cometerán

Conditional Perfect

habría cometido	habríamos cometido
habrías cometido	habríais cometido
habría cometido	habrían cometido

Conditional

cometería	cometeríamos
cometerías	cometeríais
cometería	cometerían

SUBJUNCTIVE

Present

cometa	cometamos
cometas	cometáis
cometa	cometan

Present Perfect

haya cometido	hayamos cometido
hayas cometido	hayáis cometido
haya cometido	hayan cometido

Past

cometiera	cometiéramos
cometieras	cometierais
cometiera	cometieran

Past Perfect

hubiera cometido	hubiéramos cometido
hubieras cometido	hubierais cometido
hubiera cometido	hubieran cometido

IMPERATIVE

comete	no cometas	cometamos	no cometamos
cometa	no cometa	cometed	no cometáis
		comentan	no cometan

Espero no haber cometido muchas faltas de ortografía.
I hope I didn't make a lot of spelling mistakes.

El joven cometió un delito menor.
The young man committed a minor crime.

Todos cometemos errores.
Everyone makes mistakes.

COMPARAR *To compare*

Past part. comparado   *Ger.* comparando

INDICATIVE

Present

comparo	comparamos
comparas	comparáis
compara	comparan

Present Perfect

he comparado	hemos comparado
has comparado	habéis comparado
ha comparado	han comparado

Preterit

comparé	comparamos
comparaste	comparasteis
comparó	compararon

Past Perfect

había comparado	habíamos comparado
habías comparado	habíais comparado
había comparado	habían comparado

Imperfect

comparaba	comparábamos
comparabas	comparabais
comparaba	comparaban

Future Perfect

habré comparado	habremos comparado
habrás comparado	habréis comparado
habrá comparado	habrán comparado

Future

compararé	compararemos
compararás	compararéis
comparará	compararán

Conditional Perfect

habría comparado	habríamos comparado
habrías comparado	habríais comparado
habría comparado	habrían comparado

Conditional

compararía	compararíamos
compararías	compararíais
compararía	compararían

SUBJUNCTIVE

Present

compare	comparemos
compares	comparéis
compare	comparen

Present Perfect

haya comparado	hayamos comparado
hayas comparado	hayáis comparado
haya comparado	hayan comparado

Past

comparara	comparáramos
compararas	compararais
comparara	compararan

Past Perfect

hubiera comparado	hubiéramos comparado
hubieras comparado	hubierais comparado
hubiera comparado	hubieran comparado

IMPERATIVE

compara	no compares	comparemos	no comparemos
compare	no compare	comparad	no comparéis
		comparen	no comparen

Comparado con él, tú eres mucho más guapo.
Compared to him, you are much more handsome.

No compares peras con manzanas.
Don't compare apples and pears.

Compraré muchos modelos antes de comprar éste.
I compared many models before buying this one.

COMPARTIR *To share*

Past part. compartido   *Ger.* compartiendo

INDICATIVE

Present

comparto	compartimos
compartes	compartís
comparte	comparten

Preterit

compartí	compartimos
compartiste	compartisteis
compartió	compartieron

Imperfect

compartía	compartíamos
compartías	compartíais
compartía	compartían

Future

compartiré	compartiremos
compartirás	compartiréis
compartirá	compartirán

Conditional

compartiría	compartiríamos
compartirías	compartiríais
compartiría	compartirían

Present Perfect

he compartido	hemos compartido
has compartido	habéis compartido
ha compartido	han compartido

Past Perfect

había compartido	habíamos compartido
habías compartido	habíais compartido
había compartido	habían compartido

Future Perfect

habré compartido	habremos compartido
habrás compartido	habréis compartido
habrá compartido	habrán compartido

Conditional Perfect

habría compartido	habríamos compartido
habrías compartido	habríais compartido
habría compartido	habrían compartido

SUBJUNCTIVE

Present

comparta	compartamos
compartas	compartáis
comparta	compartan

Past

compartiera	compartiéramos
compartieras	compartierais
compartiera	compartieran

Present Perfect

haya compartido	hayamos compartido
hayas compartido	hayáis compartido
haya compartido	hayan compartido

Past Perfect

hubiera compartido	hubiéramos compartido
hubieras compartido	hubierais compartido
hubiera compartido	hubieran compartido

IMPERATIVE

comparte	no compartas	compartamos	no compartamos
comparta	no comparta	compartid	no compartáis
		compartan	no compartan

Los niños buenos comparten sus juguetes.
Good kids share their toys.
Si gano la lotería compartiré el premio contigo.
If I win the lottery I will share the prize with you.
Dos amigas y yo compartíamos un apartamento en la universidad.
Two friends and I shared an apartment in college.

COMPONER   *To fix, to repair, to compose*   C

Componerse *To get better*
Past part. compuesto   *Ger.* componiendo

INDICATIVE

Present
compongo	componemos
compones	componéis
compone	componen

Present Perfect
he compuesto	hemos compuesto
has compuesto	habéis compuesto
ha compuesto	han compuesto

Preterit
compuse	compusimos
compusiste	compusisteis
compuso	compusieron

Past Perfect
había compuesto	habíamos compuesto
habías compuesto	habíais compuesto
había compuesto	habían compuesto

Imperfect
componía	componíamos
componías	componíais
componía	componían

Future Perfect
habré compuesto	habremos compuesto
habrás compuesto	habréis compuesto
habrá compuesto	habrán compuesto

Future
compondré	compondremos
compondrás	compondréis
compondrá	compondrán

Conditional Perfect
habría compuesto	habríamos compuesto
habrías compuesto	habríais compuesto
habría compuesto	habrían compuesto

Conditional
compondría	compondríamos
compondrías	compondríais
compondría	compondrían

SUBJUNCTIVE

Present
componga	compongamos
compongas	compongáis
componga	compongan

Present Perfect
haya compuesto	hayamos compuesto
hayas compuesto	hayáis compuesto
haya compuesto	hayan compuesto

Past
compusiera	compusiéramos
compusieras	compusierais
compusiera	compusieran

Past Perfect
hubiera compuesto	hubiéramos compuesto
hubieras compuesto	hubierais compuesto
hubiera compuesto	hubieran compuesto

IMPERATIVE
compón	no compongas	compongamos	no compongamos
componga	no componga	componed	no compongáis
		compongan	no compongan

Finalmente se está componiendo el clima.
Finally the weather is getting better.
Se descompuso la computadora y no sé cómo componerla.
The computer broke and I don't know how to fix it.
Necesito llamar a alguien para que componga la lavadora.
I need to call someone to repair the washing machine.
Mozart compuso varios conciertos para piano.
Mozart composed several concerts for piano.

101

COMPORTARSE *To behave*

Past part. comportado   *Ger.* comportando

INDICATIVE

Present
me comporto	nos comportamos
te comportas	os comportáis
se comporta	se comportan

Preterit
me comporté	nos comportamos
te comportaste	os comportasteis
se comportó	se comportaron

Imperfect
me comportaba	nos comportábamos
te comportabas	os comportabais
se comportaba	se comportaban

Future
me comportaré	nos comportaremos
te comportarás	os comportaréis
se comportará	se comportarán

Conditional
me comportaría	nos comportaríamos
te comportarías	os comportaríais
se comportaría	se comportarían

Present Perfect
me he comportado	nos hemos comportado
te has comportado	os habéis comportado
se ha comportado	se han comportado

Past Perfect
me había comportado	nos habíamos comportado
te habías comportado	os habíais comportado
se había comportado	se habían comportado

Future Perfect
me habré comportado	nos habremos comportado
te habrás comportado	os habréis comportado
se habrá comportado	se habrán comportado

Conditional Perfect
me habría comportado	nos habríamos comportado
te habrías comportado	os habríais comportado
se habría comportado	se habrían comportado

SUBJUNCTIVE

Present
me comporte	nos comportemos
te comportes	os comportéis
se comporte	se comporten

Past
me comportara	nos comportáramos
te comportaras	os comportarais
se comportara	se comportaran

Present Perfect
me haya comportado	nos hayamos comportado
te hayas comportado	os hayáis comportado
se haya comportado	se hayan comportado

Past Perfect
me hubiera comportado	nos hubiéramos comportado
te hubieras comportado	os hubierais comportado
se hubiera comportado	se hubieran comportado

IMPERATIVE
compórtate	no te comportes	comportémonos	no nos comportemos
compórtese	no se comporte	comportaos	no os comportéis
		compórtense	no se comporten

A veces mi hijo se comporta bien y a veces mal.
Sometimes my son behaves and sometimes he misbehaves.

No puedo entender porqué se están ustedes comportando así.
I can't understand why you are behaving this way.

Compórtate en la clase.
Behave yourself in class.

COMPRAR   *To buy, to purchase, to bribe*

Past part. comprado   *Ger.* comprando

INDICATIVE

Present		Present Perfect	
compro	compramos	he comprado	hemos comprado
compras	compráis	has comprado	habéis comprado
compra	compran	ha comprado	han comprado

Preterit		Past Perfect	
compré	compramos	había comprado	habíamos comprado
compraste	comprasteis	habías comprado	habíais comprado
compró	compraron	había comprado	habían comprado

Imperfect		Future Perfect	
compraba	comprábamos	habré comprado	habremos comprado
comprabas	comprabais	habrás comprado	habréis comprado
compraba	compraban	habrá comprado	habrán comprado

Future		Conditional Perfect	
compraré	compraremos	habría comprado	habríamos comprado
comprarás	compraréis	habrías comprado	habríais comprado
comprará	comprarán	habría comprado	habrían comprado

Conditional	
compraría	compraríamos
comprarías	compraríais
compraría	comprarían

SUBJUNCTIVE

Present		Present Perfect	
compre	compremos	haya comprado	hayamos comprado
compres	compréis	hayas comprado	hayáis comprado
compre	compren	haya comprado	hayan comprado

Past		Past Perfect	
comprara	compráramos	hubiera comprado	hubiéramos comprado
compraras	comprarais	hubieras comprado	hubierais comprado
comprara	compraran	hubiera comprado	hubieran comprado

IMPERATIVE

compra	no compres	compremos	no compremos
compre	no compre	comprad	no compréis
		compren	no compren

Compremos un coche para viajar por España.
Let's buy a car to travel around Spain.

Le pedí a mi tío que me comprara un libro.
I asked my uncle to buy me a book.

En algunos lugares se puede comprar a la policía.
In some places the police can be bribed.

COMPRENDER *To understand, to comprehend, to include, to cover*

Past part. comprendido   *Ger.* comprendiendo

INDICATIVE

Present

comprendo	comprendemos
comprendes	comprendéis
comprende	comprenden

Present Perfect

he comprendido	hemos comprendido
has comprendido	habéis comprendido
ha comprendido	han comprendido

Preterit

comprendí	comprendimos
comprendiste	comprendisteis
comprendió	comprendieron

Past Perfect

había comprendido	habíamos comprendido
habías comprendido	habíais comprendido
había comprendido	habían comprendido

Imperfect

comprendía	comprendíamos
comprendías	comprendíais
comprendía	comprendían

Future Perfect

habré comprendido	habremos comprendido
habrás comprendido	habréis comprendido
habrá comprendido	habrán comprendido

Future

comprenderé	comprenderemos
comprenderás	comprenderéis
comprenderá	comprenderán

Conditional Perfect

habría comprendido	habríamos comprendido
habrías comprendido	habríais comprendido
habría comprendido	habrían comprendido

Conditional

comprendería	comprenderíamos
comprenderías	comprenderíais
comprendería	comprenderían

SUBJUNCTIVE

Present

comprenda	comprendamos
comprendas	comprendáis
comprenda	comprendan

Present Perfect

haya comprendido	hayamos comprendido
hayas comprendido	hayáis comprendido
haya comprendido	hayan comprendido

Past

comprendiera	comprendiéramos
comprendieras	comprendierais
comprendiera	comprendieran

Past Perfect

hubiera comprendido	hubiéramos comprendido
hubieras comprendido	hubierais comprendido
hubiera comprendido	hubieran comprendido

IMPERATIVE

comprende	no comprendas	comprendamos	no comprendamos
comprenda	no comprenda	comprended	no comprendáis
		comprendan	no comprendan

Esta póliza no comprende los costos legales.
This policy doesn't include the legal fees.

No puedo comprender las implicaciones de tus actos.
I can't comprehend the implications of your deeds.

Si comprendieras mi situación, me perdonarías
If you understood my situation you would forgive me.

CONCORDAR   *To agree, to concur*

Past part. concordado   *Ger.* concordando

INDICATIVE

Present
concuerdo	concordamos
concuerdas	concordáis
concuerda	concuerdan

Present Perfect
he concordado	hemos concordado
has concordado	habéis concordado
ha concordado	han concordado

Preterit
concordé	concordamos
concordaste	concordasteis
concordó	concordaron

Past Perfect
había concordado	habíamos concordado
habías concordado	habíais concordado
había concordado	habían concordado

Imperfect
concordaba	concordábamos
concordabas	concordabais
concordaba	concordaban

Future Perfect
habré concordado	habremos concordado
habrás concordado	habréis concordado
habrá concordado	habrán concordado

Future
concordaré	concordaremos
concordarás	concordaréis
concordará	concordarán

Conditional Perfect
habría concordado	habríamos concordado
habrías concordado	habríais concordado
habría concordado	habrían concordado

Conditional
concordaría	concordaríamos
concordarías	concordaríais
concordaría	concordarían

SUBJUNCTIVE

Present
concuerde	concordemos
concuerdes	concordéis
concuerde	concuerden

Present Perfect
haya concordado	hayamos concordado
hayas concordado	hayáis concordado
haya concordado	hayan concordado

Past
concordara	concordáramos
concordaras	concordarais
concordara	concordaran

Past Perfect
hubiera concordado	hubiéramos concordado
hubieras concordado	hubierais concordado
hubiera concordado	hubieran concordado

IMPERATIVE
concuerda	no concuerdes	concordemos	no concordemos
concuerde	no concuerde	concordad	no concordéis
		concuerden	no concuerden

En español, los adjetivos concuerdan en género y número con los sustantivos.
In Spanish, adjectives agree in gender and number with nouns.

En este asunto tu opinión no concuerda con la mía.
On this matter your opinion doesn't concur with mine.

Los legisladores concordaron en mantener una posición unificada
The legislators agreed to maintain a unified position.

C **CONDUCIR** *To drive*

Past part. conducido   *Ger.* conduciendo

INDICATIVE

Present		Present Perfect	
conduzco	conducimos	he conducido	hemos conducido
conduces	conducís	has conducido	habéis conducido
conduce	conducen	ha conducido	han conducido

Preterit		Past Perfect	
conduje	condujimos	había conducido	habíamos conducido
condujiste	condujisteis	habías conducido	habíais conducido
condujo	condujeron	había conducido	habían conducido

Imperfect		Future Perfect	
conducía	conducíamos	habré conducido	habremos conducido
conducías	conducíais	habrás conducido	habréis conducido
conducía	conducían	habrá conducido	habrán conducido

Future		Conditional Perfect	
conduciré	conduciremos	habría conducido	habríamos conducido
conducirás	conduciréis	habrías conducido	habríais conducido
conducirá	conducirán	habría conducido	habrían conducido

Conditional	
conduciría	conduciríamos
conducirías	conduciríais
conduciría	conducirían

SUBJUNCTIVE

Present		Present Perfect	
conduzca	conduzcamos	haya conducido	hayamos conducido
conduzcas	conduzcáis	hayas conducido	hayáis conducido
conduzca	conduzcan	haya conducido	hayan conducido

Past		Past Perfect	
condujera	condujéramos	hubiera conducido	hubiéramos conducido
condujeras	condujerais	hubieras conducido	hubierais conducido
condujera	condujeran	hubiera conducido	hubieran conducido

IMPERATIVE

conduce	no conduzcas	conduzcamos	no conducamos
conduzca	no conduzca	conducid	no conduzcáis
		conduzcan	no conduzcan

No conduzca si llueve.
Don't drive if it is raining.
Conduciría más a menudo si tuviera un buen coche.
I would drive more often if I had a good car.
Conducía cuando era más joven, pero ya no.
I used to drive when I was younger, but not anymore.

Past part. conectado *Ger.* conectando

INDICATIVE

Present		Present Perfect	
conecto	conectamos	he conectado	hemos conectado
conectas	conectáis	has conectado	habéis conectado
conecta	conectan	ha conectado	han conectado

Preterit		Past Perfect	
conecté	conectamos	había conectado	habíamos conectado
conectaste	conectasteis	habías conectado	habíais conectado
conectó	conectaron	había conectado	habían conectado

Imperfect		Future Perfect	
conectaba	conectábamos	habré conectado	habremos conectado
conectabas	conectabais	habrás conectado	habréis conectado
conectaba	conectaban	habrá conectado	habrán conectado

Future		Conditional Perfect	
conectaré	conectaremos	habría conectado	habríamos conectado
conectarás	conectaréis	habrías conectado	habríais conectado
conectará	conectarán	habría conectado	habrían conectado

Conditional	
conectaría	conectaríamos
conectarías	conectaríais
conectaría	conectarían

SUBJUNCTIVE

Present		Present Perfect	
conecte	conectemos	haya conectado	hayamos conectado
conectes	conectéis	hayas conectado	hayáis conectado
conecte	conecten	haya conectado	hayan conectado

Past		Past Perfect	
conectara	conectáramos	hubiera conectado	hubiéramos conectado
conectaras	conectarais	hubieras conectado	hubierais conectado
conectara	conectaran	hubiera conectado	hubieran conectado

IMPERATIVE

conecta	no conectes	conectemos	no conectemos
conecte	no conecte	conectad	no conectéis
		conecten	no conecten

Traté de conectarme a la red pero olvidé mi contraseña.
I tried logging on to the Internet but I forgot my password.
U.S. Airways conectará Pittsburgh y San Diego.
U.S. Airways will connect Pittsburgh and San Diego.
Hoy estamos conectados al mundo a través de la tecnología.
Today we are linked to the world through technology.

Past part. confesado   *Ger.* confesando

INDICATIVE

Present
confieso	confesamos
confiesas	confesáis
confiesa	confiesan

Present Perfect
he confesado	hemos confesado
has confesado	habéis confesado
ha confesado	han confesado

Preterit
confesé	confesamos
confesaste	confesasteis
confesó	confesaron

Past Perfect
había confesado	habíamos confesado
habías confesado	habíais confesado
había confesado	habían confesado

Imperfect
confesaba	confesábamos
confesabas	confesabais
confesaba	confesaban

Future Perfect
habré confesado	habremos confesado
habrás confesado	habréis confesado
habrá confesado	habrán confesado

Future
confesaré	confesaremos
confesarás	confesaréis
confesará	confesarán

Conditional Perfect
habría confesado	habríamos confesado
habrías confesado	habríais confesado
habría confesado	habrían confesado

Conditional
confesaría	confesaríamos
confesarías	confesaríais
confesaría	confesarían

SUBJUNCTIVE

Present
confiese	confesemos
confieses	confeséis
confiese	confiesen

Present Perfect
haya confesado	hayamos confesado
hayas confesado	hayáis confesado
haya confesado	hayan confesado

Past
confesara	confesáramos
confesaras	confesarais
confesara	confesaran

Past Perfect
hubiera confesado	hubiéramos confesado
hubieras confesado	hubierais confesado
hubiera confesado	hubieran confesado

IMPERATIVE

confiesa	no confieses	confesemos	no confesemos
confiese	no confiese	confesad	no conféséis
		confiesen	no confiesen

Algunas personas se confiesan religiosamente los domingos.
Some people confess religiously every Sunday.

¡Confiésalo! Te comiste todo el pastel.
Admit it! You ate the whole cake.

Aunque hubo varios testigos del crimen, el sospechoso no ha confesado todavía.
Although there were several witnesses to the crime, the suspect hasn't confessed yet.

Past part. confiado   *Ger.* confiando

INDICATIVE

Present		Present Perfect	
confío	confiamos	he confiado	hemos confiado
confías	confiáis	has confiado	habéis confiado
confía	confían	ha confiado	han confiado

Preterit		Past Perfect	
confié	confiamos	había confiado	habíamos confiado
confiaste	confiasteis	habías confiado	habíais confiado
confió	confiaron	había confiado	habían confiado

Imperfect		Future Perfect	
confiaba	confiábamos	habré confiado	habremos confiado
confiabas	confiabais	habrás confiado	habréis confiado
confiaba	confiaban	habrá confiado	habrán confiado

Future		Conditional Perfect	
confiaré	confiaremos	habría confiado	habríamos confiado
confiarás	confiaréis	habrías confiado	habríais confiado
confiará	confiarán	habría confiado	habrían confiado

Conditional	
confiaría	confiaríamos
confiarías	confiaríais
confiaría	confiarían

SUBJUNCTIVE

Present		Present Perfect	
confíe	confiemos	haya confiado	hayamos confiado
confíes	confiéis	hayas confiado	hayáis confiado
confíe	confíen	haya confiado	hayan confiado

Past		Past Perfect	
confiara	confiáramos	hubiera confiado	hubiéramos confiado
confiaras	confiarais	hubieras confiado	hubierais confiado
confiara	confiaran	hubiera confiado	hubieran confiado

IMPERATIVE

confía	no confíes	confiemos	no confiemos
confíe	no confíe	confiad	no confiéis
		confíen	no confíen

Si confías en mí prometo que no te decepcionaré.
If you trust me I promise I won't disappoint you.
Ojalá confiara en ti, pero no puedo hacerlo.
I wish I trusted you, but I can't do it.
No te confíes demasiado; puedes suspender el examen.
Don't get overconfident; you can fail the exam.

109

CONFIRMAR *To confirm* **Confirmarse** *To get confirmed (religious)*

Past part. confirmado   *Ger.* confirmando

INDICATIVE

Present		Present Perfect	
confirmo	confirmamos	he confirmado	hemos confirmado
confirmas	confirmáis	has confirmado	habéis confirmado
confirma	confirman	ha confirmado	han confirmado

Preterit		Past Perfect	
confirmé	confirmamos	había confirmado	habíamos confirmado
confirmaste	confirmasteis	habías confirmado	habíais confirmado
confirmó	confirmaron	había confirmado	habían confirmado

Imperfect		Future Perfect	
confirmaba	confirmábamos	habré confirmado	habremos confirmado
confirmabas	confirmabais	habrás confirmado	habréis confirmado
confirmaba	confirmaban	habrá confirmado	habrán confirmado

Future		Conditional Perfect	
confirmaré	confirmaremos	habría confirmado	habríamos confirmado
confirmarás	confirmaréis	habrías confirmado	habríais confirmado
confirmará	confirmarán	habría confirmado	habrían confirmado

Conditional	
confirmaría	confirmaríamos
confirmarías	confirmaríais
confirmaría	confirmarían

SUBJUNCTIVE

Present		Present Perfect	
confirme	confirmemos	haya confirmado	hayamos confirmado
confirmes	confirméis	hayas confirmado	hayáis confirmado
confirme	confirmen	haya confirmado	hayan confirmado

Past		Past Perfect	
confirmara	confirmáramos	hubiera confirmado	hubiéramos confirmado
confirmaras	confirmarais	hubieras confirmado	hubierais confirmado
confirmara	confirmaran	hubiera confirmado	hubieran confirmado

IMPERATIVE

confirma	no confirmes	confirmemos	no confirmemos
confirme	no confirme	confirmad	no confirméis
		confirmen	no confirmen

Llame mañana para confirmar su reservación.
Call tomorrow to confirm your reservation.

No he confirmado está información con fuentes confiables.
I haven't confirmed this information with trustworthy sources.

Los católicos suelen confirmarse en su adolescencia.
Catholics usually get confirmed in their teens.

CONJUGAR *To conjugate, to combine*

C

Past part. conjugado   *Ger.* conjugando

INDICATIVE

Present	
conjugo	conjugamos
conjugas	conjugáis
conjuga	conjugan

Preterit	
conjugué	conjugamos
conjugaste	conjugasteis
conjugó	conjugaron

Imperfect	
conjugaba	conjugábamos
conjugabas	conjugabais
conjugaba	conjugaban

Future	
conjugaré	conjugaremos
conjugarás	conjugaréis
conjugará	conjugarán

Conditional	
conjugaría	conjugaríamos
conjugaría	conjugaríais
conjugaría	conjugarán

Present Perfect	
he conjugado	hemos conjugado
has conjugado	habéis conjugado
ha conjugado	han conjugado

Past Perfect	
había conjugado	habíamos conjugado
habías conjugado	habíais conjugado
había conjugado	habían conjugado

Future Perfect	
habré conjugado	habremos conjugado
habrás conjugado	habréis conjugado
habrá conjugado	habrán conjugado

Conditional Perfect	
habría conjugado	habríamos conjugado
habrías conjugado	habríais conjugado
habría conjugado	habrían conjugado

SUBJUNCTIVE

Present	
conjugue	conjuguemos
conjugues	conjuguéis
conjugue	conjuguen

Past	
conjugara	conjugáramos
conjugaras	conjugarais
conjugara	conjugaran

Present Perfect	
haya conjugado	hayamos conjugado
hayas conjugado	hayáis conjugado
haya conjugado	hayan conjugado

Past Perfect	
hubiera conjugado	hubiéramos conjugado
hubieras conjugado	hubierais conjugado
hubiera conjugado	hubieran conjugado

IMPERATIVE

conjuga	no conjugues	conjuguemos	no conjuguemos
conjugue	no conjugues	conjugad	no conjuguéis
		conjuguen	no conjuguen

Por favor conjuga el verbo "ser" en el presente.
Please conjugate the verb "to be" in the present tense.

¿No prefieres que conjugue "tener" en el pretérito?
Wouldn't you rather I conjugate "to have" in the preterit?

Debemos conjugar nuestras habilidades para resolver este problema.
We have to combine our skills to solve this problem.

111

CONOCER   *To know, to meet*

Past part. conocido   *Ger.* conociendo

INDICATIVE

Present

		Present Perfect	
conozco	conocemos	he conocido	hemos conocido
conoces	conocéis	has conocido	habéis conocido
conoce	conocen	ha conocido	han conocido

Preterit / Past Perfect

		Past Perfect	
conocí	conocimos	había conocido	habíamos conocido
conociste	conocisteis	habías conocido	habíais conocido
conoció	conocieron	había conocido	habían conocido

Imperfect / Future Perfect

		Future Perfect	
conocía	conocíamos	habré conocido	habremos conocido
conocías	conocíais	habrás conocido	habréis conocido
conocía	conocían	habrá conocido	habrán conocido

Future / Conditional Perfect

		Conditional Perfect	
conoceré	conoceremos	habría conocido	habríamos conocido
conocerás	conoceréis	habrías conocido	habríais conocido
conocerá	conocieron	habría conocido	habrían conocido

Conditional

conocería	conoceríamos
conocerías	conoceríais
conocería	conocerían

SUBJUNCTIVE

Present / Present Perfect

		Present Perfect	
conozca	conozcamos	haya conocido	hayamos conocido
conozcas	conozcáis	hayas conocido	hayáis conocido
conozca	conozcan	haya conocido	hayan conocido

Past / Past Perfect

		Past Perfect	
conociera	conociéramos	hubiera conocido	hubiéramos conocido
conocieras	conocierais	hubieras conocido	hubierais conocido
conociera	conocieran	hubiera conocido	hubieran conocido

IMPERATIVE

conoce	no conozcas	conozcamos	no conozcamos
conozca	no conozca	conoced	no conozcáis
		conozcan	no conozcan

Ojalá conozca pronto a la chica de mis sueños.
I wish I meet the girl of my dreams soon.
Todo el mundo conoce el poeta mexicano famoso Octavio Paz.
Everyone knows the famous Mexican poet Octavio Paz.
Su poesía no se conoce mucho en estados unidos.
His poetry is not well known in the United States.

CONSEGUIR   *To get, to obtain, to achieve*

C

Past part. conseguido   *Ger.* consiguiendo

INDICATIVE

Present

consigo	conseguimos
consigues	conseguís
consigue	consiguen

Present Perfect

he conseguido	hemos conseguido
has conseguido	habéis conseguido
ha conseguido	han conseguido

Preterit

conseguí	conseguimos
conseguiste	conseguisteis
consiguió	consiguieron

Past Perfect

había conseguido	habíamos conseguido
habías conseguido	habíais conseguido
había conseguido	habían conseguido

Imperfect

conseguía	conseguíamos
conseguías	conseguíais
conseguía	conseguían

Future Perfect

habré conseguido	habremos conseguido
habrás conseguido	habréis conseguido
habrá conseguido	habrán conseguido

Future

conseguiré	conseguiremos
conseguirás	conseguiréis
conseguirá	conseguirán

Conditional Perfect

habría conseguido	habríamos conseguido
habrías conseguido	habríais conseguido
habría conseguido	habrían conseguido

Conditional

conseguiría	conseguiríamos
conseguirías	conseguiríais
conseguiría	conseguirían

SUBJUNCTIVE

Present

consiga	consigamos
consigas	consigáis
consiga	consigan

Present Perfect

haya conseguido	hayamos conseguido
hayas conseguido	hayáis conseguido
haya conseguido	hayan conseguido

Past

consiguiera	consiguiéramos
consiguieras	consiguierais
consiguiera	consiguieran

Past Perfect

hubiera conseguido	hubiéramos conseguido
hubieras conseguido	hubierais conseguido
hubiera conseguido	hubieran conseguido

IMPERATIVE

consigue	no consigas	consigamos	no consigamos
consiga	no consiga	conseguid	no consigáis
		consigan	no consigan

La recompensa se consigue por el esfuerzo.
The reward is obtained through effort.

Espero que consigas lo que deseas.
I hope you get what you wish for.

Finalmente conseguí los resultados que esperaba.
I finally achieved the results I expected.

CONSERVAR   *To keep, to preserve*

Past part. conservado   *Ger.* conservando

INDICATIVE

Present

conservo	conservamos
conservas	conserváis
conserva	conservan

Present Perfect

he conservado	hemos conservado
has conservado	habéis conservado
ha conservado	han conservado

Preterit

conservé	conservamos
conservaste	conservasteis
conservó	conservaron

Past Perfect

había conservado	habíamos conservado
habías conservado	habíais conservado
había conservado	habían conservado

Imperfect

conservaba	conservábamos
conservabas	conservabais
conservaba	conservaban

Future Perfect

habré conservado	habremos conservado
habrás conservado	habréis conservado
habrá conservado	habrán conservado

Future

conservaré	conservaremos
conservarás	conservaréis
conservará	conservarán

Conditional Perfect

habría conservado	habríamos conservado
habrías conservado	habríais conservado
habría conservado	habrían conservado

Conditional

conservaría	conservaríamos
conservarías	conservaríais
conservaría	conservarían

SUBJUNCTIVE

Present

conserve	conservemos
conserves	conservéis
conserve	conserven

Present Perfect

haya conservado	hayamos conservado
hayas conservado	hayáis conservado
haya conservado	hayan conservado

Past

conservara	conserváramos
conservaras	conservarais
conservara	conservaran

Past Perfect

hubiera conservado	hubiéramos conservado
hubieras conservado	hubierais conservado
hubiera conservado	hubieran conservado

IMPERATIVE

conserva	no conserves	conservemos	no conservemos
conserve	no conserve	conservad	no conservéis
		conserven	no conserven

¿Cómo podemos conservar el medio ambiente?
How can we preserve the environment?

Conservo buenos recuerdos de mis vacaciones de verano.
I keep good memories of my summer vacation.

Conserva la calma durante el juicio.
Keep calm during the hearing.

CONSIDERAR   *To consider, to take into account*

Past part. considerado   *Ger.* considerando

INDICATIVE

Present
considero	consideramos
consideras	consideráis
considera	consideran

Present Perfect
he considerado	hemos considerado
has considerado	habéis considerado
ha considerado	han considerado

Preterit
consideré	consideramos
consideraste	considerasteis
consideró	consideraron

Past Perfect
había considerado	habíamos considerado
habías considerado	habíais considerado
había considerado	habían considerado

Imperfect
consideraba	considerábamos
considerabas	considerabais
consideraba	consideraban

Future Perfect
habré considerado	habremos considerado
habrás considerado	habréis considerado
habrá considerado	habrán considerado

Future
consideraré	consideraremos
considerarás	consideraréis
considerará	considerarán

Conditional Perfect
habría considerado	habríamos considerado
habrías considerado	habríais considerado
habría considerado	habrían considerado

Conditional
consideraría	consideraríamos
considerarías	consideraríais
consideraría	considerarían

SUBJUNCTIVE

Present
considere	consideremos
consideres	consideréis
considere	consideren

Present Perfect
haya considerado	hayamos considerado
hayas considerado	hayáis considerado
haya considerado	hayan considerado

Past
considerara	consideráramos
consideraras	considerarais
considerara	consideraran

Past Perfect
hubiera considerado	hubiéramos considerado
hubieras considerado	hubierais considerado
hubiera considerado	hubieran considerado

IMPERATIVE

considera	no consideres	consideremos	no consideremos
considere	no considere	considerad	no consideréis
		consideren	no consideren

¿Has considerado todas las consecuencias?
Have you considered all the consequences?

Consideren todos los gastos que tuvimos el año pasado
antes de calcular el nuevo presupuesto.
Take into account all the expenses we had last year
before calculating the new budget.

Me considero una persona muy afortunada.
I consider myself a very fortunate person.

CONSTRUIR *To build, to construct*

Past part. construido   *Ger.* construyendo

INDICATIVE

Present

construyo	construimos
construyes	construís
construye	construyen

Present Perfect

he construido	hemos construido
has construido	habéis construido
ha construido	han construido

Preterit

construí	construimos
construiste	construisteis
construyó	construyeron

Past Perfect

había construido	habíamos construido
habías construido	habíais construido
había construido	habían construido

Imperfect

construía	construíamos
construías	construíais
construía	construían

Future Perfect

habré construido	habremos construido
habrás construido	habréis construido
habrá construido	habrán construido

Future

construiré	construiremos
construirás	construiréis
construirá	construirán

Conditional Perfect

habría construido	habríamos construido
habrías construido	habríais construido
habría construido	habrían construido

Conditional

construiría	construiríamos
construirías	construiríais
construiría	construirán

SUBJUNCTIVE

Present

construya	construyamos
construyas	construyáis
construya	construyan

Present Perfect

haya construido	hayamos construido
hayas construido	hayáis construido
haya construido	hayan construido

Past

construyera	construyéramos
construyeras	construyerais
construyera	construyeran

Past Perfect

hubiera construido	hubiéramos construido
hubieras construido	hubierais construido
hubiera construido	hubieran construido

IMPERATIVE

construye	no construyas	construyamos	no construyamos
construya	no construya	construid	no construyáis
		construyan	no construyan

No construyáis vuestra casa demasiado cerca del río.
Don't build your house too near the river.

No quiero que construyan un centro comercial cerca de mi casa.
I don't want a mall built near my house.

¿Cuándo construirán un hospital en mi pueblo?
When will they build a hospital in my town?

CONSUMIR   *To consume*

Consumirse *To burn down, to waste away*

Past part. consumido   *Ger.* consumiendo

INDICATIVE

Present
consumo	consumimos
consumes	consumís
consume	consumen

Present Perfect
he consumido	hemos consumido
has consumido	habéis consumido
ha consumido	han consumido

Preterit
consumí	consumimos
consumiste	consumisteis
consumió	consumieron

Past Perfect
había consumido	habíamos consumido
habías consumido	habíais consumido
había consumido	habían consumido

Imperfect
consumía	consumíamos
consumías	consumíais
consumía	consumían

Future Perfect
habré consumido	habremos consumido
habrás consumido	habréis consumido
habrá consumido	habrán consumido

Future
consumiré	consumiremos
consumirás	consumiréis
consumirá	consumirán

Conditional Perfect
habría consumido	habríamos consumido
habrías consumido	habríais consumido
habría consumido	habrían consumido

Conditional
consumiría	consumiríamos
consumirías	consumiríais
consumiría	consumirían

SUBJUNCTIVE

Present
consuma	consumamos
consumas	consumáis
consuma	consuman

Present Perfect
haya consumido	hayamos consumido
hayas consumido	hayáis consumido
haya consumido	hayan consumido

Past
consumiera	consumiéramos
consumieras	consumierais
consumiera	consumieran

Past Perfect
hubiera consumido	hubiéramos consumido
hubieras consumido	hubierais consumido
hubiera consumido	hubieran consumido

IMPERATIVE
consume	no consumas	consumamos	no consumamos
consuma	no consuma	consumid	no consumáis
		consuman	no consuman

En este país consumimos demasiada comida chatarra.
In this country we consume too much junk food.

No hay que dejarse consumir por la envidia.
One mustn't let oneself be consumed by envy.

Cuando se consumió la vela nos quedamos a oscuras.
When the candle burnt out we were left in the dark.

CONTAGIARSE *To get infected* **Contagiar** *To infect, to pass on*

Past part. contagiado   *Ger.* contagiando

INDICATIVE

Present

me contagio	nos contagiamos
te contagias	os contagiáis
se contagia	se contagian

Preterit

me contagié	nos contagiamos
te contagiaste	os contagiasteis
se contagió	se contagiaron

Imperfect

me contagiaba	nos contagiábamos
te contagiabas	os contagiabais
se contagiaba	se contagiaban

Future

me contagiaré	nos contagiaremos
te contagiarás	os contagiaréis
se contagiará	se contagiarán

Conditional

me contagiaría	nos contagiaríamos
te contagiarías	os contagiaríais
se contagiaría	se contagiarían

Present Perfect

me he contagiado	nos hemos contagiado
te has contagiado	os habéis contagiado
se ha contagiado	se han contagiado

Past Perfect

me había contagiado	nos habíamos contagiado
te habías contagiado	os habíais contagiado
se había contagiado	se habían contagiado

Future Perfect

me habré contagiado	nos habremos contagiado
te habrás contagiado	os habréis contagiado
se habrá contagiado	se habrán contagiado

Conditional Perfect

me habría contagiado	nos habríamos contagiado
te habrías contagiado	os habríais contagiado
se habría contagiado	se habrían contagiado

SUBJUNCTIVE

Present

me contagie	nos contagiemos
te contagies	os contagiéis
se contagie	se contagien

Past

me contagiara	nos contagiáramos
te contagiaras	os contagiarais
se contagiara	se contagiaran

Present Perfect

me haya contagiado	nos hayamos contagiado
te hayas contagiado	os hayáis contagiado
se haya contagiado	se hayan contagiado

Past Perfect

me hubiera contagiado	nos hubiéramos contagiado
te hubieras contagiado	os hubierais contagiado
se hubiera contagiado	se hubieran contagiado

IMPERATIVE

contágiate	no te contagies	contagiémonos	no nos contagiemos
contágiese	no se contagie	contagiaos	no os contagiéis
		contágiense	no se contagien

Contágiense con el ritmo candente de la música latina.
Get infected with the hot rhythm of Latin music.

Tenemos que protegernos para evitar contagiarnos.
We must protect ourselves to avoid getting infected.

Creo que mi hijo me contagió su gripa.
I think my son passed his flu onto me.

Past part. contado   *Ger.* contando

INDICATIVE

Present

cuento	contamos		
cuentas	contáis		
cuenta	cuentan		

Present Perfect

he contado	hemos contado		
has contado	habéis contado		
ha contado	han contado		

Preterit

conté	contamos
contaste	contasteis
contó	contaron

Past Perfect

había contado	habíamos contado
habías contado	habíais contado
había contado	habían contado

Imperfect

contaba	contábamos
contabas	contabais
contaba	contaban

Future Perfect

habré contado	habremos contado
habrás contado	habréis contado
habrá contado	habrán contado

Future

contaré	contaremos
contarás	contaréis
contará	contarán

Conditional Perfect

habría contado	habríamos contado
habrías contado	habríais contado
habría contado	habrían contado

Conditional

contaría	contaríamos
contarías	contaríais
contaría	contarían

SUBJUNCTIVE

Present

cuente	contemos
cuentes	contéis
cuente	cuenten

Present Perfect

haya contado	hayamos contado
hayas contado	hayáis contado
haya contado	hayan contado

Past

contara	contáramos
contaras	contarais
contara	contaran

Past Perfect

hubiera contado	hubiéramos contado
hubieras contado	hubierais contado
hubiera contado	hubieran contado

IMPERATIVE

cuenta	no cuentes	contemos	no contemos
cuente	no cuente	contad	no contéis
		cuenten	no cuenten

Mi abuelo siempre me contaba historias divertidas.
My grandfather always used to tell me fun stories.

Por favor no le cuentes esto a nadie.
Please don't tell this to anybody.

Sugiero que cuentes ovejas para poder dormirte.
I suggest you count sheep so you can fall asleep.

CONTESTAR *To answer, to reply*

Past part. contestado   *Ger.* contestando

INDICATIVE

Present

contesto	contestamos
contestas	contestáis
contesta	contestan

Preterit

contesté	contestamos
contestaste	contestasteis
contestó	contestaron

Imperfect

contestaba	contestábamos
contestabas	contestabais
contestaba	contestaban

Future

contestaré	contestaremos
contestarás	contestaréis
contestará	contestarán

Conditional

contestaría	contestaríamos
contestarías	contestaríais
contestaría	contestarían

Present Perfect

he contestado	hemos contestado
has contestado	habéis contestado
ha contestado	han contestado

Past Perfect

había contestado	habíamos contestado
habías contestado	habíais contestado
había contestado	habían contestado

Future Perfect

habré contestado	habremos contestado
habrás contestado	habréis contestado
habrá contestado	habrán contestado

Conditional Perfect

habría contestado	habríamos contestado
habrías contestado	habríais contestado
habría contestado	habrían contestado

SUBJUNCTIVE

Present

conteste	contestemos
contestes	contestéis
conteste	contesten

Past

contestara	contestáramos
contestaras	contestarais
contestara	contestaran

Present Perfect

haya contestado	hayamos contestado
hayas contestado	hayáis contestado
haya contestado	hayan contestado

Past Perfect

hubiera contestado	hubiéramos contestado
hubieras contestado	hubierais contestado
hubiera contestado	hubieran contestado

IMPERATIVE

contesta	no contestes	contestemos	no contestemos
conteste	no conteste	contestad	no contestéis
		contesten	no contesten

Me contestó el mensaje de texto casi inmediatamente.
He replied to my text message almost immediately.

¡Contéstame con la verdad!
Answer me with the truth!

Les pedí a mis alumnos que contestaran todas las preguntas del examen.
I asked my students to answer all the questions in the exam.

CONTINUAR *To continue, to go on* C

Past part. continuado *Ger.* continuando

INDICATIVE

Present
continúo	continuamos
continúas	continuáis
continúa	continúan

Present Perfect
he continuado	hemos continuado
has continuado	habéis continuado
ha continuado	han continuado

Preterit
continué	continuamos
continuaste	continuasteis
continuó	continuaron

Past Perfect
había continuado	habíamos continuado
habías continuado	habíais continuado
había continuado	habían continuado

Imperfect
continuaba	continuábamos
continuabas	continuabais
continuaba	continuaban

Future Perfect
habré continuado	habremos continuado
habrás continuado	habréis continuado
habrá continuado	habrán continuado

Future
continuaré	continuaremos
continuarás	continuaréis
continuará	continuarán

Conditional Perfect
habría continuado	habríamos continuado
habrías continuado	habríais continuado
habría continuado	habrían continuado

Conditional
continuaría	continuaríamos
continuarías	continuaríais
continuaría	continuarían

SUBJUNCTIVE

Present
continúe	continuemos
continúes	continuéis
continúe	continúen

Present Perfect
haya continuado	hayamos continuado
hayas continuado	hayáis continuado
haya continuado	hayan continuado

Past
continuara	continuáramos
continuaras	continuarais
continuara	continuaran

Past Perfect
hubiera continuado	hubiéramos continuado
hubieras continuado	hubierais continuado
hubiera continuado	hubieran continuado

IMPERATIVE
continúa	no continúes	continuemos	no continuemos
continúe	no continúe	continuad	no continuéis
		continúen	no continúen

Si las cosas continúan así, perderás tu trabajo.
If things go on like this, you will lose your job.
A pesar de todo, continúo teniendo esperanza en un futuro mejor.
In spite of everything, I continued to have hope in a better future.
Dicen que lluvias continuarán y que habrá inundaciones.
They say that the rains will continue and that there will be flooding.

CONTRIBUIR   *To contribute*

Past part. contribuido   *Ger.* contribuyendo

INDICATIVE

Present
contribuyo	contribuimos
contribuyes	contribuís
contribuye	contribuyen

Preterit
contribuí	contribuimos
contribuiste	contribuisteis
contribuyó	contribuyeron

Imperfect
contribuía	contribuíamos
contribuías	contribuíais
contribuía	contribuían

Future
contribuiré	contribuiremos
contribuirás	contribuiréis
contribuirá	contribuirán

Conditional
contribuiría	contribuiríamos
contribuirías	contribuiríais
contribuiría	contribuirían

Present Perfect
he contribuido	hemos contribuido
has contribuido	habéis contribuido
ha contribuido	han contribuido

Past Perfect
había contribuido	habíamos contribuido
habías contribuido	habíais contribuido
había contribuido	habían contribuido

Future Perfect
habré contribuido	habremos contribuido
habrás contribuido	habréis contribuido
habrá contribuido	habrán contribuido

Conditional Perfect
habría contribuido	habríamos contribuido
habrías contribuido	habríais contribuido
habría contribuido	habrían contribuido

SUBJUNCTIVE

Present
contribuya	contribuyamos
contribuyas	contribuyáis
contribuya	contribuyan

Past
contribuyera	contribuyéramos
contribuyeras	contribuyerais
contribuyera	contribuyeran

Present Perfect
haya contribuido	hayamos contribuido
hayas contribuido	hayáis contribuido
haya contribuido	hayan contribuido

Past Perfect
hubiera contribuido	hubiéramos contribuido
hubieras contribuido	hubierais contribuido
hubiera contribuido	hubieran contribuido

IMPERATIVE
contribuye	no contribuyas	contribuyamos	no contribuyamos
contribuya	no contribuya	contribuid	no contribuyáis
		contribuyan	no contribuyan

Contribuyamos todos al bien común.
Let's all contribute to the common good.

Contribuiré todo lo que pueda.
I will contribute all that I can.

Pagar impuestos es una manera de contribuir a la economía del país.
Paying taxes is a way of contributing to the country's economy.

CONTROLAR   *To control*   **Controlarse** *To keep calm*   C

Past part. controlado   *Ger.* controlando

INDICATIVE

Present
controlo	controlamos
controlas	controláis
controla	controlan

Present Perfect
he controlado	hemos controlado
has controlado	habéis controlado
ha controlado	han controlado

Preterit
controlé	controlamos
controlaste	controlasteis
controló	controlaron

Past Perfect
había controlado	habíamos controlado
habías controlado	habíais controlado
había controlado	habían controlado

Imperfect
controlaba	controlábamos
controlabas	controlabais
controlaba	controlaban

Future Perfect
habré controlado	habremos controlado
habrás controlado	habréis controlado
habrá controlado	habrán controlado

Future
controlaré	controlaremos
controlarás	controlaréis
controlará	controlarán

Conditional Perfect
habría controlado	habríamos controlado
habrías controlado	habríais controlado
habría controlado	habrían controlado

Conditional
controlaría	controlaríamos
controlarías	controlaríais
controlarías	controlarían

SUBJUNCTIVE

Present
controle	controlemos
controles	controléis
controle	controlen

Present Perfect
haya controlado	hayamos controlado
hayas controlado	hayáis controlado
haya controlado	hayan controlado

Past
controlara	controláramos
controlaras	controlarais
controlara	controlaran

Past Perfect
hubiera controlado	hubiéramos controlado
hubieras controlado	hubierais controlado
hubiera controlado	hubieran controlado

IMPERATIVE

controla	no controles	controlemos	no controlemos
controle	no controle	controlad	no controléis
		controlen	no controlen

Los bomberos controlaron el incendio.
The firemen controlled the fire.
No trates de controlar mi vida.
Don't try to control my life.
Contrólate; piensa en tu presión arterial.
Keep calm; think of your blood pressure.

123

CONVENCER *To convince, to persuade*

Past part. convencido   *Ger.* convenciendo

INDICATIVE

Present

convenzo	convencemos
convences	convencéis
convence	convencen

Present Perfect

he convencido	hemos convencido
has convencido	habéis convencido
ha convencido	han convencido

Preterit

convencí	convencimos
convenciste	convencisteis
convenció	convencieron

Past Perfect

había convencido	habíamos convencido
habías convencido	habíais convencido
había convencido	habían convencido

Imperfect

convencía	convencíamos
convencías	convencíais
convencía	convencían

Future Perfect

habré convencido	habremos convencido
habrás convencido	habréis convencido
habrá convencido	habrán convencido

Future

convenceré	convenceremos
convencerás	convenceréis
convencerá	convencerán

Conditional Perfect

habría convencido	habríamos convencido
habrías convencido	habríais convencido
habría convencido	habrían convencido

Conditional

convencería	convenceríamos
convencerías	convenceríais
convencería	convencerían

SUBJUNCTIVE

Present

convenza	convenzamos
convenzas	convenzáis
convenzas	convenzan

Present Perfect

haya convencido	hayamos convencido
hayas convencido	hayáis convencido
haya convencido	hayan convencido

Past

convenciera	convenciéramos
convencieras	convencierais
convenciera	convencieran

Past Perfect

hubiera convencido	hubiéramos convencido
hubieras convencido	hubierais convencido
hubiera convencido	hubieran convencido

IMPERATIVE

convence	no convenzas	convenzamos	no convenzamos
convenza	no convenza	convenced	no convencáis
		convenzan	no convenzan

La convencí de que estaba equivocada.
I convinced her that she was wrong.

¿Cómo puedo convencerte de que salgas conmigo?
How can I persuade you to go out with me?

La evidencia convencerá al jurado de que el acusado es culpable.
The evidence will convince the jury that the accused is guilty.

CONVERSAR *To talk, to chat*

Past part. conversado   *Ger.* conversando

INDICATIVE

Present

converso	conversamos
conversas	conversáis
conversa	conversan

Present Perfect

he conversado	hemos conversado
has conversado	habéis conversado
ha conversado	han conversado

Preterit

conversé	conversamos
conversaste	conversasteis
conversó	conversaron

Past Perfect

había conversado	habíamos conversado
habías conversado	habíais conversado
había conversado	habían conversado

Imperfect

conversaba	conversábamos
conversabas	conversabais
conversaba	conversaron

Future Perfect

habré conversado	habremos conversado
habrás conversado	habréis conversado
habrá conversado	habrán conversado

Future

conversaré	conversaremos
conversarás	conversaréis
conversará	conversarán

Conditional Perfect

habría conversado	habríamos conversado
habrías conversado	habríais conversado
habría conversado	habrían conversado

Conditional

conversaría	conversaríamos
conversarías	conversaríais
conversaría	conversarían

SUBJUNCTIVE

Present

converse	conversemos
converses	converséis
converse	conversen

Present Perfect

haya conversado	hayamos conversado
hayas conversado	hayáis conversado
haya conversado	hayan conversado

Past

conversara	conversáramos
conversaras	conversarais
conversara	conversaran

Past Perfect

hubiera conversado	hubiéramos conversado
hubieras conversado	hubierais conversado
hubiera conversado	hubieran conversado

IMPERATIVE

conversa	no converses	conversemos	no conversemos
converse	no converse	conversad	no converséis
		conversen	no conversen

Siempre que conversamos me siento mejor.
Whenever we talk I feel better.

El profesor conversó con el alumno sobre sus planes para el futuro.
The teacher talked to the student about his plans for the future.

Ahora mucha gente conversa a través de la red.
Now many people chat over the Internet.

COPIAR *To copy, to imitate, to cheat*

Past part. copiado *Ger.* copiando

INDICATIVE

Present

copio	copiamos
copias	copiáis
copia	copian

Present Perfect

he copiado	hemos copiado
has copiado	habéis copiado
ha copiado	han copiado

Preterit

copié	copiamos
copiaste	copiasteis
copió	copiaron

Past Perfect

había copiado	habíamos copiado
habías copiado	habíais copiado
había copiado	habían copiado

Imperfect

copiaba	copiábamos
copiabas	copiabais
copiaba	copiaban

Future Perfect

habré copiado	habremos copiado
habrás copiado	habréis copiado
habrá copiado	habrán copiado

Future

copiaré	copiaremos
copiarás	copiaréis
copiará	copiarán

Conditional Perfect

habría copiado	habríamos copiado
habrías copiado	habríais copiado
habría copiado	habrían copiado

Conditional

copiaría	copiaríamos
copiarías	copiaríais
copiaría	copiarían

SUBJUNCTIVE

Present

copie	copiemos
copies	copiéis
copie	copien

Present Perfect

haya copiado	hayamos copiado
hayas copiado	hayáis copiado
haya copiado	hayan copiado

Past

copiara	copiáramos
copiaras	copiarais
copiara	copiaran

Past Perfect

hubiera copiado	hubiéramos copiado
hubieras copiado	hubierais copiado
hubiera copiado	hubieran copiado

IMPERATIVE

copia	no copies	copiemos	no copiemos
copie	no copie	copiad	no copiéis
		copien	no copien

El hermano menor de Hugo copia todo lo que él hace.
Hugo's younger brother imitates everything he does.

Los pintores aprenden copiando a los maestros.
Painters learn by copying the masters.

Si el profesor te ve copiando, te quitará la prueba.
If the teacher sees you cheating, he will take away your quiz.

Past part. coqueteado   **Ger.** coqueteando

INDICATIVE

Present

coqueteo	coqueteamos
coqueteas	coqueteáis
coquetea	coquetean

Present Perfect

he coqueteado	hemos coqueteado
has coqueteado	habéis coqueteado
ha coqueteado	han coqueteado

Preterit

coqueteé	coqueteamos
coqueteaste	coqueteasteis
coqueteó	coquetearon

Past Perfect

había coqueteado	habíamos coqueteado
habías coqueteado	habíais coqueteado
había coqueteado	habían coqueteado

Imperfect

coqueteaba	coqueteábamos
coqueteabas	coqueteabais
coqueteaba	coqueteaban

Future Perfect

habré coqueteado	habremos coqueteado
habrás coqueteado	habréis coqueteado
habrá coqueteado	habrán coqueteado

Future

coquetearé	coquetearemos
coquetearás	coquetearéis
coqueteará	coquetearán

Conditional Perfect

habría coqueteado	habríamos coqueteado
habrías coqueteado	habríais coqueteado
habría coqueteado	habrían coqueteado

Conditional

coquetearía	coquetearíamos
coquetearías	coquetearíais
coquetearía	coquetearían

SUBJUNCTIVE

Present

coquetee	coqueteemos
coquetees	coqueteéis
coquetee	coqueteen

Present Perfect

haya coqueteado	hayamos coqueteado
hayas coqueteado	hayáis coqueteado
haya coqueteado	hayan coqueteado

Past

coqueteara	coqueteáramos
coquetearas	coquetearais
coqueteara	coquetearan

Past Perfect

hubiera coqueteado	hubiéramos coqueteado
hubieras coqueteado	hubierais coqueteado
hubiera coqueteado	hubieran coqueteado

IMPERATIVE

coquetea	no coquetees	coqueteemos	no coqueteemos
coquetee	no coquetee	coquetead	no coqueteéis
		coqueteen	no coqueteen

Si coqueteas con otra chica, tendrás problemas con tu novia.
If you flirt with another girl, you will get in trouble with your girlfriend.
Ese chico ha estado coqueteando conmigo toda la noche.
That boy has been flirting with me all night.
A casi todo mundo le gusta coquetear.
Almost everybody likes to flirt.

CORREGIR   *To correct, to grade*

Past part. corregido   Ger. corrigiendo

INDICATIVE

Present

corrijo	corregimos
corriges	corregís
corrige	corrigen

Present Perfect

he corregido	hemos corregido
has corregido	habéis corregido
ha corregido	han corregido

Preterit

corregí	corregimos
corregiste	corregisteis
corrigió	corrigieron

Past Perfect

había corregido	habíamos corregido
habías corregido	habíais corregido
había corregido	habían corregido

Imperfect

corregía	corregíamos
corregías	corregíais
corregía	corregían

Future Perfect

habré corregido	habremos corregido
habrás corregido	habréis corregido
habrá corregido	habrán corregido

Future

corregiré	corregiremos
corregirás	corregiréis
corregirá	corregirán

Conditional Perfect

habría corregido	habríamos corregido
habrías corregido	habríais corregido
habría corregido	habrían corregido

Conditional

corregiría	corregiríamos
corregirías	corregiríais
corregiría	corregirían

SUBJUNCTIVE

Present

corrija	corrijamos
corrijas	corrijáis
corrija	corrijan

Present Perfect

haya corregido	hayamos corregido
hayas corregido	hayáis corregido
haya corregido	hayan corregido

Past

corrigiera	corrigiéramos
corrigieras	corrigierais
corrigiera	corrigieran

Past Perfect

hubiera corregido	hubiéramos corregido
hubieras corregido	hubierais corregido
hubiera corregido	hubieran corregido

IMPERATIVE

corrige	no corrijas	corrijamos	no corrijamos
corrija	no corrija	corregid	no corrijáis
		corrijan	no corrijan

El viejo profesor corregía la tarea todas las noches.
The old teacher graded the homework every night.

Esperaba que los alumnos corrigieran sus errores.
He hoped the students would correct their mistakes.

Le daba gusto ver que habían corregido algunos.
He was glad to see that they had corrected some of them.

CORRER   *To run*

Past part. corrido   *Ger.* corriendo

INDICATIVE

Present		Present Perfect	
corro	corremos	he corrido	hemos corrido
corres	corréis	has corrido	habéis corrido
corre	corren	ha corrido	han corrido

Preterit		Past Perfect	
corrí	corrimos	había corrido	habíamos corrido
corriste	corristeis	habías corrido	habíais corridor
corrió	corrieron	había corrido	habían corrido

Imperfect		Future Perfect	
corría	corríamos	habré corrido	habremos corrido
corrías	corríais	habrás corrido	habréis corrido
corría	corrían	habrá corrido	habrán corrido

Future		Conditional Perfect	
correré	correremos	habría corrido	habríamos corrido
correrás	correréis	habrías corrido	habríais corrido
correrá	correrán	habría corrido	habrían corrido

Conditional	
correría	correríamos
correrías	correríais
correría	correrían

SUBJUNCTIVE

Present		Present Perfect	
corra	corramos	haya corrido	hayamos corrido
corras	corráis	hayas corrido	hayáis corrido
corra	corran	haya corrido	hayan corrido

Past		Past Perfect	
corriera	corriéramos	hubiera corrido	hubiéramos corrido
corrieras	corrierais	hubieras corrido	hubierais corrido
corriera	corrieran	hubiera corrido	hubieran corrido

IMPERATIVE

corre	no corras	corramos	no corramos
corra	no corra	corred	no corráis
		corran	no corran

Si corren mucho, estarán en forma.
If they run a lot, they will be in shape.
¡Corre, Forrest, corre!
Run, Forrest, run!
El ladrón salió corriendo del banco.
The thief ran out of the bank.

CORTAR *To cut, to chop, to break up*

Past part. cortado   Ger. cortando

INDICATIVE

Present

corto	cortamos
cortas	cortáis
corta	cortan

Present Perfect

he cortado	hemos cortado
has cortado	habéis cortado
ha cortado	han cortado

Preterit

corté	cortamos
cortaste	cortasteis
cortó	cortaron

Past Perfect

había cortado	habíamos cortado
habías cortado	habíais cortado
había cortado	habían cortado

Imperfect

cortaba	cortábamos
cortabas	cortabais
cortaba	cortaban

Future Perfect

habré cortado	habremos cortado
habrás cortado	habréis cortado
habrá cortado	habrán cortado

Future

cortaré	cortaremos
cortarás	cortaréis
cortará	cortarán

Conditional Perfect

habría cortado	habríamos cortado
habrías cortado	habríais cortado
habría cortado	habrían cortado

Conditional

cortaría	cortaríamos
cortarías	cortaríais
cortaría	cortarían

SUBJUNCTIVE

Present

corte	cortemos
cortes	cortéis
corte	cortan

Present Perfect

haya cortado	hayamos cortado
hayas cortado	hayáis cortado
haya cortado	hayan cortado

Past

cortara	cortáramos
cortaras	cortarais
cortara	cortaran

Past Perfect

hubiera cortado	hubiéramos cortado
hubieras cortado	hubierais cortado
hubiera cortado	hubieran cortado

IMPERATIVE

corta	no cortes	cortemos	no cortemos
corte	no corte	cortad	no cortéis
		corten	no corten

Estas tijeras cortan todo, desde papel hasta metal.
This scissors cut everything, from paper to metal.

Necesito que cortes las zanahorias en rodajas finas.
I need you to chop the carrots into thin slices.

Después de estar juntos tres años, Laura y Marcos cortaron ayer.
After three years together, Laura and Marcos broke up yesterday.

CREAR   *To create*

Past part. creado   *Ger.* creando

INDICATIVE

Present		Present Perfect	
creo	creamos	he creado	hemos creado
creas	creáis	has creado	habéis creado
crea	crean	ha creado	han creado

Preterit		Past Perfect	
creé	creamos	había creado	habíamos creado
creaste	creasteis	habías creado	habíais creado
creó	crearon	había creado	habían creado

Imperfect		Future Perfect	
creaba	creábamos	habré creado	habremos creado
creabas	creabais	habrás creado	habréis creado
creaba	creaban	habrá creado	habrán creado

Future		Conditional Perfect	
crearé	crearemos	habría creado	habríamos creado
crearás	crearéis	habrías creado	habríais creado
creará	crearán	habría creado	habrían creado

Conditional	
crearía	crearíamos
crearías	crearíais
crearía	crearían

SUBJUNCTIVE

Present		Present Perfect	
cree	creemos	haya creado	hayamos creado
crees	creéis	hayas creado	hayáis creado
cree	creen	haya creado	hayan creado

Past		Past Perfect	
creara	creáramos	hubiera creado	hubiéramos creado
crearas	crearais	hubieras creado	hubierais creado
creara	crearan	hubiera creado	hubieran creado

IMPERATIVE

crea	no crees	creemos	no creemos
cree	no cree	cread	no creéis
		creen	no creen

La tormenta de hielo creo muchos problemas en el Noroeste.
The ice storm created a lot of problems in the Northeast.
El gobierno ha creado muchos programas para fortalecer la economía.
The government has created many programs in order to strengthen the economy.
La Biblia dice que Dios creó el mundo en seis días.
The Bible says that God created the world in six days.

CRECER *to grow, to rise*

Past part. crecido   *Ger.* creciendo

INDICATIVE

Present

crezco	crecemos
creces	crecéis
crece	crecen

Present Perfect

he crecido	hemos crecido
has crecido	habéis crecido
ha crecido	han crecido

Preterit

crecí	crecimos
creciste	crecisteis
creció	crecieron

Past Perfect

había crecido	habíamos crecido
habías crecido	habíais crecido
había crecido	habían crecido

Imperfect

crecía	crecíamos
crecías	crecíais
crecía	crecían

Future Perfect

habré crecido	habremos crecido
habrás crecido	habréis crecido
habrá crecido	habrán crecido

Future

creceré	creceremos
crecerás	creceréis
crecerá	crecerán

Conditional Perfect

habría crecido	habríamos crecido
habrías crecido	habríais crecido
habría crecido	habrían crecido

Conditional

crecería	creceríamos
crecerías	creceríais
crecería	crecerían

SUBJUNCTIVE

Present

crezca	crezcamos
crezcas	crezcáis
crezca	crezcan

Present Perfect

haya crecido	hayamos crecido
hayas crecido	hayáis crecido
haya crecido	hayan crecido

Past

creciera	creciéramos
crecieras	crecierais
creciera	crecieran

Past Perfect

hubiera crecido	hubiéramos crecido
hubieras crecido	hubierais crecido
hubiera crecido	hubieran crecido

IMPERATIVE

crece	no crezcas	crezcamos	no crezcamos
crezca	no crezca	creced	no crezcáis
		crezcan	no crezcan

Los tomates necesitan mucho sol para crecer.
Tomatoes need a lot of sun to grow.

La tasa de desempleo creció otra vez este año.
Unemployment rose again this year.

Crecieron en Estados Unidos pero ahora viven en Perú.
They grew up in the U.S. but now they live in Peru.

CREER   *to believe, to think*

Past part. creído   *Ger.* creyendo

INDICATIVE

Present
creo	creemos
crees	creéis
cree	creen

Present Perfect
he creído	hemos creído
has creído	habéis creído
ha creído	han creído

Preterit
creí	creímos
creíste	creísteis
creyó	creyeron

Past Perfect
había creído	habíamos creído
habías creído	habíais creído
había creído	habían creído

Imperfect
creía	creíamos
creías	creíais
creía	creían

Future Perfect
habré creído	habremos creído
habrás creído	habréis creído
habrá creído	habrán creído

Future
creeré	creeremos
creerás	creeréis
creerá	creerán

Conditional Perfect
habría creído	habríamos creído
habrías creído	habríais creído
habría creído	habrían creído

Conditional
creería	creeríamos
creerías	creeríais
creería	creerían

SUBJUNCTIVE

Present
crea	creamos
creas	creáis
crea	crean

Present Perfect
haya creído	hayamos creído
hayas creído	hayáis creído
haya creído	hayan creído

Past
creyera	creyéramos
creyeras	creyerais
creyera	creyeran

Past Perfect
hubiera creído	hubiéramos creído
hubieras creído	hubierais creído
hubiera creído	hubieran creído

IMPERATIVE
cree	no creas	creamos	no creamos
crea	no crea	creed	no creáis
		crean	no crean

Creo que esta es la mejor solución al problema.
I think this is the best solution to the problem.
Luis se creía que era el mejor actor del mundo.
Luis thought that he was the best actor in the world.
La policía no creyó en la cuartada del sospechoso.
The police did not believe the suspect's alibi.

CRITICAR   *To criticize, to review*

Past part. criticado   *Ger.* criticando

INDICATIVE

Present

critico	criticamos
criticas	criticáis
critica	critican

Preterit

critiqué	criticamos
criticaste	criticasteis
criticó	criticaron

Imperfect

criticaba	criticábamos
criticabas	criticabais
criticaba	criticaban

Future

criticaré	criticaremos
criticarás	criticaréis
criticará	criticarán

Conditional

criticaría	criticaríamos
criticarías	criticaríais
criticaría	criticarían

Present Perfect

he criticado	hemos criticado
has criticado	habéis criticado
ha criticado	han criticado

Past Perfect

había criticado	habíamos criticado
habías criticado	habíais criticado
había criticado	habían criticado

Future Perfect

habré criticado	habremos criticado
habrás criticado	habréis criticado
habrá criticado	habrán criticado

Conditional Perfect

habría criticado	habríamos criticado
habrías criticado	habríais criticado
habría criticado	habrían criticado

SUBJUNCTIVE

Present

critique	critiquemos
critiques	critiquéis
critique	critiquen

Past

criticara	criticáramos
criticaras	criticarais
criticara	criticaran

Present Perfect

haya criticado	hayamos criticado
hayas criticado	hayáis criticado
haya criticado	hayan criticado

Past Perfect

hubiera criticado	hubiéramos criticado
hubieras criticado	hubierais criticado
hubiera criticado	hubieran criticado

IMPERATIVE

critica	no critiques	critiquemos	no critiquemos
critique	no critique	criticad	no critiquéis
		critiquen	no critiquen

Las nuevas películas se critican diariamente en los periódicos.
New movies are reviewed daily in the newspapers.
No critiques los defectos de otros sin considerar primero los propios.
Don't criticize the defects of others without considering your own first.
Si criticas, hazlo de manera positiva y con buena intención.
If you criticize, do it in a positive way and with good intentions.

CRUZAR *To cross, to go across*

Past part. cruzado   *Ger.* cruzando

INDICATIVE

Present		Present Perfect	
cruzo	cruzamos	he cruzado	hemos cruzado
cruzas	cruzáis	has cruzado	habéis cruzado
cruza	cruzan	ha cruzado	han cruzado

Preterit		Past Perfect	
cruzé	cruzamos	había cruzado	habíamos cruzado
cruzaste	cruzasteis	habías cruzado	habíais cruzado
cruzó	cruzaron	había cruzado	habían cruzado

Imperfect		Future Perfect	
cruzaba	cruzábamos	habré cruzado	habremos cruzado
cruzabas	cruzabais	habrás cruzado	habréis cruzado
cruzaba	cruzaban	habrá cruzado	habrán cruzado

Future		Conditional Perfect	
cruzaré	cruzaremos	habría cruzado	habríamos cruzado
cruzarás	cruzaréis	habrías cruzado	habríais cruzado
cruzará	cruzarán	habría cruzado	habrían cruzado

Conditional	
cruzaría	cruzaríamos
cruzarías	cruzaríais
cruzaría	cruzarían

SUBJUNCTIVE

Present		Present Perfect	
cruce	crucemos	haya cruzado	hayamos cruzado
cruces	crucéis	hayas cruzado	hayáis cruzado
cruce	crucen	haya cruzado	hayan cruzado

Past		Past Perfect	
cruzara	cruzáramos	hubiera cruzado	hubiéramos cruzado
cruzaras	cruzarais	hubieras cruzado	hubierais cruzado
cruzara	cruzaran	hubiera cruzado	hubieran cruzado

IMPERATIVE

cruza	no cruces	crucemos	no crucemos
cruce	no cruce	cruzad	no crucéis
		crucen	no crucen

Muchos inmigrantes cruzan la frontera ilegalmente.
Many immigrants cross the border illegally.
Sólo un tonto intentaría cruzar el río nadando.
Only a fool would try to swim across the river.
Me crucé con Antonio en el centro comercial.
I came across Antonio at the mall.

CUIDAR   *To take care, to look after*

Past part. cuidado   Ger. cuidando

INDICATIVE

Present
cuido	cuidamos
cuidas	cuidáis
cuida	cuidan

Present Perfect
he cuidado	hemos cuidado
has cuidado	habéis cuidado
ha cuidado	han cuidado

Preterit
cuidé	cuidamos
cuidaste	cuidasteis
cuidó	cuidaron

Past Perfect
había cuidado	habíamos cuidado
habías cuidado	habíais cuidado
había cuidado	habían cuidado

Imperfect
cuidaba	cuidábamos
cuidabas	cuidabais
cuidaba	cuidaban

Future Perfect
habré cuidado	habremos cuidado
habrás cuidado	habréis cuidado
habrá cuidado	habrán cuidado

Future
cuidaré	cuidaremos
cuidarás	cuidaréis
cuidará	cuidarán

Conditional Perfect
habría cuidado	habríamos cuidado
habrías cuidado	habríais cuidado
habría cuidado	habrían cuidado

Conditional
cuidaría	cuidaríamos
cuidarías	cuidaríais
cuidaría	cuidarían

SUBJUNCTIVE

Present
cuide	cuidemos
cuides	cuidéis
cuide	cuiden

Present Perfect
haya cuidado	hayamos cuidado
hayas cuidado	hayáis cuidado
haya cuidado	hayan cuidado

Past
cuidara	cuidáramos
cuidaras	cuidarais
cuidara	cuidaran

Past Perfect
hubiera cuidado	hubiéramos cuidado
hubieras cuidado	hubierais cuidado
hubiera cuidado	hubieran cuidado

IMPERATIVE

cuida	no cuides	cuidemos	no cuidemos
cuide	no cuide	cuidad	no cuidéis
		cuiden	no cuiden

Las enfermeras cuidan bien a sus pacientes.
The nurses take good care of their patients.

Quiero que cuides a tu hermanita mientras estoy trabajando.
I want you to look after your little sister while I'm working.

Tenemos que cuidar los recursos naturales.
We have to look after natural resources.

CULPAR   *To blame, to accuse*

Past part. culpado   *Ger.* culpando

INDICATIVE

Present		Present Perfect	
culpo	culpamos	he culpado	hemos culpado
culpas	culpáis	has culpado	habéis culpado
culpa	culpan	ha culpado	han culpado

Preterit		Past Perfect	
culpé	culpamos	había culpado	habíamos culpado
culpaste	culpasteis	habías culpado	habíais culpado
culpó	culparon	había culpado	habían culpado

Imperfect		Future Perfect	
culpaba	culpábamos	habré culpado	habremos culpado
culpabas	culpabais	habrás culpado	habréis culpado
culpaba	culpaban	habrá culpado	habrán culpado

Future		Conditional Perfect	
culparé	culparemos	habría culpado	habríamos culpado
culparás	culparéis	habrías culpado	habríais culpado
culpará	culparán	habría culpado	habrían culpado

Conditional	
culparía	culparíamos
culparías	culparíais
culparía	culparían

SUBJUNCTIVE

Present		Present Perfect	
culpe	culpemos	haya culpado	hayamos culpado
culpes	culpéis	hayas culpado	hayáis culpado
culpe	culpen	haya culpado	hayan culpado

Past		Past Perfect	
culpara	culpáramos	hubiera culpado	hubiéramos culpado
culparas	culparais	hubieras culpado	hubierais culpado
culpara	culparan	hubiera culpado	hubieran culpado

IMPERATIVE

culpa	no culpes	culpemos	no culpemos
culpe	no culpe	culpad	no culpéis
		culpen	no culpen

El sospechoso fue culpado de robar el banco.
The suspect was accused of robbing the bank.

Antes, la sicología culpaba a los padres por los problemas de los hijos.
Psychology used to blame the parents for their children's problems.

Me culpo a mí mismo por el fracaso del proyecto.
I blame myself for the project's failure.

CUMPLIR *To fulfill, to accomplish, to carry out, to turn (age)*

Cumplirse *To come true*
Past part. cumplido   *Ger.* cumpliendo

INDICATIVE

Present
cumplo	cumplimos
cumples	cumplís
cumple	cumplen

Present Perfect
he cumplido	hemos cumplido
has cumplido	habéis cumplido
ha cumplido	han cumplido

Preterit
cumplí	cumplimos
cumpliste	cumplisteis
cumplió	cumplieron

Past Perfect
había cumplido	habíamos cumplido
habías cumplido	habíais cumplido
había cumplido	habían cumplido

Imperfect
cumplía	cumplíamos
cumplías	cumplíais
cumplía	cumplían

Future Perfect
habré cumplido	habremos cumplido
habrás cumplido	habréis cumplido
habrá cumplido	habrán cumplido

Future
cumpliré	cumpliremos
cumplirás	cumpliréis
cumplirá	cumplirán

Conditional Perfect
habría cumplido	habríamos cumplido
habrías cumplido	habríais cumplido
habría cumplido	habrían cumplido

Conditional
cumpliría	cumpliríamos
cumplirías	cumpliríais
cumpliría	cumplirían

SUBJUNCTIVE

Present
cumpla	cumplamos
cumplas	cumpláis
cumpla	cumplan

Present Perfect
haya cumplido	hayamos cumplido
hayas cumplido	hayáis cumplido
haya cumplido	hayan cumplido

Past
cumpliera	cumpliéramos
cumplieras	cumplierais
cumpliera	cumplieran

Past Perfect
hubiera cumplido	hubiéramos cumplido
hubieras cumplido	hubierais cumplido
hubiera cumplido	hubieran cumplido

IMPERATIVE

cumple	no cumplas	cumplamos	no cumplamos
cumpla	no cumpla	cumplid	no cumpláis
		cumplan	no cumplan

Juro que cumpliré con mis obligaciones.
I swear that I will fulfill my obligations.

No puedo creer que todos mis sueños se hayan cumplido.
I can't believe that all my dreams have come true.

Mañana mi hijo cumple cuatro años.
Tomorrow my son turns four years old.

CURAR   *To cure, to heal*   **Curarse** *To get well*

Past part. curado   *Ger.* curando

INDICATIVE

Present		Present Perfect	
curo	curamos	he curado	hemos curado
curas	curáis	has curado	habéis curado
cura	curan	ha curado	han curado

Preterit		Past Perfect	
curé	curamos	había curado	habíamos curado
curaste	curasteis	habías curado	habíais curado
curó	curaron	había curado	habían curado

Imperfect		Future Perfect	
curaba	curábamos	habré curado	habremos curado
curabas	curabais	habrás curado	habréis curado
curaba	curaban	habrá curado	habrán curado

Future		Conditional Perfect	
curaré	curaremos	habría curado	habríamos curado
curarás	curaréis	habrías curado	habríais curado
curará	curarán	habría curado	habrían curado

Conditional	
curaría	curaríamos
curarías	curaríais
curaría	curarían

SUBJUNCTIVE

Present		Present Perfect	
cure	curemos	haya curado	hayamos curado
cures	curéis	hayas curado	hayáis curado
cure	curen	haya curado	hayan curado

Past		Past Perfect	
curara	curáramos	hubiera curado	hubiéramos curado
curaras	curarais	hubieras curado	hubierais curado
curara	curaran	hubiera curado	hubieran curado

IMPERATIVE

cura	no cures	curemos	no curemos
cure	no cure	curad	no curéis
		curen	no curen

Todavía no se puede curar el cáncer.
Cancer still can't be cured.

Los doctores tradicionales curan a sus pacientes con plantas.
Traditional doctors heal their patients with plants.

Pensé que con esta medicina me curaría más pronto.
I thought that with this medicine I would get better sooner.

Past part. dañado   *Ger.* dañando

INDICATIVE

Present		Present Perfect	
daño	dañamos	he dañado	hemos dañado
dañas	dañáis	has dañado	habéis dañado
daña	dañan	ha dañado	han dañado

Preterit		Past Perfect	
dañé	dañamos	había dañado	habíamos dañado
dañaste	dañasteis	habías dañado	habíais dañado
dañó	dañaron	había dañado	habían dañado

Imperfect		Future Perfect	
dañaba	dañábamos	habré dañado	habremos dañado
dañabas	dañabais	habrás dañado	habréis dañado
dañaba	dañaban	habrá dañado	habrán dañado

Future		Conditional Perfect	
dañaré	dañaremos	habría dañado	habríamos dañado
dañarás	dañaréis	habrías dañado	habríais dañado
dañará	dañarán	habría dañado	habrían dañado

Conditional	
dañaría	dañaríamos
dañarías	dañaríais
dañaría	dañarían

SUBJUNCTIVE

Present		Present Perfect	
dañe	dañemos	haya dañado	hayamos dañado
dañes	dañéis	hayas dañado	hayáis dañado
dañe	dañen	haya dañado	hayan dañado

Past		Past Perfect	
dañara	dañáramos	hubiera dañado	hubiéramos dañado
dañaras	dañarais	hubieras dañado	hubierais dañado
dañara	dañaran	hubiera dañado	hubieran dañado

IMPERATIVE

daña	no dañes	dañemos	no dañemos
dañe	no dañe	dañad	no dañéis
		dañen	no dañen

Las actividades del hombre dañan a la naturaleza.
Man's activities harm nature.

Me preocupa que mi hijo pequeño dañe el ordenador.
I'm worried that my little boy will damage the computer.

Un terremoto dañó la catedral de Antigua en Guatemala.
An earthquake damaged Antigua's cathedral in Guatemala.

To give **Darse** *To arise*

Past part. dado   *Ger.* dando

INDICATIVE

Present		Present Perfect	
doy	damos	he dado	hemos dado
das	dais	has dado	habéis dado
da	dan	ha dado	han dado

Preterit		Past Perfect	
di	dimos	había dado	habíamos dado
diste	disteis	habías dado	habíais dado
dio	dieron	había dado	habían dado

Imperfect		Future Perfect	
daba	dábamos	habré dado	habremos dado
dabas	dabais	habrás dado	habréis dado
daba	daban	habrá dado	habrán dado

Future		Conditional Perfect	
daré	daremos	habría dado	habríamos dado
darás	daréis	habrías dado	habríais dado
dará	darán	habría dado	habrían dado

Conditional	
daría	daríamos
darías	daríais
daría	darían

SUBJUNCTIVE

Present		Present Perfect	
dé	demos	haya dado	hayamos dado
des	deis	hayas dado	hayáis dado
dé	den	haya dado	hayan dado

Past		Past Perfect	
diera	diéramos	hubiera dado	hubiéramos dado
dieras	dierais	hubieras dado	hubierais dado
diera	dieran	hubiera dado	hubieran dado

IMPERATIVE

da	no des	demos	no demos
de	no de	dad	no déis
		den	no den

Quiero que me des un beso.
I want you to give me a kiss.

¿Ya le dieron sus regalos a Ana?
Have you given her presents to Ana?

Si se da una buena oportunidad, aprovéchala.
If a good opportunity arises, take advantage of it.

DEBER *To owe, to have to, must, should* **Deberse** *To be due to*

Past part. debido *Ger.* debiendo

INDICATIVE

Present		Present Perfect	
debo	debemos	he debido	hemos debido
debes	debéis	has debido	habéis debido
debe	deben	ha debido	han debido

Preterit		Past Perfect	
debí	debimos	había debido	habíamos debido
debiste	debisteis	habías debido	habíais debido
debió	debieron	había debido	habían debido

Imperfect		Future Perfect	
debía	debíamos	habré debido	habremos debido
debías	debíais	habrás debido	habréis debido
debía	debían	habrá debido	habrán debido

Future		Conditional Perfect	
deberé	deberemos	habría debido	habríamos debido
deberás	deberéis	habrías debido	habríais debido
deberá	deberán	habría debido	habrían debido

Conditional	
debería	deberíamos
deberías	deberíais
debería	deberían

SUBJUNCTIVE

Present		Present Perfect	
deba	debamos	haya debido	hayamos debido
debas	debáis	hayas debido	hayáis debido
deba	deban	haya debido	hayan debido

Past		Past Perfect	
debiera	debiéramos	hubiera debido	hubiéramos debido
debieras	debierais	hubieras debido	hubierais debido
debiera	debieran	hubiera debido	hubieran debido

IMPERATIVE

debe	no debas	debamos	no debamos
deba	no deba	debed	no debáis
		deban	no deban

Le debo mil doscientos dólares al banco.
I owe twelve hundred dollars to the bank.

Deberías venir a la fiesta con nosotros esta noche.
You should come to the party with us tonight.

Todos sus problemas se deben al alcohol.
All his problems are due to alcohol.

DECIDIR   *To decide*   **Decidirse** *To make up one's mind*

Past part. decidido   *Ger.* decidiendo

INDICATIVE

Present		Present Perfect	
decido	decidimos	he decidido	hemos decidido
decides	decidís	has decidido	habéis decidido
decide	deciden	ha decidido	han decidido

Preterit		Past Perfect	
decidí	decidimos	había decidido	habíamos decidido
decidiste	decidisteis	habías decidido	habíais decidido
decidió	decidieron	había decidido	habían decidido

Imperfect		Future Perfect	
decidía	decidíamos	habré decidido	habremos decidido
decidías	decidíais	habrás decidido	habréis decidido
decidía	decidían	habrá decidido	habrán decidido

Future		Conditional Perfect	
decidiré	decidiremos	habría decidido	habríamos decidido
decidirás	decidiréis	habrías decidido	habríais decidido
decidirá	decidirán	habría decidido	habrían decidido

Conditional	
decidiría	decidiríamos
decidirías	decidiríais
decidiría	decidirían

SUBJUNCTIVE

Present		Present Perfect	
decida	decidamos	haya decidido	hayamos decidido
decidas	decidáis	hayas decidido	hayáis decidido
decida	decidan	haya decidido	hayan decidido

Past		Past Perfect	
decidiera	decidiéramos	hubiera decidido	hubiéramos decidido
decidieras	decidierais	hubieras decidido	hubierais decidido
decidiera	decidieran	hubiera decidido	hubieran decidido

IMPERATIVE

decide	no decidas	decidamos	no decidamos
decida	no decida	decidid	no decidáis
		decidan	no decidan

He decidido dejar de beber alcohol.
I have decided to stop drinking alcohol.
El juez decidió el caso a favor de la defensa.
The judge decided the case in favor of the defense.
¡Decídete de una vez!
Make up your mind already!

DECIR *To tell, to say*

Past part. dicho		*Ger.* diciendo	

INDICATIVE

Present		Present Perfect	
digo	decimos	he dicho	hemos dicho
dices	decís	has dicho	habéis dicho
dice	dicen	ha dicho	han dicho

Preterit		Past Perfect	
dije	dijimos	había dicho	habíamos dicho
dijiste	dijisteis	habías dicho	habíais dicho
dijo	dijeron	había dicho	habían dicho

Imperfect		Future Perfect	
decía	decíamos	habré dicho	habremos dicho
decías	decíais	habrás dicho	habréis dicho
decía	decían	habrá dicho	habrán dicho

Future		Conditional Perfect	
diré	diremos	habría dicho	habríamos dicho
dirás	diréis	habrías dicho	habríais dicho
dirá	dirán	habría dicho	habrían dicho

Conditional	
diría	diríamos
dirías	diríais
diría	dirían

SUBJUNCTIVE

Present		Present Perfect	
diga	digamos	haya dicho	hayamos dicho
digas	digáis	hayas dicho	hayáis dicho
diga	digan	haya dicho	hayan dicho

Past		Past Perfect	
dijera	dijéramos	hubiera dicho	hubiéramos dicho
dijeras	dijerais	hubieras dicho	hubierais dicho
dijera	dijeran	hubiera dicho	hubieran dicho

IMPERATIVE

di	no digas	digamos	no digamos
diga	no diga	decid	no digáis
		digan	no digan

Aunque te dije la verdad no me creíste.
Even though I told you the truth you didn't believe me.

Se dice que la tecnología en España está mejorando.
It is said that technology in Spain is improving.

No digas que no te lo advertí.
Don't say I didn't warn you.

Past part. declarado   *Ger.* declarando

INDICATIVE

Present
declaro	declaramos		
declaras	declaráis		
declara	declaran		

Present Perfect
he declarado	hemos declarado
has declarado	habéis declarado
ha declarado	han declarado

Preterit
declaré	declaramos
declaraste	declarasteis
declaró	declaran

Past Perfect
había declarado	habíamos declarado
habías declarado	habíais declarado
había declarado	habían declarado

Imperfect
declaraba	declarábamos
declarabas	declarabais
declaraba	declaraban

Future Perfect
habré declarado	habremos declarado
habrás declarado	habréis declarado
habrá declarado	habrán declarado

Future
declararé	declararemos
declararás	declararéis
declarará	declararán

Conditional Perfect
habría declarado	habríamos declarado
habrías declarado	habríais declarado
habría declarado	habrían declarado

Conditional
declararía	declararíamos
declararías	declararíais
declararía	declararían

SUBJUNCTIVE

Present
declare	declaremos
declares	declaréis
declare	declaren

Present Perfect
haya declarado	hayamos declarado
hayas declarado	hayáis declarado
haya declarado	hayan declarado

Past
declarara	declaráramos
declararas	declararais
declarara	declararan

Past Perfect
hubiera declarado	hubiéramos declarado
hubieras declarado	hubierais declarado
hubiera declarado	hubieran declarado

IMPERATIVE

declara	no declares	declaremos	no declaremos
declare	no declare	declarad	no declaréis
		declaren	no declaren

El juez declaró abierta la sesión de la corte.
The judge declared the court session open.

El acusado declaró que era inocente.
The accused stated that he was innocent.

Muchos testigos declararon contra él.
Many witnesses testified against him.

DEDUCIR   *To deduce, to deduct*

Past part. deducido   *Ger.* deduciendo

INDICATIVE

Present		Present Perfect	
deduzco	deducimos	he deducido	hemos deducido
deduces	deducís	has deducido	habéis deducido
deduce	deducen	ha deducido	han deducido

Preterit		Past Perfect	
deduje	dedujimos	había deducido	habíamos deducido
dedujiste	dedujisteis	habías deducido	habíais deducido
dedujo	dedujeron	había deducido	habían deducido

Imperfect		Future Perfect	
deducía	deducíamos	habré deducido	habremos deducido
deducías	deducíais	habrás deducido	habréis deducido
deducía	deducían	habrá deducido	habrán deducido

Future		Conditional Perfect	
deduciré	deduciremos	habría deducido	habríamos deducido
deducirás	deduciréis	habrías deducido	habríais deducido
deducirá	deducirán	habría deducido	habrían deducido

Conditional	
deduciría	deduciríamos
deducirías	deduciríais
deduciría	deducirían

SUBJUNCTIVE

Present		Present Perfect	
deduzca	deduzcamos	haya deducido	hayamos deducido
deduzcas	deduzcáis	hayas deducido	hayáis deducido
deduzca	deduzcan	haya deducido	hayan deducido

Past		Past Perfect	
dedujera	dedujéramos	hubiera deducido	hubiéramos deducido
dedujeras	dedujerais	hubieras deducido	hubierais deducido
dedujera	dedujeran	hubiera deducido	hubieran deducido

IMPERATIVE

deduce	no deduzcas	deduzcamos	no deduzcamos
deduzca	no deduzca	deducid	no deduzcáis
		deduzcan	no deduzcan

Basado en la evidencia, el inspector dedujo lo que había pasado.
Based on the evidence, the inspector deduced what had happened.
Nunca hubiera deducido que tú eras el culpable.
I would never have deduced that you were the culprit.
Este año deduciré muchos gastos de negocios.
This year I will deduct many business-related expenses.

DEJAR   *To leave, to abandon, to let, to stop doing something*   D

Past part. dejado   *Ger.* dejando

INDICATIVE

Present
		Present Perfect	
dejo	dejamos	he dejado	hemos dejado
dejas	dejáis	has dejado	habéis dejado
deja	dejan	ha dejado	han dejado

Preterit
		Past Perfect	
dejé	dejamos	había dejado	habíamos dejado
dejaste	dejasteis	habías dejado	habíais dejado
dejó	dejaron	había dejado	habían dejado

Imperfect
		Future Perfect	
dejaba	dejábamos	habré dejado	habremos dejado
dejabas	dejabais	habrás dejado	habréis dejado
dejaba	dejaban	habrá dejado	habrán dejado

Future
		Conditional Perfect	
dejaré	dejaremos	habría dejado	habríamos dejado
dejarás	dejaréis	habrías dejado	habríais dejado
dejará	dejarán	habría dejado	habrían dejado

Conditional
dejaría	dejaríamos
dejarías	dejaríais
dejaría	dejarían

SUBJUNCTIVE

Present
		Present Perfect	
deje	dejemos	haya dejado	hayamos dejado
dejes	dejéis	hayas dejado	hayáis dejado
deje	dejen	haya dejado	hayan dejado

Past
		Past Perfect	
dejara	dejáramos	hubiera dejado	hubiéramos dejado
dejaras	dejarais	hubieras dejado	hubierais dejado
dejara	dejaran	hubiera dejado	hubieran dejado

IMPERATIVE
deja	no dejes	dejemos	no dejemos
deje	no deje	dejad	no dejéis
		dejen	no dejen

¡Ya deja de molestarme!
Stop bothering me already!
Sería sano que dejaras de fumar.
It would be healthy if you stopped smoking.
No te dejes caer en la tentación.
Don't let yourself fall into temptation.

147

DEMOSTRAR   *To demonstrate, to show, to prove*

Past part. demostrado   *Ger.* demostrando

INDICATIVE

Present

demuestro	demostramos
demuestras	demostráis
demuestra	demuestran

Present Perfect

he demostrado	hemos demostrado
has demostrado	habéis demostrado
ha demostrado	han demostrado

Preterit

demostré	demostramos
demostraste	demostrasteis
demostró	demostraron

Past Perfect

había demostrado	habíamos demostrado
habías demostrado	habíais demostrado
había demostrado	habían demostrado

Imperfect

demostraba	demostrábamos
demostrabas	demostrabais
demostraba	demostraban

Future Perfect

habré demostrado	habremos demostrado
habrás demostrado	habréis demostrado
habrá demostrado	habrán demostrado

Future

demostraré	demostraremos
demostrarás	demostraréis
demostrará	demostrarán

Conditional Perfect

habría demostrado	habríamos demostrado
habrías demostrado	habríais demostrado
habría demostrado	habrían demostrado

Conditional

demostraría	demostraríamos
demostrarías	demostraríais
demostraría	demostrarían

SUBJUNCTIVE

Present

demuestre	demostremos
demuestres	demostréis
demuestre	demuestren

Present Perfect

haya demostrado	hayamos demostrado
hayas demostrado	hayáis demostrado
haya demostrado	hayan demostrado

Past

demostrara	demostráramos
demostraras	demostrarais
demostrara	demostraran

Past Perfect

hubiera demostrado	hubiéramos demostrado
hubieras demostrado	hubierais demostrado
hubiera demostrado	hubieran demostrado

IMPERATIVE

demuestra	no demuestres	demostremos	no demostremos
demuestre	no demuestre	demostrad	no demostréis
		demuestren	no demuestren

El abogado defensor dijo que demostraría la inocencia de su cliente.
The defense attorney said he would prove his client's innocence.

El inventor demostró cómo funcionaba su última invención.
The inventor demonstrated how his latest invention worked.

Esto demuestra que tenía razón desde el principio.
This shows that he was right since the beginning.

DERRAMAR *To spill, to shed*

Past part. derramado   *Ger.* derramando

INDICATIVE

Present
derramo	derramamos
derramas	derramáis
derrama	derraman

Present Perfect
he derramado	hemos derramado
has derramado	habéis derramado
ha derramado	han derramado

Preterit
derramé	derramamos
derramaste	derramasteis
derramó	derramaron

Past Perfect
había derramado	habíamos derramado
habías derramado	habíais derramado
había derramado	habían derramado

Imperfect
derramaba	derramábamos
derramabas	derramabais
derramaba	derramaban

Future Perfect
habré derramado	habremos derramado
habrás derramado	habréis derramado
habrá derramado	habrán derramado

Future
derramaré	derramaremos
derramarás	derramaréis
derramará	derramarán

Conditional Perfect
habría derramado	habríamos derramado
habrías derramado	habríais derramado
habría derramado	habrían derramado

Conditional
derramaría	derramaríamos
derramarías	derramaríais
derramaría	derramarían

SUBJUNCTIVE

Present
derrame	derramemos
derrames	derraméis
derrame	derramen

Present Perfect
haya derramado	hayamos derramado
hayas derramado	hayáis derramado
haya derramado	hayan derramado

Past
derramara	derramáramos
derramaras	derramarais
derramara	derramaran

Past Perfect
hubiera derramado	hubiéramos derramado
hubieras derramado	hubierais derramado
hubiera derramado	hubieran derramado

IMPERATIVE

derrama	no derrames	derramemos	no derramemos
derrame	no derrame	derramad	no derraméis
		derramen	no derramen

No derrames el vino sobre el mantel.
Don't spill the wine on the tablecloth.

Si hubieras tenido cuidado, no habrías derramado la leche.
If you had been careful, you wouldn't have spilt the milk.

Derramó su sangre por amor a su patria.
He shed his blood for love of his country.

DERRIBAR *To demolish, to knock down, to bring down*

Past part. derribado   *Ger.* derribando

INDICATIVE

Present

derribo	derribamos
derribas	derribáis
derriba	derriban

Present Perfect

he derribado	hemos derribado
has derribado	habéis derribado
ha derribado	han derribado

Preterit

derribé	derribamos
derribaste	derribasteis
derribó	derribaron

Past Perfect

había derribado	habíamos derribado
habías derribado	habíais derribado
había derribado	habían derribado

Imperfect

derribaba	derribábamos
derribabas	derribabais
derribaba	derribaban

Future Perfect

habré derribado	habremos derribado
habrás derribado	habréis derribado
habrá derribado	habrán derribado

Future

derribaré	derribaremos
derribarás	derribaréis
derribará	derribarán

Conditional Perfect

habría derribado	habríamos derribado
habrías derribado	habríais derribado
habría derribado	habrían derribado

Conditional

derribaría	derribaríamos
derribarías	derribaríais
derribaría	derribarían

SUBJUNCTIVE

Present

derribe	derribemos
derribes	derribéis
derribe	derriben

Present Perfect

haya derribado	hayamos derribado
hayas derribado	hayáis derribado
haya derribado	hayan derribado

Past

derribara	derribáramos
derribaras	derribarais
derribara	derribaran

Past Perfect

hubiera derribado	hubiéramos derribado
hubieras derribado	hubierais derribado
hubiera derribado	hubieran derribado

IMPERATIVE

derriba	derribemos	no derribemos
no derribes	derribad	no derribéis
derribe	derriben	no derriben
no derribe		

Derribarán esa casa para construir un centro comercial.
That house will be demolished to build a mall.

El campeón derribó a su contrincante.
The champion knocked down his opponent.

El gobierno de Batista fue derribado por la revolución cubana.
Batista's government was brought down by the Cuban Revolution.

Past part. desaparecido   *Ger.* desapareciendo

INDICATIVE

Present		Present Perfect	
desaparezco	desaparecemos	he desaparecido	hemos desaparecido
desapareces	desaparecéis	has desaparecido	habéis desaparecido
desaparece	desaparecen	ha desaparecido	han desaparecido

Preterit		Past Perfect	
desaparecí	desaparecimos	había desaparecido	habíamos desaparecido
desapareciste	desaparecisteis	habías desaparecido	habíais desaparecido
desapareció	desaparecieron	había desaparecido	habían desaparecido

Imperfect		Future Perfect	
desaparecía	desaparecíamos	habré desaparecido	habremos desaparecido
desaparecías	desaparecíais	habrás desaparecido	habréis desaparecido
desaparecía	desaparecían	habrá desaparecido	habrán desaparecido

Future		Conditional Perfect	
desapareceré	desapareceremos	habría desaparecido	habríamos desaparecido
desaparecerás	desapareceréis	habrías desaparecido	habríais desaparecido
desaparecerá	desaparecerán	habría desaparecido	habrían desaparecido

Conditional	
desaparecería	desapareceríamos
desaparecerías	desapareceríais
desaparecería	desaparecerían

SUBJUNCTIVE

Present		Present Perfect	
desaparezca	desaparezcamos	haya desaparecido	hayamos desaparecido
desaparezcas	desaparezcáis	hayas desaparecido	hayáis desaparecido
desaparezca	desaparezcan	haya desaparecido	hayan desaparecido

Past		Past Perfect	
desapareciera	desapareciéramos	hubiera desaparecido	hubiéramos desaparecido
desaparecieras	desaparecierais	hubieras desaparecido	hubierais desaparecido
desapareciera	desaparecieran	hubiera desaparecido	hubieran desaparecido

IMPERATIVE

desaparece	no desaparezcas	desaparezcamos	no desaparezcamos
desaparezca	no desaparezca	desapareced	no desaparecáis
		desaparezcan	no desaparezcan

El mago desapareció como por arte de magia.
The magician disappeared as if by magic.
Muchas especies han desaparecido de la faz de la tierra.
Many species have vanished off the face of the earth.
El ladrón desapreció sin dejar huella.
The thief vanished without a trace.

DESARMAR *To dismantle, to disarm, to take apart*

Past part. desarmado   *Ger.* desarmando

INDICATIVE

Present		Present Perfect	
desarmo	desarmamos	he desarmado	hemos desarmado
desarmas	desarmáis	has desarmado	habéis desarmado
desarma	desarman	ha desarmado	han desarmado

Preterit		Past Perfect	
desarmé	desarmamos	había desarmado	habíamos desarmado
desarmaste	desarmasteis	habías desarmado	habíais desarmado
desarmó	desarmaron	había desarmado	habían desarmado

Imperfect		Future Perfect	
desarmaba	desarmábamos	habré desarmado	habremos desarmado
desarmabas	desarmabais	habrás desarmado	habréis desarmado
desarmaba	desarmaban	habrá desarmado	habrán desarmado

Future		Conditional Perfect	
desarmaré	desarmaremos	habría desarmado	habríamos desarmado
desarmarás	desarmaréis	habrías desarmado	habríais desarmado
desarmará	desarmarán	habría desarmado	habrían desarmado

Conditional	
desarmaría	desarmaríamos
desarmarías	desarmaríais
desarmaría	desarmarían

SUBJUNCTIVE

Present		Present Perfect	
desarme	desarmemos	haya desarmado	hayamos desarmado
desarmes	desarméis	hayas desarmado	hayáis desarmado
desarme	desarmen	haya desarmado	hayan desarmado

Past		Past Perfect	
desarmara	desarmáramos	hubiera desarmado	hubiéramos desarmado
desarmaras	desarmarais	hubieras desarmado	hubierais desarmado
desarmara	desarmaran	hubiera desarmado	hubieran desarmado

IMPERATIVE

desarma	no desarmes	desarmemos	no desarmemos
desarme	no desarme	desarmad	no desarméis
		desarmen	no desarmen

La estrategia del general desarmó las defensas del enemigo.
The general's strategy dismantled the enemy's defenses.

El ladrón desarmó al guardia del banco.
The thief disarmed the bank guard.

Es más fácil desarmar un motor de avión que armarlo de nuevo.
It's easier to take a jet engine apart than to put it back together.

D

DESARROLLAR   *To develop*

Desarrollarse *To take place, to develop*
Past part. desarrollado   *Ger.* desarrollando

INDICATIVE

Present
desarrollo	desarrollamos
desarrollas	desarrolláis
desarrolla	desarrollan

Present Perfect
he desarrollado	hemos desarrollado
has desarrollado	habéis desarrollado
ha desarrollado	han desarrollado

Preterit
desarrollé	desarrollamos
desarrollaste	desarrollasteis
desarrolló	desarrollaron

Past Perfect
había desarrollado	habíamos desarrollado
habías desarrollado	habíais desarrollado
había desarrollado	habían desarrollado

Imperfect
desarrollaba	desarrollábamos
desarrollabas	desarrollabais
desarrollaba	desarrollaban

Future Perfect
habré desarrollado	habremos desarrollado
habrás desarrollado	habréis desarrollado
habrá desarrollado	habrán desarrollado

Future
desarrollaré	desarrollaremos
desarrollarás	desarrollaréis
desarrollará	desarrollarán

Conditional Perfect
habría desarrollado	habríamos desarrollado
habrías desarrollado	habríais desarrollado
habría desarrollado	habrían desarrollado

Conditional
desarrollaría	desarrollaríamos
desarrollarías	desarrollaríais
desarrollaría	desarrollarían

SUBJUNCTIVE

Present
desarrolle	desarrollemos
desarrolles	desarrolléis
desarrolle	desarrollen

Present Perfect
haya desarrollado	hayamos desarrollado
hayas desarrollado	hayáis desarrollado
haya desarrollado	hayan desarrollado

Past
desarrollara	desarrolláramos
desarrollaras	desarrollarais
desarrollara	desarrollaran

Past Perfect
hubiera desarrollado	hubiéramos desarrollado
hubieras desarrollado	hubierais desarrollado
hubiera desarrollado	hubieran desarrollado

IMPERATIVE
desarrolla	no desarrolles	desarrollemos	no desarrollemos
desarrolle	no desarrolle	desarrollad	no desarrolléis
		desarrollen	no desarrollen

Los científicos desarrollan nuevas tecnologías a diario.
Scientists develop new technologies daily.

La tesis de este artículo no está muy bien desarrollada.
This article's thesis is not very well developed.

Confiamos en que el evento se desarrollará sin problemas.
We trust that the event will take place without trouble.

153

DESATAR *To untie, to undo, to unleash*

Past part. desatado   *Ger.* desatando

INDICATIVE

Present

desato	desatamos		
desatas	desatáis		
desata	desatan		

Present Perfect

he desatado	hemos desatado
has desatado	habéis desatado
ha desatado	han desatado

Preterit

desaté	desatamos
desataste	desatasteis
desató	desataron

Past Perfect

había desatado	habíamos desatado
habías desatado	habíais desatado
había desatado	habían desatado

Imperfect

desataba	desatábamos
desatabas	desatabais
desataba	desataban

Future Perfect

habré desatado	habremos desatado
habrás desatado	habréis desatado
habrá desatado	habrán desatado

Future

desataré	desataremos
desatarás	desataréis
desatará	desatarán

Conditional Perfect

habría desatado	habríamos desatado
habrías desatado	habríais desatado
habría desatado	habrían desatado

Conditional

desataría	desataríamos
desatarías	desataríais
desataría	desatarían

SUBJUNCTIVE

Present

desate	desatemos
desates	desatéis
desate	desaten

Present Perfect

haya desatado	hayamos desatado
hayas desatado	hayáis desatado
haya desatado	hayan desatado

Past

desatara	desatáramos
desataras	desatarais
desatara	desataran

Past Perfect

hubiera desatado	hubiéramos desatado
hubieras desatado	hubierais desatado
hubiera desatado	hubieran desatado

IMPERATIVE

desata	no desates	desatemos	no desatemos
desate	no desate	desatad	no desatéis
		desaten	no desaten

No puedo desatar estas agujetas; el nudo está muy apretado.
I can't untie these shoelaces; the knot is very tight.
Si Houdini estuviera aquí, desataría el nudo fácilmente.
If Houdini were here, he would undo the knot easily.
Las medidas del gobierno desataron una ola de protestas.
The government's measures unleashed a wave of protests.

DESAYUNAR *To have breakfast*

Past part. desayunado   *Ger.* desayunando

INDICATIVE

Present

desayuno	desayunamos
desayunas	desayunáis
desayuna	desayunan

Present Perfect

he desayunado	hemos desayunado
has desayunado	habéis desayunado
ha desayunado	han desayunado

Preterit

desayuné	desayunamos
desayunaste	desayunasteis
desayunó	desayunaron

Past Perfect

había desayunado	habíamos desayunado
habías desayunado	habíais desayunado
había desayunado	habían desayunado

Imperfect

desayunaba	desayunábamos
desayunabas	desayunabais
desayunaba	desayunaban

Future Perfect

habré desayunado	habremos desayunado
habrás desayunado	habréis desayunado
habrá desayunado	habrán desayunado

Future

desayunaré	desayunaremos
desayunarás	desayunaréis
desayunará	desayunarán

Conditional Perfect

habría desayunado	habríamos desayunado
habrías desayunado	habríais desayunado
habría desayunado	habrían desayunado

Conditional

desayunaría	desayunaríamos
desayunarías	desayunaríais
desayunaría	desayunarían

SUBJUNCTIVE

Present

desayune	desayunemos
desayunes	desayunéis
desayune	desayunen

Present Perfect

haya desayunado	hayamos desayunado
hayas desayunado	hayáis desayunado
haya desayunado	hayan desayunado

Past

desayunara	desayunáramos
desayunaras	desayunarais
desayunara	desayunaran

Past Perfect

hubiera desayunado	hubiéramos desayunado
hubieras desayunado	hubierais desayunado
hubiera desayunado	hubieran desayunado

IMPERATIVE

desayuna	no desayunes	desayunemos	no desayunemos
desayune	no desayune	desayunad	no desayunéis
		desayunen	no desayunen

En España se desayuna pan con aceite de oliva.
In Spain, people have bread with olive oil for breakfast.

Habríamos desayunado, pero el comedor del hotel ya estaba cerrado.
We would have had breakfast, but the hotel cafeteria was already closed.

¿Qué desayunaste está mañana?
What did you have for breakfast this morning?

D   DESCANSAR   *To rest*

Past part. descansado   *Ger.* descansando

INDICATIVE

Present

descanso	descansamos
descansas	descansáis
descansa	descansan

Present Perfect

he descansado	hemos descansado
has descansado	habéis descansado
ha descansado	han descansado

Preterit

descansé	descansamos
descansaste	descansasteis
descansó	descansaron

Past Perfect

había descansado	habíamos descansado
habías descansado	habíais descansado
había descansado	habían descansado

Imperfect

descansaba	descansábamos
descansabas	descansabais
descansaba	descansaban

Future Perfect

habré descansado	habremos descansado
habrás descansado	habréis descansado
habrá descansado	habrán descansado

Future

descansaré	descansaremos
descansarás	descansaréis
descansará	descansarán

Conditional Perfect

habría descansado	habríamos descansado
habrías descansado	habríais descansado
habría descansado	habrían descansado

Conditional

descansaría	descansaríamos
descansarías	descansaríais
descansaría	descansarían

SUBJUNCTIVE

Present

descanse	descansemos
descanses	descanséis
descanse	descansen

Present Perfect

haya descansado	hayamos descansado
hayas descansado	hayáis descansado
haya descansado	hayan descansado

Past

descansara	descansáramos
descansaras	descansarais
descansara	descansaran

Past Perfect

hubiera descansado	hubiéramos descansado
hubieras descansado	hubierais descansado
hubiera descansado	hubieran descansado

IMPERATIVE

descansa	no descanses	descansemos	no descansemos
descanse	no descanse	descansad	no descanséis
		descansen	no descansen

Descanse en paz.
Rest in peace.

No descansaré hasta descubrir al culpable del delito.
I will not rest until I discover the crime's culprit.

Descansé un poco y ahora estoy listo para continuar.
I rested a bit and now I'm ready to continue.

DESCENDER *To descend, to fall, to go down*

Past part. descendido   *Ger.* descendiendo

INDICATIVE

Present
desciendo	descendemos
desciendes	descendéis
desciende	descienden

Present Perfect
he descendido	hemos descendido
has descendido	habéis descendido
ha descendido	han descendido

Preterit
descendí	descendimos
descendiste	descendisteis
descendió	descendieron

Past Perfect
había descendido	habíamos descendido
habías descendido	habíais descendido
había descendido	habían descendido

Imperfect
descendía	descendíamos
descendías	descendíais
descendía	descendían

Future Perfect
habré descendido	habremos descendido
habrás descendido	habréis descendido
habrá descendido	habrán descendido

Future
descenderé	descenderemos
descenderás	descenderéis
descenderá	descenderán

Conditional Perfect
habría descendido	habríamos descendido
habrías descendido	habríais descendido
habría descendido	habrían descendido

Conditional
descendería	descenderíamos
descenderías	descenderíais
descendería	descenderían

SUBJUNCTIVE

Present
descienda	descendamos
desciendas	descendáis
descienda	desciendan

Present Perfect
haya descendido	hayamos descendido
hayas descendido	hayáis descendido
haya descendido	hayan descendido

Past
descendiera	descendiéramos
descendieras	descendierais
descendiera	descendieran

Past Perfect
hubiera descendido	hubiéramos descendido
hubieras descendido	hubierais descendido
hubiera descendido	hubieran descendido

IMPERATIVE
desciende	no desciendas	descendamos	no descendamos
descienda	no descienda	descended	no descendáis
		desciendan	no desciendan

La familia de Miguel desciende de la realeza española.
Miguel's family descends from Spanish royalty.

La temperatura descendió diez grados en sólo unos minutos.
The temperature fell 10 degrees in just a few minutes.

Aunque descendía las escaleras con cuidado, se cayó.
Although he was going down the stairs carefully, he fell.

DESCRIBIR *To describe*

Past part. descrito   *Ger.* describiendo

INDICATIVE

Present
describo	describimos
describes	describís
describe	describen

Preterit
describí	describimos
describiste	describisteis
describió	describieron

Imperfect
describía	describíamos
describías	describíais
describía	describían

Future
describiré	describiremos
describirás	describiréis
describirá	describirán

Conditional
descubriría	describiríamos
describirías	describiríais
descubriría	describirían

Present Perfect
he descrito	hemos descrito
has descrito	habéis descrito
ha descrito	han descrito

Past Perfect
había descrito	habíamos descrito
habías descrito	habíais descrito
había descrito	habían descrito

Future Perfect
habré descrito	habremos descrito
habrás descrito	habréis descrito
habrá descrito	habrán descrito

Conditional Perfect
habría descrito	habríamos descrito
habrías descrito	habríais descrito
habría descrito	habrían descrito

SUBJUNCTIVE

Present
describa	describamos
describas	describáis
describa	describan

Past
describiera	describiéramos
describieras	describierais
describiera	describieran

Present Perfect
haya descrito	hayamos descrito
hayas descrito	hayáis descrito
haya descrito	hayan descrito

Past Perfect
hubiera descrito	hubiéramos descrito
hubieras descrito	hubierais descrito
hubiera descrito	hubieran descrito

IMPERATIVE
describe	no describas	describamos	no describamos
describa	no describa	describid	no describaís
		describan	no describan

La policía les pidió a los testigos que describieran exactamente lo que pasó.
The police asked the witnesses to describe exactly what happened.

Las víctimas describieron al ladrón.
The victims described the thief.

Es imposible describir la belleza de este paisaje.
The beauty of this landscape is impossible to describe.

DESCUBRIR   *To discover, to find out, to uncover, to reveal*

Past part. descubriendo   *Ger.* descubierto

INDICATIVE

Present

descubro	descubrimos
descubres	descubrís
descubre	descubren

Preterit

descubrí	descubrimos
descubriste	descubristeis
descubrió	descubrieron

Imperfect

descubría	descubríamos
descubrías	descubríais
descubría	descubrían

Future

descubriré	descubriremos
descubrirás	descubriréis
descubrirá	descubrirán

Conditional

descubriría	descubriríamos
descubrirías	descubriríais
descubriría	descubrirían

Present Perfect

he descubierto	hemos descubierto
has descubierto	habéis descubierto
ha descubierto	han descubierto

Past Perfect

había descubierto	habíamos descubierto
habías descubierto	habíais descubierto
había descubierto	habían descubierto

Future Perfect

habré descubierto	habremos descubierto
habrás descubierto	habréis descubierto
habrá descubierto	habrán descubierto

Conditional Perfect

habría descubierto	habríamos descubierto
habrías descubierto	habríais descubierto
habría descubierto	habrían descubierto

SUBJUNCTIVE

Present

descubra	descubramos
descubras	descubráis
descubra	descubran

Past

descubriera	descubriéramos
descubrieras	descubrierais
descubriera	descubrieran

Present Perfect

haya descubierto	hayamos descubierto
hayas descubierto	hayáis descubierto
haya descubierto	hayan descubierto

Past Perfect

hubiera descubierto	hubiéramos descubierto
hubieras descubierto	hubierais descubierto
hubiera descubierto	hubieran descubierto

IMPERATIVE

descubre	no descubras	descubramos	no descubramos
descubra	no descubra	descubrid	no descubráis
		descubran	no descubran

Cristóbal Colón descubrió América en 1492.
Christopher Columbus discovered America in 1492.

La conspiración fue descubierta por la policía secreta.
The conspiracy was uncovered by the secret police.

Finalmente he descubierto que no eres la persona que yo pensaba que eras.
I have finally found out that you are not the person that I thought you were.

D DESCUIDAR *To neglect, to be inattentive*

Descuidarse *To get distracted*
Past part. descuidado   *Ger.* descuidando

INDICATIVE

Present

descuido	descuidamos
descuidas	descuidáis
descuida	descuidan

Present Perfect

he descuidado	hemos descuidado
has descuidado	habéis descuidado
ha descuidado	han descuidado

Preterit

descuidé	descuidamos
descuidaste	descuidasteis
descuidó	descuidaron

Past Perfect

había descuidado	habíamos descuidado
habías descuidado	habíais descuidado
había descuidado	habían descuidado

Imperfect

descuidaba	descuidábamos
descuidabas	descuidabais
descuidaba	descuidaban

Future Perfect

habré descuidado	habremos descuidado
habrás descuidado	habréis descuidado
habrá descuidado	habrán descuidado

Future

descuidaré	descuidaremos
descuidarás	descuidaréis
descuidará	descuidarán

Conditional Perfect

habría descuidado	habríamos descuidado
habrías descuidado	habríais descuidado
habría descuidado	habrían descuidado

Conditional

descuidaría	descuidaríamos
descuidarías	descuidaríais
descuidaría	descuidarían

SUBJUNCTIVE

Present

descuide	descuidemos
descuides	descuidéis
descuide	descuiden

Present Perfect

haya descuidado	hayamos descuidado
hayas descuidado	hayáis descuidado
haya descuidado	hayan descuidado

Past

descuidara	descuidáramos
descuidaras	descuidarais
descuidara	descuidaran

Past Perfect

hubiera descuidado	hubiéramos descuidado
hubieras descuidado	hubierais descuidado
hubiera descuidado	hubieran descuidado

IMPERATIVE

descuida	no descuides	descuidemos	no descuidemos
descuide	no descuide	descuidad	no descuidéis
		descuiden	no descuiden

Si descuidas tus obligaciones habrá consecuencias.
If you neglect your obligations there will be consequences.

Me descuidé y el ladrón se aprovechó de eso para
desarmarme, dijo el guardia del banco.
*I was inattentive and the thief took advantage of
that to disarm me, said the bank guard.*

DESEAR *To wish, to desire, to want*

Past part. deseado   *Ger.* deseando

INDICATIVE

Present		Present Perfect	
deseo	deseamos	he deseado	hemos deseado
deseas	deseáis	has deseado	habéis deseado
desea	desean	ha deseado	han deseado

Preterit		Past Perfect	
deseé	deseamos	había deseado	habíamos deseado
deseaste	deseasteis	habías deseado	habíais deseado
deseó	desearon	había deseado	habían deseado

Imperfect		Future Perfect	
deseaba	deseábamos	habré deseado	habremos deseado
deseabas	deseabais	habrás deseado	habréis deseado
deseaba	deseaban	habrá deseado	habrán deseado

Future		Conditional Perfect	
desearé	desearemos	habría deseado	habríamos deseado
desearás	desearéis	habrías deseado	habríais deseado
deseará	desearán	habría deseado	habrían deseado

Conditional	
desearía	desearíamos
desearías	desearíais
desearía	desearían

SUBJUNCTIVE

Present		Present Perfect	
desee	deseemos	haya deseado	hayamos deseado
desees	deseéis	hayas deseado	hayáis deseado
desee	deseen	haya deseado	hayan deseado

Past		Past Perfect	
deseara	deseáramos	hubiera deseado	hubiéramos deseado
desearas	desearais	hubieras deseado	hubierais deseado
deseara	desearan	hubiera deseado	hubieran deseado

IMPERATIVE

desea	no desees	deseemos	no deseemos
desee	no desee	desead	no deseéis
		deseen	no deseen

No desees lo que no se puede conseguir trabajando.
Don't wish for that which can't be obtained by working.
La cosa que más deseo es ir a Machu Picchu.
The thing I desire most is to go to Machu Picchu.
¿Qué desean cenar?
What do you want for dinner?

DESESPERARSE   *To despair, to get exasperated*

Desesperar *To exasperate, to infuriate*
Past part. desesperado   *Ger.* desesperando

INDICATIVE

Present

me desespero	nos desesperamos
te desesperas	os desesperáis
se desespera	se desesperan

Present Perfect

me he desesperado	nos hemos desesperado
te has desesperado	os habéis desesperado
se ha desesperado	se han desesperado

Preterit

me desesperé	nos desesperamos
te desesperaste	os desesperasteis
se desesperó	se desesperaron

Past Perfect

me había desesperado	nos habíamos desesperado
te habías desesperado	os habíais desesperado
se había desesperado	se habían desesperado

Imperfect

me desesperaba	nos desesperábamos
te desesperabas	os desesperabais
se desesperaba	se desesperaban

Future Perfect

me habré desesperado	nos habremos desesperado
te habrás desesperado	os habréis desesperado
se habrá desesperado	se habrán desesperado

Future

me desesperaré	nos desesperáremos
te desesperarás	os desesperareis
se desesperará	se desesperarán

Conditional Perfect

me habría desesperado	nos habríamos desesperado
te habrías desesperado	os habríais desesperado
se habría desesperado	se habrían desesperado

Conditional

me desesperaría	nos desesperaríamos
te desesperarías	os desesperaríais
se desesperaría	se desesperarían

SUBJUNCTIVE

Present

me desespere	nos desesperemos
te desesperes	os desesperéis
se desespere	se desesperen

Present Perfect

me haya desesperado	nos hayamos desesperado
te hayas desesperado	os hayáis desesperado
se haya desesperado	se hayan desesperado

Past

me desesperara	nos desesperáramos
te desesperaras	os desesperarais
se desesperara	se desesperaran

Past Perfect

me hubiera desesperado	nos hubiéramos desesperado
te hubieras desesperado	os hubierais desesperado
se hubiera desesperado	se hubieran desesperado

IMPERATIVE

desespérate	no te desesperes	desesperémonos	no nos desesperemos
desespérese	no se desespere	desesperaos	no os desesperéis
		desespérense	no se desesperen

No te desesperes; las cosas se arreglarán tarde o temprano.
Don't despair; things will work out sooner or later.

Se desesperó de esperar y se fue.
He got exasperated from waiting and he left.

Me desespera el hecho de que Marta siempre llegue tarde.
The fact that Marta is always late infuriates me.

DESFALLECER   *To faint, to feel faint, to lose heart*

Past part. desfallecido   *Ger.* desfalleciendo

INDICATIVE

Present
desfallezco	desfallecemos
desfalleces	desfallecéis
desfallece	desfallecen

Present Perfect
he desfallecido	hemos desfallecido
has desfallecido	habéis desfallecido
ha desfallecido	han desfallecido

Preterit
desfallecí	desfallecimos
desfalleciste	desfallecisteis
desfalleció	desfallecieron

Past Perfect
había desfallecido	habíamos desfallecido
habías desfallecido	habíais desfallecido
había desfallecido	habían desfallecido

Imperfect
desfallecía	desfallecíamos
desfallecías	desfallecíais
desfallecía	desfallecían

Future Perfect
habré desfallecido	habremos desfallecido
habrás desfallecido	habréis desfallecido
habrá desfallecido	habrán desfallecido

Future
desfalleceré	desfalleceremos
desfallecerás	desfalleceréis
desfallecerá	desfallecerán

Conditional Perfect
habría desfallecido	habríamos desfallecido
habrías desfallecido	habríais desfallecido
habría desfallecido	habrían desfallecido

Conditional
desfallecería	desfalleceríamos
desfallecerías	desfalleceríais
desfallecería	desfallecerían

SUBJUNCTIVE

Present
desfallezca	desfallezcamos
desfallezcas	desfallezcáis
desfallezca	desfallezcan

Present Perfect
haya desfallecido	hayamos desfallecido
hayas desfallecido	hayáis desfallecido
haya desfallecido	hayan desfallecido

Past
desfalleciera	desfalleciéramos
desfallecieras	desfallecierais
desfalleciera	desfallecieran

Past Perfect
hubiera desfallecido	hubiéramos desfallecido
hubieras desfallecido	hubierais desfallecido
hubiera desfallecido	hubieran desfallecido

IMPERATIVE
desfallece	no desfallezcas	desfallezcamos	no desfallezcamos
desfallezca	no desfallezca	desfalleced	no desfallezcáis
		desfallezcan	no desfallezcan

Cuando escuchó la terrible noticia, desfalleció.
When he heard the terrible news, he felt faint.

Tengo tanta hambre que estoy a punto de desfallecer.
I'm so hungry that I'm about to faint.

No desfallezcas; ya casi estamos ahí.
Don't lose heart; we're almost there.

DESGARRAR *To tear, to rip*

Past part. desgarrado   *Ger.* desgarrando

INDICATIVE

Present

desgarro	desgarramos
desgarras	desgarráis
desgarra	desgarran

Preterit

desgarré	desgarramos
desgarraste	desgarrasteis
desgarró	desgarraron

Imperfect

desgarraba	desgarrábamos
desgarrabas	desgarrabais
desgarraba	desgarraban

Future

desgarraré	desgarraremos
desgarrarás	desgarraréis
desgarrará	desgarrarán

Conditional

desgarraría	desgarraríamos
desgarrarías	desgarraríais
desgarraría	desgarrarían

Present Perfect

he desgarrado	hemos desgarrado
has desgarrado	habéis desgarrado
ha desgarrado	han desgarrado

Past Perfect

había desgarrado	habíamos desgarrado
habías desgarrado	habíais desgarrado
había desgarrado	habían desgarrado

Future Perfect

habré desgarrado	habremos desgarrado
habrás desgarrado	habréis desgarrado
habrá desgarrado	habrán desgarrado

Conditional Perfect

habría desgarrado	habríamos desgarrado
habrías desgarrado	habríais desgarrado
habría desgarrado	habrían desgarrado

SUBJUNCTIVE

Present

desgarre	desgarremos
desgarres	desgarréis
desgarre	desgarren

Past

desgarrara	desgarráramos
desgarraras	desgarrarais
desgarrara	desgarraran

Present Perfect

haya desgarrado	hayamos desgarrado
hayas desgarrado	hayáis desgarrado
haya desgarrado	hayan desgarrado

Past Perfect

hubiera desgarrado	hubiéramos desgarrado
hubieras desgarrado	hubierais desgarrado
hubiera desgarrado	hubieran desgarrado

IMPERATIVE

desgarra	no desgarres	desgarremos	no desgarremos
desgarre	no desgarre	desgarrad	no desgarréis
		desgarren	no desgarren

Escenas como esa me desgarran el alma.
Scenes like that one tear my soul.

Desgarraré esta camisa vieja para hacer trapos.
I will rip this old shirt to make rags.

Eva se desgarró un músculo jugando al fútbol.
Eva tore a muscle while playing soccer.

DESHACER   *To undo, to untie, to break up*

Deshacerse *To come undone, to get rid of*
Past part. deshecho   *Ger.* deshaciendo

INDICATIVE

Present
deshago	deshacemos
deshaces	deshacéis
deshace	deshacen

Present Perfect
he deshecho	hemos deshecho
has deshecho	habéis deshecho
ha deshecho	han deshecho

Preterit
deshice	deshicimos
deshiciste	deshicisteis
deshizo	deshicieron

Past Perfect
había deshecho	habíamos deshecho
habías deshecho	habíais deshecho
había deshecho	habían deshecho

Imperfect
deshacía	deshacíamos
deshacías	deshacíais
deshacía	deshacían

Future Perfect
habré deshecho	habremos deshecho
habrás deshecho	habréis deshecho
habrá deshecho	habrán deshecho

Future
desharé	desharemos
desharás	desharéis
deshará	desharán

Conditional Perfect
habría deshecho	habríamos deshecho
habrías deshecho	habríais deshecho
habría deshecho	habrían deshecho

Conditional
desharía	desharíamos
desharías	desharíais
desharía	desharían

SUBJUNCTIVE

Present
deshaga	deshagamos
deshagas	deshagáis
deshagas	deshagan

Present Perfect
haya deshecho	hayamos deshecho
hayas deshecho	hayáis deshecho
haya deshecho	hayan deshecho

Past
deshiciera	deshiciéramos
deshicieras	deshicierais
deshiciera	deshicieran

Past Perfect
hubiera deshecho	hubiéramos deshecho
hubieras deshecho	hubierais deshecho
hubiera deshecho	hubieran deshecho

IMPERATIVE
deshaz	no deshagas	deshagamos	no deshagamos
deshaga	no deshaga	deshaced	no deshagáis
		deshagan	no deshagan

Me deshice de él tan pronto como pude.
I got rid of him as soon as I could.

Odio cuando se me deshacen las agujetas de los zapatos.
I hate when my shoelaces come undone.

El divorcio deshace la unión del matrimonio.
Divorce breaks up the marriage union.

DESMAYARSE *To faint*

Past part. desmayado   *Ger.* desmayando

INDICATIVE

Present

me desmayo	nos desmayamos
te desmayas	os desmayáis
se desmaya	se desmayan

Present Perfect

me he desmayado	nos hemos desmayado
te has desmayado	os habéis desmayado
se ha desmayado	se han desmayado

Preterit

me desmayé	nos desmayamos
te desmayaste	os desmayasteis
se desmayó	se desmayaron

Past Perfect

me había desmayado	nos habíamos desmayado
te habías desmayado	os habíais desmayado
se había desmayado	se habían desmayado

Imperfect

me desmayaba	nos desmayábamos
te desmayabas	os desmayabais
se desmayaba	se desmayaban

Future Perfect

me habré desmayado	nos habremos desmayado
te habrás desmayado	os habréis desmayado
se habrá desmayado	se habrán desmayado

Future

me desmayaré	nos desmayaremos
te desmayarás	os desmayaréis
se desmayará	se desmayarán

Conditional Perfect

me habría desmayado	nos habríamos desmayado
te habrías desmayado	os habríais desmayado
se habría desmayado	se habrían desmayado

Conditional

me desmayaría	nos desmayaríamos
te desmayarías	os desmayaríais
se desmayaría	se desmayarían

SUBJUNCTIVE

Present

me desmaye	nos desmayemos
te desmayes	os desmayéis
se desmaye	se desmayen

Present Perfect

me haya desmayado	nos hayamos desmayado
te hayas desmayado	os hayáis desmayado
se haya desmayado	se hayan desmayado

Past

me desmayara	nos desmayáramos
te desmayaras	os desmayarais
se desmayara	se desmayaran

Past Perfect

me hubiera desmayado	nos hubiéramos desmayado
te hubieras desmayado	os hubierais desmayado
se hubiera desmayado	se hubieran desmayado

IMPERATIVE

desmáyate	no te desmayes	desmayémonos	no nos desmayemos
desmáyese	no se desmaye	desmayaos	no os desmayéis
		desmáyense	no se desmayen

Te desmayarás cuando oigas lo que te voy a decir.
You will faint when you hear what I'm going to tell you.

Deja que ponga un cojín en el piso por si me desmayo.
Let me put a pillow on the floor in case I faint.

Se desmayó al oír la noticia.
He fainted when he heard the news.

DESPEDIRSE *To say good-bye*

Despedir *To fire, to dismiss, to see off*
Past part. despedido   *Ger.* despidiendo

INDICATIVE

Present

me despido	nos despedimos
te despides	os despedís
se despide	se despiden

Present Perfect

me he despedido	nos hemos despedido
te has despedido	os habéis despedido
se ha despedido	se han despedido

Preterit

me despedí	nos despedimos
te despediste	os despedisteis
se despidió	se despidieron

Past Perfect

me había despedido	nos habíamos despedido
te habías despedido	os habíais despedido
se había despedido	se habían despedido

Imperfect

me despedía	nos despedíamos
te despedías	os despedíais
se despedía	se despedían

Future Perfect

me habré despedido	nos habremos despedido
te habrás despedido	os habréis despedido
se habrá despedido	se habrán despedido

Future

me despediré	nos despediremos
te despedirás	os despediréis
se despedirá	se despedirán

Conditional Perfect

me habría despedido	nos habríamos despedido
te habrías despedido	os habríais despedido
se habría despedido	se habrían despedido

Conditional

me despediría	nos despediríamos
te despedirías	os despediríais
se despediría	se despedirían

SUBJUNCTIVE

Present

me despida	nos despidamos
te despidas	os despidáis
se despida	se despidan

Present Perfect

me haya despedido	nos hayamos despedido
te hayas despedido	os hayáis despedido
se haya despedido	se hayan despedido

Past

me despidiera	nos despidiéramos
te despidieras	os despidierais
se despidiera	se despidieran

Past Perfect

me hubiera despedido	nos hubiéramos despedido
te hubieras despedido	os hubierais despedido
se hubiera despedido	se hubieran despedido

IMPERATIVE

despídete	no te despidas	despidámonos	no nos despidamos
despídase	no se despida	despedíos	no os despidáis
		despídanse	no se despidan

No puedo creer que se marchó sin despedirse.
I can't believe he left without saying good-bye.

Me hubiera gustado ir a despedirte al aeropuerto.
I would have liked to go to the airport to see you off.

Muchas empresas despedirán a sus empleados por la crisis.
Many companies will fire their employees because of the crisis.

DESPERDICIAR *To waste*

Past part. desperdiciado   *Ger.* desperdiciando

INDICATIVE

Present

desperdicio	desperdiciamos
desperdicias	desperdiciáis
desperdicia	desperdician

Present Perfect

he desperdiciado	hemos desperdiciado
has desperdiciado	habéis desperdiciado
ha desperdiciado	han desperdiciado

Preterit

desperdicié	desperdiciamos
desperdiciaste	desperdiciasteis
desperdició	desperdiciaron

Past Perfect

había desperdiciado	habíamos desperdiciado
habías desperdiciado	habíais desperdiciado
había desperdiciado	habían desperdiciado

Imperfect

desperdiciaba	desperdiciábamos
desperdiciabas	desperdiciabais
desperdiciaba	desperdiciaban

Future Perfect

habré desperdiciado	habremos desperdiciado
habrás desperdiciado	habréis desperdiciado
habrá desperdiciado	habrán desperdiciado

Future

desperdiciaré	desperdiciaremos
desperdiciarás	desperdiciaréis
desperdiciará	desperdiciarán

Conditional Perfect

habría desperdiciado	habríamos desperdiciado
habrías desperdiciado	habríais desperdiciado
habría desperdiciado	habrían desperdiciado

Conditional

desperdiciaría	desperdiciaríamos
desperdiciarías	desperdiciaríais
desperdiciaría	desperdiciarían

SUBJUNCTIVE

Present

desperdicie	desperdiciemos
desperdicies	desperdiciéis
desperdicie	desperdicien

Present Perfect

haya desperdiciado	hayamos desperdiciado
hayas desperdiciado	hayáis desperdiciado
haya desperdiciado	hayan desperdiciado

Past

desperdiciara	desperdiciáramos
desperdiciaras	desperdiciarais
desperdiciara	desperdiciaran

Past Perfect

hubiera desperdiciado	hubiéramos desperdiciado
hubieras desperdiciado	hubierais desperdiciado
hubiera desperdiciado	hubieran desperdiciado

IMPERATIVE

desperdicia	no desperdicies	desperdiciemos	no desperdiciemos
desperdicie	no desperdicie	desperdiciad	no desperdiciéis
		desperdicien	no desperdicien

No desperdicies tu tiempo con esa chica.
Don't waste your time with that girl.

No puedo creer que hayas desperdiciado esa oportunidad.
I can't believe you wasted that opportunity.

No debemos desperdiciar más el agua.
We mustn't waste any more water.

DESPERTAR *To wake, to awaken, to arouse*

Despertarse *To wake up*
Past part. despertado *Ger.* despertando

INDICATIVE

Present

despierto	despertamos
despiertas	despertáis
despierta	despiertan

Present Perfect

he despertado	hemos despertado
has despertado	habéis despertado
ha despertado	han despertado

Preterit

desperté	despertamos
despertaste	despertasteis
despertó	despertaron

Past Perfect

había despertado	habíamos despertado
habías despertado	habíais despertado
había despertado	habían despertado

Imperfect

despertaba	despertábamos
despertabas	despertabais
despertaba	despertaban

Future Perfect

habré despertado	habremos despertado
habrás despertado	habréis despertado
habrá despertado	habrán despertado

Future

despertaré	despertaremos
despertarás	despertaréis
despertará	despertarán

Conditional Perfect

habría despertado	habríamos despertado
habrías despertado	habríais despertado
habría despertado	habrían despertado

Conditional

despertaría	despertaríamos
despertarías	despertaríais
despertaría	despertarían

SUBJUNCTIVE

Present

despierte	despertemos
despiertes	despertéis
despierte	despierten

Present Perfect

haya despertado	hayamos despertado
hayas despertado	hayáis despertado
haya despertado	hayan despertado

Past

despertara	despertáramos
despertaras	despertarais
despertara	despertaran

Past Perfect

hubiera despertado	hubiéramos despertado
hubieras despertado	hubierais despertado
hubiera despertado	hubieran despertado

IMPERATIVE

despierta	no despiertes	despertemos	no despertemos
despierte	no despierte	despertad	no despertéis
		despierten	no despierten

Le pedí que me despertara antes de que se fuera.
I asked him to wake me before he left.

No despiertes a un dragón dormido.
Do not awaken a sleeping dragon.

¡Cuidado con despertar mi furia!
Beware of arousing my anger!

DESPRECIAR *To look down on, to despise, to reject*

Past part. despreciado   *Ger.* despreciando

INDICATIVE

Present
desprecio	despreciamos
desprecias	despreciáis
desprecia	desprecian

Present Perfect
he despreciado	hemos despreciado
has despreciado	habéis despreciado
ha despreciado	han despreciado

Preterit
desprecié	despreciamos
despreciaste	despreciasteis
despreció	despreciaron

Past Perfect
había despreciado	habíamos despreciado
habías despreciado	habíais despreciado
había despreciado	habían despreciado

Imperfect
despreciaba	despreciábamos
despreciabas	despreciabais
despreciaba	despreciaban

Future Perfect
habré despreciado	habremos despreciado
habrás despreciado	habréis despreciado
habrá despreciado	habrán despreciado

Future
despreciaré	despreciaremos
despreciarás	despreciaréis
despreciará	despreciarán

Conditional Perfect
habría despreciado	habríamos despreciado
habrías despreciado	habríais despreciado
habría despreciado	habrían despreciado

Conditional
despreciaría	despreciaríamos
despreciarías	despreciaríais
despreciaría	despreciarían

SUBJUNCTIVE

Present
desprecie	despreciemos
desprecies	despreciéis
desprecie	desprecien

Present Perfect
haya despreciado	hayamos despreciado
hayas despreciado	hayáis despreciado
haya despreciado	hayan despreciado

Past
despreciara	despreciáramos
despreciaras	despreciarais
despreciara	despreciaran

Past Perfect
hubiera despreciado	hubiéramos despreciado
hubieras despreciado	hubierais despreciado
hubiera despreciado	hubieran despreciado

IMPERATIVE

desprecia	despreciemos	no despreciemos
no desprecies	despreciad	no despreciéis
desprecie	desprecien	no desprecien
no desprecie		

¿Por qué desprecias mi afecto?
Why do you reject my affection?

Sabes que siempre te he despreciado.
You know I have always despised you.

No deberías despreciarme sólo porque soy pobre.
You shouldn't look down on me just because I'm poor.

DESTAPAR   *To unblock, to open, to take a lid off*

Destaparse *To throw the covers off*

Past part. destapado   *Ger.* destapando

INDICATIVE

Present		Present Perfect	
destapo	destapamos	he destapado	hemos destapado
destapas	destapáis	has destapado	habéis destapado
destapa	destapan	ha destapado	han destapado

Preterit		Past Perfect	
destapé	destapamos	había destapado	habíamos destapado
destapaste	destapasteis	habías destapado	habíais destapado
destapó	destaparon	había destapado	habían destapado

Imperfect		Future Perfect	
destapaba	destapábamos	habré destapado	habremos destapado
destapabas	destapabais	habrás destapado	habréis destapado
destapaba	destapaban	habrá destapado	habrán destapado

Future		Conditional Perfect	
destaparé	destaparemos	habría destapado	habríamos destapado
destaparás	destaparéis	habrías destapado	habríais destapado
destapará	destaparán	habría destapado	habrían destapado

Conditional	
destaparía	destaparíamos
destaparías	destaparíais
destaparía	destaparían

SUBJUNCTIVE

Present		Present Perfect	
destape	destapemos	haya destapado	hayamos destapado
destapes	destapéis	hayas destapado	hayáis destapado
destape	destapen	haya destapado	hayan destapado

Past		Past Perfect	
destapara	destapáramos	hubiera destapado	hubiéramos destapado
destaparas	destaparais	hubieras destapado	hubierais destapado
destapara	destaparan	hubiera destapado	hubieran destapado

IMPERATIVE

destapa	no destapes	destapemos	no destapemos
destape	no destape	destapad	no destapéis
		destapen	no destapen

Destapemos unas cervezas y sentémonos a platicar.
Let's open some beers and sit down to chat.

No puedo destapar la botella, ¿me puedes ayudar?
I can't take the lid off this bottle, can you help me?

La medicina te destapará las narices.
The medicine will unblock your nostrils.

DESTRUIR *To destroy, to ruin, to wreck*

Past part. destruido *Ger.* destruyendo

INDICATIVE

Present

destruyo	destruimos
destruyes	destruís
destruye	destruyen

Present Perfect

he destruido	hemos destruido
has destruido	habéis destruido
ha destruido	han destruido

Preterit

destruí	destruimos
destruiste	destruisteis
destruyó	destruyeron

Past Perfect

había destruido	habíamos destruido
habías destruido	habíais destruido
había destruido	habían destruido

Imperfect

destruía	destruíamos
destruías	destruíais
destruía	destruían

Future Perfect

habré destruido	habremos destruido
habrás destruido	habréis destruido
habrá destruido	habrán destruido

Future

destruiré	destruiremos
destruirás	destruiréis
destruirá	destruirán

Conditional Perfect

habría destruido	habríamos destruido
habrías destruido	habríais destruido
habría destruido	habrían destruido

Conditional

destruiría	destruiríamos
destruirías	destruiríais
destruiría	destruirían

SUBJUNCTIVE

Present

destruya	destruyamos
destruyas	destruyáis
destruya	destruyan

Present Perfect

haya destruido	hayamos destruido
hayas destruido	hayáis destruido
haya destruido	hayan destruido

Past

destruyera	destruyéramos
destruyeras	destruyerais
destruyera	destruyeran

Past Perfect

hubiera destruido	hubiéramos destruido
hubieras destruido	hubierais destruido
hubiera destruido	hubieran destruido

IMPERATIVE

destruye	no destruyas	destruyamos	no destruyamos
destruya	no destruya	destruid	no destruyáis
		destruyan	no destruyan

Muchas vidas se destruyen a causa del consumo de drogas.
Many lives are wrecked by drug consumption.

Los problemas financieros destruyeron nuestra relación.
Financial problems ruined our relationship.

Prefiero usar productos que no destruyan el medio ambiente.
I prefer to use products that don't destroy the environment.

Past part. desvelado   *Ger.* desvelando

INDICATIVE

Present

me desvelo	nos desvelamos
te desvelas	os desveláis
se desvela	se desvelan

Present Perfect

me he desvelado	nos hemos desvelado
te has desvelado	os habéis desvelado
se ha desvelado	se han desvelado

Preterit

me desvelé	nos desvelamos
te desvelaste	os desvelasteis
se desveló	se desvelaron

Past Perfect

me había desvelado	nos habíamos desvelado
te habías desvelado	os habíais desvelado
se había desvelado	se habían desvelado

Imperfect

me desvelaba	nos desvelábamos
te desvelabas	os desvelabais
se desvelaba	se desvelaban

Future Perfect

me habré desvelado	nos habremos desvelado
te habrás desvelado	os habréis desvelado
se habrá desvelado	se habrán desvelado

Future

me desvelaré	nos desvelaremos
te desvelarás	os desvelaréis
se desvelará	se desvelarán

Conditional Perfect

me habría desvelado	nos habríamos desvelado
te habrías desvelado	os habríais desvelado
se habría desvelado	se habrían desvelado

Conditional

me desvelaría	nos desvelaríamos
te desvelarías	os desvelaríais
se desvelaría	se desvelarían

SUBJUNCTIVE

Present

me desvele	nos desvelemos
te desveles	os desveléis
se desvele	se desvelen

Present Perfect

me haya desvelado	nos hayamos desvelado
te hayas desvelado	os hayáis desvelado
se haya desvelado	se hayan desvelado

Past

me desvelara	nos desveláramos
te desvelaras	os desvelarais
se desvelara	se desvelaran

Past Perfect

me hubiera desvelado	nos hubiéramos desvelado
te hubieras desvelado	os hubierais desvelado
se hubiera desvelado	se hubieran desvelado

IMPERATIVE

desvélate	no te desveles	desvelémonos	no nos desvelemos
desvélese	no se desvele	desvelaos	no os desveléis
		desvélense	no se desvelen

Bebió mucho café y por eso se desveló.
He drank a lot of coffee and that's why he stayed awake.

No te desveles mucho pues mañana te tienes que levantar temprano.
Don't stay awake too long because you have to get up early tomorrow.

Las fiestas de los vecinos me desvelan todas las noches.
The neighbors' parties keep me awake every night.

DETENER *To stop, to halt, to detain, to arrest*

Past part. detenido   *Ger.* deteniendo

INDICATIVE

Present		Present Perfect	
detengo	detenemos	he detenido	hemos detenido
detienes	detenéis	has detenido	habéis detenido
detiene	detienen	ha detenido	han detenido

Preterit		Past Perfect	
detuve	detuvimos	había detenido	habíamos detenido
detuviste	detuvisteis	habías detenido	habíais detenido
detuvo	detuvieron	había detenido	habían detenido

Imperfect		Future Perfect	
detenía	deteníamos	habré detenido	habremos detenido
detenías	deteníais	habrás detenido	habréis detenido
detenía	detenían	habrá detenido	habrán detenido

Future		Conditional Perfect	
detendré	detendremos	habría detenido	habríamos detenido
detendrás	detendréis	habrías detenido	habríais detenido
detendrá	detendrán	habría detenido	habrían detenido

Conditional	
detendría	detendríamos
detendrías	detendríais
detendría	detendrían

SUBJUNCTIVE

Present		Present Perfect	
detenga	detengamos	haya detenido	hayamos detenido
detengas	detengáis	hayas detenido	hayáis detenido
detenga	detengan	haya detenido	hayan detenido

Past		Past Perfect	
detuviera	detuviéramos	hubiera detenido	hubiéramos detenido
detuvieras	detuvierais	hubieras detenido	hubierais detenido
detuviera	detuvieran	hubiera detenido	hubieran detenido

IMPERATIVE

detén	no detengas	detengamos	no detengamos
detenga	no detenga	detened	no detengáis
		detengan	no detengan

La policía detuvo al ladrón.
The police arrested the thief.

¿Cómo podemos detener la destrucción del medio ambiente?
How can we stop the destruction of the environment?

El tráfico nos detuvo por tres horas.
Traffic detained us for three hours.

Past part. detestado   *Ger.* detestando

INDICATIVE

Present
detesto	detestamos
detestas	detestáis
detesta	detestan

Present Perfect
he detestado	hemos detestado
has detestado	habéis detestado
ha detestado	han detestado

Preterit
detesté	detestamos
detestaste	detestasteis
detestó	detestaron

Past Perfect
había detestado	habíamos detestado
habías detestado	habíais detestado
había detestado	habían detestado

Imperfect
detestaba	detestábamos
detestabas	detestabais
detestaba	detestaban

Future Perfect
habré detestado	habremos detestado
habrás detestado	habréis detestado
habrá detestado	habrán detestado

Future
detestaré	detestaremos
detestarás	detestaréis
detestará	detestarán

Conditional Perfect
habría detestado	habríamos detestado
habrías detestado	habríais detestado
habría detestado	habrían detestado

Conditional
detestaría	detestaríamos
detestarías	detestaríais
detestaría	detestarían

SUBJUNCTIVE

Present
deteste	detestemos
detestes	detestéis
deteste	detesten

Present Perfect
haya detestado	hayamos detestado
hayas detestado	hayáis detestado
haya detestado	hayan detestado

Past
detestara	detestáramos
detestaras	detestarais
detestara	detestaran

Past Perfect
hubiera detestado	hubiéramos detestado
hubieras detestado	hubierais detestado
hubiera detestado	hubieran detestado

IMPERATIVE

detesta	no detestes	detestemos	no detestemos
deteste	no deteste	detestad	no detestéis
		detesten	no detesten

Detesto que me hagan esperar en el teléfono.
I detest being put on hold on the phone.
Cuando era niño detestaba bañarme.
When I was a child I hated taking a bath.
No me detestes sólo por ser bonita.
Don't hate me just because I'm beautiful.

Devolverse *To turn back*
Past part. devuelto   *Ger.* devolviendo

INDICATIVE

Present		Present Perfect	
devuelvo	devolvemos	he devuelto	hemos devuelto
devuelves	devolvéis	has devuelto	habéis devuelto
devuelve	devuelven	ha devuelto	han devuelto

Preterit		Past Perfect	
devolví	devolvimos	había devuelto	habíamos devuelto
devolviste	devolvisteis	habías devuelto	habíais devuelto
devolvió	devolvieron	había devuelto	habían devuelto

Imperfect		Future Perfect	
devolvía	devolvíamos	habré devuelto	habremos devuelto
devolvías	devolvíais	habrás devuelto	habréis devuelto
devolvía	devolvían	habrá devuelto	habrán devuelto

Future		Conditional Perfect	
devolveré	devolveremos	habría devuelto	habríamos devuelto
devolverás	devolveréis	habrías devuelto	habríais devuelto
devolverá	devolverán	habría devuelto	habrían devuelto

Conditional	
devolvería	devolveríamos
devolverías	devolveríais
devolvería	devolverían

SUBJUNCTIVE

Present		Present Perfect	
devuelva	devolvamos	haya devuelto	hayamos devuelto
devuelvas	devolváis	hayas devuelto	hayáis devuelto
devuelva	devuelvan	haya devuelto	hayan devuelto

Past		Past Perfect	
devolviera	devolviéramos	hubiera devuelto	hubiéramos devuelto
devolvieras	devolvierais	hubieras devuelto	hubierais devuelto
devolviera	devolvieran	hubiera devuelto	hubieran devuelto

IMPERATIVE

devuelve	no devuelvas	devolvamos	no devolvamos
devuelva	no devuelva	devolved	no devolváis
		devuelvan	no devuelvan

Quiero que me devuelvas las cartas que te escribí.
I want you to give me back the letters I wrote you.
Necesitas el recibo para devolver la falda a la tienda.
You need the receipt to return the skirt to the store.
Si nos devolvemos ahora, no llegaremos nunca.
If we turn back now, we will never get there.

DIBUJAR   *To draw, to sketch*

Past part. dibujado   *Ger.* dibujando

INDICATIVE

Present		Present Perfect	
dibujo	dibujamos	he dibujado	hemos dibujado
dibujas	dibujáis	has dibujado	habéis dibujado
dibuja	dibujan	ha dibujado	han dibujado

Preterit		Past Perfect	
dibujé	dibujamos	había dibujado	habíamos dibujado
dibujaste	dibujasteis	habías dibujado	habíais dibujado
dibujó	dibujaron	había dibujado	habían dibujado

Imperfect		Future Perfect	
dibujaba	dibujábamos	habré dibujado	habremos dibujado
dibujabas	dibujabais	habrás dibujado	habréis dibujado
dibujaba	dibujaban	habrá dibujado	habrán dibujado

Future		Conditional Perfect	
dibujaré	dibujaremos	habría dibujado	habríamos dibujado
dibujarás	dibujaréis	habrías dibujado	habríais dibujado
dibujará	dibujarán	habría dibujado	habrían dibujado

Conditional	
dibujaría	dibujaríamos
dibujarías	dibujaríais
dibujaría	dibujarían

SUBJUNCTIVE

Present		Present Perfect	
dibuje	dibujemos	haya dibujado	hayamos dibujado
dibujes	dibujéis	hayas dibujado	hayáis dibujado
dibuje	dibujen	haya dibujado	hayan dibujado

Past		Past Perfect	
dibujara	dibujáramos	hubiera dibujado	hubiéramos dibujado
dibujaras	dibujarais	hubieras dibujado	hubierais dibujado
dibujara	dibujaran	hubiera dibujado	hubieran dibujado

IMPERATIVE

dibuja	no dibujes	dibujemos	no dibujemos
dibuje	no dibuje	dibujad	no dibujéis
		dibujen	no dibujen

Los personajes de las películas de Disney están muy bien dibujados.
The characters in Disney movies are very well drawn.

Dibujen en sus cuadernos no en las paredes.
Draw in your notebooks not on the walls.

Si supiera dibujar, dibujaría la casa de mis sueños.
If I knew how to draw, I would sketch the house of my dreams.

Dirigirse *To head to, to address to*
Past part. dirigido   *Ger.* dirigiendo

INDICATIVE

Present		Present Perfect	
dirijo	dirigimos	he dirigido	hemos dirigido
diriges	dirigís	has dirigido	habéis dirigido
dirige	dirigen	ha dirigido	han dirigido

Preterit		Past Perfect	
dirigí	dirigimos	había dirigido	habíamos dirigido
dirigiste	dirigisteis	habías dirigido	habíais dirigido
dirigió	dirigieron	había dirigido	habían dirigido

Imperfect		Future Perfect	
dirigía	dirigíamos	habré dirigido	habremos dirigido
dirigías	dirigíais	habrás dirigido	habréis dirigido
dirigía	dirigían	habrá dirigido	habrán dirigido

Future		Conditional Perfect	
dirigiré	dirigiremos	habría dirigido	habríamos dirigido
dirigirás	dirigiréis	habrías dirigido	habríais dirigido
dirigirá	dirigirán	habría dirigido	habrían dirigido

Conditional	
dirigiría	dirigiríamos
dirigirías	dirigiríais
dirigiría	dirigirían

SUBJUNCTIVE

Present		Present Perfect	
dirija	dirijamos	haya dirigido	hayamos dirigido
dirijas	dirijáis	hayas dirigido	hayáis dirigido
dirija	dirijan	haya dirigido	hayan dirigido

Past		Past Perfect	
dirigiera	dirigiéramos	hubiera dirigido	hubiéramos dirigido
dirigieras	dirigierais	hubieras dirigido	hubierais dirigido
dirigiera	dirigieran	hubiera dirigido	hubieran dirigido

IMPERATIVE

dirige	no dirijas	dirijamos	no dirijamos
dirija	no dirija	dirigid	no dirijáis
		dirijan	no dirijan

Si hubieras dirigido mejor la compañía no estaríamos en bancarrota.
If you had managed the company better we wouldn't be bankrupt.

La policía dirigió el tráfico para evitar congestionamientos.
The police directed traffic to avoid congestion.

Los alumnos se dirigen al profesor con respeto.
The students address themselves to the teacher respectfully.

DISCULPAR   *To excuse, to forgive*   **Disculparse** *To apologize*   D

Past part. disculpado   *Ger.* disculpando

INDICATIVE

Present
disculpo	disculpamos
disculpas	disculpáis
disculpa	disculpan

Preterit
disculpé	disculpamos
disculpaste	
disculpasteis	
disculpó	disculparon

Imperfect
disculpaba	disculpábamos
disculpabas	disculpabais
disculpaba	disculpaban

Future
disculparé	disculparemos
disculparás	disculparéis
disculpará	disculparán

Conditional
disculparía	disculparíamos
disculparías	disculparíais
disculparía	disculparían

Present Perfect
he disculpado	hemos disculpado
has disculpado	habéis disculpado
ha disculpado	han disculpado

Past Perfect
había disculpado	habíamos disculpado
habías disculpado	habíais disculpado
había disculpado	habían disculpado

Future Perfect
habré disculpado	habremos disculpado
habrás disculpado	habréis disculpado
habrá disculpado	habrán disculpado

Conditional Perfect
habría disculpado	habríamos disculpado
habrías disculpado	habríais disculpado
habría disculpado	habrían disculpado

SUBJUNCTIVE

Present
disculpe	disculpemos
disculpes	disculpéis
disculpe	disculpen

Past
disculpara	disculpáramos
disculparas	disculparais
disculpara	disculparan

Present Perfect
haya disculpado	hayamos disculpado
hayas disculpado	hayáis disculpado
haya disculpado	hayan disculpado

Past Perfect
hubiera disculpado	hubiéramos disculpado
hubieras disculpado	hubierais disculpado
hubiera disculpado	hubieran disculpado

IMPERATIVE
disculpa	no disculpes	disculpemos	no disculpemos
disculpe	no disculpe	disculpad	no disculpéis
		disculpen	no disculpen

Debemos disculpar a los que nos ofenden.
We must forgive those who offend us.
Disculpe, ¿sabe dónde está la oficina de correos?
Excuse me, do you know where the post office is?
Los alumnos se disculparon por llegar tarde.
The students apologized for being late.

179

DISCUTIR *To argue, to discuss, to debate*

Past part. discutido   *Ger.* discutiendo

INDICATIVE

Present		Present Perfect	
discuto	discutimos	he discutido	hemos discutido
discutes	discutís	has discutido	habéis discutido
discute	discuten	ha discutido	han discutido

Preterit		Past Perfect	
discutí	discutimos	había discutido	habíamos discutido
discutiste	discutisteis	habías discutido	habíais discutido
discutió	discutieron	había discutido	habían discutido

Imperfect		Future Perfect	
discutía	discutíamos	habré discutido	habremos discutido
discutías	discutíais	habrás discutido	habréis discutido
discutía	discutían	habrá discutido	habrán discutido

Future		Conditional Perfect	
discutiré	discutiremos	habría discutido	habríamos discutido
discutirás	discutiréis	habrías discutido	habríais discutido
discutirá	discutirán	habría discutido	habrían discutido

Conditional	
discutiría	discutiríamos
discutirías	discutiríais
discutiría	discutirían

SUBJUNCTIVE

Present		Present Perfect	
discuta	discutamos	haya discutido	hayamos discutido
discutas	discutáis	hayas discutido	hayáis discutido
discuta	discutan	haya discutido	hayan discutido

Past		Past Perfect	
discutiera	discutiéramos	hubiera discutido	hubiéramos discutido
discutieras	discutierais	hubieras discutido	hubierais discutido
discutiera	discutieran	hubiera discutido	hubieran discutido

IMPERATIVE

discute	no discutas	discutamos	no discutamos
discuta	no discuta	discutid	no discutáis
		discutan	no discutan

No quiero discutir sobre esto contigo.
I don't want to argue with you about this.

Varios países están discutiendo un plan para reducir su arsenal nuclear.
Several countries are discussing a plan to reduce their nuclear arsenal.

Discutieron durante horas pero no llegaron a un acuerdo.
They debated for hours but didn't reach an agreement.

Past part. disfrazado   *Ger.* disfrazando

INDICATIVE

Present
me disfrazo	nos disfrazamos
te disfrazas	os disfrazáis
se disfraza	se disfrazan

Present Perfect
me he disfrazado	nos hemos disfrazado
te has disfrazado	os habéis disfrazado
se ha disfrazado	se han disfrazado

Preterit
me disfracé	nos disfrazamos
te disfrazaste	os disfrazasteis
se disfrazó	se disfrazaron

Past Perfect
me había disfrazado	nos habíamos disfrazado
te habías disfrazado	os habíais disfrazado
se había disfrazado	se habían disfrazado

Imperfect
me disfrazaba	nos disfrazábamos
te disfrazabas	os disfrazabais
se disfrazaba	se disfrazaban

Future Perfect
me habré disfrazado	nos habremos disfrazado
te habrás disfrazado	os habréis disfrazado
se habrá disfrazado	se habrán disfrazado

Future
me disfrazaré	nos disfrazaremos
te disfrazarás	os disfrazaréis
se disfrazará	se disfrazarán

Conditional Perfect
me habría disfrazado	nos habríamos disfrazado
te habrías disfrazado	os habríais disfrazado
se habría disfrazado	se habrían disfrazado

Conditional
me disfrazaría	nos disfrazaríamos
te disfrazarías	os disfrazaríais
se disfrazaría	se disfrazarían

SUBJUNCTIVE

Present
me disfrace	nos disfracemos
te disfraces	os disfracéis
se disfrace	se disfracen

Present Perfect
me haya disfrazado	nos hayamos disfrazado
te hayas disfrazado	os hayáis disfrazado
se haya disfrazado	se hayan disfrazado

Past
me disfrazara	nos disfrazáramos
te disfrazaras	os disfrazarais
se disfrazara	se disfrazaran

Past Perfect
me hubiera disfrazado	nos hubiéramos disfrazado
te hubieras disfrazado	os hubierais disfrazado
se hubiera disfrazado	se hubieran disfrazado

IMPERATIVE
disfrázate	no te disfraces	disfracémonos	no nos disfracemos
disfrácese	no se disfrace	disfrazaos	no os disfracéis
		disfrácense	no se disfracen

La niña se disfrazó de princesa en el carnaval.
The girl dressed up as a princess during the carnival.
No me reconociste porque estaba disfrazado.
You didn't recognize me because I was disguised.
No trates de disfrazar la verdad; lo sé todo.
Don't try to conceal the truth; I know everything.

DISFRUTAR   *To enjoy, to have a good time*

Past part. disfrutado   *Ger.* disfrutando

INDICATIVE

Present

disfruto	disfrutamos
disfrutas	disfrutáis
disfruta	disfrutan

Present Perfect

he disfrutado	hemos disfrutado
has disfrutado	habéis disfrutado
ha disfrutado	han disfrutado

Preterit

disfruté	disfrutamos
disfrutaste	disfrutasteis
disfrutó	disfrutaron

Past Perfect

había disfrutado	habíamos disfrutado
habías disfrutado	habíais disfrutado
había disfrutado	habían disfrutado

Imperfect

disfrutaba	disfrutábamos
disfrutabas	disfrutabais
disfrutaba	disfrutaban

Future Perfect

habré disfrutado	habremos disfrutado
habrás disfrutado	habréis disfrutado
habrá disfrutado	habrán disfrutado

Future

disfrutaré	disfrutaremos
disfrutarás	disfrutaréis
disfrutará	disfrutarán

Conditional Perfect

habría disfrutado	habríamos disfrutado
habrías disfrutado	habríais disfrutado
habría disfrutado	habrían disfrutado

Conditional

disfrutaría	disfrutaríamos
disfrutarías	disfrutaríais
disfrutaría	disfrutarían

SUBJUNCTIVE

Present

disfrute	disfrutemos
disfrutes	disfrutéis
disfrute	disfreten

Present Perfect

haya disfrutado	hayamos disfrutado
hayas disfrutado	hayáis disfrutado
haya disfrutado	hayan disfrutado

Past

disfrutara	disfrutáramos
disfrutaras	disfrutarais
disfrutara	disfrutaran

Past Perfect

hubiera disfrutado	hubiéramos disfrutado
hubieras disfrutado	hubierais disfrutado
hubiera disfrutado	hubieran disfrutado

IMPERATIVE

disfruta	no disfrutes	disfrutemos	no disfrutemos
disfrute	no disfrute	disfrutad	no disfrutéis
		disfruten	no disfruten

Espero que disfruten su viaje a las islas Galápagos.
I hope you enjoy your trip to the Galapagos Islands.

Disfrutamos mucho en la fiesta con nuestros amigos.
We had a good time at the party with our friends.

Disfruta de tu juventud mientras puedas.
Enjoy your youth while you can.

Disponerse *To be about to, to prepare*

Past part. dispuesto   *Ger.* disponiendo

INDICATIVE

Present		Present Perfect	
dispongo	disponemos	he dispuesto	hemos dispuesto
dispones	disponéis	has dispuesto	habéis dispuesto
dispone	disponen	ha dispuesto	han dispuesto

Preterit		Past Perfect	
dispuse	dispusimos	había dispuesto	habíamos dispuesto
dispusiste	dispusisteis	habías dispuesto	habíais dispuesto
dispuso	dispusieron	había dispuesto	habían dispuesto

Imperfect		Future Perfect	
disponía	disponíamos	habré dispuesto	habremos dispuesto
disponías	disponíais	habrás dispuesto	habréis dispuesto
disponía	disponían	habrá dispuesto	habrán dispuesto

Future		Conditional Perfect	
dispondré	dispondremos	habría dispuesto	habríamos dispuesto
dispondrás	dispondréis	habrías dispuesto	habríais dispuesto
dispondrá	dispondrán	habría dispuesto	habrían dispuesto

Conditional	
dispondría	dispondríamos
dispondrías	dispondríais
dispondría	dispondrían

SUBJUNCTIVE

Present		Present Perfect	
disponga	dispongamos	haya dispuesto	hayamos dispuesto
dispongas	dispongáis	hayas dispuesto	hayáis dispuesto
disponga	dispongan	haya dispuesto	hayan dispuesto

Past		Past Perfect	
dispusiera	dispusiéramos	hubiera dispuesto	hubiéramos dispuesto
dispusieras	dispusierais	hubieras dispuesto	hubierais dispuesto
dispusiera	dispusieran	hubiera dispuesto	hubieran dispuesto

IMPERATIVE

dispón	no dispongas	dispongamos	no dispongamos
disponga	no disponga	disponed	no dispongáis
		dispongan	no dispongan

La ley dispone que una persona sea tratada humanamente.
The law stipulates that a person be treated humanely.

El dependiente dispuso la mercancía sobre el mostrador.
The sales clerk arranged the merchandise on the counter.

Ye he dispuesto todo para la excursión a Machu Picchu.
I have arranged everything for the excursion to Machu Picchu.

DISTINGUIR *To distinguish, to make out, to honor*

Distinguirse *To become known, to stand out*
Past part. distinguido   *Ger.* distinguiendo

INDICATIVE

Present

distingo	distinguimos
distingues	distinguís
distingue	distinguen

Preterit

distinguí	distinguimos
distinguiste	distinguisteis
distinguió	distinguieron

Imperfect

distinguía	distinguíamos
distinguías	distinguíais
distinguía	distinguían

Future

distinguiré	distinguiremos
distinguirás	distinguiréis
distinguirá	distinguirán

Conditional

distinguiría	distinguiríamos
distinguirías	distinguiríais
distinguiría	distinguirían

Present Perfect

he distinguido	hemos distinguido
has distinguido	habéis distinguido
ha distinguido	han distinguido

Past Perfect

había distinguido	habíamos distinguido
habías distinguido	habíais distinguido
había distinguido	habían distinguido

Future Perfect

habré distinguido	habremos distinguido
habrás distinguido	habréis distinguido
habrá distinguido	habrán distinguido

Conditional Perfect

habría distinguido	habríamos distinguido
habrías distinguido	habríais distinguido
habría distinguido	habrían distinguido

SUBJUNCTIVE

Present

distinga	distingamos
distinga	distingáis
distinga	distingan

Past

distinguiera	distinguiéramos
distinguieras	distinguierais
distinguiera	distinguieran

Present Perfect

haya distinguido	hayamos distinguido
hayas distinguido	hayáis distinguido
haya distinguido	hayan distinguido

Past Perfect

hubiera distinguido	hubiéramos distinguido
hubieras distinguido	hubierais distinguido
hubiera distinguido	hubieran distinguido

IMPERATIVE

distingue	no distinguas	distingamos	no distingamos
distinga	no distinga	distinguid	no distingáis
		distingan	no distingan

Es importante saber distinguir el bien del mal.
It's important to know how to distinguish good from evil.
Desde el mirador apenas se distinguía la catedral.
From the lookout you could barely make out the cathedral.
El general distinguió a los valientes con una medalla al valor.
The general honored the brave with a medal for valor.

Divertir *To amuse, to entertain*
Past part. divertido   *Ger.* divirtiendo

INDICATIVE

Present

me divierto	nos divertimos
te diviertes	os divertís
se divierte	se divierten

Present Perfect

me he divertido	nos hemos divertido
te has divertido	os habéis divertido
se ha divertido	se han divertido

Preterit

me divertí	nos divertimos
te divertiste	os divertisteis
se divirtió	se divirtieron

Past Perfect

me había divertido	nos habíamos divertido
te habías divertido	os habíais divertido
se había divertido	se habían divertido

Imperfect

me divertía	nos divertíamos
te divertías	os divertíais
se divertía	se divertían

Future Perfect

me habré divertido	nos habremos divertido
te habrás divertido	os habréis divertido
se habrá divertido	se habrán divertido

Future

me divertiré	nos divertiremos
te divertirás	os divertiréis
se divertirán	se divertirán

Conditional Perfect

me habría divertido	nos habríamos divertido
te habrías divertido	os habríais divertido
se habría divertido	se habrían divertido

Conditional

me divertiría	nos divertiríamos
te divertirías	os divertiríais
se divertiría	se divertirían

SUBJUNCTIVE

Present

me divierta	nos divirtamos
te diviertas	os divirtáis
se divierta	se diviertan

Present Perfect

me haya divertido	nos hayamos divertido
te hayas divertido	os hayáis divertido
se haya divertido	se hayan divertido

Past

me divirtiera	nos divirtiéramos
te divirtieras	os divirtierais
se divirtiera	se divirtieran

Past Perfect

me hubiera divertido	nos hubiéramos divertido
te hubieras divertido	os hubierais divertido
se hubiera divertido	se hubieran divertido

IMPERATIVE

diviértete	no te diviertas	divirtámonos	no nos divirtamos
diviértase	no se divierta	divertíos	no os divirtáis
		diviértanse	no se diviertan

¡Diviértanse!
Have fun!

No nos divertimos en el parque de atracciones porque había demasiada gente.
We didn't have a good time at the amusement park because there were too many people.

Un mago y un payaso divertirán a los niños durante la fiesta.
A magician and a clown will entertain the children at the party.

DOBLAR *To fold, to turn, to dub*

Past part. doblado | Ger. doblando

INDICATIVE

Present

doblo	doblamos
doblas	dobláis
dobla	doblan

Present Perfect

he doblado	hemos doblado
has doblado	habéis doblado
ha doblado	han doblado

Preterit

doblé	doblamos
doblaste	doblasteis
dobló	doblaron

Past Perfect

había doblado	habíamos doblado
habías doblado	habíais doblado
había doblado	habían doblado

Imperfect

doblaba	doblábamos
doblabas	doblabais
doblaba	doblaban

Future Perfect

habré doblado	habremos doblado
habrás doblado	habréis doblado
habrá doblado	habrán doblado

Future

doblaré	doblaremos
doblarás	doblaréis
doblará	doblarán

Conditional Perfect

habría doblado	habríamos doblado
habrías doblado	habríais doblado
habría doblado	habrían doblado

Conditional

doblaría	doblaríamos
doblarías	doblaríais
doblaría	doblarían

SUBJUNCTIVE

Present

doble	doblemos
dobles	dobléis
doble	doblen

Present Perfect

haya doblado	hayamos doblado
hayas doblado	hayáis doblado
haya doblado	hayan doblado

Past

doblara	dobláramos
doblaras	doblarais
doblara	doblaran

Past Perfect

hubiera doblado	hubiéramos doblado
hubieras doblado	hubierais doblado
hubiera doblado	hubieran doblado

IMPERATIVE

dobla	no dobles	doblemos	no doblemos
doble	no doble	doblad	no dobléis
		doblen	no doblen

Dobló las camisas con cuidado para que no se arrugaran.
He folded the shirts carefully so that they wouldn't get wrinkled.

Dobla a la derecha en la esquina.
Turn right at the corner.

La película que vimos ayer estaba doblada al español.
The movie we watched yesterday was dubbed in Spanish.

DORMIR   *To sleep*   **Dormirse** *To fall asleep*

Past part. dormido   *Ger.* durmiendo

INDICATIVE

Present
duermo	dormimos
duermes	dormís
duerme	duermen

Present Perfect
he dormido	hemos dormido
has dormido	habéis dormido
ha dormido	han dormido

Preterit
dormí	dormimos
dormiste	dormisteis
durmió	durmieron

Past Perfect
había dormido	habíamos dormido
habías dormido	habíais dormido
había dormido	habían dormido

Imperfect
dormía	dormíamos
dormías	dormíais
dormía	dormían

Future Perfect
habré dormido	habremos dormido
habrás dormido	habréis dormido
habrá dormido	habrán dormido

Future
dormiré	dormiremos
dormirás	dormiréis
dormirá	dormirán

Conditional Perfect
habría dormido	habríamos dormido
habrías dormido	habríais dormido
habría dormido	habrían dormido

Conditional
dormiría	dormiríamos
dormirías	dormiríais
dormiría	dormirían

SUBJUNCTIVE

Present
duerma	durmamos
duermas	durmáis
duerma	duerman

Present Perfect
haya dormido	hayamos dormido
hayas dormido	hayáis dormido
haya dormido	hayan dormido

Past
durmiera	durmiéramos
durmieras	durmierais
durmiera	durmieran

Past Perfect
hubiera dormido	hubiéramos dormido
hubieras dormido	hubierais dormido
hubiera dormido	hubieran dormido

IMPERATIVE
duerme	no duermas	durmamos	no durmamos
duerma	no duerma	dormid	no durmáis
		duerman	no duerman

Los osos duermen todo el invierno.
Bears sleep all winter long.
Si duermes ocho horas cada noche serás más productivo.
If you sleep eight hours every night you will be more productive.
Se durmió mientras veía la película.
He fell asleep while he was watching the movie.

Past part. dudado   Ger. dudando

INDICATIVE

Present
dudo	dudamos
dudas	dudáis
duda	dudan

Present Perfect
he dudado	hemos dudado
has dudado	habéis dudado
ha dudado	han dudado

Preterit
dudé	dudamos
dudaste	dudasteis
dudó	dudaron

Past Perfect
había dudado	habíamos dudado
habías dudado	habíais dudado
había dudado	habían dudado

Imperfect
dudaba	dudábamos
dudabas	dudabais
dudaba	dudaban

Future Perfect
habré dudado	habremos dudado
habrás dudado	habréis dudado
habrá dudado	habrán dudado

Future
dudaré	dudaremos
dudarás	dudaréis
dudará	dudarán

Conditional Perfect
habría dudado	habríamos dudado
habrías dudado	habríais dudado
habría dudado	habrían dudado

Conditional
dudaría	dudaríamos
dudarías	dudaríais
dudaría	dudarían

SUBJUNCTIVE

Present
dude	dudemos
dudes	dudéis
dude	duden

Present Perfect
haya dudado	hayamos dudado
hayas dudado	hayáis dudado
haya dudado	hayan dudado

Past
dudara	dudáramos
dudaras	dudarais
dudara	dudaran

Past Perfect
hubiera dudado	hubiéramos dudado
hubieras dudado	hubierais dudado
hubiera dudado	hubieran dudado

IMPERATIVE

duda	no dudes	dudemos	no dudemos
dude	no dude	dudad	no dudéis
		duden	no duden

No dudes, actúa decisivamente.
Don't hesitate, act decisively.
Si dudas demasiado puedes perder una buena oportunidad.
If you hesitate too much you may lose a good opportunity.
Dudar es un principio filosófico fundamental.
Doubting is a fundamental philosophical principle.

ECHAR   *To throw, to expel, to put*

Echarse *To throw oneself, to lie down*
Past part. echado   *Ger.* echando

INDICATIVE

Present		Present Perfect	
echo	echamos	he echado	hemos echado
echas	echáis	has echado	habéis echado
echa	echan	ha echado	han echado

Preterit		Past Perfect	
eché	echamos	había echado	habíamos echado
echaste	echasteis	habías echado	habíais echado
echó	echaron	había echado	habían echado

Imperfect		Future Perfect	
echaba	echábamos	habré echado	habremos echado
echabas	echabais	habrás echado	habréis echado
echaba	echaban	habrá echado	habrán echado

Future		Conditional Perfect	
echaré	echaremos	habría echado	habríamos echado
echarás	echaréis	habrías echado	habríais echado
echará	echarán	habría echado	habrían echado

Conditional	
echaría	echaríamos
echarías	echaríais
echaría	echarían

SUBJUNCTIVE

Present		Present Perfect	
eche	echemos	haya echado	hayamos echado
eches	echéis	hayas echado	hayáis echado
eche	echen	haya echado	hayan echado

Past		Past Perfect	
echara	echáramos	hubiera echado	hubiéramos echado
echaras	echarais	hubieras echado	hubierais echado
echara	echaran	hubiera echado	hubieran echado

IMPERATIVE

echa	no eches	echemos	no echemos
eche	no eche	echad	no echéis
		echen	no echen

Lucía le echa demasiada sal a la comida que prepara.
Lucía puts too much salt in the food she prepares.
Víctor se echó a la piscina sin ver si tenía agua.
Víctor threw himself in the pool without looking to see if it had water.
Mi perro siempre se echa a dormir junto a la chimenea.
My dog always lies down to sleep next to the chimney.

ELABORAR   *To produce, to make, to develop, to prepare*

Past part. elaborado   *Ger.* elaborando

INDICATIVE

Present

elaboro	elaboramos
elaboras	elaboráis
elabora	elaboran

Preterit

elaboré	elaboramos
elaboraste	elaborasteis
elaboró	elaboraron

Imperfect

elaboraba	elaborábamos
elaborabas	elaborabais
elaboraba	elaboraban

Future

elaboraré	elaboraremos
elaborarás	elaboraréis
elaborará	elaborarán

Conditional

elaboraría	elaboraríamos
elaborarías	elaboraríais
elaboraría	elaborarían

Present Perfect

he elaborado	hemos elaborado
has elaborado	habéis elaborado
ha elaborado	han elaborado

Past Perfect

había elaborado	habíamos elaborado
habías elaborado	habíais elaborado
había elaborado	habían elaborado

Future Perfect

habré elaborado	habremos elaborado
habrás elaborado	habréis elaborado
habrá elaborado	habrán elaborado

Conditional Perfect

habría elaborado	habríamos elaborado
habrías elaborado	habríais elaborado
habría elaborado	habrían elaborado

SUBJUNCTIVE

Present

elabore	elaboremos
elabores	elaboréis
elabore	elaboren

Past

elaborara	elaboráramos
elaboraras	elaborarais
elaborara	elaboraran

Present Perfect

haya elaborado	hayamos elaborado
hayas elaborado	hayáis elaborado
haya elaborado	hayan elaborado

Past Perfect

hubiera elaborado	hubiéramos elaborado
hubieras elaborado	hubierais elaborado
hubiera elaborado	hubieran elaborado

IMPERATIVE

elabora	no elabores	elaboremos	no elaboremos
elabore	no elabore	elaborad	no elaboréis
		elaboren	no elaboren

Elaboré un informe muy detallado para la reunión.
I prepared a very detailed report for the meeting.

La cultura moche de Perú elaboraba hermosas vasijas de cerámica.
The Moche culture of Peru made beautiful ceramic vessels.

Estoy elaborando un plan infalible para hacerme millonario.
I'm developing a foolproof plan to become a millionaire.

ELEGIR   *To choose, to elect*

Past part. elegido   *Ger.* eligiendo

INDICATIVE

Present
elijo	elegimos
eliges	elegís
elige	eligen

Present Perfect
he elegido	hemos elegido
has elegido	habéis elegido
ha elegido	han elegido

Preterit
elegí	elegimos
elegiste	elegisteis
eligió	eligieron

Past Perfect
había elegido	habíamos elegido
habías elegido	habíais elegido
había elegido	habían elegido

Imperfect
elegía	elegíamos
elegías	elegíais
elegía	elegían

Future Perfect
habré elegido	habremos elegido
habrás elegido	habréis elegido
habrá elegido	habrán elegido

Future
elegiré	elegiremos
elegirás	elegiréis
elegirá	elegirán

Conditional Perfect
habría elegido	habríamos elegido
habrías elegido	habríais elegido
habría elegido	habrían elegido

Conditional
elegiría	elegiríamos
elegirías	elegiríais
elegiría	elegirían

SUBJUNCTIVE

Present
elija	elijamos
elijas	elijáis
elija	elijan

Present Perfect
haya elegido	hayamos elegido
hayas elegido	hayáis elegido
haya elegido	hayan elegido

Past
eligiera	eligiéramos
eligieras	eligierais
eligiera	eligieran

Past Perfect
hubiera elegido	hubiéramos elegido
hubieras elegido	hubierais elegido
hubiera elegido	hubieran elegido

IMPERATIVE

elige	no elijas	elijamos	no elijamos
elija	no elija	elegid	no elijáis
		elijan	no elijan

En muchos países el presidente es elegido por voto directo.
In many countries the president is elected by direct vote.

Elige el que más te guste y te lo compraré.
Choose the one you like the most and I will buy it for you.

Elegí el juguete más caro que había.
I chose the most expensive toy there was.

ELEVAR *To raise, to lift, to increase* **elevarse** *To gain height*

Past part. elevado   *Ger.* elevando

INDICATIVE

Present		Present Perfect	
elevo	elevamos	he elevado	hemos elevado
elevas	eleváis	has elevado	habéis elevado
eleva	elevan	ha elevado	han elevado

Preterit		Past Perfect	
elevé	elevamos	había elevado	habíamos elevado
elevaste	elevasteis	habías elevado	habíais elevado
elevó	elevaron	había elevado	habían elevado

Imperfect		Future Perfect	
elevaba	elevábamos	habré elevado	habremos elevado
elevabas	elevabais	habrás elevado	habréis elevado
elevaba	elevaban	habrá elevado	habrán elevado

Future		Conditional Perfect	
elevaré	elevaremos	habría elevado	habríamos elevado
elevarás	elevaréis	habrías elevado	habríais elevado
elevará	elevarán	habría elevado	habrían elevado

Conditional	
elevaría	elevaríamos
elevarías	elevaríais
elevaría	elevarían

SUBJUNCTIVE

Present		Present Perfect	
eleve	elevemos	haya elevado	hayamos elevado
eleves	elevéis	hayas elevado	hayáis elevado
eleve	eleven	haya elevado	hayan elevado

Past		Past Perfect	
elevara	eleváramos	hubiera elevado	hubiéramos elevado
elevaras	elevarais	hubieras elevado	hubierais elevado
elevara	elevaran	hubiera elevado	hubieran elevado

IMPERATIVE

eleva	no eleves	elevemos	no elevemos
eleve	no eleve	elevad	no elevéis
		eleven	no eleven

Los expertos predicen que las ventas se elevarán en mayo.
The experts predict that sales will rise in May.

Nos preocupa que los exportadores eleven los precios al mismo tiempo.
We are worried that exporters will increase the prices at the same time.

Hablar contigo siempre me eleva el ánimo.
Talking to you always lifts my spirits.

ELIMINAR   *To eliminate, to get rid of, to remove*

Past part. eliminado   *Ger.* eliminando

INDICATIVE

Present		Present Perfect	
elimino	eliminamos	he eliminado	hemos eliminado
eliminas	elimináis	has eliminado	habéis eliminado
elimina	eliminen	ha eliminado	han eliminado

Preterit		Past Perfect	
eliminé	eliminamos	había eliminado	habíamos eliminado
eliminaste	eliminasteis	habías eliminado	habíais eliminado
eliminó	eliminaron	había eliminado	habían eliminado

Imperfect		Future Perfect	
eliminaba	eliminábamos	habré eliminado	habremos eliminado
eliminabas	eliminabais	habrás eliminado	habréis eliminado
eliminaba	eliminaban	habrá eliminado	habrán eliminado

Future		Conditional Perfect	
eliminaré	eliminaremos	habría eliminado	habríamos eliminado
eliminarás	eliminaréis	habrías eliminado	habríais eliminado
eliminará	eliminarán	habría eliminado	habrían eliminado

Conditional	
eliminaría	eliminaríamos
eliminarías	eliminaríais
eliminaría	eliminarían

SUBJUNCTIVE

Present		Present Perfect	
elimine	eliminemos	haya eliminado	hayamos eliminado
elimines	eliminéis	hayas eliminado	hayáis eliminado
elimine	eliminen	haya eliminado	hayan eliminado

Past		Past Perfect	
eliminara	elimináramos	hubiera eliminado	hubiéramos eliminado
eliminaras	eliminarais	hubieras eliminado	hubierais eliminado
eliminara	eliminaran	hubiera eliminado	hubieran eliminado

IMPERATIVE

elimina	no elimines	eliminemos	no eliminemos
elimine	no elimine	eliminad	no eliminéis
		eliminen	no eliminen

El equipo de la universidad eliminó fácilmente al equipo contrincante del torneo.
The university team easily eliminated the opposing team from the tournament.

No será fácil eliminar todos los obstáculos.
It won't be easy to remove all the obstacles.

El jefe nos ordenó que elimináramos a los testigos.
The boss asked us to get rid of the witnesses.

EMBARCARSE   *To board, to go on board, to undertake*

Past part. embarcado   *Ger.* embarcando

INDICATIVE

Present

me embarco	nos embarcamos
te embarcas	os embarcáis
se embarca	se embarcan

Present Perfect

me he embarcado	nos hemos embarcado
te has embarcado	os habéis embarcado
se ha embarcado	se han embarcado

Preterit

me embarqué	nos embarcamos
te embarcaste	os embarcasteis
se embarcó	se embarcaron

Past Perfect

me había embarcado	nos habíamos embarcado
te habías embarcado	os habíais embarcado
se había embarcado	se habían embarcado

Imperfect

me embarcaba	nos embarcábamos
te embarcabas	os embarcabais
se embarcaba	se embarcaban

Future Perfect

me habré embarcado	nos habremos embarcado
te habrás embarcado	os habréis embarcado
se habrá embarcado	se habrán embarcado

Future

me embarcaré	nos embarcaremos
te embarcarás	os embarcaréis
se embarcará	se embarcarán

Conditional Perfect

me habría embarcado	nos habríamos embarcado
te habrías embarcado	os habríais embarcado
se habría embarcado	se habrían embarcado

Conditional

me embarcaría	nos embarcaríamos
te embarcarías	os embarcaríais
se embarcaría	se embarcarían

SUBJUNCTIVE

Present

me embarque	nos embarquemos
te embarques	os embarquéis
se embarque	se embarquen

Present Perfect

me haya embarcado	nos hayamos embarcado
te hayas embarcado	os hayáis embarcado
se haya embarcado	se hayan embarcado

Past

me embarcara	nos embarcáramos
te embarcaras	os embarcarais
se embarcara	se embarcaran

Past Perfect

me hubiera embarcado	nos hubiéramos embarcado
te hubieras embarcado	os hubierais embarcado
se hubiera embarcado	se hubieran embarcado

IMPERATIVE

embárcate	no te embarques	embarquémonos	no nos embarquemos
embárquese	no se embarque	embarcaos	no os embarquéis
		embárquense	no se embarquen

Embarcaremos el avión por número de asiento.
We will board the plane by seat number.

Después de que embarquemos, ya no podrás usar tu teléfono celular.
After we go on board, you won't be able to use your cell phone.

Siento que te has embarcado en una aventura descabellada.
I feel you have undertaken a wild adventure.

EMBORRACHARSE   *To get drunk*

Past part. emborrachado   *Ger.* emborrachando

INDICATIVE

Present

me emborracho	nos emborrachamos
te emborrachas	os emborracháis
se emborracha	se emborrachan

Present Perfect

me he emborrachado	nos hemos emborrachado
te has emborrachado	os habéis emborrachado
se ha emborrachado	se han emborrachado

Preterit

me emborraché	nos emborrachamos
te emborrachaste	os emborrachasteis
se emborrachó	se emborracharon

Past Perfect

me había emborrachado	nos habíamos emborrachado
te habías emborrachado	os habíais emborrachado
se había emborrachado	se habían emborrachado

Imperfect

me emborrachaba	nos emborrachábamos
te emborrachabas	os emborrachabais
se emborrachaba	se emborrachaban

Future Perfect

me habré emborrachado	nos habremos emborrachado
te habrás emborrachado	os habréis emborrachado
se habrá emborrachado	se habrán emborrachado

Future

me emborracharé	nos emborracharemos
te emborracharás	os emborracharéis
se emborrachará	se emborracharán

Conditional Perfect

me habría emborrachado	nos habríamos emborrachado
te habrías emborrachado	os habríais emborrachado
se habría emborrachado	se habrían emborrachado

Conditional

me emborracharía	nos emborracharíamos
te emborracharías	os emborracharíais
se emborracharía	se emborracharían

SUBJUNCTIVE

Present

me emborrache	nos emborrachemos
te emborraches	os emborrachéis
se emborrache	se emborrachen

Present Perfect

me haya emborrachado	nos hayamos emborrachado
te hayas emborrachado	os hayáis emborrachado
se haya emborrachado	se hayan emborrachado

Past

me emborrachara	nos emborracháramos
te emborracharas	os emborracharais
se emborrachara	se emborracharan

Past Perfect

me hubiera emborrachado	nos hubiéramos emborrachado
te hubieras emborrachado	os hubierais emborrachado
se hubiera emborrachado	se hubieran emborrachado

IMPERATIVE

emborráchate	no te emborraches	emborrachémonos	no nos emborrachemos
emborráchese	no se emborrache	emborrachaos	no os emborrachéis
		emborráchense	no se emborrachen

Emborrachémonos esta noche para ahogar nuestras penas.
Let's get drunk tonight to drown our sorrows.

Demasiados estudiantes se emborrachan los jueves por la noche.
Too many students get drunk on Thursday nights.

Cuando yo era estudiante me emborrachaba todas las noches.
When I was a student I used to get drunk every night.

195

EMOCIONARSE *To get excited, to be moved, to get upset*

Emocionar *To move, to thrill*
Past part. emocionado   *Ger.* emocionando

INDICATIVE

Present

me emociono	nos emocionamos
te emocionas	os emocionáis
se emociona	se emocionan

Present Perfect

me he emocionado	nos hemos emocionado
te has emocionado	os habéis emocionado
se ha emocionado	se han emocionado

Preterit

me emocioné	nos emocionamos
te emocionaste	os emocionasteis
se emocionó	se emocionaron

Past Perfect

me había emocionado	nos habíamos emocionado
te habías emocionado	os habíais emocionado
se había emocionado	se habían emocionado

Imperfect

me emocionaba	nos emocionábamos
te emocionabas	os emocionabais
se emocionaba	se emocionaban

Future Perfect

me habré emocionado	nos habremos emocionado
te habrás emocionado	os habréis emocionado
se habrá emocionado	se habrán emocionado

Future

me emocionaré	nos emocionaremos
te emocionarás	os emocionaréis
se emocionará	se emocionarán

Conditional Perfect

me habría emocionado	nos habríamos emocionado
te habrías emocionado	os habríais emocionado
se habría emocionado	se habrían emocionado

Conditional

me emocionaría	nos emocionaríamos
te emocionarías	os emocionaríais
se emocionaría	se emocionarían

SUBJUNCTIVE

Present

me emocione	nos emocionemos
te emociones	os emocionéis
se emocione	se emocionen

Present Perfect

me haya emocionado	nos hayamos emocionado
te hayas emocionado	os hayáis emocionado
se haya emocionado	se hayan emocionado

Past

me emocionara	nos emocionáramos
te emocionaras	os emocionarais
se emocionara	se emocionaran

Past Perfect

me hubiera emocionado	nos hubiéramos emocionado
te hubieras emocionado	os hubierais emocionado
se hubiera emocionado	se hubieran emocionado

IMPERATIVE

emociónate	no te emociones	emocionémonos	no nos emocionemos
emociónese	no se emocione	emocionaos	no os emocionéis
		emociónense	no se emocionen

Me emociono cuando veo una buena película de acción.
I get excited when I see a good action movie.
A mí me emocionan las historias de amor imposible.
Impossible love stories move me.
Siempre que Ana se emociona empieza a llorar.
Whenever Ana gets upset she begins to cry.

EMPATAR
To tie, to get even, to match

Past part. empatado   *Ger.* empatando

INDICATIVE

Present

empato	empatamos
empatas	empatáis
empata	empatan

Preterit

empaté	empatamos
empataste	empatasteis
empató	empataron

Imperfect

empataba	empatábamos
empatabas	empatabais
empataba	empataban

Future

empataré	empataremos
empatarás	empataréis
empatará	empatarán

Conditional

empataría	empataríamos
empatarías	empataríais
empataría	empatarían

Present Perfect

he empatado	hemos empatado
has empatado	habéis empatado
ha empatado	han empatado

Past Perfect

había empatado	habíamos empatado
habías empatado	habíais empatado
había empatado	habían empatado

Future Perfect

habré empatado	habremos empatado
habrás empatado	habréis empatado
habrá empatado	habrán empatado

Conditional Perfect

habría empatado	habríamos empatado
habrías empatado	habríais empatado
habría empatado	habrían empatado

SUBJUNCTIVE

Present

empate	empatemos
empates	empatéis
empaten	empaten

Past

empatara	empatáramos
empataras	empatarais
empatara	empataran

Present Perfect

haya empatado	hayamos empatado
hayas empatado	hayáis empatado
haya empatado	hayan empatado

Past Perfect

hubiera empatado	hubiéramos empatado
hubieras empatado	hubierais empatado
hubiera empatado	hubieran empatado

IMPERATIVE

empata	no empates	empatemos	no empatemos
empate	no empate	empatad	no empatéis
		empaten	no empaten

El último gol empató el marcador tres a tres.
The last goal tied the score three to three.

El partido todavía estaba empatado cuando el árbitro marcó el medio tiempo.
The game was still even when the referee signaled the half-time.

Asegúrate de que las piezas empatan antes de pegarlas.
Make sure that the pieces match before gluing them.

EMPEZAR   *To start, to begin*

Past part. empezado   *Ger.* empezando

INDICATIVE

Present

empiezo	empezamos
empiezas	empezáis
empieza	empiezan

Preterit

empecé	empezamos
empezaste	empezasteis
empezó	empezaron

Imperfect

empezaba	empezábamos
empezabas	empezabais
empezaba	empezaban

Future

empezaré	empezaremos
empezarás	empezaréis
empezará	empezarán

Conditional

empezaría	empezaríamos
empezarías	empezaríais
empezaría	empezarían

Present Perfect

he empezado	hemos empezado
has empezado	habéis empezado
ha empezado	han empezado

Past Perfect

había empezado	habíamos empezado
habías empezado	habíais empezado
había empezado	habían empezado

Future Perfect

habré empezado	habremos empezado
habrás empezado	habréis empezado
habrá empezado	habrán empezado

Conditional Perfect

habría empezado	habríamos empezado
habrías empezado	habríais empezado
habría empezado	habrían empezado

SUBJUNCTIVE

Present

empiece	empecemos
empieces	empecéis
empiece	empiecen

Past

empezara	empezáramos
empezaras	empezarais
empezara	empezaran

Present Perfect

haya empezado	hayamos empezado
hayas empezado	hayáis empezado
haya empezado	hayan empezado

Past Perfect

hubiera empezado	hubiéramos empezado
hubieras empezado	hubierais empezado
hubiera empezado	hubieran empezado

IMPERATIVE

empieza	no empieces	empecemos	no empecemos
empiece	no empiece	empezad	no empecéis
		empiecen	no empiecen

Me alegro de que haya empezado el verano.
I am glad that summer has begun.

No empiecen la fiesta sin mí.
Don't start the party without me.

Si hubieras empezado más temprano, ya habrías terminado.
If you had started earlier, you would have finished already.

Past part. empleado   *Ger.* empleando

INDICATIVE

Present

empleo	empleamos
empleas	empleáis
emplea	emplean

Present Perfect

he empleado	hemos empleado
has empleado	habéis empleado
ha empleado	han empleado

Preterit

empleé	empleamos
empleáis	empleasteis
empleó	emplearon

Past Perfect

había empleado	habíamos empleado
habías empleado	habíais empleado
había empleado	habían empleado

Imperfect

empleaba	empleábamos
empleabas	empleabais
empleaba	empleaban

Future Perfect

habré empleado	habremos empleado
habrás empleado	habréis empleado
habrá empleado	habrán empleado

Future

emplearé	emplearemos
emplearás	emplearéis
empleará	emplearan

Conditional Perfect

habría empleado	habríamos empleado
habrías empleado	habríais empleado
habría empleado	habrían empleado

Conditional

emplearía	emplearíamos
emplearías	emplearíais
emplearía	emplearían

SUBJUNCTIVE

Present

emplee	empleemos
emplees	empleéis
emplee	empleen

Present Perfect

haya empleado	hayamos empleado
hayas empleado	hayáis empleado
haya empleado	hayan empleado

Past

empleara	empleáramos
emplearas	emplearais
empleara	emplearan

Past Perfect

hubiera empleado	hubiéramos empleado
hubieras empleado	hubierais empleado
hubiera empleado	hubieran empleado

IMPERATIVE

emplea	no emplees	empleemos	no empleemos
emplee	no emplee	emplead	no empleéis
		empleen	no empleen

Debido al aumento de la productividad, las empresas
manufactureras emplearon a menos trabajadores este año.
*Owing to the rise in productivity, manufacturing
companies employed fewer workers this year.*

Emplear las herramientas adecuadas facilita el trabajo.
Using the right tools facilitates the job.

Emplean su tiempo libre para aprender español.
They use their free time to learn Spanish.

EMPRENDER   *To undertake, to embark on, to set out*

Past part. emprendido   *Ger.* emprendiendo

INDICATIVE

Present

emprendo	emprendemos
emprendes	emprendéis
emprende	emprenden

Preterit

emprendí	emprendimos
emprendiste	emprendisteis
emprendió	emprendieron

Imperfect

emprendía	emprendíamos
emprendías	emprendíais
emprendía	emprendían

Future

emprenderé	emprenderemos
emprenderás	emprenderéis
emprenderá	emprenderán

Conditional

emprendería	emprenderíamos
emprenderías	emprenderíais
emprendería	emprenderían

Present Perfect

he emprendido	hemos emprendido
has emprendido	habéis emprendido
ha emprendido	han emprendido

Past Perfect

había emprendido	habíamos emprendido
habías emprendido	habíais emprendido
había emprendido	habían emprendido

Future Perfect

habré emprendido	habremos emprendido
habrás emprendido	habréis emprendido
habrá emprendido	habrán emprendido

Conditional Perfect

habría emprendido	habríamos emprendido
habrías emprendido	habríais emprendido
habría emprendido	habrían emprendido

SUBJUNCTIVE

Present

emprenda	emprendamos
emprendas	emprendáis
emprenda	emprendan

Past

emprendiera	emprendiéramos
emprendieras	emprendierais
emprendiera	emprendieran

Present Perfect

haya emprendido	hayamos emprendido
hayas emprendido	hayáis emprendido
haya emprendido	hayan emprendido

Past Perfect

hubiera emprendido	hubiéramos emprendido
hubieras emprendido	hubierais emprendido
hubiera emprendido	hubieran emprendido

IMPERATIVE

emprende	no emprendas	emprendamos	no emprendamos
emprenda	no emprenda	emprended	no emprendáis
		emprendan	no emprendan

¡Emprendamos la aventura!
Let's set out on the adventure!

Emprendieron el camino sin saber a dónde iban.
They embarked on the road without knowing where they were going.

Me da gusto que hayas emprendido un nuevo proyecto profesional.
I am glad you have undertaken a new professional project.

EMPUJAR   *To push, to shove, to drive*

Past part. empujado   *Ger.* empujando

INDICATIVE

Present
empujo	empujamos
empujas	empujáis
empuja	empujan

Present Perfect
he empujado	hemos empujado
has empujado	habéis empujado
ha empujado	han empujado

Preterit
empujé	empujamos
empujaste	empujasteis
empujó	empujaron

Past Perfect
había empujado	habíamos empujado
habías empujado	habíais empujado
había empujado	habían empujado

Imperfect
empujaba	empujábamos
empujabas	empujabais
empujaba	empujaban

Future Perfect
habré empujado	habremos empujado
habrás empujado	habréis empujado
habrá empujado	habrán empujado

Future
empujaré	empujaremos
empujarás	empujaréis
empujará	empujarán

Conditional Perfect
habría empujado	habríamos empujado
habrías empujado	habríais empujado
habría empujado	habrían empujado

Conditional
empujaría	empujaríamos
empujarías	empujaríais
empujaría	empujarían

SUBJUNCTIVE

Present
empuje	empujemos
empujes	empujéis
empuje	empujen

Present Perfect
haya empujado	hayamos empujado
hayas empujado	hayáis empujado
haya empujado	hayan empujado

Past
empujara	empujáramos
empujaras	empujarais
empujara	empujaran

Past Perfect
hubiera empujado	hubiéramos empujado
hubieras empujado	hubierais empujado
hubiera empujado	hubieran empujado

IMPERATIVE
empuja	no empujes	empujemos	no empujemos
empuje	no empuje	empujad	no empujéis
		empujen	no empujen

¡Eh! Deja de empujarme, ¿quieres?
Hey! Stop shoving me, will you?

Miguel me empujó del columpio y me caí.
Miguel pushed me from the swing and I fell down.

La depresión empuja a algunas personas al suicidio.
Depression drives some people to suicide.

ENAMORARSE *To fall in love* **Enamorar** *To woo, to court*

Past part. enamorado *Ger.* enamorando

INDICATIVE

Present

me enamoro	nos enamoramos
te enamoras	os enamoráis
se enamora	se enamoran

Preterit

me enamoré	nos enamoramos
te enamoraste	os enamorasteis
se enamoró	se enamoraron

Imperfect

me enamoraba	nos enamorábamos
te enamorabas	os enamorabais
se enamoraba	se enamoraban

Future

me enamoraré	nos enamoraremos
te enamorarás	os enamoraréis
se enamorará	se enamorarán

Conditional

me enamoraría	nos enamoraríamos
te enamorarías	os enamoraríais
se enamoraría	se enamorarían

Present Perfect

me he enamorado	nos hemos enamorado
te has enamorado	os habéis enamorado
se ha enamorado	se han enamorado

Past Perfect

me había enamorado	nos habíamos enamorado
te habías enamorado	os habíais enamorado
se había enamorado	se habían enamorado

Future Perfect

me habré enamorado	nos habremos enamorado
te habrás enamorado	os habréis enamorado
se habrá enamorado	se habrán enamorado

Conditional Perfect

me habría enamorado	nos habríamos enamorado
te habrías enamorado	os habríais enamorado
se habría enamorado	se habrían enamorado

SUBJUNCTIVE

Present

me enamore	nos enamoremos
te enamores	os enamoréis
se enamore	se enamoren

Past

me enamorara	nos enamoráramos
te enamoraras	os enamorarais
se enamorara	se enamoraran

Present Perfect

me haya enamorado	nos hayamos enamorado
te hayas enamorado	os hayáis enamorado
se haya enamorado	se hayan enamorado

Past Perfect

me hubiera enamorado	nos hubiéramos enamorado
te hubieras enamorado	os hubierais enamorado
se hubiera enamorado	se hubieran enamorado

IMPERATIVE

enamórate	no te enamores	enamorémonos	no nos enamoremos
enamórese	no se enamore	enamoraos	no os enamoréis
		enamórense	no se enamoren

Me he enamorado demasiadas veces.
I've fallen in love too many times.

Siempre me enamoro de los chicos malos.
I always fall in love with bad boys.

¡Mi mejor amiga se enamoraría de ti si te conociera!
My best friend would fall in love with you if she met you!

ENCARGAR *To ask, to order, to take care*

Encargarse *To take care*
Past part. encargado *Ger.* encargando

INDICATIVE

Present
encargo	encargamos
encargas	encargáis
encarga	encargan

Present Perfect
he encargado	hemos encargado
has encargado	habéis encargado
ha encargado	han encargado

Preterit
encargué	encargamos
encargaste	encargasteis
encargó	encargaron

Past Perfect
había encargado	habíamos encargado
habías encargado	habíais encargado
había encargado	habían encargado

Imperfect
encargaba	encargábamos
encargabas	encargabais
encargaba	encargaban

Future Perfect
habré encargado	habremos encargado
habrás encargado	habréis encargado
habrá encargado	habrán encargado

Future
encargaré	encargaremos
encargarás	encargaréis
encargará	encargarán

Conditional Perfect
habría encargado	habríamos encargado
habrías encargado	habríais encargado
habría encargado	habrían encargado

Conditional
encargaría	encargaríamos
encargarías	encargaríais
encargaría	encargarían

SUBJUNCTIVE

Present
encargue	encarguemos
encargues	encarguéis
encargue	encarguen

Present Perfect
haya encargado	hayamos encargado
hayas encargado	hayáis encargado
haya encargado	hayan encargado

Past
encargara	encargáramos
encargaras	encargarais
encargara	encargaran

Past Perfect
hubiera encargado	hubiéramos encargado
hubieras encargado	hubierais encargado
hubiera encargado	hubieran encargado

IMPERATIVE
encarga	no encargues	encarguemos	no encarguemos
encargue	no encargue	encargad	no encarguéis
		encarguen	no encarguen

Espero que ya hayas encargado la tarta de cumpleaños.
I hope you have already ordered the birthday cake.

Los vecinos me encargaron que me encargara de
su gato mientras estaban de vacaciones.
The neighbors asked me to care for their cat while they were on vacation.

Les dije que yo me encargaría de todo.
I told them that I would take care of everything.

ENCENDER *To light, to switch on, to awaken, to turn on*

Past part. encendido   *Ger.* encendiendo

INDICATIVE

Present

enciendo	encendemos
enciendes	encendéis
enciende	encienden

Present Perfect

he encendido	hemos encendido
has encendido	habéis encendido
ha encendido	han encendido

Preterit

encendí	encendimos
encendiste	encendisteis
encendió	encendieron

Past Perfect

había encendido	habíamos encendido
habías encendido	habíais encendido
había encendido	habían encendido

Imperfect

encendía	encendíamos
encendías	encendíais
encendía	encendían

Future Perfect

habré encendido	habremos encendido
habrás encendido	habréis encendido
habrá encendido	habrán encendido

Future

encenderé	encenderemos
encenderás	encenderéis
encenderá	encenderán

Conditional Perfect

habría encendido	habríamos encendido
habrías encendido	habríais encendido
habría encendido	habrían encendido

Conditional

encendería	encenderíamos
encenderías	encenderíais
encendería	encenderían

SUBJUNCTIVE

Present

encienda	encendamos
enciendas	encendáis
encienda	enciendan

Present Perfect

haya encendido	hayamos encendido
hayas encendido	hayáis encendido
haya encendido	hayan encendido

Past

encendiera	encendiéramos
encendieras	encendierais
encendiera	encendieran

Past Perfect

hubiera encendido	hubiéramos encendido
hubieras encendido	hubierais encendido
hubiera encendido	hubieran encendido

IMPERATIVE

enciende	no enciendas	encendamos	no encendamos
encienda	no encienda	encended	no encendáis
		enciendan	no enciendan

Hace un mes que no enciendo un cigarro.
I haven't lit a cigarette for a month.
Por favor, enciende la luz de la cocina.
Please turn on the kitchen light.
Su pasión se encendió cuando te vio.
Her passion was awakened when she saw you.

Past part. enchufado   *Ger.* enchufando

INDICATIVE

Present

enchufo	enchufamos
enchufas	enchufáis
enchufa	enchufan

Present Perfect

he enchufado	hemos enchufado
has enchufado	habéis enchufado
ha enchufado	han enchufado

Preterit

enchufé	enchufamos
enchufaste	enchufasteis
enchufó	enchufaron

Past Perfect

había enchufado	habíamos enchufado
habías enchufado	habíais enchufado
había enchufado	habían enchufado

Imperfect

enchufaba	enchufábamos
enchufabas	enchufabais
enchufaba	enchufaban

Future Perfect

habré enchufado	habremos enchufado
habrás enchufado	habréis enchufado
habrá enchufado	habrán enchufado

Future

enchufaré	enchufaremos
enchufarás	enchufaréis
enchufará	enchufarán

Conditional Perfect

habría enchufado	habríamos enchufado
habrías enchufado	habríais enchufado
habría enchufado	habrían enchufado

Conditional

enchufaría	enchufaríamos
enchufarías	enchufaríais
enchufaría	enchufarían

SUBJUNCTIVE

Present

enchufe	enchufemos
enchufes	enchuféis
enchufe	enchufen

Present Perfect

haya enchufado	hayamos enchufado
hayas enchufado	hayáis enchufado
haya enchufado	hayan enchufado

Past

enchufara	enchufáramos
enchufaras	enchufarais
enchufara	enchufaran

Past Perfect

hubiera enchufado	hubiéramos enchufado
hubieras enchufado	hubierais enchufado
hubiera enchufado	hubieran enchufado

IMPERATIVE

enchufa	no enchufes	enchufemos	no enchufemos
enchufe	no enchufe	enchufad	no enchuféis
		enchufen	no enchufen

Espero que no hayas dejado la plancha enchufada.
I hope you didn't leave the iron plugged in.
Enchufaste la radio cuando estaba durmiendo y me despertaste.
You turned on the radio when I was sleeping and you woke me up.
David me pidió que lo enchufara con un trabajo.
David asked me to set him up with a job.

ENCONTRAR *To find* **Encontrarse** *To meet, to find oneself*

Past part. encontrado   *Ger.* encontrando

INDICATIVE

Present		Present Perfect	
encuentro	encontramos	he encontrado	hemos encontrado
encuentras	encontráis	has encontrado	habéis encontrado
encuentra	encuentran	ha encontrado	han encontrado

Preterit		Past Perfect	
encontré	encontramos	había encontrado	habíamos encontrado
encontraste	encontrasteis	habías encontrado	habíais encontrado
encontró	encontraron	había encontrado	habían encontrado

Imperfect		Future Perfect	
encontraba	encontrábamos	habré encontrado	habremos encontrado
encontrabas	encontrabais	habrás encontrado	habréis encontrado
encontraba	encontraban	habrá encontrado	habrán encontrado

Future		Conditional Perfect	
encontraré	encontraremos	habría encontrado	habríamos encontrado
encontrarás	encontraréis	habrías encontrado	habríais encontrado
encontrará	encontrarán	habría encontrado	habrían encontrado

Conditional	
encontraría	encontraríamos
encontrarías	encontraríais
encontraría	encontrarían

SUBJUNCTIVE

Present		Present Perfect	
encuentre	encontremos	haya encontrado	hayamos encontrado
encuentres	encontréis	hayas encontrado	hayáis encontrado
encuentre	encuentren	haya encontrado	hayan encontrado

Past		Past Perfect	
encontrara	encontráramos	hubiera encontrado	hubiéramos encontrado
encontraras	encontrarais	hubieras encontrado	hubierais encontrado
encontrara	encontraran	hubiera encontrado	hubieran encontrado

IMPERATIVE

encuentra	no encuentres	encontremos	no encontremos
encuentre	no encuentre	encontrad	no encontréis
		encuentren	no encuentren

No encuentro mi nombre en la lista.
I can't find my name on the list.

Quedamos en que nos encontraríamos en la estación
We agreed that we would meet at the station.

Clara se encuentro de pronto en una situación delicada.
Suddenly Clara found herself in a delicate situation.

ENDEREZAR *To straighten, to sort out*

Enderezarse *To straighten up*
Past part. enderezado   *Ger.* enderezando

INDICATIVE

Present
enderezo	enderezamos
enderezas	enderezáis
endereza	enderezan

Present Perfect
he enderezado	hemos enderezado
has enderezado	habéis enderezado
ha enderezado	han enderezado

Preterit
enderecé	enderezamos
enderezaste	enderezasteis
enderezó	enderezaron

Past Perfect
había enderezado	habíamos enderezado
habías enderezado	habíais enderezado
había enderezado	habían enderezado

Imperfect
enderezaba	enderezábamos
enderezabas	enderezabais
enderezaba	enderezaban

Future Perfect
habré enderezado	habremos enderezado
habrás enderezado	habréis enderezado
habrá enderezado	habrán enderezado

Future
enderezaré	enderezaremos
enderezarás	enderezaréis
enderezará	enderezarán

Conditional Perfect
habría enderezado	habríamos enderezado
habrías enderezado	habríais enderezado
habría enderezado	habrían enderezado

Conditional
enderezaría	enderezaríamos
enderezarías	enderezaríais
enderezaría	enderezarían

SUBJUNCTIVE

Present
enderece	enderecemos
endereces	enderecéis
enderece	enderecen

Present Perfect
haya enderezado	hayamos enderezado
hayas enderezado	hayáis enderezado
haya enderezado	hayan enderezado

Past
enderezara	enderezáramos
enderezaras	enderezarais
enderezara	enderezaran

Past Perfect
hubiera enderezado	hubiéramos enderezado
hubieras enderezado	hubierais enderezado
hubiera enderezado	hubieran enderezado

IMPERATIVE

endereza	no enderezas	enderecemos	no enderecemos
enderece	no enderece	enderezad	no enderecéis
		enderecen	no enderecen

Mis padres intentaron enderezar su relación matrimonial
My parents tried to sort out their marital problems.
Agradecería que enderezaras aquel cuadro.
I would appreciate it if you could straighten that picture over there.
Mi madre siempre me dice que me enderece en la mesa.
My mother always tells me to straighten up at the table.

Past part. endulzado   *Ger.* endulzando

INDICATIVE

Present

endulzo	endulzamos
endulzas	endulzáis
endulza	endulzan

Present Perfect

he endulzado	hemos endulzado
has endulzado	habéis endulzado
ha endulzado	han endulzado

Preterit

endulcé	endulzamos
endulzaste	endulzasteis
endulzó	endulzaron

Past Perfect

había endulzado	habíamos endulzado
habías endulzado	habíais endulzado
había endulzado	habían endulzado

Imperfect

endulzaba	endulzábamos
endulzabas	endulzabais
endulzaba	endulzaban

Future Perfect

habré endulzado	habremos endulzado
habrás endulzado	habréis endulzado
habrá endulzado	habrán endulzado

Future

endulzaré	endulzaremos
endulzarás	endulzaréis
endulzará	endulzarán

Conditional Perfect

habría endulzado	habríamos endulzado
habrías endulzado	habríais endulzado
habría endulzado	habrían endulzado

Conditional

endulzaría	endulzaríamos
endulzarías	endulzaríais
endulzaría	endulzarían

SUBJUNCTIVE

Present

endulce	endulcemos
endulces	endulcéis
endulce	endulcen

Present Perfect

haya endulzado	hayamos endulzado
hayas endulzado	hayáis endulzado
haya endulzado	hayan endulzado

Past

endulzara	endulzáramos
endulzaras	endulzarais
endulzara	endulzaran

Past Perfect

hubiera endulzado	hubiéramos endulzado
hubieras endulzado	hubierais endulzado
hubiera endulzado	hubieran endulzado

IMPERATIVE

endulza	no endulces	endulcemos	no endulcemos
endulce	no endulce	endulzad	no endulcéis
		endulcen	no endulcen

Le gusta endulzar el café con miel.
He likes to sweeten coffee with honey.

Debiste de haber endulzado tus palabras para no hacerlo sentir mal.
You should have softened your words so as to not make him feel bad.

¡Tu amor endulza mi vida!
Your love brightens up my life!

ENFERMARSE   *To fall ill, to get ill, to get sick*

Enfermar *To make ill, to make sick*
Past part. enfermado   *Ger.* enfermando

INDICATIVE

Present
me enfermo	nos enfermamos
te enfermas	os enfermáis
se enferma	se enferman

Present Perfect
me he enfermado	nos hemos enfermado
te has enfermado	os habéis enfermado
se ha enfermado	se han enfermado

Preterit
me enfermé	nos enfermamos
te enfermaste	os enfermasteis
se enfermó	se enfermaron

Past Perfect
me había enfermado	nos habíamos enfermado
te habías enfermado	os habíais enfermado
se había enfermado	se habían enfermado

Imperfect
me enfermaba	nos enfermábamos
te enfermabas	os enfermabais
se enfermaba	se enfermaban

Future Perfect
me habré enfermado	nos habremos enfermado
te habrás enfermado	os habréis enfermado
se habrá enfermado	se habrán enfermado

Future
me enfermaré	nos enfermaremos
te enfermarás	os enfermaréis
se enfermará	se enfermarán

Conditional Perfect
me habría enfermado	nos habríamos enfermado
te habrías enfermado	os habríais enfermado
se habría enfermado	se habrían enfermado

Conditional
me enfermaría	nos enfermaríamos
te enfermarías	os enfermarían
se enfermaría	se enfermarían

SUBJUNCTIVE

Present
me enferme	nos enfermemos
te enfermes	os enferméis
se enferme	se enfermen

Present Perfect
me haya enfermado	hayamos enfermado
te hayas enfermado	hayáis enfermado
se haya enfermado	hayan enfermado

Past
me enfermara	nos enfermáramos
te enfermaras	os enfermarais
se enfermara	se enfermaran

Past Perfect
me hubiera enfermado	hubiéramos enfermado
te hubieras enfermado	hubierais enfermado
se hubiera enfermado	hubieran enfermado

IMPERATIVE

enférmate	no te enfermes	enfermémonos	no nos enfermemos
enférmese	no se enferme	enfermaos	no os enferméis
		enférmense	no se enfermen

María se enfermó a los pocos meses de casarse.
María fell ill a few months after getting married.

De acuerdo con la sabiduría popular, te enfermarás si te mojas.
According to popular wisdom, you will get sick if you get wet.

La burocracia en general me enferma.
Bureaucracy in general makes me ill.

ENFLACAR   *To lose weight, to get thin*

Past part. enflacado   Ger. enflacando

INDICATIVE

Present
enflaco	enflacamos
enflacas	enflacáis
enflaca	enflacan

Present Perfect
he enflacado	hemos enflacado
has enflacado	habéis enflacado
ha enflacado	han enflacado

Preterit
enflaqué	enflacamos
enflacaste	enflacasteis
enflacó	enflacaron

Past Perfect
había enflacado	habíamos enflacado
habías enflacado	habíais enflacado
había enflacado	habían enflacado

Imperfect
enflacaba	enflacábamos
enflacabas	enflacabais
enflacaba	enflacaban

Future Perfect
habré enflacado	habremos enflacado
habrás enflacado	habréis enflacado
habrá enflacado	habrán enflacado

Future
enflacaré	enflacaremos
enflacarás	enflacaréis
enflacará	enflacarán

Conditional Perfect
habría enflacado	habríamos enflacado
habrías enflacado	habríais enflacado
habría enflacado	habrían enflacado

Conditional
enflacaría	enflacaríamos
enflacarías	enflacaríais
enflacaría	enflacarían

SUBJUNCTIVE

Present
enflaque	enflaquemos
enflaques	enflaquéis
enflaque	enflaquen

Present Perfect
haya enflacado	hayamos enflacado
hayas enflacado	hayáis enflacado
haya enflacado	hayan enflacado

Past
enflacara	enflacáramos
enflacaras	enflacarais
enflacara	enflacaran

Past Perfect
hubiera enflacado	hubiéramos enflacado
hubieras enflacado	hubierais enflacado
hubiera enflacado	hubieran enflacado

IMPERATIVE

enflaca	no enflaques	enflaquemos	no enflaquemos
enflaque	no enflaque	enflacad	no enflaquéis
		enflaquen	no enflaquen

Enflacó mucho en muy poco tiempo lo que no es sano.
She lost a lot of weight in a very short time, which is not healthy.

El deporte y una dieta sana ayudan a enflacar rápidamente.
Sports and a healthy diet help to lose weight quickly.

¡Cuánto has enflacado! Casi no te reconozco.
How thin you've gotten! I almost didn't recognize you.

ENGAÑAR   *To deceive, to mislead, to cheat on*

Engañarse *To fool oneself*
Past part. engañado   *Ger.* engañando

INDICATIVE

Present

engaño	engañamos
engañas	engañáis
engaña	engañan

Present Perfect

he engañado	hemos engañado
has engañado	habéis engañado
ha engañado	han engañado

Preterit

engañé	engañamos
engañaste	engañasteis
engañó	engañaron

Past Perfect

había engañado	habíamos engañado
habías engañado	habíais engañado
había engañado	habían engañado

Imperfect

engañaba	engañábamos
engañabas	engañabais
engañaba	engañaban

Future Perfect

habré engañado	habremos engañado
habrás engañado	habréis engañado
habrá engañado	habrán engañado

Future

engañaré	engañaremos
engañarás	engañaréis
engañará	engañarán

Conditional Perfect

habría engañado	habríamos engañado
habrías engañado	habríais engañado
habría engañado	habrían engañado

Conditional

engañaría	engañaríamos
engañarías	engañaríais
engañaría	engañarían

SUBJUNCTIVE

Present

engañe	engañemos
engañes	engañéis
engañe	engañen

Present Perfect

haya engañado	hayamos engañado
hayas engañado	hayáis engañado
haya engañado	hayan engañado

Past

engañara	engañáramos
engañaras	engañarais
engañara	engañaran

Past Perfect

hubiera engañado	hubiéramos engañado
hubieras engañado	hubierais engañado
hubiera engañado	hubieran engañado

IMPERATIVE

engaña	no engañes	engañemos	no engañemos
engañe	no engañe	engañad	no engañéis
		engañen	no engañen

Su marido la engañaba con su mejor amiga.
Her husband was cheating on her with her best friend.
El ladrón trató de engañar a los investigadores con pistas falsas.
The thief tried to mislead the investigators with false clues.
Sé que estuviste con ella; ¿por qué tratas de engañarme?
I know you were with her; why do you try to deceive me?

ENGORDAR *To put on or gain weight, to fatten, to swell*

Past part. engordado   *Ger.* engordando

INDICATIVE

Present

engordo	engordamos
engordas	engordáis
engorda	engordan

Present Perfect

he engordado	hemos engordado
has engordado	habéis engordado
ha engordado	han engordado

Preterit

engordé	engordamos
engordaste	engordasteis
engordó	engordaron

Past Perfect

había engordado	habíamos engordado
habías engordado	habíais engordado
había engordado	habían engordado

Imperfect

engordaba	engordábamos
engordabas	engordabais
engordaba	engordaban

Future Perfect

habré engordado	habremos engordado
habrás engordado	habréis engordado
habrá engordado	habrán engordado

Future

engordaré	engordaremos
engordarás	engordaréis
engordará	engordarán

Conditional Perfect

habría engordado	habríamos engordado
habrías engordado	habríais engordado
habría engordado	habrían engordado

Conditional

engordaría	engordaríamos
engordarías	engordaríais
engordaría	engordarían

SUBJUNCTIVE

Present

engorde	engordemos
engordes	engordéis
engorde	engorden

Present Perfect

haya engordado	hayamos engordado
hayas engordado	hayáis engordado
haya engordado	hayan engordado

Past

engordara	engordáramos
engordaras	engordarais
engordara	engordaran

Past Perfect

hubiera engordado	hubiéramos engordado
hubieras engordado	hubierais engordado
hubiera engordado	hubieran engordado

IMPERATIVE

engorda	no engordes	engordemos	no engordemos
engorde	no engorde	engordad	no engordéis
		engorden	no engorden

He engordado cinco kilos en el último mes.
I've gained five kilos in the last month.

Algunos granjeros usan hormonas artificiales
para engordar rápidamente a su ganado.
Some farmers use artificial hormones to quickly fatten their cattle.

ENLOQUECER   *To go crazy, to drive insane, to be mad about*

Past part. enloquecido   *Ger.* enloqueciendo

INDICATIVE

Present
enloquezco	enloquecemos
enloqueces	enloquecéis
enloquece	enloquecen

Present Perfect
he enloquecido	hemos enloquecido
has enloquecido	habéis enloquecido
ha enloquecido	han enloquecido

Preterit
enloquecí	enloquecimos
enloqueciste	enloquecisteis
enloqueció	enloquecieron

Past Perfect
había enloquecido	habíamos enloquecido
habías enloquecido	habíais enloquecido
había enloquecido	habían enloquecido

Imperfect
enloquecía	enloquecíamos
enloquecías	enloquecíais
enloquecía	enloquecían

Future Perfect
habré enloquecido	habremos enloquecido
habrás enloquecido	habréis enloquecido
habrá enloquecido	habrán enloquecido

Future
enloqueceré	enloqueceremos
enloquecerás	enloqueceréis
enloquecerá	enloquecerán

Conditional Perfect
habría enloquecido	habríamos enloquecido
habrías enloquecido	habríais enloquecido
habría enloquecido	habrían enloquecido

Conditional
enloquecería	enloqueceríamos
enloquecerías	enloqueceríais
enloquecería	enloquecerían

SUBJUNCTIVE

Present
enloquezca	enloquezcamos
enloquezcas	enloquezcáis
enloquezca	enloquezcan

Present Perfect
haya enloquecido	hayamos enloquecido
hayas enloquecido	hayáis enloquecido
haya enloquecido	hayan enloquecido

Past
enloqueciera	enloqueciéramos
enloquecieras	enloquecierais
enloqueciera	enloquecieran

Past Perfect
hubiera enloquecido	hubiéramos enloquecido
hubieras enloquecido	hubierais enloquecido
hubiera enloquecido	hubieran enloquecido

IMPERATIVE

enloquece	no enloquezcas	enloquezcamos	no enloquezcamos
enloquezca	no enloquezca	enloqueced	no enloquezcáis
		enloquezcan	no enloquezcan

Mi novio enloqueció de celos al verme con otro hombre.
My boyfriend went crazy with jealousy when he saw me with another man.
¡Me estás enloqueciendo con tus tonterías!
You're driving me insane with your nonsense.
A los adolecentes los enloquece la música pop.
Teenagers are crazy about pop music.

ENOJARSE   *To get angry, to get mad*

Enojar *To anger, to make mad*
Past part. enojado   *Ger.* enojando

INDICATIVE

Present

me enojo	nos enojamos
te enojas	os enojáis
se enoja	se enojan

Present Perfect

me he enojado	nos hemos enojado
te has enojado	os habéis enojado
se ha enojado	se han enojado

Preterit

me enojé	nos enojamos
te enojaste	os enojasteis
se enojó	se enojaron

Past Perfect

me había enojado	nos habíamos enojado
te habías enojado	os habíais enojado
se había enojado	se habían enojado

Imperfect

me enojaba	nos enojábamos
te enojabas	os enojabais
se enojaba	se enojaban

Future Perfect

me habré enojado	nos habremos enojado
te habrás enojado	os habréis enojado
se habrá enojado	se habrán enojado

Future

me enojaré	nos enojaremos
te enojarás	os enojaréis
se enojará	se enojarán

Conditional Perfect

me habría enojado	nos habríamos enojado
te habrías enojado	os habríais enojado
se habría enojado	se habrían enojado

Conditional

me enojaría	nos enojaríamos
te enojarías	os enojaríais
se enojaría	se enojarían

SUBJUNCTIVE

Present

me enoje	nos enojemos
te enojes	os enojéis
se enoje	se enojen

Present Perfect

me haya enojado	nos hayamos enojado
te hayas enojado	os hayáis enojado
se haya enojado	se hayan enojado

Past

me enojara	nos enojáramos
te enojaras	os enojarais
se enojara	se enojaran

Past Perfect

me hubiera enojado	nos hubiéramos enojado
te hubieras enojado	os hubierais enojado
se hubiera enojado	se hubieran enojado

IMPERATIVE

enójate	no te enojes	enojémonos	no nos enojemos
enójese	no se enoje	enojaos	no os enojéis
		enójense	no se enojen

Se enojó porque su marido le había mentido.
She got angry because her husband had lied to her.

No pensé que te enojarías tanto por eso.
I didn't think that you would get that mad over it.

Me enoja que me trates como si fuera un idiota.
It makes me mad that you treat me as if I were an idiot.

ENSAYAR *To rehearse, to try, to test, to practice*

Past part. ensayado   *Ger.* ensayando

INDICATIVE

Present

		Present Perfect	
ensayo	ensayamos	he ensayado	hemos ensayado
ensayas	ensayáis	has ensayado	habéis ensayado
ensaya	ensayan	ha ensayado	han ensayado

Preterit / Past Perfect

		Past Perfect	
ensayé	ensayamos	había ensayado	habíamos ensayado
ensayaste	ensayasteis	habías ensayado	habíais ensayado
ensayó	ensayaron	había ensayado	habían ensayado

Imperfect / Future Perfect

		Future Perfect	
ensayaba	ensayábamos	habré ensayado	habremos ensayado
ensayabas	ensayabais	habrás ensayado	habréis ensayado
ensayaba	ensayaban	habrá ensayado	habrán ensayado

Future / Conditional Perfect

		Conditional Perfect	
ensayaré	ensayaremos	habría ensayado	habríamos ensayado
ensayarás	ensayaréis	habrías ensayado	habríais ensayado
ensayará	ensayarán	habría ensayado	habrían ensayado

Conditional

ensayaría	ensayaríamos
ensayarías	ensayaríais
ensayaría	ensayarían

SUBJUNCTIVE

Present / Present Perfect

		Present Perfect	
ensaye	ensayemos	haya ensayado	hayamos ensayado
ensayes	ensayéis	hayas ensayado	hayáis ensayado
ensaye	ensayen	haya ensayado	hayan ensayado

Past / Past Perfect

		Past Perfect	
ensayara	ensayáramos	hubiera ensayado	hubiéramos ensayado
ensayaras	ensayarais	hubieras ensayado	hubierais ensayado
ensayara	ensayaran	hubiera ensayado	hubieran ensayado

IMPERATIVE

ensaya	no ensayes	ensayemos	no ensayemos
ensaye	no ensaye	ensayad	no ensayéis
		ensayen	no ensayen

He ensayado esta canción durante cinco horas seguidas.
I've been practicing this song for five straight hours.

Increíblemente, los actores ensayaron sólo una vez antes del estreno de la obra.
Incredibly, the actors rehearsed only once before the play's premiere.

¿Puedo ensayar el truco antes de hacerlo de veras?
Can I try the stunt before doing it for real?

Past part. enseñado   *Ger.* enseñando

INDICATIVE

Present

enseño	enseñamos
enseñas	enseñáis
enseña	enseñan

Preterit

enseñé	enseñamos
enseñaste	enseñasteis
enseño	enseñaron

Imperfect

enseñaba	enseñábamos
enseñabas	enseñabais
enseñaba	enseñaban

Future

enseñaré	enseñaremos
enseñarás	enseñaréis
enseñará	enseñarán

Conditional

enseñaría	enseñaríamos
enseñarías	enseñaríais
enseñaría	enseñarían

Present Perfect

he enseñado	hemos enseñado
has enseñado	habéis enseñado
ha enseñado	han enseñado

Past Perfect

había enseñado	habíamos enseñado
habías enseñado	habíais enseñado
había enseñado	habían enseñado

Future Perfect

habré enseñado	habremos enseñado
habrás enseñado	habréis enseñado
habrá enseñado	habrán enseñado

Conditional Perfect

habría enseñado	habríamos enseñado
habrías enseñado	habríais enseñado
habría enseñado	habrían enseñado

SUBJUNCTIVE

Present

enseñe	enseñemos
enseñes	enseñéis
enseñe	enseñen

Past

enseñara	enseñáramos
enseñaras	enseñarais
enseñara	enseñaran

Present Perfect

haya enseñado	hayamos enseñado
hayas enseñado	hayáis enseñado
haya enseñado	hayan enseñado

Past Perfect

hubiera enseñado	hubiéramos enseñado
hubieras enseñado	hubierais enseñado
hubiera enseñado	hubieran enseñado

IMPERATIVE

enseña	no enseñes	enseñemos	no enseñemos
enseñe	no enseñe	enseñad	no enseñéis
		enseñen	no enseñen

Mi hermano mayor me enseñó a nadar.
My older brother taught me how to swim.

¿Me puedes enseñar las fotos de la boda?
Can you show me the pictures of the wedding?

Mi madre me ha enseñado todo en esta vida.
My mother has taught me everything in life.

ENSUCIAR   *To get dirty, to sully, to soil*

Past part. ensuciado   *Ger.* ensuciando

INDICATIVE

Present

ensucio	ensuciamos
ensucias	ensuciáis
ensucia	ensucian

Present Perfect

he ensuciado	hemos ensuciado
has ensuciado	habéis ensuciado
ha ensuciado	han ensuciado

Preterit

ensucié	ensuciamos
ensuciaste	ensuciasteis
ensució	ensuciaron

Past Perfect

había ensuciado	habíamos ensuciado
habías ensuciado	habíais ensuciado
había ensuciado	habían ensuciado

Imperfect

ensuciaba	ensuciábamos
ensuciabas	ensuciabais
ensuciaba	ensuciaban

Future Perfect

habré ensuciado	habremos ensuciado
habrás ensuciado	habréis ensuciado
habrá ensuciado	habrán ensuciado

Future

ensuciaré	ensuciaremos
ensuciarás	ensuciaréis
ensuciará	ensuciarán

Conditional Perfect

habría ensuciado	habríamos ensuciado
habrías ensuciado	habríais ensuciado
habría ensuciado	habrían ensuciado

Conditional

ensuciaría	ensuciaríamos
ensuciarías	ensuciaríais
ensuciaría	ensuciarían

SUBJUNCTIVE

Present

ensucie	ensuciemos
ensucies	ensuciéis
ensucie	ensucien

Present Perfect

haya ensuciado	hayamos ensuciado
hayas ensuciado	hayáis ensuciado
haya ensuciado	hayan ensuciado

Past

ensuciara	ensuciáramos
ensuciaras	ensuciarais
ensuciara	ensuciaran

Past Perfect

hubiera ensuciado	hubiéramos ensuciado
hubieras ensuciado	hubierais ensuciado
hubiera ensuciado	hubieran ensuciado

IMPERATIVE

ensucia	no ensucies	ensuciemos	no ensuciemos
ensucie	no ensucie	ensuciad	no ensuciéis
		ensucien	no ensucien

¡No ensuciéis el suelo que lo acabo de fregar!
Don't get the floor dirty because I just mopped it!

A mi hijo le gusta ensuciarse jugando en el lodo.
My son likes to get dirty playing in the mud.

Ensuciaron mi reputación con esa mentira.
They sullied my reputation with that lie.

Past part. entendido   *Ger.* entendiendo

INDICATIVE

Present

entiendo	entendemos
entiendes	entendéis
entiende	entienden

Present Perfect

he entendido	hemos entendido
has entendido	habéis entendido
ha entendido	han entendido

Preterit

entendí	entendimos
entendiste	entendisteis
entendió	entendieron

Past Perfect

había entendido	habíamos entendido
habías entendido	habíais entendido
había entendido	habían entendido

Imperfect

entendía	entendíamos
entendías	entendíais
entendía	entendían

Future Perfect

habré entendido	habremos entendido
habrás entendido	habréis entendido
habrá entendido	habrán entendido

Future

entenderé	entenderemos
entenderás	entenderéis
entenderá	entenderán

Conditional Perfect

habría entendido	habríamos entendido
habrías entendido	habríais entendido
habría entendido	habrían entendido

Conditional

entendería	entenderíamos
entenderías	entenderíais
entendería	entenderían

SUBJUNCTIVE

Present

entienda	entendamos
entiendas	entendáis
entienda	entienda

Present Perfect

haya entendido	hayamos entendido
hayas entendido	hayáis entendido
haya entendido	hayan entendido

Past

entendiera	entendiéramos
entendieras	entendierais
entendiera	entendieran

Past Perfect

hubiera entendido	hubiéramos entendido
hubieras entendido	hubierais entendido
hubiera entendido	hubieran entendido

IMPERATIVE

entiende	no entiendas	entendamos	no entendamos
entienda	no entienda	entended	no entendáis
		entiendan	no entiendan

No hablo bien inglés pero lo entiendo todo.
I don't speak English well but I understand everything.

Estoy segura de que tu esposa entenderá que nos amamos.
I am sure that your wife will understand that we love each other.

Martín y Rodrigo son muy amigos y se entienden a la perfección.
Martín and Rodrigo are very good friends and get along perfectly.

ENTRAR   *To enter, to come/go in, to start*

Past part. entrado   *Ger.* entrando

INDICATIVE

Present

entro	entramos
entras	entráis
entra	entran

Present Perfect

he entrado	hemos entrado
has entrado	habéis entrado
ha entrado	han entrado

Preterit

entré	entramos
entraste	entrasteis
entró	entraron

Past Perfect

había entrado	habíamos entrado
habías entrado	habíais entrado
había entrado	habían entrado

Imperfect

entraba	entrábamos
entrabas	entrabais
entraba	entraban

Future Perfect

habré entrado	habremos entrado
habrás entrado	habréis entrado
habrá entrado	habrán entrado

Future

entraré	entraremos
entrarás	entraréis
entrará	entrarán

Conditional Perfect

habría entrado	habríamos entrado
habrías entrado	habríais entrado
habría entrado	habrían entrado

Conditional

entraría	entraríamos
entrarías	entraríais
entraría	entrarían

SUBJUNCTIVE

Present

entre	entremos
entres	entréis
entre	entren

Present Perfect

haya entrado	hayamos entrado
hayas entrado	hayáis entrado
haya entrado	hayan entrado

Past

entrara	entráramos
entraras	entrarais
entrara	entraran

Past Perfect

hubiera entrado	hubiéramos entrado
hubieras entrado	hubierais entrado
hubiera entrado	hubieran entrado

IMPERATIVE

entra	no entres	entremos	no entremos
entre	no entre	entrad	no entréis
		entren	no entren

Entré a la casa en silencio para evitar despertarte.
I came into the house quietly to avoid waking you.

Andrés entrará a la universidad en agosto.
Andrés will enter college in August.

¿A qué hora entras a trabajar?
What time do you start work?

ENTREGAR *To deliver, to give, to turn in*

Entregarse *To devote oneself*
Past part. entregado   *Ger.* entregando

INDICATIVE

Present		Present Perfect	
entrego	entregamos	he entregado	hemos entregado
entregas	entregáis	has entregado	habéis entregado
entrega	entregan	ha entregado	han entregado

Preterit		Past Perfect	
entregué	entregamos	había entregado	habíamos entregado
entregaste	entregasteis	habías entregado	habíais entregado
entregó	entregaron	había entregado	habían entregado

Imperfect		Future Perfect	
entregaba	entregábamos	habré entregado	habremos entregado
entregabas	entregabais	habrás entregado	habréis entregado
entregaba	entregaban	habrá entregado	habrán entregado

Future		Conditional Perfect	
entregaré	entregaremos	habría entregado	habríamos entregado
entregarás	entregaréis	habrías entregado	habríais entregado
entregará	entregarán	habría entregado	habrían entregado

Conditional	
entregaría	entregaríamos
entregarías	entregaríais
entregaría	entregarían

SUBJUNCTIVE

Present		Present Perfect	
entregue	entreguemos	haya entregado	hayamos entregado
entregues	entreguéis	hayas entregado	hayáis entregado
entregue	entreguen	haya entregado	hayan entregado

Past		Past Perfect	
entregara	entregáramos	hubiera entregado	hubiéramos entregado
entregaras	entregarais	hubieras entregado	hubierais entregado
entregara	entregaran	hubiera entregado	hubieran entregado

IMPERATIVE

entrega	no entregues	entreguemos	no entreguemos
entregue	no entregue	entregad	no entreguéis
		entreguen	no entreguen

Las invitaciones para la boda serán entregadas en julio.
The wedding invitations will be delivered in July.

Claudio me vino a entregar el dinero personalmente.
Claudio came to give me the money personally.

Rocío siempre entrega sus tareas a tiempo.
Rocío always turns in her homework on time.

Past part. entrenado   *Ger.* entrenando

INDICATIVE

Present

me entreno	nos entrenamos
te entrenas	os entrenáis
se entrena	se entrenan

Present Perfect

me he entrenado	nos hemos entrenado
te has entrenado	os habéis entrenado
se ha entrenado	se han entrenado

Preterit

me entrené	nos entrenamos
te entrenaste	os entrenasteis
se entrenó	se entrenaron

Past Perfect

me había entrenado	nos habíamos entrenado
te habías entrenado	os habíais entrenado
se había entrenado	se habían entrenado

Imperfect

me entrenaba	nos entrenábamos
te entrenabas	os entrenabais
se entrenaba	se entrenaban

Future Perfect

me habré entrenado	nos habremos entrenado
te habrás entrenado	os habréis entrenado
se habrá entrenado	se habrán entrenado

Future

me entrenaré	nos entrenaremos
te entrenarás	os entrenaréis
se entrenará	se entrenarán

Conditional Perfect

me habría entrenado	nos habríamos entrenado
te habrías entrenado	os habríais entrenado
se habría entrenado	se habrían entrenado

Conditional

me entrenaría	nos entrenaríamos
te entrenarías	os entrenaríais
se entrenaría	se entrenarían

SUBJUNCTIVE

Present

me entrene	nos entrenemos
te entrenes	os entrenéis
se entrene	se entrenen

Present Perfect

me haya entrenado	nos hayamos entrenado
te hayas entrenado	os hayáis entrenado
se haya entrenado	se hayan entrenado

Past

me entrenara	nos entrenáramos
te entrenaras	os entrenarais
se entrenara	se entrenaran

Past Perfect

me hubiera entrenado	nos hubiéramos entrenado
te hubieras entrenado	os hubierais entrenado
se hubiera entrenado	se hubieran entrenado

IMPERATIVE

entrénate	no te entrenes	entrenémonos	no nos entrenemos
entrénese	no se entrene	entrenaos	no os entrenéis
		entrénense	no se entrenen

Tomás se entrena en un equipo de beisbol de la ligas menores.
Tomás trains in a minor-league baseball team.

Entrenar a los cachorros para que vivan en la casa requiere tiempo y
mucha paciencia.
Training puppies to live in the house requires time and a lot of patience.

Nos hemos entrenado en un gimnasio de boxeo durante más de un año.
We have been training at a boxing gym for more than a year.

E ENTRISTECERSE *To grow sad, to become sad*

Entristecer *To sadden*
Past part. entristecido   *Ger.* entristeciendo

INDICATIVE

Present

me entristezco	nos entristecemos
te entristeces	os entristecéis
se entristece	se entristecen

Present Perfect

me he entristecido	nos hemos entristecido
te has entristecido	os habéis entristecido
se ha entristecido	se han entristecido

Preterit

me entristecí	nos entristecimos
te entristeciste	os entristecisteis
se entristeció	se entristecieron

Past Perfect

me había entristecido	nos habíamos entristecido
te habías entristecido	os habíais entristecido
se había entristecido	se habían entristecido

Imperfect

me entristecía	nos entristecíamos
te entristecías	os entristecíais
se entristecía	se entristecían

Future Perfect

me habré entristecido	nos habremos entristecido
te habrás entristecido	os habréis entristecido
se habrá entristecido	se habrán entristecido

Future

me entristeceré	nos entristeceremos
te entristecerás	os entristeceréis
se entristecerá	se entristecerán

Conditional Perfect

me habría entristecido	nos habríamos entristecido
te habrías entristecido	os habríais entristecido
se habría entristecido	se habrían entristecido

Conditional

me entristecería	nos entristeceríamos
te entristecerías	os entristeceríais
se entristecería	se entristecerían

SUBJUNCTIVE

Present

me entristezca	nos entristezcamos
te entristezcas	os entristezcáis
se entristezca	se entristezcan

Present Perfect

me haya entristecido	nos hayamos entristecido
te hayas entristecido	os hayáis entristecido
se haya entristecido	se hayan entristecido

Past

me entristeciera	nos entristeciéramos
te entristecieras	os entristecierais
se entristeciera	se entristecieran

Past Perfect

me hubiera entristecido	nos hubiéramos entristecido
te hubieras entristecido	os hubierais entristecido
se hubiera entristecido	se hubieran entristecido

IMPERATIVE

entristécete	no te entristezcas	entristezcámonos	no nos entristezcamos
entristézcase	no se entristezca	entristeceos	no os entristezcáis
		entristézcanse	no se entristezcan

Es mejor olvidarse y sonreír que recordar y entristecerse
It's better to forget and smile than to remember and grow sad.

Me entristezco cada vez que pienso en el futuro del planeta.
I become sad each time I think about the planet's future.

La noticia de la muerte de Ricardo nos entristeció mucho.
The news of Ricardo's death saddened us a lot.

ENVIAR   *To send, to dispatch*

Past part. enviado   *Ger.* enviando

INDICATIVE

Present
envío	enviamos
envías	enviáis
envía	envían

Present Perfect
he enviado	hemos enviado
has enviado	habéis enviado
ha enviado	han enviado

Preterit
envié	enviamos
enviaste	enviasteis
envió	enviaron

Past Perfect
había enviado	habíamos enviado
habías enviado	habíais enviado
había enviado	habían enviado

Imperfect
enviaba	enviábamos
enviabas	enviabais
enviaba	enviaban

Future Perfect
habré enviado	habremos enviado
habrás enviado	habréis enviado
habrá enviado	habrán enviado

Future
enviaré	enviaremos
enviarás	enviaréis
enviará	enviarán

Conditional Perfect
habría enviado	habríamos enviado
habrías enviado	habríais enviado
habría enviado	habrían enviado

Conditional
enviaría	enviaríamos
enviarías	enviaríais
enviaría	enviarían

SUBJUNCTIVE

Present
envíe	enviemos
envíes	enviéis
envíe	envíen

Present Perfect
haya enviado	hayamos enviado
hayas enviado	hayáis enviado
haya enviado	hayan enviado

Past
enviara	enviáramos
enviaras	enviarais
enviara	enviaran

Past Perfect
hubiera enviado	hubiéramos enviado
hubieras enviado	hubierais enviado
hubiera enviado	hubieran enviado

IMPERATIVE
envía	no envíes	enviemos	no enviemos
envíe	no envíe	enviad	no enviéis
		envíen	no envíen

Debí de haber enviado el paquete por correo aéreo.
I should have sent the package by air mail.

Envía al chófer a recogerme al aeropuerto.
Send the chauffeur to pick me up at the airport.

Mi madre te envía recuerdos desde Buenos Aires.
My mother sends you her regards from Buenos Aires.

Equivocar *To go wrong*
Past part. equivocado   *Ger.* equivocando

INDICATIVE

Present

me equivoco	nos equivocamos
te equivocas	os equivocáis
se equivoca	se equivocan

Present Perfect

me he equivocado	nos hemos equivocado
te has equivocado	os habéis equivocado
se ha equivocado	se han equivocado

Preterit

me equivoqué	nos equivocamos
te equivocaste	os equivocasteis
se equivocó	se equivocaron

Past Perfect

me había equivocado	nos habíamos equivocado
te habías equivocado	os habíais equivocado
se había equivocado	se habían equivocado

Imperfect

me equivocaba	nos equivocábamos
te equivocabas	os equivocabais
se equivocaba	se equivocaban

Future Perfect

me habré equivocado	nos habremos equivocado
te habrás equivocado	os habréis equivocado
se habrá equivocado	se habrán equivocado

Future

me equivocaré	nos equivocaremos
te equivocarás	os equivocaréis
se equivocará	se equivocarán

Conditional Perfect

me habría equivocado	nos habríamos equivocado
te habrías equivocado	os habríais equivocado
se habría equivocado	se habrían equivocado

Conditional

me equivocaría	nos equivocaríamos
te equivocarías	os equivocaríais
se equivocaría	se equivocarían

SUBJUNCTIVE

Present

me equivoque	nos equivoquemos
te equivoques	os equivoquéis
se equivoque	se equivoquen

Present Perfect

me haya equivocado	nos hayamos equivocado
te hayas equivocado	os hayáis equivocado
se haya equivocado	se hayan equivocado

Past

me equivocara	nos equivocáramos
te equivocaras	os equivocarais
se equivocara	se equivocaran

Past Perfect

me hubiera equivocado	nos hubiéramos equivocado
te hubieras equivocado	os hubierais equivocado
se hubiera equivocado	se hubieran equivocado

IMPERATIVE

equivócate	no te equivoques	equivoquémonos	no nos equivoquemos
equivóquese	no se equivoque	equivocaos	no os equivoquéis
		equivóquense	no se equivoquen

Me equivoqué al casarme con él.
I made a mistake marrying him.

La reunión es el jueves, ¡no te equivoques de día!
The meeting is on Thursday; don't get the day wrong!

Creo que equivocamos el camino en la última intersección.
I believe we went wrong at the last intersection.

ESCALAR   *To climb, to scale*

Past part. escalado   **Ger.** escalando

INDICATIVE

Present
		Present Perfect	
escalo	escalamos	he escalado	hemos escalado
escalas	escaláis	has escalado	habéis escalado
escala	escalan	ha escalado	han escalado

Preterit
		Past Perfect	
escalé	escalamos	había escalado	habíamos escalado
escalaste	escalasteis	habías escalado	habíais escalado
escaló	escalaron	había escalado	habían escalado

Imperfect
		Future Perfect	
escalaba	escalábamos	habré escalado	habremos escalado
escalabas	escalabais	habrás escalado	habréis escalado
escalaba	escalaban	habrá escalado	habrán escalado

Future
		Conditional Perfect	
escalaré	escalaremos	habría escalado	habríamos escalado
escalarás	escalaréis	habrías escalado	habríais escalado
escalará	escalarán	habría escalado	habrían escalado

Conditional
escalaría	escalaríamos
escalarías	escalaríais
escalaría	escalarían

SUBJUNCTIVE

Present
		Present Perfect	
escale	escalemos	haya escalado	hayamos escalado
escales	escaléis	hayas escalado	hayáis escalado
escale	escalen	haya escalado	hayan escalado

Past
		Past Perfect	
escalara	escaláramos	hubiera escalado	hubiéramos escalado
escalaras	escalarais	hubieras escalado	hubierais escalado
escalara	escalaran	hubiera escalado	hubieran escalado

IMPERATIVE

escala	no escales	escalemos	no escalemos
escale	no escale	escalad	no escaléis
		escalen	no escalen

Sir Edmund Hillary escaló el Everest por primera vez en 1953.
Sir Edmund Hillary climbed Everest for the first time in 1953.

Escalaré cualquier montaña para estar junto a ti.
I will scale any mountain to be next to you.

La canción sigue escalando puestos en las listas.
The song is still climbing up the charts.

ESCAPAR   *To escape, to run away, to get away*

Past part. escapado   *Ger.* escapando

INDICATIVE

Present

escapo	escapamos
escapas	escapáis
escapa	escapan

Preterit

escapé	escapamos
escapaste	escapasteis
escapó	escaparon

Imperfect

escapaba	escapábamos
escapabas	escapabais
escapaba	escapaban

Future

escaparé	escaparemos
escaparás	escaparéis
escapará	escaparán

Conditional

escaparía	escaparíamos
escaparías	escaparíais
escaparía	escaparían

Present Perfect

he escapado	hemos escapado
has escapado	habéis escapado
ha escapado	han escapado

Past Perfect

había escapado	habíamos escapado
habías escapado	habíais escapado
había escapado	habían escapado

Future Perfect

habré escapado	habremos escapado
habrás escapado	habréis escapado
habrá escapado	habrán escapado

Conditional Perfect

habría escapado	habríamos escapado
habrías escapado	habríais escapado
habría escapado	habrían escapado

SUBJUNCTIVE

Present

escape	escapemos
escapes	escapéis
escape	escapen

Past

escapara	escapáramos
escaparas	escaparais
escapara	escaparan

Present Perfect

haya escapado	hayamos escapado
hayas escapado	hayáis escapado
haya escapado	hayan escapado

Past Perfect

hubiera escapado	hubiéramos escapado
hubieras escapado	hubierais escapado
hubiera escapado	hubieran escapado

IMPERATIVE

escapa	no escapes	escapemos	no escapemos
escape	no escape	escapad	no escapéis
		escapen	no escapen

Las víctimas escaparon milagrosamente de una muerte segura.
The victims miraculously escaped from certain death.

Siempre te escapas cuando hay trabajo que hacer.
You always run away when there's work to be done.

El ladrón logró escapar de la policía pero fue capturado poco después.
The thief managed to get away from the police but was caught a little bit later.

ESCOGER *To choose, to pick, to select*

E

Past part. escogido   *Ger.* escogiendo

INDICATIVE

Present
escojo	escogemos
escoges	escogéis
escoge	escogen

Present Perfect
he escogido	hemos escogido
has escogido	habéis escogido
ha escogido	han escogido

Preterit
escogí	escogimos
escogiste	escogisteis
escogió	escogieron

Past Perfect
había escogido	habíamos escogido
habías escogido	habíais escogido
había escogido	habían escogido

Imperfect
escogía	escogíamos
escogías	escogíais
escogía	escogían

Future Perfect
habré escogido	habremos escogido
habrás escogido	habréis escogido
habrá escogido	habrán escogido

Future
escogeré	escogeremos
escogerás	escogeréis
escogerá	escogerán

Conditional Perfect
habría escogido	habríamos escogido
habrías escogido	habríais escogido
habría escogido	habrían escogido

Conditional
escogería	escogeríamos
escogerías	escogeríais
escogería	escogerían

SUBJUNCTIVE

Present
escoja	escojamos
escojas	escojáis
escoja	escojan

Present Perfect
haya escogido	hayamos escogido
hayas escogido	hayáis escogido
haya escogido	hayan escogido

Past
escogiera	escogiéramos
escogieras	escogierais
escogiera	escogieran

Past Perfect
hubiera escogido	hubiéramos escogido
hubieras escogido	hubierais escogido
hubiera escogido	hubieran escogido

IMPERATIVE
escoge	no escojas	escojamos	no escojamos
escoja	no escoja	escoged	no escojáis
		escojan	no escojan

La florista escogió las mejores flores para hacer el ramo de la novia.
The florist picked out the best flowers to make the bride's bouquet.

Habría escogido otro vestido más barato si hubiera sabido que ibas a pagarlo tú.
I would have chosen a cheaper dress if I had known that you were going to pay for it.

Pedro fue escogido para representar a su clase en el campeonato estatal de natación.
Pedro was chosen to represent his class at the state swimming championship.

E **ESCONDER**   *To hide*

Past part. escondido   *Ger.* escondiendo

INDICATIVE

Present

escondo	escondemos
escondes	escondéis
esconde	esconden

Preterit

escondí	escondimos
escondiste	escondisteis
escondió	escondieron

Imperfect

escondía	escondíamos
escondías	escondíais
escondía	escondían

Future

esconderé	esconderemos
esconderás	esconderéis
esconderá	esconderán

Conditional

escondería	esconderíamos
esconderías	esconderíais
escondería	esconderían

Present Perfect

he escondido	hemos escondido
has escondido	habéis escondido
ha escondido	han escondido

Past Perfect

había escondido	habíamos escondido
habías escondido	habíais escondido
había escondido	habían escondido

Future Perfect

habré escondido	habremos escondido
habrás escondido	habréis escondido
habrá escondido	habrán escondido

Conditional Perfect

habría escondido	habríamos escondido
habrías escondido	habríais escondido
habría escondido	habrían escondido

SUBJUNCTIVE

Present

esconda	escondamos
escondas	escondáis
esconda	escondan

Past

escondiera	escondiéramos
escondieras	escondierais
escondiera	escondieran

Present Perfect

haya escondido	hayamos escondido
hayas escondido	hayáis escondido
haya escondido	hayan escondido

Past Perfect

hubiera escondido	hubiéramos escondido
hubieras escondido	hubierais escondido
hubiera escondido	hubieran escondido

IMPERATIVE

esconde	no escondas	escondamos	no escondamos
esconda	no esconda	esconded	no escondáis
		escondan	no escondan

Esa apariencia agresiva esconde un corazón de oro.
That aggressive exterior hides a heart of gold.

De pequeño me escondía en el armario de la cocina.
When I was a child I used to hide in the kitchen's cupboard.

Escondí la verdad para evitar problemas.
I hid the truth in order to avoid trouble.

228

ESCRIBIR   *To write*

Past part. escrito   *Ger.* escribiendo

INDICATIVE

Present		Present Perfect	
escribo	escribimos	he escrito	hemos escrito
escribes	escribís	has escrito	habéis escrito
escribe	escriben	ha escrito	han escrito

Preterit		Past Perfect	
escribí	escribimos	había escrito	habíamos escrito
escribiste	escribisteis	habías escrito	habíais escrito
escribió	escribieron	había escrito	habían escrito

Imperfect		Future Perfect	
escribía	escribíamos	habré escrito	habremos escrito
escribías	escribíais	habrás escrito	habréis escrito
escribía	escribían	habrá escrito	habrán escrito

Future		Conditional Perfect	
escribiré	escribiremos	habría escrito	habríamos escrito
escribirás	escribiréis	habrías escrito	habríais escrito
escribirá	escribirán	habría escrito	habrían escrito

Conditional	
escribiría	escribiríamos
escribirías	escribiríais
escribiría	escribirían

SUBJUNCTIVE

Present		Present Perfect	
escriba	escribamos	haya escrito	hayamos escrito
escribas	escribáis	hayas escrito	hayáis escrito
escriba	escriban	haya escrito	hayan escrito

Past		Past Perfect	
escribiera	escribiéramos	hubiera escrito	hubiéramos escrito
escribieras	escribierais	hubieras escrito	hubierais escrito
escribiera	escribieran	hubiera escrito	hubieran escrito

IMPERATIVE

escribe	no escribas	escribamos	no escribamos
escriba	no escriba	escribid	no escribáis
		escriban	no escriban

Generalmente el español se escribe como se pronuncia.
Generally, Spanish is written as it's pronounced.

Me he escrito con Félix regularmente desde hace años.
I've been writing Felix regularly for years.

Escribí un poema de amor dedicado a mi novio.
I wrote a love poem dedicated to my boyfriend.

ESCUCHAR   *To listen, to hear*

Past part. escuchado   *Ger.* escuchando

INDICATIVE

Present

escucho	escuchamos
escuchas	escucháis
escucha	escuchan

Preterit

escuché	escuchamos
escuchaste	escuchasteis
escuchó	escucharon

Imperfect

escuchaba	escuchábamos
escuchabas	escuchabais
escuchaba	escuchaban

Future

escucharé	escucharemos
escucharás	escucharéis
escuchará	escucharán

Conditional

escucharía	escucharíamos
escucharías	escucharíais
escucharía	escucharían

Present Perfect

he escuchado	hemos escuchado
has escuchado	habéis escuchado
ha escuchado	han escuchado

Past Perfect

había escuchado	habíamos escuchado
habías escuchado	habíais escuchado
había escuchado	habían escuchado

Future Perfect

habré escuchado	habremos escuchado
habrás escuchado	habréis escuchado
habrá escuchado	habrán escuchado

Conditional Perfect

habría escuchado	habríamos escuchado
habrías escuchado	habríais escuchado
habría escuchado	habrían escuchado

SUBJUNCTIVE

Present

escuche	escuchemos
escuches	escuchéis
escuche	escuchen

Past

escuchara	escucháramos
escucharas	escucharais
escuchara	escucharan

Present Perfect

haya escuchado	hayamos escuchado
hayas escuchado	hayáis escuchado
haya escuchado	hayan escuchado

Past Perfect

hubiera escuchado	hubiéramos escuchado
hubieras escuchado	hubierais escuchado
hubiera escuchado	hubieran escuchado

IMPERATIVE

escucha	no escuches	escuchemos	no escuchemos
escuche	no escuche	escuchad	no escuchéis
		escuchen	no escuchen

Ella escuchaba detrás de la puerta.
She was listening behind the door.

Habla más fuerte porque casi no te escucho.
Speak up because I can hardly hear you.

Es inútil, ¡nadie te escuchará gritar!
It's useless; no one will hear you scream!

ESPERAR   *To wait, to expect, to hope*

E

Past part. esperado   *Ger.* esperando

INDICATIVE

Present		Present Perfect	
espero	esperamos	he esperado	hemos esperado
esperas	esperáis	has esperado	habéis esperado
espera	esperan	ha esperado	han esperado

Preterit		Past Perfect	
esperé	esperamos	había esperado	habíamos esperado
esperaste	esperasteis	habías esperado	habíais esperado
esperó	esperaron	había esperado	habían esperado

Imperfect		Future Perfect	
esperaba	esperábamos	habré esperado	habremos esperado
esperabas	esperabais	habrás esperado	habréis esperado
esperaba	esperaban	habrá esperado	habrán esperado

Future		Conditional Perfect	
esperaré	esperaremos	habría esperado	habríamos esperado
esperarás	esperaréis	habrías esperado	habríais esperado
esperará	esperarán	habría esperado	habrían esperado

Conditional	
esperaría	esperaríamos
esperarías	esperaríais
esperaría	esperarían

SUBJUNCTIVE

Present		Present Perfect	
espere	esperemos	haya esperado	hayamos esperado
esperes	esperéis	hayas esperado	hayáis esperado
espere	esperen	haya esperado	hayan esperado

Past		Past Perfect	
esperara	esperáramos	hubiera esperado	hubiéramos esperado
esperaras	esperarais	hubieras esperado	hubierais esperado
esperara	esperaran	hubiera esperado	hubieran esperado

IMPERATIVE

espera	no esperes	esperemos	no esperemos
espere	no espere	esperad	no esperéis
		esperen	no esperen

Podrías haber esperado un momento más oportuno para darme la noticia.
You could have waited for a better moment to give me the news.
Espero que no llueva mañana.
I hope it doesn't rain tomorrow.
El maestro esperaba mucho de sus estudiantes.
The teacher expected a lot from his students.

ESTAR   *To be*

Past part. estado   *Ger.* estando

INDICATIVE

Present

estoy	estamos
estás	estáis
está	están

Preterit

estuve	estuvimos
estuviste	estuvisteis
estuvo	estuvieron

Imperfect

estaba	estábamos
estabas	estabais
estaba	estaban

Future

estaré	estaremos
estarás	estaréis
estará	estarán

Conditional

estaría	estaríamos
estarías	estaríais
estaría	estarían

Present Perfect

he estado	hemos estado
has estado	habéis estado
ha estado	han estado

Past Perfect

había estado	habíamos estado
habías estado	habíais estado
había estado	habían estado

Future Perfect

habré estado	habremos estado
habrás estado	habréis estado
habrá estado	habrán estado

Conditional Perfect

habría estado	habríamos estado
habrías estado	habríais estado
habría estado	habrían estado

SUBJUNCTIVE

Present

esté	estemos
estés	estéis
esté	estén

Past

estuviera	estuviéramos
estuvieras	estuvierais
estuviera	estuvieran

Present Perfect

haya estado	hayamos estado
hayas estado	hayáis estado
haya estado	hayan estado

Past Perfect

hubiera estado	hubiéramos estado
hubieras estado	hubierais estado
hubiera estado	hubieran estado

IMPERATIVE

está	no estés	estemos	no estemos
esté	no esté	estad	no estéis
		estén	no estén

El verbo estar se usa para hablar de la locación:
el Capitolio está en Washington, D.C.
The verb estar *is used to talk about location: the Capitol is in Washington, D.C.*

Debes estar ahí por lo menos media hora antes de tu cita.
You must be there at least half an hour before your appointment.

Has estado muy callado todo el día, ¿qué te pasa?
You've been very quiet all day long; what's wrong with you?

ESTORNUDAR   *To sneeze*

Past part. estornudado   *Ger.* estornudando

INDICATIVE

Present		**Present Perfect**	
estornudo	estornudamos	he estornudado	hemos estornudado
estornudas	estornudáis	has estornudado	habéis estornudado
estornuda	estornudan	ha estornudado	han estornudado

Preterit		**Past Perfect**	
estornudé	estornudamos	había estornudado	habíamos estornudado
estornudaste	estornudasteis	habías estornudado	habíais estornudado
estornudó	estornudaron	había estornudado	habían estornudado

Imperfect		**Future Perfect**	
estornudaba	estornudábamos	habré estornudado	habremos estornudado
estornudabas	estornudabais	habrás estornudado	habréis estornudado
estornudaba	estornudaban	habrá estornudado	habrán estornudado

Future		**Conditional Perfect**	
estornudaré	estornudaremos	habría estornudado	habríamos estornudado
estornudarás	estornudaréis	habrías estornudado	habríais estornudado
estornudará	estornudarán	habría estornudado	habrían estornudado

Conditional	
estornudaría	estornudaríamos
estornudarías	estornudaríais
estornudaría	estornudarían

SUBJUNCTIVE

Present		**Present Perfect**	
estornude	estornudemos	haya estornudado	hayamos estornudado
estornudes	estornudéis	hayas estornudado	hayáis estornudado
estornude	estornuden	haya estornudado	hayan estornudado

Past		**Past Perfect**	
estornudara	estornudáramos	hubiera estornudado	hubiéramos estornudado
estornudaras	estornudarais	hubieras estornudado	hubierais estornudado
estornudara	estornudaran	hubiera estornudado	hubieran estornudado

IMPERATIVE

estornuda	no estornudes	estornudemos	no estornudemos
estornude	no estornude	estornudad	no estornudéis
		estornuden	no estornuden

Estornudé siete veces seguidas.
I sneezed seven times in a row.

Cúbrete la nariz y la boca cuando estornudes, por favor.
Cover your nose and mouth when you sneeze, please.

Estornudar es un síntoma del catarro.
Sneezing is a symptom of a cold.

ESTUDIAR   *To study, to learn, to consider*

Past part. estudiado   *Ger.* estudiando

INDICATIVE

Present
		Present Perfect	
estudio	estudiamos	he estudiado	hemos estudiado
estudias	estudiáis	has estudiado	habéis estudiado
estudia	estudian	ha estudiado	han estudiado

Preterit / Past Perfect
		Past Perfect	
estudié	estudiamos	había estudiado	habíamos estudiado
estudiaste	estudiasteis	habías estudiado	habíais estudiado
estudió	estudiaron	había estudiado	habían estudiado

Imperfect / Future Perfect
		Future Perfect	
estudiaba	estudiábamos	habré estudiado	habremos estudiado
estudiabas	estudiabais	habrás estudiado	habréis estudiado
estudiaba	estudiaba	habrá estudiado	habrán estudiado

Future / Conditional Perfect
		Conditional Perfect	
estudiaré	estudiaremos	habría estudiado	habríamos estudiado
estudiarás	estudiaréis	habrías estudiado	habríais estudiado
estudiará	estudiarán	habría estudiado	habrían estudiado

Conditional
estudiaría	estudiaríamos
estudiarías	estudiaríais
estudiaría	estudiarían

SUBJUNCTIVE

Present / Present Perfect
		Present Perfect	
estudie	estudiemos	haya estudiado	hayamos estudiado
estudies	estudiéis	hayas estudiado	hayáis estudiado
estudie	estudien	haya estudiado	hayan estudiado

Past / Past Perfect
		Past Perfect	
estudiara	estudiáramos	hubiera estudiado	hubiéramos estudiado
estudiaras	estudiarais	hubieras estudiado	hubierais estudiado
estudiara	estudiaran	hubiera estudiado	hubieran estudiado

IMPERATIVE

estudia	no estudies	estudiemos	no estudiemos
estudie	no estudie	estudiad	no estudiéis
		estudien	no estudien

Ella está estudiando medicina en la universidad de Salamanca.
She's studying medicine at Salamanca University.

Los actores estudiaron sus papeles en una sola tarde.
The actors learned their parts in a single afternoon.

El comité está estudiando varias propuestas.
The committee is considering several proposals.

EVITAR   *To avoid, to prevent, to save*

Past part. evitado   *Ger.* evitando

INDICATIVE

Present		Present Perfect	
evito	evitamos	he evitado	hemos evitado
evitas	evitáis	has evitado	habéis evitado
evita	evitan	ha evitado	han evitado

Preterit		Past Perfect	
evité	evitamos	había evitado	habíamos evitado
evitaste	evitasteis	habías evitado	habíais evitado
evitó	evitaron	había evitado	habían evitado

Imperfect		Future Perfect	
evitaba	evitábamos	habré evitado	habremos evitado
evitabas	evitabais	habrás evitado	habréis evitado
evitaba	evitaban	habrá evitado	habrán evitado

Future		Conditional Perfect	
evitaré	evitaremos	habría evitado	habríamos evitado
evitarás	evitaréis	habrías evitado	habríais evitado
evitará	evitarán	habría evitado	habrían evitado

Conditional	
evitaría	evitaríamos
evitarías	evitaríais
evitaría	evitarían

SUBJUNCTIVE

Present		Present Perfect	
evite	evitemos	haya evitado	hayamos evitado
evites	evitéis	hayas evitado	hayáis evitado
evite	eviten	haya evitado	hayan evitado

Past		Past Perfect	
evitara	evitáramos	hubiera evitado	hubiéramos evitado
evitaras	evitarais	hubieras evitado	hubierais evitado
evitara	evitaran	hubiera evitado	hubieran evitado

IMPERATIVE

evita	no evites	evitemos	no evitemos
evite	no evite	evitad	no evitéis
		eviten	no eviten

Una simple llamada nos habría evitado muchas molestias.
A simple phone call would have saved us a lot of trouble.
¿Por qué me estás evitando?
Why are you avoiding me?
Se podría haber evitado la tragedia con un poco de previsión.
The tragedy could have been prevented with a little foresight.

EXAMINAR   *To examine, to inspect, to study*

Examinarse *To take an exam*
Past part. examinado   *Ger.* examinando

INDICATIVE

Present		Present Perfect	
examino	examinamos	he examinado	hemos examinado
examinas	examináis	has examinado	habéis examinado
examina	examinan	ha examinado	han examinado

Preterit		Past Perfect	
examiné	examinamos	había examinado	habíamos examinado
examinaste	examinasteis	habías examinado	habíais examinado
examinó	examinaron	había examinado	habían examinado

Imperfect		Future Perfect	
examinaba	examinábamos	habré examinado	habremos examinado
examinabas	examinabais	habrás examinado	habréis examinado
examinaba	examinaban	habrá examinado	habrán examinado

Future		Conditional Perfect	
examinaré	examinaremos	habría examinado	habríamos examinado
examinarás	examinaréis	habrías examinado	habríais examinado
examinará	examinarán	habría examinado	habrían examinado

Conditional	
examinaría	examinaríamos
examinarías	examinaríais
examinaría	examinarían

SUBJUNCTIVE

Present		Present Perfect	
examine	examinemos	haya examinado	hayamos examinado
examines	examinéis	hayas examinado	hayáis examinado
examine	examinen	haya examinado	hayan examinado

Past		Past Perfect	
examinara	examinaremos	hubiera examinado	hubiéramos examinado
examinaras	examinaréis	hubieras examinado	hubierais examinado
examinara	examinaran	hubiera examinado	hubieran examinado

IMPERATIVE

examina	no examines	examinemos	no examinemos
examine	no examine	examinad	no examinéis
		examinen	no examinen

Los expertos examinarán el proyecto antes de aprobarlo.
The experts will study the project before approving it.

Los oficiales de la aduana examinan el contenido del equipaje de los pasajeros.
Customs officers inspect the contents of the passengers' luggage.

El médico que me examinó dijo que no era nada de qué preocuparse.
The doctor who examined me said that it was nothing to worry about.

EXPLICAR   *To explain*

Explicarse *To understand, to make oneself understood*
Past part. explicado   *Ger.* explicando

INDICATIVE

Present		Present Perfect	
explico	explicamos	he explicado	hemos explicado
explicas	explicáis	has explicado	habéis explicado
explica	explican	ha explicado	han explicado

Preterit		Past Perfect	
expliqué	explicamos	había explicado	habíamos explicado
explicaste	explicasteis	habías explicado	habíais explicado
explicó	explicaron	había explicado	habían explicado

Imperfect		Future Perfect	
explicaba	explicábamos	habré explicado	habremos explicado
explicabas	explicabais	habrás explicado	habréis explicado
explicaba	explicaban	habrá explicado	habrán explicado

Future		Conditional Perfect	
explicaré	explicaremos	habría explicado	habríamos explicado
explicarás	explicaréis	habrías explicado	habríais explicado
explicará	explicarán	habría explicado	habrían explicado

Conditional	
explicaría	explicaríamos
explicarías	explicaríais
explicaría	explicarían

SUBJUNCTIVE

Present		Present Perfect	
explique	expliquemos	haya explicado	hayamos explicado
expliques	expliquéis	hayas explicado	hayáis explicado
explique	expliquen	haya explicado	hayan explicado

Past		Past Perfect	
explicara	explicáramos	hubiera explicado	hubiéramos explicado
explicaras	explicarais	hubieras explicado	hubierais explicado
explicara	explicaran	hubiera explicado	hubieran explicado

IMPERATIVE

explica	no expliques	expliquemos	no expliquemos
explique	no explique	explicad	no expliquéis
		expliquen	expliquen

¿Me explicarías en qué consiste el juego?
Would you explain to me how to play the game?
No me explico cómo pudo suceder una cosa igual.
I don't understand how something like this could happen.
Paco es muy listo pero no sabe explicarse muy bien.
Paco is very smart but he isn't very good at making himself understood.

EXPLORAR   *To explore, to examine, to scout, to surf (Web)*

Past part. explorado   *Ger.* explorando

INDICATIVE

Present		**Present Perfect**	
exploro	exploramos	he explorado	hemos explorado
exploras	exploráis	has explorado	habéis explorado
explora	exploran	ha explorado	han explorado

Preterit		**Past Perfect**	
exploré	exploramos	había explorado	habíamos explorado
exploraste	explorasteis	habías explorado	habíais explorado
exploró	exploraron	había explorado	habían explorado

Imperfect		**Future Perfect**	
exploraba	explorábamos	habré explorado	habremos explorado
explorabas	explorabais	habrás explorado	habréis explorado
exploraba	exploraban	habrá explorado	habrán explorado

Future		**Conditional Perfect**	
exploraré	exploraremos	habría explorado	habríamos explorado
explorarás	exploraréis	habrías explorado	habríais explorado
explorará	explorarán	habría explorado	habrían explorado

Conditional	
exploraría	exploraríamos
explorarías	exploraríais
exploraría	explorarían

SUBJUNCTIVE

Present		**Present Perfect**	
explore	exploremos	haya explorado	hayamos explorado
explores	exploréis	hayas explorado	hayáis explorado
explore	exploren	haya explorado	hayan explorado

Past		**Past Perfect**	
explorara	exploráramos	hubiera explorado	hubiéramos explorado
exploraras	explorarais	hubieras explorado	hubierais explorado
explorara	exploraran	hubiera explorado	hubieran explorado

IMPERATIVE

explora	no explores	exploremos	no exploremos
explore	no explore	explorad	no exploréis
		exploren	no exploren

Todas las avenidas posibles serán exploradas para resolver el problema.
All the possible avenues will be explored to solve the problem.

Exploremos la situación con cuidado.
Let's examine the situation carefully.

El general envió algunos soldados a explorar el terreno.
The general sent some soldiers to scout the terrain.

Past part. expresado   *Ger.* expresando

INDICATIVE

Present		Present Perfect	
expreso	expresamos	he expresado	hemos expresado
expresas	expresáis	has expresado	habéis expresado
expresa	expresan	ha expresado	han expresado

Preterit		Past Perfect	
expresé	expresamos	había expresado	habíamos expresado
expresaste	expresasteis	habías expresado	habíais expresado
expresó	expresaron	había expresado	habían expresado

Imperfect		Future Perfect	
expresaba	expresábamos	habré expresado	habremos expresado
expresabas	expresabais	habrás expresado	habréis expresado
expresaba	expresaban	habrá expresado	habrán expresado

Future		Conditional Perfect	
expresaré	expresaremos	habría expresado	habríamos expresado
expresarás	expresaréis	habrías expresado	habríais expresado
expresará	expresarán	habría expresado	habrían expresado

Conditional	
expresaría	expresaríamos
expresarías	expresaríais
expresaría	expresarían

SUBJUNCTIVE

Present		Present Perfect	
exprese	expresemos	haya expresado	hayamos expresado
expreses	expreséis	hayas expresado	hayáis expresado
exprese	expresen	haya expresado	hayan expresado

Past		Past Perfect	
expresara	expresáramos	hubiera expresado	hubiéramos expresado
expresaras	expresarais	hubieras expresado	hubierais expresado
expresara	expresaran	hubiera expresado	hubieran expresado

IMPERATIVE

expresa	no expreses	expresemos	no expresemos
exprese	no exprese	expresad	no expreséis
		expresen	no expresen

Expresó su descontento con el servicio a clientes de la compañía.
She expressed her dissatisfaction with the company's customer service.

Perdón, no he expresado bien mis ideas.
I'm sorry, I haven't stated my ideas very clearly

Anda, expresa tus sentimientos sin pena.
Go ahead, express your feelings without shame.

EXTRAVIAR   *To lose, to misplace*

Extraviarse *To get lost, to go missing*
Past part. extraviado   *Ger.* extraviando

INDICATIVE

Present		Present Perfect	
extravío	extraviamos	he extraviado	hemos extraviado
extravías	extraviáis	has extraviado	habéis extraviado
extravía	extravían	ha extraviado	han extraviado

Preterit		Past Perfect	
extravié	extraviamos	había extraviado	habíamos extraviado
extraviaste	extraviasteis	habías extraviado	habíais extraviado
extravió	extraviaron	había extraviado	habían extraviado

Imperfect		Future Perfect	
extraviaba	extraviábamos	habré extraviado	habremos extraviado
extraviabas	extraviabais	habrás extraviado	habréis extraviado
extraviaba	extraviaban	habrá extraviado	habrán extraviado

Future		Conditional Perfect	
extraviaré	extraviaremos	habría extraviado	habríamos extraviado
extraviarás	extraviaréis	habrías extraviado	habríais extraviado
extraviará	extraviarán	habría extraviado	habrían extraviado

Conditional	
extraviaría	extraviaríamos
extraviarías	extraviaríais
extraviaría	extraviarían

SUBJUNCTIVE

Present		Present Perfect	
extravíe	extraviemos	haya extraviado	hayamos extraviado
extravíes	extraviéis	hayas extraviado	hayáis extraviado
extravíe	extravíen	haya extraviado	hayan extraviado

Past		Past Perfect	
extraviara	extraviáramos	hubiera extraviado	hubiéramos extraviado
extraviaras	extraviarais	hubieras extraviado	hubierais extraviado
extraviara	extraviaran	hubiera extraviado	hubieran extraviado

IMPERATIVE

extravía	no extravíes	extraviemos	no extraviemos
extravíe	no extravíe	extraviad	no extraviéis
		extravíen	no extravíen

Siempre extravío mis gafas de leer.
I always misplace my reading glasses.

No extraviarías tus llaves si las pusieras siempre en el mismo sitio.
You wouldn't lose your keys if you always put them in the same place.

Roberto está muy triste porque su perrito se extravió en el parque.
Roberto is very sad because his puppy got lost in the park.

Past part. fabricado   *Ger.* fabricando

INDICATIVE

Present		Present Perfect	
fabrico	fabricamos	he fabricado	hemos fabricado
fabricas	fabricáis	has fabricado	habéis fabricado
fabrica	fabrican	ha fabricado	han fabricado

Preterit		Past Perfect	
fabriqué	fabricamos	había fabricado	habíamos fabricado
fabricaste	fabricasteis	habías fabricado	habíais fabricado
fabricó	fabricaron	había fabricado	habían fabricado

Imperfect		Future Perfect	
fabricaba	fabricábamos	habré fabricado	habremos fabricado
fabricabas	fabricabais	habrás fabricado	habréis fabricado
fabricaba	fabricaban	habrá fabricado	habrán fabricado

Future		Conditional Perfect	
fabricaré	fabricaremos	habría fabricado	habríamos fabricado
fabricarás	fabricaréis	habrías fabricado	habríais fabricado
fabricará	fabricarán	habría fabricado	habrían fabricado

Conditional	
fabricaría	fabricaríamos
fabricarías	fabricaríais
fabricaría	fabricarían

SUBJUNCTIVE

Present		Present Perfect	
fabrique	fabriquemos	haya fabricado	hayamos fabricado
fabriques	fabriquéis	hayas fabricado	hayáis fabricado
fabrique	fabriquen	haya fabricado	hayan fabricado

Past		Past Perfect	
fabricara	fabricáramos	hubiera fabricado	hubiéramos fabricado
fabricaras	fabricarais	hubieras fabricado	hubierais fabricado
fabricara	fabricaran	hubiera fabricado	hubieran fabricado

IMPERATIVE

fabrica	no fabriques	fabriquemos	no fabriquemos
fabrique	no fabrique	fabricad	no fabriquéis
		fabriquen	no fabriquen

Detroit fabricaba la mayoría de los coches estadounidenses.
Detroit used to manufacture most U.S. cars.

Pareciera que todos los juguetes son fabricados en China.
It would seem that all toys are made in China.

El mundo fabrica demasiadas cosas que no necesitamos realmente.
The world produces too many things that we don't really need.

Past part. fallado | *Ger.* fallando

INDICATIVE

Present		Present Perfect	
fallo	fallamos	he fallado	hemos fallado
fallas	falláis	has fallado	habéis fallado
falla	fallan	ha fallado	han fallado

Preterit		Past Perfect	
fallé	fallamos	había fallado	habíamos fallado
fallaste	fallasteis	habías fallado	habíais fallado
falló	fallaron	había fallado	habían fallado

Imperfect		Future Perfect	
fallaba	fallábamos	habré fallado	habremos fallado
fallabas	fallabais	habrás fallado	habréis fallado
fallaba	fallaban	habrá fallado	habrán fallado

Future		Conditional Perfect	
fallaré	fallaremos	habría fallado	habríamos fallado
fallarás	fallaréis	habrías fallado	habríais fallado
fallará	fallarán	habría fallado	habrían fallado

Conditional	
fallaría	fallaríamos
fallarías	fallaríais
fallaría	fallarían

SUBJUNCTIVE

Present		Present Perfect	
falle	fallemos	haya fallado	hayamos fallado
falles	falléis	hayas fallado	hayáis fallado
falle	fallen	haya fallado	hayan fallado

Past		Past Perfect	
fallara	falláramos	hubiera fallado	hubiéramos fallado
fallaras	fallarais	hubieras fallado	hubierais fallado
fallara	fallaran	hubiera fallado	hubieran fallado

IMPERATIVE

falla	no falles	fallemos	no fallemos
falle	no falle	fallad	no falléis
		fallen	no fallen

¡Espero que no me fallen mis instintos ahora!
I hope my instincts don't fail me now!

No te preocupes; si algo falla siempre podemos intentar de nuevo.
Don't worry; if something goes wrong we can always try again.

El golfista falló el golpe y su pelota cayó en el lago.
The golfer missed the shot and his ball fell into the lake.

FALTAR   *To miss, to need, to lack*

Past part. faltado   *Ger.* faltando

INDICATIVE

Present		Present Perfect	
falto	faltamos	he faltado	hemos faltado
faltas	faltáis	has faltado	habéis faltado
falta	faltan	ha faltado	han faltado

Preterit		Past Perfect	
falté	faltamos	había faltado	habíamos faltado
faltaste	faltasteis	habías faltado	habíais faltado
faltó	faltaron	había faltado	habían faltado

Imperfect		Future Perfect	
faltaba	faltábamos	habré faltado	habremos faltado
faltabas	faltabais	habrás faltado	habréis faltado
faltaba	faltaban	habrá faltado	habrán faltado

Future		Conditional Perfect	
faltaré	faltaremos	habría faltado	habríamos faltado
faltarás	faltaréis	habrías faltado	habríais faltado
faltará	faltarán	habría faltado	habrían faltado

Conditional	
faltaría	faltaríamos
faltarías	faltaríais
faltaría	faltarían

SUBJUNCTIVE

Present		Present Perfect	
falte	faltemos	haya faltado	hayamos faltado
faltes	faltéis	hayas faltado	hayáis faltado
falte	falten	haya faltado	hayan faltado

Past		Past Perfect	
faltara	faltáramos	hubiera faltado	hubiéramos faltado
faltaras	faltarais	hubieras faltado	hubierais faltado
faltara	faltaran	hubiera faltado	hubieran faltado

IMPERATIVE

falta	no faltes	faltemos	no faltemos
falte	no falte	faltad	no faltéis
		falten	no falten

Algunos alumnos irresponsables faltan a clase regularmente.
Some irresponsible students miss class regularly.

Al pastel le faltarán unos 15 minutos más en el horno.
The cake needs about another 15 minutes in the oven.

A muchas personas en el mundo les faltan las necesidades básicas.
Many people in the world lack the basic necessities.

FINGIR *To feign, to pretend*

Past part. fingido   Ger. fingiendo

INDICATIVE

Present		Present Perfect	
finjo	fingimos	he fingido	hemos fingido
finges	fingís	has fingido	habéis fingido
finge	fingen	ha fingido	han fingido

Preterit		Past Perfect	
fingí	fingimos	había fingido	habíamos fingido
fingiste	fingisteis	habías fingido	habíais fingido
fingió	fingieron	había fingido	habían fingido

Imperfect		Future Perfect	
fingía	fingíamos	habré fingido	habremos fingido
fingías	fingíais	habrás fingido	habréis fingido
fingía	fingían	habrá fingido	habrán fingido

Future		Conditional Perfect	
fingiré	fingiremos	habría fingido	habríamos fingido
fingirás	fingiréis	habrías fingido	habríais fingido
fingirá	fingirán	habría fingido	habrían fingido

Conditional	
fingiría	fingiríamos
fingirías	fingiríais
fingiría	fingirían

SUBJUNCTIVE

Present		Present Perfect	
finja	finjamos	haya fingido	hayamos fingido
finjas	finjáis	hayas fingido	hayáis fingido
finja	finjan	haya fingido	hayan fingido

Past		Past Perfect	
fingiera	fingiéramos	hubiera fingido	hubiéramos fingido
fingieras	fingierais	hubieras fingido	hubierais fingido
fingiera	fingieran	hubiera fingido	hubieran fingido

IMPERATIVE

finge	no finjas	finjamos	no finjamos
finja	no finja	fingid	no finjáis
		finjan	no finjan

María fingió sorpresa en su fiesta de cumpleaños.
María feigned surprise at her birthday party.

¡Es una tontería fingir que no nos gustamos!
It's foolish to pretend that we don't like each other!

No finjas más; ya sé exactamente lo que hiciste.
Don't pretend anymore; I already know exactly what you did.

FRACASAR   *To fail, to be unsuccessful*

Past part. fracasado   *Ger.* fracasando

INDICATIVE

Present		Present Perfect	
fracaso	fracasamos	he fracasado	hemos fracasado
fracasas	fracasáis	has fracasado	habéis fracasado
fracasa	fracasan	ha fracasado	han fracasado

Preterit		Past Perfect	
fracasé	fracasamos	había fracasado	habíamos fracasado
fracasaste	fracasasteis	habías fracasado	habíais fracasado
fracasó	fracasaron	había fracasado	habían fracasado

Imperfect		Future Perfect	
fracasaba	fracasábamos	habré fracasado	habremos fracasado
fracasabas	fracasabais	habrás fracasado	habréis fracasado
fracasaba	fracasaban	habrá fracasado	habrán fracasado

Future		Conditional Perfect	
fracasaré	fracasaremos	habría fracasado	habríamos fracasado
fracasarás	fracasaréis	habrías fracasado	habríais fracasado
fracasará	fracasarán	habría fracasado	habrían fracasado

Conditional	
fracasaría	fracasaríamos
fracasarías	fracasaríais
fracasaría	fracasarían

SUBJUNCTIVE

Present		Present Perfect	
fracase	fracasemos	haya fracasado	hayamos fracasado
fracases	fracaséis	hayas fracasado	hayáis fracasado
fracase	fracasen	haya fracasado	hayan fracasado

Past		Past Perfect	
fracasara	fracasáramos	hubiera fracasado	hubiéramos fracasado
fracasaras	fracasarais	hubieras fracasado	hubierais fracasado
fracasara	fracasaran	hubiera fracasado	hubieran fracasado

IMPERATIVE

fracasa	no fracases	fracasemos	no fracasemos
fracase	no fracase	fracasad	no fracaséis
		fracasen	no fracasen

No podemos fracasar; la misión es demasiado importante.
We can't fail; the mission is too important.
Si fracasas, no te rindas e inténtalo de nuevo.
If you fail, don't give up and try again.
La obra de teatro fracasó rotundamente.
The play was roundly unsuccessful.

FRENAR   *To brake, to stop, to slow down*

Past part. frenado   *Ger.* frenando

INDICATIVE

Present		Present Perfect	
freno	frenamos	he frenado	hemos frenado
frenas	frenáis	has frenado	habéis frenado
frena	frenan	ha frenado	han frenado

Preterit		Past Perfect	
frené	frenamos	había frenado	habíamos frenado
frenaste	frenasteis	habías frenado	habíais frenado
frenó	frenaron	había frenado	habían frenado

Imperfect		Future Perfect	
frenaba	frenábamos	habré frenado	habremos frenado
frenabas	frenabais	habrás frenado	habréis frenado
frenaba	frenaban	habrá frenado	habrán frenado

Future		Conditional Perfect	
frenaré	frenaremos	habría frenado	habríamos frenado
frenarás	frenaréis	habrías frenado	habríais frenado
frenará	frenarán	habría frenado	habrían frenado

Conditional	
frenaría	frenaríamos
frenarías	frenaríais
frenaría	frenarían

SUBJUNCTIVE

Present		Present Perfect	
frene	frenemos	haya frenado	hayamos frenado
frenes	frenéis	hayas frenado	hayáis frenado
frene	frenen	haya frenado	hayan frenado

Past		Past Perfect	
frenara	frenáramos	hubiera frenado	hubiéramos frenado
frenaras	frenarais	hubieras frenado	hubierais frenado
frenara	frenaran	hubiera frenado	hubieran frenado

IMPERATIVE

frena	no frenes	frenemos	no frenemos
frene	no frene	frenad	no frenéis
		frenen	no frenen

La compañía frenará la producción de sus productos menos populares inmediatamente.
The company will stop production of its least popular products immediately.

El conductor frenó drásticamente para evitar un accidente.
The driver braked drastically in order to avoid an accident.

Tenemos que frenar el deterioro de la capa de ozono.
We have to slow down the breakdown of the ozone layer.

246

Past part. fumado   *Ger.* fumando

INDICATIVE

Present		Present Perfect	
fumo	fumamos	he fumado	hemos fumado
fumas	fumáis	has fumado	habéis fumado
fuma	fuman	ha fumado	han fumado

Preterit		Past Perfect	
fumé	fumamos	había fumado	habíamos fumado
fumaste	fumasteis	habías fumado	habíais fumado
fumó	fumaron	había fumado	habían fumado

Imperfect		Future Perfect	
fumaba	fumábamos	habré fumado	habremos fumado
fumabas	fumabais	habrás fumado	habréis fumado
fumaba	fumaban	habrá fumado	habrán fumado

Future		Conditional Perfect	
fumaré	fumaremos	habría fumado	habríamos fumado
fumarás	fumaréis	habrías fumado	habríais fumado
fumará	fumarán	habría fumado	habrían fumado

Conditional	
fumaría	fumaríamos
fumarías	fumaríais
fumaría	fumarían

SUBJUNCTIVE

Present		Present Perfect	
fume	fumemos	haya fumado	hayamos fumado
fumes	fuméis	hayas fumado	hayáis fumado
fume	fumen	haya fumado	hayan fumado

Past		Past Perfect	
fumara	fumáramos	hubiera fumado	hubiéramos fumado
fumaras	fumarais	hubieras fumado	hubierais fumado
fumara	fumaran	hubiera fumado	hubieran fumado

IMPERATIVE

fuma	no fumes	fumemos	no fumemos
fume	no fume	fumad	no fuméis
		fumen	no fumen

Las personas que fuman juegan con su salud.
People who smoke gamble with their health.

Yo fumaba dos cajetillas al día antes de dejar el cigarrillo.
I used to smoke two packs a day before giving up cigarettes.

Está prohibido fumar aquí.
Smoking is forbidden here.

Past part. ganado   Ger. ganando

INDICATIVE

Present

gano	ganamos
ganas	ganáis
gana	ganan

Present Perfect

he ganado	hemos ganado
has ganado	habéis ganado
ha ganado	han ganado

Preterit

gané	ganamos
ganaste	ganasteis
ganó	ganaron

Past Perfect

había ganado	habíamos ganado
habías ganado	habíais ganado
había ganado	habían ganado

Imperfect

ganaba	ganábamos
ganabas	ganabais
ganaba	ganaban

Future Perfect

habré ganado	habremos ganado
habrás ganado	habréis ganado
habrá ganado	habrán ganado

Future

ganaré	ganaremos
ganarás	ganaréis
ganará	ganarán

Conditional Perfect

habría ganado	habríamos ganado
habrías ganado	habríais ganado
habría ganado	habrían ganado

Conditional

ganaría	ganaríamos
ganarías	ganaríais
ganaría	ganarían

SUBJUNCTIVE

Present

gane	ganemos
ganes	ganéis
gane	ganen

Present Perfect

haya ganado	hayamos ganado
hayas ganado	hayáis ganado
haya ganado	hayan ganado

Past

ganara	ganáramos
ganaras	ganarais
ganara	ganaran

Past Perfect

hubiera ganado	hubiéramos ganado
hubieras ganado	hubierais ganado
hubiera ganado	hubieran ganado

IMPERATIVE

gana	no ganes	ganemos	no ganemos
gane	no gane	ganad	no ganéis
		ganen	no ganen

Si ganara la lotería, compraría una casa para mi familia.
If I were to win the lottery, I would buy a house for my family.
Ella ganó fama y fortuna gracias a la televisión.
She won fame and fortune thanks to television.
Me gano el pan con el sudor de mi frente.
I earn my bread with the sweat from my brow.

GASTAR   *To spend, to waste*

Past part. gastado   *Ger.* gastando

INDICATIVE

Present		Present Perfect	
gasto	gastamos	he gastado	hemos gastado
gastas	gastáis	has gastado	habéis gastado
gasta	gastan	ha gastado	han gastado

Preterit		Past Perfect	
gasté	gastamos	había gastado	habíamos gastado
gastaste	gastasteis	habías gastado	habíais gastado
gastó	gastaron	había gastado	habían gastado

Imperfect		Future Perfect	
gastaba	gastábamos	habré gastado	habremos gastado
gastabas	gastabais	habrás gastado	habréis gastado
gastaba	gastaban	habrá gastado	habrán gastado

Future		Conditional Perfect	
gastaré	gastaremos	habría gastado	habríamos gastado
gastarás	gastaréis	habrías gastado	habríais gastado
gastará	gastarán	habría gastado	habrían gastado

Conditional	
gastaría	gastaríamos
gastarías	gastaríais
gastaría	gastarían

SUBJUNCTIVE

Present		Present Perfect	
gaste	gastemos	haya gastado	hayamos gastado
gastes	gastéis	hayas gastado	hayáis gastado
gaste	gasten	haya gastado	hayan gastado

Past		Past Perfect	
gastara	gastáramos	hubiera gastado	hubiéramos gastado
gastaras	gastarais	hubieras gastado	hubierais gastado
gastara	gastaran	hubiera gastado	hubieran gastado

IMPERATIVE

gasta	no gastes	gastemos	no gastemos
gaste	no gaste	gastad	no gastéis
		gasten	no gasten

Ha gastado una fortuna en arreglar la casa.
He has spent a fortune fixing up the house.
¿Cuánto dinero gastaste en tu viaje a Honduras?
How much money did you spend on your trip to Honduras?
Estamos gastando demasiada agua.
We are wasting too much water.

GIRAR *To turn, to spin, to revolve*

Past part. girado   *Ger.* girando

INDICATIVE

Present

		Present Perfect	
giro	giramos	he girado	hemos girado
giras	giráis	has girado	habéis girado
gira	giran	ha girado	han girado

Preterit

		Past Perfect	
giré	giramos	había girado	habíamos girado
giraste	girasteis	habías girado	habíais girado
giró	giraron	había girado	habían girado

Imerfect

		Future Perfect	
giraba	girábamos	habré girado	habremos girado
girabas	girabais	habrás girado	habréis girado
giraba	giraban	habrá girado	habrán girado

Future

		Conditional Perfect	
giraré	giraremos	habría girado	habríamos girado
girarás	giraréis	habrías girado	habríais girado
girará	girarán	habría girado	habrían girado

Conditional

giraría	giraríamos
girarías	giraríais
giraría	girarían

SUBJUNCTIVE

Present

		Present Perfect	
gire	giremos	haya girado	hayamos girado
gires	giréis	hayas girado	hayáis girado
gire	giren	haya girado	hayan girado

Past

		Past Perfect	
girara	giráramos	hubiera girado	hubiéramos girado
giraras	girarais	hubieras girado	hubierais girado
girara	giraran	hubiera girado	hubieran girado

IMPERATIVE

gira	no gires	giremos	no giremos
gire	no gire	girad	no giréis
		giren	no giren

Giré la cabeza discretamente para mirarla.
I turned my head discreetly to look at her.
Si hubiéramos girado a la derecha, habríamos llegado más pronto.
If we had turned to the right, we would have gotten there sooner.
La tierra gira sobre su eje y gira alrededor del sol.
The earth spins on its axis and revolves around the sun.

GOBERNAR   *To govern, to rule*

G

Past part. gobernado   *Ger.* gobernando

INDICATIVE

Present
gobierno	gobernamos
gobiernas	gobernáis
gobierna	gobiernan

Present Perfect
he gobernado	hemos gobernado
has gobernado	habéis gobernado
ha gobernado	han gobernado

Preterit
goberné	gobernamos
gobernaste	gobernasteis
gobernó	gobernaron

Past Perfect
había gobernado	habíamos gobernado
habías gobernado	habíais gobernado
había gobernado	habían gobernado

Imerfect
gobernaba	gobernábamos
gobernabas	gobernabais
gobernaba	gobernaban

Future Perfect
habré gobernado	habremos gobernado
habrás gobernado	habréis gobernado
habrá gobernado	habrán gobernado

Future
gobernaré	gobernaremos
gobernarás	gobernaréis
gobernará	gobernarán

Conditional Perfect
habría gobernado	habríamos gobernado
habrías gobernado	habríais gobernado
habría gobernado	habrían gobernado

Conditional
gobernaría	gobernaríamos
gobernarías	gobernaríais
gobernaría	gobernarían

SUBJUNCTIVE

Present
gobierne	gobernemos
gobiernes	gobernéis
gobierne	gobiernen

Present Perfect
haya gobernado	hayamos gobernado
hayas gobernado	hayáis gobernado
haya gobernado	hayan gobernado

Past
gobernara	gobernáramos
gobernaras	gobernarais
gobernara	gobernaran

Past Perfect
hubiera gobernado	hubiéramos gobernado
hubieras gobernado	hubierais gobernado
hubiera gobernado	hubieran gobernado

IMPERATIVE
gobierna	no gobiernes	gobernemos	no gobernemos
gobierne	no gobierne	gobernad	no gobernéis
		gobiernen	no gobiernen

El gobernador anterior habría gobernado mejor si hubiera tenido más apoyo en la legislatura.
The previous governor would have governed better if he had more support in the legislature.

Todos esperamos que este alcalde gobierne mejor que el pasado.
We all hope that this mayor governs better than the former one.

La Reina de Inglaterra gobierna la Iglesia Anglicana.
The Queen of England rules over the Anglican Church.

251

GOLPEAR *To hit, to beat* **Golpearse** *To bang oneself*

Past part. golpeado　　　　*Ger.* golpeando

INDICATIVE

Present
golpeo	golpeamos
golpeas	golpeáis
golpea	golpean

Present Perfect
he golpeado	hemos golpeado
has golpeado	habéis golpeado
ha golpeado	han golpeado

Preterit
golpeé	golpeamos
golpeaste	golpeasteis
golpeó	golpearon

Past Perfect
había golpeado	habíamos golpeado
habías golpeado	habíais golpeado
había golpeado	habían golpeado

Imperfect
golpeaba	golpeábamos
golpeabas	golpeabais
golpeaba	golpeaban

Future Perfect
habré golpeado	habremos golpeado
habrás golpeado	habréis golpeado
habrá golpeado	habrán golpeado

Future
golpearé	golpearemos
golpearás	golpearéis
golpeará	golpearán

Conditional Perfect
habría golpeado	habríamos golpeado
habrías golpeado	habríais golpeado
habría golpeado	habrían golpeado

Conditional
golpearía	golpearíamos
golpearías	golpearíais
golpearía	golpearían

SUBJUNCTIVE

Present
golpee	golpeemos
golpees	golpeéis
golpee	golpeen

Present Perfect
haya golpeado	hayamos golpeado
hayas golpeado	hayáis golpeado
haya golpeado	hayan golpeado

Past
golpeara	golpeáramos
golpearas	golpearais
golpeara	golpearan

Past Perfect
hubiera golpeado	hubiéramos golpeado
hubieras golpeado	hubierais golpeado
hubiera golpeado	hubieran golpeado

IMPERATIVE

golpea	no golpees	golpeemos	no golpeemos
golpee	no golpee	golpead	no golpeéis
		golpeen	no golpeen

Lo golpearon brutalmente por asaltantes desconocidos.
He was brutally beaten by unknown assailants.

Me golpeé la cabeza con la puerta del ropero.
I banged my head with the closet's door.

El granizo golpeaba contra la ventana haciendo un escándalo.
The hail beat against the window making a racket.

Past part. gozado   *Ger.* gozando

INDICATIVE

Present

gozo	gozamos
gozas	gozáis
goza	gozan

Present Perfect

he gozado	hemos gozado
has gozado	habéis gozado
ha gozado	han gozado

Preterit

gocé	gozamos
gozaste	gozasteis
gozó	gozaron

Past Perfect

había gozado	habíamos gozado
habías gozado	habíais gozado
había gozado	habían gozado

Imperfect

gozaba	gozábamos
gozabas	gozabais
gozaba	gozaban

Future Perfect

habré gozado	habremos gozado
habrás gozado	habréis gozado
habrá gozado	habrán gozado

Future

gozaré	gozaremos
gozarás	gozaréis
gozará	gozarán

Conditional Perfect

habría gozado	habríamos gozado
habrías gozado	habríais gozado
habría gozado	habrían gozado

Conditional

gozaría	gozaríamos
gozarías	gozaríais
gozaría	gozarían

SUBJUNCTIVE

Present

goce	gocemos
goces	gocéis
goce	gocen

Present Perfect

haya gozado	hayamos gozado
hayas gozado	hayáis gozado
haya gozado	hayan gozado

Past

gozara	gozáramos
gozaras	gozarais
gozara	gozaran

Past Perfect

hubiera gozado	hubiéramos gozado
hubieras gozado	hubierais gozado
hubiera gozado	hubieran gozado

IMPERATIVE

goza	no goces	gocemos	no gocemos
goce	no goce	gozad	no gocéis
		gocen	no gocen

Los niños gozan cuando vamos a la playa.
The kids have fun when we go to the beach.
Goza de muchas ventajas en su nuevo empleo.
He enjoys many advantages in his new job.
Parece que gozáis de la desgracia ajena.
It seems you take pleasure in other's people misfortunes.

Past part. grabado   Ger. grabando

INDICATIVE

Present

grabo	grabamos
grabas	grabáis
graba	graban

Present Perfect

he grabado	hemos grabado
has grabado	habéis grabado
ha grabado	han grabado

Preterit

grabé	grabamos
grabaste	grabasteis
grabó	grabaron

Past Perfect

había grabado	habíamos grabado
habías grabado	habíais grabado
había grabado	habían grabado

Imperfect

grababa	grabábamos
grababas	grababais
grababa	grababan

Future Perfect

habré grabado	habremos grabado
habrás grabado	habréis grabado
habrá grabado	habrán grabado

Future

grabaré	grabaremos
grabarás	grabaréis
grabará	grabarán

Conditional Perfect

habría grabado	habríamos grabado
habrías grabado	habríais grabado
habría grabado	habrían grabado

Conditional

grabaría	grabaríamos
grabarías	grabaríais
grabaría	grabarían

SUBJUNCTIVE

Present

grabe	grabemos
grabes	grabéis
grabe	graben

Present Perfect

haya grabado	hayamos grabado
hayas grabado	hayáis grabado
haya grabado	hayan grabado

Past

grabara	grabáramos
grabaras	grabarais
grabara	grabaran

Past Perfect

hubiera grabado	hubiéramos grabado
hubieras grabado	hubierais grabado
hubiera grabado	hubieran grabado

IMPERATIVE

graba	no grabes	grabemos	no grabemos
grabe	no grabe	grabad	no grabéis
		graben	no graben

Hice grabar la fecha del aniversario de la boda en nuestros anillos.
I had the date of the wedding anniversary engraved on our rings.

Mi grupo favorito ha grabado una nueva canción.
My favorite group has recorded a new single.

Tus iniciales están grabadas permanentemente en mi corazón.
Your initials are permanently etched in my heart.

GRITAR   *To shout, to scream, to yell*

Past part. gritado   *Ger.* gritando

INDICATIVE

Present
		Present Perfect	
grito	gritamos	he gritado	hemos gritado
gritas	gritáis	has gritado	habéis gritado
grita	gritan	ha gritado	han gritado

Preterit
		Past Perfect	
grité	gritamos	había gritado	habíamos gritado
gritaste	gritásteis	habías gritado	habíais gritado
gritó	gritaron	había gritado	habían gritado

Imperfect
		Future Perfect	
gritaba	gritábamos	habré gritado	habremos gritado
gritabas	gritabais	habrás gritado	habréis gritado
gritaba	gritaban	habrá gritado	habrán gritado

Future
		Conditional Perfect	
gritaré	gritaremos	habría gritado	habríamos gritado
gritarás	gritaréis	habrías gritado	habríais gritado
gritará	gritarán	habría gritado	habrían gritado

Conditional
gritaría	gritaríamos
gritarías	gritaríais
gritaría	gritarían

SUBJUNCTIVE

Present
		Present Perfect	
grite	gritemos	haya gritado	hayamos gritado
grites	gritéis	hayas gritado	hayáis gritado
grite	griten	haya gritado	hayan gritado

Past
		Past Perfect	
gritara	gritáramos	hubiera gritado	hubiéramos gritado
gritaras	gritarais	hubieras gritado	hubierais gritado
gritara	gritaran	hubiera gritado	hubieran gritado

IMPERATIVE
grita	no grites	gritemos	no gritemos
grite	no grite	gritad	no gritéis
		griten	no griten

¡No me grites!
Don't yell at me!
Mi hermana gritó cuando vio al ratón correr por la cocina.
My sister screamed when she saw the mouse scurry through the kitchen.
Los manifestantes gritaban consignas en contra del gobierno.
The demonstrators were shouting anti-government slogans.

255

Past part. guardado   *Ger.* guardando

INDICATIVE

Present

guardo	guardamos
guardas	guardáis
guarda	guardan

Present Perfect

he guardado	hemos guardado
has guardado	habéis guardado
ha guardado	han guardado

Preterit

guardé	guardamos
guardaste	guardasteis
guardó	guardaron

Past Perfect

había guardado	habíamos guardado
habías guardado	habíais guardado
había guardado	habían guardado

Imperfect

guardaba	guardábamos
guardabas	guardabais
guardaba	guardaban

Future Perfect

habré guardado	habremos guardado
habrás guardado	habréis guardado
habrá guardado	habrán guardado

Future

guardaré	guardaremos
guardarás	guardaréis
guardará	guardarán

Conditional Perfect

habría guardado	habríamos guardado
habrías guardado	habríais guardado
habría guardado	habrían guardado

Conditional

guardaría	guardaríamos
guardarías	guardaríais
guardaría	guardarían

SUBJUNCTIVE

Present

guarde	guardemos
guardes	guardéis
guarde	guarden

Present Perfect

haya guardado	hayamos guardado
hayas guardado	hayáis guardado
haya guardado	hayan guardado

Past

guardara	guardáramos
guardaras	guardarais
guardara	guardaran

Past Perfect

hubiera guardado	hubiéramos guardado
hubieras guardado	hubierais guardado
hubiera guardado	hubieran guardado

IMPERATIVE

guarda	no guardes	guardemos	no guardemos
guarde	no guarde	guardad	no guardéis
		guarden	no guarden

¡Guarda tus juguetes ahora mismo!
Put the toys away right now!

¿Por qué no me guardaron un trozo de pastel?
Why didn't you save a piece of cake for me?

Luisa guardaba todas sus cartas de amor en una caja de zapatos.
Luisa kept her love letters in a shoe box.

HABITAR *To live in, to dwell*

H

Past part. habitado   **Ger.** habitando

INDICATIVE

Present
habito	habitamos
habitas	habitáis
habita	habitan

Present Perfect
he habitado	hemos habitado
has habitado	habéis habitado
ha habitado	han habitado

Preterit
habité	habitamos
habitaste	habitasteis
habitó	habitaron

Past Perfect
había habitado	habíamos habitado
habías habitado	habíais habitado
había habitado	habían habitado

Imperfect
habitaba	habitábamos
habitabas	habitabais
habitaba	habitaban

Future Perfect
habré habitado	habremos habitado
habrás habitado	habréis habitado
habrá habitado	habrán habitado

Future
habitaré	habitaremos
habitarás	habitaréis
habitará	habitarán

Conditional Perfect
habría habitado	habríamos habitado
habrías habitado	habríais habitado
habría habitado	habrían habitado

Conditional
habitaría	habitaríamos
habitarías	habitaríais
habitaría	habitarían

SUBJUNCTIVE

Present
habite	habitemos
habites	habitéis
habite	habiten

Present Perfect
haya habitado	hayamos habitado
hayas habitado	hayáis habitado
haya habitado	hayan habitado

Past
habitara	habitáramos
habitaras	habitarais
habitara	habitaran

Past Perfect
hubiera habitado	hubiéramos habitado
hubieras habitado	hubierais habitado
hubiera habitado	hubieran habitado

IMPERATIVE

habita	no habites	habitemos	no habitemos
habite	no habite	habitad	no habitéis
		habiten	no habiten

El hombre prehistórico habitaba en cavernas.
Prehistoric man dwelled in caves.

Nadie habita esa casa desde hace muchos años.
No one has lived in that house for many years.

La persona que quiera habitar ahí tendrá que hacer muchas renovaciones.
The person who wants to live there will have to make many renovations.

257

HABLAR   *To speak, to talk*

Past part. hablado   Ger. hablando

INDICATIVE

	Present		Present Perfect
hablo	hablamos	he hablado	hemos hablado
hablas	habláis	has hablado	habéis hablado
habla	hablan	ha hablado	han hablado

	Preterit		Past Perfect
hablé	hablamos	había hablado	habíamos hablado
hablaste	hablasteis	habías hablado	habíais hablado
habló	hablaron	había hablado	habían hablado

	Imperfect		Future Perfect
hablaba	hablábamos	habré hablado	habremos hablado
hablabas	hablabais	habrás hablado	habréis hablado
hablaba	hablaban	habrá hablado	habrán hablado

	Future		Conditional Perfect
hablaré	hablaremos	habría hablado	habríamos hablado
hablarás	hablaréis	habrías hablado	habríais hablado
hablará	hablarán	habría hablado	habrían hablado

	Conditional
hablaría	hablaríamos
hablarías	hablaríais
hablaría	hablarían

SUBJUNCTIVE

	Present		Present Perfect
hable	hablemos	haya hablado	hayamos hablado
hables	habléis	hayas hablado	hayáis hablado
hable	hablen	haya hablado	hayan hablado

	Past		Past Perfect
hablara	habláramos	hubiera hablado	hubiéramos hablado
hablaras	hablarais	hubieras hablado	hubierais hablado
hablara	hablaran	hubiera hablado	hubieran hablado

IMPERATIVE

habla	no hables	hablemos	no hablemos
hable	no hable	hablad	no habléis
		hablen	no hablen

Elena y Manuel no se hablan desde hace años.
Elena and Manuel haven't spoken to each other for years.

Hablaría del tema con ella pero prefiero no hacerlo.
I would talk about the issue with her but I prefer not to.

Hablas con la voz de la experiencia.
You speak with the voice of experience.

HACER   *To do, to make*

Hacerse *To become, to pretend to be, to get used to*
Past part. hecho   *Ger.* haciendo

INDICATIVE

Present		Present Perfect	
hago	hacemos	he hecho	hemos hecho
haces	hacéis	has hecho	habéis hecho
hace	hacen	ha hecho	han hecho

Preterit		Past Perfect	
hice	hicimos	había hecho	habíamos hecho
hiciste	hicisteis	habías hecho	habíais hecho
hizo	hicieron	había hecho	habían hecho

Imperfect		Future Perfect	
hacía	hacíamos	habré hecho	habremos hecho
hacías	hacíais	habrás hecho	habréis hecho
hacía	hacían	habrá hecho	habrán hecho

Future		Conditional Perfect	
haré	haremos	habría hecho	habríamos hecho
harás	haréis	habrías hecho	habríais hecho
hará	harán	habría hecho	habrían hecho

Conditional	
haría	haríamos
harías	haríais
haría	harían

SUBJUNCTIVE

Present		Present Perfect	
haga	hagamos	haya hecho	hayamos hecho
hagas	hagáis	hayas hecho	hayáis hecho
haga	hagan	haya hecho	hayan hecho

Past		Past Perfect	
hiciera	hiciéramos	hubiera hecho	hubiéramos hecho
hicieras	hicierais	hubieras hecho	hubierais hecho
hiciera	hicieran	hubiera hecho	hubieran hecho

IMPERATIVE

haz	no hagas	hagamos	no hagamos
haga	no haga	haced	no hagáis
		hagan	no hagan

Hicimos un pastel para su cumpleaños.
We made a cake for her birthday.

Espero que hayas hecho los deberes correctamente.
I hope you have done your homework correctly.

Gané la lotería, me hice rico y me compré una casa.
I won the lottery, I became rich, and I bought a house.

Past part.   hallado   *Ger.*   hallando

INDICATIVE

Present		Present Perfect	
hallo	hallamos	he hallado	hemos hallad
hallas	halláis	has hallado	habéis hallado
halla	hallan	ha hallado	han hallado

Preterit		Past Perfect	
hallé	hallamos	había hallado	habíamos hallado
hallaste	hallasteis	habías hallado	habíais hallado
halló	hallaron	había hallado	habían hallado

Imperfect		Future Perfect	
hallaba	hallábamos	habré hallado	habremos hallado
hallabas	hallabais	habrás hallado	habréis hallado
hallaba	hallaban	habrá hallado	habrán hallado

Future		Conditional Perfect	
hallaré	hallaremos	habría hallado	habríamos hallado
hallarás	hallaréis	habrías hallado	habríais hallado
hallará	hallarán	habría hallado	habrían hallado

Conditional	
hallaría	hallaríamos
hallarías	hallaríais
hallaría	hallarían

SUBJUNCTIVE

Present		Present Perfect	
halle	hallemos	haya hallado	hayamos hallado
halles	halléis	hayas hallado	hayáis hallado
halle	hallen	haya hallado	hayan hallado

Past		Past Perfect	
hallara	halláramos	hubiera hallado	hubiéramos hallado
hallaras	hallarais	hubieras hallado	hubierais hallado
hallara	hallaran	hubiera hallado	hubieran hallado

IMPERATIVE

halla	no halles	hallemos	no hallemos
halle	no halle	hallad	no halléis
		hallen	no hallen

Hallamos la casa fácilmente gracias a las direcciones que nos diste.
We found the house easily thanks to the directions you gave us.

No hallo la manera de resolver este problema.
I can't find a way to solve this problem.

Ese enfermo se halla al borde de la muerte.
That sick person is on the brink of death.

HEREDAR   *To inherit, to succeed to, to get from*

H

Past part. heredado   *Ger.* heredando

INDICATIVE

Present		Present Perfect	
heredo	heredamos	he heredado	hemos heredado
heredas	heredáis	has heredado	habéis heredado
hereda	heredan	ha heredado	han heredado

Preterit		Past Perfect	
heredé	heredamos	había heredado	habíamos heredado
heredaste	heredasteis	habías heredado	habíais heredado
heredó	heredaron	había heredado	habían heredado

Imperfect		Future Perfect	
heredaba	heredábamos	habré heredado	habremos heredado
heredabas	heredabais	habrás heredado	habréis heredado
heredaba	heredaban	habrá heredado	habrán heredado

Future		Conditional Perfect	
heredaré	heredaremos	habría heredado	habríamos heredado
heredarás	heredaréis	habrías heredado	habríais heredado
heredará	heredarán	habría heredado	habrían heredado

Conditional	
heredaría	heredaríamos
heredarías	heredaríais
heredaría	heredarían

SUBJUNCTIVE

Present		Present Perfect	
herede	heredemos	haya heredado	hayamos heredado
heredes	heredéis	hayas heredado	hayáis heredado
herede	hereden	haya heredado	hayan heredado

Past		Past Perfect	
heredara	heredáramos	hubiera heredado	hubiéramos heredado
heredaras	heredarais	hubieras heredado	hubierais heredado
heredara	heredaran	hubiera heredado	hubieran heredado

IMPERATIVE

hereda	no heredes	heredemos	no heredemos
herede	no herede	heredad	no heredéis
		hereden	no hereden

La administración actual heredó una situación desastrosa.
The current administration inherited a disastrous situation.
El Príncipe Felipe heredará el trono de España.
Prince Felipe will succeed to the throne of Spain.
Heredaron los ojos y el carácter de su madre.
They got their eyes and character from their mother.

HERIR   *To hurt, to wound*

Past part. herido   *Ger.* hiriendo

INDICATIVE

Present

		Present Perfect	
hiero	herimos	he herido	hemos herido
hieres	herís	has herido	habéis herido
hiere	hieren	ha herido	han herido

Preterit

		Past Perfect	
herí	herimos	había herido	habíamos herido
heriste	heristeis	habías herido	habíais herido
hirió	hirieron	había herido	habían herido

Imperfect

		Future Perfect	
hería	heríamos	habré herido	habremos herido
herías	heríais	habrás herido	habréis herido
hería	herían	habrá herido	habrán herido

Future

		Conditional Perfect	
heriré	heriremos	habría herido	habríamos herido
herirás	heriréis	habrías herido	habríais herido
herirá	herirán	habría herido	habrían herido

Conditional

heriría	heriríamos
herirías	heriríais
heriría	herirían

SUBJUNCTIVE

Present

		Present Perfect	
hiera	hiramos	haya herido	hayamos herido
hieras	hiráis	hayas herido	hayáis herido
hiera	hieran	haya herido	hayan herido

Past

		Past Perfect	
hiriera	hiriéramos	hubiera herido	hubiéramos herido
hirieras	hirierais	hubieras herido	hubierais herido
hiriera	hirieran	hubiera herido	hubieran herido

IMPERATIVE

hiere	no hieras	hiramos	no hiramos
hiera	no hiera	herid	no hiráis
		hieran	no hieran

Una bala lo hirió en la pierna mientras huía.
A bullet wounded him in the leg while he was running away.

Su actitud egoísta me hirió hondamente.
His selfish behavior hurt me deeply.

Tus palabras no hieren tanto como tus acciones.
Your words don't hurt as much as your actions.

Past part. hervido   *Ger.* hirviendo

INDICATIVE

Present		Present Perfect	
hiervo	hervimos	he hervido	hemos hervido
hierves	hervís	has hervido	habéis hervido
hierve	hierven	ha hervido	han hervido

Preterit		Past Perfect	
herví	hervimos	había hervido	habíamos hervido
herviste	hervisteis	habías hervido	habíais hervido
hirvió	hirvieron	había hervido	habían hervido

Imperfect		Future Perfect	
hervía	hervíamos	habré hervido	habremos hervido
hervías	hervíais	habrás hervido	habréis hervido
hervía	hervían	habrá hervido	habrán hervido

Future		Conditional Perfect	
herviré	herviremos	habría hervido	habríamos hervido
hervirás	herviréis	habrías hervido	habríais hervido
hervirá	hervirán	habría hervido	habrían hervido

Conditional	
herviría	herviríamos
hervirías	herviríais
herviría	hervirían

SUBJUNCTIVE

Present		Present Perfect	
hierva	hirvamos	haya hervido	hayamos hervido
hiervas	hirváis	hayas hervido	hayáis hervido
hierva	hiervan	haya hervido	hayan hervido

Past		Past Perfect	
hirviera	hirviéramos	hubiera hervido	hubiéramos hervido
hirvieras	hirvierais	hubieras hervido	hubierais hervido
hirviera	hirvieran	hubiera hervido	hubieran hervido

IMPERATIVE

hierve	no hiervas	hirvamos	no hirvamos
hierva	no hierva	hervid	no hirváis
		hiervan	no hiervan

Hierve las patatas durante 20 minutos.
Boil the potatoes for 20 minutes.
El niño está hirviendo de fiebre.
The child is burning up with fever.
Me gusta comer la sopa cuando está hirviendo de caliente.
I like to eat soup when it's boiling hot.

HORNEAR *To bake*

Past part. horneado　　　　*Ger.* horneando

INDICATIVE

Present		Present Perfect	
horneo	horneamos	he horneado	hemos horneado
horneas	horneáis	has horneado	habéis horneado
hornea	hornean	ha horneado	han horneado

Preterit		Past Perfect	
horneé	horneamos	había horneado	habíamos horneado
horneaste	horneasteis	habías horneado	habíais horneado
horneó	hornearon	había horneado	habían horneado

Imperfect		Future Perfect	
horneaba	horneábamos	habré horneado	habremos horneado
horneabas	horneabais	habrás horneado	habréis horneado
horneaba	horneaban	habrá horneado	habrán horneado

Future		Conditional Perfect	
hornearé	hornearemos	habría horneado	habríamos horneado
hornearás	hornearéis	habrías horneado	habríais horneado
horneará	hornearán	habría horneado	habrían horneado

Conditional	
hornearía	hornearíamos
hornearías	hornearíais
hornearía	hornearían

SUBJUNCTIVE

Present		Present Perfect	
hornee	horneemos	haya horneado	hayamos horneado
hornees	horneéis	hayas horneado	hayáis horneado
hornee	horneen	haya horneado	hayan horneado

Past		Past Perfect	
horneara	horneáramos	hubiera horneado	hubiéramos horneado
hornearas	hornearais	hubieras horneado	hubierais horneado
horneara	hornearan	hubiera horneado	hubieran horneado

IMPERATIVE

hornea	no hornees	horneemos	no horneemos
hornee	no hornee	hornead	no horneéis
		horneen	no horneen

Miranda horneó el pastel para el cumpleaños de Luisa.
Miranda baked the cake for Luisa's birthday.

No habría horneado tanto si hubiera sabido que no veníais.
I wouldn't have baked so much if I had known that you weren't coming.

El pan se debe hornear en un horno muy caliente.
Bread must be baked in a very hot oven.

Past part. huído   *Ger.* huyendo

INDICATIVE

Present		Present Perfect	
huyo	huimos	he huido	hemos huido
huyes	huís	has huido	habéis huido
huye	huyen	ha huido	han huido

Preterit		Past Perfect	
huí	huimos	había huido	habíamos huido
huiste	huisteis	habías huido	habíais huido
huyó	huyeron	había huido	habían huido

Imperfect		Future Perfect	
huía	huíamos	habré huido	habremos huido
huías	huíais	habrás huido	habréis huido
huía	huían	habrá huido	habrán huido

Future		Conditional Perfect	
huiré	huiremos	habría huido	habríamos huido
huirás	huiréis	habrías huido	habríais huido
huirá	huirán	habría huido	habrían huido

Conditional	
huiría	huiríamos
huirías	huiríais
huiría	huirían

SUBJUNCTIVE

Present		Present Perfect	
huya	huyamos	haya huido	hayamos huido
huyas	huyáis	hayas huido	hayáis huido
huya	huyan	haya huido	hayan huido

Past		Past Perfect	
huyera	huyéramos	hubiera huido	hubiéramos huido
huyeras	huyerais	hubieras huido	hubierais huido
huyera	huyeran	hubiera huido	hubieran huido

IMPERATIVE

huye	no huyas	huyamos	no huyamos
huya	no huya	huid	no huyáis
		huyan	no huyan

Salió huyendo en cuanto vio llegar a la policía.
He ran away as soon as he saw the police coming.

Los prisioneros huyeron de la prisión por un túnel.
The prisoners escaped from the prison through a tunnel.

¡No huyas, cobarde!
Don't run away, you coward!

IGNORAR *To ignore, to be unaware of*

Past part. ignorado   *Ger.* ignorando

INDICATIVE

Present		Present Perfect	
ignoro	ignoramos	he ignorado	hemos ignorado
ignoras	ignoráis	has ignorado	habéis ignorado
ignora	ignoran	ha ignorado	han ignorado

Preterit		Past Perfect	
ignoré	ignoramos	había ignorado	habíamos ignorado
ignoraste	ignorasteis	habías ignorado	habíais ignorado
ignoró	ignoran	había ignorado	habían ignorado

Imperfect		Future Perfect	
ignoraba	ignorábamos	habré ignorado	habremos ignorado
ignorabais	ignorabais	habrás ignorado	habréis ignorado
ignoraba	ignoraban	habrá ignorado	habrán ignorado

Future		Conditional Perfect	
ignoraré	ignoraremos	habría ignorado	habríamos ignorado
ignorarás	ignoraréis	habrías ignorado	habríais ignorado
ignorará	ignorarán	habría ignorado	habrían ignorado

Conditional	
ignoraría	ignoraríamos
ignoraría	ignoraríais
ignoraría	ignorarían

SUBJUNCTIVE

Present		Present Perfect	
ignore	ignoremos	haya ignorado	hayamos ignorado
ignores	ignoréis	hayas ignorado	hayáis ignorado
ignore	ignoren	haya ignorado	hayan ignorado

Past		Past Perfect	
ignorara	ignoráramos	hubiera ignorado	hubiéramos ignorado
ignoraras	ignorarais	hubieras ignorado	hubierais ignorado
ignorara	ignoraran	hubiera ignorado	hubieran ignorado

IMPERATIVE

ignora	no ignores	ignoramos	no ignoremos
ignore	no ignore	ignorad	no ignoréis
		ignoren	no ignoren

Ignoró totalmente mi presencia.
He completely ignored my presence.

Quizás ignoraban la gravedad del asunto.
Perhaps they were unaware of the seriousness of the matter.

¿Cómo esperas que ignore lo que me acabas de decir?
How do you expect me to ignore what you just told me?

Past part. imaginado   *Ger.* imaginando

INDICATIVE

Present		Present Perfect	
imagino	imaginamos	he imaginado	hemos imaginado
imaginas	imagináis	has imaginado	habéis imaginado
imagina	imaginan	ha imaginado	han imaginado

Preterit		Past Perfect	
imaginé	imaginamos	había imaginado	habíamos imaginado
imaginaste	imaginasteis	habías imaginado	habíais imaginado
imaginó	imaginaron	había imaginado	habían imaginado

Imperfect		Future Perfect	
imaginaba	imaginábamos	habré imaginado	habremos imaginado
imaginabas	imaginabais	habrás imaginado	habréis imaginado
imaginaba	imaginaban	habrá imaginado	habrán imaginado

Future		Conditional Perfect	
imaginaré	imaginaremos	habría imaginado	habríamos imaginado
imaginarás	imaginaréis	habrías imaginado	habríais imaginado
imaginará	imaginarán	habría imaginado	habrían imaginado

Conditional	
imaginaría	imaginaríamos
imaginarías	imaginaríais
imaginaría	imaginarían

SUBJUNCTIVE

Present		Present Perfect	
imagine	imaginemos	haya imaginado	hayamos imaginado
imagines	imaginéis	hayas imaginado	hayáis imaginado
imagine	imaginen	haya imaginado	hayan imaginado

Past		Past Perfect	
imaginara	imagináramos	hubiera imaginado	hubiéramos imaginado
imaginaras	imaginarais	hubieras imaginado	hubierais imaginado
imaginara	imaginaran	hubiera imaginado	hubieran imaginado

IMPERATIVE

imagina	no imagines	imaginemos	no imaginemos
imagine	no imagine	imaginad	no imaginéis
		imaginen	no imaginen

Nunca hubiera imaginado que eras su hermana.
I would never have imagined that you were her sister.

Imagínense un mundo sin guerra y sin pobreza.
Imagine a world without war and without poverty.

No os podéis imaginar lo que pasó anoche.
You can't imagine what happened last night.

IMITAR   *To imitate, to simulate, to copy*

Past part. imitado   *Ger.* imitando

INDICATIVE

Present

imito	imitamos
imitas	imitáis
imita	imitan

Preterit

imité	imitamos
imitaste	imitasteis
imitó	imitaron

Imperfect

imitaba	imitábamos
imitabas	imitabais
imitaba	imitaban

Future

imitaré	imitaremos
imitarás	imitaréis
imitará	imitarán

Conditional

imitaría	imitaríamos
imitarías	imitaréis
imitaría	imitarían

Present Perfect

he imitado	hemos imitado
has imitado	habéis imitado
ha imitado	han imitado

Past Perfect

había imitado	habíamos imitado
habías imitado	habíais imitado
había imitado	habían imitado

Future Perfect

habré imitado	habremos imitado
habrás imitado	habréis imitado
habrá imitado	habrán imitado

Conditional Perfect

habría imitado	habríamos imitado
habrías imitado	habríais imitado
habría imitado	habrían imitado

SUBJUNCTIVE

Present

imite	imitemos
imites	imitéis
imite	imiten

Past

imitara	imitáramos
imitaras	imitarais
imitara	imitaran

Present Perfect

haya imitado	hayamos imitado
hayas imitado	hayáis imitado
haya imitado	hayan imitado

Past Perfect

hubiera imitado	hubiéramos imitado
hubieras imitado	hubierais imitado
hubiera imitado	hubieran imitado

IMPERATIVE

imita	no imites	imitemos	no imitemos
imite	no imite	imitad	no imitéis
		imiten	no imiten

¡Qué chistoso! imita el acento y el tono del profesor a la perfección.
How funny; he copies the teacher's accent and tone perfectly.

Algunos insectos imitan a las plantas para confundir a los predadores.
Some insects simulate plants to confuse predators.

Hasta los artistas más originales imitan a sus predecesores de alguna manera.
Even the most original artists imitate their predecessors in some way.

IMPEDIR   *To prevent, to hinder, to impede*

Past part. impedido   *Ger.* impidiendo

INDICATIVE

Present
impido	impedimos
impides	impedís
impide	impiden

Present Perfect
he impedido	hemos impedido
has impedido	habéis impedido
ha impedido	han impedido

Preterit
impedí	impedimos
impediste	impedisteis
impidió	impidieron

Past Perfect
había impedido	habíamos impedido
habías impedido	habíais impedido
había impedido	habían impedido

Imperfect
impedía	impedíamos
impedías	impedíais
impedía	impedían

Future Perfect
habré impedido	habremos impedido
habrás impedido	habréis impedido
habrá impedido	habrán impedido

Future
impediré	impediremos
impedirás	impediréis
impedirá	impedirán

Conditional Perfect
habría impedido	habríamos impedido
habrías impedido	habríais impedido
habría impedido	habrían impedido

Conditional
impediría	impediríamos
impedirías	impediríais
impediría	impedirían

SUBJUNCTIVE

Present
impida	impidamos
impidas	impidáis
impida	impidan

Present Perfect
haya impedido	hayamos impedido
hayas impedido	hayáis impedido
haya impedido	hayan impedido

Past
impidiera	impidiéramos
impidieras	impidierais
impidiera	impidieran

Past Perfect
hubiera impedido	hubiéramos impedido
hubieras impedido	hubierais impedido
hubiera impedido	hubieran impedido

IMPERATIVE

impide	no impidas	impidamos	no impidamos
impida	no impida	impedid	no impidáis
		impidan	no impidan

No pudo impedir el accidente a pesar de sus esfuerzos.
He wasn't able to prevent the accident in spite of his efforts.
El mal tiempo impidió el progreso de las obras.
The bad weather hindered the work's progress.
La ropa mojada impedía mis movimientos.
The wet clothes impeded my movements.

IMPRIMIR *To print*

Past part. impreso, imprimido   *Ger.* imprimiendo

INDICATIVE

Present

imprimo	imprimimos
imprimes	imprimís
imprime	imprimen

Present Perfect

he imprimido	hemos imprimido
has imprimido	habéis imprimido
ha imprimido	han imprimido

Preterit

imprimí	imprimimos
imprimiste	imprimisteis
imprimió	imprimieron

Past Perfect

había imprimido	habíamos imprimido
habías imprimido	habíais imprimido
había imprimido	habían imprimido

Imperfect

imprimía	imprimiamos
imprimías	imprimíais
imprimía	imprimían

Future Perfect

habré imprimido	habremos imprimido
habrás imprimido	habréis imprimido
habrá imprimido	habrán imprimido

Future

imprimiré	imprimiremos
imprimirás	imprimiréis
imprimirá	imprimirán

Conditional Perfect

habría imprimido	habríamos imprimido
habrías imprimido	habríais imprimido
habría imprimido	habrían imprimido

Conditional

imprimiría	imprimiríamos
imprimirías	imprimiríais
imprimiría	imprimirían

SUBJUNCTIVE

Present

imprima	imprimamos
imprimas	imprimáis
imprima	impriman

Present Perfect

haya imprimido	hayamos imprimido
hayas imprimido	hayáis imprimido
haya imprimido	hayan imprimido

Past

imprimiera	imprimiéramos
imprimieras	imprimierais
imprimiera	imprimieran

Past Perfect

hubiera imprimido	hubiéramos imprimido
hubieras imprimido	hubierais imprimido
hubiera imprimido	hubieran imprimido

IMPERATIVE

imprime	no imprimas	imprimamos	no imprimamos
imprima	no imprima	imprimid	no imprimáis
		impriman	no impriman

Laura siempre imprime sus trabajos para la clase en el último minuto.
Laura always prints her class papers at the last minute.

Primero, imprimimos veinte copias pero al final se necesitaban varias más.
At first, we printed twenty copies but in the end several more were needed.

Impriman a doble lado para ahorrar papel.
Print double-sided to save paper.

INDICAR   *To indicate, to show*

Past part. indicado   *Ger.* indicando

INDICATIVE

Present		Present Perfect	
indico	indicamos	he indicado	hemos indicado
indicas	indicáis	has indicado	habéis indicado
indica	indican	ha indicado	han indicado

Preterit		Past Perfect	
indiqué	indicamos	había indicado	habíamos indicado
indicaste	indicasteis	habías indicado	habíais indicado
indicó	indicaron	había indicado	habían indicado

Imperfect		Future Perfect	
indicaba	indicábamos	habré indicado	habremos indicado
indicabas	indicabais	habrás indicado	habréis indicado
indicaba	indicaban	habrá indicado	habrán indicado

Future		Conditional Perfect	
indicaré	indicaremos	habría indicado	habríamos indicado
indicarás	indicaréis	habrías indicado	habríais indicado
indicará	indicarán	habría indicado	habrían indicado

Conditional	
indicaría	indicaríamos
indicarías	indicaríais
indicaría	indicarían

SUBJUNCTIVE

Present		Present Perfect	
indique	indiquemos	haya indicado	hayamos indicado
indiques	indiquéis	hayas indicado	hayáis indicado
indique	indiquen	haya indicado	hayan indicado

Past		Past Perfect	
indicara	indicáramos	hubiera indicado	hubiéramos indicado
indicaras	indicarais	hubieras indicado	hubierais indicado
indicara	indicaran	hubiera indicado	hubieran indicado

IMPERATIVE

indica	no indiques	indiquemos	no indiquemos
indique	no indique	indicad	no indiquéis
		indiquen	no indiquen

El termómetro indica un ligero descenso de la temperatura.
The thermometer shows a slight drop in temperature.
Un asterisco indica que se trata de un caso especial.
An asterisk indicates that it is a special case.
Hay una flecha que indica el camino al mirador.
There is an arrow indicating the way to the lookout.

INGRESAR *To join, to enter, to be admitted, to deposit*

Past part. ingresado   *Ger.* ingresando

INDICATIVE

Present		Present Perfect	
ingreso	ingresamos	he ingresado	hemos ingresado
ingresas	ingresáis	has ingresado	habéis ingresado
ingresa	ingresan	ha ingresado	han ingresado

Preterit		Past Perfect	
ingresé	ingresamos	había ingresado	habíamos ingresado
ingresaste	ingresasteis	habías ingresado	habíais ingresado
ingresó	ingresaron	había ingresado	habían ingresado

Imperfect		Future Perfect	
ingresaba	ingresábamos	habré ingresado	habremos ingresado
ingresabas	ingresabais	habrás ingresado	habréis ingresado
ingresaba	ingresaban	habrá ingresado	habrán ingresado

Future		Conditional Perfect	
ingresaré	ingresaremos	habría ingresado	habríamos ingresado
ingresarás	ingresaréis	habrías ingresado	habríais ingresado
ingresará	ingresarán	habría ingresado	habrían ingresado

Conditional	
ingresaría	ingresaríamos
ingresarías	ingresaríais
ingresaría	ingresarían

SUBJUNCTIVE

Present		Present Perfect	
ingrese	ingresemos	haya ingresado	hayamos ingresado
ingreses	ingreséis	hayas ingresado	hayáis ingresado
ingrese	ingresen	haya ingresado	hayan ingresado

Past		Past Perfect	
ingresara	ingresáramos	hubiera ingresado	hubiéramos ingresado
ingresaras	ingresarais	hubieras ingresado	hubierais ingresado
ingresara	ingresaran	hubiera ingresado	hubieran ingresado

IMPERATIVE

ingresa	no ingreses	ingresemos	no ingresemos
ingrese	no ingrese	ingresad	no ingreséis
		ingresen	no ingresen

Ingreso todo el dinero que recibo a mi cuenta de cheques.
I deposit all the money I receive into my checking account.

Muchas personas ingresan en el ejército para poder asistir a la universidad.
Many people join the army to be able to attend college.

Los accidentados ingresaron en el hospital más cercano.
The injured were admitted to the closest hospital.

INICIAR   *To begin, to start, to initiate*

Past part. iniciado   *Ger.* iniciando

INDICATIVE

Present
inicio	iniciamos
inicias	iniciáis
inicia	inician

Present Perfect
he iniciado	hemos iniciado
has iniciado	habéis iniciado
ha iniciado	han iniciado

Preterit
inicié	iniciamos
iniciaste	iniciasteis
inició	iniciaron

Past Perfect
había iniciado	habíamos iniciado
habías iniciado	habíais iniciado
había iniciado	habían iniciado

Imperfect
iniciaba	iniciábamos
iniciabas	iniciabais
iniciaba	iniciaban

Future Perfect
habré iniciado	habremos iniciado
habrás iniciado	habréis iniciado
habrá iniciado	habrán iniciado

Future
iniciaré	iniciaremos
iniciarás	iniciaréis
iniciará	iniciarán

Conditional Perfect
habría iniciado	habríamos iniciado
habrías iniciado	habríais iniciado
habría iniciado	habrían iniciado

Conditional
iniciaría	iniciaríamos
iniciarías	iniciaríais
iniciaría	iniciarían

SUBJUNCTIVE

Present
inicie	iniciemos
inicies	iniciéis
inicie	inicien

Present Perfect
haya iniciado	hayamos iniciado
hayas iniciado	hayáis iniciado
haya iniciado	hayan iniciado

Past
iniciara	iniciáramos
iniciaras	iniciarais
iniciara	iniciaran

Past Perfect
hubiera iniciado	hubiéramos iniciado
hubieras iniciado	hubierais iniciado
hubiera iniciado	hubieran iniciado

IMPERATIVE
inicia	no inicies	iniciemos	no iniciemos
inicie	no inicie	iniciad	no iniciéis
		inicien	no inicien

Iniciasteis el curso demasiado tarde y ahora tendréis que poneros al día.
You began the course too late and now you will have to get up-to-date.

Yo inicié a mi hermana en la tradición Budista.
I initiated my sister into the Buddhist tradition.

El abogado sugirió que iniciáramos el proceso cuanto antes.
The lawyer suggested that we start the process as soon as possible.

Past part. insistido   *Ger.* insistiendo

INDICATIVE

Present		Present Perfect	
insisto	insistimos	he insistido	hemos insistido
insistes	insistís	has insistido	habéis insistido
insiste	insisten	ha insistido	han insistido

Preterit		Past Perfect	
insistí	insistimos	había insistido	habíamos insistido
insististe	insististeis	habías insistido	habíais insistido
insistió	insistieron	había insistido	habían insistido

Imperfect		Future Perfect	
insistía	insistíamos	habré insistido	habremos insistido
insistías	insistíais	habrás insistido	habréis insistido
insistía	insistían	habrá insistido	habrán insistido

Future		Conditional Perfect	
insistiré	insistiremos	habría insistido	habríamos insistido
insistirás	insistiréis	habrías insistido	habríais insistido
insistirá	insistirán	habría insistido	habrían insistido

Conditional	
insistiría	insistiríamos
insistirías	insistiríais
insistiría	insistirían

SUBJUNCTIVE

Present		Present Perfect	
insista	insistamos	haya insistido	hayamos insistido
insistas	insistáis	hayas insistido	hayáis insistido
insista	insistan	haya insistido	hayan insistido

Past		Past Perfect	
insistiera	insistiéramos	hubiera insistido	hubiéramos insistido
insistieras	insistierais	hubieras insistido	hubierais insistido
insistiera	insistieran	hubiera insistido	hubieran insistido

IMPERATIVE

insiste	no insistas	insistamos	no insistamos
insista	no insista	insistid	no insistáis
		insistan	no insistan

Aunque insistamos en comparar boletos no ganaremos nunca la lotería.
Even if we insist in buying tickets, we will never win the lottery.

No insistáis más, nunca voy a cambiar de opinión.
Don't insist anymore; I will never change my mind.

¿Por qué insistís en tratar de convencerme?
Why do you insist in trying to convince me?

Past part. intentado   *Ger.* intentando

INDICATIVE

Present
intento	intentamos		

Present

		Present Perfect	
intento	intentamos	he intentado	hemos intentado
intentas	intentáis	has intentado	habéis intentado
intenta	intentan	ha intentado	han intentado

Preterit / Past Perfect

intenté	intentamos	había intentado	habíamos intentado
intentaste	intentasteis	habías intentado	habíais intentado
intentó	intentaron	había intentado	habían intentado

Imperfect / Future Perfect

intentaba	intentábamos	habré intentado	habremos intentado
intentabas	intentabais	habrás intentado	habréis intentado
intentaba	intentaban	habrá intentado	habrán intentado

Future / Conditional Perfect

intentaré	intentaremos	habría intentado	habríamos intentado
intentarás	intentaréis	habrías intentado	habríais intentado
intentará	intentarán	habría intentado	habrían intentado

Conditional

intentaría	intentaríamos
intentarías	intentaríais
intentaría	intentarían

SUBJUNCTIVE

Present / Present Perfect

intente	intentemos	haya intentado	hayamos intentado
intentes	intentéis	hayas intentado	hayáis intentado
intente	intenten	haya intentado	hayan intentado

Past / Past Perfect

intentara	intentáramos	hubiera intentado	hubiéramos intentado
intentaras	intentarais	hubieras intentado	hubierais intentado
intentara	intentaran	hubiera intentado	hubieran intentado

IMPERATIVE

intenta	no intentes	intentemos	no intentemos
intente	no intente	intentad	no intentéis
		intenten	no intenten

Intentaré ayudarte pero no puedo prometer nada.
I will try to help you but I can't promise anything.

El piloto intentó un aterrizaje de emergencia.
The pilot attempted an emergency landing.

¿Has intentando que te arreglen la impresora?
Have you tried to get the printer fixed?

INTERFERIR   *To interfere, to meddle*

Past part. interferido   *Ger.* interfiriendo

INDICATIVE

Present		Present Perfect	
interfiero	interferimos	he interferido	hemos interferido
interfieres	interferís	has interferido	habéis interferido
interfiere	interfieren	ha interferido	han interferido

Preterit		Past Perfect	
interferí	interferimos	había interferido	habíamos interferido
interferiste	interferisteis	habías interferido	habíais interferido
interfirió	interfirieron	había interferido	habían interferido

Imperfect		Future Perfect	
interfería	interferíamos	habré interferido	habremos interferido
interferías	interferíais	habrás interferido	habréis interferido
interfería	interferían	habrá interferido	habrán interferido

Future		Conditional Perfect	
interferiré	interferiremos	habría interferido	habríamos interferido
interferirás	interferiréis	habrías interferido	habríais interferido
interferirá	interferirán	habría interferido	habrían interferido

Conditional	
interferiría	interferiríamos
interferirías	interferiríais
interferiría	interferirían

SUBJUNCTIVE

Present		Present Perfect	
interfiera	interfiramos	haya interferido	hayamos interferido
interfieras	interfiráis	hayas interferido	hayáis interferido
interfiera	interfieran	haya interferido	hayan interferido

Past		Past Perfect	
interfiriera	interfiriéramos	hubiera interferido	hubiéramos interferido
interfirieras	interfirierais	hubieras interferido	hubierais interferido
interfiriera	interfirieran	hubiera interferido	hubieran interferido

IMPERATIVE

interfiere	no interfieras	interfiramos	no interfiramos
interfiera	no interfiera	interferid	no interfiráis
		interfieran	no interfieran

Si tratan de interferir con nuestros planes, se arrepentirán.
If they try to interfere with our plans, they will regret it.
Es mejor que no interfieras en sus asuntos privados.
It's better if you don't meddle in her private affairs.
Las conexiones inalámbricas al internet interfieren con algunos teléfonos inalámbricos.
Wireless Internet connections interfere with some wireless phones.

INTUIR   *To sense, to have a feeling*

I

Past part. intuído   *Ger.* intuyendo

INDICATIVE

Present
intuyo	intuimos
intuyes	intuís
intuye	intuyen

Present Perfect
he intuido	hemos intuido
has intuido	habéis intuido
ha intuido	han intuido

Preterit
intuí	intuimos
intuiste	intuisteis
intuyó	intuyeron

Past Perfect
había intuido	habíamos intuido
habías intuido	habíais intuido
había intuido	habían intuido

Imperfect
intuía	intuíamos
intuías	intuíais
intuía	intuían

Future Perfect
habré intuido	habremos intuido
habrás intuido	habréis intuido
habrá intuido	habrán intuido

Future
intuiré	intuiremos
intuirás	intuiréis
intuirá	intuirán

Conditional Perfect
habría intuido	habríamos intuido
habrías intuido	habríais intuido
habría intuido	habrían intuido

Conditional
intuiría	intuiríamos
intuirías	intuiríais
intuiría	intuirían

SUBJUNCTIVE

Present
intuya	intuyamos
intuyas	intuyáis
intuya	intuyan

Present Perfect
haya intuido	hayamos intuido
hayas intuido	hayáis intuido
haya intuido	hayan intuido

Past
intuyera	intuyéramos
intuyeras	intuyerais
intuyera	intuyeran

Past Perfect
hubiera intuido	hubiéramos intuido
hubieras intuido	hubierais intuido
hubiera intuido	hubieran intuido

IMPERATIVE

intuye	no intuyas	intuyamos	no intuyamos
intuya	no intuya	intuid	no intuyáis
		intuyamos	no intuyamos

Intuyo que esta noche va a ser muy especial para nosotros.
I have a feeling that tonight is going to be very special for us.
Los animales y los niños intuyen muchas cosas que los adultos no pueden.
Animals and children sense many things that adults can't.
El Hombre Araña tiene un sentido arácnido que le permite intuir el peligro.
Spider-Man has a spider sense that allows him to sense danger.

INVENTAR   *To invent, to come up with, to make up.*

Past part. inventado   *Ger.* inventando

INDICATIVE

Present		Present Perfect	
invento	inventamos	he inventado	hemos inventado
inventas	inventáis	has inventado	habéis inventado
inventa	inventan	ha inventado	han inventado

Preterit		Past Perfect	
inventé	inventamos	había inventado	habíamos inventado
inventaste	inventasteis	habías inventado	habíais inventado
inventó	inventaron	había inventado	habían inventado

Imperfect		Future Perfect	
inventaba	inventábamos	habré inventado	habremos inventado
inventabas	inventabais	habrás inventado	habréis inventado
inventaba	inventaban	habrá inventado	habrán inventado

Future		Conditional Perfect	
inventaré	inventaremos	habría inventado	habríamos inventado
inventarás	inventaréis	habrías inventado	habríais inventado
inventará	inventarán	habría inventado	habrían inventado

Conditional	
inventaría	inventaríamos
inventarías	inventaríais
inventaría	inventarían

SUBJUNCTIVE

Present		Present Perfect	
invente	inventemos	haya inventado	hayamos inventado
inventes	inventéis	hayas inventado	hayáis inventado
invente	invente	haya inventado	hayan inventado

Past		Past Perfect	
inventara	inventáramos	hubiera inventado	hubiéramos inventado
inventaras	inventarais	hubieras inventado	hubierais inventado
inventara	inventaran	hubiera inventado	hubieran inventado

IMPERATIVE

inventa	no inventes	inventemos	no inventemos
invente	no invente	inventad	no inventéis
		inventen	no inventen

Inventó esa excusa para evitar hacer el trabajo para la clase.
She made up that excuse to avoid doing the class assignment.

Los niños se divierten más con los juegos que ellos mismos inventan.
Children have more fun with the games that they come up with themselves.

Alexander Graham Bell inventó el teléfono en 1876.
Alexander Graham Bell invented the telephone in 1876.

Past part. invertido   *Ger.* invirtiendo

INDICATIVE

Present		Present Perfect	
invierto	invertimos	he invertido	hemos invertido
inviertes	invertís	has invertido	habéis invertido
invierte	invierten	ha invertido	han invertido

Preterit		Past Perfect	
invertí	invertimos	había invertido	habíamos invertido
invertiste	invertisteis	habías invertido	habíais invertido
invirtió	invirtieron	había invertido	habían invertido

Imperfect		Future Perfect	
invertía	invertíamos	habré invertido	habremos invertido
invertías	invertíais	habrás invertido	habréis invertido
invertía	invertían	habrá invertido	habrán invertido

Future		Conditional Perfect	
invertiré	invertiremos	habría invertido	habríamos invertido
invertirás	invertiréis	habrías invertido	habríais invertido
invertirá	invertirán	habría invertido	habrían invertido

Conditional	
invertiría	invertiríamos
invertirías	invertiríais
invertiría	invertirían

SUBJUNCTIVE

Present		Present Perfect	
invierta	invirtamos	haya invertido	hayamos invertido
inviertas	invirtáis	hayas invertido	hayáis invertido
invierta	inviertan	haya invertido	hayan invertido

Past		Past Perfect	
invirtiera	invirtiéramos	hubiera invertido	hubiéramos invertido
invirtieras	invirtierais	hubieras invertido	hubierais invertido
invirtiera	invirtieran	hubiera invertido	hubieran invertido

IMPERATIVE

invierte	no inviertas	invirtamos	no invirtamos
invierta	no invierta	invertid	no invirtáis
		inviertan	no inviertan

Debemos invertir en el futuro por el bien de nuestros hijos y nietos.
We must invest in the future for the sake of our children and grandchildren.
He invertido muchísimas horas en este proyecto.
I have invested very many hours on this project.
La Suprema Corte invirtió la decisión anterior por un solo voto.
The Supreme Court reversed an earlier decision by a single vote.

INVESTIGAR
To investigate, to find out, to do research

Past part. investigado   *Ger.* investigando

INDICATIVE

Present

investigo	investigamos
investigas	investigáis
investiga	investigan

Present Perfect

he investigado	hemos investigado
has investigado	habéis investigado
ha investigado	han investigado

Preterit

investigué	investigamos
investigaste	investigasteis
investigó	investigaron

Past Perfect

había investigado	habíamos investigado
habías investigado	habíais investigado
había investigado	habían investigado

Imperfect

investigaba	investigábamos
investigabas	investigabais
investigaba	investigaban

Future Perfect

habré investigado	habremos investigado
habrás investigado	habréis investigado
habrá investigado	habrán investigado

Future

investigaré	investigaremos
investigarás	investigaréis
investigará	investigarán

Conditional Perfect

habría investigado	habríamos investigado
habrías investigado	habríais investigado
habría investigado	habrían investigado

Conditional

investigaría	investigaríamos
investigarías	investigaríais
investigaría	investigarían

SUBJUNCTIVE

Present

investigue	investiguemos
investigues	investiguéis
investigue	investiguen

Present Perfect

haya investigado	hayamos investigado
hayas investigado	hayáis investigado
haya investigado	hayan investigado

Past

investigara	investigáramos
investigaras	investigarais
investigara	investigaran

Past Perfect

hubiera investigado	hubiéramos investigado
hubieras investigado	hubierais investigado
hubiera investigado	hubieran investigado

IMPERATIVE

investiga	no investigues	investiguemos	no investiguemos
investigue	no investigue	investigad	no investiguéis
		investiguen	no investiguen

Tengo que investigar quién vive en el apartamento de arriba.
I have to find out who lives in the apartment upstairs.

Se ha creado una comisión para investigar la venta secreta de armas en México.
A commission has been created to investigate the secret sale of weapons in Mexico.

Este autor investigó la adquisición de la lengua en una edad temprana.
This author researched language acquisition at an early age.

Past part. invitado   *Ger.* invitando

INDICATIVE

Present		Present Perfect	
invito	invitamos	he invitado	hemos invitado
invitas	invitáis	has invitado	habéis invitado
invita	invitan	ha invitado	han invitado

Preterit		Past Perfect	
invité	invitamos	había invitado	habíamos invitado
invitaste	invitasteis	habías invitado	habíais invitado
invitó	invitaron	había invitado	habían invitado

Imperfect		Future Perfect	
invitaba	invitábamos	habré invitado	habremos invitado
invitabas	invitabais	habrás invitado	habréis invitado
invitaba	invitaban	habrá invitado	habrán invitado

Future		Conditional Perfect	
invitaré	invitaremos	habría invitado	habríamos invitado
invitarás	invitaréis	habrías invitado	habríais invitado
invitará	invitarán	habría invitado	habrían invitado

Conditional	
invitaría	invitaríamos
invitarías	invitaríais
invitaría	invitarían

SUBJUNCTIVE

Present		Present Perfect	
invite	invitemos	haya invitado	hayamos invitado
invites	invitéis	hayas invitado	hayáis invitado
invite	inviten	haya invitado	hayan invitado

Past		Past Perfect	
invitara	invitáramos	hubiera invitado	hubiéramos invitado
invitaras	invitarais	hubieras invitado	hubierais invitado
invitara	invitaran	hubiera invitado	hubieran invitado

IMPERATIVE

invita	no invites	invitemos	no invitemos
invite	no invite	invitad	no invitéis
		inviten	no inviten

Invitamos a todos los amigos y la familia de Luisa a su fiesta.
We invited all of Luisa's friends and family to her party.
Si hubiéramos invitado a más gente, no habrían cabido.
If we had invited more people, they wouldn't have fit.
Deja que te invito yo acenar esta vez.
Let me treat you to dinner this time.

Past part. ido   *Ger.* yendo

INDICATIVE

Present		Present Perfect	
voy	vamos	he ido	hemos ido
vas	vais	has ido	habéis ido
va	van	ha ido	han ido

Preterit		Past Perfect	
fui	fuimos	había ido	habíamos ido
fuiste	fuisteis	habías ido	habíais ido
fue	fueron	había ido	habían ido

Imperfect		Future Perfect	
iba	íbamos	habré ido	habremos ido
ibas	ibais	habrás ido	habréis ido
iba	iban	habrá ido	habrán ido

Future		Conditional Perfect	
iré	iremos	habría ido	habríamos ido
irás	iréis	habrías ido	habríais ido
irá	irán	habría ido	habrían ido

Conditional	
iría	iríamos
irías	iríais
iría	irían

SUBJUNCTIVE

Present		Present Perfect	
vaya	vayamos	haya ido	hayamos ido
vayas	vayáis	hayas ido	hayáis ido
vaya	vayan	haya ido	hayan ido

Past		Past Perfect	
fuera	fuéramos	hubiera ido	hubiéramos ido
fueras	fuerais	hubieras ido	hubierais ido
fuera	fueran	hubiera ido	hubieran ido

IMPERATIVE

ve	no vayas	vayamos	no vayamos
vaya	no vaya	id	no vayáis
		vayan	no vayan

Fui a la universidad pero las clases se habían cancelado.
I went to the university but the classes had been cancelled.

Le voy a pedir a mi mejor amigo que vaya conmigo a Perú.
I'm going to ask my best friend to go with me to Peru.

¡Se fue sin siquiera decir adiós!
He left without even saying good-bye!

Past part. jalado   *Ger.* jalando

INDICATIVE

Present		Present Perfect	
jalo	jalamos	he jalado	hemos jalado
jalas	jaláis	has jalado	habéis jalado
jala	jalan	ha jalado	han jalado

Preterit		Past Perfect	
jalé	jalamos	había jalado	habíamos jalado
jalaste	jalasteis	habías jalado	habíais jalado
jaló	jalaron	había jalado	habían jalado

Imperfect		Future Perfect	
jalaba	jalábamos	habré jalado	habremos jalado
jalabas	jalabais	habrás jalado	habréis jalado
jalaba	jalaban	habrá jalado	habrán jalado

Future		Conditional Perfect	
jalaré	jalaremos	habría jalado	habríamos jalado
jalarás	jalaréis	habrías jalado	habríais jalado
jalará	jalarán	habría jalado	habrían jalado

Conditional	
jalaría	jalaríamos
jalarías	jalaríais
jalaría	jalarían

SUBJUNCTIVE

Present		Present Perfect	
jale	jalemos	haya jalado	hayamos jalado
jales	jaléis	hayas jalado	hayáis jalado
jale	jalen	haya jalado	hayan jalado

Past		Past Perfect	
jalara	jaláramos	hubiera jalado	hubiéramos jalado
jalaras	jalarais	hubieras jalado	hubierais jalado
jalara	jalaran	hubiera jalado	hubieran jalado

IMPERATIVE

jala	no jales	jalemos	no jalemos
jale	no jale	jalad	no jaléis
		jalen	no jalen

El letrero en la puerta dice: "jale para abrir."
The sign on the door says: "pull to open."

Antiguamente los caballos y los bueyes jalaban las carretas.
In former times horse and oxen pulled wagons.

Por favor no olvides jalarle al baño.
Please don't forget to flush the toilet.

JUGAR   *To play*   **Jugarse** *To risk, to gamble*

Past part. jugado   *Ger.* jugando

INDICATIVE

Present

juego	jugamos
juegas	jugáis
juega	juegan

Present Perfect

he jugado	hemos jugado
has jugado	habéis jugado
ha jugado	han jugado

Preterit

jugué	jugamos
jugaste	jugasteis
jugó	jugaron

Past Perfect

había jugado	habíamos jugado
habías jugado	habíais jugado
había jugado	habían jugado

Imperfect

jugaba	jugábamos
jugabas	jugabais
jugaba	jugaban

Future Perfect

habré jugado	habremos jugado
habrás jugado	habréis jugado
habrá jugado	habrán jugado

Future

jugaré	jugaremos
jugarás	jugaréis
jugará	jugarán

Conditional Perfect

habría jugado	habríamos jugado
habrías jugado	habríais jugado
habría jugado	habrían jugado

Conditional

jugaría	jugaríamos
jugarías	jugaríais
jugaría	jugarían

SUBJUNCTIVE

Present

juegue	juguemos
juegues	juguéis
juegue	jueguen

Present Perfect

haya jugado	hayamos jugado
hayas jugado	hayáis jugado
haya jugado	hayan jugado

Past

jugara	jugáramos
jugaras	jugarais
jugara	jugaran

Past Perfect

hubiera jugado	hubiéramos jugado
hubieras jugado	hubierais jugado
hubiera jugado	hubieran jugado

IMPERATIVE

juega	no juegues	juguemos	no juguemos
juegue	no juegue	jugad	no juguéis
		jueguen	no jueguen

¡No juegues tantos videojuegos y haz ejercicio!
Don't play so many video games and get some exercise!

A Alonso le encanta jugar juegos de mesa.
Alonso really likes playing board games.

Tengo un gran problema: me jugué tu dinero y lo perdí.
I have a problem: I gambled your money and I lost it.

JUNTAR *To put together, to join, to collect*

Juntarse *To get together, to meet up*
Past part. juntado   *Ger.* juntando

INDICATIVE

Present
		Present Perfect	
junto	juntamos	he juntado	hemos juntado
juntas	juntáis	has juntado	habéis juntado
junta	juntan	ha juntado	han juntado

Preterit
		Past Perfect	
junté	juntamos	había juntado	habíamos juntado
juntaste	juntasteis	habías juntado	habíais juntado
juntó	juntaron	había juntado	habían juntado

Imperfect
		Future Perfect	
juntaba	juntábamos	habré juntado	habremos juntado
juntabas	juntabais	habrás juntado	habréis juntado
juntaba	juntaban	habrá juntado	habrán juntado

Future
		Conditional Perfect	
juntaré	juntaremos	habría juntado	habríamos juntado
juntarás	juntaréis	habrías juntado	habríais juntado
juntará	juntarán	habría juntado	habrían juntado

Conditional
juntaría	juntaríamos
juntarías	juntaríais
juntaría	juntarían

SUBJUNCTIVE

Present
		Present Perfect	
junte	juntemos	haya juntado	hayamos juntado
juntes	juntéis	hayas juntado	hayáis juntado
junte	junten	haya juntado	hayan juntado

Past
		Past Perfect	
juntara	juntáramos	hubiera juntado	hubiéramos juntado
juntaras	juntarais	hubieras juntado	hubierais juntado
juntara	juntaran	hubiera juntado	hubieran juntado

IMPERATIVE

junta	no juntes	juntemos	no juntemos
junte	no junte	juntad	no juntéis
		junten	no junten

Junta esas dos piezas y veras que van juntas.
Put those two pieces together and you'll see they go together.

Muchos países juntaron sus fuerzas para hacerle frente al terrorismo.
Many countries joined forces in order to face terrorism.

Los investigadores juntaron toda la evidencia que encontraron en la escena del crimen.
The investigators collected all the evidence they found at the scene of the crime.

Past part. jurado   *Ger.* jurando

INDICATIVE

Present

juro	juramos
juras	juráis
jura	juran

Present Perfect

he jurado	hemos jurado
has jurado	habéis jurado
ha jurado	han jurado

Preterit

juré	juramos
juraste	jurasteis
juró	juraron

Past Perfect

había jurado	habíamos jurado
habías jurado	habíais jurado
había jurado	habían jurado

Imperfect

juraba	jurábamos
jurabas	jurabais
juraba	juraban

Future Perfect

habré jurado	habremos jurado
habrás jurado	habréis jurado
habrá jurado	habrán jurado

Future

juraré	juraremos
jurarás	juraréis
jurará	jurarán

Conditional Perfect

habría jurado	habríamos jurado
habrías jurado	habríais jurado
habría jurado	habrían jurado

Conditional

juraría	juraríamos
jurarías	juraríais
juraría	jurarían

SUBJUNCTIVE

Present

jure	juremos
jures	juréis
jure	juren

Present Perfect

haya jurado	hayamos jurado
hayas jurado	hayáis jurado
haya jurado	hayan jurado

Past

jurara	juráramos
juraras	jurarais
jurara	juraran

Past Perfect

hubiera jurado	hubiéramos jurado
hubieras jurado	hubierais jurado
hubiera jurado	hubieran jurado

IMPERATIVE

jura	no jures	juremos	no juremos
jure	no jure	jurad	no juréis
		juren	no juren

Es un crimen y un pecado jurar en vano.
It's a crime and a sin to swear in vain.

Jurasteis que no diríais nada a nadie.
You swore you would not say anything to anyone.

Cuando supo lo que había hecho, juró vengarse de él.
When she found out what he had done, she swore to take vengeance on him.

JUZGAR *To judge, to consider*

Past part. juzgado   Ger. juzgando

INDICATIVE

Present		Present Perfect	
juzgo	juzgamos	he juzgado	hemos juzgado
juzgas	juzgáis	has juzgado	habéis juzgado
juzga	juzgan	ha juzgado	han juzgado

Preterit		Past Perfect	
juzgué	juzgamos	había juzgado	habíamos juzgado
juzgaste	juzgasteis	habías juzgado	habíais juzgado
juzgó	juzgaron	había juzgado	habían juzgado

Imperfect		Future Perfect	
juzgaba	juzgábamos	habré juzgado	habremos juzgado
juzgabas	juzgabais	habrás juzgado	habréis juzgado
juzgaba	juzgaban	habrá juzgado	habrán juzgado

Future		Conditional Perfect	
juzgaré	juzgaremos	habría juzgado	habríamos juzgado
juzgarás	juzgaréis	habrías juzgado	habríais juzgado
juzgará	juzgarán	habría juzgado	habrían juzgado

Conditional	
juzgaría	juzgaríamos
juzgarías	juzgaríais
juzgaría	juzgarían

SUBJUNCTIVE

Present		Present Perfect	
juzgue	juzguemos	haya juzgado	hayamos juzgado
juzgues	juzguéis	hayas juzgado	hayáis juzgado
juzgue	juzguen	haya juzgado	hayan juzgado

Past		Past Perfect	
juzgara	juzgáramos	hubiera juzgado	hubiéramos juzgado
juzgaras	juzgarais	hubieras juzgado	hubierais juzgado
juzgara	juzgaran	hubiera juzgado	hubieran juzgado

IMPERATIVE

juzga	no juzgues	juzguemos	no juzguemos
juzgue	no juzgue	juzgad	no juzguéis
		juzguen	no juzguen

Creo que juzgas mal a tu amigo injustamente.
I think you misjudge your friend unfairly.

No juzgué que fuera un asunto importante.
I didn't consider it to be an important matter.

No deberíamos juzgar a las personas por las apariencias.
We should not judge people based on their appearance.

LABORAR   *To work, to labor*

Past part. laborado   *Ger.* laborando

INDICATIVE

Present

laboro	laboramos
laboras	laboráis
labora	laboran

Present Perfect

he laborado	hemos laborado
has laborado	habéis laborado
ha laborado	han laborado

Preterit

laboré	laboramos
laboraste	laborasteis
laboró	laboraron

Past Perfect

había laborado	habíamos laborado
habías laborado	habíais laborado
había laborado	habían laborado

Imperfect

laboraba	laborábamos
laborabas	laborabais
laboraba	laboraban

Future Perfect

habré laborado	habremos laborado
habrás laborado	habréis laborado
habrá laborado	habrán laborado

Future

laboraré	laboraremos
laborarás	laboraréis
laborará	laborarán

Conditional Perfect

habría laborado	habríamos laborado
habrías laborado	habríais laborado
habría laborado	habrían laborado

Conditional

laboraría	laboraríamos
laborarías	laboraríais
laboraría	laborarían

SUBJUNCTIVE

Present

labore	laboremos
labores	laboréis
labore	laboren

Present Perfect

haya laborado	hayamos laborado
hayas laborado	hayáis laborado
haya laborado	hayan laborado

Past

laborara	laboráramos
laboraras	laborarais
laborara	laboraran

Past Perfect

hubiera laborado	hubiéramos laborado
hubieras laborado	hubierais laborado
hubiera laborado	hubieran laborado

IMPERATIVE

labora	no labores	laboremos	no laboremos
labore	no labore	laborad	no laboréis
		laboren	no laboren

Labora más o perderás tu trabajo.
Work harder or you will lose your job.

Toda su vida laboró por lograr una reforma social.
All his life he labored to bring about social reform.

Hemos laborado mucho; queremos nuestra recompensa.
We have worked a lot: we want our reward.

LAMENTAR   *To regret, to be sorry*   **Lamentarse** *To complain*

Past part. lamentado   *Ger.* lamentando

INDICATIVE

Present
lamento	lamentamos
lamentas	lamentáis
lamenta	lamentan

Present Perfect
he lamentado	hemos lamentado
has lamentado	habéis lamentado
ha lamentado	han lamentado

Preterit
lamenté	lamentamos
lamentaste	lamentasteis
lamentó	lamentaron

Past Perfect
había lamentado	habíamos lamentado
habías lamentado	habíais lamentado
había lamentado	habían lamentado

Imperfect
lamentaba	lamentábamos
lamentabas	lamentabais
lamentaba	lamentaban

Future Perfect
habré lamentado	habremos lamentado
habrás lamentado	habréis lamentado
habrá lamentado	habrán lamentado

Future
lamentaré	lamentaremos
lamentarás	lamentaréis
lamentará	lamentarán

Conditional Perfect
habría lamentado	habríamos lamentado
habrías lamentado	habríais lamentado
habría lamentado	habrían lamentado

Conditional
lamentaría	lamentaríamos
lamentarías	lamentaríais
lamentaría	lamentarían

SUBJUNCTIVE

Present
lamente	lamentemos
lamentes	lamentéis
lamente	lamenten

Present Perfect
haya lamentado	hayamos lamentado
hayas lamentado	hayáis lamentado
haya lamentado	hayan lamentado

Past
lamentara	lamentáramos
lamentaras	lamentarais
lamentara	lamentaran

Past Perfect
hubiera lamentado	hubiéramos lamentado
hubieras lamentado	hubierais lamentado
hubiera lamentado	hubieran lamentado

IMPERATIVE

lamenta	no lamentes	lamentemos	no lamentemos
lamente	no lamente	lamentad	no lamentéis
		lamenten	no lamenten

Lamento mucho lo ocurrido.
I am very sorry for what's happened.
No se gana nada con lamentarse por el pasado.
Nothing is gained by regretting the past.
Si entendieras lo que has hecho, te lamentarías
If you understood what you have done, you would be sorry.

Past part. lanzado   *Ger.* lanzando

INDICATIVE

Present

lanzo	lanzamos
lanzas	lanzáis
lanza	lanzan

Present Perfect

he lanzado	hemos lanzado
has lanzado	habéis lanzado
ha lanzado	han lanzado

Preterit

lancé	lanzamos
lanzaste	lanzasteis
lanzó	lanzaron

Past Perfect

había lanzado	habíamos lanzado
habías lanzado	habíais lanzado
había lanzado	habían lanzado

Imperfect

lanzaba	lanzábamos
lanzabas	lanzabais
lanzaba	lanzaban

Future Perfect

habré lanzado	habremos lanzado
habrás lanzado	habréis lanzado
habrá lanzado	habrán lanzado

Future

lanzaré	lanzaremos
lanzarás	lanzaréis
lanzará	lanzarán

Conditional Perfect

habría lanzado	habríamos lanzado
habrías lanzado	habríais lanzado
habría lanzado	habrían lanzado

Conditional

lanzaría	lanzaríamos
lanzarías	lanzaríais
lanzaría	lanzarían

SUBJUNCTIVE

Present

lance	lancemos
lances	lancéis
lance	lancen

Present Perfect

haya lanzado	hayamos lanzado
hayas lanzado	hayáis lanzado
haya lanzado	hayan lanzado

Past

lanzara	lanzáramos
lanzaras	lanzarais
lanzara	lanzaran

Past Perfect

hubiera lanzado	hubiéramos lanzado
hubieras lanzado	hubierais lanzado
hubiera lanzado	hubieran lanzado

IMPERATIVE

lanza	no lances	lancemos	no lancemos
lance	no lance	lanzad	no lancéis
		lancen	no lancen

Si el lanzador hubiera lanzado una pelota curva, el bateador no la habría podido batear.

If the pitcher had thrown a curve ball, the batter couldn't have hit it.

Esa marca lanzará una gran campaña de publicidad.

That brand will launch a major publicity campaign.

Confía en mí y lánzate.

Trust me and take a leap.

LASTIMAR   *To hurt*   **Lastimarse** *To get hurt*

L

Past part. lastimado   *Ger.* lastimando

INDICATIVE

Present
lastimo	lastimamos
lastimas	lastimáis
lastima	lastiman

Present Perfect
he lastimado	hemos lastimado
has lastimado	habéis lastimado
ha lastimado	han lastimado

Preterit
lastimé	lastimamos
lastimaste	lastimasteis
lastimó	lastimaron

Past Perfect
había lastimado	habíamos lastimado
habías lastimado	habíais lastimado
había lastimado	habían lastimado

Imperfect
lastimaba	lastimábamos
lastimabas	lastimabais
lastimaba	lastimaban

Future Perfect
habré lastimado	habremos lastimado
habrás lastimado	habréis lastimado
habrá lastimado	habrán lastimado

Future
lastimaré	lastimaremos
lastimarás	lastimaréis
lastimará	lastimarán

Conditional Perfect
habría lastimado	habríamos lastimado
habrías lastimado	habríais lastimado
habría lastimado	habrían lastimado

Conditional
lastimaría	lastimaríamos
lastimarías	lastimaríais
lastimaría	lastimarían

SUBJUNCTIVE

Present
lastime	lastimemos
lastimes	lastiméis
lastime	lastimen

Present Perfect
haya lastimado	hayamos lastimado
hayas lastimado	hayáis lastimado
haya lastimado	hayan lastimado

Past
lastimara	lastimáramos
lastimaras	lastimarais
lastimara	lastimaran

Past Perfect
hubiera lastimado	hubiéramos lastimado
hubieras lastimado	hubierais lastimado
hubiera lastimado	hubieran lastimado

IMPERATIVE

lastima	no lastimes	lastimemos	no lastimemos
lastime	no lastime	lastimad	no lastiméis
		lastimen	no lastimen

Antonio se cayó del techo y se lastimó seriamente.
Antonio fell from the roof and got seriously hurt.

¡Detente! Me estás lastimando.
Stop! You're hurting me.

Escuchar eso de ti habría lastimado mucho a Sergio.
Hearing that from you would have hurt Sergio a lot.

LAVAR *To wash, to clean* **Lavarse** *To wash up*

Past part. lavado   *Ger.* lavando

INDICATIVE

Present		Present Perfect	
lavo	lavamos	he lavado	hemos lavado
lavas	laváis	has lavado	habéis lavado
lava	lavan	ha lavado	han lavado

Preterit		Past Perfect	
lavé	lavamos	había lavado	habíamos lavado
lavaste	lavasteis	habías lavado	habíais lavado
lavó	lavaron	había lavado	habían lavado

Imperfect		Future Perfect	
lavaba	lavábamos	habré lavado	habremos lavado
lavabas	lavabais	habrás lavado	habréis lavado
lavaba	lavaban	habrá lavado	habrán lavado

Future		Conditional Perfect	
lavaré	lavaremos	habría lavado	habríamos lavado
lavarás	lavaréis	habrías lavado	habríais lavado
lavará	lavarán	habría lavado	habrían lavado

Conditional	
lavaría	lavaríamos
lavarías	lavaríais
lavaría	lavarían

SUBJUNCTIVE

Present		Present Perfect	
lave	lavemos	haya lavado	hayamos lavado
laves	lavéis	hayas lavado	hayáis lavado
lave	laven	haya lavado	hayan lavado

Past		Past Perfect	
lavara	laváramos	hubiera lavado	hubiéramos lavado
lavaras	lavarais	hubieras lavado	hubierais lavado
lavara	lavaran	hubiera lavado	hubieran lavado

IMPERATIVE

lava	no laves	lavemos	no lavemos
lave	no lave	lavad	no lavéis
		laven	no laven

Cenicienta lavaba la ropa de su madrastra y de sus hermanastras.
Cinderella washed her stepmother's and her stepsisters' clothes.

Me lavo el pelo cada tercer día.
I wash my hair every other day.

Lávate las manos antes de comer y después de usar el baño.
Wash your hands before eating and after using the bathroom.

LEER   *To read*

Past part. leído   *Ger.* leyendo

INDICATIVE

Present		Present Perfect	
leo	leemos	he leído	hemos leído
lees	leéis	has leído	habéis leído
lee	leen	ha leído	han leído

Preterit		Past Perfect	
leí	leímos	había leído	habíamos leído
leíste	leísteis	habías leído	habíais leído
leyó	leyeron	había leído	habían leído

Imperfect		Future Perfect	
leía	leíamos	habré leído	habremos leído
leías	leíais	habrás leído	habréis leído
leía	leían	habrá leído	habrán leído

Future		Conditional Perfect	
leeré	leeremos	habría leído	habríamos leído
leerás	leeréis	habrías leído	habríais leído
leerá	leerán	habría leído	habrían leído

Conditional	
leería	leeríamos
leerías	leeríais
leería	leerían

SUBJUNCTIVE

Present		Present Perfect	
lea	leamos	haya leído	hayamos leído
leas	leáis	hayas leído	hayáis leído
lea	lean	haya leído	hayan leído

Past		Past Perfect	
leyera	leyéramos	hubiera leído	hubiéramos leído
leyeras	leyerais	hubieras leído	hubierais leído
leyera	leyeran	hubiera leído	hubieran leído

IMPERATIVE

lee	no leas	leamos	no leamos
lea	no lea	leed	no leáis
		lean	no lean

Leyó la novela de tapa a tapa en tres días.
He read the book from cover to cover in three days.

Si hubiéramos leído la receta con más cuidado, no habríamos arruinado el pastel.
If we had read the recipe more carefully, we wouldn't have ruined the cake.

Es terrible que muchos adultos en este país no sepan leer.
It's terrible that many adults in this country can't read.

293

LEVANTAR   *To lift, to raise*   **Levantarse** *To get up*

Past part. levantado   Ger. levantando

INDICATIVE

Present

levanto	levantamos
levantas	levantáis
levanta	levantan

Present Perfect

he levantado	hemos levantado
has levantado	habéis levantado
ha levantado	han levantado

Preterit

levanté	levantamos
levantaste	levantasteis
levantó	levantaron

Past Perfect

había levantado	habíamos levantado
habías levantado	habíais levantado
había levantado	habían levantado

Imperfect

levantaba	levantábamos
levantabas	levantabais
levantaba	levantaban

Future Perfect

habré levantado	habremos levantado
habrás levantado	habréis levantado
habrá levantado	habrán levantado

Future

levantaré	levantaremos
levantarás	levantaréis
levantará	levantarán

Conditional Perfect

habría levantado	habríamos levantado
habrías levantado	habríais levantado
habría levantado	habrían levantado

Conditional

levantaría	levantaríamos
levantarías	levantaríais
levantaría	levantarían

SUBJUNCTIVE

Present

levante	levantemos
levantes	levantéis
levante	levanten

Present Perfect

haya levantado	hayamos levantado
hayas levantado	hayáis levantado
haya levantado	hayan levantado

Past

levantara	levantáramos
levantaras	levantarais
levantara	levantaran

Past Perfect

hubiera levantado	hubiéramos levantado
hubieras levantado	hubierais levantado
hubiera levantado	hubieran levantado

IMPERATIVE

levanta	no levantes	levantemos	no levantemos
levante	no levante	levantad	no levantéis
		levantan	no levantan

Algunos atletas pueden levantar más de dos veces su propio peso.
Some athletes can lift more than twice their own weight.

El coche levantó una nube de polvo al pasar.
The car raised a cloud of dust when it went past.

¡Levántate ya!
Get up right now!

LIMPIAR   *To clean, to clear*

Past part. limpiado   *Ger.* limpiando

INDICATIVE

Present
limpio	limpiamos
limpias	limpiáis
limpia	limpian

Present Perfect
he limpiado	hemos limpiado
has limpiado	habéis limpiado
ha limpiado	han limpiado

Preterit
limpié	limpiamos
limpiaste	limpiasteis
limpió	limpiaron

Past Perfect
había limpiado	habíamos limpiado
habías limpiado	habíais limpiado
había limpiado	habían limpiado

Imperfect
limpiaba	limpiábamos
limpiabas	limpiabais
limpiaba	limpiaban

Future Perfect
habré limpiado	habremos limpiado
habrás limpiado	habréis limpiado
habrá limpiado	habrán limpiado

Future
limpiaré	limpiaremos
limpiarás	limpiaréis
limpiará	limpiarán

Conditional Perfect
habría limpiado	habríamos limpiado
habrías limpiado	habríais limpiado
habría limpiado	habrían limpiado

Conditional
limpiaría	limpiaríamos
limpiarías	limpiaríais
limpiaría	limpiarían

SUBJUNCTIVE

Present
limpie	limpiemos
limpies	limpiéis
limpie	limpien

Present Perfect
haya limpiado	hayamos limpiado
hayas limpiado	hayáis limpiado
haya limpiado	hayan limpiado

Past
limpiara	limpiáramos
limpiaras	limpiarais
limpiara	limpiaran

Past Perfect
hubiera limpiado	hubiéramos limpiado
hubieras limpiado	hubierais limpiado
hubiera limpiado	hubieran limpiado

IMPERATIVE

limpia	no limpies	limpiemos	no limpiemos
limpie	no limpie	limpiad	no limpiéis
		limpien	no limpien

Limpiarán la casa antes de que lleguen sus invitados.
They will clean the house before their guests arrive.

Ayer pasamos todo el día limpiando el jardín de hierbajos.
Yesterday we spent the whole day clearing the garden of weeds.

Solamente uso productos ecológicos para limpiar mi casa.
I only use ecological products to clean my house.

Llamarse *To be called*
Past part. llamado   *Ger.* llamando

INDICATIVE

Present		Present Perfect	
llamo	llamamos	he llamado	hemos llamado
llamas	llamáis	has llamado	habéis llamado
llama	llaman	ha llamado	han llamado

Preterit		Past Perfect	
llamé	llamamos	había llamado	habíamos llamado
llamaste	llamasteis	habías llamado	habíais llamado
llamó	llamaron	había llamado	habían llamado

Imperfect		Future Perfect	
llamaba	llamábamos	habré llamado	habremos llamado
llamabas	llamabais	habrás llamado	habréis llamado
llamaba	llamaban	habrá llamado	habrán llamado

Future		Conditional Perfect	
llamaré	llamaremos	habría llamado	habríamos llamado
llamarás	llamaréis	habrías llamado	habríais llamado
llamará	llamarán	habría llamado	habrían llamado

Conditional	
llamaría	llamaríamos
llamarías	llamaríais
llamaría	llamarían

SUBJUNCTIVE

Present		Present Perfect	
llame	llamemos	haya llamado	hayamos llamado
llames	llaméis	hayas llamado	hayáis llamado
llame	llamen	haya llamado	hayan llamado

Past		Past Perfect	
llamara	llamáramos	hubiera llamado	hubiéramos llamado
llamaras	llamarais	hubieras llamado	hubierais llamado
llamara	llamaran	hubiera llamado	hubieran llamado

IMPERATIVE

llama	no llames	llamemos	no llamemos
llame	no llame	llamad	no llaméis
		llamen	no llamen

¿No oyes que te estoy llamando?
Can't you hear I'm calling you?

Llamaré a mi familia con mi nuevo teléfono móvil.
I will phone my family with my new cell phone.

El juez llamó a los testigos a declarar lo que sabían sobre el caso.
The judge summoned the witnesses to declare what they knew about the case.

LLEGAR   *To arrive, to reach, to come*

Past part. llegado   *Ger.* llegando

INDICATIVE

Present		Present Perfect	
llego	llegamos	he llegado	hemos llegado
llegas	llegáis	has llegado	habéis llegado
llega	llegan	ha llegado	han llegado

Preterit		Past Perfect	
llegué	llegamos	había llegado	habíamos llegado
llegaste	llegasteis	habías llegado	habíais llegado
llegó	llegaron	había llegado	habían llegado

Imperfect		Future Perfect	
llegaba	llegábamos	habré llegado	habremos llegado
llegabas	llegabais	habrás llegado	habréis llegado
llegaba	llegaban	habrá llegado	habrán llegado

Future		Conditional Perfect	
llegaré	llegaremos	habría llegado	habríamos llegado
llegarás	llegaréis	habrías llegado	habríais llegado
llegará	llegarán	habría llegado	habrían llegado

Conditional	
llegaría	llegaríamos
llegarías	llegaríais
llegaría	llegarían

SUBJUNCTIVE

Present		Present Perfect	
llegue	lleguemos	haya llegado	hayamos llegado
llegues	lleguéis	hayas llegado	hayáis llegado
llegue	lleguen	haya llegado	hayan llegado

Past		Past Perfect	
llegara	llegáramos	hubiera llegado	hubiéramos llegado
llegaras	llegarais	hubieras llegado	hubierais llegado
llegara	llegaran	hubiera llegado	hubieran llegado

IMPERATIVE

llega	no llegues	lleguemos	no lleguemos
llegue	no llegue	llegad	no lleguéis
		llegan	no llegan

¿Cuándo llegan tus primos de Madrid?
When do your cousins from Madrid arrive?

Después de muchas aventuras, llegaron a su destino.
After many adventures, they reached their destination.

Pensé que nunca llegaría el buen tiempo.
I thought the good weather would never come.

Past part. llenado   *Ger.* llenando

INDICATIVE

Present
lleno	llenamos
llenas	llenáis
llena	llenan

Present Perfect
he llenado	hemos llenado
has llenado	habéis llenado
ha llenado	han llenado

Preterit
llené	llenamos
llenaste	llenasteis
llenó	llenaron

Past Perfect
había llenado	habíamos llenado
habías llenado	habíais llenado
había llenado	habían llenado

Imperfect
llenaba	llenábamos
llenabas	llenabais
llenaba	llenaban

Future Perfect
habré llenado	habremos llenado
habrás llenado	habréis llenado
habrá llenado	habrán llenado

Future
llenaré	llenaremos
llenarás	llenaréis
llenará	llenarán

Conditional Perfect
habría llenado	habríamos llenado
habrías llenado	habríais llenado
habría llenado	habrían llenado

Conditional
llenaría	llenaríamos
llenarías	llenaríais
llenaría	llenarían

SUBJUNCTIVE

Present
llene	llenemos
llenes	llenéis
llene	llenen

Present Perfect
haya llenado	hayamos llenado
hayas llenado	hayáis llenado
haya llenado	hayan llenado

Past
llenara	llenáramos
llenaras	llenarais
llenara	llenaran

Past Perfect
hubiera llenado	hubiéramos llenado
hubieras llenado	hubierais llenado
hubiera llenado	hubieran llenado

IMPERATIVE
llena	no llenes	llenemos	no llenemos
llene	no llene	llenad	no llenéis
		llenen	no llenen

Llena la jarra de agua para los invitados.
Fill the jug of water for the guests.
El tren siempre se llena en esta estación.
The train always fills up at this station.
¿Con cuántos litros se llena el tanque del coche?
How many liters does it take to fill up the car's tank?

Past part. llevado   *Ger.* llevando

INDICATIVE

Present		Present Perfect	
llevo	llevamos	he llevado	hemos llevado
llevas	lleváis	has llevado	habéis llevado
lleva	llevan	ha llevado	han llevado

Preterit		Past Perfect	
llevé	llevaste	había llevado	habíamos llevado
llevaste	llevasteis	habías llevado	habíais llevado
llevó	llevaron	había llevado	habían llevado

Imperfect		Future Perfect	
llevaba	llevábamos	habré llevado	habremos llevado
llevabas	llevabais	habrás llevado	habréis llevado
llevaba	llevaban	habrá llevado	habrán llevado

Future		Conditional Perfect	
llevaré	llevaremos	habría llevado	habríamos llevado
llevarás	llevaréis	habrías llevado	habríais llevado
llevará	llevarán	habría llevado	habrían llevado

Conditional	
llevaría	llevaríamos
llevarías	llevaríais
llevaría	llevarían

SUBJUNCTIVE

Present		Present Perfect	
lleve	llevemos	haya llevado	hayamos llevado
lleves	llevéis	hayas llevado	hayáis llevado
lleve	lleven	haya llevado	hayan llevado

Past		Past Perfect	
llevara	lleváramos	hubiera llevado	hubiéramos llevado
llevaras	lleváis	hubieras llevado	hubierais llevado
llevara	llevaran	hubiera llevado	hubieran llevado

IMPERATIVE

lleva	no lleves	llevemos	no llevemos
lleve	no lleve	llevad	no llevéis
		lleven	no lleven

Necesito que me lleves a la estación de trenes.
I need you to take me to the train station.

El hombre llevaba un sombrero verde.
The man was wearing a green hat.

El presidente lleva un gran peso sobre sus hombros.
The president carries a heavy weight on his shoulders.

Past part. llorado   *Ger.* llorando

INDICATIVE

Present		Present Perfect	
lloro	lloramos	he llorado	hemos llorado
lloras	lloráis	has llorado	habéis llorado
llora	lloran	ha llorado	han llorado

Preterit		Past Perfect	
lloré	lloramos	había llorado	habíamos llorado
lloraste	llorasteis	habías llorado	habíais llorado
lloró	lloraron	había llorado	habían llorado

Imperfect		Future Perfect	
lloraba	llorábamos	habré llorado	habremos llorado
llorabas	llorabais	habrás llorado	habréis llorado
lloraba	lloraban	habrá llorado	habrán llorado

Future		Conditional Perfect	
lloraré	lloraremos	habría llorado	habríamos llorado
llorarás	lloraréis	habrías llorado	habríais llorado
llorará	llorarán	habría llorado	habrían llorado

Conditional	
lloraría	lloraríamos
llorarías	lloraríais
lloraría	llorarían

SUBJUNCTIVE

Present		Present Perfect	
llore	lloremos	haya llorado	hayamos llorado
llores	lloréis	hayas llorado	hayáis llorado
llore	lloren	haya llorado	hayan llorado

Past		Past Perfect	
llorara	lloráramos	hubiera llorado	hubiéramos llorado
lloraras	llorarais	hubieras llorado	hubierais llorado
llorara	lloraran	hubiera llorado	hubieran llorado

IMPERATIVE

llora	no llores	lloremos	no lloremos
llore	no llore	llorad	no lloréis
		lloren	no lloren

¿Qué debo hacer para que dejes de llorar?
What must I do for you to stop crying?

Tristán no lloraba mucho cuando era niño.
Tristan didn't cry a lot when he was a child.

No llores por mí, Argentina.
Don't cry for me, Argentina.

LOGRAR   *To achieve, to attain, to manage*

Past part. logrado   *Ger.* logrando

INDICATIVE

Present		Present Perfect	
logro	logramos	he logrado	hemos logrado
logras	lográis	has logrado	habéis logrado
logra	logran	ha logrado	han logrado

Preterit		Past Perfect	
logré	logramos	había logrado	habíamos logrado
lograste	lograsteis	habías logrado	habíais logrado
logró	lograron	había logrado	habían logrado

Imperfect		Future Perfect	
lograba	lográbamos	habré logrado	habremos logrado
lograbas	lograbais	habrás logrado	habréis logrado
lograba	lograban	habrá logrado	habrán logrado

Future		Conditional Perfect	
lograré	lograremos	habría logrado	habríamos logrado
lograrás	lograréis	habrías logrado	habríais logrado
logrará	lograrán	habría logrado	habrían logrado

Conditional	
lograría	lograríamos
lograrías	lograríais
lograría	lograrían

SUBJUNCTIVE

Present		Present Perfect	
logre	logremos	haya logrado	hayamos logrado
logres	logréis	hayas logrado	hayáis logrado
logre	logren	haya logrado	hayan logrado

Past		Past Perfect	
lograra	lográramos	hubiera logrado	hubiéramos logrado
lograras	lograrais	hubieras logrado	hubierais logrado
lograra	lograran	hubiera logrado	hubieran logrado

IMPERATIVE

logra	no logres	logremos	no logremos
logre	no logre	lograd	no logréis
		logren	no logren

Si hacemos un verdadero esfuerzo, podemos lograr todas nuestras metas.
If we make a real effort, we can achieve all of our goals.

Hasta ahora sólo he logrado dos de mis cinco objetivos para este año.
So far I have attained only two of my five goals for the year.

No lograrás convencerme con tus argumentos.
You will not manage to convince me with your arguments.

LUCHAR   *To struggle, to fight*

Past part. luchado   *Ger.* luchando

INDICATIVE

Present		Present Perfect	
lucho	luchamos	he luchado	hemos luchado
luchas	lucháis	has luchado	habéis luchado
lucha	luchan	ha luchado	han luchado

Preterit		Past Perfect	
luché	luchamos	había luchado	habíamos luchado
luchaste	luchasteis	habías luchado	habíais luchado
luchó	lucharon	había luchado	habían luchado

Imperfect		Future Perfect	
luchaba	luchábamos	habré luchado	habremos luchado
luchabas	luchabais	habrás luchado	habréis luchado
luchaba	luchaban	habrá luchado	habrán luchado

Future		Conditional Perfect	
lucharé	lucharemos	habría luchado	habríamos luchado
lucharás	lucharéis	habrías luchado	habríais luchado
luchará	lucharán	habría luchado	habrían luchado

Conditional	
lucharía	lucharíamos
lucharías	lucharíais
lucharía	lucharían

SUBJUNCTIVE

Present		Present Perfect	
luche	luchemos	haya luchado	hayamos luchado
luches	luchéis	hayas luchado	hayáis luchado
luche	luchen	haya luchado	hayan luchado

Past		Past Perfect	
luchara	lucháramos	hubiera luchado	hubiéramos luchado
lucharas	lucharais	hubieras luchado	hubierais luchado
luchara	lucharan	hubiera luchado	hubieran luchado

IMPERATIVE

lucha	no luches	luchemos	no luchemos
luche	no luche	luchad	no luchéis
		luchen	no luchen

El gobierno luchó contra los rebeldes durante largo tiempo.
The government fought against the rebels for a long time.

Los boxeadores lucharán por el campeonato de peso completo el próximo jueves.
The boxers will fight for the heavyweight championship next Thursday.

Toda mi vida he luchado para llegar a donde estoy hoy.
All my life I have struggled to get to where I am today.

Past part. madrugado   *Ger.* madrugando

INDICATIVE

Present		Present Perfect	
madrugo	madrugamos	he madrugado	hemos madrugado
madrugas	madrugáis	has madrugado	habéis madrugado
madruga	madrugan	ha madrugado	han madrugado

Preterit		Past Perfect	
madrugué	madrugamos	había madrugado	habíamos madrugado
madrugaste	madrugasteis	habías madrugado	habíais madrugado
madrugó	madrugaron	había madrugado	habían madrugado

Imperfect		Future Perfect	
madrugaba	madrugábamos	habré madrugado	habremos madrugado
madrugabas	madrugabais	habrás madrugado	habréis madrugado
madrugaba	madrugaban	habrá madrugado	habrán madrugado

Future		Conditional Perfect	
madrugaré	madrugaremos	habría madrugado	habríamos madrugado
madrugarás	madrugaréis	habrías madrugado	habríais madrugado
madrugará	madrugarán	habría madrugado	habrían madrugado

Conditional	
madrugaría	madrugaríamos
madrugarías	madrugaríais
madrugaría	madrugarían

SUBJUNCTIVE

Present		Present Perfect	
madrugue	madruguemos	haya madrugado	hayamos madrugado
madrugues	madruguéis	hayas madrugado	hayáis madrugado
madrugue	madruguen	haya madrugado	hayan madrugado

Past		Past Perfect	
madrugara	madrugáramos	hubiera madrugado	hubiéramos madrugado
madrugaras	madrugarais	hubieras madrugado	hubierais madrugado
madrugara	madrugaran	hubiera madrugado	hubieran madrugado

IMPERATIVE

madruga	no madrugues	madruguemos	no madruguemos
madrugue	no madrugue	madrugad	no madruguéis
		madruguen	no madruguen

Esteban madruga todos los domingos para ir a pescar.
Esteban gets up early every Sunday to go fishing.

Durante las vacaciones nosotros nunca madrugamos.
During the holidays we never get up early.

Hay un dicho que dice: "al que madruga Dios le ayuda."
There's a saying that says: "God helps those who get up early."

MANDAR   *To command, to order, to send*

Past part. mandado   *Ger.* mandando

INDICATIVE

Present
mando	mandamos
mandas	mandáis
manda	mandan

Present Perfect
he mandado	hemos mandado
has mandado	habéis mandado
ha mandado	han mandado

Preterit
mandé	mandamos
mandaste	mandasteis
mandó	mandaron

Past Perfect
había mandado	habíamos mandado
habías mandado	habíais mandado
había mandado	habían mandado

Imperfect
mandaba	mandábamos
mandabas	mandabais
mandaba	mandaban

Future Perfect
habré mandado	habremos mandado
habrás mandado	habréis mandado
habrá mandado	habrán mandado

Future
mandaré	mandaremos
mandarás	mandaréis
mandará	mandarán

Conditional Perfect
habría mandado	habríamos mandado
habrías mandado	habríais mandado
habría mandado	habrían mandado

Conditional
mandaría	mandaríamos
mandarías	mandaríais
mandaría	mandarían

SUBJUNCTIVE

Present
mande	mandemos
mandes	mandéis
mande	manden

Present Perfect
haya mandado	hayamos mandado
hayas mandado	hayáis mandado
haya mandado	hayan mandado

Past
mandara	mandáramos
mandaras	mandarais
mandara	mandaran

Past Perfect
hubiera mandado	hubiéramos mandado
hubieras mandado	hubierais mandado
hubiera mandado	hubieran mandado

IMPERATIVE

manda	no mandes	mandemos	no mandemos
mande	no mande	mandad	no mandéis
		manden	no manden

El general mandó a sus tropas que iniciaran la retirada.
The general commanded his troops to begin the retreat.

La ley mandaba severas penas para los transgresores.
The law ordered severe punishments for transgressors.

Hoy en día casi nadie manda cartas personales por correo.
Today almost nobody sends personal letters by mail.

MANEJAR   *To handle, to drive, to manipulate*

Past part. manejado   *Ger.* manejando

INDICATIVE

Present

manejo	manejamos
manejas	manejáis
maneja	manejan

Present Perfect

he manejado	hemos manejado
has manejado	habéis manejado
ha manejado	han manejado

Preterit

manejé	manejamos
manejaste	manejasteis
manejó	manejaron

Past Perfect

había manejado	habíamos manejado
habías manejado	habíais manejado
había manejado	habían manejado

Imperfect

manejaba	manejábamos
manejabas	manejabais
manejaba	manejaban

Future Perfect

habré manejado	habremos manejado
habrás manejado	habréis manejado
habrá manejado	habrán manejado

Future

manejaré	manejaremos
manejarás	manejaréis
manejará	manejarán

Conditional Perfect

habría manejado	habríamos manejado
habrías manejado	habríais manejado
habría manejado	habrían manejado

Conditional

manejaría	manejaríamos
manejarías	manejaríais
manejaría	manejarían

SUBJUNCTIVE

Present

maneje	manejemos
manejes	manejéis
maneje	manejen

Present Perfect

haya manejado	hayamos manejado
hayas manejado	hayáis manejado
haya manejado	hayan manejado

Past

manejara	manejáramos
manejaras	manejarais
manejara	manejaran

Past Perfect

hubiera manejado	hubiéramos manejado
hubieras manejado	hubierais manejado
hubiera manejado	hubieran manejado

IMPERATIVE

maneja	no manejes	manejemos	no manejemos
maneje	no maneje	manejad	no manejéis
		manejen	no manejen

Los altos ejecutivos manejan las cuentas más importantes.
The top executives handle the most important accounts.
Los hijos saben manejar a sus padres desde pequeños.
Sons and daughters know how to manipulate their parents from a young age.
No manejes tan rápido; es peligroso.
Don't drive so fast; it's dangerous.

MAQUILLARSE   *To put on makeup*

Maquillar *To do someone's makeup*
maquillado   *Ger.* maquillándose

INDICATIVE

Present

me maquillo	nos maquillamos
te maquillas	os maquilláis
se maquilla	se maquillan

Present Perfect

me he maquillado	nos hemos maquillado
te has maquillado	os habéis maquillado
se ha maquillado	se han maquillado

Preterit

me maquillé	nos maquillamos
te maquillaste	os maquillasteis
se maquilló	se maquillaron

Past Perfect

me había maquillado	nos habíamos maquillado
te habías maquillado	os habíais maquillado
se había maquillado	se habían maquillado

Imperfect

me maquillaba	nos maquillábamos
te maquillabas	os maquillabais
se maquillaba	se maquillaban

Future Perfect

me habré maquillado	nos habremos maquillado
te habrás maquillado	os habréis maquillado
se habrá maquillado	se habrán maquillado

Future

me maquillaré	nos maquillaremos
te maquillarás	os maquillaréis
se maquillará	se maquillarán

Conditional Perfect

me habría maquillado	nos habríamos maquillado
te habrías maquillado	os habríais maquillado
se habría maquillado	se habrían maquillado

Conditional

me maquillaría	nos maquillaríamos
te maquillarías	os maquillaríais
se maquillaría	se maquillarían

SUBJUNCTIVE

Present

me maquille	nos maquillemos
te maquilles	os maquilléis
se maquille	se maquillen

Present Perfect

me haya maquillado	nos hayamos maquillado
te hayas maquillado	os hayáis maquillado
se haya maquillado	se hayan maquillado

Past

me maquillara	nos maquilláramos
te maquillaras	os maquillarais
se maquillara	se maquillaran

Past Perfect

me hubiera maquillado	nos hubiéramos maquillado
te hubieras maquillado	os hubierais maquillado
se hubiera maquillado	se hubieran maquillado

IMPERATIVE

maquíllate	no te maquilles	maquillémonos	no nos maquillemos
maquíllese	no se maquille	maquillaos	no os maquilléis
		maquíllense	no se maquillen

No es cierto que las mujeres se maquillan para los hombres.
It's not true that women put on makeup for men.

Ester no sabe cómo maquillarse.
Ester doesn't know how to put on makeup.

Necesita que una profesional la maquille para la boda.
She needs a professional to do her makeup for the wedding.

Past part. masticado   *Ger.* masticando

INDICATIVE

Present

mastico	masticamos
masticas	masticáis
mastica	mastican

Present Perfect

he masticado	hemos masticado
has masticado	habéis masticado
ha masticado	han masticado

Preterit

mastiqué	masticamos
masticaste	masticasteis
masticó	masticaron

Past Perfect

había masticado	habíamos masticado
habías masticado	habíais masticado
había masticado	habían masticado

Imperfect

masticaba	masticábamos
masticabas	masticabais
masticaba	masticaban

Future Perfect

habré masticado	habremos masticado
habrás masticado	habréis masticado
habrá masticado	habrán masticado

Future

masticaré	masticaremos
masticarás	masticaréis
masticará	masticarán

Conditional Perfect

habría masticado	habríamos masticado
habrías masticado	habríais masticado
habría masticado	habrían masticado

Conditional

masticaría	masticaríamos
masticarías	masticaríais
masticaría	masticarían

SUBJUNCTIVE

Present

mastique	mastiquemos
mastiques	mastiquéis
mastique	mastiquen

Present Perfect

haya masticado	hayamos masticado
hayas masticado	hayáis masticado
haya masticado	hayan masticado

Past

masticara	masticáramos
masticaras	masticarais
masticara	masticaran

Past Perfect

hubiera masticado	hubiéramos masticado
hubieras masticado	hubierais masticado
hubiera masticado	hubieran masticado

IMPERATIVE

mastica	no mastiques	mastiquemos	no mastiquemos
mastique	no mastique	masticad	no mastiquéis
		mastiquen	no mastiquen

Mastica despacio para que disfrutes el sabor de la comida.
Chew slowly so that you can enjoy the food's flavor.
Cuando era pequeña masticaba chicle todo el tiempo.
When I was little I used to chew gum all the time.
Masticar es parte del proceso digestivo.
Chewing is part of the digestive process.

Past part. matado   *Ger.* matando

INDICATIVE

Present

mato	matamos
matas	matáis
mata	matan

Present Perfect

he matado	hemos matado
has matado	habéis matado
ha matado	han matado

Preterit

maté	matamos
mataste	matasteis
mató	mataron

Past Perfect

había matado	habíamos matado
habías matado	habíais matado
había matado	habían matado

Imperfect

mataba	matábamos
matabas	matabais
mataba	mataban

Future Perfect

habré matado	habremos matado
habrás matado	habréis matado
habrá matado	habrán matado

Future

mataré	mataremos
matarás	mataréis
matará	matarán

Conditional Perfect

habría matado	habríamos matado
habrías matado	habríais matado
habría matado	habrían matado

Conditional

mataría	mataríamos
matarías	mataríais
mataría	matarían

SUBJUNCTIVE

Present

mate	matemos
mates	matéis
mate	maten

Present Perfect

haya matado	hayamos matado
hayas matado	hayáis matado
haya matado	hayan matado

Past

matara	matáramos
mataras	matarais
matara	mataran

Past Perfect

hubiera matado	hubiéramos matado
hubieras matado	hubierais matado
hubiera matado	hubieran matado

IMPERATIVE

mata	no mates	matemos	no matemos
mate	no mate	matad	no matéis
		maten	no maten

¡Ten piedad, por favor no me mates!
Have mercy, please don't kill me!

Estos zapatos nuevos me están matando.
These new shoes are killing me.

Se mató en un accidente de motocicleta porque no llevaba casco.
He was killed in a motorcycle accident because he was not wearing a helmet.

Past part. memorizado   *Ger.* memorizando

INDICATIVE

Present
memorizo	memorizamos
memorizas	memorizáis
memoriza	memorizan

Present Perfect
he memorizado	hemos memorizado
has memorizado	habéis memorizado
ha memorizado	han memorizado

Preterit
memoricé	memorizamos
memorizaste	memorizasteis
memorizó	memorizaron

Past Perfect
había memorizado	habíamos memorizado
habías memorizado	habíais memorizado
había memorizado	habían memorizado

Imperfect
memorizaba	memorizábamos
memorizabas	memorizabais
memorizaba	memorizaban

Future Perfect
habré memorizado	habremos memorizado
habrás memorizado	habréis memorizado
habrá memorizado	habrán memorizado

Future
memorizaré	memorizaremos
memorizarás	memorizaréis
memorizará	memorizarán

Conditional Perfect
habría memorizado	habríamos memorizado
habrías memorizado	habríais memorizado
habría memorizado	habrían memorizado

Conditional
memorizaría	memorizaríamos
memorizarías	memorizaríais
memorizaría	memorizarían

SUBJUNCTIVE

Present
memorice	memoricemos
memorices	memoricéis
memorice	memoricen

Present Perfect
haya memorizado	hayamos memorizado
hayas memorizado	hayáis memorizado
haya memorizado	hayan memorizado

Past
memorizara	memorizáramos
memorizaras	memorizarais
memorizara	memorizaran

Past Perfect
hubiera memorizado	hubiéramos memorizado
hubieras memorizado	hubierais memorizado
hubiera memorizado	hubieran memorizado

IMPERATIVE

memoriza	no memorices	memoricemos	no memoricemos
memorice	no memorice	memorizad	no memoricéis
		memoricen	no memoricen

Gracias al teléfono celular ya no necesito memorizar los teléfonos de mis amigos.
Thanks to the cell phone I no longer need to memorize my friends' phone numbers.

En la escuela primaria memorizábamos poemas regularmente.
In elementary school we regularly memorized poems.

Los niños memorizan las tablas de multiplicar para su clase de matemáticas.
Children memorize multiplication tables for their mathematics class.

Past part. mentido   *Ger.* mintiendo

INDICATIVE

Present
miento	mentimos		
mientes	mentís		
miente	mienten		

Present Perfect
he mentido	hemos mentido
has mentido	habéis mentido
ha mentido	han mentido

Preterit
mentí	mentimos
mentiste	mentisteis
mintió	mintieron

Past Perfect
había mentido	habíamos mentido
habías mentido	habíais mentido
había mentido	habían mentido

Imperfect
mentía	mentíamos
mentías	mentíais
mentía	mentían

Future Perfect
habré mentido	habremos mentido
habrás mentido	habréis mentido
habrá mentido	habrán mentido

Future
mentiré	mentiremos
mentirás	mentiréis
mentirá	mentirán

Conditional Perfect
habría mentido	habríamos mentido
habrías mentido	habríais mentido
habría mentido	habrían mentido

Conditional
mentiría	mentiríamos
mentirías	mentiríais
mentiría	mentirían

SUBJUNCTIVE

Present
mienta	mintamos
mientas	mintáis
mienta	mientan

Present Perfect
haya mentido	hayamos mentido
hayas mentido	hayáis mentido
haya mentido	hayan mentido

Past
mintiera	mintiéramos
mintieras	mintierais
mintiera	mintieran

Past Perfect
hubiera mentido	hubiéramos mentido
hubieras mentido	hubierais mentido
hubiera mentido	hubieran mentido

IMPERATIVE
miente	no mientas	mintamos	no mintamos
mienta	no mienta	mentid	no mentáis
		mientan	no mientan

¡No me mientas! Tengo derecho a saber la verdad.
Don't lie to me! I have the right to know the truth.
Estaría mintiendo si te digo que te quiero.
I would be lying if I told you that I love you.
Sabemos que uno de los testigos mintió en su declaración.
We know that one of the witnesses lied in his statement.

MERECER   *To deserve*

M

Past part. merecido   *Ger.* mereciendo

INDICATIVE

Present
merezco	merecemos
mereces	merecéis
merece	merecen

Present Perfect
he merecido	hemos merecido
has merecido	habéis merecido
ha merecido	han merecido

Preterit
merecí	merecimos
mereciste	merecisteis
mereció	merecieron

Past Perfect
había merecido	habíamos merecido
habías merecido	habíais merecido
había merecido	habían merecido

Imperfect
merecía	merecíamos
merecías	merecíais
merecía	merecían

Future Perfect
habré merecido	habremos merecido
habrás merecido	habréis merecido
habrá merecido	habrán merecido

Future
mereceré	mereceremos
merecerás	mereceréis
merecerá	merecerán

Conditional Perfect
habría merecido	habríamos merecido
habrías merecido	habríais merecido
habría merecido	habrían merecido

Conditional
merecería	mereceríamos
merecerías	mereceríais
merecería	merecerían

SUBJUNCTIVE

Present
merezca	merezcamos
merezcas	merezcáis
merezca	merezcan

Present Perfect
haya merecido	hayamos merecido
hayas merecido	hayáis merecido
haya merecido	hayan merecido

Past
mereciera	mereciéramos
merecieras	merecierais
mereciera	merecieran

Past Perfect
hubiera merecido	hubiéramos merecido
hubieras merecido	hubierais merecido
hubiera merecido	hubieran merecido

IMPERATIVE
merece	no merezcas	merezcamos	no merezcamos
merezca	no merezca	mereced	no merezcáis
		merezcan	no merezcan

Lucía merece que le den el ascenso a gerente regional.
Lucía deserves to get the promotion to regional manager.
No merezco que me trates así.
I don't deserve to be treated this way by you.
Cómo dice el refrán: "un pueblo tiene el gobierno que se merece."
As the saying goes: "A people has the government it deserves."

311

MERENDAR *To have an afternoon snack, to have a early dinner*

Past part. merendado   *Ger.* merendando

INDICATIVE

Present

meriendo	merendamos
meriendas	merendáis
merienda	meriendan

Present Perfect

he merendado	hemos merendado
has merendado	habéis merendado
ha merendado	han merendado

Preterit

merendé	merendamos
merendaste	merendasteis
merendó	merendaron

Past Perfect

había merendado	habíamos merendado
habías merendado	habíais merendado
había merendado	habían merendado

Imperfect

merendaba	merendábamos
merendabas	merendabais
merendaba	merendaban

Future Perfect

habré merendado	habremos merendado
habrás merendado	habréis merendado
habrá merendado	habrán merendado

Future

merendaré	merendaremos
merendarás	merendaréis
merendará	merendarán

Conditional Perfect

habría merendado	habríamos merendado
habrías merendado	habríais merendado
habría merendado	habrían merendado

Conditional

merendaría	merendaríamos
merendarías	merendaríais
merendaría	merendarían

SUBJUNCTIVE

Present

meriende	merendemos
meriendes	merendéis
meriende	merienden

Present Perfect

haya merendado	hayamos merendado
hayas merendado	hayáis merendado
haya merendado	hayan merendado

Past

merendara	merendáramos
merendaras	merendarais
merendara	merendaran

Past Perfect

hubiera merendado	hubiéramos merendado
hubieras merendado	hubierais merendado
hubiera merendado	hubieran merendado

IMPERATIVE

merienda	no meriendes	merendemos	no merendemos
meriende	no meriende	merendad	no merendéis
		merienden	no merienden

Los niños meriendan después de dormir su siesta.
Children have a snack after they take their nap.
¿Qué quieres merendar?
What would you like for an afternoon snack?
Merendamos antes de ir al cine.
We had an early dinner before going to the movies.

METER   *To put in*   **Meterse** *To go into, to get into*   M

Past part. metido   *Ger.* metiendo

INDICATIVE

Present
		Present Perfect	
meto	metemos	he metido	hemos metido
metes	metéis	has metido	habéis metido
mete	meten	ha metido	han metido

Preterit
		Past Perfect	
metí	metimos	había metido	habíamos metido
metiste	metisteis	habías metido	habíais metido
metió	metieron	había metido	habían metido

Imperfect
		Future Perfect	
metía	metíamos	habré metido	habremos metido
metías	metíais	habrás metido	habréis metido
metía	metían	habrá metido	habrán metido

Future
		Conditional Perfect	
meteré	meteremos	habría metido	habríamos metido
meterás	meteréis	habrías metido	habríais metido
meterá	meterán	habría metido	habrían metido

Conditional
metería	meteríamos
meterías	meteríais
metería	meterían

SUBJUNCTIVE

Present
		Present Perfect	
meta	metamos	haya metido	hayamos metido
metas	metáis	hayas metido	hayáis metido
meta	metan	haya metido	hayan metido

Past
		Past Perfect	
metiera	metiéramos	hubiera metido	hubiéramos metido
metieras	metierais	hubieras metido	hubierais metido
metiera	metieran	hubiera metido	hubieran metido

IMPERATIVE
mete	no metas	metamos	no metamos
meta	no meta	meted	no metáis
		metan	no metan

No metas tu mano al fuego si no te quieres quemar.
Don't put your hand in the fire if you don't want to get burned.
Si metemos el pastel en el horno ahora estará listo a tiempo para la fiesta.
If we put the cake in the oven now it will be ready in time for the party.
Se metió en problemas con su supervisor por explorar la red en lugar de trabajar.
He got into trouble with his supervisor for surfing the web instead of working.

MEZCLAR *To mix*

Mezclarse *To get involved in something or with someone*
Past part. mezclado   *Ger.* mezclando

INDICATIVE

Present
		Present Perfect	
mezclo	mezclamos	he mezclado	hemos mezclado
mezclas	mezcláis	has mezclado	habéis mezclado
mezcla	mezclan	ha mezclado	han mezclado

Preterit / Past Perfect
mezclé	mezclamos	había mezclado	habíamos mezclado
mezclaste	mezclasteis	habías mezclado	habíais mezclado
mezcló	mezclaron	había mezclado	habían mezclado

Imperfect / Future Perfect
mezclaba	mezclábamos	habré mezclado	habremos mezclado
mezclabas	mezclabais	habrás mezclado	habréis mezclado
mezclaba	mezclaban	habrá mezclado	habrán mezclado

Future / Conditional Perfect
mezclaré	mezclaremos	habría mezclado	habríamos mezclado
mezclarás	mezclaréis	habrías mezclado	habríais mezclado
mezclará	mezclarán	habría mezclado	habrían mezclado

Conditional
mezclaría	mezclaríamos
mezclarías	mezclaríais
mezclaría	mezclarían

SUBJUNCTIVE

Present / Present Perfect
mezcle	mezclemos	haya mezclado	hayamos mezclado
mezcles	mezcléis	hayas mezclado	hayáis mezclado
mezcle	mezclen	haya mezclado	hayan mezclado

Past / Past Perfect
mezclara	mezcláramos	hubiera mezclado	hubiéramos mezclado
mezclaras	mezclarais	hubieras mezclado	hubierais mezclado
mezclara	mezclaran	hubiera mezclado	hubieran mezclado

IMPERATIVE
mezcla	no mezcles	mezclemos	no mezclemos
mezcle	no mezcle	mezclad	no mezcléis
		mezclen	no mezclen

Nunca mezclo negocios con placer.
I never mix business with pleasure.

La receta dice que hay que mezclar la mantequilla con el azúcar.
The recipe says we have to mix the butter with the sugar.

Al entrar a la universidad, Felipe se mezcló con un grupo de personas nefastas.
When he got into college, Felipe got involved with a group of dreadful people.

MIRAR   *To look, to watch*

Past part. mirado   *Ger.* mirando

INDICATIVE

Present
		Present Perfect	
miro	miramos	he mirado	hemos mirado
miras	miráis	has mirado	habéis mirado
mira	miran	ha mirado	han mirado

Preterit
		Past Perfect	
miré	miramos	había mirado	habíamos mirado
miraste	mirasteis	habías mirado	habíais mirado
miró	miraron	había mirado	habían mirado

Imperfect
		Future Perfect	
miraba	mirábamos	habré mirado	habremos mirado
mirabas	mirabais	habrás mirado	habréis mirado
miraba	miraban	habrá mirado	habrán mirado

Future
		Conditional Perfect	
miraré	miraremos	habría mirado	habríamos mirado
mirarás	miraréis	habrías mirado	habríais mirado
mirará	mirarán	habría mirado	habrían mirado

Conditional
miraría	miraríamos
mirarías	miraríais
miraría	mirarían

SUBJUNCTIVE

Present
		Present Perfect	
mire	miremos	haya mirado	hayamos mirado
mires	miréis	hayas mirado	hayáis mirado
mire	miren	haya mirado	hayan mirado

Past
		Past Perfect	
mirara	miráramos	hubiera mirado	hubiéramos mirado
miraras	mirarais	hubieras mirado	hubierais mirado
mirara	miraran	hubiera mirado	hubieran mirado

IMPERATIVE
mira	no mires	miremos	no miremos
mire	no mire	mirad	no miréis
		miren	no miren

¡Mira lo que has hecho!
Look what you've done!

Si lo miras desde otro punto de vista, verás que tengo razón.
If you look at it from another point of view, you'll see that I'm right.

Mirar la televisión de muy cerca es malo para los ojos.
Watching television up close is bad for the eyes.

MOLESTAR *To disturb, to bother, to upset*

Molestarse *To get upset, to trouble oneself*
Past part. molestado   *Ger.* molestando

INDICATIVE

Present

molesto	molestemos
molestas	molestáis
molesta	molestan

Present Perfect

he molestado	hemos molestado
has molestado	habéis molestado
ha molestado	han molestado

Preterit

molesté	molestamos
molestaste	molestasteis
molestó	molestaron

Past Perfect

había molestado	habíamos molestado
habías molestado	habíais molestado
había molestado	habían molestado

Imperfect

molestaba	molestábamos
molestabas	molestabais
molestaba	molestaban

Future Perfect

habré molestado	habremos molestado
habrás molestado	habréis molestado
habrá molestado	habrán molestado

Future

molestaré	molestaremos
molestarás	molestaréis
molestará	molestarán

Conditional Perfect

habría molestado	habríamos molestado
habrías molestado	habríais molestado
habría molestado	habrían molestado

Conditional

molestaría	molestaríamos
molestarías	molestaríais
molestaría	molestarían

SUBJUNCTIVE

Present

moleste	molestemos
molestes	molestéis
moleste	molesten

Present Perfect

haya molestado	hayamos molestado
hayas molestado	hayáis molestado
haya molestado	hayan molestado

Past

molestara	molestáramos
molestaras	molestarais
molestara	molestaran

Past Perfect

hubiera molestado	hubiéramos molestado
hubieras molestado	hubierais molestado
hubiera molestado	hubieran molestado

IMPERATIVE

molesta	no molestes	molestemos	no molestemos
moleste	no moleste	molestad	no molestéis
		molesten	no molesten

¿Le molestaría si fumo?
Would it bother you if I smoked?

No me gusta que me molesten mientras estoy trabajando.
I don't like to be disturbed while I'm working.

Me molesta que no me hagas caso.
It upsets me that you don't pay attention to me.

MONTAR *To ride* **Montarse** *To get on*

Past part. montado   *Ger.* montando

INDICATIVE

Present		Present Perfect	
monto	montamos	he montado	hemos montado
montas	montáis	has montado	habéis montado
monta	montan	ha montado	han montado

Preterit		Past Perfect	
monté	montamos	había montado	habíamos montado
montaste	montasteis	habías montado	habíais montado
montó	montaron	había montado	habían montado

Imperfect		Future Perfect	
montaba	montábamos	habré montado	habremos montado
montabas	montabais	habrás montado	habréis montado
montaba	montaban	habrá montado	habrán montado

Future		Conditional Perfect	
montaré	montaremos	habría montado	habríamos montado
montarás	montaréis	habrías montado	habríais montado
montará	montarán	habría montado	habrían montado

Conditional	
montaría	montaríamos
montarías	montaríais
montaría	montarían

SUBJUNCTIVE

Present		Present Perfect	
monte	montemos	haya montado	hayamos montado
montes	montéis	hayas montado	hayáis montado
monte	monten	haya montado	hayan montado

Past		Past Perfect	
montara	montáramos	hubiera montado	hubiéramos montado
montaras	montarais	hubieras montado	hubierais montado
montara	montaran	hubiera montado	hubieran montado

IMPERATIVE

monta	no montes	montemos	no montemos
monte	no monte	montad	no montéis
		monten	no monten

¿Nunca has montado a caballo?
You've never ridden a horse?

Ni siquiera sé como montar en bicicleta.
I don't even know how to ride a bicycle.

Móntate a mi moto y vamos a dar un paseo.
Get on my bike and let's go for a ride.

MORAR *To dwell, to reside*

Past part. morado   Ger. morando

INDICATIVE

Present		Present Perfect	
moro	moramos	he morado	hemos morado
moras	moráis	has morado	habéis morado
mora	moran	ha morado	han morado

Preterit		Past Perfect	
moré	moramos	había morado	habíamos morado
moraste	morasteis	habías morado	habíais morado
moró	moraron	había morado	habían morado

Imperfect		Future Perfect	
moraba	morábamos	habré morado	habremos morado
morabas	morabais	habrás morado	habréis morado
moraba	moraban	habrá morado	habrán morado

Future		Conditional Perfect	
moraré	moraremos	habría morado	habríamos morado
morarás	moraréis	habrías morado	habríais morado
morará	morarán	habría morado	habrían morado

Conditional	
moraría	moraríamos
morarías	moraríais
moraría	morarían

SUBJUNCTIVE

Present		Present Perfect	
more	moremos	haya morado	hayamos morado
mores	moréis	hayas morado	hayáis morado
more	moren	haya morado	hayan morado

Past		Past Perfect	
morara	moráramos	hubiera morado	hubiéramos morado
moraras	morarais	hubieras morado	hubierais morado
morara	moraran	hubiera morado	hubieran morado

IMPERATIVE

mora	no mores	moremos	no moremos
more	no more	morad	no moréis
		moren	no moren

Los indígenas que moraban en esta región eran cazadores-recolectores.
The natives who dwelled in this region were hunter-gatherers.

Moraron aquí hasta el final de la Edad de Hielo.
They dwelled here until the end of the Ice Age.

No me gustaría morar en una cueva.
I wouldn't like to dwell in a cave.

MORDER   *To bite*

Past part. mordido   *Ger.* mordiendo

INDICATIVE

Present
muerdo	mordemos
muerdes	mordéis
muerde	muerden

Present Perfect
he mordido	hemos mordido
has mordido	habéis mordido
ha mordido	han mordido

Preterit
mordí	mordimos
mordiste	mordisteis
mordió	mordieron

Past Perfect
había mordido	habíamos mordido
habías mordido	habíais mordido
había mordido	habían mordido

Imperfect
mordía	mordíamos
mordías	mordíais
mordía	mordían

Future Perfect
habré mordido	habremos mordido
habrás mordido	habréis mordido
habrá mordido	habrán mordido

Future
morderé	morderemos
morderás	morderéis
morderá	morderán

Conditional Perfect
habría mordido	habríamos mordido
habrías mordido	habríais mordido
habría mordido	habrían mordido

Conditional
mordería	morderíamos
morderías	morderíais
mordería	morderían

SUBJUNCTIVE

Present
muerda	mordamos
muerdas	mordáis
muerda	muerdan

Present Perfect
haya mordido	hayamos mordido
hayas mordido	hayáis mordido
haya mordido	hayan mordido

Past
mordiera	mordiéramos
mordieras	mordierais
mordiera	mordieran

Past Perfect
hubiera mordido	hubiéramos mordido
hubieras mordido	hubierais mordido
hubiera mordido	hubieran mordido

IMPERATIVE
muerde	no muerdas	mordamos	no mordamos
muerda	no muerda	morded	no mordáis
		muerdan	no muerdan

Hay un dicho: "perro que ladra no muerde."
There's a saying: "A dog that barks doesn't bite."
Según la Biblia, Adán y Eva mordieron la manzana.
According to the Bible, Adam and Eve bit the apple.
Hoy los peces no están mordiendo el anzuelo.
Today the fish aren't biting the hook.

Past part. muerto   Ger. muriendo

INDICATIVE

Present

muero	morimos
mueres	morís
muere	mueren

Present Perfect

he muerto	hemos muerto
has muerto	habéis muerto
ha muerto	han muerto

Preterit

morí	morimos
moriste	moristeis
murió	murieron

Past Perfect

había muerto	habíamos muerto
habías muerto	habíais muerto
había muerto	habían muerto

Imperfect

moría	moríamos
morías	moríais
moría	morían

Future Perfect

habré muerto	habremos muerto
habrás muerto	habréis muerto
habrá muerto	habrán muerto

Future

moriré	moriremos
morirás	moriréis
morirá	morirán

Conditional Perfect

habría muerto	habríamos muerto
habrías muerto	habríais muerto
habría muerto	habrían muerto

Conditional

moriría	moriríamos
morirías	moriríais
moriría	morirían

SUBJUNCTIVE

Present

muera	muramos
mueras	muráis
muera	mueran

Present Perfect

haya muerto	hayamos muerto
hayas muerto	hayáis muerto
haya muerto	hayan muerto

Past

muriera	muriéramos
murieras	murierais
muriera	murieran

Past Perfect

hubiera muerto	hubiéramos muerto
hubieras muerto	hubierais muerto
hubiera muerto	hubieran muerto

IMPERATIVE

muere	no mueras	muramos	no muramos
muera	no muera	morid	no muráis
		mueran	no mueran

El rocanrol no ha muerto y no morirá nunca.
Rock and roll hasn't died and will never die.

Más de tres mil personas murieron en el terremoto.
More than three thousand people died in the earthquake.

Mucha gente muere cada día por fumar.
A lot of people die each day from smoking.

MOSTRAR *To show, to display*

Past part. mostrado   *Ger.* mostrando

INDICATIVE

Present
muestro	mostramos
muestras	mostráis
muestra	muestran

Present Perfect
he mostrado	hemos mostrado
has mostrado	habéis mostrado
ha mostrado	han mostrado

Preterit
mostré	mostramos
mostraste	mostrasteis
mostró	mostraron

Past Perfect
había mostrado	habíamos mostrado
habías mostrado	habíais mostrado
había mostrado	habían mostrado

Imperfect
mostraba	mostrábamos
mostrabas	mostrabais
mostraba	mostraban

Future Perfect
habré mostrado	habremos mostrado
habrás mostrado	habréis mostrado
habrá mostrado	habrán mostrado

Future
mostraré	mostraremos
mostrarás	mostraréis
mostrará	mostrarán

Conditional Perfect
habría mostrado	habríamos mostrado
habrías mostrado	habríais mostrado
habría mostrado	habrían mostrado

Conditional
mostraría	mostraríamos
mostrarías	mostraríais
mostraría	mostrarían

SUBJUNCTIVE

Present
muestre	mostremos
muestres	mostréis
muestre	muestren

Present Perfect
haya mostrado	hayamos mostrado
hayas mostrado	hayáis mostrado
haya mostrado	hayan mostrado

Past
mostrara	mostráramos
mostraras	mostrarais
mostrara	mostraran

Past Perfect
hubiera mostrado	hubiéramos mostrado
hubieras mostrado	hubierais mostrado
hubiera mostrado	hubieran mostrado

IMPERATIVE
muestra	no muestres	mostremos	no mostremos
muestre	no muestre	mostrad	no mostréis
		muestren	no muestren

Durante el tour de la ciudad, el guía nos mostró todos los lugares importantes.
During the city tour, the guide showed us all the important sites.

Le pedí al dependiente que me mostrara todos los relojes que tenía en la tienda.
I asked the clerk to show me all the watches he had in the store.

Los gorilas machos muestran su fuerza golpeándose el pecho.
Male gorillas display their brawn by beating their chest.

Past part. movido   *Ger.* moviendo

INDICATIVE

Present

		Present Perfect	
muevo	movemos	he movido	hemos movido
mueves	movéis	has movido	habéis movido
mueve	mueven	ha movido	han movido

Preterit

		Past Perfect	
moví	movimos	había movido	habíamos movido
moviste	movisteis	habías movido	habíais movido
movió	movieron	había movido	habían movido

Imperfect

		Future Perfect	
movía	movíamos	habré movido	habremos movido
movías	movíais	habrás movido	habréis movido
movía	movían	habrá movido	habrán movido

Future

		Conditional Perfect	
moveré	moveremos	habría movido	habríamos movido
moverás	moveréis	habrías movido	habríais movido
moverá	moverán	habría movido	habrían movido

Conditional

movería	moveríamos
moverías	moveríais
movería	moverían

SUBJUNCTIVE

Present

		Present Perfect	
mueva	movamos	haya movido	hayamos movido
muevas	mováis	hayas movido	hayáis movido
mueva	muevan	haya movido	hayan movido

Past

		Past Perfect	
moviera	moviéramos	hubiera movido	hubiéramos movido
movieras	movierais	hubieras movido	hubierais movido
moviera	movieran	hubiera movido	hubieran movido

IMPERATIVE

mueve	no nuevas	movamos	no movamos
mueva	no mueva	moved	no mováis
		muevan	no muevan

¡No te muevas! Tienes un bicho gigante en la espalda.
Don't move! You have a giant bug on your back.

Sus bajos instintos lo movieron a hacer algo indecible.
His lower instincts drove him to do something unspeakable.

Muévete si no quieres que te atropellen.
Get out of the way if you don't want to get run over.

MUDARSE   *To move (dwelling), to change (clothes)*

Mudar   *To change, to molt*
Past part. mudado   *Ger.* mudando

INDICATIVE

Present

me mudo	nos mudamos
te mudas	os mudáis
se muda	se mudan

Present Perfect

me he mudado	nos hemos mudado
te has mudado	os habéis mudado
se ha mudado	se han mudado

Preterit

me mudé	nos mudamos
te mudaste	os mudasteis
se mudó	se mudaron

Past Perfect

me había mudado	nos habíamos mudado
te habías mudado	os habíais mudado
se había mudado	se habían mudado

Imperfect

me mudaba	nos mudábamos
te mudabas	os mudabais
se mudaba	se mudaban

Future Perfect

me habré mudado	nos habremos mudado
te habrás mudado	os habréis mudado
se habrá mudado	se habrán mudado

Future

me mudaré	nos mudaremos
te mudarás	os mudaréis
se mudará	se mudarán

Conditional Perfect

me habría mudado	nos habríamos mudado
te habrías mudado	os habríais mudado
se habría mudado	se habrían mudado

Conditional

me mudaría	nos mudaríamos
te mudarías	os mudaríais
se mudaría	se mudarían

SUBJUNCTIVE

Present

me mude	nos mudemos
te mudes	os mudéis
se mude	se muden

Present Perfect

me haya mudado	nos hayamos mudado
te hayas mudado	os hayáis mudado
se haya mudado	se hayan mudado

Past

me mudara	nos mudáramos
te mudaras	os mudarais
se mudara	se mudaran

Past Perfect

me hubiera mudado	nos hubiéramos mudado
te hubieras mudado	os hubierais mudado
se hubiera mudado	se hubieran mudado

IMPERATIVE

múdate	no te mudes	mudémonos	no nos mudemos
múdese	no se mude	mudaos	no os mudéis
		múdense	no se muden

Para julio próximo, nos habremos mudado a otra ciudad.
By next July, we will have moved to another city.
Tengo que mudarme de ropa para la fiesta.
I have to change clothes for the party.
Será mejor que mudes de actitud antes de que me enoje.
You better change your attitude before I get angry.

Past part. nacido   *Ger.* naciendo

INDICATIVE

Present		Present Perfect	
nazco	nacemos	he nacido	hemos nacido
naces	nacéis	has nacido	habéis nacido
nace	nacen	ha nacido	han nacido

Preterit		Past Perfect	
nací	nacimos	había nacido	habíamos nacido
naciste	nacisteis	habías nacido	habíais nacido
nació	nacieron	había nacido	habían nacido

Imperfect		Future Perfect	
nacía	nacíamos	habré nacido	habremos nacido
nacías	nacíais	habrás nacido	habréis nacido
nacía	nacían	habrá nacido	habrán nacido

Future		Conditional Perfect	
naceré	naceremos	habría nacido	habríamos nacido
nacerás	naceréis	habrías nacido	habríais nacido
nacerá	nacerán	habría nacido	habrían nacido

Conditional	
nacería	naceríamos
nacerías	naceríais
nacería	nacerían

SUBJUNCTIVE

Present		Present Perfect	
nazca	nazcamos	haya nacido	hayamos nacido
nazcas	nazcáis	hayas nacido	hayáis nacido
nazca	nazcan	haya nacido	hayan nacido

Past		Past Perfect	
naciera	naciéramos	hubiera nacido	hubiéramos nacido
nacieras	nacierais	hubieras nacido	hubierais nacido
naciera	nacieran	hubiera nacido	hubieran nacido

IMPERATIVE

nace	no nazcas	nazcamos	no nazcamos
nazca	no nazca	naced	no nazcáis
		nazcan	no nazcan

Mi hijo nacerá en diciembre próximo.
My son will be born this December.

W. A. Mozart nació para ser músico.
W. A. Mozart was born to be a musician.

El día en que tú naciste, nacieron todas las flores.
On the day that you were born, all the flowers were born.

Past part. nadado　　　　　　　　*Ger.* nadando

INDICATIVE

Present		Present Perfect	
nado	nadamos	he nadado	hemos nadado
nadas	nadáis	has nadado	habéis nadado
nada	nadan	ha nadado	han nadado

Preterit		Past Perfect	
nadé	nadamos	había nadado	habíamos nadado
nadaste	nadasteis	habías nadado	habíais nadado
nadó	nadaron	había nadado	habían nadado

Imperfect		Future Perfect	
nadaba	nadábamos	habré nadado	habremos nadado
nadabas	nadabais	habrás nadado	habréis nadado
nadaba	nadaban	habrá nadado	habrán nadado

Future		Conditional Perfect	
nadaré	nadaremos	habría nadado	habríamos nadado
nadarás	nadaréis	habrías nadado	habríais nadado
nadará	nadarán	habría nadado	habrían nadado

Conditional	
nadaría	nadaríamos
nadarías	nadaríais
nadaría	nadarían

SUBJUNCTIVE

Present		Present Perfect	
nade	nademos	haya nadado	hayamos nadado
nades	nadéis	hayas nadado	hayáis nadado
nade	naden	haya nadado	hayan nadado

Past		Past Perfect	
nadara	nadáramos	hubiera nadado	hubiéramos nadado
nadaras	nadarais	hubieras nadado	hubierais nadado
nadara	nadaran	hubiera nadado	hubieran nadado

IMPERATIVE

nada	no nades	nademos	no nademos
nade	no nade	nadad	no nadéis
		naden	no naden

Dicen que no hay que nadar después de comer.
They say one shouldn't swim after eating.

Aprendí a nadar cuando vivía en Acapulco.
I learned to swim while I was living in Acapulco.

Cuando vayamos allá nadaremos en el océano todo el día.
When we go there we will swim in the ocean all day long.

NARRAR *To tell, to narrate, to relate*

Past part. narrado   *Ger.* narrando

INDICATIVE

Present

narro	narramos
narras	narráis
narra	narran

Present Perfect

he narrado	hemos narrado
has narrado	habéis narrado
ha narrado	han narrado

Preterit

narré	narramos
narraste	narrasteis
narró	narraron

Past Perfect

había narrado	habíamos narrado
habías narrado	habíais narrado
había narrado	habían narrado

Imperfect

narraba	narrábamos
narrabas	narrabais
narraba	narraban

Future Perfect

habré narrado	habremos narrado
habrás narrado	habréis narrado
habrá narrado	habrán narrado

Future

narraré	narraremos
narrarás	narraréis
narrará	narrarán

Conditional Perfect

habría narrado	habríamos narrado
habrías narrado	habríais narrado
habría narrado	habrían narrado

Conditional

narraría	narraríamos
narrarías	narraríais
narraría	narrarían

SUBJUNCTIVE

Present

narre	narremos
narres	narréis
narre	narren

Present Perfect

haya narrado	hayamos narrado
hayas narrado	hayáis narrado
haya narrado	hayan narrado

Past

narrara	narráramos
narraras	narrarais
narrara	narraran

Past Perfect

hubiera narrado	hubiéramos narrado
hubieras narrado	hubierais narrado
hubiera narrado	hubieran narrado

IMPERATIVE

narra	no narres	narremos	no narraremos
narre	no narre	narrad	no narréis
		narren	no narren

La novela narra la historia de una familia inmigrante.
The novel tells the story of an immigrant family.

En la antigüedad, los viejos narraban mitos y leyendas junto al fuego.
In ancient times, the elders told myths and legends by the fire.

Algunos de los textos que narran la conquista del Nuevo Mundo son increíbles.
Some of the texts that relate the conquest of the New World are unbelievable.

NECESITAR *To need, to require*

Past part. necesitado   *Ger.* necesitando

INDICATIVE

Present

necesito	necesitamos
necesitas	necesitáis
necesita	necesitan

Preterit

necesité	necesitamos
necesitaste	necesitasteis
necesitó	necesitaron

Imperfect

necesitaba	necesitábamos
necesitabas	necesitabais
necesitaba	necesitaban

Future

necesitaré	necesitaremos
necesitarás	necesitaréis
necesitará	necesitarán

Conditional

necesitaría	necesitaríamos
necesitarías	necesitaríais
necesitaría	necesitarían

Present Perfect

he necesitado	hemos necesitado
has necesitado	habéis necesitado
ha necesitado	han necesitado

Past Perfect

había necesitado	habíamos necesitado
habías necesitado	habíais necesitado
había necesitado	habían necesitado

Future Perfect

habré necesitado	habremos necesitado
habrás necesitado	habréis necesitado
habrá necesitado	habrán necesitado

Conditional Perfect

habría necesitado	habríamos necesitado
habrías necesitado	habríais necesitado
habría necesitado	habrían necesitado

SUBJUNCTIVE

Present

necesite	necesitemos
necesites	necesitéis
necesite	necesiten

Past

necesitara	necesitáramos
necesitaras	necesitarais
necesitara	necesitaran

Present Perfect

haya necesitado	hayamos necesitado
hayas necesitado	hayáis necesitado
haya necesitado	hayan necesitado

Past Perfect

hubiera necesitado	hubiéramos necesitado
hubieras necesitado	hubierais necesitado
hubiera necesitado	hubieran necesitado

IMPERATIVE

necesita	no necesites	necesitemos	no necesitemos
necesite	no necesite	necesitad	no necesitéis
		necesiten	no necesiten

Necesito verte urgentemente para darte una noticia importante.
I need to see you urgently to tell you an important piece of news.

Usted necesitará más dinero para completar el proyecto.
You will need more money to complete the project.

Espero que no necesitemos nada que no hayamos traído con nosotros.
I hope we won't need anything that we didn't bring with us.

NEGAR *To deny, to refuse* **Negarse** *To refuse*

Past part. negado   *Ger.* negando

INDICATIVE

Present

niego	negamos
niegas	negáis
niega	niegan

Present Perfect

he negado	hemos negado
has negado	habéis negado
ha negado	han negado

Preterit

negué	negamos
negaste	negasteis
negó	negaron

Past Perfect

había negado	habíamos negado
habías negado	habíais negado
había negado	habían negado

Imperfect

negaba	negábamos
negabas	negabais
negaba	negaban

Future Perfect

habré negado	habremos negado
habrás negado	habréis negado
habrá negado	habrán negado

Future

negaré	negaremos
negarás	negaréis
negará	negarán

Conditional Perfect

habría negado	habríamos negado
habrías negado	habríais negado
habría negado	habrían negado

Conditional

negaría	negaríamos
negarías	negaríais
negaría	negarían

SUBJUNCTIVE

Present

niegue	neguemos
niegues	neguéis
niegue	nieguen

Present Perfect

haya negado	hayamos negado
hayas negado	hayáis negado
haya negado	hayan negado

Past

negara	negáramos
negaras	negarais
negara	negaran

Past Perfect

hubiera negado	hubiéramos negado
hubieras negado	hubierais negado
hubiera negado	hubieran negado

IMPERATIVE

niega	no niegues	neguemos	no neguemos
niegue	no niegue	negad	no neguéis
		nieguen	no nieguen

No puedo negarlo por más tiempo: te he sido infiel.
I can't deny it any longer: I have been unfaithful to you.

Le negaron la visa porque no tenía una cuenta de banco.
He was refused the visa because he didn't have a bank account.

Si te pido un favor, ¿te negarías a hacerlo?
If I ask you for a favor, would you refuse to do it?

NOMBRAR   *To name, to mention, to appoint*

Past part. nombrado   *Ger.* nombrando

INDICATIVE

Present
nombro	nombramos
nombras	nombráis
nombra	nombren

Present Perfect
he nombrado	hemos nombrado
has nombrado	habéis nombrado
ha nombrado	han nombrado

Preterit
nombré	nombramos
nombraste	nombrasteis
nombró	nombraron

Past Perfect
había nombrado	habíamos nombrado
habías nombrado	habíais nombrado
había nombrado	habían nombrado

Imperfect
nombraba	nombrábamos
nombrabas	nombrabais
nombraba	nombraban

Future Perfect
habré nombrado	habremos nombrado
habrás nombrado	habréis nombrado
habrá nombrado	habrán nombrado

Future
nombraré	nombraremos
nombrarás	nombraréis
nombrará	nombrarán

Conditional Perfect
habría nombrado	habríamos nombrado
habrías nombrado	habríais nombrado
habría nombrado	habrían nombrado

Conditional
nombraría	nombraríamos
nombrarías	nombraríais
nombraría	nombrarían

SUBJUNCTIVE

Present
nombre	nombremos
nombres	nombréis
nombre	nombren

Present Perfect
haya nombrado	hayamos nombrado
hayas nombrado	hayáis nombrado
haya nombrado	hayan nombrado

Past
nombrara	nombráramos
nombraras	nombrarais
nombrara	nombraran

Past Perfect
hubiera nombrado	hubiéramos nombrado
hubieras nombrado	hubierais nombrado
hubiera nombrado	hubieran nombrado

IMPERATIVE

nombra	no nombres	nombremos	no nombremos
nombre	no nombre	nombrad	no nombréis
		nombren	no nombren

El soplón nombró a todos los jefes de la organización criminal.
The informer named all the bosses of the criminal organization.
El presidente nombra a los miembros de la Suprema Corte.
The president appoints the members of the Supreme Court.
¡A ése ni me lo nombres!
Don't even mention him to me!

NOTAR *To notice, to note*

Past part. notado   *Ger.* notando

INDICATIVE

Present		Present Perfect	
noto	notamos	he notado	hemos notado
notas	notáis	has notado	habéis notado
nota	notan	ha notado	han notado

Preterit		Past Perfect	
noté	notamos	había notado	habíamos notado
notaste	notasteis	habías notado	habíais notado
notó	notaron	había notado	habían notado

Imperfect		Future Perfect	
notaba	notábamos	habré notado	habremos notado
notabas	notabais	habrás notado	habréis notado
notaban	notaban	habrá notado	habrán notado

Future		Conditional Perfect	
notaré	notaremos	habría notado	habríamos notado
notarás	notaréis	habrías notado	habríais notado
notará	notarán	habría notado	habrían notado

Conditional	
notaría	notaríamos
notarías	notaríais
notaría	notarían

SUBJUNCTIVE

Present		Present Perfect	
note	notemos	haya notado	hayamos notado
notes	notéis	hayas notado	hayáis notado
note	noten	haya notado	hayan notado

Past		Past Perfect	
notara	notáramos	hubiera notado	hubiéramos notado
notaras	notarais	hubieras notado	hubierais notado
notara	notaran	hubiera notado	hubieran notado

IMPERATIVE

nota	no notes	notemos	no notemos
note	no note	notad	no notéis
		noten	no noten

No noté nada extraño cuando entré a la casa.
I didn't notice anything strange when I entered the house.

Si no le hubieras dicho, no habría notado que llevas lentes nuevos.
If you hadn't told me, I would not have noticed that you're wearing new glasses.

Por favor noten que está prohibido fumar en el edificio.
Please note that smoking is forbidden in the building.

Past part. obedecido   *Ger.* obedeciendo

INDICATIVE

Present		Present Perfect	
obedezco	obedecemos	he obedecido	hemos obedecido
obedeces	obedecéis	has obedecido	habéis obedecido
obedece	obedecen	ha obedecido	han obedecido

Preterit		Past Perfect	
obedecí	obedecimos	había obedecido	habíamos obedecido
obedeciste	obedecisteis	habías obedecido	habíais obedecido
obedeció	obedecieron	había obedecido	habían obedecido

Imperfect		Future Perfect	
obedecía	obedecíamos	habré obedecido	habremos obedecido
obedecías	obedecíais	habrás obedecido	habréis obedecido
obedecía	obedecían	habrá obedecido	habrán obedecido

Future		Conditional Perfect	
obedeceré	obedeceremos	habría obedecido	habríamos obedecido
obedecerás	obedeceréis	habrías obedecido	habríais obedecido
obedecerá	obedecerán	habría obedecido	habrían obedecido

Conditional	
obedecería	obedeceríamos
obedecerías	obedeceríais
obedecería	obedecerían

SUBJUNCTIVE

Present		Present Perfect	
obedezca	obedezcamos	haya obedecido	hayamos obedecido
obedezcas	obedezcáis	hayas obedecido	hayáis obedecido
obedezca	obedezcan	haya obedecido	hayan obedecido

Past		Past Perfect	
obedeciera	obedeciéramos	hubiera obedecido	hubiéramos obedecido
obedecieras	obedecierais	hubieras obedecido	hubierais obedecido
obedeciera	obedecieran	hubiera obedecido	hubieran obedecido

IMPERATIVE

obedece	no obedezcas	obedezcamos	no obedezcamos
obedezca	no obedezca	obedeced	no obedezcáis
		obedezcan	no obedezcan

Los soldados no obedecieron las órdenes del general.
The soldiers didn't obey the general's orders.

Aunque no quieran, todos tienen que obedecer la ley.
Although they may not want to, everyone has to obey the law.

Con la nueva dirección este coche obedece de maravilla.
With the new steering this car responds wonderfully.

Past part. obligado   *Ger.* obligando

INDICATIVE

Present

obligo	obligamos
obligas	obligáis
obliga	obligan

Present Perfect

he obligado	hemos obligado
has obligado	habéis obligado
ha obligado	han obligado

Preterit

obligué	obligamos
obligaste	obligasteis
obligó	obligaron

Past Perfect

había obligado	habíamos obligado
habías obligado	habíais obligado
había obligado	habían obligado

Imperfect

obligaba	obligábamos
obligabas	obligabais
obligaba	obligaban

Future Perfect

habré obligado	habremos obligado
habrás obligado	habréis obligado
habrá obligado	habrán obligado

Future

obligaré	obligaremos
obligarás	obligaréis
obligará	obligarán

Conditional Perfect

habría obligado	habríamos obligado
habrías obligado	habríais obligado
habría obligado	habrían obligado

Conditional

obligaría	obligaríamos
obligarías	obligaríais
obligaría	obligarían

SUBJUNCTIVE

Present

obligue	obliguemos
obligues	obliguéis
obligue	obliguen

Present Perfect

haya obligado	hayamos obligado
hayas obligado	hayáis obligado
haya obligado	hayan obligado

Past

obligara	obligáramos
obligaras	obligarais
obligara	obligaran

Past Perfect

hubiera obligado	hubiéramos obligado
hubieras obligado	hubierais obligado
hubiera obligado	hubieran obligado

IMPERATIVE

obliga	no obligues	obliguemos	no obliguemos
obligue	no obligue	obligad	no obliguéis
		obliguen	no obliguen

No me obligues a hacer algo de lo que pueda arrepentirme luego.
Don't force me do something which I may later regret.

La situación nos obligó a tomar medidas drásticas.
The situation forced us to take drastic measures.

La ley obliga a los ciudadanos a pagar impuestos.
The law requires citizens to pay taxes.

OBSERVAR   *To observe, to watch*

O

Past part. observado   *Ger.* observando

INDICATIVE

Present		Present Perfect	
observo	observamos	he observado	hemos observado
observas	observáis	has observado	habéis observado
observa	observan	ha observado	han observado

Preterit		Past Perfect	
observé	observamos	había observado	habíamos observado
observaste	observasteis	habías observado	habíais observado
observó	observaron	había observado	habían observado

Imperfect		Future Perfect	
observaba	observábamos	habré observado	habremos observado
observabas	observabais	habrás observado	habréis observado
observaba	observaban	habrá observado	habrán observado

Future		Conditional Perfect	
observaré	observaremos	habría observado	habríamos observado
observarás	observaréis	habrías observado	habríais observado
observará	observarán	habría observado	habrían observado

Conditional	
observaría	observaríamos
observarías	observaríais
observaría	observarían

SUBJUNCTIVE

Present		Present Perfect	
observe	observemos	haya observado	hayamos observado
observes	observéis	hayas observado	hayáis observado
observe	observen	haya observado	hayan observado

Past		Past Perfect	
observara	observáramos	hubiera observado	hubiéramos observado
observaras	observarais	hubieras observado	hubierais observado
observara	observaran	hubiera observado	hubieran observado

IMPERATIVE

observa	no observes	observemos	no observemos
observe	no observe	observad	no observéis
		observen	no observen

Si observas con cuidado, notarás un cambio sutil pero importante.
If you observe carefully, you will notice a subtle but significant change.
Aunque observé al mago con atención, no sé como hizo el truco.
Although I observed the magician attentively, I don't know how he did the trick.
¿Has observado las estrellas a través de un telescopio?
Have you watched the stars through a telescope?

OBTENER *To obtain, to get*

Past part. obtenido   Ger. obteniendo

INDICATIVE

Present

		Present Perfect	

obtengo   obtenemos

obtienes   obtenéis

obtiene   obtienen

Present Perfect

he obtenido   hemos obtenido

has obtenido   habéis obtenido

ha obtenido   han obtenido

Preterit

obtuve   obtuvimos

obtuviste   obtuvisteis

obtuvo   obtuvieron

Past Perfect

había obtenido   habíamos obtenido

habías obtenido   habíais obtenido

había obtenido   habían obtenido

Imperfect

obtenía   obteníamos

obtenías   obteníais

obtenía   obtenían

Future Perfect

habré obtenido   habremos obtenido

habrás obtenido   habréis obtenido

habrá obtenido   habrán obtenido

Future

obtendré   obtendremos

obtendrás   obtendréis

obtendrá   obtendrán

Conditional Perfect

habría obtenido   habríamos obtenido

habrías obtenido   habríais obtenido

habría obtenido   habrían obtenido

Conditional

obtendría   obtendríamos

obtendrías   obtendríais

obtendría   obtendrían

SUBJUNCTIVE

Present

obtenga   obtengamos

obtengas   obtengáis

obtenga   obtengan

Present Perfect

haya obtenido   hayamos obtenido

hayas obtenido   hayáis obtenido

haya obtenido   hayan obtenido

Past

obtuviera   obtuviéramos

obtuvieras   obtuvierais

obtuviera   obtuvieran

Past Perfect

hubiera obtenido   hubiéramos obtenido

hubieras obtenido   hubierais obtenido

hubiera obtenido   hubieran obtenido

IMPERATIVE

obtén   no obtengas

obtenga   no obtenga

obtengamos   no obtengamos

obtened   no obtengáis

obtengan   no obtengan

No logré obtener los boletos para el concierto.
I didn't manage to obtain tickets for the concert.

No siempre se puede obtener lo que uno quiere.
You can't always get what you want.

Pero al final encontrarás que obtienes lo que necesitas.
But in the end you'll find you get what you need.

Past part. ocultado   Ger. ocultando

INDICATIVE

Present		Present Perfect	
oculto	ocultamos	he ocultado	hemos ocultado
ocultas	ocultáis	has ocultado	habéis ocultado
oculta	ocultan	ha ocultado	han ocultado

Preterit		Past Perfect	
oculté	ocultamos	había ocultado	habíamos ocultado
ocultaste	ocultasteis	habías ocultado	habíais ocultado
ocultó	ocultaron	había ocultado	habían ocultado

Imperfect		Future Perfect	
ocultaba	ocultábamos	habré ocultado	habremos ocultado
ocultabas	ocultabais	habrás ocultado	habréis ocultado
ocultaba	ocultaban	habrá ocultado	habrán ocultado

Future		Conditional Perfect	
ocultaré	ocultaremos	habría ocultado	habríamos ocultado
ocultarás	ocultaréis	habrías ocultado	habríais ocultado
ocultará	ocultarán	habría ocultado	habrían ocultado

Conditional	
ocultaría	ocultaríamos
ocultarías	ocultaríais
ocultaría	ocultarían

SUBJUNCTIVE

Present		Present Perfect	
oculte	ocultemos	haya ocultado	hayamos ocultado
ocultes	ocultéis	hayas ocultado	hayáis ocultado
oculte	oculten	haya ocultado	hayan ocultado

Past		Past Perfect	
ocultara	ocultáramos	hubiera ocultado	hubiéramos ocultado
ocultaras	ocultarais	hubieras ocultado	hubierais ocultado
ocultara	ocultaran	hubiera ocultado	hubieran ocultado

IMPERATIVE

oculta	no ocultes	ocultemos	no ocultemos
oculte	no oculte	ocultad	no ocultéis
		oculten	no oculten

¿Nos estás ocultando la verdad?
Are you concealing the truth from us?

He ocultado mis sentimientos por muchos años.
I have hidden my feelings for many years.

Los piratas ocultan sus tesoros enterrándolos en islas desiertas.
The pirates hide their treasures by burying them on deserted islands.

ODIAR *To hate*

Past part. odiado — Ger. odiando

INDICATIVE

Present

odio	odiamos
odias	odiáis
odia	odian

Present Perfect

he odiado	hemos odiado
has odiado	habéis odiado
ha odiado	han odiado

Preterit

odié	odiamos
odiaste	odiasteis
odió	odiaron

Past Perfect

había odiado	habíamos odiado
habías odiado	habíais odiado
había odiado	habían odiado

Imperfect

odiaba	odiábamos
odiabas	odiabais
odiaba	odiaban

Future Perfect

habré odiado	habremos odiado
habrás odiado	habréis odiado
habrá odiado	habrán odiado

Future

odiaré	odiaremos
odiarás	odiaréis
odiará	odiarán

Conditional Perfect

habría odiado	habríamos odiado
habrías odiado	habríais odiado
habría odiado	habrían odiado

Conditional

odiaría	odiaríamos
odiarías	odiaríais
odiaría	odiarían

SUBJUNCTIVE

Present

odie	odiemos
odies	odiéis
odie	odien

Present Perfect

haya odiado	hayamos odiado
hayas odiado	hayáis odiado
haya odiado	hayan odiado

Past

odiara	odiáramos
odiaras	odiarais
odiara	odiaran

Past Perfect

hubiera odiado	hubiéramos odiado
hubieras odiado	hubierais odiado
hubiera odiado	hubieran odiado

IMPERATIVE

odia	no odies	odiemos	no odiemos
odie	no odie	odiad	no odiéis
		odien	no odien

Odié la película por ser tan larga como tonta.
I hated the movie for being as long as it was dumb.

No sólo no me gusta la sopa, la odio.
Not only do I not like soup, I hate it.

Odiar a alguien es emocionalmente agotador.
Hating someone is emotionally draining.

Past part. ofrecido   *Ger.* ofreciendo

INDICATIVE

Present		Present Perfect	
ofrezco	ofrecemos	he ofrecido	hemos ofrecido
ofreces	ofrecéis	has ofrecido	habéis ofrecido
ofrece	ofrecen	ha ofrecido	han ofrecido

Preterit		Past Perfect	
ofrecí	ofrecimos	había ofrecido	habíamos ofrecido
ofreciste	ofrecisteis	habías ofrecido	habíais ofrecido
ofreció	ofrecieron	había ofrecido	habían ofrecido

Imperfect		Future Perfect	
ofrecía	ofrecíamos	habré ofrecido	habremos ofrecido
ofrecías	ofrecíais	habrás ofrecido	habréis ofrecido
ofrecía	ofrecían	habrá ofrecido	habrán ofrecido

Future		Conditional Perfect	
ofreceré	ofreceremos	habría ofrecido	habríamos ofrecido
ofrecerás	ofreceréis	habrías ofrecido	habríais ofrecido
ofrecerá	ofrecerán	habría ofrecido	habrían ofrecido

Conditional	
ofrecería	ofreceríamos
ofrecerías	ofreceríais
ofrecería	ofrecerían

SUBJUNCTIVE

Present		Present Perfect	
ofrezca	ofrezcamos	haya ofrecido	hayamos ofrecido
ofrezcas	ofrezcáis	hayas ofrecido	hayáis ofrecido
ofrezca	ofrezcan	haya ofrecido	hayan ofrecido

Past		Past Perfect	
ofreciera	ofreciéramos	hubiera ofrecido	hubiéramos ofrecido
ofrecieras	ofrecierais	hubieras ofrecido	hubierais ofrecido
ofreciera	ofrecieran	hubiera ofrecido	hubieran ofrecido

IMPERATIVE

ofrece	no ofrezcas	ofrezcamos	no ofrezcamos
ofrezca	no ofrezca	ofreced	no ofrezcáis
		ofrezcan	no ofrezcan

¿Les puedo ofrecer algo de beber?
May I offer you something to drink?

La universidad ofrece un nuevo grado en literatura comparada.
The university offers a new degree in comparative literature.

Me ofrecí a ayudarlo a limpiar la casa para la fiesta.
I volunteered to help him clean the house for the party.

Past part. oído   *Ger.* oyendo

INDICATIVE

Present		Present Perfect	
oigo	oímos	he oído	hemos oído
oyes	oís	has oído	habéis oído
oye	oyen	ha oído	han oído

Preterit		Past Perfect	
oí	oímos	había oído	habíamos oído
oíste	oísteis	habías oído	habíais oído
oyó	oyeron	había oído	habían oído

Imperfect		Future Perfect	
oía	oíamos	habré oído	habremos oído
oías	oíais	habrás oído	habréis oído
oía	oían	habrá oído	habrán oído

Future		Conditional Perfect	
oiré	oiremos	habría oído	habríamos oído
oirás	oiréis	habrías oído	habríais oído
oirá	oirán	habría oído	habrían oído

Conditional	
oiría	oiríamos
oirías	oiríais
oiría	oirían

SUBJUNCTIVE

Present		Present Perfect	
oiga	oigamos	haya oído	hayamos oído
oigas	oigáis	hayas oído	hayáis oído
oiga	oigan	haya oído	hayan oído

Past		Past Perfect	
oyera	oyéramos	hubiera oído	hubiéramos oído
oyeras	oyerais	hubieras oído	hubierais oído
oyera	oyeran	hubiera oído	hubieran oído

IMPERATIVE

oye	no oigas	oigamos	no oigamos
oiga	no oiga	oíd	no oigáis
		oigan	no oigan

Creo que oí algo.
I think I heard something.

¿Cómo se pueden oír el sonido del silencio?
How can you hear the sound of silence?

Oye bien lo que te voy a decir porque solo te lo diré una vez.
Listen well to what I'm going to tell you because I'm only going to tell you once.

Past part. olido   *Ger.* oliendo

INDICATIVE

	Present		Present Perfect
huelo	olemos	he olido	hemos olido
hueles	oléis	has olido	habéis olido
huele	huelen	ha olido	han olido

	Preterit		Past Perfect
olí	olimos	había olido	habíamos olido
oliste	olisteis	habías olido	habíais olido
olió	olieron	había olido	habían olido

	Imperfect		Future Perfect
olía	olíamos	habré olido	habremos olido
olías	olíais	habrás olido	habréis olido
olía	olían	habrá olido	habrán olido

	Future		Conditional Perfect
oleré	oleremos	habría olido	habríamos olido
olerás	oleréis	habrías olido	habríais olido
olerá	olerán	habría olido	habrían olido

	Conditional
olería	oleríamos
olerías	oleríais
olería	olerían

SUBJUNCTIVE

	Present		Present Perfect
huela	olamos	haya olido	hayamos olido
huelas	oláis	hayas olido	hayáis olido
huela	huelan	haya olido	hayan olido

	Past		Past Perfect
oliera	oliéramos	hubiera olido	hubiéramos olido
olieras	olierais	hubieras olido	hubierais olido
oliera	olieran	hubiera olido	hubieran olido

IMPERATIVE

huele	no huelas	olamos	no olamos
huela	no huela	oled	no oláis
		huelan	no huelan

Cuando olí la comida, tuve que entrar a la cocina para probarla.
When I smelled the food, I had to go into the kitchen to try it.
Algo debe estarse quemando: huele a humo.
Something must be burning: it smells like smoke.
Si no te bañas olerás mal.
If you don't take a bath you will smell bad.

OLVIDAR   *To forget*

Past part. olvidado   *Ger.* olvidando

INDICATIVE

Present		Present Perfect	
olvido	olvidamos	he olvidado	hemos olvidado
olvidas	olvidáis	has olvidado	habéis olvidado
olvida	olvidan	ha olvidado	han olvidado

Preterit		Past Perfect	
olvidé	olvidamos	había olvidado	habíamos olvidado
olvidaste	olvidasteis	habías olvidado	habíais olvidado
olvidó	olvidaron	había olvidado	habían olvidado

Imperfect		Future Perfect	
olvidaba	olvidábamos	habré olvidado	habremos olvidado
olvidabas	olvidabais	habrás olvidado	habréis olvidado
olvidaba	olvidaban	habrá olvidado	habrán olvidado

Future		Conditional Perfect	
olvidaré	olvidaremos	habría olvidado	habríamos olvidado
olvidarás	olvidaréis	habrías olvidado	habríais olvidado
olvidará	olvidarán	habría olvidado	habrían olvidado

Conditional	
olvidaría	olvidaríamos
olvidarías	olvidaríais
olvidaría	olvidaríais

SUBJUNCTIVE

Present		Present Perfect	
olvide	olvidemos	haya olvidado	hayamos olvidado
olvides	olvidéis	hayas olvidado	hayáis olvidado
olvide	olviden	haya olvidado	hayan olvidado

Past		Past Perfect	
olvidara	olvidáramos	hubiera olvidado	hubiéramos olvidado
olvidaras	olvidarais	hubieras olvidado	hubierais olvidado
olvidara	olvidaran	hubiera olvidado	hubieran olvidado

IMPERATIVE

olvida	no olvides	olvidemos	no olvidemos
olvide	no olvide	olvidad	no olvidéis
		olviden	no olviden

No olvides que tienes una cita con el dentista a las diez.
Don't forget that you have an appointment with the dentist at ten.
Siempre olvido donde dejé mis llaves.
I always forget where I left my keys.
Es mejor olvidar lo que pasó y seguir adelante.
It's better to forget what happened and move on.

OMITIR *To omit, to leave out*

Past part. omitido　　　　　　　*Ger.* omitiendo

INDICATIVE

Present

omito	omitimos
omites	omitís
omite	omiten

Present Perfect

he omitido	hemos omitido
has omitido	habéis omitido
ha omitido	han omitido

Preterit

omití	omitimos
omitiste	omitisteis
omitió	omitieron

Past Perfect

había omitido	habíamos omitido
habías omitido	habíais omitido
había omitido	habían omitido

Imperfect

omitía	omitíamos
omitías	omitíais
omitía	omitían

Future Perfect

habré omitido	habremos omitido
habrás omitido	habréis omitido
habrá omitido	habrán omitido

Future

omitiré	omitiremos
omitirás	omitiréis
omitirá	omitirán

Conditional Perfect

habría omitido	habríamos omitido
habrías omitido	habríais omitido
habría omitido	habrían omitido

Conditional

omitiría	omitiríamos
omitirías	omitiríais
omitiría	omitirían

SUBJUNCTIVE

Present

omita	omitamos
omitas	omitáis
omita	omitan

Present Perfect

haya omitido	hayamos omitido
hayas omitido	hayáis omitido
haya omitido	hayan omitido

Past

omitiera	omitiéramos
omitieras	omitierais
omitiera	omitieran

Past Perfect

hubiera omitido	hubiéramos omitido
hubieras omitido	hubierais omitido
hubiera omitido	hubieran omitido

IMPERATIVE

omite	no omitas	omitamos	no omitamos
omita	no omita	omitid	no omitáis
		omitan	no omitan

El contrato omitió algunas cláusulas importantes.
The contract omitted some important clauses.
Omitir hacer una buena acción también se considera un pecado.
Omitting to do a good deed is also considered a sin.
Me gustaría que omitiera mi nombre de la lista de donantes.
I would like you to leave my name out of the donor's list.

O | OPINAR *To express an opinion, to think*

Past part. opinado   Ger. opinando

INDICATIVE

Present

opino	opinamos
opinas	opináis
opina	opinan

Present Perfect

he opinado	hemos opinado
has opinado	habéis opinado
ha opinado	han opinado

Preterit

opiné	opinamos
opinaste	opinasteis
opinó	opinaron

Past Perfect

había opinado	habíamos opinado
habías opinado	habíais opinado
había opinado	habían opinado

Imperfect

opinaba	opinábamos
opinabas	opinabais
opinaba	opinaban

Future Perfect

habré opinado	habremos opinado
habrás opinado	habréis opinado
habrá opinado	habrán opinado

Future

opinaré	opinaremos
opinarás	opinaréis
opinará	opinarán

Conditional Perfect

habría opinado	habríamos opinado
habrías opinado	habríais opinado
habría opinado	habrían opinado

Conditional

opinaría	opinaríamos
opinarías	opinaríais
opinaría	opinarían

SUBJUNCTIVE

Present

opine	opinemos
opines	opinéis
opine	opinen

Present Perfect

haya opinado	hayamos opinado
hayas opinado	hayáis opinado
haya opinado	hayan opinado

Past

opinara	opináramos
opinaras	opinarais
opinara	opinaran

Past Perfect

hubiera opinado	hubiéramos opinado
hubieras opinado	hubierais opinado
hubiera opinado	hubieran opinado

IMPERATIVE

opina	no opines	opinemos	no opinemos
opine	no opinen	opinad	no opinéis
		opinen	no opinen

Puedes opinar lo que quieras, nadie aquí te juzgará.

You can express whatever opinion you want, no one here will judge you.

¿Qué opinas de las políticas económicas del presidente?

What do you think about the president's economic policies?

Opino que debemos seguir adelante sin importar las consecuencias.

I think we must go on no matter the consequences.

Past part. opuesto   *Ger.* oponiendo

INDICATIVE

Present

me opongo	nos oponemos
te opones	os oponéis
se opone	se oponen

Present Perfect

me he opuesto	nos hemos opuesto
te has opuesto	os habéis opuesto
se ha opuesto	se han opuesto

Preterit

me opuse	nos opusimos
te opusiste	os opusisteis
se opuso	se opusieron

Past Perfect

me había opuesto	nos habíamos opuesto
te habías opuesto	os habíais opuesto
se había opuesto	se habían opuesto

Imperfect

me oponía	nos oponíamos
te oponías	os oponíais
se oponía	se oponían

Future Perfect

me habré opuesto	nos habremos opuesto
te habrás opuesto	os habréis opuesto
se habrá opuesto	se habrán opuesto

Future

me opondré	nos opondremos
te opondrás	os opondréis
se opondrá	se opondrán

Conditional Perfect

me habría opuesto	nos habríamos opuesto
te habrías opuesto	os habríais opuesto
se habría opuesto	se habrían opuesto

Conditional

me opondría	nos opondríamos
te opondrías	os opondríais
se opondría	se opondrían

SUBJUNCTIVE

Present

me oponga	nos opongamos
te opongas	os opongáis
se oponga	se opongan

Present Perfect

me haya opuesto	nos hayamos opuesto
te hayas opuesto	os hayáis opuesto
se haya opuesto	se hayan opuesto

Past

me opusiera	nos opusiéramos
te opusieras	os opusierais
se opusiera	se opusieran

Past Perfect

me hubiera opuesto	nos hubiéramos opuesto
te hubieras opuesto	os hubierais opuesto
se hubiera opuesto	se hubieran opuesto

IMPERATIVE

oponte	no te opongas	opongámonos	no nos opongamos
opóngase	no se oponga	oponeos	no os opongáis
		opónganse	no se opongan

Aunque creo que es riesgoso, no me opongo a lo que propones.
Although I think it's risky, I'm not opposed to what you are proposing.

Seguramente los sindicatos se opondrán a las medidas de austeridad.
The unions will surely object to the austerity measures.

Casi todas las historias oponen a los buenos, quienes
representan el bien, y malos, que representan el mal.
*Almost all stories oppose the good, who represent
good, to the bad, who represent evil.*

ORDENAR *To arrange, to tidy up, to order, to ordain (religious)*

Past part. ordenado   *Ger.* ordenando

INDICATIVE

Present

ordeno	ordenamos
ordenas	ordenáis
ordena	ordenan

Present Perfect

he ordenado	hemos ordenado
has ordenado	habéis ordenado
ha ordenado	han ordenado

Preterit

ordené	ordenamos
ordenaste	ordenasteis
ordenó	ordenaron

Past Perfect

había ordenado	habíamos ordenado
habías ordenado	habíais ordenado
había ordenado	habían ordenado

Imperfect

ordenaba	ordenábamos
ordenabas	ordenabais
ordenaba	ordenaban

Future Perfect

habré ordenado	habremos ordenado
habrás ordenado	habréis ordenado
habrá ordenado	habrán ordenado

Future

ordenaré	ordenaremos
ordenarás	ordenaréis
ordenará	ordenarán

Conditional Perfect

habría ordenado	habríamos ordenado
habrías ordenado	habríais ordenado
habría ordenado	habrían ordenado

Conditional

ordenaría	ordenaríamos
ordenarías	ordenaríais
ordenaría	ordenarían

SUBJUNCTIVE

Present

ordene	ordenemos
ordenes	ordenéis
ordene	ordenen

Present Perfect

haya ordenado	hayamos ordenado
hayas ordenado	hayáis ordenado
haya ordenado	hayan ordenado

Past

ordenara	ordenáramos
ordenaras	ordenarais
ordenara	ordenaran

Past Perfect

hubiera ordenado	hubiéramos ordenado
hubieras ordenado	hubierais ordenado
hubiera ordenado	hubieran ordenado

IMPERATIVE

ordena	no ordenes	ordenemos	no ordenemos
ordene	no ordene	ordenad	no ordenéis
		ordenen	no ordenen

Los libros están ordenados por autor en orden alfabético.
The books are arranged by author in alphabetical order.
No puedes salir de la casa hasta que ordenes tu cuarto.
You can't leave the house until you tidy up your room.
Siempre ordeno el especial del día y café.
I always order the daily special and coffee.

ORGANIZAR   *To organize, to arrange*

Organizarse *To get organized*
Past part. organizado   *Ger.* organizando

INDICATIVE

Present

organizo	organizamos
organizas	organizáis
organiza	organizan

Present Perfect

he organizado	hemos organizado
has organizado	habéis organizado
ha organizado	han organizado

Preterit

organicé	organizamos
organizaste	organizasteis
organizó	organizaron

Past Perfect

había organizado	habíamos organizado
habías organizado	habíais organizado
había organizado	habían organizado

Imperfect

organizaba	organizábamos
organizabas	organizabais
organizaba	organizaban

Future Perfect

habré organizado	habremos organizado
habrás organizado	habréis organizado
habrá organizado	habrán organizado

Future

organizaré	organizaremos
organizarás	organizaréis
organizará	organizarán

Conditional Perfect

habría organizado	habríamos organizado
habrías organizado	habríais organizado
habría organizado	habrían organizado

Conditional

organizaría	organizaríamos
organizarías	organizaríais
organizaría	organizarían

SUBJUNCTIVE

Present

organice	organicemos
organices	organicéis
organice	organicen

Present Perfect

haya organizado	hayamos organizado
hayas organizado	hayáis organizado
haya organizado	hayan organizado

Past

organizara	organizáramos
organizaras	organizarais
organizara	organizaran

Past Perfect

hubiera organizado	hubiéramos organizado
hubieras organizado	hubierais organizado
hubiera organizado	hubieran organizado

IMPERATIVE

organiza	no organices	organicemos	no organicemos
organice	no organice	organizad	no organicéis
		organicen	no organicen

Organizaremos una fiesta de despedida para Ramón.
We will organize a farewell party for Ramón.

Las salas del museo están organizadas de acuerdo con la cronología convencional
The museum's rooms are arranged according to the conventional chronology.

Me organicé bien para poder terminar todas mis tareas a tiempo.
I got well organized to be able to finish all my chores on time.

OSAR   *To dare*

Past part. osado   *Ger.* osando

INDICATIVE

	Present			Present Perfect	
oso		osamos		he osado	hemos osado
osas		osáis		has osado	habéis osado
osa		osan		ha osado	han osado

	Preterit			Past Perfect	
osé		osamos		había osado	habíamos osado
osaste		osasteis		habías osado	habíais osado
osó		osaron		había osado	habían osado

	Imperfect			Future Perfect	
osaba		osábamos		habré osado	habremos osado
osabas		osabais		habrás osado	habréis osado
osaba		osaban		habrá osado	habrán osado

	Future			Conditional Perfect	
osaré		osaremos		habría osado	habríamos osado
osarás		osaréis		habrías osado	habríais osado
osará		osarán		habría osado	habrían osado

	Conditional	
osaría		osaríamos
osarías		osaríais
osaría		osarían

SUBJUNCTIVE

	Present			Present Perfect	
ose		osemos		haya osado	hayamos osado
oses		oséis		hayas osado	hayáis osado
ose		osen		haya osado	hayan osado

	Past			Past Perfect	
osara		osáramos		hubiera osado	hubiéramos osado
osaras		osarais		hubieras osado	hubierais osado
osara		osaran		hubiera osado	hubieran osado

IMPERATIVE

osa	no oses	osemos	no osemos
ose	no ose	osad	no oséis
		osen	no osen

De joven osaba hacer cosas que ahora no osaría hacer ni por
todo el dinero del mundo.
*As a youth I dared to do things that I would never dare to do
now for all the money in the world.*

Si osas desafiarme, te tendrás que atener a las consecuencias.
If you dare defy me, you will have to abide by the consequences.

No osé llamarla por miedo a que me rechazara.
I didn't dare call her for fear that she might reject me.

PADECER *To suffer, to endure*

Past part. padecido   *Ger.* padeciendo

INDICATIVE

Present

padezco	padecemos
padeces	padecéis
padece	padecen

Present Perfect

he padecido	hemos padecido
has padecido	habéis padecido
ha padecido	han padecido

Preterit

padecí	padecimos
padeciste	padecisteis
padeció	padecieron

Past Perfect

había padecido	habíamos padecido
habías padecido	habíais padecido
había padecido	habían padecido

Imperfect

padecía	padecíamos
padecías	padecíais
padecía	padecían

Future Perfect

habré padecido	habremos padecido
habrás padecido	habréis padecido
habrá padecido	habrán padecido

Future

padeceré	padeceremos
padecerás	padeceréis
padecerá	padecerán

Conditional Perfect

habría padecido	habríamos padecido
habrías padecido	habríais padecido
habría padecido	habrían padecido

Conditional

padecería	padeceríamos
padecerías	padeceríais
padecería	padecerían

SUBJUNCTIVE

Present

padezca	padezcamos
padezcas	padezcáis
padezca	padezcan

Present Perfect

haya padecido	hayamos padecido
hayas padecido	hayáis padecido
haya padecido	hayan padecido

Past

padeciera	padeciéramos
padecieras	padecierais
padeciera	padecieran

Past Perfect

hubiera padecido	hubiéramos padecido
hubieras padecido	hubierais padecido
hubiera padecido	hubieran padecido

IMPERATIVE

padece	no padezcas	padezcamos	no padezcamos
padezca	no padezca	padeced	no padezcáis
		padezcan	no padezcan

Padece de una enfermedad extraña, incurable y mortal.
He suffers from a strange, incurable, and deadly illness.
¿Padeció mucho antes de morir?
Did he suffer a lot before he died?
Eva ha padecido mucho dolor en su vida.
Eva has endured a lot of pain in her life.

Past part. pagado   *Ger.* pagando

INDICATIVE

Present

pago	pagamos
pagas	pagáis
paga	pagan

Present Perfect

he pagado	hemos pagado
has pagado	habéis pagado
ha pagado	han pagado

Preterit

pagué	pagamos
pagaste	pagasteis
pagó	pagaron

Past Perfect

había pagado	habíamos pagado
habías pagado	habíais pagado
había pagado	habían pagado

Imperfect

pagaba	pagábamos
pagabas	pagabais
pagaba	pagaban

Future Perfect

habré pagado	habremos pagado
habrás pagado	habréis pagado
habrá pagado	habrán pagado

Future

pagaré	pagaremos
pagarás	pagaréis
pagará	pagarán

Conditional Perfect

habría pagado	habríamos pagado
habrías pagado	habríais pagado
habría pagado	habrían pagado

Conditional

pagaría	pagaríamos
pagarías	pagaríais
pagaría	pagarían

SUBJUNCTIVE

Present

pague	paguemos
pagues	paguéis
pague	paguen

Present Perfect

haya pagado	hayamos pagado
hayas pagado	hayáis pagado
haya pagado	hayan pagado

Past

pagara	pagáramos
pagaras	pagarais
pagara	pagaran

Past Perfect

hubiera pagado	hubiéramos pagado
hubieras pagado	hubierais pagado
hubiera pagado	hubieran pagado

IMPERATIVE

paga	no pagues	paguemos	no paguemos
pague	no pague	pagad	no paguéis
		paguen	no paguen

A mucha gente le gustaría no tener que pagar impuestos.
Many people would like not to have to pay taxes.

He pagado todas mis deudas pero no me queda ni un centavo.
I have paid all my debts but I don't have a single penny left.

¡Me las pagarás!
You'll pay for this!

PARAR   *To stop*   **Pararse** *To stand up*

Past part. parado   *Ger.* parando

INDICATIVE

Present
paro	paramos		
paras	paráis		
para	paran		

Present Perfect
he parado	hemos parado
has parado	habéis parado
ha parado	han parado

Preterit
paré	paramos
paraste	parasteis
paró	pararon

Past Perfect
había parado	habíamos parado
habías parado	habíais parado
había parado	habían parado

Imperfect
paraba	parábamos
parabas	parabais
paraba	paraban

Future Perfect
habré parado	habremos parado
habrás parado	habréis parado
habrá parado	habrán parado

Future
pararé	pararemos
pararás	pararéis
parará	pararán

Conditional Perfect
habría parado	habríamos parado
habrías parado	habríais parado
habría parado	habrían parado

Conditional
pararía	pararíamos
pararías	pararíais
pararía	pararían

SUBJUNCTIVE

Present
pare	paremos
pares	paréis
pare	paren

Present Perfect
haya parado	hayamos parado
hayas parado	hayáis parado
haya parado	hayan parado

Past
parara	paráramos
pararas	pararais
parara	pararan

Past Perfect
hubiera parado	hubiéramos parado
hubieras parado	hubierais parado
hubiera parado	hubieran parado

IMPERATIVE
para	no pares	paremos	no paremos
pare	no pare	parad	no paréis
		paren	no paren

Necesito parar un momento en la farmacia.
I need to stop for a minute at the drugstore.

No ha parado de llover desde hace un mes.
It hasn't stopped raining for a month.

Se paró y se fue.
He got up and left.

349

PARECERSE *To be alike, to look like, to resemble* **Parecer** *To seem*

Past part. parecido   *Ger.* pareciendo

INDICATIVE

Present

me parezco	nos parecemos
te pareces	os parecéis
se parece	se parecen

Preterit

me parecí	nos parecimos
te pareciste	os parecisteis
se pareció	se parecieron

Imperfect

me parecía	nos parecíamos
te parecías	os parecíais
se parecía	se parecían

Future

me pareceré	nos pareceremos
te parecerás	os pareceréis
se parecerá	se parecerán

Conditional

me parecería	nos pareceríamos
te parecerías	os pareceríais
se parecería	se parecerían

Present Perfect

me he parecido	nos hemos parecido
te has parecido	os habéis parecido
se ha parecido	se han parecido

Past Perfect

me había parecido	nos habíamos parecido
te habías parecido	os habíais parecido
se había parecido	se habían parecido

Future Perfect

me habré parecido	nos habremos parecido
te habrás parecido	os habréis parecido
me habrá parecido	se habrán parecido

Conditional Perfect

me habría parecido	nos habríamos parecido
te habrías parecido	os habríais parecido
se habría parecido	se habrían parecido

SUBJUNCTIVE

Present

me parezca	nos parezcamos
te parezcas	os parezcáis
se parezca	se parezcan

Past

me pareciera	nos pareciéramos
te parecieras	os parecierais
se pareciera	se parecieran

Present Perfect

me haya parecido	nos hayamos parecido
te hayas parecido	os hayáis parecido
se haya parecido	se hayan parecido

Past Perfect

me hubiera parecido	nos hubiéramos parecido
te hubieras parecido	os hubierais parecido
se hubiera parecido	se hubieran parecido

IMPERATIVE

parécete	no te parezcas	parezcámonos	no nos parecemos
parézcase	no se parezca	pareceos	no os parezcáis
		parézcanse	no se parezcan

Todas las personas del mundo se parecen en ciertos aspectos.
All the people in the world are alike in some respects.
La gente dice que me parezco mucho a mi padre.
People say that I look a lot like my father.
De niños, tú y tu hermano se parecían como dos gotas de agua.
As children, you and your brother resembled each other like two drops of water.

PARTICIPAR   *To take part, to participate, to announce*   P

Past part. participado   *Ger.* participando

INDICATIVE

Present

participo	participamos
participas	participáis
participa	participan

Present Perfect

he participado	hemos participado
has participado	habéis participado
ha participado	han participado

Preterit

participé	participamos
participaste	participasteis
participó	participaron

Past Perfect

había participado	habíamos participado
habías participado	habíais participado
había participado	habían participado

Imperfect

participaba	participábamos
participabas	participabais
participaba	participaban

Future Perfect

habré participado	habremos participado
habrás participado	habréis participado
habrá participado	habrán participado

Future

participaré	participaremos
participarás	participaréis
participará	participarán

Conditional Perfect

habría participado	habríamos participado
habrías participado	habríais participado
habría participado	habrían participado

Conditional

participaría	participaríamos
participarías	participaríais
participaría	participarían

SUBJUNCTIVE

Present

participe	participemos
participes	participéis
participe	participen

Present Perfect

haya participado	hayamos participado
hayas participado	hayáis participado
haya participado	hayan participado

Past

participara	participáramos
participaras	participarais
participara	participaran

Past Perfect

hubiera participado	hubiéramos participado
hubieras participado	hubierais participado
hubiera participado	hubieran participado

IMPERATIVE

participa	no participes	participemos	no participemos
participe	no participe	participad	no participéis
		participen	no participen

Los finalistas participaron en la ceremonia de premios.
The finalists took part in the awards ceremony.

Canadá ha participado en todos los Juegos Olímpicos de invierno.
Canada has participated in all the Winter Olympic Games.

La pareja participó de su compromiso a todo el mundo.
The couple announced the engagement to the entire world.

PASAR   *To pass, to go past, to go by, to cross, to happen*

Past part. pasado   *Ger.* pasando

INDICATIVE

Present

paso	pasamos
pasas	pasáis
pasa	pasan

Preterit

pasé	pasamos
pasaste	pasasteis
pasó	pasaron

Imperfect

pasaba	pasábamos
pasabas	pasabais
pasaba	pasaban

Future

pasaré	pasaremos
pasarás	pasaréis
pasará	pasarán

Conditional

pasaría	pasaríamos
pasarías	pasaríais
pasaría	pasarían

Present Perfect

he pasado	hemos pasado
has pasado	habéis pasado
ha pasado	han pasado

Past Perfect

había pasado	habíamos pasado
habías pasado	habíais pasado
había pasado	habían pasado

Future Perfect

habré pasado	habremos pasado
habrás pasado	habréis pasado
habrá pasado	habrán pasado

Conditional Perfect

habría pasado	habríamos pasado
habrías pasado	habríais pasado
habría pasado	habrían pasado

SUBJUNCTIVE

Present

pase	pasemos
pases	paséis
pase	pasen

Past

pasara	pasáramos
pasaras	pasarais
pasara	pasaran

Present Perfect

haya pasado	hayamos pasado
hayas pasado	hayáis pasado
haya pasado	hayan pasado

Past Perfect

hubiera pasado	hubiéramos pasado
hubieras pasado	hubierais pasado
hubiera pasado	hubieran pasado

IMPERATIVE

pasa	no pases	pasemos	no pasemos
pase	no pase	pasad	no paséis
		pasen	no pasen

¿Me puedes pasar la pimienta, por favor?
Can you pass me the pepper, please?

Este autobús no pasa por el Museo de Historia Natural.
This bus doesn't go by the Natural History Museum.

¿Viste pasar al ladrón por aquí?
Did you see the thief go past through here?

PASEAR   *To take a walk (a stroll, a ride)*

Past part. paseado   *Ger.* paseando

INDICATIVE

Present
paseo	paseamos
paseas	paseáis
pasea	pasean

Present Perfect
he paseado	hemos paseado
has paseado	habéis paseado
ha paseado	han paseado

Preterit
paseé	paseamos
paseaste	paseasteis
paseó	pasearon

Past Perfect
había paseado	habíamos paseado
habías paseado	habíais paseado
había paseado	habían paseado

Imperfect
paseaba	paseábamos
paseabas	paseabais
paseaba	paseaban

Future Perfect
habré paseado	habremos paseado
habrás paseado	habréis paseado
habrá paseado	habrán paseado

Future
pasearé	pasearemos
pasearás	pasearéis
paseará	pasearán

Conditional Perfect
habría paseado	habríamos paseado
habrías paseado	habríais paseado
habría paseado	habrían paseado

Conditional
pasearía	pasearíamos
pasearías	pasearíais
pasearía	pasearían

SUBJUNCTIVE

Present
pasee	paseemos
pasees	paseéis
pasee	paseen

Present Perfect
haya paseado	hayamos paseado
hayas paseado	hayáis paseado
haya paseado	hayan paseado

Past
paseara	paseáramos
pasearas	pasearais
paseara	pasearan

Past Perfect
hubiera paseado	hubiéramos paseado
hubieras paseado	hubierais paseado
hubiera paseado	hubieran paseado

IMPERATIVE
pasea	no pasees	paseemos	no paseemos
pasee	no pasee	pasead	no paseéis
		paseen	no paseen

Pasee por el parque para refrescarse la mente.
Take a walk in the park to refresh your mind.
Paseemos a la tienda.
Let's walk to the store.
Después de la cena pasearé en mi coche al parque.
After dinner I will go for a ride in my car to the park.

P PATEAR *To kick*

Past part. pateado   *Ger.* pateando

INDICATIVE

Present
pateo	pateamos
pateas	pateáis
patea	patean

Present Perfect
he pateado	hemos pateado
has pateado	habéis pateado
ha pateado	han pateado

Preterit
pateé	pateamos
pateaste	pateasteis
pateó	patearon

Past Perfect
había pateado	habíamos pateado
habías pateado	habíais pateado
había pateado	habían pateado

Imperfect
pateaba	pateábamos
pateabas	pateabais
pateaba	pateaban

Future Perfect
habré pateado	habremos pateado
habrás pateado	habréis pateado
habrá pateado	habrán pateado

Future
patearé	patearemos
patearás	patearéis
pateará	patearán

Conditional Perfect
habría pateado	habríamos pateado
habrías pateado	habríais pateado
habría pateado	habrían pateado

Conditional
patearía	patearíamos
patearías	patearíais
patearía	patearían

SUBJUNCTIVE

Present
patee	pateemos
patees	pateéis
patee	pateen

Present Perfect
haya pateado	hayamos pateado
hayas pateado	hayáis pateado
haya pateado	hayan pateado

Past
pateara	pateáramos
patearas	patearais
pateara	patearan

Past Perfect
hubiera pateado	hubiéramos pateado
hubieras pateado	hubierais pateado
hubiera pateado	hubieran pateado

IMPERATIVE
patea	no patees	pateemos	no pateemos
patee	no patee	patead	no pateéis
		pateen	no pateen

El jugador pateó la pelota fuera del campo de juego.
The player kicked the ball out of bounds.
¿Por qué los bebés patean dentro del útero?
Why do babies kick inside the womb?
No es justo que patees así al perro.
It's not fair for you to kick the dog like that.

PEDIR   *To ask for, to order, to beg*

Past part. pedido   *Ger.* pidiendo

INDICATIVE

Present		Present Perfect	
pido	pedimos	he pedido	hemos pedido
pides	pedís	has pedido	habéis pedido
pide	piden	ha pedido	han pedido

Preterit		Past Perfect	
pedí	pedimos	había pedido	habíamos pedido
pediste	pedisteis	habías pedido	habíais pedido
pidió	pidieron	había pedido	habían pedido

Imperfect		Future Perfect	
pedía	pedíamos	habré pedido	habremos pedido
pedías	pedíais	habrás pedido	habréis pedido
pedía	pedían	habrá pedido	habrán pedido

Future		Conditional Perfect	
pediré	pediremos	habría pedido	habríamos pedido
pedirás	pediréis	habrías pedido	habríais pedido
pedirá	pedirán	habría pedido	habrían pedido

Conditional	
pediría	pediríamos
pedirías	pediríais
pediría	pedirían

SUBJUNCTIVE

Present		Present Perfect	
pida	pidamos	haya pedido	hayamos pedido
pidas	pidáis	hayas pedido	hayáis pedido
pida	pidan	haya pedido	hayan pedido

Past		Past Perfect	
pidiera	pidiéramos	hubiera pedido	hubiéramos pedido
pidieras	pidierais	hubieras pedido	hubierais pedido
pidiera	pidieran	hubiera pedido	hubieran pedido

IMPERATIVE

pide	no pidas	pidamos	no pidamos
pida	no pida	pedid	no pidáis
		pidan	no pidan

Ten cuidado con lo que pides: podrías obtenerlo.
Be careful with what you ask for: you might get it.
Pide lo que quieras, yo invito.
Order whatever you want, I'm buying.
Los mendigos suelen pedir dinero junto a las iglesias.
Beggars usually beg for money next to churches.

PEGAR *To hit, to stick, to glue, to paste*

Past part. pegado   *Ger.* pegando

INDICATIVE

Present

pego	pegamos
pegas	pegáis
pega	pegan

Present Perfect

he pegado	hemos pegado
has pegado	habéis pegado
ha pegado	han pegado

Preterit

pegué	pegamos
pegaste	pegasteis
pegó	pegaron

Past Perfect

había pegado	habíamos pegado
habías pegado	habíais pegado
había pegado	habían pegado

Imperfect

pegaba	pegábamos
pegabas	pegabais
pegaba	pegaban

Future Perfect

habré pegado	habremos pegado
habrás pegado	habréis pegado
habrá pegado	habrán pegado

Future

pegaré	pegaremos
pegarás	pegaréis
pegará	pegarán

Conditional Perfect

habría pegado	habríamos pegado
habrías pegado	habríais pegado
habría pegado	habrían pegado

Conditional

pegaría	pegaríamos
pegarías	pegaríais
pegaría	pegarían

SUBJUNCTIVE

Present

pegue	peguemos
pegues	peguéis
pegue	peguen

Present Perfect

haya pegado	hayamos pegado
hayas pegado	hayáis pegado
haya pegado	hayan pegado

Past

pegara	pegáramos
pegaras	pegarais
pegara	pegaran

Past Perfect

hubiera pegado	hubiéramos pegado
hubieras pegado	hubierais pegado
hubiera pegado	hubieran pegado

IMPERATIVE

pega	no pegues	peguemos	no peguemos
pegue	no pegue	pegad	no peguéis
		peguen	no peguen

Déjame en paz si no quieres que te pegue.
Leave me alone if you don't want me to hit you.

¡Por favor ya no me peguen!
Please don't hit me anymore!

No olvides pegar una estampilla en el sobre antes de ponerlo en el buzón.
Don't forget to stick a stamp on the envelope before putting it in the mail.

PELEAR   *To fight, to quarrel*

Past part. peleado   *Ger.* peleando

INDICATIVE

Present		Present Perfect	
peleo	peleamos	he peleado	hemos peleado
peleas	peleáis	has peleado	habéis peleado
pelea	pelean	ha peleado	han peleado

Preterit		Past Perfect	
peleé	peleamos	había peleado	habíamos peleado
peleaste	peleasteis	habías peleado	habíais peleado
peleó	pelearon	había peleado	habían peleado

Imperfect		Future Perfect	
peleaba	peleábamos	habré peleado	habremos peleado
peleabas	peleabais	habrás peleado	habréis peleado
peleaba	peleaban	habrá peleado	habrán peleado

Future		Conditional Perfect	
pelearé	pelearemos	habría peleado	habríamos peleado
pelearás	pelearéis	habrías peleado	habríais peleado
peleará	pelearán	habría peleado	habrían peleado

Conditional	
pelearía	pelearíamos
pelearías	pelearíais
pelearía	pelearían

SUBJUNCTIVE

Present		Present Perfect	
pelee	peleemos	haya peleado	hayamos peleado
pelees	peleéis	hayas peleado	hayáis peleado
pelee	peleen	haya peleado	hayan peleado

Past		Past Perfect	
peleara	peleáramos	hubiera peleado	hubiéramos peleado
pelearas	pelearais	hubieras peleado	hubierais peleado
peleara	pelearan	hubiera peleado	hubieran peleado

IMPERATIVE

pelea	no pelees	peleemos	no peleemos
pelee	no pelee	pelead	no peléis
		peleen	no peleen

El gobierno peleó contra los rebeldes durante largo tiempo.
The government fought against the rebels for a long time.

Los hermanos no deberían pelear entre sí.
Brothers shouldn't fight each other.

Samuel y Carlos siempre pelean por tonterías.
Samuel and Carlos always quarrel over silly things.

PENSAR   *To think*

Past part. pensado   *Ger.* pensando

INDICATIVE

Present		Present Perfect	
pienso	pensamos	he pensado	hemos pensado
piensas	pensáis	has pensado	habéis pensado
piensa	piensan	ha pensado	han pensado

Preterit		Past Perfect	
pensé	pensamos	había pensado	habíamos pensado
pensaste	pensasteis	habías pensado	habíais pensado
pensó	pensaron	había pensado	habían pensado

Imperfect		Future Perfect	
pensaba	pensábamos	habré pensado	habremos pensado
pensabas	pensabais	habrás pensado	habréis pensado
pensaba	pensaban	habrá pensado	habrán pensado

Future		Conditional Perfect	
pensaré	pensaremos	habría pensado	habríamos pensado
pensarás	pensaréis	habrías pensado	habríais pensado
pensará	pensarán	habría pensado	habrían pensado

Conditional	
pensaría	pensaríamos
pensarías	pensaríais
pensaría	pensarían

SUBJUNCTIVE

Present		Present Perfect	
piense	pensemos	haya pensado	hayamos pensado
pienses	penséis	hayas pensado	hayáis pensado
piense	piensen	haya pensado	hayan pensado

Past		Past Perfect	
pensara	pensáramos	hubiera pensado	hubiéramos pensado
pensaras	pensarais	hubieras pensado	hubierais pensado
pensara	pensaran	hubiera pensado	hubieran pensado

IMPERATIVE

piensa	no pienses	pensemos	no pensemos
piense	no piense	pensad	no penséis
		piensen	no piensen

Piensas, luego existes.
You think, therefore you are.

Piénsalo muy bien antes de tomar una decisión.
Think it over very well before making a decision.

No pensaba que fueras capaz de hacer algo así.
I didn't think that you were capable of doing something like this.

PERCIBIR   *To perceive, to sense, to receive*

Past part. percibido   *Ger.* percibiendo

INDICATIVE

Present
percibo	percibimos
percibes	percibís
percibe	perciben

Present Perfect
he percibido	hemos percibido
has percibido	habéis percibido
ha percibido	han percibido

Preterit
percibí	percibimos
percibiste	percibisteis
percibió	percibieron

Past Perfect
había percibido	habíamos percibido
habías percibido	habíais percibido
había percibido	habían percibido

Imperfect
percibía	percibíamos
percibías	percibíais
percibía	percibían

Future Perfect
habré percibido	habremos percibido
habrás percibido	habréis percibido
habrá percibido	habrán percibido

Future
percibiré	percibiremos
percibirás	percibiréis
percibirá	percibirán

Conditional Perfect
habría percibido	habríamos percibido
habrías percibido	habríais percibido
habría percibido	habrían percibido

Conditional
percibiría	percibiríamos
percibirías	percibiríais
percibiría	percibirían

SUBJUNCTIVE

Present
perciba	percibamos
percibas	percibáis
perciba	perciban

Present Perfect
haya percibido	hayamos percibido
hayas percibido	hayáis percibido
haya percibido	hayan percibido

Past
percibiera	percibiéramos
percibieras	percibierais
percibiera	percibieran

Past Perfect
hubiera percibido	hubiéramos percibido
hubieras percibido	hubierais percibido
hubiera percibido	hubieran percibido

IMPERATIVE

percibe	no percibas	percibamos	no percibamos
perciba	no perciba	percibid	no percibáis
		perciban	no perciban

Desde esta distancia no se pueden percibir todos los detalles.
From this distance you can't perceive all the details.

Al entrar percibió la tensión que reinaba en la habitación.
Upon entering, he sensed the tension that reigned in the room.

Agustín percibe un salario de dos mil pesos quincenales.
Agustín receives a salary of two thousand pesos twice weekly.

PERDER *To lose* **Perderse** *To get lost*

Past part. perdido *Ger.* perdiendo

INDICATIVE

Present		Present Perfect	
pierdo	perdemos	he perdido	hemos perdido
pierdes	perdéis	has perdido	habéis perdido
pierde	pierden	ha perdido	han perdido

Preterit		Past Perfect	
perdí	perdimos	había perdido	habíamos perdido
perdiste	perdisteis	habías perdido	habíais perdido
perdió	perdieron	había perdido	habían perdido

Imperfect		Future Perfect	
perdía	perdíamos	habré perdido	habremos perdido
perdías	perdíais	habrás perdido	habréis perdido
perdía	perdían	habrá perdido	habrán perdido

Future		Conditional Perfect	
perderé	perderemos	habría perdido	habríamos perdido
perderás	perderéis	habrías perdido	habríais perdido
perderá	perderán	habría perdido	habrían perdido

Conditional	
perdería	perderíamos
perderías	perderíais
perdería	perderían

SUBJUNCTIVE

Present		Present Perfect	
pierda	perdamos	haya perdido	hayamos perdido
pierdas	perdáis	hayas perdido	hayáis perdido
pierda	pierdan	haya perdido	hayan perdido

Past		Past Perfect	
perdiera	perdiéramos	hubiera perdido	hubiéramos perdido
perdieras	perdierais	hubieras perdido	hubierais perdido
perdiera	perdieran	hubiera perdido	hubieran perdido

IMPERATIVE

pierde	no pierdas	perdamos	no perdamos
pierda	no pierda	perded	no perdáis
		pierdan	no pierdan

No sé dónde podría haber perdido mi cartera.
I don't know where I could have lost my wallet.
Nuestro equipo perdió dos a cuatro contra el equipo visitante.
Our team lost two to four against the visiting team.
Es fácil perderse en las grandes ciudades.
It's easy to get lost in big cities.

PERDONAR *To forgive, to excuse*

Past part. perdonado   *Ger.* perdonando

INDICATIVE

Present

perdono	perdonamos
perdonas	perdonáis
perdona	perdonan

Present Perfect

he perdonado	hemos perdonado
has perdonado	habéis perdonado
ha perdonado	han perdonado

Preterit

perdoné	perdonamos
perdonaste	perdonasteis
perdonó	perdonaron

Past Perfect

había perdonado	habíamos perdonado
habías perdonado	habíais perdonado
había perdonado	habían perdonado

Imperfect

perdonaba	perdonábamos
perdonabas	perdonabais
perdonaba	perdonaban

Future Perfect

habré perdonado	habremos perdonado
habrás perdonado	habréis perdonado
habrá perdonado	habrán perdonado

Future

perdonaré	perdonaremos
perdonarás	perdonaréis
perdonará	perdonarán

Conditional Perfect

habría perdonado	habríamos perdonado
habrías perdonado	habríais perdonado
habría perdonado	habrían perdonado

Conditional

perdonaría	perdonaríamos
perdonarías	perdonaríais
perdonaría	perdonarían

SUBJUNCTIVE

Present

perdone	perdonemos
perdones	perdonéis
perdone	perdonen

Present Perfect

haya perdonado	hayamos perdonado
hayas perdonado	hayáis perdonado
haya perdonado	hayan perdonado

Past

perdonara	perdonáramos
perdonaras	perdonarais
perdonara	perdonaran

Past Perfect

hubiera perdonado	hubiéramos perdonado
hubieras perdonado	hubierais perdonado
hubiera perdonado	hubieran perdonado

IMPERATIVE

perdona	no perdones	perdonemos	no perdonemos
perdone	no perdone	perdonad	no perdonéis
		perdonen	no perdonen

Nunca te perdonaré por lo que me hiciste.
I will never forgive you for what you did to me.
La Biblia enseña que debemos perdonar a los que nos ofenden.
The Bible teaches that we must forgive those who trespass against us.
Perdone, ¿Me puede decir a qué hora pasa el tren a Sevilla?
Excuse me, can you tell me at what time the train to Seville comes through?

PERJUDICAR *To harm, to be detrimental, to damage*

Past part. perjudicado   *Ger.* perjudicando

INDICATIVE

Present		Present Perfect	
perjudico	perjudicamos	he perjudicado	hemos perjudicado
perjudicas	perjudicáis	has perjudicado	habéis perjudicado
perjudica	perjudican	ha perjudicado	han perjudicado

Preterit		Past Perfect	
perjudiqué	perjudicamos	había perjudicado	habíamos perjudicado
perjudicaste	perjudicasteis	habías perjudicado	habíais perjudicado
perjudicó	perjudicaron	había perjudicado	habían perjudicado

Imperfect		Future Perfect	
perjudicaba	perjudicábamos	habré perjudicado	habremos perjudicado
perjudicabas	perjudicabais	habrás perjudicado	habréis perjudicado
perjudicaba	perjudicaban	habrá perjudicado	habrán perjudicado

Future		Conditional Perfect	
perjudicaré	perjudicaremos	habría perjudicado	habríamos perjudicado
perjudicarás	perjudicaréis	habrías perjudicado	habríais perjudicado
perjudicará	perjudicarán	habría perjudicado	habrían perjudicado

Conditional	
perjudicaría	perjudicaríamos
perjudicarías	perjudicaríais
perjudicaría	perjudicarían

SUBJUNCTIVE

Present		Present Perfect	
perjudique	perjudiquemos	haya perjudicado	hayamos perjudicado
perjudiques	perjudiquéis	hayas perjudicado	hayáis perjudicado
perjudique	perjudiquen	haya perjudicado	hayan perjudicado

Past		Past Perfect	
perjudicara	perjudicáramos	hubiera perjudicado	hubiéramos perjudicado
perjudicaras	perjudicarais	hubieras perjudicado	hubierais perjudicado
perjudicara	perjudicaran	hubiera perjudicado	hubieran perjudicado

IMPERATIVE

perjudica	no perjudiques	perjudiquemos	no perjudiquemos
perjudique	no perjudique	perjudicad	no perjudiquéis
		perjudiquen	no perjudiquen

Trato de evitar hacer cosas que perjudiquen a otros.
I try to avoid doing things that harm others.

No sabía que al tratar de ayudarte perjudicaría tus intereses.
I didn't know that by trying to help you I would be damaging your interests.

Muchos productos domésticos perjudican el medio ambiente.
Many household products damage the environment.

PERMITIR   *To allow, to permit, to make possible*   P

Past part. permitido   *Ger.* permitiendo

INDICATIVE

Present
		Present Perfect	
permito	permitimos	he permitido	hemos permitido
permites	permitís	has permitido	habéis permitido
permite	permiten	ha permitido	han permitido

Preterit
		Past Perfect	
permití	permitimos	había permitido	habíamos permitido
permitiste	permitisteis	habías permitido	habíais permitido
permitió	permitieron	había permitido	habían permitido

Imperfect
		Future Perfect	
permitía	permitíamos	habré permitido	habremos permitido
permitías	permitíais	habrás permitido	habréis permitido
permitía	permitían	habrá permitido	habrán permitido

Future
		Conditional Perfect	
permitiré	permitiremos	habría permitido	habríamos permitido
permitirás	permitiréis	habrías permitido	habríais permitido
permitirá	permitirán	habría permitido	habrían permitido

Conditional
permitiría	permitiríamos
permitirías	permitiríais
permitiría	permitirían

SUBJUNCTIVE

Present
		Present Perfect	
permita	permitamos	haya permitido	hayamos permitido
permitas	permitáis	hayas permitido	hayáis permitido
permita	permitan	haya permitido	hayan permitido

Past
		Past Perfect	
permitiera	permitiéramos	hubiera permitido	hubiéramos permitido
permitieras	permitierais	hubieras permitido	hubierais permitido
permitiera	permitieran	hubiera permitido	hubieran permitido

IMPERATIVE
permite	no permitas	permitamos	no permitamos
permita	no permita	permitid	no permitáis
		permitan	no permitan

A veces permito que mis alumnos entreguen sus trabajos tarde.
Sometimes I allow my students to turn in their papers late.

No está permitido estacionarse junto a un hidrante.
Parking next to a water hydrant is not permitted.

Las nuevas tecnologías permitirán al mundo comunicarse con mayor facilidad.
New technologies will allow the world to communicate more easily.

PERSEGUIR *To chase, to pursue*

Past part. perseguido   *Ger.* persiguiendo

INDICATIVE

Present

persigo	perseguimos
persigues	perseguís
persigue	persiguen

Present Perfect

he perseguido	hemos perseguido
has perseguido	habéis perseguido
ha perseguido	han perseguido

Preterit

perseguí	perseguimos
perseguiste	perseguisteis
persiguió	persiguieron

Past Perfect

había perseguido	habíamos perseguido
habías perseguido	habíais perseguido
había perseguido	habían perseguido

Imperfect

perseguía	perseguíamos
perseguías	perseguíais
perseguía	perseguían

Future Perfect

habré perseguido	habremos perseguido
habrás perseguido	habréis perseguido
habrá perseguido	habrán perseguido

Future

perseguiré	perseguiremos
perseguirás	perseguiréis
perseguirá	perseguirán

Conditional Perfect

habría perseguido	habríamos perseguido
habrías perseguido	habríais perseguido
habría perseguido	habrían perseguido

Conditional

perseguiría	perseguiríamos
perseguirías	perseguiríais
perseguiría	perseguirían

SUBJUNCTIVE

Present

persiga	persigamos
persigas	persigáis
persiga	persigan

Present Perfect

haya perseguido	hayamos perseguido
hayas perseguido	hayáis perseguido
haya perseguido	hayan perseguido

Past

persiguiera	persiguiéramos
persiguieras	persiguierais
persiguiera	persiguieran

Past Perfect

hubiera perseguido	hubiéramos perseguido
hubieras perseguido	hubierais perseguido
hubiera perseguido	hubieran perseguido

IMPERATIVE

persigue	no persigas	persigamos	no persigamos
persiga	no persiga	perseguid	no persigáis
		persigan	no persigan

Debes perseguir tus sueños hasta verlos realizados.
You must pursue your dreams until you see them realized.

Los poetas persiguen la forma perfecta para expresar sus sentimientos.
Poets pursue the perfect form to express their feelings.

Los policías persiguieron al ladrón hasta que lo alcanzaron.
The policemen chased the thief until they caught him.

PERSEVERAR *To persevere, to persist*

P

Past part. perseverado *Ger.* perseverando

INDICATIVE

Present		Present Perfect	
persevero	perseveramos	he perseverado	hemos perseverado
perseveras	perseveráis	has perseverado	habéis perseverado
persevera	perseveran	ha perseverado	han perseverado

Preterit		Past Perfect	
perseveré	perseveramos	había perseverado	habíamos perseverado
perseveraste	perseverasteis	habías perseverado	habíais perseverado
perseveró	perseveraron	había perseverado	habían perseverado

Imperfect		Future Perfect	
perseveraba	perseverábamos	habré perseverado	habremos perseverado
perseverabas	perseverabais	habrás perseverado	habréis perseverado
perseveraba	perseveraban	habrá perseverado	habrán perseverado

Future		Conditional Perfect	
perseveraré	perseveraremos	habría perseverado	habríamos perseverado
perseverarás	perseveraréis	habrías perseverado	habríais perseverado
perseverará	perseverarán	habría perseverado	habrían perseverado

Conditional	
perseveraría	perseveraríamos
perseverarías	perseveraríais
perseveraría	perseverarían

SUBJUNCTIVE

Present		Present Perfect	
persevere	perseveremos	haya perseverado	hayamos perseverado
perseveres	perseveréis	hayas perseverado	hayáis perseverado
persevere	perseveren	haya perseverado	hayan perseverado

Past		Past Perfect	
perseverara	perseveráramos	hubiera perseverado	hubiéramos perseverado
perseveraras	perseverarais	hubieras perseverado	hubierais perseverado
perseverara	perseveraran	hubiera perseverado	hubieran perseverado

IMPERATIVE

persevera	no perseveres	perseveremos	no perseveremos
persevere	no persevere	perseverad	no perseveréis
		perseveren	no perseveren

No perseveres en intentar lo imposible.
Don't persist in attempting the impossible.
Si hubieras perseverado seguramente habrías alcanzado tus metas.
If you had persevered you would surely have reached your goals.
Hay un dicho popular que dice: "el que persevera alcanza."
There is a popular saying that goes: "He who perseveres succeeds."

365

PINTAR *To paint*

Past part. pintado *Ger.* pintando

INDICATIVE

Present		Present Perfect	
pinto	pintamos	he pintado	hemos pintado
pintas	pintáis	has pintado	habéis pintado
pinta	pintan	ha pintado	han pintado

Preterit		Past Perfect	
pinté	pintamos	había pintado	habíamos pintado
pintaste	pintasteis	habías pintado	habíais pintado
pintó	pintaron	había pintado	habían pintado

Imperfect		Future Perfect	
pintaba	pintábamos	habré pintado	habremos pintado
pintabas	pintabais	habrás pintado	habréis pintado
pintaba	pintaban	habrá pintado	habrán pintado

Future		Conditional Perfect	
pintaré	pintaremos	habría pintado	habríamos pintado
pintarás	pintaréis	habrías pintado	habríais pintado
pintará	pintarán	habría pintado	habrían pintado

Conditional	
pintaría	pintaríamos
pintarías	pintaríais
pintaría	pintarían

SUBJUNCTIVE

Present		Present Perfect	
pinte	pintemos	haya pintado	hayamos pintado
pintes	pintéis	hayas pintado	hayáis pintado
pinte	pinten	haya pintado	hayan pintado

Past		Past Perfect	
pintara	pintáramos	hubiera pintado	hubiéramos pintado
pintaras	pintarais	hubieras pintado	hubierais pintado
pintara	pintaran	hubiera pintado	hubieran pintado

IMPERATIVE

pinta	no pintes	pintemos	no pintemos
pinte	no pinte	pintad	no pintéis
		pinten	no pinten

¿Cuántas veces tengo que decirle a mi hijo que no pinte en las paredes?
How many times do I have to tell my son not to paint on the walls?

Les pedí a mis amigos que me ayudaran a pintar mi casa este fin de semana.
I asked my friends to help me paint my house this weekend.

En inglés se dice que la gente que va de fiesta "pintará el pueblo de rojo."
In English they say that the people who go partying "will paint the town red."

PLANEAR *To plan*

Past part. planeado   *Ger.* planeando

INDICATIVE

Present		**Present Perfect**	
planeo	planeamos	he planeado	hemos planeado
planeas	planeáis	has planeado	habéis planeado
planea	planean	ha planeado	han planeado

Preterit		**Past Perfect**	
planeé	planeamos	había planeado	habíamos planeado
planeaste	planeasteis	habías planeado	habíais planeado
planeó	planearon	había planeado	habían planeado

Imperfect		**Future Perfect**	
planeaba	planeábamos	habré planeado	habremos planeado
planeabas	planeabais	habrás planeado	habréis planeado
planeaba	planeaban	habrá planeado	habrán planeado

Future		**Conditional Perfect**	
planearé	planearemos	habría planeado	habríamos planeado
planearás	planearéis	habrías planeado	habríais planeado
planeará	planearán	habría planeado	habrían planeado

Conditional	
planearía	planearíamos
planearías	planearíais
planearía	planearían

SUBJUNCTIVE

Present		**Present Perfect**	
planee	planeemos	haya planeado	hayamos planeado
planees	planeéis	hayas planeado	hayáis planeado
planee	planeen	haya planeado	hayan planeado

Past		**Past Perfect**	
planeara	planeáramos	hubiera planeado	hubiéramos planeado
planearas	planearais	hubieras planeado	hubierais planeado
planeara	planearan	hubiera planeado	hubieran planeado

IMPERATIVE

planea	no planees	planeemos	no planee
planee	no planee	planead	no planeéis
		planeen	no planeen

Todos deberían planear su retiro con mucho tiempo de anticipación.
Everybody should plan their retirement well ahead of time.

Planearemos muy bien nuestro viaje para aprovechar el tiempo y el dinero que tenemos.
We will plan our trip very well to make the most of the time and money that we have.

¿Cuándo planean ir a Sudamérica?
When are you planning to go to South America?

P **PODER** *To be able to, can, may* **Poderse** *To be possible*

Past part. podido *Ger.* pudiendo

INDICATIVE

Present		Present Perfect	
puedo	podemos	he podido	hemos podido
puedes	podéis	has podido	habéis podido
puede	pueden	ha podido	han podido

Preterit		Past Perfect	
pude	pudimos	había podido	habíamos podido
pudiste	pudisteis	habías podido	habíais podido
pudo	pudieron	había podido	habían podido

Imperfect		Future Perfect	
podía	podíamos	habré podido	habremos podido
podías	podíais	habrás podido	habréis podido
podía	podían	habrá podido	habrán podido

Future		Conditional Perfect	
podré	podremos	habría podido	habríamos podido
podrás	podréis	habrías podido	habríais podido
podrá	podrán	habría podido	habrían podido

Conditional	
podría	podríamos
podrías	podríais
podría	podrían

SUBJUNCTIVE

Present		Present Perfect	
pueda	podamos	haya podido	hayamos podido
puedas	podáis	hayas podido	hayáis podido
pueda	puedan	haya podido	hayan podido

Past		Past Perfect	
pudiera	pudiéramos	hubiera podido	hubiéramos podido
pudieras	pudierais	hubieras podido	hubierais podido
pudiera	pudieran	hubiera podido	hubieran podido

IMPERATIVE

puede	no puedas	podamos	no podamos
pueda	no pueda	poded	no podáis
		puedan	no puedan

¿Podrían ayudarme a pintar mi casa este fin de semana?
Could you help me paint my house this weekend?

Me temo que no podré hacerlo.
I'm afraid I won't be able to do it.

Ya no me importa; puedes hacer lo que quieras.
I don't care anymore; you can do whatever you want.

Lo que proponía simplemente no se podía hacer.
What he was proposing simply wasn't possible.

368

PONER   *To put, to set, to set up, to turn on*

P

Ponerse *To put on, to become*
Past part. puesto   *Ger.* poniendo

INDICATIVE

Present		Present Perfect	
pongo	ponemos	he puesto	hemos puesto
pones	ponéis	has puesto	habéis puesto
pone	ponen	ha puesto	han puesto

Preterit		Past Perfect	
puse	pusimos	había puesto	habíamos puesto
pusiste	pusisteis	habías puesto	habíais puesto
puso	pusieron	había puesto	habían puesto

Imperfect		Future Perfect	
ponía	poníamos	habré puesto	habremos puesto
ponías	poníais	habrás puesto	habréis puesto
ponía	ponían	habrá puesto	habrán puesto

Future		Conditional Perfect	
pondré	pondremos	habría puesto	habríamos puesto
pondrás	pondréis	habrías puesto	habríais puesto
pondrá	pondrán	habría puesto	habrían puesto

Conditional	
pondría	pondríamos
pondrías	pondríais
pondría	pondrían

SUBJUNCTIVE

Present		Present Perfect	
ponga	pongamos	haya puesto	hayamos puesto
pongas	pongáis	hayas puesto	hayáis puesto
ponga	pongan	haya puesto	hayan puesto

Past		Past Perfect	
pusiera	pusiéramos	hubiera puesto	hubiéramos puesto
pusieras	pusierais	hubieras puesto	hubierais puesto
pusiera	pusieran	hubiera puesto	hubieran puesto

IMPERATIVE

pon	no pongas	pongamos	no pongamos
ponga	no ponga	poned	no pongáis
		pongan	no pongan

¿Dónde quiere que pongamos el piano?
Where do you want us to put the piano?
¿Te importaría poner la mesa?
Would you mind setting the table?
Pon la televisión para ver el partido de basquetbol.
Turn on the TV to watch the basketball game.

369

Past part. poseído   *Ger.* poseyendo

INDICATIVE

Present		Present Perfect	
poseo	poseemos	he poseído	hemos poseído
posees	poseéis	has poseído	habéis poseído
posee	poseen	ha poseído	han poseído

Preterit		Past Perfect	
poseí	poseímos	había poseído	habíamos poseído
poseíste	poseísteis	habías poseído	habíais poseído
poseyó	poseyeron	había poseído	habían poseído

Imperfect		Future Perfect	
poseía	poseíamos	habré poseído	habremos poseído
poseías	poseíais	habrás poseído	habréis poseído
poseía	poseían	habrá poseído	habrán poseído

Future		Conditional Perfect	
poseeré	poseeremos	habría poseído	habríamos poseído
poseerás	poseeréis	habrías poseído	habríais poseído
poseerá	poseerán	habría poseído	habrían poseído

Conditional	
poseería	poseeríamos
poseerías	poseeríais
poseería	poseerían

SUBJUNCTIVE

Present		Present Perfect	
posea	poseamos	haya poseído	hayamos poseído
poseas	poseáis	hayas poseído	hayáis poseído
posea	posean	haya poseído	hayan poseído

Past		Past Perfect	
poseyera	poseyéramos	hubiera poseído	hubiéramos poseído
poseyeras	poseyerais	hubieras poseído	hubierais poseído
poseyera	poseyeran	hubiera poseído	hubieran poseído

IMPERATIVE

posee	no poseas	poseamos	no poseamos
posea	no posea	poseed	no poseáis
		posean	no posean

Puedo percibir que posees una gran belleza interior.
I can tell that you possess great inner beauty.

La mayoría de las personas poseen más de lo que necesitan.
Most people own much more than what they need.

Ricardo poseía un don para la cocina.
Ricardo had a gift for cooking.

PRACTICAR

To practice, to play, to perform

P

Past part. practicado *Ger.* practicando

INDICATIVE

Present
practico	practicamos
practicas	practicáis
practica	practican

Present Perfect
he practicado	hemos practicado
has practicado	habéis practicado
ha practicado	han practicado

Preterit
practiqué	practicamos
practicaste	practicasteis
practicó	practicaron

Past Perfect
había practicado	habíamos practicado
habías practicado	habíais practicado
había practicado	habían practicado

Imperfect
practicaba	practicábamos
practicabas	practicabais
practicaba	practicaban

Future Perfect
habré practicado	habremos practicado
habrás practicado	habréis practicado
habrá practicado	habrán practicado

Future
practicaré	practicaremos
practicarás	practicaréis
practicará	practicarán

Conditional Perfect
habría practicado	habríamos practicado
habrías practicado	habríais practicado
habría practicado	habrían practicado

Conditional
practicaría	practicaríamos
practicarías	practicaríais
practicaría	practicarían

SUBJUNCTIVE

Present
practique	practiquemos
practiques	practiquéis
practique	practiquen

Present Perfect
haya practicado	hayamos practicado
hayas practicado	hayáis practicado
haya practicado	hayan practicado

Past
practicara	practicáramos
practicaras	practicarais
practicara	practicaran

Past Perfect
hubiera practicado	hubiéramos practicado
hubieras practicado	hubierais practicado
hubiera practicado	hubieran practicado

IMPERATIVE
practica	no practiques	practiquemos	no practiquemos
practique	no practique	practicad	no practiquéis
		practiquen	no practiquen

Los atletas y los artistas profesionales tienen que practicar sus disciplinas diariamente.
Professional athletes and artists have to practice their disciplines daily.
¿Practicas algún deporte en equipo?
Do you play any team sports?
Me van a practicar una operación quirúrgica la próxima semana.
They're going to perform surgery on me next week.

371

PREFERIR *To prefer*

Past part. preferido   *Ger.* prefiriendo

INDICATIVE

Present

prefiero	preferimos
prefieres	preferís
prefiere	prefieren

Present Perfect

he preferido	hemos preferido
has preferido	habéis preferido
ha preferido	han preferido

Preterit

preferí	preferimos
preferiste	preferisteis
prefirió	prefirieron

Past Perfect

había preferido	habíamos preferido
habías preferido	habíais preferido
había preferido	habían preferido

Imperfect

prefería	preferíamos
preferías	preferíais
prefería	preferían

Future Perfect

habré preferido	habremos preferido
habrás preferido	habréis preferido
habrá preferido	habrán preferido

Future

preferiré	preferiremos
preferirás	preferiréis
preferirá	preferirán

Conditional Perfect

habría preferido	habríamos preferido
habrías preferido	habríais preferido
habría preferido	habrían preferido

Conditional

preferiría	preferiríamos
preferirías	preferiríais
preferiría	preferirían

SUBJUNCTIVE

Present

prefiera	prefiramos
prefieras	prefiráis
prefiera	prefieran

Present Perfect

haya preferido	hayamos preferido
hayas preferido	hayáis preferido
haya preferido	hayan preferido

Past

prefiriera	prefiriéramos
prefirieras	prefirierais
prefiriera	prefirieran

Past Perfect

hubiera preferido	hubiéramos preferido
hubieras preferido	hubierais preferido
hubiera preferido	hubieran preferido

IMPERATIVE

prefiere	no prefieras	prefiramos	no prefiramos
prefiera	no prefiera	preferid	no prefiráis
		prefieran	no prefieran

¿Qué prefieres, pastel de chocolate o de zanahoria?
What do you prefer, chocolate or carrot cake?

Si no te importa, preferiríamos no tomar una decisión ahora.
If you don't mind, we would rather not make a decision right now.

Hubiera preferido que me lo dijeras tú que enterarme por ella.
I would have preferred for you to tell me rather than find out through her.

PREGUNTAR *To ask* **Preguntarse** *To wonder*

Past part. preguntado   *Ger.* preguntando

INDICATIVE

Present

pregunto	preguntamos
preguntas	preguntáis
pregunta	preguntan

Present Perfect

he preguntado	hemos preguntado
has preguntado	habéis preguntado
ha preguntado	han preguntado

Preterit

pregunté	preguntamos
preguntaste	preguntasteis
preguntó	preguntaron

Past Perfect

había preguntado	habíamos preguntado
habías preguntado	habíais preguntado
había preguntado	habían preguntado

Imperfect

preguntaba	preguntábamos
preguntabas	preguntabais
preguntaba	preguntaban

Future Perfect

habré preguntado	habremos preguntado
habrás preguntado	habréis preguntado
habrá preguntado	habrán preguntado

Future

preguntaré	preguntaremos
preguntarás	preguntaréis
preguntará	preguntarán

Conditional Perfect

habría preguntado	habríamos preguntado
habrías preguntado	habríais preguntado
habría preguntado	habrían preguntado

Conditional

preguntaría	preguntaríamos
preguntarías	preguntaríais
preguntaría	preguntarían

SUBJUNCTIVE

Present

pregunte	preguntemos
preguntes	preguntéis
pregunte	pregunten

Present Perfect

haya preguntado	hayamos preguntado
hayas preguntado	hayáis preguntado
haya preguntado	hayan preguntado

Past

preguntara	preguntáramos
preguntaras	preguntarais
preguntara	preguntaran

Past Perfect

hubiera preguntado	hubiéramos preguntado
hubieras preguntado	hubierais preguntado
hubiera preguntado	hubieran preguntado

IMPERATIVE

pregunta	no preguntes	preguntemos	no preguntemos
pregunte	no pregunte	preguntad	no preguntéis
		pregunten	no pregunten

Siempre les pregunto a mis alumnos si tienen preguntas.
I always ask my students if they have questions.

¿Puedo preguntarte algo?
May I ask you something?

Pregúntame lo que quieras, y si puedo te responderé.
Ask me whatever you want, and if I can I will answer you.

PRENDER   *To turn on, to light, to pin, to catch*

Past part. prendido   *Ger.* prendiendo

INDICATIVE

Present

prendo	prendemos
prendes	prendéis
prende	prenden

Present Perfect

he prendido	hemos prendido
has prendido	habéis prendido
ha prendido	han prendido

Preterit

prendí	prendimos
prendiste	prendisteis
prendió	prendieron

Past Perfect

había prendido	habíamos prendido
habías prendido	habíais prendido
había prendido	habían prendido

Imperfect

prendía	prendíamos
prendías	prendíais
prendía	prendían

Future Perfect

habré prendido	habremos prendido
habrás prendido	habréis prendido
habrá prendido	habrán prendido

Future

prenderé	prenderemos
prenderás	prenderéis
prenderá	prenderán

Conditional Perfect

habría prendido	habríamos prendido
habrías prendido	habríais prendido
habría prendido	habrían prendido

Conditional

prendería	prenderíamos
prenderías	prenderíais
prendería	prenderían

SUBJUNCTIVE

Present

prenda	prendamos
prendas	prendáis
prenda	prendan

Present Perfect

haya prendido	hayamos prendido
hayas prendido	hayáis prendido
haya prendido	hayan prendido

Past

prendiera	prendiéramos
prendieras	prendierais
prendiera	prendieran

Past Perfect

hubiera prendido	hubiéramos prendido
hubieras prendido	hubierais prendido
hubiera prendido	hubieran prendido

IMPERATIVE

prende	no prendas	prendamos	no prendamos
prenda	no prenda	prended	no prendáis
		prendan	no prendan

Prende la luz porque está oscureciendo.
Turn on the lights because it's getting dark.

Los campistas prendieron una fogata para calentarse.
The campers lighted a fire to warm themselves up.

¿Quieren jugar "préndele la cola al burro"?
Do you want to play "Pin the Tail on the Donkey"?

PREOCUPARSE   *To worry, to be concerned*   P

Past part. preocupado   *Ger.* preocupando

INDICATIVE

Present

me preocupo	nos preocupamos
te preocupas	os preocupáis
se preocupa	se preocupan

Present Perfect

me he preocupado	nos hemos preocupado
te has preocupado	os habéis preocupado
se ha preocupado	se han preocupado

Preterit

me preocupé	nos preocupamos
te preocupaste	os preocupasteis
se preocupó	se preocuparon

Past Perfect

me había preocupado	nos habíamos preocupado
te habías preocupado	os habíais preocupado
se había preocupado	se habían preocupado

Imperfect

me preocupaba	nos preocupábamos
te preocupabas	os preocupabais
se preocupaba	se preocupaban

Future Perfect

me habré preocupado	nos habremos preocupado
te habrás preocupado	os habréis preocupado
se habrá preocupado	se habrán preocupado

Future

me preocuparé	nos preocuparemos
te preocuparás	os preocuparéis
se preocupará	se preocuparán

Conditional Perfect

me habría preocupado	nos habríamos preocupado
te habrías preocupado	os habríais preocupado
se habría preocupado	se habrían preocupado

Conditional

me preocuparía	nos preocuparíamos
te preocuparías	os preocuparíais
se preocuparía	se preocuparían

SUBJUNCTIVE

Present

me preocupe	nos preocupemos
te preocupes	os preocupéis
se preocupe	se preocupen

Present Perfect

me haya preocupado	nos hayamos preocupado
te hayas preocupado	os hayáis preocupado
se haya preocupado	se hayan preocupado

Past

me preocupara	nos preocupáramos
te preocuparas	os preocuparais
se preocupara	se preocuparan

Past Perfect

me hubiera preocupado	nos hubiéramos preocupado
te hubieras preocupado	os hubierais preocupado
se hubiera preocupado	se hubieran preocupado

IMPERATIVE

preocúpate	no te preocupes	preocupémonos	no nos preocupemos
preocúpese	no se preocupe	preocupaos	no os preocupéis
		preocúpense	no se preocupen

No te preocupes de nada: todo saldrá bien.
Don't worry about anything: everything will turn out well.

Cada vez que salía de fiesta su madre se preocupaba.
Every time he went out partying, his mother worried about him.

Los estudiantes siempre empiezan a preocuparse por
sus calificaciones al final del semestre.
Students always start worrying about their grades at the end of the semester.

375

PREPARAR *To prepare, to make*

Past part. preparado   *Ger.* preparando

INDICATIVE

Present

preparo	preparamos
preparas	preparáis
prepara	preparan

Present Perfect

he preparado	hemos preparado
has preparado	habéis preparado
ha preparado	han preparado

Preterit

preparé	preparamos
preparaste	preparasteis
preparó	prepararon

Past Perfect

había preparado	habíamos preparado
habías preparado	habíais preparado
había preparado	habían preparado

Imperfect

preparaba	preparábamos
preparabas	preparabais
preparaba	preparaban

Future Perfect

habré preparado	habremos preparado
habrás preparado	habréis preparado
habrá preparado	habrán preparado

Future

prepararé	prepararemos
prepararás	prepararéis
preparará	prepararán

Conditional Perfect

habría preparado	habríamos preparado
habrías preparado	habríais preparado
habría preparado	habrían preparado

Conditional

prepararía	prepararíamos
prepararías	prepararíais
prepararía	prepararían

SUBJUNCTIVE

Present

prepare	preparemos
prepares	preparéis
prepare	preparen

Present Perfect

haya preparado	hayamos preparado
hayas preparado	hayáis preparado
haya preparado	hayan preparado

Past

preparara	preparáramos
prepararas	prepararais
preparara	prepararan

Past Perfect

hubiera preparado	hubiéramos preparado
hubieras preparado	hubierais preparado
hubiera preparado	hubieran preparado

IMPERATIVE

prepara	no prepares	preparemos	no preparemos
prepare	no prepare	preparad	no preparéis
		preparen	no preparen

Tenemos que empezar a preparar el pastel si queremos que esté listo a tiempo.
We have to begin preparing the cake if we want it to be ready on time.

James Bond siempre está preparado para cualquier cosa.
James Bond is always ready for anything.

Esperando lo mejor, me preparé para lo peor.
Hoping for the best, I prepared for the worst.

PRESENTAR   *To present, to introduce*   **Presentarse** *To appear*

Past part. presentado   *Ger.* presentando

INDICATIVE

Present

presento	presentamos
presentas	presentáis
presenta	presentan

Present Perfect

he presentado	hemos presentado
has presentado	habéis presentado
ha presentado	han presentado

Preterit

presenté	presentamos
presentaste	presentasteis
presentó	presentaron

Past Perfect

había presentado	habíamos presentado
habías presentado	habíais presentado
había presentado	habían presentado

Imperfect

presentaba	presentábamos
presentabas	presentabais
presentaba	presentaban

Future Perfect

habré presentado	habremos presentado
habrás presentado	habréis presentado
habrá presentado	habrán presentado

Future

presentaré	presentaremos
presentarás	presentaréis
presentará	presentarán

Conditional Perfect

habría presentado	habríamos presentado
habrías presentado	habríais presentado
habría presentado	habrían presentado

Conditional

presentaría	presentaríamos
presentarías	presentaríais
presentaría	presentarían

SUBJUNCTIVE

Present

presente	presentemos
presentes	presentéis
presente	presenten

Present Perfect

haya presentado	hayamos presentado
hayas presentado	hayáis presentado
haya presentado	hayan presentado

Past

presentara	presentáramos
presentaras	presentarais
presentara	presentaran

Past Perfect

hubiera presentado	hubiéramos presentado
hubieras presentado	hubierais presentado
hubiera presentado	hubieran presentado

IMPERATIVE

presenta	no presentes	presentemos	no presentemos
presente	no presente	presentad	no presentéis
		presenten	no presenten

El caso presentaba dificultades aparentemente insolubles.
The case presented apparently insoluble difficulties.

El presidente de la cámara de Senadores es quien presenta al presidente.
The speaker of the Senate is who introduces the president.

La inquisición española siempre se presentaba inesperadamente.
The Spanish Inquisition always appeared unexpectedly.

PRESTAR *To lend*

Past part. prestado   Ger. prestando

INDICATIVE

Present

presto	prestamos
prestas	prestáis
presta	prestan

Present Perfect

he prestado	hemos prestado
has prestado	habéis prestado
ha prestado	han prestado

Preterit

presté	prestamos
prestaste	prestasteis
prestó	prestaron

Past Perfect

había prestado	habíamos prestado
habías prestado	habíais prestado
había prestado	habían prestado

Imperfect

prestaba	prestábamos
prestabas	prestabais
prestaba	prestaban

Future Perfect

habré prestado	habremos prestado
habrás prestado	habréis prestado
habrá prestado	habrán prestado

Future

prestaré	prestaremos
prestarás	prestaréis
prestará	prestarán

Conditional Perfect

habría prestado	habríamos prestado
habrías prestado	habríais prestado
habría prestado	habrían prestado

Conditional

prestaría	prestaríamos
prestarías	prestaríais
prestaría	prestarían

SUBJUNCTIVE

Present

preste	prestemos
prestes	prestéis
preste	presten

Present Perfect

haya prestado	hayamos prestado
hayas prestado	hayáis prestado
haya prestado	hayan prestado

Past

prestara	prestáramos
prestaras	prestarais
prestara	prestaran

Past Perfect

hubiera prestado	hubiéramos prestado
hubieras prestado	hubierais prestado
hubiera prestado	hubieran prestado

IMPERATIVE

presta	no prestes	prestemos	no prestemos
preste	no preste	prestad	no prestéis
		presten	no presten

Prefiero no prestarle dinero a nadie para evitar problemas.
I prefer not to lend money to anyone to avoid trouble.

Si me prestan su atención por un momento, les
explicaré cómo funciona mi última invención.
*If you lend me your attention for a moment, I will
explain to you how my latest invention works.*

Este clima no se presta para hacer nada salvo quedarse en casa.
This weather doesn't lend itself to do anything but stay at home.

PRESUMIR *To boast, to predict, to suppose*

Past part. presumido   Ger. presumiendo

INDICATIVE

Present		Present Perfect	
presumo	presumimos	he presumido	hemos presumido
presumes	presumís	has presumido	habéis presumido
presume	presumen	ha presumido	han presumido

Preterit		Past Perfect	
presumí	presumimos	había presumido	habíamos presumido
presumiste	presumisteis	habías presumido	habíais presumido
presumió	presumieron	había presumido	habían presumido

Imperfect		Future Perfect	
presumía	presumíamos	habré presumido	habremos presumido
presumías	presumíais	habrás presumido	habréis presumido
presumía	presumían	habrá presumido	habrán presumido

Future		Conditional Perfect	
presumiré	presumiremos	habría presumido	habríamos presumido
presumirás	presumiréis	habrías presumido	habríais presumido
presumirá	presumirán	habría presumido	habrían presumido

Conditional	
presumiría	presumiríamos
presumirías	presumiríais
presumiría	presumirían

SUBJUNCTIVE

Present		Present Perfect	
presuma	presumamos	haya presumido	hayamos presumido
presumas	presumáis	hayas presumido	hayáis presumido
presuma	presuman	haya presumido	hayan presumido

Past		Past Perfect	
presumiera	presumiéramos	hubiera presumido	hubiéramos presumido
presumieras	presumierais	hubieras presumido	hubierais presumido
presumiera	presumieran	hubiera presumido	hubieran presumido

IMPERATIVE

presume	no presumas	presumamos	no presumamos
presuma	no presuma	presumid	no presumáis
		presuman	no presuman

Presumía de valiente, pero cualquier cosilla lo asustaba.
He boasted of being brave, but any little thing scared him.

No es difícil presumir que algunos estudiantes llegarán
tarde a la clase del viernes por la mañana.
It isn't hard to predict that some students will be late to class on Friday morning.

Presumo que usted es el doctor Livingstone que he estado buscando.
I suppose that you're the Dr. Livingstone that I have been looking for.

PRETENDER *To expect, to aspire, to pretend*

Past part. pretendido   *Ger.* pretendiendo

INDICATIVE

Present

pretendo	pretendemos
pretendes	pretendéis
pretende	pretenden

Present Perfect

he pretendido	hemos pretendido
has pretendido	habéis pretendido
ha pretendido	han pretendido

Preterit

pretendí	pretendimos
pretendiste	pretendisteis
pretendió	pretendieron

Past Perfect

había pretendido	habíamos pretendido
habías pretendido	habíais pretendido
había pretendido	habían pretendido

Imperfect

pretendía	pretendíamos
pretendías	pretendíais
pretendía	pretendían

Future Perfect

habré pretendido	habremos pretendido
habrás pretendido	habréis pretendido
habrá pretendido	habrán pretendido

Future

pretenderé	pretenderemos
pretenderás	pretenderéis
pretenderá	pretenderán

Conditional Perfect

habría pretendido	habríamos pretendido
habrías pretendido	habríais pretendido
habría pretendido	habrían pretendido

Conditional

pretendería	pretenderíamos
pretenderías	pretenderíais
pretendería	pretenderían

SUBJUNCTIVE

Present

pretenda	pretendamos
pretendas	pretendáis
pretenda	pretendan

Present Perfect

haya pretendido	hayamos pretendido
hayas pretendido	hayáis pretendido
haya pretendido	hayan pretendido

Past

pretendiera	pretendiéramos
pretendieras	pretendierais
pretendiera	pretendieran

Past Perfect

hubiera pretendido	hubiéramos pretendido
hubieras pretendido	hubierais pretendido
hubiera pretendido	hubieran pretendido

IMPERATIVE

pretende	no pretendas	pretendamos	no pretendamos
pretenda	no pretenda	pretended	no pretendáis
		pretendan	no pretendan

Aunque te estoy diciendo la verdad no pretendo que me creas.
Even though I'm telling you the truth I don't expect you to believe me.

Pretendía hacerse artista pero terminó siendo abogado.
He aspired to be an artist but ended up being a lawyer.

No trates de pretender que no me recuerdas.
Don't try to pretend that you don't remember me.

PRINCIPIAR   *To begin, to start*

Past part. principiado   *Ger.* principiando

INDICATIVE

Present

principio	principiamos
principias	principiáis
principia	principian

Present Perfect

he principiado	hemos principiado
has principiado	habéis principiado
ha principiado	han principiado

Preterit

principié	principiamos
principiaste	principiasteis
principió	principiaron

Past Perfect

había principiado	habíamos principiado
habías principiado	habíais principiado
había principiado	habían principiado

Imperfect

principiaba	principiábamos
principiabas	principiabais
principiaba	principiaban

Future Perfect

habré principiado	habremos principiado
habrás principiado	habréis principiado
habrá principiado	habrán principiado

Future

principiaré	principiaremos
principiarás	principiaréis
principiará	principiarán

Conditional Perfect

habría principiado	habríamos principiado
habrías principiado	habríais principiado
habría principiado	habrían principiado

Conditional

principiaría	principiaríamos
principiarías	principiaríais
principiaría	principiarían

SUBJUNCTIVE

Present

principie	principiemos
principies	principiéis
principie	principien

Present Perfect

haya principiado	hayamos principiado
hayas principiado	hayáis principiado
haya principiado	hayan principiado

Past

principiara	principiáramos
principiaras	principiarais
principiara	principiaran

Past Perfect

hubiera principiado	hubiéramos principiado
hubieras principiado	hubierais principiado
hubiera principiado	hubieran principiado

IMPERATIVE

principia	no principies	principiemos	no principiemos
principie	no principie	principiad	no principiéis
		principien	no principien

Las clases de verano principian en mayo.
Summer classes begin in May.

No principies nada que no puedas terminar.
Don't start anything you can't finish.

¿A qué hora principia la película?
At what time does the movie begin?

PROBAR *To prove, to try, to test, to taste* **Probarse** *To try on*

Past part. probado   *Ger.* probando

INDICATIVE

Present
pruebo	probamos
pruebas	probáis
prueba	prueban

Present Perfect
he probado	hemos probado
has probado	habéis probado
ha probado	han probado

Preterit
probé	probamos
probaste	probasteis
probó	probaron

Past Perfect
había probado	habíamos probado
habías probado	habíais probado
había probado	habían probado

Imperfect
probaba	probábamos
probabas	probabais
probaba	probaban

Future Perfect
habré probado	habremos probado
habrás probado	habréis probado
habrá probado	habrán probado

Future
probaré	probaremos
probarás	probaréis
probará	probarán

Conditional Perfect
habría probado	habríamos probado
habrías probado	habríais probado
habría probado	habrían probado

Conditional
probaría	probaríamos
probarías	probaríais
probaría	probarían

SUBJUNCTIVE

Present
pruebe	probemos
pruebes	probéis
pruebe	prueben

Present Perfect
haya probado	hayamos probado
hayas probado	hayáis probado
haya probado	hayan probado

Past
probara	probáramos
probaras	probarais
probara	probaran

Past Perfect
hubiera probado	hubiéramos probado
hubieras probado	hubierais probado
hubiera probado	hubieran probado

IMPERATIVE

prueba	no pruebes	probemos	no probemos
pruebe	no pruebe	probad	no probéis
		prueben	no prueben

Sin evidencia no podremos probar nada.
Without evidence we won't be able to prove anything.

¿Cómo sabes que no te gusta la morcilla si nunca la has probado?
How do you know you don't like blood sausage if you've never tried it?

No veo cómo podrás probar tu teoría.
I don't see how you can test your theory.

PROCURAR *To try, to get*

Past part. procurado   *Ger.* procurando

INDICATIVE

Present
procuro	procuramos
procuras	procuráis
procura	procuran

Present Perfect
he procurado	hemos procurado
has procurado	habéis procurado
ha procurado	han procurado

Preterit
procuré	procuramos
procuraste	procurasteis
procuró	procuraron

Past Perfect
había procurado	habíamos procurado
habías procurado	habíais procurado
había procurado	habían procurado

Imperfect
procuraba	procurábamos
procurabas	procurabais
procuraba	procuraban

Future Perfect
habré procurado	habremos procurado
habrás procurado	habréis procurado
habrá procurado	habrán procurado

Future
procuraré	procuraremos
procurarás	procuraréis
procurará	procurarán

Conditional Perfect
habría procurado	habríamos procurado
habrías procurado	habríais procurado
habría procurado	habrían procurado

Conditional
procuraría	procuraríamos
procurarías	procuraríais
procuraría	procurarían

SUBJUNCTIVE

Present
procure	procuremos
procures	procuréis
procure	procuren

Present Perfect
haya procurado	hayamos procurado
hayas procurado	hayáis procurado
haya procurado	hayan procurado

Past
procurara	procuráramos
procuraras	procurarais
procurara	procuraran

Past Perfect
hubiera procurado	hubiéramos procurado
hubieras procurado	hubierais procurado
hubiera procurado	hubieran procurado

IMPERATIVE
procura	no procures	procuremos	no procuremos
procure	no procure	procurad	no procuréis
		procuren	no procuren

Procuren llegar a tiempo a clase la próxima vez.
Try to be on time to class next time.
Procuraré ser más respetuoso con mis padres.
I will try to be more respectful with my parents.
Me procuré el último modelo de reproductor de MP3.
I got the latest MP3 player model.

383

PROHIBIR *To prohibit, to ban, to forbid*

Past part. prohibido *Ger.* prohibiendo

INDICATIVE

Present

prohíbo	prohibimos
prohíbes	prohibís
prohíbe	prohíben

Present Perfect

he prohibido	hemos prohibido
has prohibido	habéis prohibido
ha prohibido	han prohibido

Preterit

prohibí	prohibimos
prohibiste	prohibisteis
prohibió	prohibieron

Past Perfect

había prohibido	habíamos prohibido
habías prohibido	habíais prohibido
había prohibido	habían prohibido

Imperfect

prohibía	prohibíamos
prohibías	prohibíais
prohibía	prohibían

Future Perfect

habré prohibido	habremos prohibido
habrás prohibido	habréis prohibido
habrá prohibido	habrán prohibido

Future

prohibiré	prohibiremos
prohibirás	prohibiréis
prohibirá	prohibirán

Conditional Perfect

habría prohibido	habríamos prohibido
habrías prohibido	habríais prohibido
habría prohibido	habrían prohibido

Conditional

prohibiría	prohibiríamos
prohibirías	prohibiríais
prohibiría	prohibirían

SUBJUNCTIVE

Present

prohíba	prohibamos
prohíbas	prohibáis
prohíba	prohíban

Present Perfect

haya prohibido	hayamos prohibido
hayas prohibido	hayáis prohibido
haya prohibido	hayan prohibido

Past

prohibiera	prohibiéramos
prohibieras	prohibierais
prohibiera	prohibieran

Past Perfect

hubiera prohibido	hubiéramos prohibido
hubieras prohibido	hubierais prohibido
hubiera prohibido	hubieran prohibido

IMPERATIVE

prohíbe	no prohíbas	prohibamos	no prohibamos
prohíba	no prohíba	prohibid	no prohibáis
		prohíban	no prohíban

La ley prohíbe la venta de alcohol a personas menores de veintiún años.
The law prohibits the sale of alcohol to persons under twenty-one years old.

Está prohibido fumar en todos los edificios públicos de la ciudad.
Smoking is banned in all public buildings in the city.

Soy demasiado viejo para que mi madre prohíba ir a fiestas.
I'm too old for my mother to forbid me to go to parties.

PROMETER   *To promise, to be promising*

Past part. prometido   *Ger.* prometiendo

INDICATIVE

Present

prometo	prometemos
prometes	prometéis
promete	prometen

Preterit

prometí	prometimos
prometiste	prometisteis
prometió	prometieron

Imperfect

prometía	prometíamos
prometías	prometíais
prometía	prometían

Future

prometeré	prometeremos
prometerás	prometeréis
prometerá	prometerán

Conditional

prometería	prometeríamos
prometerías	prometeríais
prometería	prometerían

Present Perfect

he prometido	hemos prometido
has prometido	habéis prometido
ha prometido	han prometido

Past Perfect

había prometido	habíamos prometido
habías prometido	habíais prometido
había prometido	habían prometido

Future Perfect

habré prometido	habremos prometido
habrás prometido	habréis prometido
habrá prometido	habrán prometido

Conditional Perfect

habría prometido	habríamos prometido
habrías prometido	habríais prometido
habría prometido	habrían prometido

SUBJUNCTIVE

Present

prometa	prometamos
prometas	prometáis
prometa	prometan

Past

prometiera	prometiéramos
prometieras	prometierais
prometiera	prometieran

Present Perfect

haya prometido	hayamos prometido
hayas prometido	hayáis prometido
haya prometido	hayan prometido

Past Perfect

hubiera prometido	hubiéramos prometido
hubieras prometido	hubierais prometido
hubiera prometido	hubieran prometido

IMPERATIVE

promete	no prometas	prometamos	no prometamos
prometa	no prometa	prometed	no prometáis
		prometan	no prometan

Si me perdonas, te prometo que nunca lo volveré a hacer.
If you forgive me, I promise I will never do it again.

Prométeme que no harás nada que no haría yo mismo.
Promise that you'll do nothing that I wouldn't do myself.

Al principió del semestre Nicolás prometía mucho como
estudiante pero sus resultados fueron decepcionantes.
*At the beginning of the semester Nicolás was very promising
as a student but his results were disappointing.*

PRONUNCIAR *To pronounce, to give (a speech)*

Pronunciarse *To become pronounced*
Past part. pronunciado   *Ger.* pronunciando

INDICATIVE

Present

pronuncio	pronunciamos
pronuncias	pronunciáis
pronuncia	pronuncian

Present Perfect

he pronunciado	hemos pronunciado
has pronunciado	habéis pronunciado
ha pronunciado	han pronunciado

Preterit

pronuncié	pronunciamos
pronunciaste	pronunciasteis
pronunció	pronunciaron

Past Perfect

había pronunciado	habíamos pronunciado
habías pronunciado	habíais pronunciado
había pronunciado	habían pronunciado

Imperfect

pronunciaba	pronunciábamos
pronunciabas	pronunciabais
pronunciaba	pronunciaban

Future Perfect

habré pronunciado	habremos pronunciado
habrás pronunciado	habréis pronunciado
habrá pronunciado	habrán pronunciado

Future

pronunciaré	pronunciaremos
pronunciarás	pronunciaréis
pronunciará	pronunciarán

Conditional Perfect

habría pronunciado	habríamos pronunciado
habrías pronunciado	habríais pronunciado
habría pronunciado	habrían pronunciado

Conditional

pronunciaría	pronunciaríamos
pronunciarías	pronunciaríais
pronunciaría	pronunciarían

SUBJUNCTIVE

Present

pronuncie	pronunciemos
pronuncies	pronunciéis
pronuncie	pronuncien

Present Perfect

haya pronunciado	hayamos pronunciado
hayas pronunciado	hayáis pronunciado
haya pronunciado	hayan pronunciado

Past

pronunciara	pronunciáramos
pronunciaras	pronunciarais
pronunciara	pronunciaran

Past Perfect

hubiera pronunciado	hubiéramos pronunciado
hubieras pronunciado	hubierais pronunciado
hubiera pronunciado	hubieran pronunciado

IMPERATIVE

pronuncia	no pronuncies	pronunciemos	no pronunciemos
pronuncie	no pronuncie	pronunciad	no pronunciéis
		pronuncien	no pronuncien

Trata de pronunciar cada sílaba con precisión
Try to pronounce every syllable precisely.

El presidente pronunció un discurso positivo sobre el estado de la nación.
The president gave a positive speech about the state of the nation.

Su malestar se pronunció de un día para otro.
His discomfort became more pronounced overnight.

PROPONER   *To propose, to suggest*   **Proponerse** *To intend*   P

Past part. propuesto   *Ger.* proponiendo

INDICATIVE

Present

propongo	proponemos
propones	proponéis
propone	proponen

Present Perfect

he propuesto	hemos propuesto
has propuesto	habéis propuesto
ha propuesto	han propuesto

Preterit

propuse	propusimos
propusiste	propusisteis
propuso	propusieron

Past Perfect

había propuesto	habíamos propuesto
habías propuesto	habíais propuesto
había propuesto	habían propuesto

Imperfect

proponía	proponíamos
proponías	proponíais
proponía	proponían

Future Perfect

habré propuesto	habremos propuesto
habrás propuesto	habréis propuesto
habrá propuesto	habrán propuesto

Future

propondré	propondremos
propondrás	propondréis
propondrá	propondrán

Conditional Perfect

habría propuesto	habríamos propuesto
habrías propuesto	habríais propuesto
habría propuesto	habrían propuesto

Conditional

propondría	propondríamos
propondrías	propondríais
propondría	propondrían

SUBJUNCTIVE

Present

proponga	propongamos
propongas	propongáis
proponga	propongan

Present Perfect

haya propuesto	hayamos propuesto
hayas propuesto	hayáis propuesto
haya propuesto	hayan propuesto

Past

propusiera	propusiéramos
propusieras	propusierais
propusiera	propusieran

Past Perfect

hubiera propuesto	hubiéramos propuesto
hubieras propuesto	hubierais propuesto
hubiera propuesto	hubieran propuesto

IMPERATIVE

propón	no propongas	propongamos	no propongamos
proponga	no proponga	proponed	no propongáis
		propongan	no propongan

Leticia siempre proponía su casa para las fiestas.
Leticia always proposed her house for parties.

Mario propuso que compráramos los boletos del cine antes de ir a cenar.
Mario suggested that we buy the movie tickets before going to dinner.

Me propongo terminar este proyecto a tiempo y lo haré.
I intend to finish this project on time and I will.

PROSEGUIR *To continue, to carry on*

Past part. proseguido   *Ger.* prosiguiendo

INDICATIVE

Present

prosigo	proseguimos
prosigues	proseguís
prosigue	prosiguen

Present Perfect

he proseguido	hemos proseguido
has proseguido	habéis proseguido
ha proseguido	han proseguido

Preterit

proseguí	proseguimos
proseguiste	proseguisteis
prosiguió	prosiguieron

Past Perfect

había proseguido	habíamos proseguido
habías proseguido	habíais proseguido
había proseguido	habían proseguido

Imperfect

proseguía	proseguíamos
proseguías	proseguíais
proseguía	proseguían

Future Perfect

habré proseguido	habremos proseguido
habrás proseguido	habréis proseguido
habrá proseguido	habrán proseguido

Future

proseguiré	proseguiremos
proseguirás	proseguiréis
proseguirá	proseguirán

Conditional Perfect

habría proseguido	habríamos proseguido
habrías proseguido	habríais proseguido
habría proseguido	habrían proseguido

Conditional

proseguiría	proseguiríamos
proseguirías	proseguiríais
proseguiría	proseguirían

SUBJUNCTIVE

Present

prosiga	prosigamos
prosigas	prosigáis
prosiga	prosigan

Present Perfect

haya proseguido	hayamos proseguido
hayas proseguido	hayáis proseguido
haya proseguido	hayan proseguido

Past

prosiguiera	prosiguiéramos
prosiguieras	prosiguierais
prosiguiera	prosiguieran

Past Perfect

hubiera proseguido	hubiéramos proseguido
hubieras proseguido	hubierais proseguido
hubiera proseguido	hubieran proseguido

IMPERATIVE

prosigue	no prosigas	prosigamos	no prosigamos
prosiga	no prosiga	proseguid	no prosigáis
		prosigan	no prosigan

La procesión prosiguió su camino hasta llegar al santuario.
The procession continued on its way until it reached the sanctuary.

La policía proseguirá investigando hasta resolver el caso.
The police will continue investigating until the case is resolved.

Prosigue adelante, no te falta mucho para terminar.
Carry on, you don't have long to finish.

PROTEGER *To protect*

Past part. protegido   *Ger.* protegiendo

INDICATIVE

Present
protejo	protegemos
proteges	protegéis
protege	protegen

Present Perfect
he protegido	hemos protegido
has protegido	habéis protegido
ha protegido	han protegido

Preterit
protegí	protegimos
protegiste	protegisteis
protegió	protegieron

Past Perfect
había protegido	habíamos protegido
habías protegido	habíais protegido
había protegido	habían protegido

Imperfect
protegía	protegíamos
protegías	protegíais
protegía	protegían

Future Perfect
habré protegido	habremos protegido
habrás protegido	habréis protegido
habrá protegido	habrán protegido

Future
protegeré	protegeremos
protegerás	protegeréis
protegerá	protegerán

Conditional Perfect
habría protegido	habríamos protegido
habrías protegido	habríais protegido
habría protegido	habrían protegido

Conditional
protegería	protegeríamos
protegerías	protegeríais
protegería	protegerían

SUBJUNCTIVE

Present
proteja	protejamos
protejas	protejáis
proteja	protejan

Present Perfect
haya protegido	hayamos protegido
hayas protegido	hayáis protegido
haya protegido	hayan protegido

Past
protegiera	protegiéramos
protegieras	protegierais
protegiera	protegieran

Past Perfect
hubiera protegido	hubiéramos protegido
hubieras protegido	hubierais protegido
hubiera protegido	hubieran protegido

IMPERATIVE
protege	no protejas	protejamos	no protejamos
proteja	no proteja	proteged	no protejáis
		protejan	no protejan

Debemos proteger el medio ambiente.
We must protect the environment.

Las leyes protegen los derechos de los ciudadanos honestos.
Laws protect the rights of honest citizens.

¿Quién nos protegerá de nosotros mismos?
Who will protect us from ourselves?

P PROTESTAR *To protest, to complain*

Past part. protestado *Ger.* protestando

INDICATIVE

Present
protesto	protestamos
protestas	protestáis
protesta	protestan

Present Perfect
he protestado	hemos protestado
has protestado	habéis protestado
ha protestado	han protestado

Preterit
protesté	protestamos
protestaste	protestasteis
protestó	protestaron

Past Perfect
había protestado	habíamos protestado
habías protestado	habíais protestado
había protestado	habían protestado

Imperfect
protestaba	protestábamos
protestabas	protestabais
protestaba	protestaban

Future Perfect
habré protestado	habremos protestado
habrás protestado	habréis protestado
habrá protestado	habrán protestado

Future
protestaré	protestaremos
protestarás	protestaréis
protestará	protestarán

Conditional Perfect
habría protestado	habríamos protestado
habrías protestado	habríais protestado
habría protestado	habrían protestado

Conditional
protestaría	protestaríamos
protestarías	protestaríais
protestaría	protestarían

SUBJUNCTIVE

Present
proteste	protestemos
protestes	protestéis
proteste	protesten

Present Perfect
haya protestado	hayamos protestado
hayas protestado	hayáis protestado
haya protestado	hayan protestado

Past
protestara	protestáramos
protestaras	protestarais
protestara	protestaran

Past Perfect
hubiera protestado	hubiéramos protestado
hubieras protestado	hubierais protestado
hubiera protestado	hubieran protestado

IMPERATIVE
protesta	no protestes	protestemos	no protestemos
proteste	no proteste	protestad	no protestéis
		protesten	no protesten

¡Protesto! Estáis cometiendo una grave injusticia.
I protest! You are committing a grave injustice.

Los sindicatos protestaron en las calles por las medidas de austeridad.
The unions protested in the streets because of the austerity measures.

Deja de protestar y haz lo que te dije.
Stop complaining and do as I told you.

PROVEER   *To provide, to supply*   P

Past part. proveído/provisto   *Ger.* proveyendo

INDICATIVE

Present

proveo	proveemos
provees	proveéis
provee	proveen

Present Perfect

he proveído/provisto	hemos proveído/provisto
has proveído/provisto	habéis proveído/provisto
ha proveído/provisto	han proveído/provisto

Preterit

proveí	proveímos
proveíste	proveísteis
proveyó	proveyeron

Past Perfect

había proveído/provisto	habíamos proveído/provisto
habías proveído/provisto	habíais proveído/provisto
había proveído/provisto	habían proveído/provisto

Imperfect

proveía	proveíamos
proveías	proveíais
proveía	proveían

Future Perfect

habré proveído/provisto	habremos proveído/provisto
habrás proveído/provisto	habréis proveído/provisto
habrá proveído/provisto	habrán proveído/provisto

Future

proveeré	proveeremos
proveerás	proveeréis
proveerá	proveerán

Conditional Perfect

habría proveído/provisto	habríamos proveído/provisto
habrías proveído/provisto	habríais proveído/provisto
habría proveído/provisto	habrían proveído/provisto

Conditional

proveería	proveeríamos
proveerías	proveeríais
proveería	proveerían

SUBJUNCTIVE

Present

provea	proveamos
proveas	proveáis
provea	provean

Present Perfect

haya proveído/provisto	hayamos proveído/provisto
hayas proveído/provisto	hayáis proveído/provisto
haya proveído/provisto	hayan proveído/provisto

Past

proveyera	proveyéramos
proveyeras	proveyerais
proveyera	proveyeran

Past Perfect

hubiera proveído/provisto	hubiéramos proveído/provisto
hubieras proveído/provisto	hubierais proveído/provisto
hubiera proveído/provisto	hubieran proveído/provisto

IMPERATIVE

provee	no proveas	proveamos	no proveamos
provea	no provea	proveed	no proveáis
		provean	no provean

Se dice comúnmente que Dios proveerá.
It is commonly said that The Lord will provide.

Les pedimos a los patrocinadores que proveyeran los uniformes para
nuestro equipo de pequeña liga.
We asked the sponsors to provide the uniforms for our little league team.

Los bosques y las selvas proveen el oxígeno que respiramos.
The forests and the jungles supply the oxygen that we breathe.

391

Past part. quedado   *Ger.* quedando

INDICATIVE

Present
me quedo	nos quedamos
te quedas	os quedáis
se queda	se quedan

Preterit
me quedé	nos quedamos
te quedaste	os quedasteis
se quedó	se quedaron

Imperfect
me quedaba	nos quedábamos
te quedabas	os quedabais
se quedaba	se quedaban

Future
me quedaré	nos quedaremos
te quedarás	os quedaréis
se quedará	se quedarán

Conditional
me quedaría	nos quedaríamos
te quedarías	os quedaríais
se quedaría	se quedarían

Present Perfect
me he quedado	nos hemos quedado
te has quedado	os habéis quedado
se ha quedado	se han quedado

Past Perfect
me había quedado	nos habíamos quedado
te habías quedado	os habíais quedado
se había quedado	se habían quedado

Future Perfect
me habré quedado	nos habremos quedado
te habrás quedado	os habréis quedado
se habrá quedado	se habrán quedado

Conditional Perfect
me habría quedado	nos habríamos quedado
te habrías quedado	os habríais quedado
se habría quedado	se habrían quedado

SUBJUNCTIVE

Present
me quede	nos quedemos
te quedes	os quedéis
se quede	se queden

Past
me quedara	nos quedáramos
te quedaras	os quedarais
se quedara	se quedaran

Present Perfect
me haya quedado	nos hayamos quedado
te hayas quedado	os hayáis quedado
se haya quedado	se hayan quedado

Past Perfect
me hubiera quedado	nos hubiéramos quedado
te hubieras quedado	os hubierais quedado
se hubiera quedado	se hubieran quedado

IMPERATIVE
quédate	no te quedes	quedémonos	no nos quedemos
quédese	no se quede	quedaos	no os quedéis
		quédense	no se queden

Cuando vayamos a Chile, nos quedaremos en casa de mi tío.
When we go to Chile, we will stay at my uncle's house.

La noche es joven, quédense un rato más.
The night is young, stay a bit longer.

Ya que termino la temporada no tiene caso quedarse más tiempo aquí.
Now that the season is over there's no point in remaining here longer.

QUERER   *To want, to love*

Past part. querido   *Ger.* queriendo

INDICATIVE

Present		Present Perfect	
quiero	queremos	he querido	hemos querido
quieres	queréis	has querido	habéis querido
quiere	quieren	ha querido	han querido

Preterit		Past Perfect	
quise	quisimos	había querido	habíamos querido
quisiste	quisisteis	habías querido	habíais querido
quiso	quisieron	había querido	habían querido

Imperfect		Future Perfect	
quería	queríamos	habré querido	habremos querido
querías	queríais	habrás querido	habréis querido
quería	querían	habrá querido	habrán querido

Future		Conditional Perfect	
querré	querremos	habría querido	habríamos querido
querrás	querréis	habrías querido	habríais querido
querrá	querrán	habría querido	habrían querido

Conditional	
querría	querríamos
querrías	querríais
querría	querrían

SUBJUNCTIVE

Present		Present Perfect	
quiera	queramos	haya querido	hayamos querido
quieras	queráis	hayas querido	hayáis querido
quiera	quieran	haya querido	hayan querido

Past		Past Perfect	
quisiera	quisiéramos	hubiera querido	hubiéramos querido
quisieras	quisierais	hubieras querido	hubierais querido
quisiera	quisieran	hubiera querido	hubieran querido

IMPERATIVE

quiere	no quieras	queramos	no queramos
quiera	no quiera	quered	no queráis
		quieran	no quieran

Quiero que me digas lo que estás pensando ahora mismo.
I want you to tell me what you're thinking right now.
Si no sabes lo que quieres no podrás conseguirlo.
If you don't know what you want, you won't be able to get it.
Mis abuelos todavía se querían después de cincuenta años de matrimonio.
My grandparents still loved each other after fifty years of marriage.

QUITAR   *To remove, to take away, to get out*

Quitarse *To take off, to get out of the way*
Past part.   quitado   *Ger.* quitando

INDICATIVE

Present		Present Perfect	
quito	quitamos	he quitado	hemos quitado
quitas	quitáis	has quitado	habéis quitado
quita	quitan	ha quitado	han quitado

Preterit		Past Perfect	
quité	quitamos	había quitado	habíamos quitado
quitaste	quitasteis	habías quitado	habíais quitado
quitó	quitaron	había quitado	habían quitado

Imperfect		Future Perfect	
quitaba	quitábamos	habré quitado	habremos quitado
quitabas	quitabais	habrás quitado	habréis quitado
quitaba	quitaban	habrá quitado	habrán quitado

Future		Conditional Perfect	
quitaré	quitaremos	habría quitado	habríamos quitado
quitarás	quitaréis	habrías quitado	habríais quitado
quitará	quitarán	habría quitado	habrían quitado

Conditional	
quitaría	quitaríamos
quitarías	quitaríais
quitaría	quitarían

SUBJUNCTIVE

Present		Present Perfect	
quite	quitemos	haya quitado	hayamos quitado
quites	quitéis	hayas quitado	hayáis quitado
quite	quiten	haya quitado	hayan quitado

Past		Past Perfect	
quitara	quitáramos	hubiera quitado	hubiéramos quitado
quitaras	quitarais	hubieras quitado	hubierais quitado
quitara	quitaran	hubiera quitado	hubieran quitado

IMPERATIVE

quita	no quites	quitemos	no quitemos
quite	no quite	quitad	no quitéis
		quiten	no quiten

¡No le quites los juguetes a tu hermanito!
Don't take away your little brother's toys!

Se me olvido quitarle el precio al regalo que le di a Lucía.
I forgot to remove the price tag from the present I gave Lucía.

Quitemos de aquí este viejo sillón para que quepa el nuevo.
Let's get this old couch out of the way so that the new one may fit.

Quítate es e sombrero verde, te ves ridículo.
Take off that green hat, you look ridiculous.

RASCAR   *To scratch*

Past part. rascado   *Ger.* rascando

INDICATIVE

Present
		Present Perfect	
rasco	rascamos	he rascado	hemos rascado
rascas	rascáis	has rascado	habéis rascado
rasca	rascan	ha rascado	han rascado

Preterit / Past Perfect
rasqué	rascamos	había rascado	habíamos rascado
rascaste	rascasteis	habías rascado	habíais rascado
rascó	rascaron	había rascado	habían rascado

Imperfect / Future Perfect
rascaba	rascábamos	habré rascado	habremos rascado
rascabas	rascabais	habrás rascado	habréis rascado
rascaba	rascaban	habrá rascado	habrán rascado

Future / Conditional Perfect
rascaré	rascaremos	habría rascado	habríamos rascado
rascarás	rascaréis	habrías rascado	habríais rascado
rascará	rascarán	habría rascado	habrían rascado

Conditional
rascaría	rascaríamos
rascarías	rascaríais
rascaría	rascarían

SUBJUNCTIVE

Present / Present Perfect
rasque	rasquemos	haya rascado	hayamos rascado
rasques	rasquéis	hayas rascado	hayáis rascado
rasque	rasquen	haya rascado	hayan rascado

Past / Past Perfect
rascara	rascáramos	hubiera rascado	hubiéramos rascado
rascaras	rascarais	hubieras rascado	hubierais rascado
rascara	rascaran	hubiera rascado	hubieran rascado

IMPERATIVE
rasca	no rasques	rasquemos	no rasquemos
rasque	no rasque	rascad	no rasquéis
		rasquen	no rasquen

A los osos les gusta rascarse contra los árboles.
Bears like to scratch against trees.

Si me rascas la espalda, yo te la rascaré a ti.
If you scratch my back, I will scratch yours.

Si te sigues rascando te vas a sacar sangre.
If you keep scratching you'll draw blood.

RECHAZAR *To reject, to turn down, to repel*

Past part. rechazado   *Ger.* rechazando

INDICATIVE

Present		Present Perfect	
rechazo	rechazamos	he rechazado	hemos rechazado
rechazas	rechazáis	has rechazado	habéis rechazado
rechaza	rechazan	ha rechazado	han rechazado

Preterit		Past Perfect	
rechacé	rechazamos	había rechazado	habíamos rechazado
rechazaste	rechazasteis	habías rechazado	habíais rechazado
rechazó	rechazaron	había rechazado	habían rechazado

Imperfect		Future Perfect	
rechazaba	rechazábamos	habré rechazado	habremos rechazado
rechazabas	rechazabais	habrás rechazado	habréis rechazado
rechazaba	rechazaban	habrá rechazado	habrán rechazado

Future		Conditional Perfect	
rechazaré	rechazaremos	habría rechazado	habríamos rechazado
rechazarás	rechazaréis	habrías rechazado	habríais rechazado
rechazará	rechazarán	habría rechazado	habrían rechazado

Conditional	
rechazaría	rechazaríamos
rechazarías	rechazaríais
rechazaría	rechazarían

SUBJUNCTIVE

Present		Present Perfect	
rechace	rechacemos	haya rechazado	hayamos rechazado
rechaces	rechacéis	hayas rechazado	hayáis rechazado
rechace	rechacen	haya rechazado	hayan rechazado

Past		Past Perfect	
rechazara	rechazáramos	hubiera rechazado	hubiéramos rechazado
rechazaras	rechazarais	hubieras rechazado	hubierais rechazado
rechazara	rechazaran	hubiera rechazado	hubieran rechazado

IMPERATIVE

rechaza	no rechaces	rechacemos	no rechacemos
rechace	no rechace	rechazad	no rechacéis
		rechacen	no rechacen

Nadie rechazaría a una oferta tan generosa como esa.
Nobody would reject such a generous offer.

Mi prometida me rechazó dos veces en el altar.
My fiancée turned me down twice at the altar.

Las vitaminas ayudan al cuerpo a rechazar las enfermedades.
Vitamins help the body repel diseases.

RECIBIR *To receive, to get, to welcome* **Recibirse** *To graduate*

Past part. recibido   *Ger.* recibiendo

INDICATIVE

Present
		Present Perfect	
recibo	recibimos	he recibido	hemos recibido
recibes	recibís	has recibido	habéis recibido
recibe	reciben	ha recibido	han recibido

Preterit
		Past Perfect	
recibí	recibimos	había recibido	habíamos recibido
recibiste	recibisteis	habías recibido	habíais recibido
recibió	recibieron	había recibido	habían recibido

Imperfect
		Future Perfect	
recibía	recibíamos	habré recibido	habremos recibido
recibías	recibíais	habrás recibido	habréis recibido
recibía	recibían	habrá recibido	habrán recibido

Future
		Conditional Perfect	
recibiré	recibiremos	habría recibido	habríamos recibido
recibirás	recibiréis	habrías recibido	habríais recibido
recibirá	recibirán	habría recibido	habrían recibido

Conditional
recibiría	recibiríamos
recibirías	recibiríais
recibiría	recibirían

SUBJUNCTIVE

Present
		Present Perfect	
reciba	recibamos	haya recibido	hayamos recibido
recibas	recibáis	hayas recibido	hayáis recibido
reciba	reciban	haya recibido	hayan recibido

Past
		Past Perfect	
recibiera	recibiéramos	hubiera recibido	hubiéramos recibido
recibieras	recibierais	hubieras recibido	hubierais recibido
recibiera	recibieran	hubiera recibido	hubieran recibido

IMPERATIVE
recibe	no recibas	recibamos	no recibamos
reciba	no reciba	recibid	no recibáis
		reciban	no reciban

¿Has recibido alguna noticia sobre la beca que solicitaste?
Have you received any news about the scholarship you requested?

El otro día recibí un mensaje de un viejo amigo del que no había oído en años.
The other day I got a message from an old friend whom I hadn't heard from in years.

Nos recibieron en su casa como si fuéramos de la familia.
They welcomed us into their house as if we were family.

RECICLAR *To recycle*

Past part. reciclado   *Ger.* reciclando

INDICATIVE

Present		Present Perfect	
reciclo	reciclamos	he reciclado	hemos reciclado
reciclas	recicláis	has reciclado	habéis reciclado
recicla	reciclan	ha reciclado	han reciclado

Preterit		Past Perfect	
reciclé	reciclamos	había reciclado	habíamos reciclado
reciclaste	reciclasteis	habías reciclado	habíais reciclado
recicló	reciclaron	había reciclado	habían reciclado

Imperfect		Future Perfect	
reciclaba	reciclábamos	habré reciclado	habremos reciclado
reciclabas	reciclabais	habrás reciclado	habréis reciclado
reciclaba	reciclaban	habrá reciclado	habrán reciclado

Future		Conditional Perfect	
reciclaré	reciclaremos	habría reciclado	habríamos reciclado
reciclarás	reciclaréis	habrías reciclado	habríais reciclado
reciclará	reciclarán	habría reciclado	habrían reciclado

Conditional	
reciclaría	reciclaríamos
reciclarías	reciclaríais
reciclaría	reciclarían

SUBJUNCTIVE

Present		Present Perfect	
recicle	reciclemos	haya reciclado	hayamos reciclado
recicles	recicléis	hayas reciclado	hayáis reciclado
recicle	reciclen	haya reciclado	hayan reciclado

Past		Past Perfect	
reciclara	recicláramos	hubiera reciclado	hubiéramos reciclado
reciclaras	reciclarais	hubieras reciclado	hubierais reciclado
reciclara	reciclaran	hubiera reciclado	hubieran reciclado

IMPERATIVE

recicla	no recicles	reciclemos	no reciclemos
recicle	no recicle	reciclad	no recicléis
		reciclen	no reciclen

Muchas compañías han empezado a reciclar como una estrategia publicitaria para mejorar su imagen.
Many companies have begun recycling as a marketing strategy to improve their image.
Si todos recicláramos podríamos hacer una diferencia en el mundo.
If we all recycled we could make a difference in the world.
Yo reciclo todo lo que puedo.
I recycle all I can.

Past part. reclamado   *Ger.* reclamando

INDICATIVE

Present
reclamo	reclamamos
reclamas	reclamáis
reclama	reclaman

Present Perfect
he reclamado	hemos reclamado
has reclamado	habéis reclamado
ha reclamado	han reclamado

Preterit
reclamé	reclamamos
reclamaste	reclamasteis
reclamó	reclamaron

Past Perfect
había reclamado	habíamos reclamado
habías reclamado	habíais reclamado
había reclamado	habían reclamado

Imperfect
reclamaba	reclamábamos
reclamabas	reclamabais
reclamaba	reclamaban

Future Perfect
habré reclamado	habremos reclamado
habrás reclamado	habréis reclamado
habrá reclamado	habrán reclamado

Future
reclamaré	reclamaremos
reclamarás	reclamaréis
reclamará	reclamarán

Conditional Perfect
habría reclamado	habríamos reclamado
habrías reclamado	habríais reclamado
habría reclamado	habrían reclamado

Conditional
reclamaría	reclamaríamos
reclamarías	reclamaríais
reclamaría	reclamarían

SUBJUNCTIVE

Present
reclame	reclamemos
reclames	reclaméis
reclame	reclamen

Present Perfect
haya reclamado	hayamos reclamado
hayas reclamado	hayáis reclamado
haya reclamado	hayan reclamado

Past
reclamara	reclamáramos
reclamaras	reclamarais
reclamara	reclamaran

Past Perfect
hubiera reclamado	hubiéramos reclamado
hubieras reclamado	hubierais reclamado
hubiera reclamado	hubieran reclamado

IMPERATIVE
reclama	no reclames	reclamemos	no reclamemos
reclame	no reclame	reclamad	no reclaméis
		reclamen	no reclamen

Lo líderes sindicales reclaman una audiencia con el Secretario de Comercio.
The union leaders demand an audience with the Secretary of Commerce.

El prisionero reclamó su derecho a la presencia de un abogado durante el interrogatorio.
The prisoner claimed his right to have a lawyer present at the interrogation.

No vale la pena que reclames por algo que no se puede remediar.
It's not worth complaining about something that can't be helped.

Past part. recobrado   *Ger.* recobrando

INDICATIVE

Present		Present Perfect	
recobro	recobramos	he recobrado	hemos recobrado
recobras	recobráis	has recobrado	habéis recobrado
recobra	recobran	ha recobrado	han recobrado

Preterit		Past Perfect	
recobré	recobramos	había recobrado	habíamos recobrado
recobraste	recobrasteis	habías recobrado	habíais recobrado
recobró	recobraron	había recobrado	habían recobrado

Imperfect		Future Perfect	
recobraba	recobrábamos	habré recobrado	habremos recobrado
recobrabas	recobrabais	habrás recobrado	habréis recobrado
recobraba	recobraban	habrá recobrado	habrán recobrado

Future		Conditional Perfect	
recobraré	recobraremos	habría recobrado	habríamos recobrado
recobrarás	recobraréis	habrías recobrado	habríais recobrado
recobrará	recobrarán	habría recobrado	habrían recobrado

Conditional	
recobraría	recobraríamos
recobrarías	recobraríais
recobraría	recobrarían

SUBJUNCTIVE

Present		Present Perfect	
recobre	recobremos	haya recobrado	hayamos recobrado
recobres	recobréis	hayas recobrado	hayáis recobrado
recobre	recobren	haya recobrado	hayan recobrado

Past		Past Perfect	
recobrara	recobráramos	hubiera recobrado	hubiéramos recobrado
recobraras	recobrarais	hubieras recobrado	hubierais recobrado
recobrara	recobraran	hubiera recobrado	hubieran recobrado

IMPERATIVE

recobra	no recobres	recobremos	no recobremos
recobre	no recobre	recobrad	no recobréis
		recobren	no recobren

¡Nunca me recobraré del susto que me acabas de dar!
I will never recover from the fright you've just given me!

Los buzos recobraron muchos objetos preciosos del galeón hundido.
The divers retrieved many precious objects from the sunken galleon.

Me da gusto de que hayas recobrado tu salud.
I'm glad that you have regained your health.

RECOGER   *To pick up, to collect, to tidy up*

Past part. recogido   *Ger.* recogiendo

INDICATIVE

Present		Present Perfect	
recojo	recogemos	he recogido	hemos recogido
recoges	recogéis	has recogido	habéis recogido
recoge	recogen	ha recogido	han recogido

Preterit		Past Perfect	
recogí	recogimos	había recogido	habíamos recogido
recogiste	recogisteis	habías recogido	habíais recogido
recogió	recogieron	había recogido	habían recogido

Imperfect		Future Perfect	
recogía	recogíamos	habré recogido	habremos recogido
recogías	recogíais	habrás recogido	habréis recogido
recogía	recogían	habrá recogido	habrán recogido

Future		Conditional Perfect	
recogeré	recogeremos	habría recogido	habríamos recogido
recogerás	recogeréis	habrías recogido	habríais recogido
recogerá	recogerán	habría recogido	habrían recogido

Conditional	
recogería	recogeríamos
recogerías	recogeríais
recogería	recogerían

SUBJUNCTIVE

Present		Present Perfect	
recoja	recojamos	haya recogido	hayamos recogido
recojas	recojáis	hayas recogido	hayáis recogido
recoja	recojan	haya recogido	hayan recogido

Past		Past Perfect	
recogiera	recogiéramos	hubiera recogido	hubiéramos recogido
recogieras	recogierais	hubieras recogido	hubierais recogido
recogiera	recogieran	hubiera recogido	hubieran recogido

IMPERATIVE

recoge	no recojas	recojamos	no recojamos
recoja	no recoja	recoged	no recojáis
		recojan	no recojan

¿Me puedes pasar a recoger al aeropuerto?
Can you pick me up at the airport?

El profesor recogió la tarea de sus estudiantes.
The professor collected his students' homework.

Prometiste que recogerías tu cuarto antes de salir.
You promised you would tidy up your room before leaving.

RECONOCER   *To recognize, to admit, to reconnoiter*

Past part. reconocido   *Ger.* reconociendo

INDICATIVE

Present		Present Perfect	
reconozco	reconocemos	he reconocido	hemos reconocido
reconoces	reconocéis	has reconocido	habéis reconocido
reconoce	reconocen	ha reconocido	han reconocido

Preterit		Past Perfect	
reconocí	reconocimos	había reconocido	habíamos reconocido
reconociste	reconocisteis	habías reconocido	habíais reconocido
reconoció	reconocieron	había reconocido	habían reconocido

Imperfect		Future Perfect	
reconocía	reconocíamos	habré reconocido	habremos reconocido
reconocías	reconocíais	habrás reconocido	habréis reconocido
reconocía	reconocían	habrá reconocido	habrán reconocido

Future		Conditional Perfect	
reconoceré	reconoceremos	habría reconocido	habríamos reconocido
reconocerás	reconoceréis	habrías reconocido	habríais reconocido
reconocerá	reconocerán	habría reconocido	habrían reconocido

Conditional	
reconocería	reconoceríamos
reconocerías	reconoceríais
reconocería	reconocerían

SUBJUNCTIVE

Present		Present Perfect	
reconozca	reconozcamos	haya reconocido	hayamos reconocido
reconozcas	reconozcáis	hayas reconocido	hayáis reconocido
reconozca	reconozcan	haya reconocido	hayan reconocido

Past		Past Perfect	
reconociera	reconociéramos	hubiera reconocido	hubiéramos reconocido
reconocieras	reconocierais	hubieras reconocido	hubierais reconocido
reconociera	reconocieran	hubiera reconocido	hubieran reconocido

IMPERATIVE

reconoce	no reconozcas	reconozcamos	no reconozcamos
reconozca	no reconozca	reconoced	no reconozcáis
		reconozcan	no reconozcan

No lo reconocí con barba.

I didn't recognize him with a beard.

Reconozcamos nuestro error.

Let's admit our mistake.

El general mandó a los exploradores a que reconocieran el terreno antes de avanzar.

The general ordered the scouts to reconnoiter the terrain before proceeding.

RECORDAR   *To recall, to remember, to remind*

Past part. recordado   *Ger.* recordando

INDICATIVE

Present

recuerdo	recordamos
recuerdas	recordáis
recuerda	recuerdan

Present Perfect

he recordado	hemos recordado
has recordado	habéis recordado
ha recordado	han recordado

Preterit

recordé	recordamos
recordaste	recordasteis
recordó	recuerdan

Past Perfect

había recordado	habíamos recordado
habías recordado	habíais recordado
había recordado	habían recordado

Imperfect

recordaba	recordábamos
recordabas	recordabais
recordaba	recordaban

Future Perfect

habré recordado	habremos recordado
habrás recordado	habréis recordado
habrá recordado	habrán recordado

Future

recordaré	recordaremos
recordarás	recordaréis
recordará	recordarán

Conditional Perfect

habría recordado	habríamos recordado
habrías recordado	habríais recordado
habría recordado	habrían recordado

Conditional

recordaría	recordaríamos
recordarías	recordaríais
recordaría	recordarían

SUBJUNCTIVE

Present

recuerde	recordemos
recuerdes	recordéis
recuerde	recuerden

Present Perfect

haya recordado	hayamos recordado
hayas recordado	hayáis recordado
haya recordado	hayan recordado

Past

recordara	recordáramos
recordaras	recordarais
recordara	recordaran

Past Perfect

hubiera recordado	hubiéramos recordado
hubieras recordado	hubierais recordado
hubiera recordado	hubieran recordado

IMPERATIVE

recuerda	no recuerdes	recordemos	no recordemos
recuerde	no recuerde	recordad	no recordéis
		recuerden	no recuerden

Recuérdame que tome mi medicina a las ocho.
Remind me to take my medicine at eight.

No recuerdo a esos amigos tuyos.
I don't remember those friends of yours.

No puedo recordar sus nombres.
I can't recall their names.

REFLEXIONAR *To reflect, to think*

Past part. reflexionado   *Ger.* reflexionando

INDICATIVE

Present		Present Perfect	
reflexiono	reflexionamos	he reflexionado	hemos reflexionado
reflexionas	reflexionáis	has reflexionado	habéis reflexionado
reflexiona	reflexionan	ha reflexionado	han reflexionado

Preterit		Past Perfect	
reflexioné	reflexionamos	había reflexionado	habíamos reflexionado
reflexionaste	reflexionasteis	habías reflexionado	habíais reflexionado
reflexionó	reflexionaron	había reflexionado	habían reflexionado

Imperfect		Future Perfect	
reflexionaba	reflexionábamos	habré reflexionado	habremos reflexionado
reflexionabas	reflexionabais	habrás reflexionado	habréis reflexionado
reflexionaba	reflexionaban	habrá reflexionado	habrán reflexionado

Future		Conditional Perfect	
reflexionaré	reflexionaremos	habría reflexionado	habríamos reflexionado
reflexionarás	reflexionaréis	habrías reflexionado	habríais reflexionado
reflexionará	reflexionarán	habría reflexionado	habrían reflexionado

Conditional	
reflexionaría	reflexionaríamos
reflexionarías	reflexionaríais
reflexionaría	reflexionarían

SUBJUNCTIVE

Present		Present Perfect	
reflexione	reflexionemos	haya reflexionado	hayamos reflexionado
reflexiones	reflexionéis	hayas reflexionado	hayáis reflexionado
reflexione	reflexionen	haya reflexionado	hayan reflexionado

Past		Past Perfect	
reflexionara	reflexionáramos	hubiera reflexionado	hubiéramos reflexionado
reflexionaras	reflexionarais	hubieras reflexionado	hubierais reflexionado
reflexionara	reflexionaran	hubiera reflexionado	hubieran reflexionado

IMPERATIVE

reflexiona	no reflexiones	reflexionemos	no reflexionemos
reflexione	no reflexione	reflexionad	no reflexionéis
		reflexionen	no reflexionen

Ahora es tiempo de reflexionar sobre lo sucedido.
Now is the time to reflect about what happened.

Reflexionen antes de actuar.
Think before you act.

Me dijo que lo reflexionaría.
He told me he would think about it.

Past part. regalado   *Ger.* regalando

INDICATIVE

Present

regalo	regalamos
regalas	regaláis
regala	regalan

Present Perfect

he regalado	hemos regalado
has regalado	habéis regalado
ha regalado	han regalado

Preterit

regalé	regalamos
regalaste	regalasteis
regaló	regalaron

Past Perfect

había regalado	habíamos regalado
habías regalado	habíais regalado
había regalado	habían regalado

Imperfect

regalaba	regalábamos
regalabas	regalabais
regalaba	regalaban

Future Perfect

habré regalado	habremos regalado
habrás regalado	habréis regalado
habrá regalado	habrán regalado

Future

regalaré	regalaremos
regalarás	regalaréis
regalarán	regalarán

Conditional Perfect

habría regalado	habríamos regalado
habrías regalado	habríais regalado
habría regalado	habrían regalado

Conditional

regalaría	regalaríamos
regalarías	regalaríais
regalaría	regalarían

SUBJUNCTIVE

Present

regale	regalemos
regales	regaléis
regale	regalen

Present Perfect

haya regalado	hayamos regalado
hayas regalado	hayáis regalado
haya regalado	hayan regalado

Past

regalara	regaláramos
regalaras	regalarais
regalara	regalaran

Past Perfect

hubiera regalado	hubiéramos regalado
hubieras regalado	hubierais regalado
hubiera regalado	hubieran regalado

IMPERATIVE

regala	no regales	regalemos	no regalemos
regale	no regale	regalad	no regaléis
		regalen	no regalen

Ellos le regalaron un reloj a Luisa por su cumpleaños.
They gave Luisa a watch for her birthday.

Si hubiera sabido lo que querías, te lo habría regalado.
If I had known what you wanted, I would have given it to you.

Ella regaló toda su ropa vieja.
She gave away all her old clothes.

REGAÑAR   *To scold, to give a talking to*

Past part. regañado   *Ger.* regañando

INDICATIVE

Present

regaño	regañamos
regañas	regañáis
regaña	regañan

Present Perfect

he regañado	hemos regañado
has regañado	habéis regañado
ha regañado	han regañado

Preterit

regañé	regañamos
regañaste	regañasteis
regañó	regañaron

Past Perfect

había regañado	habíamos regañado
habías regañado	habíais regañado
había regañado	habían regañado

Imperfect

regañaba	regañábamos
regañabas	regañabais
regañaba	regañaban

Future Perfect

habré regañado	habremos regañado
habrás regañado	habréis regañado
habrá regañado	habrán regañado

Future

regañaré	regañaremos
regañarás	regañaréis
regañará	regañarán

Conditional Perfect

habría regañado	habríamos regañado
habrías regañado	habríais regañado
habría regañado	habrían regañado

Conditional

regañaría	regañaríamos
regañarías	regañaríais
regañaría	regañarían

SUBJUNCTIVE

Present

regañe	regañemos
regañes	regañéis
regañe	regañen

Present Perfect

haya regañado	hayamos regañado
hayas regañado	hayáis regañado
haya regañado	hayan regañado

Past

regañara	regañáramos
regañaras	regañarais
regañara	regañaran

Past Perfect

hubiera regañado	hubiéramos regañado
hubieras regañado	hubierais regañado
hubiera regañado	hubieran regañado

IMPERATIVE

regaña	no regañes	regañemos	no regañemos
regañe	no regañe	regañad	no regañéis
		regañen	no regañen

Creo que tu mamá te va a regañar por lo que hiciste.
I think your mother is going to scold you for what you did.

¡Ya no me regañes! Ya sé que hice mal.
Stop scolding me! I know I did wrong.

Necesitas que te regañe para que entiendas las consecuencias de tus actos.
You need me to give you a talking-to so that you understand the consequences of your deeds.

REGIR   *To rule, to manage, to control*

Past part. regido   Ger. rigiendo

INDICATIVE

Present		Present Perfect	
rijo	regimos	he regido	hemos regido
riges	regís	has regido	habéis regido
rige	rigen	ha regido	han regido

Preterit		Past Perfect	
regí	regimos	había regido	habíamos regido
registe	registeis	habías regido	habíais regido
rigió	rigieron	había regido	habían regido

Imperfect		Future Perfect	
regía	regíamos	habré regido	habremos regido
regías	regíais	habrás regido	habréis regido
regía	regían	habrá regido	habrán regido

Future		Conditional Perfect	
regiré	regiremos	habría regido	habríamos regido
regirás	regiréis	habrías regido	habríais regido
regirá	regirán	habría regido	habrían regido

Conditional	
regiría	regiríamos
regirías	regiríais
regiría	regirían

SUBJUNCTIVE

Present		Present Perfect	
rija	rijamos	haya regido	hayamos regido
rijas	rijáis	hayas regido	hayáis regido
rija	rijan	haya regido	hayan regido

Past		Past Perfect	
rigiera	rigiéramos	hubiera regido	hubiéramos regido
rigieras	rigierais	hubieras regido	hubierais regido
rigiera	rigieran	hubiera regido	hubieran regido

IMPERATIVE

rige	no rijas	rijamos	no rijamos
rija	no rija	regid	no rijáis
		rijan	no rijan

El dictador regía el país con un puño de hierro.
The dictator ruled the country with an iron fist.

Rige tus negocios con cuidado para evitar perder dinero.
Manage your affairs carefully to avoid losing money.

Los ritmos circadianos rigen el ciclo de sueño.
Circadian rhythms control the sleep cycle.

REGRESAR   *To return, to go back, to give back*

Past part. regresado   *Ger.* regresando

INDICATIVE

Present

regreso	regresamos
regresas	regresáis
regresa	regresan

Present Perfect

he regresado	hemos regresado
has regresado	habéis regresado
ha regresado	han regresado

Preterit

regresé	regresamos
regresaste	regresasteis
regresó	regresaron

Past Perfect

había regresado	habíamos regresado
habías regresado	habíais regresado
había regresado	habían regresado

Imperfect

regresaba	regresábamos
regresabas	regresabais
regresaba	regresaban

Future Perfect

habré regresado	habremos regresado
habrás regresado	habréis regresado
habrá regresado	habrán regresado

Future

regresaré	regresaremos
regresarás	regresaréis
regresará	regresarán

Conditional Perfect

habría regresado	habríamos regresado
habrías regresado	habríais regresado
habría regresado	habrían regresado

Conditional

regresaría	regresaríamos
regresarías	regresaríais
regresaría	regresarían

SUBJUNCTIVE

Present

regrese	regresemos
regreses	regreséis
regrese	regresen

Present Perfect

haya regresado	hayamos regresado
hayas regresado	hayáis regresado
haya regresado	hayan regresado

Past

regresara	regresáramos
regresaras	regresarais
regresara	regresaran

Past Perfect

hubiera regresado	hubiéramos regresado
hubieras regresado	hubierais regresado
hubiera regresado	hubieran regresado

IMPERATIVE

regresa	no regreses	regresemos	no regresemos
regrese	no regrese	regresad	no regreséis
		regresen	no regresen

Regresamos de la playa en autobús.
We came back from the beach by bus.

Si regreso la mercancía, ¿me darán un reembolse?
If I return the merchandise, will they give me a refund?

Regrésame las cartas de amor que te escribí.
Give me back the love letters I wrote you.

REHUSAR   *To refuse*

Past part. rehusado   *Ger.* rehusando

INDICATIVE

Present
rehúso	rehusamos
rehúsas	rehusáis
rehúsa	rehúsan

Present Perfect
he rehusado	hemos rehusado
has rehusado	habéis rehusado
ha rehusado	han rehusado

Preterit
rehusé	rehusamos
rehusaste	rehusasteis
rehusó	rehusaron

Past Perfect
había rehusado	habíamos rehusado
habías rehusado	habíais rehusado
había rehusado	habían rehusado

Imperfect
rehusaba	rehusábamos
rehusabas	rehusabais
rehusaba	rehusaban

Future Perfect
habré rehusado	habremos rehusado
habrás rehusado	habréis rehusado
habrá rehusado	habrán rehusado

Future
rehusaré	rehusaremos
rehusarás	rehusaréis
rehusará	rehusarán

Conditional Perfect
habría rehusado	habríamos rehusado
habrías rehusado	habríais rehusado
habría rehusado	habrían rehusado

Conditional
rehusaría	rehusaríamos
rehusarías	rehusarías
rehusaría	rehusarían

SUBJUNCTIVE

Present
rehúse	rehusemos
rehúses	rehuséis
rehúse	rehúsen

Present Perfect
haya rehusado	hayamos rehusado
hayas rehusado	hayáis rehusado
haya rehusado	hayan rehusado

Past
rehusara	rehusáramos
rehusaras	rehusarais
rehusara	rehusaran

Past Perfect
hubiera rehusado	hubiéramos rehusado
hubieras rehusado	hubierais rehusado
hubiera rehusado	hubieran rehusado

IMPERATIVE

rehúsa	no rehúses	rehusemos	no rehusemos
rehúse	no rehúse	rehusad	no rehuséis
		rehúsen	no rehúsen

Nunca puedo rehusarme a hacer lo que me pides.
I can never refuse to do the things you ask.

Me rehúso a soportar esta situación por más tiempo.
I refuse to put up with this situation any longer.

El prisionero se rehusó a hablar sin la presencia de su abogado.
The prisoner refused to talk without his lawyer's presence.

REÍR *To laugh*

Past part. reído   *Ger.* riendo

INDICATIVE

Present		Present Perfect	
río	reímos	he reído	hemos reído
ríes	reís	has reído	habéis reído
ríe	ríen	ha reído	han reído

Preterit		Past Perfect	
reí	reímos	había reído	habíamos reído
reíste	reísteis	habías reído	habíais reído
rió	rieron	había reído	habían reído

Imperfect		Future Perfect	
reía	reíamos	habré reído	habremos reído
reías	reíais	habrás reído	habréis reído
reía	reían	habrá reído	habrán reído

Future		Conditional Perfect	
reiré	reiremos	habría reído	habríamos reído
reirás	reiréis	habrías reído	habríais reído
reirá	reirán	habría reído	habrían reído

Conditional	
reiría	reiríamos
reirías	reiríais
reiría	reirían

SUBJUNCTIVE

Present		Present Perfect	
ría	riamos	haya reído	hayamos reído
rías	riáis	hayas reído	hayáis reído
ría	rían	haya reído	hayan reído

Past		Past Perfect	
riera	riéramos	hubiera reído	hubiéramos reído
rieras	rierais	hubieras reído	hubierais reído
riera	rieran	hubiera reído	hubieran reído

IMPERATIVE

ríe	no rías	riamos	no riamos
ría	no ría	reíd	no riáis
		rían	no rían

No te rías de mí.
Don't laugh at me.
¿Cómo puedes reírte ante esta triste situación?
How can you laugh in view of this sad situation?
Reímos para no llorar.
We laugh so as not to cry.

RELAJARSE   *To relax, to slacken*

Past part. relajado   *Ger.* relajando

INDICATIVE

Present
me relajo	nos relajamos
te relajas	os relajáis
se relaja	se relajan

Present Perfect
me he relajado	nos hemos relajado
te has relajado	os habéis relajado
se ha relajado	se han relajado

Preterit
me relajé	nos relajamos
te relajaste	os relajasteis
se relajó	se relajaron

Past Perfect
me había relajado	nos habíamos relajado
te habías relajado	os habíais relajado
se había relajado	se habían relajado

Imperfect
me relajaba	nos relajábamos
te relajabas	os relajabais
se relajaba	se relajaban

Future Perfect
me habré relajado	nos habremos relajado
te habrás relajado	os habréis relajado
se habrá relajado	se habrán relajado

Future
me relajaré	nos relajaremos
te relajarás	os relajaréis
se relajará	se relajarán

Conditional Perfect
me habría relajado	nos habríamos relajado
te habrías relajado	os habríais relajado
se habría relajado	se habrían relajado

Conditional
me relajaría	nos relajaríamos
te relajarías	os relajaríais
se relajaría	se relajarían

SUBJUNCTIVE

Present
me relaje	nos relajemos
te relajes	os relajéis
se relaje	se relajen

Present Perfect
me haya relajado	nos hayamos relajado
te hayas relajado	os hayáis relajado
se haya relajado	se hayan relajado

Past
me relajara	nos relajáramos
te relajaras	os relajarais
se relajara	se relajaran

Past Perfect
me hubiera relajado	nos hubiéramos relajado
te hubieras relajado	os hubierais relajado
se hubiera relajado	se hubieran relajado

IMPERATIVE
relájate	no te relajes	relajémonos	no nos relajemos
relájese	no se relaje	relajaos	no os relajéis
		relájense	no se relajen

¡Relájate y disfruta de la vida!
Relax and enjoy life!
¿Queréis ir a relajaros al spa?
Do you want to go relax at the spa?
Nos pidieron que nos relajáramos.
They asked us to relax.

411

Past part. remplazado   *Ger.* remplazando

INDICATIVE

Present		Present Perfect	
remplazo	remplazamos	he remplazado	hemos remplazado
remplazas	remplazáis	has remplazado	habéis remplazado
remplaza	remplazan	ha remplazado	han remplazado

Preterit		Past Perfect	
remplacé	remplazamos	había remplazado	habíamos remplazado
remplazaste	remplazasteis	habías remplazado	habíais remplazado
remplazó	remplazaron	había remplazado	habían remplazado

Imperfect		Future Perfect	
remplazaba	remplazábamos	habré remplazado	habremos remplazado
remplazabas	remplazabais	habrás remplazado	habréis remplazado
remplazaba	remplazaban	habrá remplazado	habrán remplazado

Future		Conditional Perfect	
remplazaré	remplazaremos	habría remplazado	habríamos remplazado
remplazarás	remplazaréis	habrías remplazado	habríais remplazado
remplazará	remplazarán	habría remplazado	habrían remplazado

Conditional	
remplazaría	remplazaríamos
remplazarías	remplazaríais
remplazaría	remplazarían

SUBJUNCTIVE

Present		Present Perfect	
remplace	remplacemos	haya remplazado	hayamos remplazado
remplaces	remplacéis	hayas remplazado	hayáis remplazado
remplace	remplacen	haya remplazado	hayan remplazado

Past		Past Perfect	
remplazara	remplazáramos	hubiera remplazado	hubiéramos remplazado
remplazaras	remplazarais	hubieras remplazado	hubierais remplazado
remplazara	remplazaran	hubiera remplazado	hubieran remplazado

IMPERATIVE

remplaza	no remplaces	remplacemos	no remplacemos
remplace	no remplace	remplazad	no remplacéis
		remplacen	no remplacen

Si no cumplo con la fecha, me remplazarán.
If I don't meet the deadline, they will replace me.

Estuve enferma y mi amiga me remplazó.
I was sick and my friend replaced me.

Ella dijo que remplazaría la lámpara que rompió.
She said she would replace the lamp she broke.

RENDIRSE   *To surrender, to give up, to bow*

R

Rendir *To be productive, to be profitable*
Past part. rendido   *Ger.* rindiendo

INDICATIVE

Present
me rindo	nos rendimos
te rindes	os rendís
se rinde	se rinden

Present Perfect
me he rendido	nos hemos rendido
te has rendido	os habéis rendido
se ha rendido	se han rendido

Preterit
me rendí	nos rendimos
te rendiste	os rendisteis
se rindió	se rindieron

Past Perfect
me había rendido	nos habíamos rendido
te habías rendido	os habíais rendido
se había rendido	se habían rendido

Imperfect
me rendía	nos rendíamos
te rendías	os rendíais
se rendía	se rendían

Future Perfect
me habré rendido	nos habremos rendido
te habrás rendido	os habréis rendido
se habrá rendido	se habrán rendido

Future
me rendiré	nos rendiremos
te rendirás	os rendiréis
se rendirá	se rendirán

Conditional Perfect
me habría rendido	nos habríamos rendido
te habrías rendido	os habríais rendido
se habría rendido	se habrían rendido

Conditional
me rendiría	nos rendiríamos
te rendirías	os rendiríais
se rendiría	se rendirían

SUBJUNCTIVE

Present
me rinda	nos rindamos
te rindas	os rindáis
se rinda	se rindan

Present Perfect
me haya rendido	nos hayamos rendido
te hayas rendido	os hayáis rendido
se haya rendido	se hayan rendido

Past
me rindiera	nos rindiéramos
te rindieras	os rindierais
se rindiera	se rindieran

Past Perfect
me hubiera rendido	nos hubiéramos rendido
te hubieras rendido	os hubierais rendido
se hubiera rendido	se hubieran rendido

IMPERATIVE

ríndete	no te rindas	rindámonos	no nos rindamos
ríndase	no se rinda	rendíos	no os rindáis
		ríndanse	no se rindan

¡Nunca nos rendiremos!
We will never surrender!
Estaba cansado y se rindió antes de terminar la carrera.
He was tired and gave up before finishing the race.
El jurado tendrá que rendirse ante la evidencia y condenar al acusado.
The jury will have to bow to the evidence and condemn the accused.

Past part. rentado   *Ger.* rentando

INDICATIVE

Present

rento	rentamos
rentas	rentáis
renta	rentan

Present Perfect

he rentado	hemos rentado
has rentado	habéis rentado
ha rentado	han rentado

Preterit

renté	rentamos
rentaste	rentasteis
rentó	rentaron

Past Perfect

había rentado	habíamos rentado
habías rentado	habíais rentado
había rentado	habían rentado

Imperfect

rentaba	rentábamos
rentabas	rentabais
rentaba	rentaban

Future Perfect

habré rentado	habremos rentado
habrás rentado	habréis rentado
habrá rentado	habrán rentado

Future

rentaré	rentaremos
rentarás	rentaréis
rentará	rentarán

Conditional Perfect

habría rentado	habríamos rentado
habrías rentado	habríais rentado
habría rentado	habrían rentado

Conditional

rentaría	rentaríamos
rentarías	rentaríais
rentaría	rentarían

SUBJUNCTIVE

Present

rente	rentemos
rentes	rentéis
rente	renten

Present Perfect

haya rentado	hayamos rentado
hayas rentado	hayáis rentado
haya rentado	hayan rentado

Past

rentara	rentáramos
rentaras	rentarais
rentara	rentaran

Past Perfect

hubiera rentado	hubiéramos rentado
hubieras rentado	hubierais rentado
hubiera rentado	hubieran rentado

IMPERATIVE

renta	no rentes	rentemos	no rentemos
rente	no rente	rentad	no rentéis
		renten	no renten

¿Qué es mejor, comprar o rentar?
What's better, buying or renting?

Mi familia rentó una casa en la playa para el verano.
My family leased a house on the beach for the summer.

Si este negocio no renta más ganancias, tendremos que cerrarlo.
If this business doesn't yield more earnings, we'll have to close it.

Past part. renunciado   *Ger.* renunciando

INDICATIVE

Present

renuncio	renunciamos
renuncias	renunciáis
renuncia	renuncian

Present Perfect

he renunciado	hemos renunciado
has renunciado	habéis renunciado
ha renunciado	han renunciado

Preterit

renuncié	renunciamos
renunciaste	renunciasteis
renunció	renunciaron

Past Perfect

había renunciado	habíamos renunciado
habías renunciado	habíais renunciado
había renunciado	habían renunciado

Imperfect

renunciaba	renunciábamos
renunciabas	renunciabais
renunciaba	renunciaban

Future Perfect

habré renunciado	habremos renunciado
habrás renunciado	habréis renunciado
habrá renunciado	habrán renunciado

Future

renunciaré	renunciaremos
renunciarás	renunciaréis
renunciará	renunciarán

Conditional Perfect

habría renunciado	habríamos renunciado
habrías renunciado	habríais renunciado
habría renunciado	habrían renunciado

Conditional

renunciaría	renunciaríamos
renunciarías	renunciarías
renunciaría	renunciarían

SUBJUNCTIVE

Present

renuncie	renunciemos
renuncies	renunciéis
renuncie	renuncien

Present Perfect

haya renunciado	hayamos renunciado
hayas renunciado	hayáis renunciado
haya renunciado	hayan renunciado

Past

renunciara	renunciáramos
renunciaras	renunciarais
renunciara	renunciaran

Past Perfect

hubiera renunciado	hubiéramos renunciado
hubieras renunciado	hubierais renunciado
hubiera renunciado	hubieran renunciado

IMPERATIVE

renuncia	no renuncies	renunciemos	no renunciemos
renuncie	no renuncie	renunciad	no renunciéis
		renuncien	no renuncien

El jefe me pidió que no renunciara.
The boss asked me not to resign.

Hugo renunciaría a su segundo trabajo, pero necesita el dinero.
Hugo would quit his second job, but he needs the money.

Renuncien el vicio y los malos hábitos.
Renounce vice and bad habits.

REPARAR *To repair, to fix, to correct, to notice*

Past part. reparado   *Ger.* reparando

INDICATIVE

Present

reparo	reparamos
reparas	reparáis
repara	reparan

Present Perfect

he reparado	hemos reparado
has reparado	habéis reparado
ha reparado	han reparado

Preterit

reparé	reparamos
reparaste	reparasteis
reparó	repararon

Past Perfect

había reparado	habíamos reparado
habías reparado	habíais reparado
había reparado	habían reparado

Imperfect

reparaba	reparábamos
reparabas	reparabais
reparaba	reparaban

Future Perfect

habré reparado	habremos reparado
habrás reparado	habréis reparado
habrá reparado	habrán reparado

Future

repararé	repararemos
repararás	repararéis
reparará	repararán

Conditional Perfect

habría reparado	habríamos reparado
habrías reparado	habríais reparado
habría reparado	habrían reparado

Conditional

repararía	repararíamos
repararías	repararíais
repararía	repararían

SUBJUNCTIVE

Present

repare	reparemos
repares	reparéis
repare	reparen

Present Perfect

haya reparado	hayamos reparado
hayas reparado	hayáis reparado
haya reparado	hayan reparado

Past

reparara	reparáramos
repararas	repararais
reparara	repararan

Past Perfect

hubiera reparado	hubiéramos reparado
hubieras reparado	hubierais reparado
hubiera reparado	hubieran reparado

IMPERATIVE

repara	no repares	reparemos	no reparemos
repare	no repare	reparad	no reparéis
		reparen	no reparen

Todas las tuberías en la casa necesitan repararse.
All the pipes in the house need to be repaired.

El plomero las reparará en verano.
The plumber will fix them in the summer.

No sé como reparar el daño que mis acciones han provocado.
I don't know how to correct the damage my actions have caused.

¿Reparaste en el sombrero que traía puesto ese hombre?
Did you notice the hat that man was wearing?

REPARTIR *To allocate, to distribute, to hand out* R

Past part. repartido   *Ger.* repartiendo

INDICATIVE

Present
reparto	repartimos
repartes	repartís
reparte	reparten

Present Perfect
he repartido	hemos repartido
has repartido	habéis repartido
ha repartido	han repartido

Preterit
repartí	repartimos
repartiste	repartisteis
repartió	repartieron

Past Perfect
había repartido	habíamos repartido
habías repartido	habíais repartido
había repartido	habían repartido

Imperfect
repartía	repartíamos
repartías	repartíais
repartía	repartían

Future Perfect
habré repartido	habremos repartido
habrás repartido	habréis repartido
habrá repartido	habrán repartido

Future
repartiré	repartiremos
repartirás	repartiréis
repartirá	repartirán

Conditional Perfect
habría repartido	habríamos repartido
habrías repartido	habríais repartido
habría repartido	habrían repartido

Conditional
repartiría	repartiríamos
repartirías	repartiríais
repartiría	repartirían

SUBJUNCTIVE

Present
reparta	repartamos
repartas	repartáis
reparta	repartan

Present Perfect
haya repartido	hayamos repartido
hayas repartido	hayáis repartido
haya repartido	hayan repartido

Past
repartiera	repartiéramos
repartieras	repartierais
repartiera	repartieran

Past Perfect
hubiera repartido	hubiéramos repartido
hubieras repartido	hubierais repartido
hubiera repartido	hubieran repartido

IMPERATIVE
reparte	no repartes	repartamos	no repartamos
reparta	no reparta	repartid	no repartáis
		repartan	no repartan

Sugiero que repartas tu dinero en varios fondos de inversión diferentes
I suggest you allocate your money in several different investment funds.
Los piratas se repartieron el botín entre ellos.
The pirates distributed the booty among themselves.
Durante la fiesta les repartiremos dulces a los niños.
During the party we will give out candy to the children.

Past part. repasado   *Ger.* repasando

INDICATIVE

Present

		Present Perfect	
repaso	repasamos	he repasado	hemos repasado
repasas	repasáis	has repasado	habéis repasado
repasa	repasan	ha repasado	han repasado

Preterit

		Past Perfect	
repasé	repasamos	había repasado	habíamos repasado
repasaste	repasasteis	habías repasado	habíais repasado
repasó	repasaron	había repasado	habían repasado

Imperfect

		Future Perfect	
repasaba	repasábamos	habré repasado	habremos repasado
repasabas	repasabais	habrás repasado	habréis repasado
repasaba	repasaban	habrá repasado	habrán repasado

Future

		Conditional Perfect	
repasaré	repasaremos	habría repasado	habríamos repasado
repasarás	repasaréis	habrías repasado	habríais repasado
repasará	repasarán	habría repasado	habrían repasado

Conditional

repasaría	repasaríamos
repasarías	repasaríais
repasaría	repasarían

SUBJUNCTIVE

Present

		Present Perfect	
repase	repasemos	haya repasado	hayamos repasado
repases	repaséis	hayas repasado	hayáis repasado
repase	repasen	haya repasado	hayan repasado

Past

		Past Perfect	
repasara	repasáramos	hubiera repasado	hubiéramos repasado
repasaras	repasarais	hubieras repasado	hubierais repasado
repasara	repasaran	hubiera repasado	hubieran repasado

IMPERATIVE

repasa	no repases	repasemos	no repasemos
repase	no repase	repasad	no repaséis
		repasen	no repasen

El profesor repasó los temas del curso antes del examen.
The professor reviewed the course topics prior to the exam.

Repasaré el manuscrito varias veces antes de entregarlo.
I'll check the manuscript several times before turning it in.

Repasemos el plan una vez más para evitar errores luego.
Let's go over the plan one more time to avoid mistakes later.

REPONER   *To replace, to put back*   **Reponerse** *To get better*

Past part. repuesto   *Ger.* reponiendo

INDICATIVE

Present

repongo	reponemos		
repones	reponéis		
repone	reponen		

Present Perfect

he repuesto	hemos repuesto
has repuesto	habéis repuesto
ha repuesto	han repuesto

Preterit

repuse	repusimos
repusiste	repusisteis
repuso	repusieron

Past Perfect

había repuesto	habíamos repuesto
habías repuesto	habíais repuesto
había repuesto	habían repuesto

Imperfect

reponía	reponíamos
reponías	reponíais
reponía	reponían

Future Perfect

habré repuesto	habremos repuesto
habrás repuesto	habréis repuesto
habrá repuesto	habrán repuesto

Future

repondré	repondremos
repondrás	repondréis
repondrá	repondrán

Conditional Perfect

habría repuesto	habríamos repuesto
habrías repuesto	habríais repuesto
habría repuesto	habrían repuesto

Conditional

repondría	repondríamos
repondrías	repondríais
repondría	repondrían

SUBJUNCTIVE

Present

reponga	repongamos
repongas	repongáis
reponga	repongan

Present Perfect

haya repuesto	hayamos repuesto
hayas repuesto	hayáis repuesto
haya repuesto	hayan repuesto

Past

repusiera	repusiéramos
repusieras	repusierais
repusiera	repusieran

Past Perfect

hubiera repuesto	hubiéramos repuesto
hubieras repuesto	hubierais repuesto
hubiera repuesto	hubieran repuesto

IMPERATIVE

repón	no repongas	repongamos	no repongamos
reponga	no reponga	reponed	no repongáis
		repongan	no repongan

Si rompen algo, tendrán que reponerlo.
If you break something you'll have to replace it.
Por favor repón todo lo que te llevaste.
Please put back everything you took.
Héctor estaba muy enfermo pero se repuso.
Hector was very sick but he got better.

REPRESENTAR *To represent, to signify, to symbolize, to perform*

Past part. representado   *Ger.* representando

INDICATIVE

Present

represento	representamos
representas	representáis
representa	representan

Present Perfect

he representado	hemos representado
has representado	habéis representado
ha representado	han representado

Preterit

representé	representamos
representaste	representasteis
representó	representaron

Past Perfect

había representado	habíamos representado
habías representado	habíais representado
había representado	habían representado

Imperfect

representaba	representábamos
representabas	representabais
representaba	representaban

Future Perfect

habré representado	habremos representado
habrás representado	habréis representado
habrá representado	habrán representado

Future

representaré	representaremos
representarás	representaréis
representará	representarán

Conditional Perfect

habría representado	habríamos representado
habrías representado	habríais representado
habría representado	habrían representado

Conditional

representaría	representaríamos
representarías	representaríais
representaría	representarían

SUBJUNCTIVE

Present

represente	representemos
representes	representéis
represente	representen

Present Perfect

haya representado	hayamos representado
hayas representado	hayáis representado
haya representado	hayan representado

Past

representara	representáramos
representaras	representarais
representara	representaran

Past Perfect

hubiera representado	hubiéramos representado
hubieras representado	hubierais representado
hubiera representado	hubieran representado

IMPERATIVE

representa	no representes	representemos	no representemos
represente	no represente	representad	no representéis
		representen	no representen

Ella representará a su país en el concurso de belleza.
She will represent her country in the beauty pageant.

¿Qué sentimiento crees que quiso representar el artista con estas imágenes?
What sentiment do you think the artist wanted to signify with these images?

Las estrellas de la bandera de EE. UU. representan los cincuenta estados de la unión.
The stars on the U.S. flag symbolize the fifty states of the union.

La obra de teatro se representó solamente una vez.
The play was performed only once.

RESCATAR *To rescue, to save, to recover*

Past part. rescatado   *Ger.* rescatando

INDICATIVE

Present

rescato	rescatamos
rescatas	rescatáis
rescata	rescatan

Present Perfect

he rescatado	hemos rescatado
has rescatado	habéis rescatado
ha rescatado	han rescatado

Preterit

rescaté	rescatamos
rescataste	rescatasteis
rescató	rescataron

Past Perfect

había rescatado	habíamos rescatado
habías rescatado	habíais rescatado
había rescatado	habían rescatado

Imperfect

rescataba	rescatábamos
rescatabas	rescatabais
rescataba	rescataban

Future Perfect

habré rescatado	habremos rescatado
habrás rescatado	habréis rescatado
habrá rescatado	habrán rescatado

Future

rescataré	rescataremos
rescatarás	rescataréis
rescatará	rescatarán

Conditional Perfect

habría rescatado	habríamos rescatado
habrías rescatado	habríais rescatado
habría rescatado	habrían rescatado

Conditional

rescataría	rescataríamos
rescatarías	rescataríais
rescataría	rescatarían

SUBJUNCTIVE

Present

rescate	rescatemos
rescates	rescatéis
rescate	rescaten

Present Perfect

haya rescatado	hayamos rescatado
hayas rescatado	hayáis rescatado
haya rescatado	hayan rescatado

Past

rescatara	rescatáramos
rescataras	rescatarais
rescatara	rescataran

Past Perfect

hubiera rescatado	hubiéramos rescatado
hubieras rescatado	hubierais rescatado
hubiera rescatado	hubieran rescatado

IMPERATIVE

rescata	no rescates	rescatemos	no rescatemos
rescate	no rescate	rescatad	no rescatéis
		rescaten	no rescaten

¿Quien nos rescatará del desastre?
Who will save us from disaster?

Los campistas tuvieron que ser rescatados después de tres días.
The campers had to be rescued after three days.

Entre los tesoros que rescataron del galeón hundido había cientos de
doblones de oro.
*Among the treasures they recovered from the sunken galleon there were
hundreds of gold doubloons.*

R   **RESERVAR**   *To reserve*

Past part. reservado   *Ger.* reservando

INDICATIVE

Present

reservo	reservamos
reservas	reserváis
reserva	reservan

Preterit

reservé	reservamos
reservaste	reservasteis
reservó	reservaron

Imperfect

reservaba	reservábamos
reservabas	reservabais
reservaba	reservaban

Future

reservaré	reservaremos
reservarás	reservaréis
reservará	reservarán

Conditional

reservaría	reservaríamos
reservarías	reservaríais
reservaría	reservarían

Present Perfect

he reservado	hemos reservado
has reservado	habéis reservado
ha reservado	han reservado

Past Perfect

había reservado	habíamos reservado
habías reservado	habíais reservado
había reservado	habían reservado

Future Perfect

habré reservado	habremos reservado
habrás reservado	habréis reservado
habrá reservado	habrán reservado

Conditional Perfect

habría reservado	habríamos reservado
habrías reservado	habríais reservado
habría reservado	habrían reservado

SUBJUNCTIVE

Present

reserve	reservemos
reserves	reservéis
reserve	reserven

Past

reservara	reserváramos
reservaras	reservarais
reservara	reservaran

Present Perfect

haya reservado	hayamos reservado
hayas reservado	hayáis reservado
haya reservado	hayan reservado

Past Perfect

hubiera reservado	hubiéramos reservado
hubieras reservado	hubierais reservado
hubiera reservado	hubieran reservado

IMPERATIVE

reserva	no reserves	reservemos	no reservemos
reserve	no reserve	reservad	no reservéis
		reserven	no reserven

He reservado una mesa para esta noche en el mejor restaurante de la ciudad.
I have reserved a table for tonight at the city's best restaurant.

¿Ya reservaste los billetes de avión?
Have you reserved the plane tickets?

Nos reservamos el derecho de admisión al club.
We reserve the right of admission to the club.

RESGUARDAR   *To safeguard, to protect*

Past part. resguardado   *Ger.* resguardando

INDICATIVE

Present

resguardo	resguardamos
resguardas	resguardáis
resguarda	resguardan

Present Perfect

he resguardado	hemos resguardado
has resguardado	habéis resguardado
ha resguardado	han resguardado

Preterit

resguardé	resguardamos
resguardaste	resguardasteis
resguardó	resguardaron

Past Perfect

había resguardado	habíamos resguardado
habías resguardado	habíais resguardado
había resguardado	habían resguardado

Imperfect

resguardaba	resguardábamos
resguardabas	resguardabais
resguardaba	resguardaban

Future Perfect

habré resguardado	habremos resguardado
habrás resguardado	habréis resguardado
habrá resguardado	habrán resguardado

Future

resguardaré	resguardaremos
resguardarás	resguardaréis
resguardará	resguardarán

Conditional Perfect

habría resguardado	habríamos resguardado
habrías resguardado	habríais resguardado
habría resguardado	habrían resguardado

Conditional

resguardaría	resguardaríamos
resguardarías	resguardaríais
resguardaría	resguardarían

SUBJUNCTIVE

Present

resguarde	resguardemos
resguardes	resguardéis
resguarde	resguarden

Present Perfect

haya resguardado	hayamos resguardado
hayas resguardado	hayáis resguardado
haya resguardado	hayan resguardado

Past

resguardara	resguardáramos
resguardaras	resguardarais
resguardara	resguardaran

Past Perfect

hubiera resguardado	hubiéramos resguardado
hubieras resguardado	hubierais resguardado
hubiera resguardado	hubieran resguardado

IMPERATIVE

resguarda	no resguardes	resguardemos	no resguardemos
resguarde	no resguarde	resguardad	no resguardéis
		resguarden	no resguarden

Encendamos una fogata para resguardarnos del frío y de los animales salvajes.
Let's light a fire to protect ourselves from the cold and the wild animals.

Resguarda bien tu información personal.
Safeguard your personal information well.

Si hubieras resguardado tus bienes, no serías pobre ahora.
If you had safeguarded your assets, you wouldn't be poor now.

RESISTIR   *To resist, to stand, to bear*

Past part. resistido   *Ger.* resistiendo

INDICATIVE

Present

resisto	resistimos
resistes	resistís
resiste	resisten

Present Perfect

he resistido	hemos resistido
has resistido	habéis resistido
ha resistido	han resistido

Preterit

resistí	resistimos
resististe	resististeis
resistió	resistieron

Past Perfect

había resistido	habíamos resistido
habías resistido	habíais resistido
había resistido	habían resistido

Imperfect

resistía	resistíamos
resistías	resistíais
resistía	resistían

Future Perfect

habré resistido	habremos resistido
habrás resistido	habréis resistido
habrá resistido	habrán resistido

Future

resistiré	resistiremos
resistirás	resistiréis
resistirá	resistirán

Conditional Perfect

habría resistido	habríamos resistido
habrías resistido	habríais resistido
habría resistido	habrían resistido

Conditional

resistiría	resistiríamos
resistirías	resistiríais
resistiría	resistirían

SUBJUNCTIVE

Present

resista	resistamos
resistas	resistáis
resista	resistan

Present Perfect

haya resistido	hayamos resistido
hayas resistido	hayáis resistido
haya resistido	hayan resistido

Past

resistiera	resistiéramos
resistieras	resistierais
resistiera	resistieran

Past Perfect

hubiera resistido	hubiéramos resistido
hubieras resistido	hubierais resistido
hubiera resistido	hubieran resistido

IMPERATIVE

resiste	no resistas	resistamos	no resistamos
resista	no resista	resistid	no resistáis
		resistan	no resistan

No resistí la tentación y me comí todo el helado de chocolate.
I couldn't resist the temptation and ate all the chocolate ice cream.
Esa mesa no podrá resistir el peso de la nueva televisión por mucho tiempo.
That table won't be able to stand the weight of the new TV for long.
Resistió el dolor de la operación sin decir nada.
He bore the pain of the operation without saying anything.

RESOLVER   *To solve, to resolve, to settle, to decide*

R

Past part. resuelto   *Ger.* resolviendo

INDICATIVE

Present
resuelvo	resolvemos
resuelves	resolvéis
resuelve	resuelven

Present Perfect
he resuelto	hemos resuelto
has resuelto	habéis resuelto
ha resuelto	han resuelto

Preterit
resolví	resolvimos
resolviste	resolvisteis
resolvió	resolvieron

Past Perfect
había resuelto	habíamos resuelto
habías resuelto	habíais resuelto
había resuelto	habían resuelto

Imperfect
resolvía	resolvíamos
resolvías	resolvíais
resolvía	resolvían

Future Perfect
habré resuelto	habremos resuelto
habrás resuelto	habréis resuelto
habrá resuelto	habrán resuelto

Future
resolveré	resolveremos
resolverás	resolveréis
resolverá	resolverán

Conditional Perfect
habría resuelto	habríamos resuelto
habrías resuelto	habríais resuelto
habría resuelto	habrían resuelto

Conditional
resolvería	resolveríamos
resolverías	resolveríais
resolvería	resolverían

SUBJUNCTIVE

Present
resuelva	resolvamos
resuelvas	resolváis
resuelva	resuelvan

Present Perfect
haya resuelto	hayamos resuelto
hayas resuelto	hayáis resuelto
haya resuelto	hayan resuelto

Past
resolviera	resolviéramos
resolvieras	resolvierais
resolviera	resolvieran

Past Perfect
hubiera resuelto	hubiéramos resuelto
hubieras resuelto	hubierais resuelto
hubiera resuelto	hubieran resuelto

IMPERATIVE
resuelve	no resuelvas	resolvamos	no resolvamos
resuelva	no resuelva	resolved	no resolváis
		resuelvan	no resuelvan

Finalmente parece que el problema está resuelto.
Finally it seems the problem is solved.

Resolveremos el asunto de manera inteligente y cordial.
We will settle the matter in an intelligent and cordial manner.

Por suerte, la situación se resolvió prácticamente sola.
Luckily, the situation practically resolved itself.

425

R RESPETAR *To respect, to obey*

Past part. respetado   *Ger.* respetando

INDICATIVE

Present

respeto	respetamos
respetas	respetáis
respeta	respetan

Present Perfect

he respetado	hemos respetado
has respetado	habéis respetado
ha respetado	han respetado

Preterit

respeté	respetamos
respetaste	respetasteis
respetó	respetaron

Past Perfect

había respetado	habíamos respetado
habías respetado	habíais respetado
había respetado	habían respetado

Imperfect

respetaba	respetábamos
respetabas	respetabais
respetaba	respetaban

Future Perfect

habré respetado	habremos respetado
habrás respetado	habréis respetado
habrá respetado	habrán respetado

Future

respetaré	respetaremos
respetarás	respetaréis
respetará	respetarán

Conditional Perfect

habría respetado	habríamos respetado
habrías respetado	habríais respetado
habría respetado	habrían respetado

Conditional

respetaría	respetaríamos
respetarías	respetaríais
respetaría	respetarían

SUBJUNCTIVE

Present

respete	respetemos
respetes	respetéis
respete	respeten

Present Perfect

haya respetado	hayamos respetado
hayas respetado	hayáis respetado
haya respetado	hayan respetado

Past

respetara	respetáramos
respetaras	respetarais
respetara	respetaran

Past Perfect

hubiera respetado	hubiéramos respetado
hubieras respetado	hubierais respetado
hubiera respetado	hubieran respetado

IMPERATIVE

respeta	no respetes	respetemos	no respetemos
respete	no respete	respetad	no respetéis
		respeten	no respeten

Los alumnos respetan mucho a su profesor.
The students respect their professor a lot.

¡Respetarás mi autoridad!
You will respect my authority!

¿Es justo respetar leyes injustas?
Is it just to obey unjust laws?

RESPIRAR *To breathe*

Past part. respirado   *Ger.* respirando

INDICATIVE

Present
respiro	respiramos
respiras	respiráis
respira	respiran

Present Perfect
he respirado	hemos respirado
has respirado	habéis respirado
ha respirado	han respirado

Preterit
respiré	respiramos
respiraste	respirasteis
respiró	respiraron

Past Perfect
había respirado	habíamos respirado
habías respirado	habíais respirado
había respirado	habían respirado

Imperfect
respiraba	respirábamos
respirabas	respirabais
respiraba	respiraban

Future Perfect
habré respirado	habremos respirado
habrás respirado	habréis respirado
habrá respirado	habrán respirado

Future
respiraré	respiraremos
respirarás	respiraréis
respirará	respirarán

Conditional Perfect
habría respirado	habríamos respirado
habrías respirado	habríais respirado
habría respirado	habrían respirado

Conditional
respiraría	respiraríamos
respirarías	respiraríais
respiraría	respirarían

SUBJUNCTIVE

Present
respire	respiremos
respires	respiréis
respire	respiren

Present Perfect
haya respirado	hayamos respirado
hayas respirado	hayáis respirado
haya respirado	hayan respirado

Past
respirara	respiráramos
respiraras	respirarais
respirara	respiraran

Past Perfect
hubiera respirado	hubiéramos respirado
hubieras respirado	hubierais respirado
hubiera respirado	hubieran respirado

IMPERATIVE
respira	no respires	respiremos	no respiremos
respire	no respire	respirad	no respiréis
		respiren	no respiren

La enfermera le pidió al paciente que respirara profundamente.
The nurse asked the patient to breathe deeply.

¡Respira este aire limpio de las montañas!
Breathe this clean mountain air!

Si no respiras por tres minutos, te desmayas.
If you don't breathe for three minutes, you pass out.

RESPONDER *To answer, to reply, to respond*

Past part. respondido   *Ger.* respondiendo

INDICATIVE

Present

respondo	respondemos
respondes	respondéis
responde	responden

Present Perfect

he respondido	hemos respondido
has respondido	habéis respondido
ha respondido	han respondido

Preterit

respondí	respondimos
respondiste	respondisteis
respondió	respondieron

Past Perfect

había respondido	habíamos respondido
habías respondido	habíais respondido
había respondido	habían respondido

Imperfect

respondía	respondíamos
respondías	respondíais
respondía	respondían

Future Perfect

habré respondido	habremos respondido
habrás respondido	habréis respondido
habrá respondido	habrán respondido

Future

responderé	responderemos
responderás	responderéis
responderá	responderán

Conditional Perfect

habría respondido	habríamos respondido
habrías respondido	habríais respondido
habría respondido	habrían respondido

Conditional

respondería	responderíamos
responderías	responderíais
respondería	responderían

SUBJUNCTIVE

Present

responda	respondamos
respondas	respondáis
responda	respondan

Present Perfect

haya respondido	hayamos respondido
hayas respondido	hayáis respondido
haya respondido	hayan respondido

Past

respondiera	respondiéramos
respondieras	respondierais
respondiera	respondieran

Past Perfect

hubiera respondido	hubiéramos respondido
hubieras respondido	hubierais respondido
hubiera respondido	hubieran respondido

IMPERATIVE

responde	no respondas	respondamos	no respondamos
responda	no responda	responded	no respondáis
		respondan	no respondan

Respondan todas las preguntas del examen.
Answer all the questions on the test.

Siento no haber respondido inmediatamente a tu mensaje de texto.
I'm sorry I didn't reply immediately to your text message.

Cuando la llamo, no responde.
When I call her, she doesn't respond.

Past part. retrocedido   *Ger.* retrocediendo

INDICATIVE

Present

retrocedo	retrocedemos
retrocedes	retrocedéis
retrocede	retroceden

Present Perfect

he retrocedido	hemos retrocedido
has retrocedido	habéis retrocedido
ha retrocedido	han retrocedido

Preterit

retrocedí	retrocedimos
retrocediste	retrocedisteis
retrocedió	retrocedieron

Past Perfect

había retrocedido	habíamos retrocedido
habías retrocedido	habíais retrocedido
había retrocedido	habían retrocedido

Imperfect

retrocedía	retrocedíamos
retrocedías	retrocedíais
retrocedía	retrocedían

Future Perfect

habré retrocedido	habremos retrocedido
habrás retrocedido	habréis retrocedido
habrá retrocedido	habrán retrocedido

Future

retrocederé	retrocederemos
retrocederás	retrocederéis
retrocederá	retrocederán

Conditional Perfect

habría retrocedido	habríamos retrocedido
habrías retrocedido	habríais retrocedido
habría retrocedido	habrían retrocedido

Conditional

retrocedería	retrocederíamos
retrocederías	retrocederíais
retrocedería	retrocederían

SUBJUNCTIVE

Present

retroceda	retrocedamos
retrocedas	retrocedáis
retroceda	retrocedan

Present Perfect

haya retrocedido	hayamos retrocedido
hayas retrocedido	hayáis retrocedido
haya retrocedido	hayan retrocedido

Past

retrocediera	retrocediéramos
retrocedieras	retrocedierais
retrocediera	retrocedieran

Past Perfect

hubiera retrocedido	hubiéramos retrocedido
hubieras retrocedido	hubierais retrocedido
hubiera retrocedido	hubieran retrocedido

IMPERATIVE

retrocede	no retrocedas	retrocedamos	no retrocedamos
retroceda	no retroceda	retroceded	no retrocedáis
		retrocedan	no retrocedan

Si retrocedes un poco, cabremos todos.
If you move back a little, we'll all fit.

Retrocede despacio y en silencio a menos que quieras despertar a la bestia.
Back away slowly and quietly lest you wake the beast.

Las fuerzas rebeldes retrocedieron ante las fuerzas superiores del ejército.
The rebel forces backed down when faced with the army's superior forces.

Past part. reunido   *Ger.* reuniendo

INDICATIVE

Present		Present Perfect	
me reúno	nos reunimos	me he reunido	nos hemos reunido
te reúnes	os reunís	te has reunido	os habéis reunido
se reúne	se reúnen	se ha reunido	se han reunido

Preterit		Past Perfect	
me reuní	nos reunimos	me había reunido	nos habíamos reunido
te reuniste	os reunisteis	te habías reunido	os habíais reunido
se reunió	se reunieron	se había reunido	se habían reunido

Imperfect		Future Perfect	
me reunía	nos reuníamos	me habré reunido	nos habremos reunido
te reunías	os reuníais	te habrás reunido	os habréis reunido
se reunía	se reunían	se habrá reunido	se habrán reunido

Future		Conditional Perfect	
me reuniré	nos reuniremos	me habría reunido	nos habríamos reunido
te reunirás	os reuniréis	te habrías reunido	os habríais reunido
se reunirá	se reunirán	se habría reunido	se habrían reunido

Conditional	
me reuniría	nos reuniríamos
te reunirías	os reuniríais
se reuniría	se reunirían

SUBJUNCTIVE

Present		Present Perfect	
me reúna	nos reunamos	me haya reunido	nos hayamos reunido
te reúnas	os reunáis	te hayas reunido	os hayáis reunido
se reúna	se reúnan	se haya reunido	se hayan reunido

Past		Past Perfect	
me reuniera	nos reuniéramos	me hubiera reunido	nos hubiéramos reunido
te reunieras	os reunierais	te hubieras reunido	os hubierais reunido
se reuniera	se reunieran	se hubiera reunido	se hubieran reunido

IMPERATIVE

reúnete	no te reúnas	reunámonos	no nos reunamos
reúnase	no se reúna	reuníos	no os reunáis
		reúnanse	no se reúnan

Marta me dijo que te reunirías con Miguel el martes.
Marta told me you would meet with Miguel on Tuesday.

La banda se reunió para un concierto de aniversario.
The band reunited for an anniversary concert.

Reuniremos nuestras fuerzas y pronto lanzaremos una nueva ofensiva.
We'll gather our forces and launch a new offensive soon.

Past part. revisado   *Ger.* revisando

INDICATIVE

Present
reviso	revisamos
revisas	revisáis
revisa	revisan

Present Perfect
he revisado	hemos revisado
has revisado	habéis revisado
ha revisado	han revisado

Preterit
revisé	revisamos
revisaste	revisasteis
revisó	revisaron

Past Perfect
había revisado	habíamos revisado
habías revisado	habíais revisado
había revisado	habían revisado

Imperfect
revisaba	revisábamos
revisabas	revisabais
revisaba	revisaban

Future Perfect
habré revisado	habremos revisado
habrás revisado	habréis revisado
habrá revisado	habrán revisado

Future
revisaré	revisaremos
revisarás	revisaréis
revisará	revisarán

Conditional Perfect
habría revisado	habríamos revisado
habrías revisado	habríais revisado
habría revisado	habrían revisado

Conditional
revisaría	revisaríamos
revisarías	revisaríais
revisaría	revisarían

SUBJUNCTIVE

Present
revise	revisemos
revises	reviséis
revise	revisen

Present Perfect
haya revisado	hayamos revisado
hayas revisado	hayáis revisado
haya revisado	hayan revisado

Past
revisara	revisáramos
revisaras	revisarais
revisara	revisaran

Past Perfect
hubiera revisado	hubiéramos revisado
hubieras revisado	hubierais revisado
hubiera revisado	hubieran revisado

IMPERATIVE
revisa	no revises	revisemos	no revisemos
revise	no revise	revisad	no reviséis
		revisen	no revisen

Revisan todas las maletas en el aeropuerto por razones de seguridad.
They now inspect all suitcases at the airport for safety reasons.

Te ves muy mal; sería bueno que te revisa un médico.
You look terrible; it would be good for a doctor to check you.

El general reviso sus tropas antes del desfile.
The general reviewed his troops before the parade.

REVOLVER *To stir, to mix, to agitate*

Past part. revuelto   *Ger.* revolviendo

INDICATIVE

Present		Present Perfect	
revuelvo	revolvemos	he revuelto	hemos revuelto
revuelves	revolvéis	has revuelto	habéis revuelto
revuelve	revuelven	ha revuelto	han revuelto

Preterit		Past Perfect	
revolví	revolvimos	había revuelto	habíamos revuelto
revolviste	revolvisteis	habías revuelto	habíais revuelto
revolvió	revolvieron	había revuelto	habían revuelto

Imperfect		Future Perfect	
revolvía	revolvíamos	habré revuelto	habremos revuelto
revolvías	revolvíais	habrás revuelto	habréis revuelto
revolvía	revolvían	habrá revuelto	habrán revuelto

Future		Conditional Perfect	
revolveré	revolveremos	habría revuelto	habríamos revuelto
revolverás	revolveréis	habrías revuelto	habríais revuelto
revolverá	revolverán	habría revuelto	habrían revuelto

Conditional	
revolvería	revolveríamos
revolverías	revolveríais
revolvería	revolverían

SUBJUNCTIVE

Prevent		Prevent Perfect	
revuelva	revolvamos	haya revuelto	hayamos revuelto
revuelvas	revolváis	hayas revuelto	hayáis revuelto
resuelva	revuelvan	haya revuelto	hayan revuelto

Past		Past Perfect	
revolviera	revolviéramos	hubiera revuelto	hubiéramos revuelto
revolvieras	revolvierais	hubieras revuelto	hubierais revuelto
revolviera	revolvieran	hubiera revuelto	hubieran revuelto

IMPERATIVE

revuelve	no revuelvas	revolvamos	no revolvamos
revuelva	no revuelva	revolved	no revolváis
		revuelvan	no revuelvan

Revuelve bien todos los ingredientes.
Mix all the ingredients well.

Revuelve la mezcla a fuego lento hasta que espese.
Stir the mixture over low heat until it thickens.

Los buzos evitaron revolver demasiado el sedimento para
mantener la visibilidad bajo el agua.
*The divers avoided agitating the sediment too much in order to
maintain visibility underwater.*

Past part. rezado   *Ger.* rezando

INDICATIVE

Present		Present Perfect	
rezo	rezamos	he rezado	hemos rezado
rezas	rezáis	has rezado	habéis rezado
reza	rezan	ha rezado	han rezado

Preterit		Past Perfect	
recé	rezamos	había rezado	habíamos rezado
rezaste	rezasteis	habías rezado	habíais rezado
rezó	rezaron	había rezado	habían rezado

Imperfect		Future Perfect	
rezaba	rezábamos	habré rezado	habremos rezado
rezabas	rezabais	habrás rezado	habréis rezado
rezaba	rezaban	habrá rezado	habrán rezado

Future		Conditional Perfect	
rezaré	rezaremos	habría rezado	habríamos rezado
rezarás	rezaréis	habrías rezado	habríais rezado
rezará	rezarán	habría rezado	habrían rezado

Conditional	
rezaría	rezaríamos
rezarías	rezaríais
rezaría	rezarían

SUBJUNCTIVE

Present		Present Perfect	
rece	recemos	haya rezado	hayamos rezado
reces	recéis	hayas rezado	hayáis rezado
rece	recen	haya rezado	hayan rezado

Past		Past Perfect	
rezara	rezáramos	hubiera rezado	hubiéramos rezado
rezaras	rezarais	hubieras rezado	hubierais rezado
rezara	rezaran	hubiera rezado	hubieran rezado

IMPERATIVE

reza	no reces	recemos	no recemos
rece	no rece	rezad	no recéis
		recen	no recen

Los cristianos devotos rezan en la iglesia todos los domingos.
Devout Christians pray in church every Sunday.

De niño siempre rezaba antes de dormirme.
As a child I always prayed before going to sleep.

¡Reza una pequeña oración por mí!
Say a little prayer for me!

Past part. rogado   *Ger.* rogando

INDICATIVE

Present		Present Perfect	
ruego	rogamos	he rogado	hemos rogado
ruegas	rogáis	has rogado	habéis rogado
ruega	ruegan	ha rogado	han rogado

Preterit		Past Perfect	
rogué	rogamos	había rogado	habíamos rogado
rogaste	rogasteis	habías rogado	habíais rogado
rogó	rogaron	había rogado	habían rogado

Imperfect		Future Perfect	
rogaba	rogábamos	habré rogado	habremos rogado
rogabas	rogabais	habrás rogado	habréis rogado
rogaba	rogaban	habrá rogado	habrán rogado

Future		Conditional Perfect	
rogaré	rogaremos	habría rogado	habríamos rogado
rogarás	rogaréis	habrías rogado	habríais rogado
rogará	rogarán	habría rogado	habrían rogado

Conditional	
rogaría	rogaríamos
rogarías	rogaríais
rogaría	rogarían

SUBJUNCTIVE

Present		Present Perfect	
ruegue	roguemos	haya rogado	hayamos rogado
ruegues	roguéis	hayas rogado	hayáis rogado
ruegue	rueguen	haya rogado	hayan rogado

Past		Past Perfect	
rogara	rogáramos	hubiera rogado	hubiéramos rogado
rogaras	rogarais	hubieras rogado	hubierais rogado
rogara	rogaran	hubiera rogado	hubieran rogado

IMPERATIVE

ruega	no ruegues	roguemos	no roguemos
ruegue	no ruegue	rogad	no roguéis
		rueguen	no rueguen

Te ruego que no me hables de esa manera.
I beg you not to talk to me that way.

Se ruega a los visitantes del zoológico que no alimenten a los animales.
Zoo visitors are requested not to feed the animals.

¡Rueguen por misericordia!
Pray for mercy!

ROMPER *To break, to smash, to tear*

Past part. roto   *Ger.* rompiendo

INDICATIVE

Present

rompo	rompemos
rompes	rompéis
rompe	rompen

Present Perfect

he roto	hemos roto
has roto	habéis roto
ha roto	han roto

Preterit

rompí	rompimos
rompiste	rompisteis
rompió	rompieron

Past Perfect

había roto	habíamos roto
habías roto	habíais roto
había roto	habían roto

Imperfect

rompía	rompíamos
rompías	rompíais
rompía	rompían

Future Perfect

habré roto	habremos roto
habrás roto	habréis roto
habrá roto	habrán roto

Future

romperé	romperemos
romperás	romperéis
romperá	romperán

Conditional Perfect

habría roto	habríamos roto
habrías roto	habríais roto
habría roto	habrían roto

Conditional

rompería	romperíamos
romperías	romperíais
rompería	romperían

SUBJUNCTIVE

Present

rompa	rompamos
rompas	rompáis
rompa	rompan

Present Perfect

haya roto	hayamos roto
hayas roto	hayáis roto
haya roto	hayan roto

Past

rompiera	rompiéramos
rompieras	rompierais
rompiera	rompieran

Past Perfect

hubiera roto	hubiéramos roto
hubieras roto	hubierais roto
hubiera roto	hubieran roto

IMPERATIVE

rompe	no rompas	rompamos	no rompamos
rompa	no rompa	romped	no rompáis
		rompan	no rompan

Cuidado, no rompan nada.
Be careful, don't break anything.

Estela y Ramón rompieron su relación el viernes.
Estela and Ramón broke off their relationship on Friday.

Romperé tus cartas antes de devolvértelas.
I will tear your letters before I give them back to you.

RONCAR *To snore*

Past part. roncado   Ger. roncando

INDICATIVE

Present		Present Perfect	
ronco	roncamos	he roncado	hemos roncado
roncas	roncáis	has roncado	habéis roncado
ronca	roncan	ha roncado	han roncado

Preterit		Past Perfect	
ronqué	roncamos	había roncado	habíamos roncado
roncaste	roncasteis	habías roncado	habíais roncado
roncó	roncaron	había roncado	habían roncado

Imperfect		Future Perfect	
roncaba	roncábamos	habré roncado	habremos roncado
roncabas	roncabais	habrás roncado	habréis roncado
roncaba	roncaban	habrá roncado	habrán roncado

Future		Conditional Perfect	
roncaré	roncaremos	habría roncado	habríamos roncado
roncarás	roncaréis	habrías roncado	habríais roncado
roncará	roncarán	habría roncado	habrían roncado

Conditional	
roncaría	roncaríamos
roncarías	roncaríais
roncaría	roncarían

SUBJUNCTIVE

Present		Present Perfect	
ronque	ronquemos	haya roncado	hayamos roncado
ronques	ronquéis	hayas roncado	hayáis roncado
ronque	ronquen	haya roncado	hayan roncado

Past		Past Perfect	
roncara	roncáramos	hubiera roncado	hubiéramos roncado
roncaras	roncarais	hubieras roncado	hubierais roncado
roncara	roncaran	hubiera roncado	hubieran roncado

IMPERATIVE

ronca	no ronques	ronquemos	no ronquemos
ronque	no ronque	roncad	no ronquéis
		ronquen	no ronquen

Roncar puede ser un síntoma de problemas respiratorios.
Snoring can be a symptom of respiratory problems.

Mi padre ronca como una locomotora.
My father snores like a locomotive.

Se divorció de su marido porque roncaba mucho.
She divorced her husband because he snored a lot.

SABER   *To know, to know how*

Past part. sabido   *Ger.* sabiendo

INDICATIVE

Present		Present Perfect	
sé	sabemos	he sabido	hemos sabido
sabes	sabéis	has sabido	habéis sabido
sabe	saben	ha sabido	han sabido

Preterit		Past Perfect	
supe	supimos	había sabido	habíamos sabido
supiste	supisteis	habías sabido	habíais sabido
supo	supieron	había sabido	habían sabido

Imperfect		Future Perfect	
sabía	sabíamos	habré sabido	habremos sabido
sabías	sabíais	habrás sabido	habréis sabido
sabía	sabían	habrá sabido	habrán sabido

Future		Conditional Perfect	
sabré	sabremos	habría sabido	habríamos sabido
sabrás	sabréis	habrías sabido	habríais sabido
sabrá	sabrán	habría sabido	habrían sabido

Conditional	
sabría	sabríamos
sabrías	sabríais
sabría	sabrían

SUBJUNCTIVE

Present		Present Perfect	
sepa	sepamos	haya sabido	hayamos sabido
sepas	sepáis	hayas sabido	hayáis sabido
sepa	sepan	haya sabido	hayan sabido

Past		Past Perfect	
supiera	supiéramos	hubiera sabido	hubiéramos sabido
supieras	supierais	hubieras sabido	hubierais sabido
supiera	supieran	hubiera sabido	hubieran sabido

IMPERATIVE

sabe	no sepas	sepamos	no sepamos
sepa	no sepa	sabed	no sepáis
		sepan	no sepan

No sé como regresar al hotel desde aquí.
I don't know how to get back to the hotel from here.
Si supiéramos hablar español podríamos pedir direcciones.
If we knew Spanish we could ask for directions.
¿Sabes con quien estás hablando?
Do you know who you're talking to?

Past part. sacado   *Ger.* sacando

INDICATIVE

Present

			Present Perfect	
saco	sacamos		he sacado	hemos sacado
sacas	sacáis		has sacado	habéis sacado
saca	sacan		ha sacado	han sacado

Preterit / Past Perfect

Preterit		Past Perfect	
saqué	sacamos	había sacado	habíamos sacado
sacaste	sacasteis	habías sacado	habíais sacado
sacó	sacaron	había sacado	habían sacado

Imperfect / Future Perfect

Imperfect		Future Perfect	
sacaba	sacábamos	habré sacado	habremos sacado
sacabas	sacabais	habrás sacado	habréis sacado
sacaba	sacaban	habrá sacado	habrán sacado

Future / Conditional Perfect

Future		Conditional Perfect	
sacaré	sacaremos	habría sacado	habríamos sacado
sacarás	sacaréis	habrías sacado	habríais sacado
sacará	sacarán	habría sacado	habrían sacado

Conditional

sacaría	sacaríamos
sacarías	sacaríais
sacaría	sacarían

SUBJUNCTIVE

Present / Present Perfect

Present		Present Perfect	
saque	saquemos	haya sacado	hayamos sacado
saques	saquéis	hayas sacado	hayáis sacado
saque	saquen	haya sacado	hayan sacado

Past / Past Perfect

Past		Past Perfect	
sacara	sacáramos	hubiera sacado	hubiéramos sacado
sacaras	sacarais	hubieras sacado	hubierais sacado
sacara	sacaran	hubiera sacado	hubieran sacado

IMPERATIVE

saca	no saques	saquemos	no saquemos
saque	no saque	sacad	no saquéis
		saquen	no saquen

Saca el pollo del congelador, por favor.
Take the chicken out of the freezer, please.

¡Saqué una A en el examen de matemáticas!
I got an A on the math exam!

Necesito sacarme una foto para sacar un pasaporte.
I need to have a picture taken to get a passport.

Past part. salido   *Ger.* saliendo

INDICATIVE

Present		Present Perfect	
salgo	salimos	he salido	hemos salido
sales	salís	has salido	habéis salido
sale	salen	ha salido	han salido

Preterit		Past Perfect	
salí	salimos	había salido	habíamos salido
saliste	salisteis	habías salido	habíais salido
salió	salieron	había salido	habían salido

Imperfect		Future Perfect	
salía	salíamos	habré salido	habremos salido
salías	salíais	habrás salido	habréis salido
salía	salían	habrá salido	habrán salido

Future		Conditional Perfect	
saldré	saldremos	habría salido	habríamos salido
saldrás	saldréis	habrías salido	habríais salido
saldrá	saldrán	habría salido	habrían salido

Conditional	
saldría	saldríamos
saldrías	saldríais
saldría	saldrían

SUBJUNCTIVE

Present		Present Perfect	
salga	salgamos	haya salido	hayamos salido
salgas	salgáis	hayas salido	hayáis salido
salga	salgan	haya salido	hayan salido

Past		Past Perfect	
saliera	saliéramos	hubiera salido	hubiéramos salido
salieras	salierais	hubieras salido	hubierais salido
saliera	salieran	hubiera salido	hubieran salido

IMPERATIVE

sal	no salgas	salgamos	no salgamos
salga	no salga	salid	no salgáis
		salgan	no salgan

¡Salgamos de aquí, rápido!
Let's get out of here, quickly!
El autobús a Cuernavaca sale cada hora.
The bus to Cuernavaca leaves every hour.
Estela y Roberto empezaron a salir el primer año de la universidad.
Estela and Roberto started dating in their freshman year in college.

SALTAR   *To jump, to leap, to bounce*

Past part. saltado   *Ger.* saltando

INDICATIVE

Present

		Present Perfect	
salto	saltamos	he saltado	hemos saltado
saltas	saltáis	has saltado	habéis saltado
salta	saltan	ha saltado	han saltado

Preterit

		Past Perfect	
salté	saltamos	había saltado	habíamos saltado
saltaste	saltasteis	habías saltado	habíais saltado
saltó	saltaron	había saltado	habían saltado

Imperfect

		Future Perfect	
saltaba	saltábamos	habré saltado	habremos saltado
saltabas	saltabais	habrás saltado	habréis saltado
saltaba	saltaban	habrá saltado	habrán saltado

Future

		Conditional Perfect	
saltaré	saltaremos	habría saltado	habríamos saltado
saltarás	saltaréis	habrías saltado	habríais saltado
saltará	saltarán	habría saltado	habrían saltado

Conditional

saltaría	saltaríamos
saltarías	saltaríais
saltaría	saltarían

SUBJUNCTIVE

Present

		Present Perfect	
salte	saltemos	haya saltado	hayamos saltado
saltes	saltéis	hayas saltado	hayáis saltado
salte	salten	haya saltado	hayan saltado

Past

		Past Perfect	
saltara	saltáramos	hubiera saltado	hubiéramos saltado
saltaras	saltarais	hubieras saltado	hubierais saltado
saltara	saltaran	hubiera saltado	hubieran saltado

IMPERATIVE

salta	no saltes	saltemos	no saltemos
salte	no salte	saltad	no saltéis
		salten	no salten

El prisionero saltó la cerca en un intento por escapar.
The prisoner jumped over the fence in an attempt to escape.

A veces salto sin saber si hay agua en la piscina.
Sometimes I leap without knowing if there's water in the pool.

A mi hijo le gusta saltar sobre la cama como un monito.
My son likes bouncing on the bed like a little monkey.

SALUDAR   *To greet, to say hello, to salute*

S

Past part. saludado   *Ger.* saludando

INDICATIVE

Present
saludo	saludamos
saludas	saludáis
saluda	saludan

Present Perfect
he saludado	hemos saludado
has saludado	habéis saludado
ha saludado	han saludado

Preterit
saludé	saludamos
saludaste	saludasteis
saludó	saludaron

Past Perfect
había saludado	habíamos saludado
habías saludado	habíais saludado
había saludado	habían saludado

Imperfect
saludaba	saludábamos
saludabas	saludabais
saludaba	saludaban

Future Perfect
habré saludado	habremos saludado
habrás saludado	habréis saludado
habrá saludado	habrán saludado

Future
saludaré	saludaremos
saludarás	saludaréis
saludará	saludarán

Conditional Perfect
habría saludado	habríamos saludado
habrías saludado	habríais saludado
habría saludado	habrían saludado

Conditional
saludaría	saludaríamos
saludarías	saludaríais
saludaría	saludarían

SUBJUNCTIVE

Present
salude	saludes
saludes	saludéis
salude	saluden

Present Perfect
haya saludado	hayamos saludado
hayas saludado	hayáis saludado
haya saludado	hayan saludado

Past
saludara	saludáramos
saludaras	saludarais
saludara	saludaran

Past Perfect
hubiera saludado	hubiéramos saludado
hubieras saludado	hubierais saludado
hubiera saludado	hubieran saludado

IMPERATIVE
saluda	no saludes	saludemos	no saludemos
salude	no salude	saludad	no saludéis
		saluden	no saluden

El anfitrión saludó a los invitados a la entrada.
The host greeted the guests at the entrance.

Hola, sólo quería saludarte.
Hello, I just wanted to say hello.

Los soldados saludan siempre que pasa un oficial.
The soldiers salute whenever an officer goes by.

SEGUIR *To follow, to continue, to keep on*

Past part. seguido   *Ger.* siguiendo

INDICATIVE

Present

sigo	seguimos
sigues	seguís
sigue	siguen

Present Perfect

he seguido	hemos seguido
has seguido	habéis seguido
ha seguido	han seguido

Preterit

seguí	seguimos
seguiste	seguisteis
siguió	siguieron

Past Perfect

había seguido	habíamos seguido
habías seguido	habíais seguido
había seguido	habían seguido

Imperfect

seguía	seguíamos
seguías	seguíais
seguía	seguían

Future Perfect

habré seguido	habremos seguido
habrás seguido	habréis seguido
habrá seguido	habrán seguido

Future

seguiré	seguiremos
seguirás	seguiréis
seguirá	seguirán

Conditional Perfect

habría seguido	habríamos seguido
habrías seguido	habríais seguido
habría seguido	habrían seguido

Conditional

seguiría	seguiríamos
seguirías	seguiríais
seguiría	seguirían

SUBJUNCTIVE

Present

siga	sigamos
sigas	sigáis
siga	sigan

Present Perfect

haya seguido	hayamos seguido
hayas seguido	hayáis seguido
haya seguido	hayan seguido

Past

siguiera	siguiéramos
siguieras	siguierais
siguiera	siguieran

Past Perfect

hubiera seguido	hubiéramos seguido
hubieras seguido	hubierais seguido
hubiera seguido	hubieran seguido

IMPERATIVE

sigue	no sigas	sigamos	no sigamos
siga	no siga	seguid	no sigáis
		sigan	no sigan

El investigador privado siguió a la pareja hasta un hotel de paso.
The private investigator followed the couple to a motel.
Debes seguir practicando si quieres mejorar.
You must continue practicing if you want to improve.
Si me sigues molestando, me voy a enojar.
If you keep on bothering me, I'll get angry.

SENTARSE   *To sit*   **Sentar** *To seat*

Past part. sentado   *Ger.* sentando

INDICATIVE

Present

me siento	nos sentamos
te sientas	os sentáis
se sienta	se sientan

Present Perfect

me he sentado	nos hemos sentado
te has sentado	os habéis sentado
se ha sentado	se han sentado

Preterit

me senté	nos sentamos
te sentaste	os sentasteis
se sentó	se sentaron

Past Perfect

me había sentado	nos habíamos sentado
te habías sentado	os habíais sentado
se había sentado	se habían sentado

Imperfect

me sentaba	nos sentábamos
te sentabas	os sentabais
se sentaba	se sentaban

Future Perfect

me habré sentado	nos habremos sentado
te habrás sentado	os habréis sentado
se habrá sentado	se habrán sentado

Future

me sentaré	nos sentaremos
te sentarás	os sentaréis
se sentará	se sentarán

Conditional Perfect

me habría sentado	nos habríamos sentado
te habrías sentado	os habríais sentado
se habría sentado	se habrían sentado

Conditional

me sentaría	nos sentaríamos
te sentarías	os sentaríais
se sentaría	se sentarían

SUBJUNCTIVE

Present

me siente	nos sentemos
te sientes	os sentéis
se siente	se sienten

Present Perfect

me haya sentado	nos hayamos sentado
te hayas sentado	os hayáis sentado
se haya sentado	se hayan sentado

Past

me sentara	nos sentáramos
te sentaras	os sentarais
se sentara	se sentaran

Past Perfect

me hubiera sentado	nos hubiéramos sentado
te hubieras sentado	os hubierais sentado
se hubiera sentado	se hubieran sentado

IMPERATIVE

siéntate	no te sientes	sentémonos	no nos sentemos
siéntese	no se siente	sentaos	no os sentéis
		siéntense	no se sienten

Por favor siéntense.
Please sit down.

En los aviones me gusta sentarme junto al pasillo.
On airplanes I like to sit by the aisle.

Los acomodadores sentaron a los invitados de
la boda a medida que iban llegando.
The ushers seated the wedding guests as they arrived.

SENTIR   *To feel, to be sorry, to regret, to hear*

Past part. sentido   *Ger.* sintiendo

INDICATIVE

Present

siento	sentimos
sientes	sentís
siente	sienten

Present Perfect

he sentido	hemos sentido
has sentido	habéis sentido
ha sentido	han sentido

Preterit

sentí	sentimos
sentiste	sentisteis
sintió	sintieron

Past Perfect

había sentido	habíamos sentido
habías sentido	habíais sentido
había sentido	habían sentido

Imperfect

sentía	sentíamos
sentías	sentíais
sentía	sentían

Future Perfect

habré sentido	habremos sentido
habrás sentido	habréis sentido
habrá sentido	habrán sentido

Future

sentiré	sentiremos
sentirás	sentiréis
sentirá	sentirán

Conditional Perfect

habría sentido	habríamos sentido
habrías sentido	habríais sentido
habría sentido	habrían sentido

Conditional

sentiría	sentiríamos
sentirías	sentiríais
sentiría	sentirían

SUBJUNCTIVE

Present

sienta	sintamos
sientas	sintáis
sienta	sientan

Present Perfect

haya sentido	hayamos sentido
hayas sentido	hayáis sentido
haya sentido	hayan sentido

Past

sintiera	sintiéramos
sintieras	sintierais
sintiera	sintieran

Past Perfect

hubiera sentido	hubiéramos sentido
hubieras sentido	hubierais sentido
hubiera sentido	hubieran sentido

IMPERATIVE

siente	no sientas	sintamos	no sintamos
sienta	no sienta	sentid	no sintáis
		sientan	no sientan

¿Es posible sentirse feliz y triste al mismo tiempo?
Is it possible to feel happy and sad at the same time?

Siento mucho que no te sientas bien.
I'm sorry that you don't feel well.

Siento informarles que el viaje ha sido cancelado.
I regret to inform you that the trip has been cancelled.

Past part. sido   *Ger.* siendo

INDICATIVE

Present		Present Perfect	
soy	somos	he sido	hemos sido
eres	sois	has sido	habéis sido
es	son	ha sido	han sido

Preterit		Past Perfect	
fui	fuimos	había sido	habíamos sido
fuiste	fuisteis	habías sido	habíais sido
fue	fueron	había sido	habían sido

Imperfect		Future Perfect	
era	éramos	habré sido	habremos sido
eras	erais	habrás sido	habréis sido
era	eran	habrá sido	habrán sido

Future		Conditional Perfect	
seré	seremos	habría sido	habríamos sido
serás	seréis	habrías sido	habríais sido
será	serán	habría sido	habrían sido

Conditional	
sería	seríamos
serías	seríais
sería	serían

SUBJUNCTIVE

Present		Present Perfect	
sea	seamos	haya sido	hayamos sido
seas	seáis	hayas sido	hayáis sido
sea	sean	haya sido	hayan sido

Past		Past Perfect	
fuera	fuéramos	hubiera sido	hubiéramos sido
fueras	fuerais	hubieras sido	hubierais sido
fuera	fueran	hubiera sido	hubieran sido

IMPERATIVE

sé	no seas	seamos	no seamos
sea	no sea	sed	no seáis
		sean	no sean

El verbo "ser" es para hablar de esencias, orígenes, pertenencias y eventos.
The verb "ser" is for talking about state of being, origins, belongings, and events.
Jennifer López es una cantante; es muy bonita y su familia es de Puerto Rico.
Jennifer López is a singer; she is very pretty and her family is from Puerto Rico.
La fiesta de Luisa fue en casa de Benito.
Luisa's party was at Benito's house.

SERVIR   *To serve, to be of use for*

Past part. servido   *Ger.* sirviendo

INDICATIVE

Present		Present Perfect	
sirvo	servimos	he servido	hemos servido
sirves	servís	has servido	habéis servido
sirve	sirven	ha servido	han servido

Preterit		Past Perfect	
serví	servimos	había servido	habíamos servido
serviste	servisteis	habías servido	habíais servido
sirvió	sirvieron	había servido	habían servido

Imperfect		Future Perfect	
servía	servíamos	habré servido	habremos servido
servías	servíais	habrás servido	habréis servido
servía	servían	habrá servido	habrán servido

Future		Conditional Perfect	
serviré	serviremos	habría servido	habríamos servido
servirás	serviréis	habrías servido	habríais servido
servirá	servirán	habría servido	habrían servido

Conditional	
serviría	serviríamos
servirías	serviríais
serviría	servirían

SUBJUNCTIVE

Present		Present Perfect	
sirva	sirvamos	haya servido	hayamos servido
sirvas	sirváis	hayas servido	hayáis servido
sirva	sirvan	haya servido	hayan servido

Past		Past Perfect	
sirviera	sirviéramos	hubiera servido	hubiéramos servido
sirvieras	sirvierais	hubieras servido	hubierais servido
sirviera	sirvieran	hubiera servido	hubieran servido

IMPERATIVE

sirve	no sirvas	sirvamos	no sirvamos
sirva	no sirva	servid	no sirváis
		sirvan	no sirvan

Los caballeros juraban servir a sus damas fielmente.
Knights swore to serve their ladies faithfully.

No sé para que sirve este aparato.
I don't know what this machine is for.

¿Quieres que te sirva más sopa?
Do you want me to serve more soup for you?

SITUAR   *To locate, to set, to post*

Past part. situado   *Ger.* situando

INDICATIVE

Present		Present Perfect	
sitúo	situamos	he situado	hemos situado
sitúas	situáis	has situado	habéis situado
sitúa	sitúan	ha situado	han situado

Preterit		Past Perfect	
situé	situamos	había situado	habíamos situado
situaste	situasteis	habías situado	habíais situado
situó	situaron	había situado	habían situado

Imperfect		Future Perfect	
situaba	situábamos	habré situado	habremos situado
situabas	situabais	habrás situado	habréis situado
situaba	situaban	habrá situado	habrán situado

Future		Conditional Perfect	
situaré	situaremos	habría situado	habríamos situado
situarás	situaréis	habrías situado	habríais situado
situará	situarán	habría situado	habrían situado

Conditional	
situaría	situaríamos
situarías	situaríais
situaría	situarían

SUBJUNCTIVE

Present		Present Perfect	
sitúe	situemos	haya situado	hayamos situado
sitúes	situéis	hayas situado	hayáis situado
sitúe	sitúen	haya situado	hayan situado

Past		Past Perfect	
situara	situáramos	hubiera situado	hubiéramos situado
situaras	situarais	hubieras situado	hubierais situado
situara	situaran	hubiera situado	hubieran situado

IMPERATIVE

sitúa	no sitúes	situemos	no situemos
sitúe	no sitúe	situad	no situéis
		sitúen	no sitúen

¿Sabes donde se sitúa la catedral?
Do you know where the cathedral is located?

La novela se situaba en tiempos de la Revolución Mexicana.
The novel was set in the time of the Mexican Revolution.

El general situó a su ejército estratégicamente.
The general posted his army strategically.

SOBREVIVIR   *To survive*

Past part. sobrevivido   *Ger.* sobreviviendo

INDICATIVE

Present

sobrevivo	sobrevivimos
sobrevives	sobrevivís
sobrevive	sobreviven

Preterit

sobreviví	sobrevivimos
sobreviviste	sobrevivisteis
sobrevivió	sobrevivieron

Imperfect

sobrevivía	sobrevivíamos
sobrevivías	sobrevivíais
sobrevivía	sobrevivían

Future

sobreviviré	sobreviviremos
sobrevivirás	sobreviviréis
sobrevivirá	sobrevivirán

Conditional

sobreviviría	sobreviviríamos
sobrevivirías	sobreviviríais
sobreviviría	sobrevivirían

Present Perfect

he sobrevivido	hemos sobrevivido
has sobrevivido	habéis sobrevivido
ha sobrevivido	han sobrevivido

Past Perfect

había sobrevivido	habíamos sobrevivido
habías sobrevivido	habíais sobrevivido
había sobrevivido	habían sobrevivido

Future Perfect

habré sobrevivido	habremos sobrevivido
habrás sobrevivido	habréis sobrevivido
habrá sobrevivido	habrán sobrevivido

Conditional Perfect

habría sobrevivido	habríamos sobrevivido
habrías sobrevivido	habríais sobrevivido
habría sobrevivido	habrían sobrevivido

SUBJUNCTIVE

Present

sobreviva	sobrevivamos
sobrevivas	sobreviváis
sobreviva	sobrevivan

Past

sobreviviera	sobreviviéramos
sobrevivieras	sobrevivierais
sobreviviera	sobrevivieran

Present Perfect

haya sobrevivido	hayamos sobrevivido
hayas sobrevivido	hayáis sobrevivido
haya sobrevivido	hayan sobrevivido

Past Perfect

hubiera sobrevivido	hubiéramos sobrevivido
hubieras sobrevivido	hubierais sobrevivido
hubiera sobrevivido	hubieran sobrevivido

IMPERATIVE

sobrevive	no sobrevivas	sobrevivamos	no sobrevivamos
sobreviva	no sobreviva	sobrevivid	no sobreviváis
		sobrevivan	no sobrevivan

¿Sobrevivirá el lobo?
Will the wolf survive?

Si sobrevivimos, no me volveré a subir a un avión.
If we survive, I will never get on a plane again.

Es un milagro que hayan sobrevivido el accidente.
It's a miracle they survived the accident.

SOCORRER   *To help, to aid*

Past part. socorrido   *Ger.* socorriendo

INDICATIVE

Present		Present Perfect	
socorro	socorremos	he socorrido	hemos socorrido
socorres	socorréis	has socorrido	habéis socorrido
socorre	socorren	ha socorrido	han socorrido

Preterit		Past Perfect	
socorrí	socorrimos	había socorrido	habíamos socorrido
socorriste	socorristeis	habías socorrido	habíais socorrido
socorrió	socorrieron	había socorrido	habían socorrido

Imperfect		Future Perfect	
socorría	socorríamos	habré socorrido	habremos socorrido
socorrías	socorríais	habrás socorrido	habréis socorrido
socorría	socorrían	habrá socorrido	habrán socorrido

Future		Conditional Perfect	
socorreré	socorreremos	habría socorrido	habríamos socorrido
socorrerás	socorreréis	habrías socorrido	habríais socorrido
socorrerá	socorrerán	habría socorrido	habrían socorrido

Conditional	
socorrería	socorreríamos
socorrerías	socorreríais
socorrería	socorrerían

SUBJUNCTIVE

Present		Present Perfect	
socorra	socorramos	haya socorrido	hayamos socorrido
socorras	socorráis	hayas socorrido	hayáis socorrido
socorra	socorran	haya socorrido	hayan socorrido

Past		Past Perfect	
socorriera	socorriéramos	hubiera socorrido	hubiéramos socorrido
socorrieras	socorrierais	hubieras socorrido	hubierais socorrido
socorriera	socorrieran	hubiera socorrido	hubieran socorrido

IMPERATIVE

socorre	no socorras	socorramos	no socorramos
socorra	no socorra	socorred	no socorráis
		socorran	no socorran

Los caballeros buenos también socorrían a los débiles y a los desvalidos.
Good knights also helped the weak and the helpless.

Es inhumano no socorrer a una persona que lo necesita.
It's inhuman not to help a person who needs it.

Los bomberos socorrieron a las víctimas del accidente.
The firemen aided the accident victims.

SOLICITAR   *To request, to apply for*

Past part. solicitado   *Ger.* solicitando

INDICATIVE

Present

solicito	solicitamos
solicitas	solicitáis
solicita	solicitan

Present Perfect

he solicitado	hemos solicitado
has solicitado	habéis solicitado
ha solicitado	han solicitado

Preterit

solicité	solicitamos
solicitaste	solicitasteis
solicitó	solicitaron

Past Perfect

había solicitado	habíamos solicitado
habías solicitado	habíais solicitado
había solicitado	habían solicitado

Imperfect

solicitaba	solicitábamos
solicitabas	solicitabais
solicitaba	solicitaban

Future Perfect

habré solicitado	habremos solicitado
habrás solicitado	habréis solicitado
habrá solicitado	habrán solicitado

Future

solicitaré	solicitaremos
solicitará	solicitaréis
solicitará	solicitarán

Conditional Perfect

habría solicitado	habríamos solicitado
habrías solicitado	habríais solicitado
habría solicitado	habrían solicitado

Conditional

solicitaría	solicitaríamos
solicitarías	solicitaríais
solicitaría	solicitarían

SUBJUNCTIVE

Present

solicite	solicitemos
solicites	solicitéis
solicite	soliciten

Present Perfect

haya solicitado	hayamos solicitado
hayas solicitado	hayáis solicitado
haya solicitado	hayan solicitado

Past

solicitara	solicitáramos
solicitaras	solicitarais
solicitara	solicitaran

Past Perfect

hubiera solicitado	hubiéramos solicitado
hubieras solicitado	hubierais solicitado
hubiera solicitado	hubieran solicitado

IMPERATIVE

solicita	no solicites	solicitemos	no solicitemos
solicite	no solicite	solicitad	no solicitéis
		soliciten	no soliciten

A veces es necesario solicitar socorro de alguien.
Sometimes it's necessary to request help from someone.

Recomiendo que solicites más información antes de tomar una decisión.
I recommend that you request more information before making a decision.

Solicité un préstamo para comprar una casa.
I applied for a loan to buy a house.

SOLTAR *To let go, to release*

Past part. suelto   *Ger.* soltando

INDICATIVE

Present		Present Perfect	
suelto	soltamos	he soltado	hemos soltado
sueltas	soltáis	has soltado	habéis soltado
suelta	sueltan	ha soltado	han soltado

Preterit		Past Perfect	
solté	soltamos	había soltado	habíamos soltado
soltaste	soltasteis	habías soltado	habíais soltado
soltó	soltaron	había soltado	habían soltado

Imperfect		Future Perfect	
soltaba	soltábamos	habré soltado	habremos soltado
soltabas	soltabais	habrás soltado	habréis soltado
soltaba	soltaban	habrá soltado	habrán soltado

Future		Conditional Perfect	
soltaré	soltaremos	habría soltado	habríamos soltado
soltarás	soltaréis	habrías soltado	habríais soltado
soltará	soltarán	habría soltado	habrían soltado

Conditional	
soltaría	soltaríamos
soltarías	soltaríais
soltaría	soltarían

SUBJUNCTIVE

Present		Present Perfect	
suelte	soltemos	haya soltado	hayamos soltado
sueltes	soltéis	hayas soltado	hayáis soltado
suelte	suelten	haya soltado	hayan soltado

Past		Past Perfect	
soltara	soltáramos	hubiera soltado	hubiéramos soltado
soltaras	soltarais	hubieras soltado	hubierais soltado
soltara	soltaran	hubiera soltado	hubieran soltado

IMPERATIVE

suelta	no sueltes	soltemos	no soltemos
suelte	no suelte	soltad	no soltéis
		suelten	no suelten

¡Suéltame! Ni siquiera te me acerques.
Let me go! Don't even come near me.

Soltaron al acusado después de la decisión a su favor.
They released the accused after the decision in his favor.

Si sueltas la cuerda, caerás al vacío.
If you let go of the rope, you will fall into the void.

451

SOLUCIONAR *To solve, to resolve*

Past part. solucionado   *Ger.* solucionando

INDICATIVE

Present

soluciono	solucionamos
solucionas	solucionáis
soluciona	solucionan

Preterit

solucioné	solucionamos
solucionaste	solucionasteis
solucionó	solucionaron

Imperfect

solucionaba	solucionábamos
solucionabas	solucionabais
solucionaba	solucionaban

Future

solucionaré	solucionaremos
solucionarás	solucionaréis
solucionará	solucionarán

Conditional

solucionaría	solucionaríamos
solucionarías	solucionaríais
solucionaría	solucionarían

Present Perfect

he solucionado	hemos solucionado
has solucionado	habéis solucionado
ha solucionado	han solucionado

Past Perfect

había solucionado	habíamos solucionado
habías solucionado	habíais solucionado
había solucionado	habían solucionado

Future Perfect

habré solucionado	habremos solucionado
habrás solucionado	habréis solucionado
habrá solucionado	habrán solucionado

Conditional Perfect

habría solucionado	habríamos solucionado
habrías solucionado	habríais solucionado
habría solucionado	habrían solucionado

SUBJUNCTIVE

Present

solucione	solucionemos
soluciones	solucionéis
solucione	solucionen

Past

solucionara	solucionáramos
solucionaras	solucionarais
solucionara	solucionaran

Present Perfect

haya solucionado	hayamos solucionado
hayas solucionado	hayáis solucionado
haya solucionado	hayan solucionado

Past Perfect

hubiera solucionado	hubiéramos solucionado
hubieras solucionado	hubierais solucionado
hubiera solucionado	hubieran solucionado

IMPERATIVE

soluciona	no soluciones	solucionemos	no soluciones
solucione	no solucione	solucionad	no solucionéis
		solucionen	no solucionen

¿Sabes cómo se solucionó la situación?
Do you know how the situation got resolved?

Ella soluciona crucigramas con sorprendente facilidad.
She solves crosswords with surprising ease.

Estoy seguro que pronto solucionaremos el problema.
I'm certain that we will solve the problem soon.

SOÑAR   *To dream*

Past part. soñado   *Ger.* soñando

INDICATIVE

Present

sueño	soñamos
sueñas	soñáis
sueña	sueñan

Present Perfect

he soñado	hemos soñado
has soñado	habéis soñado
ha soñado	han soñado

Preterit

soñé	soñamos
soñaste	soñasteis
soñó	soñaron

Past Perfect

había soñado	habíamos soñado
habías soñado	habíais soñado
había soñado	habían soñado

Imperfect

soñaba	soñábamos
soñabas	soñabais
soñaba	soñaban

Future Perfect

habré soñado	habremos soñado
habrás soñado	habréis soñado
habrá soñado	habrán soñado

Future

soñaré	soñaremos
soñarás	soñaréis
soñará	soñarán

Conditional Perfect

habría soñado	habríamos soñado
habrías soñado	habríais soñado
habría soñado	habrían soñado

Conditional

soñaría	soñaríamos
soñarías	soñaríais
soñaría	soñarían

SUBJUNCTIVE

Present

sueñe	soñemos
sueñes	soñéis
sueñe	sueñen

Present Perfect

haya soñado	hayamos soñado
hayas soñado	hayáis soñado
haya soñado	hayan soñado

Past

soñara	soñáramos
soñaras	soñarais
soñara	soñaran

Past Perfect

hubiera soñado	hubiéramos soñado
hubieras soñado	hubierais soñado
hubiera soñado	hubieran soñado

IMPERATIVE

sueña	no sueñes	soñemos	no soñemos
sueñe	no sueñe	soñad	no soñéis
		sueñen	no sueñen

Sueño con un mundo sin guerra o pobreza.
I dream of a world without war or poverty.

No recuerdo lo que soñé anoche.
I don't remember what I dreamed last night.

Prefiero no soñar pesadillas.
I prefer not to have nightmares.

SOPORTAR *To support, to bear, to stand*

Past part. soportado *Ger.* soportando

INDICATIVE

Present

soporto	soportamos
soportas	soportáis
soporta	soportan

Preterit

soporté	soportamos
soportaste	soportasteis
soportó	soportaron

Imperfect

soportaba	soportábamos
soportabas	soportabais
soportaba	soportaban

Future

soportaré	soportaremos
soportarás	soportaréis
soportará	soportarán

Conditional

soportaría	soportaríamos
soportarías	soportaríais
soportaría	soportarían

Present Perfect

he soportado	hemos soportado
has soportado	habéis soportado
ha soportado	han soportado

Past Perfect

había soportado	habíamos soportado
habías soportado	habíais soportado
había soportado	habían soportado

Future Perfect

habré soportado	habremos soportado
habrás soportado	habréis soportado
habrá soportado	habrán soportado

Conditional Perfect

habría soportado	habríamos soportado
habrías soportado	habríais soportado
habría soportado	habrían soportado

SUBJUNCTIVE

Present

soporte	soportemos
soportes	soportéis
soporte	soporten

Past

soportara	soportáramos
soportaras	soportarais
soportara	soportaran

Present Perfect

haya soportado	hayamos soportado
hayas soportado	hayáis soportado
haya soportado	hayan soportado

Past Perfect

hubiera soportado	hubiéramos soportado
hubieras soportado	hubierais soportado
hubiera soportado	hubieran soportado

IMPERATIVE

soporta	no soportes	soportemos	no soportes
soporte	no soporte	soportad	no soportéis
		soporten	no soporten

Las vigas soportan el peso del techo.
The beams support the weight of the roof.

¿Cómo pudo soportar el dolor sin medicinas?
How could he bear the pain without drugs?

No soporto ver que se desperdicie el agua.
I can't stand seeing water being wasted.

SOSPECHAR   *To suspect*

Past part. sospechado   *Ger.* sospechando

INDICATIVE

Present

sospecho	sospechamos
sospechas	sospecháis
sospecha	sospechan

Present Perfect

he sospechado	hemos sospechado
has sospechado	habéis sospechado
ha sospechado	han sospechado

Preterit

sospeché	sospechamos
sospechaste	sospechasteis
sospechó	sospecharon

Past Perfect

había sospechado	habíamos sospechado
habías sospechado	habíais sospechado
había sospechado	habían sospechado

Imperfect

sospechaba	sospechábamos
sospechabas	sospechabais
sospechaba	sospechaban

Future Perfect

habré sospechado	habremos sospechado
habrás sospechado	habréis sospechado
habrá sospechado	habrán sospechado

Future

sospecharé	sospecharemos
sospecharás	sospecharéis
sospechará	sospecharán

Conditional Perfect

habría sospechado	habríamos sospechado
habrías sospechado	habríais sospechado
habría sospechado	habrían sospechado

Conditional

sospecharía	sospecharíamos
sospecharías	sospecharíais
sospecharía	sospecharían

SUBJUNCTIVE

Present

sospeche	sospechemos
sospeches	sospechéis
sospeche	sospechen

Present Perfect

haya sospechado	hayamos sospechado
hayas sospechado	hayáis sospechado
haya sospechado	hayan sospechado

Past

sospechara	sospecháramos
sospecharas	sospecharais
sospechara	sospecharan

Past Perfect

hubiera sospechado	hubiéramos sospechado
hubieras sospechado	hubierais sospechado
hubiera sospechado	hubieran sospechado

IMPERATIVE

sospecha	no sospeches	sospechemos	no sospechemos
sospeche	no sospeche	sospechad	no sospechéis
		sospechen	no sospechen

Ella sospechaba la infidelidad de su marido desde hace tiempo.
She had suspected her husband's infidelity for a while.
Sospechar demasiado raya en la paranoia.
Suspecting too much borders on paranoia.
La policía sospecha que el ladrón tuvo un cómplice.
The police suspect that the thief had an accomplice.

SOSTENER *To support, to hold, to uphold, to maintain*

Past part. sostenido   *Ger.* sosteniendo

INDICATIVE

Present		Present Perfect	
sostengo	sostenemos	he sostenido	hemos sostenido
sostienes	sostenéis	has sostenido	habéis sostenido
sostiene	sostienen	ha sostenido	han sostenido

Preterit		Past Perfect	
sostuve	sostuvimos	había sostenido	habíamos sostenido
sostuviste	sostuvisteis	habías sostenido	habíais sostenido
sostuvo	sostuvieron	había sostenido	habían sostenido

Imperfect		Future Perfect	
sostenía	sosteníamos	habré sostenido	habremos sostenido
sostenías	sosteníais	habrás sostenido	habréis sostenido
sostenía	sostenían	habrá sostenido	habrán sostenido

Future		Conditional Perfect	
sostendré	sostendremos	habría sostenido	habríamos sostenido
sostendrás	sostendréis	habrías sostenido	habríais sostenido
sostendrá	sostendrán	habría sostenido	habrían sostenido

Conditional	
sostendría	sostendríamos
sostendrías	sostendríais
sostendría	sostendrían

SUBJUNCTIVE

Present		Present Perfect	
sostenga	sostengamos	haya sostenido	hayamos sostenido
sostengas	sostengáis	hayas sostenido	hayáis sostenido
sostenga	sostengan	haya sostenido	hayan sostenido

Past		Past Perfect	
sostuviera	sostuviéramos	hubiera sostenido	hubiéramos sostenido
sostuvieras	sostuvierais	hubieras sostenido	hubierais sostenido
sostuviera	sostuvieran	hubiera sostenido	hubieran sostenido

IMPERATIVE

sostén	no sostengas	sostengamos	no sostengamos
sostenga	no sostenga	sostened	no sostengáis
		sostengan	no sostengan

Él sólo sostiene a toda su familia.
He supports all his family by himself.

¿Puedes sostenerme esto mientras sacó mis llaves? Gracias.
Can you hold this for me while I get my keys? Thanks.

Los funcionarios públicos deben sostener las leyes de la nación.
Public officials must uphold the nation's laws.

SUBIR   *To go up, to climb, to raise*

Past part. subido   *Ger.* subiendo

INDICATIVE

Present		Present Perfect	
subo	subimos	he subido	hemos subido
subes	subís	has subido	habéis subido
sube	suben	ha subido	han subido

Preterit		Past Perfect	
subí	subimos	había subido	habíamos subido
subiste	subisteis	habías subido	habíais subido
subió	subieron	había subido	habían subido

Imperfect		Future Perfect	
subía	subíamos	habré subido	habremos subido
subías	subíais	habrás subido	habréis subido
subía	subían	habrá subido	habrán subido

Future		Conditional Perfect	
subiré	subiremos	habría subido	habríamos subido
subirás	subiréis	habrías subido	habríais subido
subirá	subirán	habría subido	habrían subido

Conditional	
subiría	subiríamos
subirías	subiríais
subiría	subirían

SUBJUNCTIVE

Present		Present Perfect	
suba	subamos	haya subido	hayamos subido
subas	subáis	hayas subido	hayáis subido
suba	suban	haya subido	hayan subido

Past		Past Perfect	
subiera	subiéramos	hubiera subido	hubiéramos subido
subieras	subierais	hubieras subido	hubierais subido
subiera	subieran	hubiera subido	hubieran subido

IMPERATIVE

sube	no subas	subamos	no subamos
suba	no suba	subid	no subáis
		suban	no suban

Es buen ejercicio subir la escalera de dos en dos escalones.
It's good exercise to go up the stairs two steps at a time.
¿Le importa si subo el volumen del radio?
Do you mind if I raise the volume on the radio?
Quiero subir hasta arriba de la Pirámide del Sol en Teotihuacan.
I want to climb to the top of the Pyramid of the Sun in Teotihuacan.

SUDAR *To sweat*

Past part. sudado   Ger. sudando

INDICATIVE

Present		Present Perfect	
sudo	sudamos	he sudado	hemos sudado
sudas	sudáis	has sudado	habéis sudado
suda	sudan	ha sudado	han sudado

Preterit		Past Perfect	
sudé	sudamos	había sudado	habíamos sudado
sudaste	sudasteis	habías sudado	habíais sudado
sudó	sudaron	había sudado	habían sudado

Imperfect		Future Perfect	
sudaba	sudábamos	habré sudado	habremos sudado
sudabas	sudabais	habrás sudado	habréis sudado
sudaba	sudaban	habrá sudado	habrán sudado

Future		Conditional Perfect	
sudaré	sudaremos	habría sudado	habríamos sudado
sudarás	sudaréis	habrías sudado	habríais sudado
sudará	sudarán	habría sudado	habrían sudado

Conditional	
sudaría	sudaríamos
sudarías	sudaríais
sudaría	sudarían

SUBJUNCTIVE

Present		Present Perfect	
sude	sudemos	haya sudado	hayamos sudado
sudes	sudéis	hayas sudado	hayáis sudado
sude	suden	haya sudado	hayan sudado

Past		Past Perfect	
sudara	sudáramos	hubiera sudado	hubiéramos sudado
sudaras	sudarais	hubieras sudado	hubierais sudado
sudara	sudaran	hubiera sudado	hubieran sudado

IMPERATIVE

suda	no sudes	sudemos	no sudemos
sude	no sude	sudad	no sudéis
		suden	no suden

Sudar ayuda a regular la temperatura interna del cuerpo.
Sweating helps regulate the body's internal temperature.

Nunca había sudado tanto en mi vida.
I had never sweated so much in my life.

Mi hijo suda mucho cuando duerme.
My son sweats a lot when he sleeps.

SUFRIR   *To suffer, to bear, put up with*

Past part. sufrido   *Ger.* sufriendo

INDICATIVE

Present		Present Perfect	
sufro	sufrimos	he sufrido	hemos sufrido
sufres	sufrís	has sufrido	habéis sufrido
sufre	sufren	ha sufrido	han sufrido

Preterit		Past Perfect	
sufrí	sufrimos	había sufrido	habíamos sufrido
sufriste	sufristeis	habías sufrido	habíais sufrido
sufrió	sufrieron	había sufrido	habían sufrido

Imperfect		Future Perfect	
sufría	sufríamos	habré sufrido	habremos sufrido
sufrías	sufríais	habrás sufrido	habréis sufrido
sufría	sufrían	habrá sufrido	habrán sufrido

Future		Conditional Perfect	
sufriré	sufriremos	habría sufrido	habríamos sufrido
sufrirás	sufriréis	habrías sufrido	habríais sufrido
sufrirá	sufrirán	habría sufrido	habrían sufrido

Conditional	
sufría	sufríamos
sufrías	sufríais
sufría	sufrían

SUBJUNCTIVE

Present		Present Perfect	
sufra	suframos	haya sufrido	hayamos sufrido
sufras	sufráis	hayas sufrido	hayáis sufrido
sufra	sufran	haya sufrido	hayan sufrido

Past		Past Perfect	
sufriera	sufriéramos	hubiera sufrido	hubiéramos sufrido
sufrieras	sufrierais	hubieras sufrido	hubierais sufrido
sufriera	sufrieran	hubiera sufrido	hubieran sufrido

IMPERATIVE

sufre	no sufras	suframos	no suframos
sufra	no sufra	sufrid	no sufráis
		sufran	no sufran

Me temo que sufre de una enfermedad con pocas opciones de tratamiento.
I'm afraid he suffers from an illness with few treatment options.

La compañía sufrirá una gran pérdida con la renuncia del presidente de la junta directiva.
The company will suffer a great loss with the resignation of the chairman of the governing board.

¡No puedo sufrir más esta situación!
I can't bear this situation anymore!

SUGERIR *To suggest, to recommend, to propose*

Past part. sugerido   *Ger.* sugiriendo

INDICATIVE

Present		Present Perfect	
sugiero	sugerimos	he sugerido	hemos sugerido
sugieres	sugerís	has sugerido	habéis sugerido
sugiere	sugieren	ha sugerido	han sugerido

Preterit		Past Perfect	
sugerí	sugerimos	había sugerido	habíamos sugerido
sugeriste	sugeristeis	habías sugerido	habíais sugerido
sugirió	sugirieron	había sugerido	habían sugerido

Imperfect		Future Perfect	
sugería	sugeríamos	habré sugerido	habremos sugerido
sugerías	sugeríais	habrás sugerido	habréis sugerido
sugería	sugerían	habrá sugerido	habrán sugerido

Future		Conditional Perfect	
sugeriré	sugeriremos	habría sugerido	habríamos sugerido
sugerirás	sugeriréis	habrías sugerido	habríais sugerido
sugerirá	sugerirán	habría sugerido	habrían sugerido

Conditional	
sugeriría	sugeriríamos
sugerirías	sugeriríais
sugeriría	sugerirían

SUBJUNCTIVE

Present		Present Perfect	
sugiera	sugiramos	haya sugerido	hayamos sugerido
sugieras	sugiráis	hayas sugerido	hayáis sugerido
sugiera	sugieran	haya sugerido	hayan sugerido

Past		Past Perfect	
sugiriera	sugiriéramos	hubiera sugerido	hubiéramos sugerido
sugirieras	sugirierais	hubieras sugerido	hubierais sugerido
sugiriera	sugirieran	hubiera sugerido	hubieran sugerido

IMPERATIVE

sugiere	no sugieras	sugiramos	no sugiramos
sugiera	no sugiera	sugerid	no sugiráis
		sugieran	no sugieran

La comisión sugerirá algunas medidas de reestructuración.
The commission will suggest some restructuring measures.

Si quieres saber más, sugiero que hagas una búsqueda en línea.
If you want to learn more, I recommend that you do an on-line search.

Sugerí que consultáramos el mapa antes de seguir adelante.
I suggested we consult the map before proceeding.

SUICIDARSE   *To commit suicide, to kill oneself*

Past part. suicidado   *Ger.* suicidando

INDICATIVE

Present
me suicido	nos suicidamos
te suicidas	os suicidáis
se suicida	se suicidan

Present Perfect
me he suicidado	nos hemos suicidado
te has suicidado	os habéis suicidado
se ha suicidado	se han suicidado

Preterit
me suicidé	nos suicidamos
te suicidaste	os suicidasteis
se suicidó	se suicidaron

Past Perfect
me había suicidado	nos habíamos suicidado
te habías suicidado	os habíais suicidado
se había suicidado	se habían suicidado

Imperfect
me suicidaba	nos suicidábamos
te suicidabas	os suicidabais
se suicidaba	se suicidaban

Future Perfect
me habré suicidado	nos habremos suicidado
te habrás suicidado	os habréis suicidado
se habrá suicidado	se habrán suicidado

Future
me suicidaré	nos suicidaremos
te suicidarás	os suicidaréis
se suicidará	se suicidarán

Conditional Perfect
me habría suicidado	nos habríamos suicidado
te habrías suicidado	os habríais suicidado
se habría suicidado	se habrían suicidado

Conditional
me suicidaría	nos suicidaríamos
te suicidarías	os suicidaríais
se suicidaría	se suicidarían

SUBJUNCTIVE

Present
me suicide	nos suicidemos
te suicides	os suicidéis
se suicide	se suiciden

Present Perfect
me haya suicidado	nos hayamos suicidado
te hayas suicidado	os hayáis suicidado
se haya suicidado	se hayan suicidado

Past
me suicidara	nos suicidáramos
te suicidaras	os suicidarais
se suicidara	se suicidaran

Past Perfect
me hubiera suicidado	nos hubiéramos suicidado
te hubieras suicidado	os hubierais suicidado
se hubiera suicidado	se hubieran suicidado

IMPERATIVE
suicídate	no te suicides	suicidémonos	no nos suicidemos
suicídese	no se suicide	suicidaos	no os suicidéis
		suicídense	no se suiciden

Los samuráis se suicidaban ritualmente si perdían su honor.
Samurai committed ritual suicide if they lost their honor.

A veces los fanáticos se suicidan por sus creencias.
Sometimes fanatics commit suicide for their beliefs.

Siempre hay una mejor solución que suicidarse.
There is always a better solution than killing oneself.

Past part. suplicado   *Ger.* suplicando

INDICATIVE

Present		Present Perfect	
suplico	suplicamos	he suplicado	hemos suplicado
suplicas	suplicáis	has suplicado	habéis suplicado
suplica	suplican	ha suplicado	han suplicado

Preterit		Past Perfect	
supliqué	suplicamos	había suplicado	habíamos suplicado
suplicaste	suplicasteis	habías suplicado	habíais suplicado
suplicó	suplicaron	había suplicado	habían suplicado

Imperfect		Future Perfect	
suplicaba	suplicábamos	habré suplicado	habremos suplicado
suplicabas	suplicabais	habrás suplicado	habréis suplicado
suplicaba	suplicaban	habrá suplicado	habrán suplicado

Future		Conditional Perfect	
suplicaré	suplicaremos	habría suplicado	habríamos suplicado
suplicarás	suplicaréis	habrías suplicado	habríais suplicado
suplicará	suplicarán	habría suplicado	habrían suplicado

Conditional	
suplicaría	suplicaríamos
suplicarías	suplicaríais
suplicaría	suplicarían

SUBJUNCTIVE

Present		Present Perfect	
suplique	supliquemos	haya suplicado	hayamos suplicado
supliques	supliquéis	hayas suplicado	hayáis suplicado
suplique	supliquen	haya suplicado	hayan suplicado

Past		Past Perfect	
suplicara	suplicáramos	hubiera suplicado	hubiéramos suplicado
suplicaras	suplicarais	hubieras suplicado	hubierais suplicado
suplicara	suplicaran	hubiera suplicado	hubieran suplicado

IMPERATIVE

suplica	no supliques	supliquemos	no supliquemos
suplique	no suplique	suplicad	no supliquéis
		supliquen	no supliquen

Él debería suplicarle que lo perdone por lo que había hecho.
He should beg her to forgive him for what he had done.
El abogado defensor suplicó la clemencia para su cliente.
The defense attorney implored mercy for his client.
Te suplico que tengas más cuidado en el futuro.
I beseech you to be more careful in the future.

SUPONER   *To suppose, to assume, to involve*

Past part. supuesto   *Ger.* suponiendo

INDICATIVE

Present

supongo	suponemos
supones	suponéis
supone	suponen

Present Perfect

he supuesto	hemos supuesto
has supuesto	habéis supuesto
ha supuesto	han supuesto

Preterit

supuse	supusimos
supusiste	supusisteis
supuso	supusieron

Past Perfect

había supuesto	habíamos supuesto
habías supuesto	habíais supuesto
había supuesto	habían supuesto

Imperfect

suponía	suponíamos
suponías	suponíais
suponía	suponían

Future Perfect

habré supuesto	habremos supuesto
habrás supuesto	habréis supuesto
habrá supuesto	habrán supuesto

Future

supondré	supondremos
supondrás	supondréis
supondrá	supondrán

Conditional Perfect

habría supuesto	habríamos supuesto
habrías supuesto	habríais supuesto
habría supuesto	habrían supuesto

Conditional

supondría	supondríamos
supondrías	supondríais
supondría	supondrían

SUBJUNCTIVE

Present

suponga	supongamos
supongas	supongáis
suponga	supongan

Present Perfect

haya supuesto	hayamos supuesto
hayas supuesto	hayáis supuesto
haya supuesto	hayan supuesto

Past

supusiera	supusiéramos
supusieras	supusierais
supusiera	supusieran

Past Perfect

hubiera supuesto	hubiéramos supuesto
hubieras supuesto	hubierais supuesto
hubiera supuesto	hubieran supuesto

IMPERATIVE

supón	no supongas	supongamos	no supongamos
suponga	no suponga	suponed	no supongáis
		supongan	no supongan

Supongo que tienes razón.
I suppose you're right.

No supongas que sé lo que estoy haciendo.
Don't assume I know what I'm doing.

La solución al problema suponía la colaboración de todos.
The solution to the problem involved everybody's collaboration.

SUSPIRAR *To sigh*

Past part. suspirado   *Ger.* suspirando

INDICATIVE

Present		Present Perfect	
suspiro	suspiramos	he suspirado	hemos suspirado
suspiras	suspiráis	has suspirado	habéis suspirado
suspira	suspiran	ha suspirado	han suspirado

Preterit		Past Perfect	
suspiré	suspiramos	había suspirado	habíamos suspirado
suspiraste	suspirasteis	habías suspirado	habíais suspirado
suspiró	suspiraron	había suspirado	habían suspirado

Imperfect		Future Perfect	
suspiraba	suspirábamos	habré suspirado	habremos suspirado
suspirabas	suspirabais	habrás suspirado	habréis suspirado
suspiraba	suspiraban	habrá suspirado	habrán suspirado

Future		Conditional Perfect	
suspiraré	suspiraremos	habría suspirado	habríamos suspirado
suspirarás	suspiréis	habrías suspirado	habríais suspirado
suspirará	suspirarán	habría suspirado	habrían suspirado

Conditional	
suspiraría	suspiraríamos
suspirarías	suspiraríais
suspiraría	suspirarían

SUBJUNCTIVE

Present		Present Perfect	
suspire	suspiremos	haya suspirado	hayamos suspirado
suspires	suspiréis	hayas suspirado	hayáis suspirado
suspire	suspiren	haya suspirado	hayan suspirado

Past		Past Perfect	
suspirara	suspiráramos	hubiera suspirado	hubiéramos suspirado
suspiraras	suspirarais	hubieras suspirado	hubierais suspirado
suspirara	suspiraran	hubiera suspirado	hubieran suspirado

IMPERATIVE

suspira	no suspires	suspiremos	no suspiremos
suspire	no suspire	suspirad	no suspiréis
		suspiren	no suspiren

Suspirar es síntoma de alguna emoción.
Sighing is a symptom of some emotion.
Al principio, Estela suspiraba nada más de pensar en Ramón.
In the beginning Estela sighed just thinking about Ramón.
¿Por qué o por quién suspiras?
Why do you sigh, or for whom?

SUSURRAR   *To whisper, to murmur*

Past part. susurrado   *Ger.* susurrando

INDICATIVE

Present
susurro	susurramos
susurras	susurráis
susurra	susurran

Present Perfect
he susurrado	hemos susurrado
has susurrado	habéis susurrado
ha susurrado	han susurrado

Preterit
susurré	susurramos
susurraste	susurrasteis
susurró	susurraron

Past Perfect
había susurrado	habíamos susurrado
habías susurrado	habíais susurrado
había susurrado	habían susurrado

Imperfect
susurraba	susurrábamos
susurrabas	susurrabais
susurraba	susurraban

Future Perfect
habré susurrado	habremos susurrado
habrás susurrado	habréis susurrado
habrá susurrado	habrán susurrado

Future
susurraré	susurraremos
susurrarás	susurraréis
susurrará	susurrarán

Conditional Perfect
habría susurrado	habríamos susurrado
habrías susurrado	habríais susurrado
habría susurrado	habrían susurrado

Conditional
susurraría	susurraríamos
susurrarías	susurraríais
susurraría	susurrarían

SUBJUNCTIVE

Present
susurre	susurremos
susurres	susurréis
susurre	susurren

Present Perfect
haya susurrado	hayamos susurrado
hayas susurrado	hayáis susurrado
haya susurrado	hayan susurrado

Past
susurrara	susurráramos
susurraras	susurrarais
susurrara	susurraran

Past Perfect
hubiera susurrado	hubiéramos susurrado
hubieras susurrado	hubierais susurrado
hubiera susurrado	hubieran susurrado

IMPERATIVE

susurra	no susurres	susurremos	no susurremos
susurre	no susurre	susurrad	no susurréis
		susurren	no susurren

Es grosero susurrar con alguien mirando directamente a alguien más.
It's rude to whisper with someone while looking directly at someone else.
Susúrrame cosas dulces al oído.
Whisper sweet nothings in my ear.
El viento de otoño susurraba al pasar por las ramas de los árboles.
The autumn wind murmured going through the tree branches.

TAPAR

To cover, to put the lid (cap, cover) on, to block

Taparse *To cover up, to get clogged*

Past part. tapado   Ger. tapando

INDICATIVE

Present		Present Perfect	
tapo	tapamos	he tapado	hemos tapado
tapas	tapáis	has tapado	habéis tapado
tapa	tapan	ha tapado	han tapado
Preterit		**Past Perfect**	
tapé	tapamos	había tapado	habíamos tapado
tapaste	tapasteis	habías tapado	habíais tapado
tapó	taparon	había tapado	habían tapado
Imperfect		**Future Perfect**	
tapaba	tapábamos	habré tapado	habremos tapado
tapabas	tapabais	habrás tapado	habréis tapado
tapaba	tapaban	habrá tapado	habrán tapado
Future		**Conditional Perfect**	
taparé	taparemos	habría tapado	habríamos tapado
taparás	taparéis	habrías tapado	habríais tapado
tapará	taparán	habría tapado	habrían tapado
Conditional			
taparía	taparíamos		
taparías	taparíais		
taparía	taparían		

SUBJUNCTIVE

Present		Present Perfect	
tape	tapemos	haya tapado	hayamos tapado
tapes	tapéis	hayas tapado	hayáis tapado
tape	tapen	haya tapado	hayan tapado
Past		**Past Perfect**	
tapara	tapáramos	hubiera tapado	hubiéramos tapado
taparas	taparais	hubieras tapado	hubierais tapado
tapara	taparan	hubiera tapado	hubieran tapado

IMPERATIVE

tapa	no tapes	tapemos	no tapemos
tape	no tape	tapad	no tapéis
		tapen	no tapen

Tapa el pastel para que no se ponga duro y seco.
Cover the cake so that it doesn't get hard and dry.

¿Por qué nunca tapas la pasta de dientes?
Why do you never put the cap on the toothpaste?

Hay un dicho que dice: "No se puede tapar el sol con un dedo."
There's a saying that goes: "You can't block the sun with one finger."

TARDAR   *To take (a long) time*

Past part. tardado   *Ger.* tardando

INDICATIVE

Present
		Present Perfect	
tardo	tardamos	he tardado	hemos tardado
tardas	tardáis	has tardado	habéis tardado
tarda	tardan	ha tardado	han tardado

Preterit
		Past Perfect	
tardé	tardamos	había tardado	habíamos tardado
tardaste	tardasteis	habías tardado	habíais tardado
tardó	tardaron	había tardado	habían tardado

Imperfect
		Future Perfect	
tardaba	tardábamos	habré tardado	habremos tardado
tardabas	tardabais	habrás tardado	habréis tardado
tardaba	tardaban	habrá tardado	habrán tardado

Future
		Conditional Perfect	
tardaré	tardaremos	habría tardado	habríamos tardado
tardarás	tardaréis	habrías tardado	habríais tardado
tardará	tardarán	habría tardado	habrían tardado

Conditional
tardaría	tardaríamos
tardarías	tardaríais
tardaría	tardarían

SUBJUNCTIVE

Present
		Present Perfect	
tarde	tardemos	haya tardado	hayamos tardado
tardes	tardéis	hayas tardado	hayáis tardado
tarde	tarden	haya tardado	hayan tardado

Past
		Past Perfect	
tardara	tardáramos	hubiera tardado	hubiéramos tardado
tardaras	tardarais	hubieras tardado	hubierais tardado
tardara	tardaran	hubiera tardado	hubieran tardado

IMPERATIVE
tarda	no tardes	tardemos	no tardemos
tarde	no tarde	tardad	no tardéis
		tarden	no tarden

¿Cuánto tarda el tren en llegar a Sevilla?
How long does it take for the train to get to Seville?
No te tardes demasiado o llegaremos tarde.
Don't take too long or we'll be late.
La comida tardó mucho en estar lista.
The food took a long time to be ready.

TECLEAR   *To key, to type*

Past part. tecleado   *Ger.* tecleando

INDICATIVE

Present		Present Perfect	
tecleo	tecleamos	he tecleado	hemos tecleado
tecleas	tecleáis	has tecleado	habéis tecleado
teclea	teclean	ha tecleado	han tecleado

Preterit		Past Perfect	
tecleé	tecleamos	había tecleado	habíamos tecleado
tecleaste	tecleasteis	habías tecleado	habíais tecleado
tecleó	teclearon	había tecleado	habían tecleado

Imperfect		Future Perfect	
tecleaba	tecleábamos	habré tecleado	habremos tecleado
tecleabas	tecleabais	habrás tecleado	habréis tecleado
tecleaba	tecleaban	habrá tecleado	habrán tecleado

Future		Conditional Perfect	
teclearé	teclearemos	habría tecleado	habríamos tecleado
teclearás	teclearéis	habrías tecleado	habríais tecleado
tecleará	teclearán	habría tecleado	habrían tecleado

Conditional	
teclearía	teclearíamos
teclearías	teclearíais
teclearía	teclearían

SUBJUNCTIVE

Present		Present Perfect	
teclee	tecleemos	haya tecleado	hayamos tecleado
teclees	tecleéis	hayas tecleado	hayáis tecleado
teclee	tecleen	haya tecleado	hayan tecleado

Past		Past Perfect	
tecleara	tecleáramos	hubiera tecleado	hubiéramos tecleado
teclearas	teclearais	hubieras tecleado	hubierais tecleado
tecleara	teclearan	hubiera tecleado	hubieran tecleado

IMPERATIVE

teclea	no teclees	tecleemos	no tecleemos
teclee	no teclee	teclead	no tecleéis
		tecleen	no tecleen

No puedo teclear sin ver las teclas del teclado.
I can't type without looking at the keys on the keyboard.

¿Qué tan rápido tecleas?
How fast can you type?

Esta forma necesita estar tecleada a máquina.
This form must be typewritten.

TEJER   *To knit, to weave*

Past part. tejido   *Ger.* tejiendo

INDICATIVE

Present		Present Perfect	
tejo	tejemos	he tejido	hemos tejido
tejes	tejéis	has tejido	habéis tejido
teje	tejen	ha tejido	han tejido

Preterit		Past Perfect	
tejí	tejimos	había tejido	habíamos tejido
tejiste	tejisteis	habías tejido	habíais tejido
tejió	tejieron	había tejido	habían tejido

Imperfect		Future Perfect	
tejía	tejíamos	habré tejido	habremos tejido
tejías	tejíais	habrás tejido	habréis tejido
tejía	tejían	habrá tejido	habrán tejido

Future		Conditional Perfect	
tejeré	tejeremos	habría tejido	habríamos tejido
tejerás	tejeréis	habrías tejido	habríais tejido
tejerá	tejerán	habría tejido	habrían tejido

Conditional	
tejería	tejeríamos
tejerías	tejeríais
tejería	tejerían

SUBJUNCTIVE

Present		Present Perfect	
teja	tejamos	haya tejido	hayamos tejido
tejas	tejáis	hayas tejido	hayáis tejido
teja	tejan	haya tejido	hayan tejido

Past		Past Perfect	
tejiera	tejiéramos	hubiera tejido	hubiéramos tejido
tejieras	tejierais	hubieras tejido	hubierais tejido
tejiera	tejieran	hubiera tejido	hubieran tejido

IMPERATIVE

teje	no tejas	tejamos	no tejamos
teja	no teja	tejed	no tejáis
		tejan	no tejan

Mi madre me tejió una bufanda de lana.
My mother knitted me a woolen scarf.

Esas canastas están tejidas a mano por artesanos locales.
Those baskets are hand woven by local artisans.

Tejió una red de mentiras y engaño.
He weaved a web of lies and deceit.

TEMBLAR
To tremble, to shake, to shiver, to shudder

Past part. temblado   *Ger.* temblando

INDICATIVE

Present		Present Perfect	
tiemblo	temblamos	he temblado	hemos temblado
tiemblas	tembláis	has temblado	habéis temblado
tiembla	tiemblan	ha temblado	han temblado

Preterit		Past Perfect	
temblé	temblamos	había temblado	habíamos temblado
temblaste	temblasteis	habías temblado	habíais temblado
tembló	temblaron	había temblado	habían temblado

Imperfect		Future Perfect	
temblaba	temblábamos	habré temblado	habremos temblado
temblabas	temblabais	habrás temblado	habréis temblado
temblaba	temblaban	habrá temblado	habrán temblado

Future		Conditional Perfect	
temblaré	temblaremos	habría temblado	habríamos temblado
temblarás	temblaréis	habrías temblado	habríais temblado
temblará	temblarán	habría temblado	habrían temblado

Conditional	
temblaría	temblaríamos
temblarías	temblaríais
temblaría	temblarían

SUBJUNCTIVE

Present		Present Perfect	
tiemble	temblemos	haya temblado	hayamos temblado
tiembles	tembléis	hayas temblado	hayáis temblado
tiemble	tiemblen	haya temblado	hayan temblado

Past		Past Perfect	
temblara	tembláramos	hubiera temblado	hubiéramos temblado
temblaras	temblarais	hubieras temblado	hubierais temblado
temblara	temblaran	hubiera temblado	hubieran temblado

IMPERATIVE

tiembla	no tiembles	temblemos	no temblemos
tiemble	no tiemble	temblad	no tembléis
		tiemblen	no tiemblen

No sentiste que tembló el piso?
Didn't you feel the floor tremble?

Mojados y hambrientos, los campistas temblaban de frío.
Wet and hungry, the campers were shivering from the cold.

Las historias de fantasmas me hacen temblar de miedo.
Ghost stories make me shudder with fear.

Past part. temido   *Ger.* temiendo

INDICATIVE

Present

temo	tememos		
temes	teméis		
teme	temen		

Present Perfect

he temido	hemos temido
has temido	habéis temido
ha temido	han temido

Preterit

temí	temimos
temiste	temisteis
temió	temieron

Past Perfect

había temido	habíamos temido
habías temido	habíais temido
había temido	habían temido

Imperfect

temía	temíamos
temías	temíais
temía	temían

Future Perfect

habré temido	habremos temido
habrás temido	habréis temido
habrá temido	habrán temido

Future

temeré	temeremos
temerás	temeréis
temerá	temerán

Conditional Perfect

habría temido	habríamos temido
habrías temido	habríais temido
habría temido	habrían temido

Conditional

temería	temeríamos
temerías	temeríais
temería	temerían

SUBJUNCTIVE

Present

tema	temamos
temas	temáis
tema	teman

Present Perfect

haya temido	hayamos temido
hayas temido	hayáis temido
haya temido	hayan temido

Past

temiera	temiéramos
temieras	temierais
temiera	temieran

Past Perfect

hubiera temido	hubiéramos temido
hubieras temido	hubierais temido
hubiera temido	hubieran temido

IMPERATIVE

teme	no temas	temamos	no temamos
tema	no tema	temed	no temáis
		teman	no teman

¡No temas! Yo te protegeré.
Fear not! I will protect you.

El acusado temía el día del juicio.
The accused dreaded judgment day.

Me temo que no puedo hacer nada por usted.
I'm afraid I can't do anything for you.

TENER   *To have, to hold, to be (age, measure, condition)*

Past part. tenido   *Ger.* teniendo

INDICATIVE

Present		Present Perfect	
tengo	tenemos	he tenido	hemos tenido
tienes	tenéis	has tenido	habéis tenido
tiene	tienen	ha tenido	han tenido

Preterit		Past Perfect tenido	
tuve	tuvimos	había tenido	habíamos tenido
tuviste	tuvisteis	habías tenido	habíais tenido
tuvo	tuvieron	había tenido	habían tenido

Imperfect		Future Perfect	
tenía	teníamos	habré tenido	habremos tenido
tenías	teníais	habrás tenido	habréis tenido
tenía	tenían	habrá tenido	habrán tenido

Future		Conditional Perfect	
tendré	tendremos	habría tenido	habríamos tenido
tendrás	tendréis	habrías tenido	habríais tenido
tendrá	tendrán	habría tenido	habrían tenido

Conditional	
tendría	tendríamos
tendrías	tendríais
tendría	tendrían

SUBJUNCTIVE

Present		Present Perfect	
tenga	tengamos	haya tenido	hayamos tenido
tengas	tengáis	hayas tenido	hayáis tenido
tenga	tengan	haya tenido	hayan tenido

Past		Past Perfect	
tuviera	tuviéramos	hubiera tenido	hubiéramos tenido
tuvieras	tuvierais	hubieras tenido	hubierais tenido
tuviera	tuvieran	hubiera tenido	hubieran tenido

IMPERATIVE

ten	no tengas	tengamos	no tengamos
tenga	no tenga	tened	no tengáis
		tengan	no tengan

Tengo poco tiempo para hablar porque tengo muchas cosas que hacer hoy.
I have little time to talk because I have a lot of things to do today.

Quiero tenerte entre mis brazos.
I want to hold you in my arms.

¿Tienes hambre, frío, sed, sueño, o miedo?
Are you hungry, cold, thirsty, sleepy, or afraid?

TERMINAR   *To end, to end up, to finish*

Past part. terminado   *Ger.* terminando

INDICATIVE

Present

termino	terminamos
terminas	termináis
termina	terminan

Present Perfect

he terminado	hemos terminado
has terminado	habéis terminado
ha terminado	han terminado

Preterit

terminé	terminamos
terminaste	terminasteis
terminó	terminaron

Past Perfect

había terminado	habíamos terminado
habías terminado	habíais terminado
había terminado	habían terminado

Imperfect

terminaba	terminábamos
terminabas	terminabais
terminaba	terminaban

Future Perfect

habré terminado	habremos terminado
habrás terminado	habréis terminado
habrá terminado	habrán terminado

Future

terminaré	terminaremos
terminarás	terminaréis
terminará	terminarán

Conditional Perfect

habría terminado	habríamos terminado
habrías terminado	habríais terminado
habría terminado	habrían terminado

Conditional

terminaría	terminaríamos
terminarías	terminaríais
terminaría	terminarían

SUBJUNCTIVE

Present

termine	terminemos
termines	terminéis
termine	terminen

Present Perfect

haya terminado	hayamos terminado
hayas terminado	hayáis terminado
haya terminado	hayan terminado

Past

terminara	termináramos
terminaras	terminarais
terminara	terminaran

Past Perfect

hubiera terminado	hubiéramos terminado
hubieras terminado	hubierais terminado
hubiera terminado	hubieran terminado

IMPERATIVE

termina	no termines	terminemos	no terminemos
termine	no termine	terminad	no terminéis
		terminen	no terminen

La película termina a las diez de la noche.
The movie ends at ten o'clock at night.

Si sigues así, terminarás mal.
If you go on like this, you'll end up in a bad way.

¿Crees que terminemos a tiempo?
Do you think we'll finish on time?

473

TIRAR *To throw, to toss, to throw away, to drop*

Past part. tirado   *Ger.* tirando

INDICATIVE

Present		Present Perfect	
tiro	tiramos	he tirado	hemos tirado
tiras	tiráis	has tirado	habéis tirado
tira	tiran	ha tirado	han tirado

Preterit		Past Perfect	
tiré	tiramos	había tirado	habíamos tirado
tiraste	tirasteis	habías tirado	habíais tirado
tiró	tiraron	había tirado	habían tirado

Imperfect		Future Perfect	
tiraba	tirábamos	habré tirado	habremos tirado
tirabas	tirabais	habrás tirado	habréis tirado
tiraba	tiraban	habrá tirado	habrán tirado

Future		Conditional Perfect	
tiraré	tiraremos	habría tirado	habríamos tirado
tirarás	tiraréis	habrías tirado	habríais tirado
tirará	tirarán	habría tirado	habrían tirado

Conditional	
tiraría	tiraríamos
tirarías	tiraríais
tiraría	tirarían

SUBJUNCTIVE

Present		Present Perfect	
tire	tiremos	haya tirado	hayamos tirado
tires	tiréis	hayas tirado	hayáis tirado
tire	tiren	haya tirado	hayan tirado

Past		Past Perfect	
tirara	tiráramos	hubiera tirado	hubiéramos tirado
tiraras	tirarais	hubieras tirado	hubierais tirado
tirara	tiraran	hubiera tirado	hubieran tirado

IMPERATIVE

tira	no tires	tiremos	no tiremos
tire	no tire	tirad	no tiréis
		tiren	no tiren

Yo te tiro la pelota y tú la atrapas, ¿de acuerdo?
I throw you the ball and you catch it, ok?

Tira la basura en el bote de la basura, por favor.
Toss the trash in the trash can, please.

Mi abuelo no tiraba nada que pudiera servir para algo.
My grandfather never threw away anything that might be useful.

TOCAR

To touch, to handle, to play (a musical instrument)

Past part. tocado   *Ger.* tocando

INDICATIVE

Present		Present Perfect	
toco	tocamos	he tocado	hemos tocado
tocas	tocáis	has tocado	habéis tocado
toca	tocan	ha tocado	han tocado

Preterit		Past Perfect	
toqué	tocamos	había tocado	habíamos tocado
tocaste	tocasteis	habías tocado	habíais tocado
tocó	tocaron	había tocado	habían tocado

Imperfect		Future Perfect	
tocaba	tocábamos	habré tocado	habremos tocado
tocabas	tocabais	habrás tocado	habréis tocado
tocaba	tocaban	habrá tocado	habrán tocado

Future		Conditional Perfect	
tocaré	tocaremos	habría tocado	habríamos tocado
tocarás	tocaréis	habrías tocado	habríais tocado
tocará	tocarán	habría tocado	habrían tocado

Conditional	
tocaría	tocaríamos
tocarías	tocaríais
tocaría	tocarían

SUBJUNCTIVE

Present		Present Perfect	
toque	toquemos	haya tocado	hayamos tocado
toques	toquéis	hayas tocado	hayáis tocado
toque	toquen	haya tocado	hayan tocado

Past		Past Perfect	
tocara	tocáramos	hubiera tocado	hubiéramos tocado
tocaras	tocarais	hubieras tocado	hubierais tocado
tocara	tocaran	hubiera tocado	hubieran tocado

IMPERATIVE

toca	no toques	toquemos	no toquemos
toque	no toque	tocad	no toquéis
		toquen	no toquen

¡No toques la olla! Puede estar caliente.
Don't touch the pot! It might be hot.

No me gusta que otra persona toque mis cosas.
I don't like for someone else to handle my things.

Maricarmen canta y toca muy bien la guitarra.
Maricarmen sings and plays the guitar very well.

Past part. tomado   *Ger.* tomando

INDICATIVE

Present

tomo	tomamos
tomas	tomáis
toma	toman

Present Perfect

he tomado	hemos tomado
has tomado	habéis tomado
ha tomado	han tomado

Preterit

tomé	tomamos
tomaste	tomasteis
tomó	tomaron

Past Perfect

había tomado	habíamos tomado
habías tomado	habíais tomado
había tomado	habían tomado

Imperfect

tomaba	tomábamos
tomabas	tomabais
tomaba	tomaban

Future Perfect

habré tomado	habremos tomado
habrás tomado	habréis tomado
habrá tomado	habrán tomado

Future

tomaré	tomaremos
tomarás	tomaréis
tomará	tomarán

Conditional Perfect

habría tomado	habríamos tomado
habrías tomado	habríais tomado
habría tomado	habrían tomado

Conditional

tomaría	tomaríamos
tomarías	tomaríais
tomaría	tomarían

SUBJUNCTIVE

Present

tome	tomemos
tomes	toméis
tome	tomen

Present Perfect

haya tomado	hayamos tomado
hayas tomado	hayáis tomado
haya tomado	hayan tomado

Past

tomara	tomáramos
tomaras	tomarais
tomara	tomaran

Past Perfect

hubiera tomado	hubiéramos tomado
hubieras tomado	hubierais tomado
hubiera tomado	hubieran tomado

IMPERATIVE

toma	no tomes	tomemos	no tomemos
tome	no tome	tomad	no toméis
		tomen	no tomen

Tomó sus cosas y se fue.
He took his things and left.

Tomemos un taxi para llegar a tiempo a la estación.
Let's take a taxi to get to the station on time.

¿Por qué no vamos a tomar una cerveza mientras platicamos?
Why don't we go drink a beer while we talk?

Past part. trabajado   *Ger.* trabajando

INDICATIVE

Present

		Present Perfect	
trabajo	trabajamos	he trabajado	hemos trabajado
trabajas	trabajáis	has trabajado	habéis trabajado
trabaja	trabajan	ha trabajado	han trabajado

Preterit / Past Perfect

trabajé	trabajamos	había trabajado	habíamos trabajado
trabajaste	trabajasteis	habías trabajado	habíais trabajado
trabajó	trabajaron	había trabajado	habían trabajado

Imperfect / Future Perfect

trabajaba	trabajábamos	habré trabajado	habremos trabajado
trabajabas	trabajabais	habrás trabajado	habréis trabajado
trabajaba	trabajaban	habrá trabajado	habrán trabajado

Future / Conditional Perfect

trabajaré	trabajaremos	habría trabajado	habríamos trabajado
trabajarás	trabajaréis	habrías trabajado	habríais trabajado
trabajará	trabajarán	habría trabajado	habrían trabajado

Conditional

trabajaría	trabajaríamos
trabajarías	trabajaríais
trabajaría	trabajarían

SUBJUNCTIVE

Present / Present Perfect

trabaje	trabajemos	haya trabajado	hayamos trabajado
trabajes	trabajéis	hayas trabajado	hayáis trabajado
trabaje	trabajen	haya trabajado	hayan trabajado

Past / Past Perfect

trabajara	trabajáramos	hubiera trabajado	hubiéramos trabajado
trabajaras	trabajarais	hubieras trabajado	hubierais trabajado
trabajara	trabajaran	hubiera trabajado	hubieran trabajado

IMPERATIVE

trabaja	no trabajes	trabajemos	no trabajemos
trabaje	no trabaje	trabajad	no trabajéis
		trabajen	no trabajen

Hay que trabajar duro para llegar lejos en este negocio.
You must work hard to get far in this business.

Trabajo mucho y gano poco.
I work a lot and earn little.

La gerencia nos pidió que trabajáramos juntos para solucionar
nuestras diferencias.
The management asked us to work together to resolve our differences.

Past part. traducido   *Ger.* traduciendo

INDICATIVE

Present		Present Perfect	
traduzco	traducimos	he traducido	hemos traducido
traduces	traducís	has traducido	habéis traducido
traduce	traducen	ha traducido	han traducido

Preterit		Past Perfect	
traduje	tradujimos	había traducido	habíamos traducido
tradujiste	tradujisteis	habías traducido	habíais traducido
tradujo	tradujeron	había traducido	habían traducido

Imperfect		Future Perfect	
traducía	traducíamos	habré traducido	habremos traducido
traducías	traducíais	habrás traducido	habréis traducido
traducía	traducían	habrá traducido	habrán traducido

Future		Conditional Perfect	
traduciré	traduciremos	habría traducido	habríamos traducido
traducirás	traduciréis	habrías traducido	habríais traducido
traducirá	traducirán	habría traducido	habrían traducido

Conditional	
traduciría	traduciríamos
traducirías	traduciríais
traduciría	traducirían

SUBJUNCTIVE

Present		Present Perfect	
traduzca	traduzcamos	haya traducido	hayamos traducido
traduzcas	traduzcáis	hayas traducido	hayáis traducido
traduzca	traduzcan	haya traducido	hayan traducido

Past		Past Perfect	
tradujera	tradujéramos	hubiera traducido	hubiéramos traducido
tradujeras	tradujerais	hubieras traducido	hubierais traducido
tradujera	tradujeran	hubiera traducido	hubieran traducido

IMPERATIVE

traduce	no traduzcas	traduzcamos	no traduzcamos
traduzca	no traduca	traducid	no traduzcáis
		traduzcan	no traduzcan

A veces me piden que traduzca libros al español.
Sometimes I'm asked to translate books to Spanish.

Su problema es que no puede traducir sus sentimientos en palabras.
His problem is that he can't translate his feelings into words.

¿Como se traduciría esta palabra en inglés?
How would you translate this word into English?

TRAER   *To bring, to cause, to wear*

Past part. traído   *Ger.* trayendo

INDICATIVE

Present		Present Perfect	
traigo	traemos	he traído	hemos traído
traes	traéis	has traído	habéis traído
trae	traen	ha traído	han traído

Preterit		Past Perfect	
traje	trajimos	había traído	habíamos traído
trajiste	trajisteis	habías traído	habíais traído
trajo	trajeron	había traído	habían traído

Imperfect		Future Perfect	
traía	traíamos	habré traído	habremos traído
traías	traíais	habrás traído	habréis traído
traía	traían	habrá traído	habrán traído

Future		Conditional Perfect	
traeré	traeremos	habría traído	habríamos traído
traerás	traeréis	habrías traído	habríais traído
traerá	traerán	habría traído	habrían traído

Conditional	
traería	traeríamos
traerías	traeríais
traería	traerían

SUBJUNCTIVE

Present		Present Perfect	
traiga	traigamos	haya traído	hayamos traído
traigas	traigáis	hayas traído	hayáis traído
traiga	traigan	haya traído	hayan traído

Past		Past Perfect	
trajera	trajéramos	hubiera traído	hubiéramos traído
trajeras	trajerais	hubieras traído	hubierais traído
trajera	trajeran	hubiera traído	hubieran traído

IMPERATIVE

trae	no traigas	traigamos	no traigamos
traiga	no traiga	traed	no traigáis
		traigan	no traigan

Los invitados trajeron ensaladas, postres y bebidas.
The guests brought salads, desserts, and drinks.
Tu mala actitud te traerá graves problemas.
Your bad attitude will cause you serious problems.
¿Qué traes puesto?
What are you wearing?

TRANSPORTAR   *To transport, to carry*

Past part. transportado   *Ger.* transportando

INDICATIVE

Present

transporto	transportamos
transportas	transportáis
transporta	transportan

Present Perfect

he transportado	hemos transportado
has transportado	habéis transportado
ha transportado	han transportado

Preterit

transporté	transportamos
transportaste	transportasteis
transportó	transportaron

Past Perfect

había transportado	habíamos transportado
habías transportado	habíais transportado
había transportado	habían transportado

Imperfect

transportaba	transportábamos
transportabas	transportabais
transportaba	transportaban

Future Perfect

habré transportado	habremos transportado
habrás transportado	habréis transportado
habrá transportado	habrán transportado

Future

transportaré	transportaremos
transportarás	transportaréis
transportará	transportarán

Conditional Perfect

habría transportado	habríamos transportado
habrías transportado	habríais transportado
habría transportado	habrían transportado

Conditional

transportaría	transportaríamos
transportarías	transportaríais
transportaría	transportarían

SUBJUNCTIVE

Present

transporte	transportemos
transportes	transportéis
transporte	transporten

Present Perfect

haya transportado	hayamos transportado
hayas transportado	hayáis transportado
haya transportado	hayan transportado

Past

transportara	transportáramos
transportaras	transportarais
transportara	transportaran

Past Perfect

hubiera transportado	hubiéramos transportado
hubieras transportado	hubierais transportado
hubiera transportado	hubieran transportado

IMPERATIVE

transporta	no transportes	transportemos	no transportemos
transporte	no transporte	transportad	no transportéis
		transporten	no transporten

Hubiera sido más fácil transportar los muebles en un camión.
It would have been easier to transport the furniture on a truck.

Las "mulas" transportan drogas ilegalmente a los Estados Unidos.
"Mules" carry drugs illegally into the United States.

Ese barco transporta petróleo del medio oriente.
That ship carries oil from the Middle East.

TRATAR   *To treat, to try to, to deal with*

Past part. tratado   *Ger.* tratando

INDICATIVE

Present		Present Perfect	
trato	tratamos	he tratado	hemos tratado
tratas	tratáis	has tratado	habéis tratado
trata	tratan	ha tratado	han tratado

Preterit		Past Perfect	
traté	tratamos	había tratado	habíamos tratado
trataste	tratasteis	habías tratado	habíais tratado
trató	trataron	había tratado	habían tratado

Imperfect		Future Perfect	
trataba	tratábamos	habré tratado	habremos tratado
tratabas	tratabais	habrás tratado	habréis tratado
trataba	trataban	habrá tratado	habrán tratado

Future		Conditional Perfect	
trataré	trataremos	habría tratado	habríamos tratado
tratarás	trataréis	habrías tratado	habríais tratado
tratará	tratarán	habría tratado	habrían tratado

Conditional	
trataría	trataríamos
tratarías	trataríais
trataría	tratarían

SUBJUNCTIVE

Present		Present Perfect	
trate	tratemos	haya tratado	hayamos tratado
trates	tratéis	hayas tratado	hayáis tratado
trate	traten	haya tratado	hayan tratado

Past		Past Perfect	
tratara	tratáramos	hubiera tratado	hubiéramos tratado
trataras	tratarais	hubieras tratado	hubierais tratado
tratara	trataran	hubiera tratado	hubieran tratado

IMPERATIVE

trata	no trates	tratemos	no tratemos
trate	no trate	tratad	no tratéis
		traten	no traten

¿Cómo se llama el médico que te está tratando?
What's the name of the doctor who's treating you?

Trataré de mejorar mi actitud.
I will try to improve my attitude.

No me gusta tratar con personas groseras.
I don't like to deal with rude people.

TREPAR *To climb, to creep up*

Past part. trepado   *Ger.* trepando

INDICATIVE

Present

trepo	trepamos
trepas	trepáis
trepa	trepan

Present Perfect

he trepado	hemos trepado
has trepado	habéis trepado
ha trepado	han trepado

Preterit

trepé	trepamos
trepaste	trepasteis
trepó	treparon

Past Perfect

había trepado	habíamos trepado
habías trepado	habíais trepado
había trepado	habían trepado

Imperfect

trepaba	trepábamos
trepabas	trepabais
trepaba	trepaban

Future Perfect

habré trepado	habremos trepado
habrás trepado	habréis trepado
habrá trepado	habrán trepado

Future

treparé	treparemos
treparás	treparéis
trepará	treparán

Conditional Perfect

habría trepado	habríamos trepado
habrías trepado	habríais trepado
habría trepado	habrían trepado

Conditional

treparía	treparíamos
treparías	treparíais
treparía	treparían

SUBJUNCTIVE

Present

trepe	trepemos
trepes	trepéis
trepe	trepen

Present Perfect

haya trepado	hayamos trepado
hayas trepado	hayáis trepado
haya trepado	hayan trepado

Past

trepara	trepáramos
treparas	treparais
trepara	treparan

Past Perfect

hubiera trepado	hubiéramos trepado
hubieras trepado	hubierais trepado
hubiera trepado	hubieran trepado

IMPERATIVE

trepa	no trepes	trepemos	no trepemos
trepe	no trepe	trepad	no trepéis
		trepen	no trepen

A todos los niños les gusta trepar a los árboles.
All children like to climb trees.

Hay una araña trepando la pared.
There's a spider creeping up the wall.

Trepa la escalera con cuidado.
Climb the ladder carefully.

TROPEZAR *To trip, to stumble, to run into*

Past part. tropezado   *Ger.* tropezando

INDICATIVE

Present
tropiezo	tropezamos
tropiezas	tropezáis
tropieza	tropiezan

Present Perfect
he tropezado	hemos tropezado
has tropezado	habéis tropezado
ha tropezado	han tropezado

Preterit
tropecé	tropezamos
tropezaste	tropezasteis
tropezó	tropezaron

Past Perfect
había tropezado	habíamos tropezado
habías tropezado	habíais tropezado
había tropezado	habían tropezado

Imperfect
tropezaba	tropezábamos
tropezabas	tropezabais
tropezaba	tropezaban

Future Perfect
habré tropezado	habremos tropezado
habrás tropezado	habréis tropezado
habrá tropezado	habrán tropezado

Future
tropezaré	tropezaremos
tropezarás	tropezaréis
tropezará	tropezarán

Conditional Perfect
habría tropezado	habríamos tropezado
habrías tropezado	habríais tropezado
habría tropezado	habrían tropezado

Conditional
tropezaría	tropezaríamos
tropezarías	tropezaríais
tropezaría	tropezarían

SUBJUNCTIVE

Present
tropiece	tropecemos
tropieces	tropecéis
tropiece	tropiecen

Present Perfect
haya tropezado	hayamos tropezado
hayas tropezado	hayáis tropezado
haya tropezado	hayan tropezado

Past
tropezara	tropezáramos
tropezaras	tropezarais
tropezara	tropezaran

Past Perfect
hubiera tropezado	hubiéramos tropezado
hubieras tropezado	hubierais tropezado
hubiera tropezado	hubieran tropezado

IMPERATIVE
tropieza	no tropieces	tropecemos	no tropecemos
tropiece	no tropiece	tropezad	no tropecéis
		tropiecen	no tropiecen

Me tropecé por no ver por dónde iba.
I tripped because I was not watching where I was going.
El mesero tropezó y tiro todos los platos que llevaba.
The waiter stumbled and dropped all the plates he was carrying.
Nuria tropezó con Joaquín cuando iba saliendo.
Nuria ran into Joaquín as he was leaving.

Past part. usado *Ger.* usando

INDICATIVE

Present
uso		usamos
usas		usáis
usa		usan

Present Perfect
he usado	hemos usado
has usado	habéis usado
ha usado	han usado

Preterit
usé	usamos
usaste	usasteis
usó	usaron

Past Perfect
había usado	habíamos usado
habías usado	habíais usado
había usado	habían usado

Imperfect
usaba	usábamos
usabas	usabais
usaba	usaban

Future Perfect
habré usado	habremos usado
habrás usado	habréis usado
habrá usado	habrán usado

Future
usaré	usaremos
usarás	usaréis
usará	usarán

Conditional Perfect
habría usado	habríamos usado
habrías usado	habríais usado
habría usado	habrían usado

Conditional
usaría	usaríamos
usarías	usaríais
usaría	usarían

SUBJUNCTIVE

Present
use	usemos
uses	uséis
use	usen

Present Perfect
haya usado	hayamos usado
hayas usado	hayáis usado
haya usado	hayan usado

Past
usara	usáramos
usaras	usarais
usara	usaran

Past Perfect
hubiera usado	hubiéramos usado
hubieras usado	hubierais usado
hubiera usado	hubieran usado

IMPERATIVE

usa	no uses	usemos	no usemos
use	no use	usad	no uséis
		usen	no usen

Tenemos que usar los recursos naturales más sabiamente.
We have to use natural resources more wisely.

¿Puedo usar su teléfono?
May I use your phone?

Nunca uso lociones o perfumes.
I never wear lotions or perfumes.

UTILIZAR *To use, to utilize*

Past part. utilizado   *Ger.* utilizando

INDICATIVE

Present

utilizo	utilizamos
utilizas	utilizáis
utiliza	utilizan

Present Perfect

he utilizado	hemos utilizado
has utilizado	habéis utilizado
ha utilizado	han utilizado

Preterit

utilicé	utilizamos
utilizaste	utilizasteis
utilizó	utilizaron

Past Perfect

había utilizado	habíamos utilizado
habías utilizado	habíais utilizado
había utilizado	habían utilizado

Imperfect

utilizaba	utilizábamos
utilizabas	utilizabais
utilizaba	utilizaban

Future Perfect

habré utilizado	habremos utilizado
habrás utilizado	habréis utilizado
habrá utilizado	habrán utilizado

Future

utilizaré	utilizaremos
utilizarás	utilizaréis
utilizará	utilizarán

Conditional Perfect

habría utilizado	habríamos utilizado
habrías utilizado	habríais utilizado
habría utilizado	habrían utilizado

Conditional

utilizaría	utilizaríamos
utilizarías	utilizaríais
utilizaría	utilizarían

SUBJUNCTIVE

Present

utilice	utilicemos
utilices	utilicéis
utilice	utilicen

Present Perfect

haya utilizado	hayamos utilizado
hayas utilizado	hayáis utilizado
haya utilizado	hayan utilizado

Past

utilizara	utilizáramos
utilizaras	utilizarais
utilizara	utilizaran

Past Perfect

hubiera utilizado	hubiéramos utilizado
hubieras utilizado	hubierais utilizado
hubiera utilizado	hubieran utilizado

IMPERATIVE

utiliza	no utilices	utilicemos	no utilicemos
utilice	no utilice	utilizad	no utilicéis
		utilicen	no utilicen

Es mejor utilizar los utensilios apropiados para la tarea en cuestión.
It's better to use the appropriate utensils for the task at hand.

Utilizad vuestro tiempo para ser productivos o para aprender.
Use your time to be productive or to learn.

Utilizamos toda la harina para preparar el pastel.
We used all the flour to make the cake.

VENCER *To defeat, to overcome, to expire*

Past part. vencido   Ger. venciendo

INDICATIVE

Present
venzo	vencemos
vences	vencéis
vence	vencen

Present Perfect
he vencido	hemos vencido
has vencido	habéis vencido
ha vencido	han vencido

Preterit
vencí	vencimos
venciste	vencisteis
venció	vencieron

Past Perfect
había vencido	habíamos vencido
habías vencido	habíais vencido
había vencido	habían vencido

Imperfect
vencía	vencíamos
vencías	vencíais
vencía	vencían

Future Perfect
habré vencido	habremos vencido
habrás vencido	habréis vencido
habrá vencido	habrán vencido

Future
venceré	venceremos
vencerás	venceréis
vencerá	vencerán

Conditional Perfect
habría vencido	habríamos vencido
habrías vencido	habríais vencido
habría vencido	habrían vencido

Conditional
vencería	venceríamos
vencerías	venceríais
vencería	vencerían

SUBJUNCTIVE

Present
venza	venzamos
venzas	venzáis
venza	venzan

Present Perfect
haya vencido	hayamos vencido
hayas vencido	hayáis vencido
haya vencido	hayan vencido

Past
venciera	venciéramos
vencieras	vencierais
venciera	vencieran

Past Perfect
hubiera vencido	hubiéramos vencido
hubieras vencido	hubierais vencido
hubiera vencido	hubieran vencido

IMPERATIVE
vence	no venzas	venzamos	no venzamos
venza	no venza	venced	no venzáis
		venzan	no venzan

Es difícil vencer las tentaciones.
It's hard to overcome temptation.

El ejército venció totalmente a los rebeldes.
The army totally defeated the rebels.

No me había dado cuenta de que mi licencia vence mañana.
I hadn't noticed that my license expires tomorrow.

VENDER   *To sell, to sell out, to betray*

Past part. vendido   *Ger.* vendiendo

INDICATIVE

Present

vendo	vendemos
vendes	vendéis
vende	venden

Present Perfect

he vendido	hemos vendido
has vendido	habéis vendido
ha vendido	han vendido

Preterit

vendí	vendimos
vendiste	vendisteis
vendió	vendieron

Past Perfect

había vendido	habíamos vendido
habías vendido	habíais vendido
había vendido	habían vendido

Imperfect

vendía	vendíamos
vendías	vendíais
vendía	vendían

Future Perfect

habré vendido	habremos vendido
habrás vendido	habréis vendido
habrá vendido	habrán vendido

Future

venderé	venderemos
venderás	venderéis
venderá	venderán

Conditional Perfect

habría vendido	habríamos vendido
habrías vendido	habríais vendido
habría vendido	habrían vendido

Conditional

vendería	venderíamos
venderías	venderíais
vendería	venderían

SUBJUNCTIVE

Present

venda	vendamos
vendas	vendáis
venda	vendan

Present Perfect

haya vendido	hayamos vendido
hayas vendido	hayáis vendido
haya vendido	hayan vendido

Past

vendiera	vendiéramos
vendieras	vendierais
vendiera	vendieran

Past Perfect

hubiera vendido	hubiéramos vendido
hubieras vendido	hubierais vendido
hubiera vendido	hubieran vendido

IMPERATIVE

vende	no vendas	vendamos	no vendamos
venda	no venda	vended	no vendáis
		vendan	no vendan

No le vendas tu alma al diablo.
Don't sell your soul to the devil.

¿Sabes qué venden en aquella tienda?
Do you know what they sell in that store over there?

La Biblia cuenta cómo Judas vendió a Jesús por treinta monedas de plata.
The Bible tells how Judas betrayed Jesus for thirty silver coins.

Past part. venido   *Ger.* viniendo

INDICATIVE

Present

vengo	venimos
vienes	venís
viene	vienen

Present Perfect

he venido	hemos venido
has venido	habéis venido
ha venido	han venido

Preterit

vine	vinimos
viniste	vinisteis
vino	vinieron

Past Perfect

había venido	habíamos venido
habías venido	habíais venido
había venido	habían venido

Imperfect

venía	veníamos
venías	veníais
venía	venían

Future Perfect

habré venido	habremos venido
habrás venido	habréis venido
habrá venido	habrán venido

Future

vendré	vendremos
vendrás	vendréis
vendrá	vendrán

Conditional Perfect

habría venido	habríamos venido
habrías venido	habríais venido
habría venido	habrían venido

Conditional

vendría	vendríamos
vendrías	vendríais
vendría	vendrían

SUBJUNCTIVE

Present

venga	vengamos
vengas	vengáis
venga	vengan

Present Perfect

haya venido	hayamos venido
hayas venido	hayáis venido
haya venido	hayan venido

Past

viniera	viniéramos
vinieras	vinierais
viniera	vinieran

Past Perfect

hubiera venido	hubiéramos venido
hubieras venido	hubierais venido
hubiera venido	hubieran venido

IMPERATIVE

ven	no vengas	vengamos	no vengamos
venga	no venga	venid	no vengáis
		vengan	no vengan

¡Vengan todos a la fiesta!
Everyone come to the party!

¿Cómo vinieron? Andando.
How did you come? Walking.

Luisa nos pidió que viniéramos a las cinco.
Luisa asked us to come at five.

Past part. visto   *Ger.* viendo

INDICATIVE

Present
		Present Perfect	
veo	vemos	he visto	hemos visto
ves	veis	has visto	habéis visto
ve	ven	ha visto	han visto

Preterit / Past Perfect
vi	vimos	había visto	habíamos visto
viste	visteis	habías visto	habíais visto
vio	vieron	había visto	habían visto

Imperfect / Future Perfect
veía	veíamos	habré visto	habremos visto
veías	veíais	habrás visto	habréis visto
veía	veían	habrá visto	habrán visto

Future / Conditional Perfect
veré	veremos	habría visto	habríamos visto
verás	veréis	habrías visto	habríais visto
verá	verán	habría visto	habrían visto

Conditional
vería	veríamos
verías	veríais
vería	verían

SUBJUNCTIVE

Present / Present Perfect
vea	veamos	haya visto	hayamos visto
veas	veáis	hayas visto	hayáis visto
vea	vean	haya visto	hayan visto

Past / Past Perfect
viera	viéramos	hubiera visto	hubiéramos visto
vieras	vierais	hubieras visto	hubierais visto
viera	vieran	hubiera visto	hubieran visto

IMPERATIVE
ve	no veas	veamos	no veamos
vea	no vea	ved	no veáis
		vean	no vean

Vimos la película después de ir a cenar.
We saw the movie after going out to dinner.
Te ves muy pálido, ¿te sientes bien?
You look very pale, do you feel good?
Vamos a ver, ¿qué es lo que pasa aquí?
Let's see, what's going on here?

VESTIR *To dress, to clothe, to wear* **Vestirse** *To get dressed*

Past part. vestido   *Ger.* vistiendo

INDICATIVE

Present

		Present Perfect	
visto	vestimos	he vestido	hemos vestido
vistes	vestís	has vestido	habéis vestido
viste	visten	ha vestido	han vestido

Preterit

		Past Perfect	
vestí	vestimos	había vestido	habíamos vestido
vestiste	vestisteis	habías vestido	habíais vestido
vistió	vistieron	había vestido	habían vestido

Imperfect

		Future Perfect	
vestía	vestíamos	habré vestido	habremos vestido
vestías	vestíais	habrás vestido	habréis vestido
vestía	vestían	habrá vestido	habrán vestido

Future

		Conditional Perfect	
vestiré	vestiremos	habría vestido	habríamos vestido
vestirás	vestiréis	habrías vestido	habríais vestido
vestirá	vestirán	habría vestido	habrían vestido

Conditional

vestiría	vestiríamos
vestirías	vestiríais
vestiría	vestirían

SUBJUNCTIVE

Present

		Present Perfect	
vista	vistamos	haya vestido	hayamos vestido
vistas	vistáis	hayas vestido	hayáis vestido
vista	vistan	haya vestido	hayan vestido

Past

		Past Perfect	
vistiera	vistiéramos	hubiera vestido	hubiéramos vestido
vistieras	vistierais	hubieras vestido	hubierais vestido
vistiera	vistieran	hubiera vestido	hubieran vestido

IMPERATIVE

viste	no vistas	vistamos	no vistamos
vista	no vista	vestid	no vistáis
		vistan	no vistan

A mi hija le gusta vestir a sus muñecas de princesas.
My daughter likes to dress her dolls as princesses.

Esta es una cita de la obra Richard III de Shakespeare:
"y así visto mi desnuda vileza."
This is a quote from Shakespeare's play Richard III:
"And thus I clothe my naked villany."

Ella vestía terciopelo azul y medias negras.
She wore blue velvet and black stockings.

Past part. viajado   *Ger.* viajando

INDICATIVE

Present

		Present Perfect	
viajo	viajamos	he viajado	hemos viajado
viajas	viajáis	has viajado	habéis viajado
viaja	viajan	ha viajado	han viajado

Preterit

		Past Perfect	
viajé	viajamos	había viajado	habíamos viajado
viajaste	viajasteis	habías viajado	habíais viajado
viajó	viajaron	había viajado	habían viajado

Imperfect

		Future Perfect	
viajaba	viajábamos	habré viajado	habremos viajado
viajabas	viajabais	habrás viajado	habréis viajado
viajaba	viajaban	habrá viajado	habrán viajado

Future

		Conditional Perfect	
viajaré	viajaremos	habría viajado	habríamos viajado
viajarás	viajaréis	habrías viajado	habríais viajado
viajará	viajarán	habría viajado	habrían viajado

Conditional

viajaría	viajaríamos
viajarías	viajaríais
viajaría	viajarían

SUBJUNCTIVE

Present

		Present Perfect	
viaje	viajemos	haya viajado	hayamos viajado
viajes	viajéis	hayas viajado	hayáis viajado
viaje	viajen	haya viajado	hayan viajado

Past

		Past Perfect	
viajara	viajáramos	hubiera viajado	hubiéramos viajado
viajaras	viajarais	hubieras viajado	hubierais viajado
viajara	viajaran	hubiera viajado	hubieran viajado

IMPERATIVE

viaja	no viajes	viajemos	no viajemos
viaje	no viaje	viajad	no viajéis
		viajen	no viajen

Viajar es la mejor manera de aprender.
Traveling is the best way to learn.

Mis amigos y yo viajamos por el sur de México en autobús.
My friends and I traveled through the south of Mexico by bus.

Los exploradores viajaron hasta llegar a las misteriosas ruinas.
The explorers journeyed until they reached the mysterious ruins.

VIGILAR *To watch, to keep an eye on, to guard*

Past part. vigilado   Ger. vigilando

INDICATIVE

Present		Present Perfect	
vigilo	vigilamos	he vigilado	hemos vigilado
vigilas	vigiláis	has vigilado	habéis vigilado
vigila	vigilan	ha vigilado	han vigilado

Preterit		Past Perfect	
vigilé	vigilamos	había vigilado	habíamos vigilado
vigilaste	vigilasteis	habías vigilado	habíais vigilado
vigiló	vigilaron	había vigilado	habían vigilado

Imperfect		Future Perfect	
vigilaba	vigilábamos	habré vigilado	habremos vigilado
vigilabas	vigilabais	habrás vigilado	habréis vigilado
vigilaba	vigilaban	habrá vigilado	habrán vigilado

Future		Conditional Perfect	
vigilaré	vigilaremos	habría vigilado	habríamos vigilado
vigilarás	vigilaréis	habrías vigilado	habríais vigilado
vigilará	vigilarán	habría vigilado	habrían vigilado

Conditional	
vigilaría	vigilaríamos
vigilarías	vigilaríais
vigilaría	vigilarían

SUBJUNCTIVE

Present		Present Perfect	
vigile	vigilemos	haya vigilado	hayamos vigilado
vigiles	vigiléis	hayas vigilado	hayáis vigilado
vigile	vigilen	haya vigilado	hayan vigilado

Past		Past Perfect	
vigilara	vigiláramos	hubiera vigilado	hubiéramos vigilado
vigilaras	vigilarais	hubieras vigilado	hubierais vigilado
vigilara	vigilaran	hubiera vigilado	hubieran vigilado

IMPERATIVE

vigila	no vigiles	vigilemos	no vigilemos
vigile	no vigile	vigilad	no vigiléis
		vigilen	no vigilen

Los guardias vigilaban de cerca al prisionero.
The guards watched the prisoner closely.

Vigila la leche en la estufa para que no se hierva.
Keep an eye on the milk on the stove so that it doesn't boil over.

Los campistas se turnaban para vigilar la fogata.
The campers took turns to guard the fire.

VISITAR *To visit*

Past part. visitado   *Ger.* visitando

INDICATIVE

Present

visito	visitamos
visitas	visitáis
visita	visitan

Present Perfect

he visitado	hemos visitado
has visitado	habéis visitado
ha visitado	han visitado

Preterit

visité	visitamos
visitaste	visitasteis
visitó	visitaron

Past Perfect

había visitado	habíamos visitado
habías visitado	habíais visitado
había visitado	habían visitado

Imperfect

visitaba	visitábamos
visitabas	visitabais
visitaba	visitaban

Future Perfect

habré visitado	habremos visitado
habrás visitado	habréis visitado
habrá visitado	habrán visitado

Future

visitaré	visitaremos
visitarás	visitaréis
visitará	visitarán

Conditional Perfect

habría visitado	habríamos visitado
habrías visitado	habríais visitado
habría visitado	habrían visitado

Conditional

visitaría	visitaríamos
visitarías	visitaríais
visitaría	visitarían

SUBJUNCTIVE

Present

visite	visitemos
visites	visitéis
visite	visiten

Present Perfect

haya visitado	hayamos visitado
hayas visitado	hayáis visitado
haya visitado	hayan visitado

Past

visitara	visitáramos
visitaras	visitarais
visitara	visitaran

Past Perfect

hubiera visitado	hubiéramos visitado
hubieras visitado	hubierais visitado
hubiera visitado	hubieran visitado

IMPERATIVE

visita	no visites	visitemos	no visitemos
visite	no visite	visitad	no visitéis
		visiten	no visiten

¿Quieres que visitemos los museos por la tarde?
Do you want us to visit the museums in the afternoon?

No olvides venir a visitarme cuando estés en la ciudad.
Don't forget to come visit me when you're in the city.

Visita al dentista por lo menos dos veces al año.
Visit the dentist at least twice a year.

Past part. vivido   *Ger.* viviendo

INDICATIVE

Present

vivo	vivimos	
vives	vivís	
vive	viven	

Present Perfect

he vivido	hemos vivido
has vivido	habéis vivido
ha vivido	han vivido

Preterit

viví	vivimos
viviste	vivisteis
vivió	vivieron

Past Perfect

había vivido	habíamos vivido
habías vivido	habíais vivido
había vivido	habían vivido

Imperfect

vivía	vivíamos
vivías	vivíais
vivía	vivían

Future Perfect

habré vivido	habremos vivido
habrás vivido	habréis vivido
habrá vivido	habrán vivido

Future

viviré	viviremos
vivirás	viviréis
vivirá	vivirán

Conditional Perfect

habría vivido	habríamos vivido
habrías vivido	habríais vivido
habría vivido	habrían vivido

Conditional

viviría	viviríamos
vivirías	viviríais
viviría	vivirían

SUBJUNCTIVE

Present

viva	vivamos
vivas	viváis
viva	vivan

Present Perfect

haya vivido	hayamos vivido
hayas vivido	hayáis vivido
haya vivido	hayan vivido

Past

viviera	viviéramos
vivieras	vivierais
viviera	vivieran

Past Perfect

hubiera vivido	hubiéramos vivido
hubieras vivido	hubierais vivido
hubiera vivido	hubieran vivido

IMPERATIVE

vive	no vivas	vivamos	no vivamos
viva	no viva	vivid	no viváis
		vivan	no vivan

¡Viva Pancho Villa!
Long live Pancho Villa!
Muchos puertorriqueños viven en Nueva York.
Many Puerto Ricans live in New York.
Él y su familia vivían de la pesca.
He and his family made a living out of fishing.

VOLAR   *To fly*

Past part. volado   *Ger.* volando

INDICATIVE

Present
vuelo	volamos
vuelas	voláis
vuela	vuelan

Present Perfect
he volado	hemos volado
has volado	habéis volado
ha volado	han volado

Preterit
volé	volamos
volaste	volasteis
voló	volaron

Past Perfect
había volado	habíamos volado
habías volado	habíais volado
había volado	habían volado

Imperfect
volaba	volábamos
volabas	volabais
volaba	volaban

Future Perfect
habré volado	habremos volado
habrás volado	habréis volado
habrá volado	habrán volado

Future
volaré	volaremos
volarás	volaréis
volará	volarán

Conditional Perfect
habría volado	habríamos volado
habrías volado	habríais volado
habría volado	habrían volado

Conditional
volaría	volaríamos
volarías	volaríais
volaría	volarían

SUBJUNCTIVE

Present
vuele	volemos
vueles	voléis
vuele	vuelen

Present Perfect
haya volado	hayamos volado
hayas volado	hayáis volado
haya volado	hayan volado

Past
volara	voláramos
volaras	volarais
volara	volaran

Past Perfect
hubiera volado	hubiéramos volado
hubieras volado	hubierais volado
hubiera volado	hubieran volado

IMPERATIVE

vuela	no vueles	volemos	no volemos
vuele	no vuele	volad	no voléis
		vuelen	no vuelen

¿Quién no ha soñado con volar por las nubes?
Who hasn't dreamed about flying through the clouds?

Muchas aves vuelan al sur en invierno.
Many birds fly south in the winter.

El tiempo vuela cuando te diviertes.
Time flies when you're having fun.

VOLTEAR   *To turn over, to turn, to toss*

Past part. volteado   *Ger.* volteando

INDICATIVE

Present
volteo	volteamos
volteas	volteáis
voltea	voltean

Present Perfect
he volteado	hemos volteado
has volteado	habéis volteado
ha volteado	han volteado

Preterit
volteé	volteamos
volteaste	volteasteis
volteó	voltearon

Past Perfect
había volteado	habíamos volteado
habías volteado	habíais volteado
había volteado	habían volteado

Imperfect
volteaba	volteábamos
volteabas	volteabais
volteaba	volteaban

Future Perfect
habré volteado	habremos volteado
habrás volteado	habréis volteado
habrá volteado	habrán volteado

Future
voltearé	voltearemos
voltearás	voltearéis
volteará	voltearán

Conditional Perfect
habría volteado	habríamos volteado
habrías volteado	habríais volteado
habría volteado	habrían volteado

Conditional
voltearía	voltearíamos
voltearías	voltearíais
voltearía	voltearían

SUBJUNCTIVE

Present
voltee	volteemos
voltees	volteéis
voltee	volteen

Present Perfect
haya volteado	hayamos volteado
hayas volteado	hayáis volteado
haya volteado	hayan volteado

Past
volteara	volteáramos
voltearas	voltearais
volteara	voltearan

Past Perfect
hubiera volteado	hubiéramos volteado
hubieras volteado	hubierais volteado
hubiera volteado	hubieran volteado

IMPERATIVE

voltea	no voltees	volteemos	no volteemos
voltee	no voltee	voltead	no volteéis
		volteen	no volteen

El autobús se voltea en la curva por ir con exceso de velocidad.
The bus turned over on the curve because it was speeding.

¿Volteo a la izquierda o volteo a la derecha?
Do I turn right or do I turn left?

Es divertido voltear panqueques en el aire.
It's fun to toss pancakes in the air.

Past part. vuelto   *Ger.* volviendo

INDICATIVE

Present		Present Perfect	
vuelvo	volvemos	he vuelto	hemos vuelto
vuelves	volvéis	has vuelto	habéis vuelto
vuelve	vuelven	ha vuelto	han vuelto

Preterit		Past Perfect	
volví	volvimos	había vuelto	habíamos vuelto
volviste	volvisteis	habías vuelto	habíais vuelto
volvió	volvieron	había vuelto	habían vuelto

Imperfect		Future Perfect	
volvía	volvíamos	habré vuelto	habremos vuelto
volvías	volvíais	habrás vuelto	habréis vuelto
volvía	volvían	habrá vuelto	habrán vuelto

Future		Conditional Perfect	
volveré	volveremos	habría vuelto	habríamos vuelto
volverás	volveréis	habrías vuelto	habríais vuelto
volverá	volverán	habría vuelto	habrían vuelto

Conditional	
volvería	volveríamos
volverías	volveríais
volvería	volverían

SUBJUNCTIVE

Present		Present Perfect	
vuelva	volvamos	haya vuelto	hayamos vuelto
vuelvas	volváis	hayas vuelto	hayáis vuelto
vuelva	vuelvan	haya vuelto	hayan vuelto

Past		Past Perfect	
volviera	volviéramos	hubiera vuelto	hubiéramos vuelto
volvieras	volvierais	hubieras vuelto	hubierais vuelto
volviera	volvieran	hubiera vuelto	hubieran vuelto

IMPERATIVE

vuelve	no vuelvas	volvamos	no volvamos
vuelva	no vuelva	volved	no volváis
		vuelvan	no vuelvan

¿Volveréis alguna vez?
Will you ever return?
¡Si te vas ahora, no vuelvas nunca!
If you go now, don't ever come back!
Volvamos antes de que sea demasiado tarde.
Let's go back before it's too late.

Past part. vomitado   *Ger.* vomitando

INDICATIVE

Present

vomito	vomitamos
vomitas	vomitáis
vomita	vomitan

Present Perfect

he vomitado	hemos vomitado
has vomitado	habéis vomitado
ha vomitado	han vomitado

Preterit

vomité	vomitamos
vomitaste	vomitasteis
vomitó	vomitaron

Past Perfect

había vomitado	habíamos vomitado
habías vomitado	habíais vomitado
había vomitado	habían vomitado

Imperfect

vomitaba	vomitábamos
vomitabas	vomitabais
vomitaba	vomitaban

Future Perfect

habré vomitado	habremos vomitado
habrás vomitado	habréis vomitado
habrá vomitado	habrán vomitado

Future

vomitaré	vomitaremos
vomitarás	vomitaréis
vomitará	vomitarán

Conditional Perfect

habría vomitado	habríamos vomitado
habrías vomitado	habríais vomitado
habría vomitado	habrían vomitado

Conditional

vomitaría	vomitaríamos
vomitarías	vomitaríais
vomitaría	vomitarían

SUBJUNCTIVE

Present

vomite	vomitemos
vomites	vomitéis
vomite	vomiten

Present Perfect

haya vomitado	hayamos vomitado
hayas vomitado	hayáis vomitado
haya vomitado	hayan vomitado

Past

vomitara	vomitáramos
vomitaras	vomitarais
vomitara	vomitaran

Past Perfect

hubiera vomitado	hubiéramos vomitado
hubieras vomitado	hubierais vomitado
hubiera vomitado	hubieran vomitado

IMPERATIVE

vomita	no vomites	vomitemos	no vomitemos
vomite	no vomite	vomitad	no vomitéis
		vomiten	no vomiten

No puedo ver sangre sin vomitar.
I can't see blood without vomiting.

¡Por favor no vomites en el coche!
Please don't throw up in the car!

El volcán vomitaba lava roja y candente.
The volcano spewed out red hot lava.

Past part. votado   *Ger.* votando

INDICATIVE

Present

		Present Perfect	
voto	votamos	he votado	hemos votado
votas	votáis	has votado	habéis votado
vota	votan	ha votado	han votado

Preterit

		Past Perfect	
voté	votamos	había votado	habíamos votado
votaste	votasteis	habías votado	habíais votado
votó	votaron	había votado	habían votado

Imperfect

		Future Perfect	
votaba	votábamos	habré votado	habremos votado
votabas	votabais	habrás votado	habréis votado
votaba	votaban	habrá votado	habrán votado

Future

		Conditional Perfect	
votaré	votaremos	habría votado	habríamos votado
votarás	votaréis	habrías votado	habríais votado
votará	votarán	habría votado	habrían votado

Conditional

votaría	votaríamos
votarías	votaríais
votaría	votarían

SUBJUNCTIVE

Present

		Present Perfect	
vote	votemos	haya votado	hayamos votado
votes	votéis	hayas votado	hayáis votado
vote	voten	haya votado	hayan votado

Past

		Past Perfect	
votara	votáramos	hubiera votado	hubiéramos votado
votaras	votarais	hubieras votado	hubierais votado
votara	votaran	hubiera votado	hubieran votado

IMPERATIVE

vota	no votes	votemos	no votemos
vote	no vote	votad	no votéis
		voten	no voten

Votar es el derecho y el deber de los ciudadanos.
Voting is the citizens' right and duty.

No te voy a decir por qué candidato votaré.
I'm not going to tell you which candidate I will vote for.

Todos los miembros del sindicato votaron a favor de la huelga.
All the union members voted in favor of the strike.

Past part. yacido   Ger. yaciendo

INDICATIVE

Present

yazgo	yacemos
yaces	yacéis
yace	yacen

Present Perfect

he yacido	hemos yacido
has yacido	habéis yacido
ha yacido	han yacido

Preterit

yací	yacimos
yaciste	yacisteis
yació	yacieron

Past Perfect

había yacido	habíamos yacido
habías yacido	habíais yacido
había yacido	habían yacido

Imperfect

yacía	yacíamos
yacías	yacíais
yacía	yacían

Future Perfect

habré yacido	habremos yacido
habrás yacido	habréis yacido
habrá yacido	habrán yacido

Future

yaceré	yaceremos
yacerás	yaceréis
yacerá	yacerán

Conditional Perfect

habría yacido	habríamos yacido
habrías yacido	habríais yacido
habría yacido	habrían yacido

Conditional

yacería	yaceríamos
yacerías	yaceríais
yacería	yacerían

SUBJUNCTIVE

Present

yazga	yazgamos
yazgas	yazgáis
yazga	yazgan

Present Perfect

haya yacido	hayamos yacido
hayas yacido	hayáis yacido
haya yacido	hayan yacido

Past

yaciera	yaciéramos
yacieras	yacierais
yaciera	yacieran

Past Perfect

hubiera yacido	hubiéramos yacido
hubieras yacido	hubierais yacido
hubiera yacido	hubieran yacido

IMPERATIVE

yaz	no yazgas	yazgamos	no yazgamos
yazga	no yazga	yaced	no yazcáis
		yazgan	no yazgan

En esta tumba yacen los restos de mis abuelos.
My grandparents' remains lie in this grave.

Los muertos y los heridos yacían en el campo de batalla.
The dead and wounded lay on the battlefield.

Me gustaría poder yacer en la cama todo el día.
I would like to be able to lie in bed all day long.

ZARPAR   *To set sail, to weigh anchor*

Past part. zarpado   *Ger.* zarpando

INDICATIVE

Present
zarpo	zarpamos		
zarpas	zarpáis		
zarpa	zarpan		

Present Perfect
he zarpado	hemos zarpado
has zarpado	habéis zarpado
ha zarpado	han zarpado

Preterit
zarpé	zarpamos
zarpaste	zarpasteis
zarpó	zarparon

Past Perfect
había zarpado	habíamos zarpado
habías zarpado	habíais zarpado
había zarpado	habían zarpado

Imperfect
zarpaba	zarpábamos
zarpabas	zarpabais
zarpaba	zarpaban

Future Perfect
habré zarpado	habremos zarpado
habrás zarpado	habréis zarpado
habrá zarpado	habrán zarpado

Future
zarparé	zarparemos
zarparás	zarparéis
zarpará	zarparán

Conditional Perfect
habría zarpado	habríamos zarpado
habrías zarpado	habríais zarpado
habría zarpado	habrían zarpado

Conditional
zarparía	zarparíamos
zarparías	zarparíais
zarparía	zarparían

SUBJUNCTIVE

Present
zarpe	zarpemos
zarpes	zarpéis
zarpe	zarpen

Present Perfect
haya zarpado	hayamos zarpado
hayas zarpado	hayáis zarpado
haya zarpado	hayan zarpado

Past
zarpara	zarpáramos
zarparas	zarparais
zarpara	zarparan

Past Perfect
hubiera zarpado	hubiéramos zarpado
hubieras zarpado	hubierais zarpado
hubiera zarpado	hubieran zarpado

IMPERATIVE
zarpa	no zarpes	zarpemos	no zarpemos
zarpe	no zarpe	zarpad	no zarpéis
		zarpen	no zarpen

El barco zarpa a la media noche.
The ship sets sail at midnight.

Después de enterrar su tesoro en la isla desierta los piratas zarparon.
After burying their treasure on the desert island the pirates weighed anchor.

¿Te gustaría zarpar en un barco pirata?
Would you like to set sail in a pirate ship?

QUICK REFERENCE TABLES

PRONOUNS

Subject		Indirect Object		Direct Object		Reflexive	
yo	*I*	**me**	*to me*	**me**	*me*	**me**	*myself*
tú	*you*	**te**	*to you*	**te**	*you*	**te**	*yourself*
usted	*you (formal)*	**le [se]**	*to you, to him/her, to it*	**lo, la**	*you (formal)*	**se**	*yourself, him/herself, itself*
él	*he*			**lo**	*him, it m.*		
ella	*she*			**la**	*her, it f.*		
nosotros/as	*we*	**nos**	*to us*	**nos**	*us*	**nos**	*ourselves*
vosotros/as	*you pl.*	**os**	*to you pl.*	**os**	*you pl.*	**os**	*yourselves*
ustedes	*you pl.*	**les [se]**	*to you, to them*	**los, las**	*you pl.*	**se**	*yourselves, themselves*
ellos	*they m.*			**los**	*them m.*		
ellas	*they f.*			**las**	*them f.*		

Common Verbs with Irregular Present and/or Past Participles

Infinitive	Present Participle	Past Participle
abrir		abierto
caer	cayendo	caído
cubrir		cubierto
decir	diciendo	dicho
dormir	durmiendo	
escribir		escrito
hacer		hecho
imprimir		impreso
ir	yendo	ido
morir	muriendo	muerto
pedir	pidiendo	
poder	pudiendo	
poner		puesto
reír	riendo	reído
resolver		resuelto
romper		roto
seguir	siguiendo	
sentir	sintiendo	
traer	trayendo	traído
venir	viniendo	
ver	viendo	visto
volver		vuelto

In Spanish, irregularities are relatively predictable. You can expect related verbs to have the same irregularities. For instance, since *escribir* (to write) has an irregular past participle (*escrito*), you can expect that the verbs *describir* (to describe), *suscribir* (to subscribe), *inscribir* (to sign up), *transcribir* (to transcribe), and *prescribir* (to prescribe) follow the same pattern (*descrito, suscrito,* etc.). Note also that, as in English, there are a limited number of options for forming irregular past participles. Finally, similar sounding verbs often have similar irregularities: *resolver* (to solve, to resolve) > *resuelto* (resolved) echoes *revolver* (to stir) > *resuelto* (stirred).

Common Irregular and Stem Changing Verbs

1. Present tense

A. Changes in the first person singular (*yo*)

caber	quepo		poder	puedo
caer	caigo		poner	pongo
conducir	conduzco		querer	quiero
dar	doy		saber	sé
decir	digo		salir	salgo
estar	estoy		ser	soy
haber	he		tener	tengo
hacer	hago		traer	traigo
ir	voy		venir	vengo
oír	oigo		ver	veo

Related verbs follow the same pattern. For instance, *componer* (to repair), *descomponer* (to break), *imponer* (to impose), *posponer* (to postpone), and *reponer* (to replace) will have a *yo* form ending in -go. It is important to be aware of the irregularity in a verb's present-tense *yo* form because the same irregularity is repeated in the formation of the present subjunctive: *caber* (to fit): *yo quepo* (I fit) > *quepa, -as, -a, -amos, -an* (may I fit, etc.).

B. Stem changing verbs (o: ue, e: ei, or e: ie)

decir	digo, dices, -e, -en		poder	puedo, -es, -e, -en
contar	cuento, -as, -a, -an		querer	quiero, -es, -e, -en
dormir	duermo, -es, -e, -en		reír	río, -es, -e, -en
empezar	empiezo, -as, -a, -an		seguir	sigo, -gues, -gue, -guen
entender	entiendo, -es, -e, -en		sentir	siento, -es, -e, -en
jugar	juego, -as, -a, -an		tener	tengo, tienes, -e, -en
pedir	pido, -es, -e, -en		volver	vuelvo, -es, -e, -en
pensar	pienso, -as, -a, -an		venir	vengo, vienes, -e, -en

Related verbs follow the same pattern. For instance, in *contradecir* (to contradict) and *predecir* (to predict) the "e" changes to "i" in most present tense forms. Note that the *nosotros/as* and *vosotros/as* forms of a verb never have a stem change.

2. Preterit

caber	cup-		poder	pud-
conducir	conduj-		poner	pus-
dar	di- yo di		querer	quis-
decir	dij-		saber	sup-
estar	estuv-		tener	tuv-
haber	hub-		traer	traj-
hacer	hic- él/ella/usted hizo		venir	vin-

Related verbs follow the same pattern. For instance, like *traer* (to bring), *atraer* (to attract), *contraer* (to contract), and *retraer* (to retract) all have similar preterit forms (*atraje, contrajiste, retrajo,* etc.).

In Spanish, verbs with irregular preterit forms are relatively predictable. Some -ir verbs have a different stem change in the preterit but only in the third-person forms:

DORMIR (to sleep)		PEDIR (to ask for)	
dormí	dormimos	pedí	pedimos
dormiste	dormisteis	pediste	pedisteis
durmió	**durmieron**	**pidió**	**pidieron**

In a few cases the verb stem may be radically different, but for most irregular verbs the endings are the same. The majority of irregular verbs in the preterit do not require written accents either because they have a single syllable (*di, fue*) or because the stress naturally falls on the penultimate syllable (*cupe, estuvo, tuvisteis, vinieron*). Here is a sample conjugation:

CABER (to fit)	
cupe	cupimos
cupiste	cupisteis
cupo	cupieron

3. Future and conditional

caber	cabr-
conducir	conduj-
decir	dir-
estar	estuv-
haber	habr-
hacer	har-
poder	podr-
poner	pondr-
querer	querr-
saber	sabr-
salir	saldr-
tener	tendr-
venir	vendr-

Related verbs follow the same pattern. For instance, like *tener* (to have), *contener* (to contain), *entretener* (to entertain), and *retener* (to retain) all have similar future and conditional forms (*contendré/-ía*, *entretendrás/-ías*, *retendrá/-ía*, etc.).

Irregularities in the future and the conditional tenses are relatively predictable. Besides the limited number of options, the endings are strictly regular. Here is a sample conjugation:

CABER (to fit)			
Future		Conditional	
cabré	cabremos	cabría	cabríamos
cabrás	cabréis	cabrías	cabríais
cabrá	cabrán	cabría	cabrían

VERB INDEX

SPANISH-*ENGLISH*

abrazar . . . . *to hug, to embrace*
abrir . . . . *to open*
abrochar . . . . . . *to fasten, to button up, to do up, to buckle*
aburrirse . . . . . . *to get bored*
abusar . . . . *to abuse, to take advantage of*
acabar . . . . *to finish, to end*
acariciar . . . . . . *to caress, to stroke*
aceptar . . . . *to accept, to agree*
acercar . . . . *to get closer*
aclarar . . . . *to clarify, to clear up*
acordar . . . . *to remember, to agree*
acostarse . . . . . . *to lie down, to go to bed*
actuar . . . . *to act*
acudir . . . . *to go, to come, to turn to*
acusar . . . . *to accuse, to charge*
adivinar . . . . *to guess*
administrar . . . . *to manage, to administer*
admirar . . . . *to admire, to amaze*
admitir . . . . *to admit, to allow entry*
adorar . . . . *to adore, to love, to worship*
afeitarse . . . . . . *to shave*
aguantar . . . . . . *to bear, to endure, to tolerate*
ahorrar . . . . *to save, to spare*

alcanzar . . . . . . *to reach, to catch, to achieve, to be sufficient*
alegrarse . . . . . . *to be glad, to be happy*
aliviarse . . . . . . *to get better, to be relieved*
alquilar . . . . *to rent, to lease, to hire*
amar . . . . *to love*
amarrar . . . . *to tie, to moor*
analizar . . . . *to analyze*
andar . . . . *to walk, to go ahead, to work*
apagar . . . . *to turn off, to switch off*
aplicar . . . . *to apply, to put into practice*
apoyar . . . . *to support, to back*
apreciar . . . . *to be fond of, to appreciate, to see*
aprender . . . . . . *to learn*
aprobar . . . . *to approve, to pass (an exam)*
aprovechar . . . . *to make the most of, to use*
armar . . . . *to assemble, to put together, to arm*
arreglar . . . . *to fix, to repair, to arrange, to sort out*
asistir . . . . *to attend, to assist*
asolearse . . . . . . *to sunbathe*

507

atar . . . . *to tie*
atender . . . . *to pay attention, to serve, to tend to*
aterrizar . . . . . . *to land, to arrive*
atrapar . . . . *to catch*
atravesar . . . . . . *to cross, to go through*
auxiliar . . . . *to help, to assist*
aventar . . . . *to throw*
averiguar . . . . . . *to find out*
avisar . . . . *to notify, to warn, to let know*
ayudar . . . . *to help*
bailar . . . . *to dance*
bajar . . . . *to go down, to come down, to lower, to download*
bañarse . . . . *to take a bath*
barrer . . . . *to sweep, to sweep away*
batallar . . . . *to battle, to fight, to struggle*
batir . . . . *to beat, to churn, to mix*
beber . . . . *to drink*
besar . . . . *to kiss*
borrar . . . . *to delete, to erase, to clear*
bostezar . . . . *to yawn*
brincar . . . . *to jump, to skip*
bucear . . . . *to dive*
buscar . . . . *to look for, to search*
caber . . . . *to fit, to hold (capacity)*
caer . . . . *to fall*
callarse . . . . *to be quiet, to shut up*
calmarse . . . . . . *to calm down, to ease off*
cambiar . . . . *to change, to swap*
caminar . . . . *to walk*
cansarse . . . . . . *to get tired*
cantar . . . . *to sing*

captar . . . . *to attract, to grasp, to get, to gain*
carecer . . . . *to lack, to be lacking*
cargar . . . . *to load, to bear, to charge, to fuel, to carry*
casarse . . . . *to get married*
castigar . . . . *to punish, to penalize*
cazar . . . . *to hunt*
celebrar . . . . *to celebrate, to perform*
cenar . . . . *to have dinner*
cepillar . . . . *to brush, to plane (wood)*
cerrar . . . . *to close, to shut, to turn off*
checar . . . . *to check*
chiflar . . . . *to whistle, to boo*
chocar . . . . *to crash, to collide, to run into*
cobrar . . . . *to charge, to earn, to cash, to collect*
cocer . . . . *to cook, to boil, to bake*
cocinar . . . . *to cook*
coger . . . . *to take, to pick, to catch, to get*
cojear . . . . *to limp, to hobble, to wobble*
colaborar . . . . . . *to collaborate, to cooperate*
coleccionar . . . . *to collect*
colgar . . . . *to hang, to put up*
colocar . . . . *to place, to put, to lay*
comenzar . . . . . . *to begin, to start*
comer . . . . *to eat*
cometer . . . . *to commit, to make*
comparar . . . . . . *to compare*
compartir . . . . . *to share*
componer . . . . . *to fix, to repair, to compose*
comportarse . . . *to behave*

comprar........ *to buy, to purchase, to bribe*

comprender.... *to understand, to comprehend, to include, to cover*

concordar ..... *to agree, to concur*

conducir ...... *to drive*

conectar ...... *to connect, to link*

confesar ...... *to confess, to admit*

confiar........ *to trust, to be confident*

confirmar...... *to confirm*

conjugar ...... *to conjugate, to combine*

conocer....... *to know, to meet*

conseguir ..... *to get, to obtain, to achieve*

conservar ..... *to keep, to preserve*

considerar..... *to consider, to take into account*

construir...... *to build, to construct*

consumir...... *to consume*

contagiarse .... *to get infected*

contar .... *to count, to tell*

contestar...... *to answer, to reply*

continuar...... *to continue, to go on*

contribuir ..... *to contribute*

controlar ...... *to control*

convencer ..... *to convince, to persuade*

conversar ..... *to talk, to chat*

copiar .... *to copy, to imitate, to cheat*

coquetear ..... *to flirt*

corregir....... *to correct, to grade*

correr .... *to run*

cortar .... *to cut, to chop, to break up*

crear .... *to create*

crecer .... *to grow, to rise*

creer .... *to believe, to think*

criticar .... *to criticize, to review*

cruzar .... *to cross, to go across*

cuidar .... *to take care, to look after*

culpar .... *to blame, to accuse*

cumplir .... *to fulfill, to accomplish, to carry out, to turn (age)*

curar......... *to cure, to heal*

dañar......... *to damage, to harm*

dar .... *to give*

deber......... *to owe, to have to, must, should*

decidir .... *to decide*

decir .... *to tell, to say*

declarar....... *to declare, to state, to announce, to testify*

deducir .... *to deduce, to deduct*

dejar .... *to leave, to abandon, to let, to stop doing something*

demostrar ..... *to demonstrate, to show, to prove*

derramar...... *to spill, to shed*

derribar....... *to demolish, to knock down, to bring down*

desaparecer.... *to disappear, to vanish*

desarmar...... *to dismantle, to disarm, to take apart*

desarrollar..... *to develop*

desatar .... *to untie, to undo, to unleash*

desayunar ..... *to have breakfast*

descansar ..... *to rest*

descender ..... *to descend, to fall, to go down*

describir ...... *to describe*

descubrir...... *to discover, to find out, to uncover, to reveal*

descuidar ..... *to neglect, to be inattentive*

desear . . . . to wish, to desire, to
            want

desesperarse . . . to despair, to get
            exasperated

desfallecer . . . . to faint, to feel faint,
            to lose heart

desgarrar . . . . . . to tear, to rip

deshacer . . . . . . to undo, to untie, to
            break up

desmayarse . . . . to faint

despedirse . . . . . to say good-bye

desperdiciar . . . to waste

despertar . . . . . . to wake, to awaken,
            to arouse

despreciar . . . . . to look down on, to
            despise, to reject

destapar . . . . . . to unblock, to open,
            to take a lid off

destruir . . . . to destroy, to ruin, to
            wreck

desvelarse . . . . . to stay awake

detener . . . . to stop, to halt, to
            detain, to arrest

detestar . . . . to detest, to hate

devolver . . . . . . to give back, to
            return, to throw up

dibujar . . . . to draw, to sketch

dirigir . . . . to run, to manage, to
            direct

disculpar . . . . . . to excuse, to forgive

discutir . . . . to argue, to discuss,
            to debate

disfrazarse . . . . . to dress up

disfrutar . . . . . . to enjoy, to have a
            good time

disponer . . . . . . to stipulate, to order,
            to arrange, to have
            available

distinguir . . . . . to distinguish, to
            make out, to honor

divertirse . . . . . . to have fun, to have a
            good time, to enjoy
            oneself

doblar . . . . to fold, to turn, to
            dub

dormir . . . . to sleep

dudar . . . . to doubt, to hesitate

echar . . . . to throw, to expel,
            to put

elaborar . . . . to produce, to make,
            to develop, to
            prepare

elegir . . . . to choose, to elect

elevar . . . . to raise, to lift, to
            increase

eliminar . . . . . . to eliminate, to get
            rid of, to remove

embarcarse . . . . to board, to go on
            board, to undertake

emborracharse . . to get drunk

emocionarse . . . to get excited, to be
            moved, to get upset

empatar . . . . to tie, to get even, to
            match

empezar . . . . . . to start, to begin

emplear . . . . to employ, to use

emprender . . . . . to undertake, to
            embark on, to set
            out

empujar . . . . to push, to shove, to
            drive

enamorarse . . . . to fall in love

encargar . . . . . . to ask, to order, to
            take care

encender . . . . . . to light, to switch on,
            to awaken

enchufar . . . . . . to plug in, to switch
            on, to set up with

encontrar . . . . . . to find

enderezar . . . . . to straighten, to sort
            out

endulzar . . . . . . to sweeten, to soften,
            to brighten up

enfermarse . . . . to fall ill, to get ill, to
            get sick

enflacar . . . . *to lose weight, to get thin*

engañar . . . . *to deceive, to mislead, to cheat on*

engordar . . . . . . *to put on or gain weight, to fatten, to swell*

enloquecer . . . . *to go crazy, to drive insane, to be mad about*

enojarse . . . . . . *to get angry, to get mad*

ensayar . . . . *to rehearse, to try, to test, to practice*

enseñar . . . . *to teach, to show*

ensuciar . . . . . . *to get dirty, to sully*

entender . . . . . . *to understand, to know*

entrar . . . . *to enter, to go or come in, to start*

entregar. . . . . . . *to deliver, to give, to turn in*

entrenarse . . . . . *to train*

entristecerse . . . *to grow sad, to become sad*

enviar . . . . *to send, to dispatch*

equivocarse . . . . *to make a mistake, to be wrong*

escalar . . . . *to climb, to scale*

escapar . . . . *to escape, to run away, to get away*

escoger . . . . *to choose, to pick, to select*

esconder . . . . . . *to hide*

escribir . . . . *to write*

escuchar . . . . . . *to listen, to hear*

esperar . . . . *to wait, to expect, to hope*

estar . . . . *to be*

estornudar . . . . . *to sneeze*

estudiar . . . . *to study, to learn, to consider*

evitar . . . . *to avoid, to prevent, to save*

examinar . . . . . . *to examine, to inspect, to study*

explicar . . . . *to explain*

explorar . . . . *to explore, to examine, to scout, to surf (Web)*

expresar . . . . . . *to express, to state*

extraviar . . . . . . *to lose, to misplace*

fabricar . . . . *to manufacture, to produce, to make*

fallar . . . . *to fail, to go wrong, to miss, to rule (legal)*

faltar . . . . *to miss, to need, to lack*

fingir . . . . *to feign, to pretend*

fracasar . . . . *to fail, to be unsuccessful*

frenar . . . . *to brake, to stop, to slow down*

fumar . . . . *to smoke*

ganar . . . . *to earn, to win, to gain*

gastar . . . . *to spend, to waste*

girar . . . . *to turn, to spin, to revolve*

gobernar . . . . . . *to govern, to rule*

golpear . . . . *to hit, to beat*

gozar . . . . *to enjoy, to have fun, to take pleasure*

grabar . . . . *to record, to engrave, to etch*

gritar . . . . *to shout, to scream, to yell*

guardar . . . . *to keep, to put away, to save*

habitar . . . . *to live in, to dwell*

hablar . . . . *to speak, to talk*

hacer . . . . *to do, to make*

hallar . . . . *to find*

heredar . . . . *to inherit, to succeed to, to get from*

herir . . . . *to hurt, to wound*

hervir . . . . *to boil*

hornear . . . . *to bake*

huir . . . . *to escape, to run away, to avoid something*

ignorar . . . . *to ignore, to be unaware of*

imaginar . . . . . . *to imagine*

imitar . . . . *to imitate, to simulate, to copy*

impedir . . . . *to prevent, to hinder, to impede*

imprimir . . . . . . *to print*

indicar . . . . *to indicate, to show*

ingresar . . . . *to join, to enter, to be admitted, to deposit*

iniciar . . . . *to begin, to start, to initiate*

insistir . . . . *to insist*

intentar . . . . *to try, to attempt*

interferir . . . . . . *to interfere, to meddle*

intuir . . . . *to sense, to intuit, to have a feeling*

inventar . . . . *to invent, to come up with, to make up*

invertir . . . . *to invest, to reverse*

investigar . . . . . *to investigate, to find out, to do research*

invitar . . . . *to invite, to treat*

ir . . . . *to go*

jalar . . . . *to pull, to flush*

jugar . . . . *to play*

juntar . . . . *to put together, to join, to collect, to unite*

jurar . . . . *to swear (an oath)*

juzgar . . . . *to judge, to consider*

laborar . . . . *to work, to labor*

lamentar . . . . . . *to regret, to be sorry*

lanzar . . . . *to throw, to launch*

lastimar . . . . *to hurt*

lavar . . . . *to wash, to clean*

leer . . . . *to read*

levantar . . . . *to lift, to raise*

limpiar . . . . *to clean, to clear*

llamar . . . . *to call, to summon, to phone, to knock*

llegar . . . . *to arrive, to reach, to come*

llenar . . . . *to fill*

llevar . . . . *to take, to wear, to carry*

llorar . . . . *to cry*

lograr . . . . *to achieve, to attain, to manage*

luchar . . . . *to struggle, to fight*

madrugar . . . . . . *to get up early*

mandar . . . . *to command, to order, to send*

manejar . . . . *to handle, to drive, to manipulate*

maquillarse . . . . *to put on makeup*

masticar . . . . . . *to chew*

matar . . . . *to kill*

memorizar . . . . . *to memorize*

mentir . . . . *to lie*

merecer . . . . *to deserve*

merendar . . . . . . *to have an afternoon snack, to have an early dinner*

meter . . . . *to put in*

mezclar . . . . *to mix*

mirar . . . . *to look, to watch*

molestar . . . . . . *to disturb, to bother, to upset*

montar . . . . *to ride*

morar . . . . *to dwell, to reside*

morder . . . . *to bite*

morir . . . . *to die*

mostrar . . . . *to show, to display*

mover . . . . *to move, to drive*

mudarse . . . . . . *to move (dwelling), to change (clothes)* nacer......... *to be born*

nadar......... *to swim*

narrar .... *to tell, to narrate, to relate*

necesitar...... *to need, to require*

negar......... *to deny, to refuse*

nombrar ...... *to name, to mention, to appoint*

notar .... *to notice, to note*

obedecer...... *to obey, to respond*

obligar........ *to force, to require*

observar ...... *to observe, to watch*

obtener .... *to obtain, to get*

ocultar........ *to hide, to conceal*

odiar .... *to hate*

ofrecer........ *to offer*

oír .... *to hear, to listen*

oler .... *to smell*

olvidar........ *to forget*

omitir .... *to omit, to leave out*

opinar .... *to express an opinion, to think*

oponerse ...... *to be opposed, to object*

ordenar .... *to arrange, to tidy up, to order, to ordain*

organizar...... *to organize, to arrange*

osar.......... *to dare*

padecer....... *to suffer, to endure*

pagar......... *to pay*

parar......... *to stop*

parecerse ..... *to be alike, to look like, to resemble*

participar ..... *to take part, to participate, to announce*

pasar......... *to pass, to go past, to go by, to cross, to happen*

pasear........ *to take a walk (a stroll, a ride)*

patear .... *to kick*

pedir .... *to ask for, to order, to beg*

pegar......... *to hit, to stick, to glue, to paste*

pelear .... *to fight, to quarrel*

pensar........ *to think*

percibir....... *to perceive, to sense, to receive*

perder........ *to lose*

perdonar ...... *to forgive, to excuse*

perjudicar..... *to harm, to be detrimental, to damage*

permitir....... *to allow, to permit, to make possible*

perseguir...... *to chase, to pursue*

perseverar..... *to persevere, to persist*

pintar .... *to paint*

planear .... *to plan*

poder......... *to be able to, can, may*

poner......... *to put, to set, to set up, to turn on*

poseer........ *to possess, to own, to have*

practicar ...... *to practice, to play, to perform*

preferir .... *to prefer*

preguntar ..... *to ask*

prender....... *to turn on, to light, to pin, to catch*

preocuparse ... *to worry, to be concerned*

preparar ...... *to prepare, to make*

presentar...... *to present, to introduce*

prestar........ *to lend*

presumir ...... *to boast, to predict, to suppose*

pretender ..... *to expect, to aspire, to pretend*

principiar ..... *to begin, to start*

probar . . . . *to prove, to try, to test, to taste*

procurar . . . . . . *to try, to get*

prohibir. . . . . . . *to prohibit, to ban, to forbid*

prometer . . . . . . *to promise, to be promising*

pronunciar . . . . *to pronounce, to give (a speech)*

proponer . . . . . . *to propose, to suggest*

proseguir. . . . . . *to continue, to carry on*

proteger. . . . . . . *to protect*

protestar . . . . . . *to protest, to complain*

proveer . . . . *to provide, to supply*

quedarse . . . . . . *to stay, to remain*

querer . . . . *to want, to love*

quitar . . . . *to remove, to take away, to get out*

rascar . . . . *to scratch*

rechazar . . . . . . *to reject, to turn down, to repel*

recibir. . . . . *to receive, to get, to welcome*

reciclar . . . . *to recycle*

reclamar . . . . . . *to demand, to claim, to complain*

recobrar . . . . . . *to recover, to retrieve, to regain*

recoger . . . . *to pick up, to collect, to tidy up*

reconocer . . . . . *to recognize, to admit, to reconnoiter*

recordar . . . . . . *to recall, to remember, to remind*

reflexionar. . . . . *to reflect, to think*

regalar. . . . . *to present (as a gift), to give away*

regañar . . . . *to scold, to give a talking to*

regir . . . . *to rule, to manage, to control*

regresar. . . . . . . *to return, to go back, to give back*

rehusar . . . . *to refuse*

reír . . . . *to laugh*

relajarse . . . . . . *to relax, to slacken*

remplazar . . . . . *to replace, to substitute*

rendirse. . . . . . . *to surrender, to give up, to bow*

rentar . . . . *to rent, to lease, to yield*

renunciar . . . . . *to resign, to quit, to renounce*

reparar . . . . *to repair, to fix, to correct, to notice*

repartir . . . . *to allocate, to distribute, to hand out*

repasar . . . . *to review, to check, to go over*

reponer . . . . *to replace, to put back*

representar . . . . *to represent, to signify, to symbolize, to perform*

rescatar. . . . . . . *to rescue, to save, to recover*

reservar. . . . . . . *to reserve*

resguardar. . . . . *to safeguard, to protect*

resistir. . . . . *to resist, to stand, to bear*

resolver. . . . . . . *to solve, to resolve, to settle, to decide*

respetar. . . . . . . *to respect, to obey*

respirar . . . . *to breathe*

responder . . . . . *to answer, to reply, to respond*

retroceder . . . . . *to move back, to back away, to back down*

reunirse. . . . . . . *to meet, to reunite*

revisar......... *to inspect, to check, to review*

revolver....... *to stir, to mix, to agitate*

rezar .... *to pray, to say*

rogar .... *to beg, to request, to pray*

romper .... *to break, to smash, to tear*

roncar........ *to snore*

saber......... *to know, to know how*

sacar......... *to take out, to get, to take (a picture)*

salir.......... *to go out, to get out, to leave, to date*

saltar......... *to jump, to leap, to bounce*

saludar .... *to greet, to say hello, to salute*

seguir .... *to follow, to continue, to keep on*

sentarse....... *to sit*

sentir......... *to feel, to be sorry, to regret, to hear*

ser........... *to be*

servir......... *to serve, to be of use for*

situar......... *to locate, to set, to post*

sobrevivir ..... *to survive*

socorrer....... *to help, to aid*

solicitar....... *to request, to apply for*

soltar......... *to let go, to release*

solucionar..... *to solve, to resolve*

soñar......... *to dream*

soportar....... *to support, to bear, to stand*

sospechar ..... *to suspect*

sostener....... *to support, to hold, to uphold, to maintain*

subir .... *to go up, to climb, to raise*

sudar......... *to sweat*

sufrir......... *to suffer, to bear, put up with*

sugerir........ *to suggest, to recommend, to propose*

suicidarse ..... *to commit suicide, to kill oneself*

suplicar....... *to implore, to beg, to beseech*

suponer....... *to suppose, to assume, to involve*

suspirar....... *to sigh*

susurrar....... *to whisper, to murmur*

tapar .... *to cover, to put the lid (cap, cover) on, to block*

tardar .... *to take (a long) time*

teclear........ *to key, to type*

tejer .... *to knit, to weave*

temblar .... *to tremble, to shake, to shiver, to shudder*

temer......... *to fear, to dread, to be afraid*

tener .... *to have, to hold, to be (age, measure, condition)*

terminar ...... *to end, to end up, to finish*

tirar.......... *to throw, to toss, to throw away, to drop*

tocar .... *to touch, to handle, to play (a musical instrument)*

tomar......... *to take, to drink*

trabajar .... *to work*

traducir....... *to translate*

traer .... *to bring, to cause, to wear*

transportar .... *to transport, to carry*

tratar......... *to treat, to try to, to deal with*

trepar .... *to climb, to creep up*

tropezar........ *to trip, to stumble, to run into*

usar........... *to use, to wear*

utilizar .... *to use, to utilize*

vencer........ *to defeat, to overcome, to expire*

vender........ *to sell, to sell out, to betray*

venir .... *to come*

ver........... *to see, to look*

vestir......... *to dress, to clothe, to wear*

viajar......... *to travel, to journey*

vigilar .... *to watch, to keep an eye on, to guard*

visitar .... *to visit*

vivir .... *to live, to make a living*

volar .... *to fly*

voltear........ *to turn over, to turn, to toss*

volver .... *to return, to come / go back, to do again*

vomitar .... *to vomit, to throw up, to spew out*

votar .... *to vote*

yacer......... *to lie (dead)*

zarpar .... *to set sail, to weigh anchor*

VERB INDEX

ENGLISH-*SPANISH*

admit......... *confesar*
abandon ...... *dejar*
abuse .... *abusar*
accept........ *aceptar*
accomplish .... *cumplir*
accuse........ *acusar, culpar*
achieve .... *alcanzar, conseguir,*
            lograr
act.......... *actuar*
administer..... *administrar*
admire........ *admirar*
admit......... *admitir, reconocer*
adore......... *adorar*
agitate........ *revolver*
agree........ *aceptar, concordar*
aid.......... *ayudar, socorrer*
allocate....... *repartir*
allow......... *permitir*
allow entry .... *admitir*
amaze .... *admirar*
analyze .... *analizar*
announce ..... *declarar, participar*
answer........ *contestar, responder*
apply......... *aplicar*
apply for ..... *solicitar*
appoint .... *nombrar*
appreciate..... *apreciar*
approve....... *aprobar*
argue......... *discutir*
arm .... *armar*

arouse .... *despertar*
arrange .... *arreglar, disponer,*
            ordenar, organizar
arrest......... *detener*
arrive .... *aterrizar, llegar*
ask .... *encargar, preguntar*
ask for........ *pedir*
aspire .... *pretender*
assemble...... *armar*
assist......... *asistir, auxiliar*
assume .... *suponer*
attain......... *lograr*
attempt .... *intentar*
attend .... *asistir*
attract .... *captar*
avoid......... *evitar*
avoid
  something.... *huir*
awaken .... *despertar, encender*
back away..... *retroceder*
back down..... *retroceder*
bake .... *cocer, hornear*
ban .... *prohibir*
battle......... *batallar*
be .... *estar, ser*
be (age,
  measure)..... *tener*
be able to ..... *poder*
be admitted.... *ingresar*
be afraid ...... *temer*

be alike....... *parecerse*
be born .... *nacer*
be concerned... *preocuparse*
be confident ... *confiar*
be detrimental.. *perjudicar*
be fond of ..... *apreciar*
be glad .... *alegrarse*
be happy...... *alegrarse*
be inattentive .. *descuidar*
be lacking..... *carecer*
be mad about .. *enloquecer*
be moved...... *emocionarse*
be of use for ... *servir*
be opposed .... *oponerse*
be promising... *prometer*
be quiet....... *callarse*
be relieved .... *aliviarse*
be sorry....... *lamentar, sentir*
be sufficient ... *alcanzar*
be unaware of .. *ignorar*
be
   unsuccessful.. *fracasar*
be wrong...... *equivocarse*
bear.......... *aguantar, cargar,*
                resistir, soportar,
                sufrir
beat.......... *batir, golpear*
become sad.... *entristecerse*
beg .... *pedir, rogar, suplicar*
begin......... *comenzar, empezar,*
                iniciar, principiar
behave .... *comportarse*
believe .... *creer*
beseech....... *suplicar*
betray .... *vender*
bite .... *morder*
blame .... *culpar*
block......... *tapar*
board......... *embarcarse*
boast......... *presumir*
boil .... *cocer, hervir*
boo .... *chiflar*
bother .... *molestar*

bounce .... *saltar*
bow .... *rendirse*
brake......... *frenar*
break......... *romper*
break up ...... *cortar, deshacer*
breathe .... *respirar*
bribe......... *comprar*
brighten up .... *endulzar*
bring......... *traer*
bring down .... *derribar*
brush......... *cepillar*
buckle........ *abrochar*
build......... *construir*
button up...... *abrochar*
buy .... *comprar*
call .... *llamar*
calm down..... *calmarse*
can .... *poder*
caress .... *acariciar*
carry .... *cargar, llevar,*
                transportar
carry on....... *proseguir*
carry out ...... *cumplir*
cash .... *cobrar*
catch......... *alcanzar, atrapar,*
                coger, prender
cause......... *traer*
celebrate...... *celebrar*
change .... *cambiar*
change
   (clothes) ..... *mudarse*
charge........ *acusar, cargar, cobrar*
chase........ *perseguir*
chat.......... *conversar*
cheat......... *copiar*
cheat on ...... *engañar*
check .... *checar, repasar,*
                revisar
chew .... *masticar*
choose........ *elegir, escoger*
chop .... *cortar*
churn .... *batir*
claim......... *reclamar*

discover . . . . . . *descubrir*
discuss . . . . *discutir*
dismantle . . . . . *desarmar*
dispatch . . . . . . *enviar*
display . . . . *mostrar*
distinguish . . . . *distinguir*
distribute . . . . . *repartir*
disturb . . . . *molestar*
dive . . . . *bucear*
do . . . . *hacer*
do again . . . . . . *volver*
do research . . . . *investigar*
do up . . . . *abrochar*
doubt . . . . *dudar*
download . . . . . . *bajar*
draw . . . . *dibujar*
dread . . . . *temer*
dream . . . . *soñar*
dress . . . . *vestir*
dress up . . . . . . *disfrazarse*
drink . . . . *beber, tomar*
drive . . . . *conducir, empujar,*
                    manejar, mover
drive insane . . . *enloquecer*
drop . . . . *tirar*
dub . . . . *doblar*
dwell . . . . *habitar, morar*
earn . . . . *cobrar, ganar*
ease off . . . . *calmarse*
eat . . . . *comer*
elect . . . . *elegir*
eliminate . . . . . . *eliminar*
embark on . . . . . *emprender*
embrace . . . . . . *abrazar*
employ . . . . *emplear*
end . . . . *acabar, terminar*
end up . . . . *terminar*
endure . . . . *aguantar, padecer*
engrave . . . . *grabar*
enjoy . . . . *disfrutar, gozar*
enjoy oneself . . . *divertirse*
enter . . . . *entrar, ingresar*
erase . . . . *borrar*

escape . . . . *escapar, huir*
etch . . . . *grabar*
examine . . . . . . *examinar, explorar*
excuse . . . . *disculpar, perdonar*
expect . . . . *esperar, pretender*
expel . . . . *echar*
expire . . . . *vencer*
explain . . . . *explicar*
explore . . . . *explorar*
express . . . . *expresar*
express an
   opinion . . . . . . *opinar*
fail . . . . *fallar, fracasar*
faint . . . . *desfallecer,*
                    desmayarse
fall . . . . *caer, descender*
fall ill . . . . *enfermarse*
fall in love . . . . . *enamorarse*
fasten . . . . *abrochar*
fatten . . . . *engordar*
fear . . . . *temer*
feel . . . . *sentir*
feel faint . . . . . . *desfallecer*
feign . . . . *fingir*
fight . . . . *batallar, luchar,*
                    pelear
fill . . . . *llenar*
find . . . . *encontrar, hallar*
find out . . . . *averiguar, descubrir,*
                    investigar
finish . . . . *acabar, terminar*
fit . . . . *caber*
fix . . . . *arreglar, componer,*
                    reparar
flee . . . . *huir*
flirt . . . . *coquetear*
flush . . . . *jalar*
fly . . . . *volar*
fold . . . . *doblar*
follow . . . . *seguir*
forbid . . . . *prohibir*
force . . . . *obligar*
forget . . . . *olvidar*

forgive......... *disculpar, perdonar*
fuel .... *cargar*
fulfill......... *cumplir*
gain.......... *captar, ganar*
get........... *captar, coger,*
                    conseguir, obtener,
                    procurar, recibir,
                    sacar
get angry...... *enojarse*
get away ...... *escapar*
get better...... *aliviarse*
get bored...... *aburrirse*
get closer...... *acercar*
get dirty....... *ensuciar*
get drunk...... *emborracharse*
get even....... *desquitarse, empatar*
get exasperated *desesperarse*
get excited..... *emocionarse*
get from....... *heredar*
get ill......... *enfermarse*
get infected.... *contagiarse*
get mad....... *enojarse*
get married .... *casarse*
get out........ *quitar, salir*
get rid of ...... *eliminar*
get sick .... *enfermarse*
get thin .... *enflacar*
get tired....... *cansarse*
get up early.... *madrugar*
get upset...... *emocionarse*
give.......... *dar, entregar*
give (a speech) .. *pronunciar*
give a talking to .. *regañar*
give away ..... *regalar*
give back...... *devolver, regresar*
give up .... *rendirse*
go .... *acudir, ir*
go across...... *cruzar*
go ahead ...... *andar*
go back .... *regresar*
go by......... *pasar*
go crazy....... *enloquecer*
go down....... *bajar, descender*

go on .... *continuar*
go on board .... *embarcarse*
go or come in... *entrar*
go out .... *salir*
go over .... *repasar*
go past........ *pasar*
go through..... *atravesar*
go to bed ...... *acostarse*
go up......... *subir*
go wrong ..... *fallar*
govern........ *gobernar*
grade......... *corregir*
grasp......... *captar*
greet .... *saludar*
grow .... *crecer*
grow sad ...... *entristecerse*
guard......... *vigilar*
guess......... *adivinar*
halt .... *detener*
hand out ...... *repartir*
handle........ *manejar, tocar*
hang .... *colgar*
happen .... *pasar*
harm .... *dañar, perjudicar*
hate.......... *detestar, odiar*
have .... *poseer, tener*
have an early
  dinner....... *merendar*
have a feeling .. *intuir*
have a
  good time .... *disfrutar, divertirse*
have an after-
  noon snack ... *merendar*
have available.. *disponer*
have breakfast.. *desayunar*
have dinner.... *cenar*
have fun ...... *divertirse, gozar*
have to .... *deber*
heal.......... *curar*
hear.......... *escuchar, oír, sentir*
help.......... *auxiliar, ayudar,*
                    socorrer
hesitate....... *dudar*

hide.......... *esconder, ocultar*
hinder........ *impedir*
hire.......... *alquilar*
hit........... *golpear, pegar*
hobble........ *cojear*
hold.......... *sostener, tener*
hold (capacity) .. *caber*
honor......... *distinguir*
hope .... *esperar*
hug .... *abrazar*
hunt .... *cazar*
hurt.......... *herir, lastimar*
ignore .... *ignorar*
imagine....... *imaginar*
imitate........ *copiar, imitar*
impede .... *impedir*
implore .... *suplicar*
include .... *comprender*
increase ...... *elevar*
indicate....... *indicar*
inherit........ *heredar*
initiate .... *iniciar*
insist......... *insistir*
inspect .... *examinar, revisar*
interfere ..... *interferir*
introduce...... *presentar*
invent .... *inventar*
invest .... *invertir*
investigate..... *investigar*
invite......... *invitar*
involve .... *suponer*
join .... *ingresar, juntar*
journey .... *viajar*
judge......... *juzgar*
jump .... *brincar, saltar*
keep .... *conservar, guardar*
keep an eye on .. *vigilar*
keep on....... *seguir*
key in (type) ... *teclear*
kick.......... *patear*
kill .... *matar*
kill oneself .... *suicidarse*
kiss .... *besar*

knit .... *tejer*
knock .... *llamar*
knock down.... *derribar*
know .... *conocer, entender,*
                      saber
know how ..... *saber*
labor .... *laborar*
lack.......... *carecer, faltar*
land.......... *aterrizar*
laugh......... *reír*
launch........ *lanzar*
lay........... *colocar*
leap.......... *saltar*
learn .... *aprender, estudiar*
lease .... *alquilar, rentar*
leave .... *dejar, salir*
leave out ...... *omitir*
lend.......... *prestar*
let .... *dejar*
let go......... *soltar*
let know ...... *avisar*
lie .... *mentir*
lie (dead)...... *yacer*
lie down ...... *acostarse*
lift........... *elevar, levantar*
light .... *encender, prender*
limp .... *cojear*
link.......... *conectar*
listen......... *escuchar, oír*
live .... *vivir*
live in .... *habitar*
load.......... *cargar*
locate .... *situar*
look.......... *mirar, ver*
look after...... *cuidar*
look down on... *despreciar*
look for .... *buscar*
look like ...... *parecerse*
loose heart..... *desfallecer*
lose .... *extraviar, perder*
lose weight .... *enflacar*
love.......... *adorar, amar, querer*
lower......... *bajar*

maintain . . . . . . *sostener*

make . . . . *cometer, elaborar,*
                       fabricar, hacer,
                       preparar

make a living . . *vivir*

make a mistake . . *equivocarse*

make possible . . *permitir*

make the
  most of . . . . . . *aprovechar*

make up . . . . . . *inventar*

manage . . . . *administrar, dirigir,*
                     lograr, regir

manipulate . . . . *manejar*

manufacture . . . *fabricar*

match . . . . *empatar*

may . . . . *poder*

measure . . . . . . *tener*

meddle . . . . *interferir*

meet . . . . *conocer, reunirse*

memorize . . . . . *memorizar*

mention . . . . *nombrar*

mislead . . . . *engañar*

misplace . . . . . . *extraviar*

miss . . . . *fallar, faltar*

mix . . . . *batir, mezclar,*
                       revolver

moor . . . . *amarrar*

move . . . . *mover*

move (dwelling) . . *mudarse*

move back . . . . . *retroceder*

murmur . . . . *susurrar*

must . . . . *deber*

name . . . . *nombrar*

narrate . . . . *narrar*

need . . . . *faltar, necesitar*

neglect . . . . *descuidar*

note . . . . *notar*

notice . . . . *notar, reparar*

notify . . . . *avisar*

obey . . . . *obedecer, respetar*

object . . . . *oponerse*

observe . . . . *observar*

obtain . . . . *conseguir, obtener*

offer . . . . *ofrecer*

omit . . . . *omitir*

open . . . . *abrir, destapar*

ordain . . . . *ordenar*

order . . . . *disponer, encargar,*
                       mandar, ordenar,
                       pedir

organize . . . . . . *organizar*

overcome . . . . . . *vencer*

owe . . . . *deber*

own . . . . *poseer*

paint . . . . *pintar*

participate . . . . . *participar*

pass . . . . *pasar*

pass (an exam) . . *aprobar*

pay . . . . *pagar*

pay attention . . . *atender*

penalize . . . . . . *castigar*

perceive . . . . . . *percibir*

perform . . . . *celebrar, practicar,*
                       representar

permit . . . . *permitir*

persevere . . . . . *perseverar*

persist . . . . *perseverar*

persuade . . . . . . *convencer*

phone . . . . *llamar*

pick . . . . *coger, escoger*

pick up . . . . *recoger*

pin . . . . *prender*

place . . . . *colocar*

plan . . . . *planear*

plane (wood) . . . *cepillar*

play . . . . *jugar, practicar*

play (a musical
  instrument) . . . *tocar*

plug in . . . . *enchufar*

possess . . . . *poseer*

post . . . . *situar*

practice . . . . *ensayar, practicar*

pray . . . . *rezar, rogar*

predict . . . . *presumir*

prefer . . . . *preferir*

prepare . . . . *elaborar, preparar*

present . . . . *presentar*
present
 (as a gift). . . . . *regalar*
preserve . . . . . . *conservar*
pretend . . . . *fingir, pretender*
prevent . . . . *evitar, impedir*
print . . . . *imprimir*
produce. . . . . . . *elaborar, fabricar*
prohibit. . . . . . . *prohibir*
promise. . . . . . . *prometer*
pronounce. . . . . *pronunciar*
propose . . . . *proponer, sugerir*
protect. . . . . *proteger, resguardar*
protest. . . . . *protestar*
prove. . . . . *demostrar, probar*
provide . . . . *proveer*
pull . . . . *jalar*
punish. . . . . *castigar*
purchase . . . . . . *comprar*
pursue. . . . . *perseguir*
push . . . . *empujar*
put . . . . *colocar, echar, poner*
put away . . . . . *guardar*
put back . . . . . . *reponer*
put in . . . . *meter*
put into
 practice . . . . . *aplicar*
put on
 makeup. . . . . . *maquillarse*
put on or gain
 weight. . . . . . . *engordar*
put the lid (cap,
 cover) on. . . . . *tapar*
put together. . . . *armar, juntar*
put up . . . . *colgar*
put up with . . . . *sufrir*
quarrel . . . . *pelear*
quit . . . . *renunciar*
raise . . . . *elevar, levantar, subir*
reach. . . . . *alcanzar, llegar*
read. . . . . *leer*
recall. . . . . *recordar*
receive . . . . *percibir, recibir*

recognize. . . . . . *reconocer*
recommend . . . . *sugerir*
reconnoiter . . . . *reconocer*
record . . . . *grabar*
recover . . . . *recobrar, rescatar*
recycle . . . . *reciclar*
reflect . . . . *reflexionar*
refuse . . . . *negar, rehusar*
regain . . . . *recobrar*
regret . . . . *lamentar, sentir*
rehearse . . . . . . *ensayar*
reject. . . . . *despreciar, rechazar*
relate. . . . . *narrar*
relax . . . . *relajarse*
release . . . . *soltar*
remain. . . . . *quedarse*
remember . . . . . *acordarse, recordar*
remind . . . . *recordar*
remove . . . . *eliminar, quitar*
renounce. . . . . . *renunciar*
rent . . . . *alquilar, rentar*
repair . . . . *arreglar, componer,*
                                    reparar
repel . . . . *rechazar*
replace . . . . *remplazar, reponer*
reply . . . . *contestar, responder*
represent. . . . . . *representar*
request . . . . *rogar, solicitar*
require . . . . *necesitar, obligar*
rescue . . . . *rescatar*
resemble . . . . . . *parecerse*
reserve . . . . *reservar*
reside . . . . *morar, residir*
resign . . . . *renunciar*
resist. . . . . *resistir*
resolve . . . . *resolver, solucionar*
respect . . . . *respetar*
respond. . . . . . . *obedecer, responder*
rest . . . . *descansar*
retrieve . . . . *recobrar*
return . . . . *devolver, regresar,*
                                    volver
reunite . . . . *reunirse*

try to . . . . *tratar*
turn . . . . *doblar, girar, voltear*
turn (age). . . . . . *cumplir*
turn down . . . . . *rechazar*
turn in . . . . *entregar*
turn off . . . . *apagar, cerrar*
turn on . . . . *poner, prender*
turn over . . . . . . *voltear*
turn to . . . . *acudir*
type. . . . . *teclear*
unblock. . . . . . . *destapar*
uncover. . . . . . . *descubrir*
understand . . . . *comprender, entender*
undertake . . . . . *embarcarse, emprender*
undo . . . . *desatar, deshacer*
unleash . . . . *desatar*
untie . . . . *desatar, deshacer*
uphold. . . . . *sostener*
upset. . . . . *molestar*
use . . . . *aprovechar, emplear, usar, utilizar*
utilize . . . . *utilizar*
vanish . . . . *desaparecer*
visit. . . . . *visitar*
vomit. . . . . *vomitar*
vote. . . . . *votar*
wait. . . . . *esperar*

wake . . . . *despertar*
walk . . . . *andar, caminar*
want . . . . *desear, querer*
warn . . . . *avisar*
wash . . . . *lavar*
waste. . . . . *desperdiciar, gastar*
watch . . . . *mirar, observar, vigilar*
wear . . . . *llevar, traer, usar, vestir*
weave . . . . *tejer*
weigh anchor. . . *zarpar*
welcome . . . . . . *recibir*
whisper. . . . . . . *susurrar*
whistle . . . . *chiflar*
win . . . . *ganar*
wish . . . . *desear*
wobble . . . . *cojear*
work . . . . *andar, laborar, trabajar*
worry. . . . . *preocuparse*
worship. . . . . . . *adorar*
wound. . . . . *herir*
wreck . . . . *destruir*
write . . . . *escribir*
yawn . . . . *bostezar*
yell . . . . *gritar*
yield . . . . *rentar*

Roger Parkes

THE PHOENIX PROJECT

AUSTIN MACAULEY PUBLISHERS™

LONDON • CAMBRIDGE • NEW YORK • SHARJAH

A CIP catalogue record for this title is available from the British Library.

ISBN 9781788239738 (Paperback)
ISBN 9781788239745 (Hardback)
ISBN 9781788239752 (E-Book)
www.austinmacauley.com

First Published (2017)
Austin Macauley Publishers Ltd™
25 Canada Square
Canary Wharf
London
E14 5LQ

Chapter 1

"There is some post for you, Polly, and one of the letters has a government crest on it."

Mrs Browne, Polly's housekeeper, hands over the mail to Polly, who is sitting in the study.

Polly thanks her and eyes the letter before opening it. Who can be writing to her from the present government? She cannot imagine. She opens the letter and reads its contents.

Dear Mrs Bottomley,

You may be aware of recent student unrest and violence, both in our country and in Europe. We believe this to be the work of communist activists hell-bent on causing the government embarrassment and we are determined to deal with it fairly but firmly. Your expertise in dealing with the Soviets over many years is well-known and we would appreciate your advice and assistance in any way that you consider appropriate.

With that in mind, I would be most obliged if you could meet with me and my colleagues at the Home Office, on Wednesday next at 11'o clock, if that is convenient. Whilst fully understanding if you decline my invitation, I sincerely hope you will be able to attend.

I am yours most sincerely,
Michael Wellings
Under Secretary
The Home Office.

Polly puts down the letter and ponders over its contents. It has been some five years since she retired from public office and is flattered that the present government would want to speak with her. Whilst she has been busy doing all sorts of ventures since she gave up her role in government and as an MP, she does sometimes miss being involved and making decisions. Her time has been spent helping the local government,

1

being a full-time mother, and she has begun writing her memoirs from a decade of fighting the Soviets.

She has always kept abreast of current and national affairs and has watched the student unrest in Europe manifest itself in Britain. Perhaps there may be a role for her in the socialist administration, but she would have talk it over with Daniel before any decisions are made. He is her rock, as he has been for over 20 years now, even though Polly is still only 34 years old. Daniel is now a deputy director in MI6 and spends most of his time behind a desk in Century House, although he does still get called upon to oversee operations in the field, occasionally. He has had a distinguished career and will, no doubt, be suitably rewarded at the appropriate time. Polly and the children adore him and their life is now quite settled.

William and Susan attend Grammar School, and Richard is expected to join them next year. The children are all very bright, and both Polly and Daniel hope they will go on to university. She is very interested in their education and is an active member in many school activities.

In fact, both schools they attend are grateful for Polly's input. She has always been a keen fundraiser for both and rarely takes no for an answer!

Daniel arrives home to be met by Polly's enthusiastic greeting and this time she also has some exciting news.

"Daniel, look! I have received a letter from the government."

Polly hands Daniel the letter and he is full of enthusiasm for her.

"You are still highly regarded and appreciated Polly. There is still no one that I know of who has more experience of the Russian activities, how they operate and so on than you my dear."

"Thank you for that, Daniel, what do you think we should do about their request? I have no desire to go back into politics, you know that. I believe I have done everything I can and want to be a wife and mother, first and foremost."

"I don't think the request is for you to go back into government, Polly. There is concern about the student unrest in Europe, which appears to have found its way across the Channel. Because the unrest is being orchestrated and appears highly organised against governments, there is a consensus that the communists are behind the protests. And you were an expert in Soviet affairs and still know more about how they work than anyone in the current government."

"Do you really think I may be able to help?"

"Yes, I do, and I think you should go along if only to hear what they have to say."

"Very well, I will go and see what they have to say. I must confess I am a little curious."

Polly has concentrated hard on her duties as a wife and mother since she left politics, but she finds the thought of being involved again in some way, however small, exciting.

Her family has enjoys not having to worry about her, her parents especially. They still live in the same house that Polly was brought up in, as does her sister Maisy, who has never married. In fact, Polly has always suspected that Maisy was in love with Daniel and has never looked elsewhere for a husband, happy with her career as a teacher. The youngest sister, Daisy, is now married and lives in Leicester, while Brother George is engaged and lives in Leicester.

Polly spends Tuesday looking over old papers from when she was at the Foreign Office. The notes of things to do and meetings to be arranged make her suddenly realise that perhaps she has been missing the years that she and Daniel fought against the Soviets. She had begun chronicling the activities for her memoirs so some of the items are close to hand, and Polly finds herself reminiscing as she looks over the various documents.

She has items dating back to 1952, when she and Daniel were married and recalls vividly their fights against Soviet agents, in their efforts to bring down a conspiracy within the Civil Service and the trade union movement at the time. She notices references to the explosion at their home in 1962 which caused the death of Mrs Brodie, the housekeeper, and Polly becomes upset at that memory. Mrs Brodie was a good friend as well as her housekeeper.

They were dark days, but Polly is reminded of the good times when she uncovers the lists she made for guests at their reception at the Savoy Hotel. She even manages to find a menu from that wonderful day!

"Will you be having lunch in here, Polly? It's a lovely day, and I thought you may like to sit outside for a while," asks Mrs Browne.

So, Polly sits outside for the rest of the afternoon, before she collects Richard and Susan from school and looks forward to her meeting tomorrow at the Home Office.

Polly arrives at the Home Office at 9:45 am and is shown up to the fifth floor, where she is met by Michael Wellings. Wearing a blue dress with matching jacket, Polly presents an attractive figure. She has always been precise with her dress, a feature from her previous days in public office, when she was regularly photographed by the media. There may be one or two lines appearing now but she is still an attractive 34-year-old.

"Mrs Bottomley, very pleased to meet you, I am Michael Wellings. Can I introduce to you the Home Secretary Sir Matthew Parrish, Chief Superintendent Joe Burke of the Metropolitan Police and Inspector Bill Myers? The other members of my staff you will get to know in due course. Please sit down, can we offer you some tea?"

"Good morning everyone, yes tea would be nice, thank you," Polly replies as she sits down.

"Thank you so much for coming along, your reputation precedes you and we do have a problem which your unique experience may be able to solve, or at least offer some advice."

"I must say I was intrigued by your message, Mr Wellings. But, as you know, I retired from government office a while ago, so I am a bit out of touch, you understand."

"Mrs Bottomley, I must confess I had no idea you were so young, just when exactly did you begin this fight against the Russians in our country?" asks the Home Secretary, Sir Matthew Parrish, intrigued that the government should be turning to this young woman for advice on such a serious matter.

"16 years ago, Sir Matthew, in 1952, when I began my career in the Civil Service. I joined the Home Office from school and lived with my guardian at the time, who was seconded to MI6."

"Mrs Bottomley, you must be Daniel's wife, I presume?" Chief Superintendent Burke comments.

"Yes, sir, that is correct. Daniel and I were married the same year I joined the Civil Service."

"I know your husband by reputation; his career and exploits are well known in the police and intelligence agencies. You must be the young lady who was responsible for breaking up the Russian infiltration into the Civil Service back then?" "I did help Daniel with bits of information, yes, but they were difficult times and he suffered several injuries as the Soviets tried to stop us breaking up their conspiracy."

"Indeed, all I will say on this, Michael, is that you couldn't have picked a better person for this job. Mrs Bottomley's reputation is well known. She devoted ten years of her life fighting the Russians and suffered dreadfully at their hands, as I recall."

"Well, it seems we have made a wise choice. Can we tell you a little bit about what is involved, Mrs Bottomley, and perhaps you could tell us your thoughts?" Michael Wellings asks.

"As I mentioned in my letter, there is concern in the government that the current unrest in the student movement is being orchestrated by the communists. Whilst we have no real evidence here in Britain, what is happening in France is most certainly very organised and smacks of typical communist agitation from within the trade unions.

"We have had some protests already, especially in London, and they are becoming increasingly violent. The Grosvenor Square protest in March was, we believe, the work of the communists. While that was essentially a protest against the Americans in Vietnam, we believe that there are more protests planned in the aftermath of what has been happening in France. The student union has organised some protests the government's education policies and to date, they have been relatively peaceful, but we are sure that there are some big demonstrations planned to take place during the summer months.

"Our concern is that they get out of hand and feed the violence that communist agitators so enjoy creating. We need to find out who is specifically behind these protests and that is why we have invited you here today Mrs Bottomley. If anyone can find out, it is you. The PM himself has endorsed this meeting and given you a free hand in how you might tackle this problem." Michael Wellings concludes.

"Thank you for your endorsement, Mr Wellings. Can I ask, do you have any specific evidence of communist activity in this?"

"Just rumour and supposition, Mrs Bottomley, that's why we need your help."

"And what has been done so far to try and secure any evidence that the students are being manipulated in some way?" Polly asks.

"We have watched their leaders and monitored some of their phone conversations, but all they talk about is their demands for the student education programme and direct action against the government if they do not get what they want," replies Chief Superintendent Burke.

"What about solidarity with the trade union movement, any mention of that?"

"Nothing at all, they seem to be acting alone, or that is what they want us to believe."

5

Michael Wellings is rather puzzled by Polly's question regarding the trade unions, and asks, "Is that significant Mrs Bottomley, seeking solidarity with the trade unions?"

"Well, the trade unions have a history of communist interference in my experience and it would be easier to get information from inside the trade union movement than inside the student movement."

"Interesting comment, Mrs Bottomley, I see you are already developing a strategy, are you not?" the Minister replies.

"Just thinking through what would have to be done, Sir Matthew, but I would have to talk with my husband before I make any decisions about what you are asking, but I will give your proposal serious thought. Thank you so much for inviting me here today."

"The pleasure has been ours, Mrs Bottomley. May I ask how long you want before making a decision?"

"I will let you know by the end of the week, Mr Wellings."

Polly shakes hands with all those present and leaves the office to return home. She is excited by what is on offer, but must discuss the proposal with Daniel and see what he has to say. He may be able to offer some official advice on student unrest. She mentions this to him over dinner that evening after she has told him of her meeting at the Home Office.

"What do you think I should do, Daniel? Do you believe I can make a difference to their efforts to find out who is behind the student unrest?"

"You are the only person qualified for the task, Polly, that point is obvious, that is why they have contacted you. I suggest you offer your services with the proviso that it is just for this operation that you will make yourself available. And, you must go to your next meeting with a clear set of ground rules on how you want to operate. If the Russians are behind this, then you are uniquely qualified to break up the party."

"Very well, Daniel, I will tell Michael Wellings that I will accept the position and lay out my requirements when I meet with him. In the meantime, I will see if I can find out what is happening with these protests, whether they are genuine or orchestrated by the Soviets."

Polly contacts Wellings and tells him of her formal acceptance subject to agreement on procedures.

"I have full authorisation to give you all the assistance you ask for, Mrs Bottomley. Perhaps we could meet again on Monday at 10 'o clock to go over details?"

Polly agrees to this and spends some time in discussions with Daniel over the weekend.

"Have you been able to find out anything about the students who are involved, Daniel?"

"Nothing about specific players, but I can give you some background on the protest movement."

"Anything you have would be useful, as I am completely in the dark about how students operate."

"It appears that the protests have been orchestrated from the London School of Economics, and the leaders appear to have been inspired by the European protests, specifically in Paris. The college has a radical tradition and believes it can change history through social revolution."

"It sounds the stuff of daydreams, Daniel. Why do they wish to disrupt this government, which is Socialist and would tend to agree with their ideas? I'm confused."

"That is true, Polly, but the government does not move quickly enough and is seen as the establishment, with all that the establishment represents."

"It seems that if I am going to find out anything at all about what is happening inside the LSE, I need first-hand knowledge. I need to recruit someone inside."

"My dear Polly, how on earth do you propose to do that?" replies Daniel smiling. He fully appreciates his wife's knowledge and experience, but thinks that recruitment from inside the LSE, a hotbed of revolution, will be too much even for Polly!

"As a matter of fact, Daniel, I may know of someone who can help us. Do you remember that bubbly 20-year-old I recruited to oversee trade with the Ukraine? Penny Forsythe had been a student at the LSE."

"But would she be able to enrol again do you think? What are the criteria for older students?"

"No idea, Daniel, but I know she was a bit of a revolutionary in her early days and that is why her father removed her. Well, only Penny would be able to answer the questions and we don't know what she is doing now anyway."

"I will make enquiries about her on Monday and I will also want Pam with me. She is the best in the business for analysing data whatever the subject is."

Pamela had worked with Polly as a data analyst some six years ago and was known to be one of the best analysts in government at the time.

Her ability to collate details and draw conclusions proved invaluable to Polly, and she would not hesitate to have her on board again.

"You mean Mrs Wilberforce. I still find it difficult to believe Conrad has settled down at last."

"I think you and I had a hand in their relationship and how it blossomed, Daniel. They were together on a number of occasions because of circumstances relating to our work, if you remember."

Polly and Daniel enjoy the rest of the weekend before Polly heads off to the Home Office on Monday morning.

"Mrs Bottomley, can I introduce you to Jonathan Miles. Jonathan will liaise with you for the department and help you in any way he can."

Jonathan Miles is a tall man in his forties, with a military bearing. He has cold eyes and gives Polly a smile, which she finds uncomfortable.

"Pleased to meet you, Mrs Bottomley, your reputation precedes you, but I was expecting to meet with someone much older," he comments, obviously surprised to meet a young woman with such a reputation in the Service.

"Thank you, Jonathan. I had no idea that I was still remembered, since it is six years since I retired from the service."

"Indeed, but your exploits and those of your husband are often talked about, especially as the Russians are always plotting something."

Polly finds his comments rather puzzling but pays them no heed, but there is something about this man which she finds uncomfortable.

"Anyway, Mrs Bottomley, can I outline for you what has been proposed, subject to your approval? We have allocated an office for you on the ground floor. We thought it might be more appropriate, especially as you are still known by your reputation and there may be distractions if you were in any of the main offices. Jonathan will be on hand to assist in any way you feel he can, but you have a relatively free hand on recruitment. Do you have anyone in mind that you feel may be able to help you at all?"

"I do have two people in mind; they were both with me when I was in the Foreign Office. Penny Forsythe and Pamela Wilberforce. I am not sure whether they are still at the Foreign Office, but it would be easy to find out. Initially, they can give me all the help I need, and Jonathan can assist me when I get more settled."

"That's fine, Mrs Bottomley. Now, let me show you the office we have allocated to you."

Wellings takes Polly down to the ground floor, accompanied by Jonathan. She is a little uncomfortable with Jonathan Miles's closeness, but ignores it for the moment.

"I will leave you two to get acquainted, then perhaps you can see if you can contact your colleagues. We can have some lunch before you leave, Mrs Bottomley, and go over your terms of reference."

"Thank you, Michael. I will see you for lunch."

"I really am looking forward to working with you, Mrs Bottomley," says Jonathan Miles after Wellings has left the office.

Polly is conscious of how close he stands to her before she sits at the desk and beckons him to sit as well. Everything about this man makes Polly feel uneasy, but she remains polite towards him.

"Thank you, Jonathan, tell me have you worked with Michael long?"

"I do not work for Michael, Mrs Bottomley. I make my own decisions and am attached to a number of MPs and work on whatever projects they are involved in," he replies rather sharply.

"My apologies, I did not mean to imply anything," replies Polly, surprised at his somewhat abrupt response.

"No matter, I am here to help you in any way I can," he comments, stroking her hand.

"I am sure we will get on famously," he says while holding her close and planting a kiss on her forehead.

"Mr Miles, do you mind telling me what on earth you think you are doing?" says Polly as she reels away from his touch.

"I thought you would appreciate my holding you as a sign of my affection."

"Please do not do anything like that again if you wish to continue working with me. Do you understand?"

"As you wish, Mrs Bottomley, but you may regret your attitude towards me, I can open a lot of doors for you," he says as he leaves Polly, who is shaking with anger at his behaviour.

After composing herself, she phones the Foreign Office and asks to speak with Pamela. She is delighted to hear what Polly has to say and agrees to meet with her in the morning. She then asks her if she knows how she can contact Penny.

"I believe she is still involved with developing trade links. I will try and contact her and bring her along."

So, the following morning, Pamela calls at Polly's office accompanied by Penny Forsythe. There are hugs and kisses all round since it has been some time since they saw one another.

"Pam, Penny, it is so good to see you both again, thanks for coming."

"You look marvellous, Polly, your retirement must be suiting you," says Pamela, who has not seen Polly since she and Conrad married four years ago.

"Hello, Mrs Bottomley, it's so nice to see you again," says Penny. She does not seem to have changed at all and her dress is still somewhat outlandish.

"Please Penny, call me Polly, and you don't seem to have changed at all."

Just then, Jonathan Miles enters the room and after introductions Polly asks him if he would leave her with her colleagues as they have a lot of catching up to do.

"Very well, Mrs Bottomley, I will see you later."

"So, Polly, what's this all about? Are you back fighting the Russians again?"

"It would appear so, Pam, and that is what I hope to determine with the help of you and Penny.

The government is concerned that the communists are behind the student unrest and I have been asked to investigate. I need people I know and can trust to help me find out just what is happening and you two fit the bill. You Penny, because of your LSE background, and you Pamela, with your unique skills of being able to analyse whatever data we may determine. How do you both feel about coming on board?"

"I would love to work with you again, Polly, and would welcome a change of emphasis."

Pamela has been heading a data analysis department responsible for monitoring government aid distribution and how it can be best channelled to the neediest parts of the world.

"And I would like the chance to mingle with students again, Polly. I enjoyed my time at the LSE, although I am a little apprehensive about returning at 26 years of age!"

"Okay, well, I will talk with the Minister about arranging your transfers on an open-ended basis. I suggest that you clear your work outstanding by the end of the day on Thursday and meet with me here on Friday. We can then set out our strategy. This is going to be difficult, but I am sure we can do a good job. Now, before you both leave, about

Jonathan Miles, the man you met earlier, I am not sure about him. He has been seconded to me by the Under Secretary, but I know nothing about him yet. I am going to ask Daniel to check him for me. In the meantime, we will not be sharing any information with him and I do not intend for him to be positioned in this office. Now, you had better get back to your work and I will see you both on Friday morning."

Polly hugs both Pamela and Penny before sitting down at her desk and going over what needs to be done. She admits to herself that being involved again does give her a tingle of excitement and she looks forward to the task ahead.

The members of the Phoenix Project meet in the Constitutional Club in Blackfriars once a month. They come from all walks of life and do not always sit well together with such a wide variety of backgrounds.

Miles Templeton MP is a hard-line right-winger, determined and ambitious with his political career.

Horace Wetherby MP is an old established conservative with family values and a staunch supporter of the democratic process.

Cedric Pershore MP is a bigot who wants legislation to control unions and immigration. He believes that the democratic process needs to be reassessed.

Bertram Waverly MP is a multi-millionaire industrialist and property magnate. He has been invited to be a member because of his financial clout and has pledged financial support as and when required.

Sir Ian Williams has many connections in both the Commons and the lords and so can open many doors in government and beyond.

Colonel James Pitt ret'd is a veteran of the Korean War and able to give advice on use of the military during social unrest. He was considered for both his military prowess as well as his knowledge of the communists in warfare.

Walter Faversham QC is a circuit judge. He has become increasingly frustrated by the erosion of the powers of the judiciary and the continuing liberalisation of the sentencing rules. He is also a strong advocate of corporal punishment.

Lord Barton of Chatsberry is a peer of the realm and has ancestors dating back to the trading in slavery. He too is a firm believer in capital punishment and in military conscription.

"These young people need discipline, gentlemen, and the sooner we rid our nation of the socialists the better. Action is required and the sooner the better," Miles Templeton says firmly.

Godfrey Summers and Jonathan Miles are the fixers for the group. Both are ruthless men who will not shy away from using violence and are experts with weapons. Miles is a psychopath who enjoys hurting people and seeing people hurt and delights in instructing his contacts to carry out such work. They are the 'go to' men for the members when a dirty job must be done.

The discussions this evening centre around how they can engineer further social unrest using the students and point the blame at the communists. They all believe this is the best strategy to adopt. The 'Phoenix Project' has been formed with one aim in mind: to bring down the government and replace it with a hard-right administration.

The freedom of expression that the 60s has created does not sit well with these men. Indeed, their draconian principles are not unlike the communists' attitudes, which they are using as an excuse to further their aims. They are determined to set in place a series of events that they hope will give them an opportunity to bring down the government and offer an alternative mandate of right-wing policies.

"This government is losing control, gentlemen, and we have to exploit the situation with the students. We must engineer the unrest and continue to use the communist as the perpetrators to cover ourselves.

"If we plan this correctly, it should not be too long before we can force the Socialists from office. The Phoenix will rise from the ashes of this Socialist disaster, gentlemen, and put back the 'Great' into Great Britain again. We need to keep the pressure on the protest pedal and find some way of endorsing the belief that the communists are causing the unrest. The sooner we prove the inadequacy of the government in all this, the nearer we will be to provide an alternative.

"A strong government with legislation to control the unruly elements of our society, the students and the trade unions must be brought to heel. In the meantime, we must continue to show the government's lack of action in Parliament. Despite his comfortable majority, the PM seems reluctant to act against the students and meantime the unrest will continue. This is our opportunity, gentlemen, and we must grasp it. We must not fail in our resolve!" says Miles Templeton, his voice raised as he becomes excited by the prospect of power.

Miles Templeton is very much the driving force behind the Phoenix Project. He is a hard-line right-wing politician who views with dismay the liberal attitudes of the 60's and is convinced that the only way to stop it is to overthrow the socialist government. He is a ruthless man hell-bent on achieving power by any means at his disposal. The establishment of the Phoenix Project is to do just that, including a non-democratic coup. He has around him a group of hard liners with the same beliefs as himself, although perhaps not quite so forceful. But, they are ready to do whatever is necessary to restore law and order and discipline to the country. And they have influence in the police, the security services and the establishment.

"Jonathan, what about this business with this Mrs Bottomley? Should we be concerned? Remember, nothing must get in the way of our success, absolutely nothing. Do I make myself clear? Do whatever needs to be done if she gets too inquisitive," comments Templeton.

"I don't believe she represents a threat at all, Miles. She has a reputation for her success against the Soviets and we can make sure that she continues to look at them to blame. She cannot be considered a threat to the Phoenix Project in any way. She hasn't been involved in government for six years, and I think the Minister has called on her as a gesture to show that he is doing something about what is happening. I hope to use her previous success against the communists to influence her decisions and her reporting to the Minister. She is obsessed with the Soviets and it will be easy to convince her of another conspiracy, I'm sure."

"Well, just who exactly is she anyway?" asks Sir Ian Williams.

"She was an MP until she resigned some six years ago now. You may recall, Sir Ian, that she and her husband were involved in two high profile conspiracy trials, one in '52 and one in '62. She is obviously a very intelligent woman but somewhat blinkered in her attitude towards the Soviets. Reds under the bed, if you like. She will do everything she can, I'm sure, to convince herself that the Russians are behind all this unrest. However, if she proves difficult, then rest assured that I will deal with her in my own way," replies Jonathan Miles with a sinister smile. He is already planning to deal with Polly in his own way after she spurned his attentions towards her.

"Then we must make sure that she is given every encouragement to pursue the communist idea. As I have said, Jonathan, you do whatever is necessary. What she must not do is meddle in our business. Too much is at stake here," Miles Templeton raises his voice and there is a degree of menace in his tone.

"So, what is our next plan of action, gentlemen? We need to speed up proceedings. How many men have we got inside the student movement that can move the protests to other parts of the country?" asks Bertram Waverly. A multi-millionaire industrialist and property dealer, Waverley has offered financial backing for the Phoenix Project initiative. He wants to see the back of the Socialist regime, which is not doing his business any favours, and will use his financial muscle for whatever alternative the Phoenix Project comes up with. He has made his fortune from hard work and is appalled by the liberal attitudes being put forward by the current administration and the public at large. Whilst he agrees in principle with Templeton's ideals, he does concern himself with his attitude of power at all costs. He still believes in old-school family values and considers himself a gentleman who is well respected by everyone; this works for him in his business ventures.

"We need our contacts in the police and the security services to start cracking a few heads for us, gentlemen. There is nothing the press likes better than to bash the police. It can stir up resentment very quickly if the police are seen to be stopping the lawful protests of the students by using violence against them. And we need to show them damaging property. Can we organise the protest's route so that they go down Oxford Street and smash a few windows? We need to escalate the protest and make the public sit up and wonder what the hell is going on in the country. Get your agents to work quickly, Jonathan, we must not waste any more time," Cedric Pershore comments, his voice becoming louder as he lays out what he thinks should be done.

Cedric Pershore believes that the democratic process has gone too far in the country and legislation to control the unions and immigration should be priority. His comments on immigrants have caused widespread criticism and he has in fact been censored by his own party over this.

He is also openly critical of women in politics and still believes a woman's place is in the home and having children. Pershore is a bigot who has no time for anyone's beliefs or ideas if they conflict with his own. He is everything that should not be reflected in the political system. He views democracy as an unnecessary distraction in the aims of the Phoenix Project.

"Be very careful about breaking the law too openly, gentlemen. We still have a system in place, if somewhat weak, to punish lawbreakers," Walter Faversham comments.

"And we should keep a close watch on any known communist's gentlemen, they might just show their hand. You must appreciate how devious their methods are; they will look to exploit the student unrest while putting their own agenda in place if they have any ambitions. They can be a great help to your aims without realising it," comments Colonel Pitt.

"Okay, gentlemen, we have some work to do over the next few weeks. Miles, just make sure that you keep an eye on that Mrs Bottomley," says Templeton.

"You have any problems there, you tell me, I'll have her dealt with," says Pershore as the men disperse from their meeting down into the smoke room.

Meanwhile, after telling the Under Secretary that Penny and Pamela will be joining her on Friday, Polly returns home and talks with Daniel about Jonathan Miles.

"I don't trust him at all, Daniel. There is something about him which I find disturbing," comments Polly, mentioning his actions towards her.

"I will certainly make some inquiries for you, Polly; if you are not comfortable with him, then you need to tell the Under Secretary."

"I will, but perhaps you could make some enquiries first, before I come to any conclusions?"

Daniel makes some enquiries about Miles as soon as he gets into his office the following morning, and what he discovers is rather puzzling. The man does not seem to work for any specific office and his background is almost non-existent He had been a merchant seaman, but was discharged by his employers after an incident involving a serious assault on a woman in Hong Kong. He has no record at all in the Service, and Daniel suspects that he is a fixer for anyone who pays him. The corridors of power are known to have such men with very shady backgrounds, who can operate outside the law and unhindered. Miles certainly fits that mould and Daniel is somewhat concerned that he is involved in Polly's activities.

"He must have friends in high places, Polly, since he does not have any qualifications for any role in the Civil Service. My advice is to steer clear of him and only tell him what you must. I would advise against telling him anything regarding your findings on the students."

"Gosh Daniel, how did he manage to get the ear of the Under Secretary, and more important, why should he be interested in what I am doing? I can't believe he is working for the communists. All he would say to me is that he does work for a number of MPs but did not mention who they were."

"I wouldn't have thought he has any links with communists, but I would be interested to know whom he is answering to. In the meantime, Polly, be careful when he is around you; this man is dangerous."

Polly arrives at her new office at 9 'o clock on Friday morning and Penny and Pamela follow soon afterwards. They have cleared all their work and have been given an unspecified leave of absence to assist her in the new venture. When Jonathan Miles arrives, Polly suggests they meet after lunch once she has decided on a strategy with Penny and Pamela. When he has left the office, she speaks with them about her suspicions.

"Before we begin, can I advise both of you not to divulge any sensitive information to Jonathan? Daniel has checked him for me and we are unsure about his loyalties."

"You don't think he is a communist, Polly, do you?"

"I am not sure who or what he is, Penny. So, for now, we treat him as suspicious. Now, tell me, do you think you will be able to enrol as a mature student?"

"I have already made enquiries and spoken to one of my old tutors. I can enrol on a part-time basis, giving me whatever time I may need to be here with you. I propose to enrol as soon as possible and begin my studies next term. I have to say I am really looking forward to returning."

"Well, do let me know about any expenses you have and I will see that you are reimbursed. You have to determine just who is pulling the strings as far as the unrest is concerned. We will need the names of the leaders, but more importantly, any strangers that have appeared on the scene recently. Have the communists planted agitators inside the student movement? And listen to the demands of the student leaders. Are they spouting communist propaganda with no thought for any genuine demands of the students?

"What we have to determine Penny is just what sort of a hold the communists may or may not have over the student leaders. I want to be able to go to the Minister with definite evidence when the time comes, whatever that evidence will mean," replies Polly.

"I will try and get back onto the student body, the decision makers if you like. I was involved once before so I know the procedure. Once I am a member of their inner circle, it should not be difficult to find out precisely what is going on."

"A word of caution here, Penny. You may be asked to give details of what they are planning, whoever they may be. You must be aware of a conflict of interests. I would not expect you to be an informer against the true beliefs of genuine students. Do you understand what I am trying to say to you?"

"I understand, Polly, and thank you for appreciating what I may have to do. I am very much committed to helping you root out communists, but I do have a loyalty to the students, and I think I can keep the two points separate."

"Thanks, Penny. Now Pam, what contacts can you talk to in Europe to find out as much as possible about the student uprising there?"

"I still have some contacts going back to when you were involved, Polly. I will need to sit down and see who is still available then decide which ones to approach. Once I have a list, I can begin discussions relative to the student unrest. It does seem well organised and the communists are strong in France anyway and have been for some time. Just what influence they have in Germany I don't know, so I will have to make enquiries."

"Okay, well, there is a lot of work for all of us. I am not convinced that this will be a simple exercise to root out a Soviet conspiracy. If it really were that simple, then the government would not have asked for my help. And I do wonder about Jonathan Miles, where does he fit in, or more to the point, who is he? So, we must keep an open mind and not be influenced by the opinion of others. If we find that there is no evidence that the Soviets are involved then so be it. Now, shall we go and have some lunch?"

After lunch, Polly suggests that Penny and Pamela finish for the day, as she has a meeting with Jonathan Miles. She is apprehensive of him and wary of his manner, but as always polite towards him.

"Did you have a successful meeting with your colleagues, Mrs Bottomley?"

"Yes, thank you Jonathan. Now tell me, how exactly do you think you might be able to help me with this business? You know what I have been tasked with, the Under Secretary wants to know what influence the communists may have on the student unrest, which appears to be accelerating. How can you help? Do you have any contacts that might have information?"

"I do have contacts, Mrs Bottomley, and want to help very much," he says as he draws his chair close to Polly. Again, his closeness makes her uncomfortable but for now, she continues.

"I need names of the ringleaders, Jonathan, and definite links between them and the communists. Can you find out who they are?"

Miles takes Polly's hand and strokes it gently, smiling.

"I will do everything I can for you, Mrs Bottomley. I want you to know how much I want to help."

Polly is taken aback by his actions as she slowly pulls her hand away. The man has a coldness about him, which frightens her but she remains calm as she continues.

"Jonathan, please, I have told you about this. Do not make assumptions because we are working together."

"I apologise, I am just anxious to make an impression. You have no idea how much respect I have for you. I would so much like to know you better as a friend as well as a work colleague. Can you understand that?" Miles says with an affectionate smile that fails to hide his cold eyes.

Whilst not wishing to encourage him in any way, Polly realises that he could be useful and does not want to create any friction between them.

"For now, Jonathan, let's just keep it work-related please, but I appreciate what you have said."

"And do you think that we may become good friends, Mrs Bottomley? Because that is something I would really look forward to," he asks, trying to sound sincere but not convincing Polly at all.

Polly becomes concerned at his persistence about their 'friendship' but needs him to get information so does not want to put him off completely.

"I hope we can be friends, Jonathan, but please, do not draw any definite conclusions from a friendship offer. I welcome your help and experience relating to the task in hand. So, for now, let's leave things as they are."

"Very well, Mrs Bottomley, do enjoy your weekend, bye for now," replies Miles as he leaves her office.

Polly sits in her chair reflecting on her conversation with Miles. The man is obviously attracted to her and she knows she must be aware of giving him any signals that he will misinterpret. She finds him sinister and insincere in his manner and knows that she must be very wary of him, especially when they are alone together. However, for now, she will think no more of his comments as she closes the office door and leaves for home.

When Jonathan Miles reports to the Phoenix Project about Penny being inserted into the LSE, the members decide that action must be taken. They must insert communist sympathisers to convince her that it is they who are causing the unrest. If they can convince her of communist interference then she will surely pass that on to Mrs Bottomley.

"If this woman becomes a problem, she will have to be dealt with quickly and effectively, but by the communists, you understand?" Cedric Pershore says with a grin.

"Yes, give her something to think about, something that will scare her and make her realise just what the communists are capable of. We will find you some suitable unsavoury characters to deal with her," Miles Templeton comments.

"Now Jonathan, what about Mrs Bottomley? Any progress there?"

"I only know what everyone else knows at present, Cedric. She has recruited two women that she knows from her time in the Foreign Office six years ago."

"Well, you need to keep on top of what she is up to, get close to her, if you know what I mean? Do you think you may be able to form a liaison with her? After all, she is an attractive woman, I understand?"

"She is indeed, and I will try, Cedric."

"You get close, Jonathan. If you can compromise her in any way then it will undermine her position and any information she has. Do what you must do, wine and dine her and bed her if you must, but make sure that she is dealt with quickly. You need to show the Under Secretary that her work is flawed and if you can back this by showing that she has become romantically involved with you then so much the better," Cedric Pershore concludes.

"Gentlemen, please, put this woman in her place, Jonathan. You do not seriously suggest that she can in any way influence what we will ultimately achieve, she is a woman for goodness sake!" Lord Barton comments somewhat dismissively.

"What is important is that we cannot allow her to interfere with the bigger picture, gentlemen, there is far too much at stake here. The future of our country depends on our bringing down this wretched Socialist government and the sooner the better," Miles Templeton adds.

The following week, the student uprising is further brought to a head by a huge demonstration in London. The protest centres around Trafalgar Square, with splinter groups marching on Parliament. The police estimates that there are about 10,000 students and anarchists involved although the organisers say there are many more. The clashes are violent in places as the students use their placards to push at the police and marbles to try and disrupt the mounted officers as the Tactical Support Group are busy trying to snatch the ringleaders.

'Superintendent' Jack Walsh and 'Constables' John Beal and Philip Masters hover on the edge of the crowd, away from real harm, as they seek a suitable target.

"Grab her quickly before anyone notices," says Walsh.

The Constables grab a slight young student waving a banner and drag her into a walkway out of sight of the protesters.

"Get your hands off me, you pig. I'll report you for this!" she screams as she kicks and scratches the officers.

"Attacking a police officer is an offence, Miss. Do your duty Constables."

Suddenly, the two Constables lash out at the young student. They beat her with their truncheons before subjecting her to a nasty assault, leaving her half-naked in the alley.

"Okay, that's enough, lads. I think that should teach her a lesson. Your kind cannot win and when we are in charge, you will get more of this. Do you understand, you little tart?" Constable John Beal says as he slaps her hard before they walk away. The aftermath of about an hour or so of fighting between police and students is about fifty arrests and several injured police officers.

The young student, meanwhile, drags herself out of the walkway and is helped to an ambulance. No one is quite certain what has happened to her until she makes a statement. In the meantime, she is taken to St Thomas's Hospital. Polly finds out about the beating and goes to talk with her. Does she really believe that police officers would assault a young female student in broad daylight?

"Will you come with me to interview her, Penny? She may feel more comfortable when she realises that you too are a student."

They arrive at St Thomas's Hospital and are shown to a side ward where Samantha Montague is with her parents. She has taken a fearful beating but is fully conscious.

After introducing herself and Penny to her parents, Polly addresses Samantha.

"How are you feeling, Samantha? I am so sorry about this," says Polly, visibly shocked at what she sees. The student has indeed been subjected to a fearful beating and is still suffering some shock from her ordeal.

"I do not understand why policemen would do this to me. All they had to do was arrest me if they wanted to stop me protesting. To beat me and then remove my clothes and..." She stops and weeps, reliving what happened to her.

"Have the police interviewed you yet, Samantha?" Polly asks.

"I will not talk to them after what they did to me; I just want to be left alone and go home," she says tearfully.

"Do you mind talking with Penny and myself a moment—Penny is at the LSE—and helping me identify what is happening?"

"Very well, there were three police officers and they beat me and assaulted me in the alley for no reason."

"Did you notice, were they wearing the same clothes? Was one of them giving orders, for example?" Polly asks.

"I remember the one giving the orders had what looked like a crown or coronet on his tunic. He didn't do anything; he left it to the other two, who seemed to be enjoying hurting me," replies Samantha tearfully.

"Can you help at all, Mrs Bottomley? May I ask what exactly your interest is in all this?" Samantha's mother, Mrs Montague, enquires.

"I have been asked by the government to investigate the protests of the students and determine who is responsible. I will do everything I can to find out who did this to Samantha and they will be punished, I promise you."

"Thank you, Mrs Bottomley. I have just realised who you are, I am a journalist and reported on the conspiracy trial that you were involved in, back in 1962. Are you thinking the communists may be responsible for the unrest? Is that why you are involved?'

"At the moment, we really have no idea who is involved, Mrs Montague, but if the communists are the cause of all this I will find out and bring them to justice, as I have done in the past. Now, you say you are a journalist, may I ask if you have uncovered any relevant information about who is orchestrating the protests?"

"There have been rumours about communist intervention, especially as the protests in France, where it all started, have been proven to be their work. However, I should say that my contacts have nothing concrete, but I will let you know if I discover anything relevant."

"Thank you, Mrs Montague. We will leave you with Samantha I hope you feel better soon, Samantha," Polly says as she and Penny leave the ward.

There is uproar in the press and in the House of Commons the next day after the huge protest by the students. The press has latched onto the police brutality after what has happened to Samantha Montague and the Phoenix members are very vocal against the government.

"Can the Prime Minister tell us what he is doing about the continuing violence on our streets?" asks Miles Templeton.

"Isn't it time that he considered seeking new laws to curb the behaviour of the students and the communists, or perhaps he should resign and let someone else take charge," Cedric Pershore shouts from the backbenches, to the applause of his colleagues. Templeton, Pershore and his colleagues are determined to exploit the present situation as much as they can.

Meanwhile, the press has interviewed Samantha Montague and her mother, who both want to know what the government is doing to find the police officers who assaulted Samantha.

"I hope these men are found and punished for what they have done to my daughter. Rest assured, I will be doing everything I can to help in discovering who they are," Mrs Montague continues.

"What do you make of this nasty assault on Samantha Montague, Daniel? It is most unusual, don't you think?" Polly asks when she and Daniel sit down after dinner that evening.

"I find it hard to believe that uniformed police officers would deliberately beat and assault a female student in this way, Polly; they must have been acting under orders. They would know that the student would obviously recognise them."

"You don't think that the SPG might be involved? They do have a reputation for being heavy handed"

"There is a difference in being heavy handed to beating and assaulting a student, Polly. It was as if these men were trying to tell us something, they wanted to be found out. They must have known she would say it was policemen that attacked her so how would that help them? The students may be causing problems and appear to be well organised, but this attack on one of them has strengthened their cause."

"Let us hope that Pam can come up with some positive evidence linking the protest to the communists, at least we will know what we are dealing with if they are behind all this."

When Polly meets with Penny at the end of the week, she has good news. She has enrolled again and is settling in and has made enquiries about becoming involved with the student union again and has met with the leaders. They have welcomed her advice, knowing that she was so active in the past.

"Welcome on board, Penny, we appreciate all the help we can get, especially as we are spreading our protests to Birmingham, Manchester and Leeds as soon as possible. What we really need is someone who can reach out to the trades unions. So far, they have shown no interest in backing us, so if you have any ideas, that would be great," says Danny Cohen, the Union Secretary.

"I suggest we concentrate on opening up the protest elsewhere. As we become stronger, the unions will have to take note. If they come on board now, they will want to be in control and we need to press for our demands above all else," comments Penny.

"Penny is right; the last thing I want is for the trade unions to take over our fight. Join us, yes, but this is our fight," Jeremy Mayhew, the Union President, adds.

"Okay, then let's concentrate on talking to our colleagues in Birmingham, Manchester and Leeds. The sooner we can get the protests expanded the better," says Danny Cohen.

When Penny next meets with Polly at the end of the week, she has the names of the student leaders and tells her, "They are seeking support of the trade union in their fight against the government. However, the students do appear to have serious demands to improve their education and the education system in general. They are far reaching and cause differences between the leaders and their appeal to the trade unions. The unions see the students as somewhat privileged and pampered anyway."

Penny also says that she has told them to wait before they make definite contacts.

"I am a little puzzled by the unions, Penny. If the students are being driven by communist's agitators, then surely the unions would be encouraged by these same agitators to become involved?"

Is this the reason for doubts that Polly has about the unrest? What if the students' protest is a legitimate one by the students for themselves and not fuelled by the communist?

If so, who is orchestrating the protests, which are becoming increasingly violent and widespread, and what is the real aim of the unrest? Perhaps Pamela can shed some light on this with her enquiries in Europe.

However, Pamela cannot find any connection between the obvious communist-inspired protests in Europe and what is going on in Britain.

She contacts European security forces but they are unable to help in any way as far as any links with Europe and British protests are concerned. So, if there are no links then is the student protests exactly that: a student protest? And why do so many people believe it is communist orchestrated?

Hard line activists are operating within the union, but they cannot be connected to the communists from any information that Polly has been able to uncover. Polly's suspicions are further aroused by no reference to communism or the Soviets by contacts within the communist party. So, who or what is responsible for the level of unrest in the country right now?

Chapter 2

The enquiries into the three police officers that attacked Samantha Montague draw a complete blank. It appears that the men have simply vanished.

"Someone knows who they are, Daniel," says Polly as she discusses the attack with him at home. She is sure that she and her team are missing something and hopes that he can offer some assistance. The more she investigates the so-called threat of the communists being involved, the less she is sure of their involvement.

"I will make some enquiries, Polly, but it is difficult to ask questions without suspicions being created. What I will say is that I do not believe the attack on the student was by bona fide police officers. If it had been, then they would have been identified very quickly. The Met will deny this of course, but you can bet that those responsible have somehow managed to infiltrate the police force and are operating undetected. If this is the case then I doubt if the communists would be able to pull off such a difficult manoeuvre."

"Then who in God's name is behind all this, Daniel?" asks Polly that evening.

"That, my dear Polly, is where you come in; you have to look elsewhere whilst still giving every indication that you are pursuing the line of a communist plot. You must not let those responsible know that you are investigating an alternate source of the unrest or they will simply go to ground."

"So, I have two investigations to pursue, the official line with Pam and Penny, and my own?"

"With my help, Polly. I will do what I can to find out who may be behind this unrest. What I would urge is that you be careful. There must be some powerful people who are causing this upheaval and that means they will be dangerous. This may well be a political struggle, which will make it even more difficult for you to uncover."

"I will be careful, Daniel, and as long as only you and I know of this, I will be safe as I am always safe with you, my love," replies Polly as she hugs Daniel.

She is still very affectionate towards him, no matter where they are and when they are at home, she never misses a chance to be close to him. The children often walk into the room to see them kissing and they always burst into laughter thinking they are both a bit odd!

"But Mummy, why are you and Daddy always kissing? I think it is weird. My friends' parents never kiss; they argue but they never kiss," says Susan, obviously trying to understand what it is all about.

"When you are older, Susan, you will understand. Daddy and I love each other very much and that is why we hug each other sometimes, like we do you and your brothers."

"Mummy, when did you and Daddy meet? Was it at Grandpa's house?"

"As a matter of fact, it was, Susan. I was the same age as William at the time. One day, I will tell you all about my meeting with Daddy, but for now let's get ready for dinner."

Polly cherishes these family moments being a devoted mother. Despite the difficulties that their work has caused them over the years, they have always found time for the children, and now that they are growing up, there will no doubt be more questions about their activities.

When Penny next meets with Polly, she tells her that students from Birmingham, Manchester and Leeds have been meeting at the LSE to see how they can escalate the protests in their cities.

"They are organised and ready to have mass rallies as soon as possible, Polly. I am not sure about any outside interference, and I have to be careful about asking too many questions, but I have to say that their protests do seem genuine and are not influenced by any communist interference—that I can determine. There is never any mention of solidarity with the workers, which is what you would expect."

"Tell me, Penny, just what are the demands of the students? Do they have a specific set of proposals?"

"They do indeed, the main points being: lowering the voting age to 16 years, allowing freedom of movement of students throughout Europe, an increase in education spending by reducing the defence budget, introduce a building programme to build twenty more universities over the next five years and implement a system of grants to make university life affordable for everyone. These are very reasonable demands, Polly, and the government must heed their words. My concern is that their protests may have been hijacked by outside influences keen to exploit them. And that is where you come in, Polly," replies Penny.

"Is there any mention of outside interference from any of the leaders at all?"

"They are so wrapped up in organising the next protest, they would not notice if there was a shift in why they are protesting, but I have noticed that there seem to be more and more older students at the meetings I have attended. They just don't seem the student types to me, too correct and too tidy! In fact, some of them seem out of place, but they are very good speakers so no one comments on who they are."

"Then you must find out more about them, Penny, but please be careful. If they are outsiders, they will not be happy if someone discovers who they really are. But they could be the key to what this is all about. And if they are not students, then who are they and who do they speak for, who do they represent?" comments Polly

"What about these rallies in the Midlands and the North that some of the students want to attend? I would like to volunteer. I could ask questions of their leaders while I am there."

"If you believe it is a good idea, Penny, then fine. Just be careful. There is no need for you to be anything other than another student protester. When would you be going?"

"On Friday, there is a big rally planned in Birmingham on Saturday outside the Town Hall. It is expected to be as big as the last one in London. Then I think the idea is to have a second protest in Manchester on the Wednesday and one in Leeds on the following Saturday," replies Penny.

"You are going to be busy then. But I am concerned for you. Will you be travelling with other students to these protest rallies?'

"Absolutely, Polly, I will not be on my own at all. I have made friends with two students, Jimmy Masters and Melanie Porter, so we will stay together."

"And where will you stay? You have to have somewhere to stay overnight?"

"We will stay with other students in their lodgings, so I will be perfectly safe."

"Very well, Penny. Now, what about expenses? If you have any expenses you must say and I will see to it that you are recompensed."

"I don't think I shall need much money for anything, but thanks for asking."

The next morning, Polly is confronted in her office by Jonathan Miles. He has found out that Polly has been asking questions about him and is obviously annoyed.

"I understand that questions have been asked about me, Mrs Bottomley, under your instruction. Is that correct?" asks Miles, furious at Polly's interference.

"I always check anyone who works with me, especially on business that may involve the Soviets; they do not play by the rules and I have been caught out once before by them."

Polly remembers only too well the Soviet agent that brutally attacked her in the Foreign Office.

"I was selected to assist you by the Under Secretary. Are you questioning his integrity and mine? Let me be clear, Mrs Bottomley, you really do not want to undermine my position here."

Miles moves close to Polly, staring at her with piercing eyes. Polly is stunned by his sinister behaviour. This man frightens her with his actions and she steps back from him.

"Your position here will always be conditional on my deciding whether I need your assistance, Jonathan. Please remember, I was selected to do this job, I did not ask for it. Unless I am given complete autonomy in my selection of assistants, I will walk away and you can go back to whatever you were doing. And finally, I would say this to you: please do not make threatening overtures towards me again. Do you understand? You will do well to understand that I do not respond to threats, Jonathan. My whole political life was spent responding to threats on my life so I am very able to deal with them," Polly replies firmly.

Miles is obviously taken by surprise at Polly's reaction and seeks to make amends.

"I apologise, Mrs Bottomley. I am most anxious to help in all this and did not mean to offend. I was surprised to hear that questions were being asked about me as I thought you and I were getting on well."

He realises that bullying tactics will not work against this woman and must try another way when the time is right. His peers have told him to get close to her, very close if necessary, and he admits that he may have misjudged her. He needs to find out more about her and exploit whatever weaknesses he finds. One way or another, he will get control of her, whatever it takes.

"Very well then. Let's move on and find out just what the communists may or may not be doing with the students. What have your enquiries discovered?" Polly asks.

"Well, there does seem to be some sort of organised plot here and we know that the communists are behind the student unrest in Europe. I cannot understand why the government hasn't commented on this. They don't seem to realise just how dangerous these protests are becoming. It can only be a matter of time before the trade unions get involved and we have an all-out strike on our hands," he says, hoping to put the communist idea firmly in place in Polly's mind.

"Do you think the unions will back the students then, Jonathan? Nothing has happened to suggest that."

"There is a strong communist contingent in the trade union movement and they will want to help the students, Mrs Bottomley. They are united with the students in Europe and will do what they believe needs to be done here, I am convinced of that. We must deal with this students' show of disobedience firmly and show them that they must abide by the law. They need to be brought to heel with firm tactics and shown that they cannot hold the country to ransom. Action is needed and quickly. You must appreciate that the government needs to act and quickly on this, Mrs Bottomley, before it gets out of hand."

Polly notes just how forceful Jonathan is about the communists being involved and mentioning that the students must be dealt with firmly. It would seem to Polly that Miles is trying very hard to convince her of communist influence, which concerns her. Just why is he so anxious for her to blame the communists in this? Why does he not see the bigger picture regarding the demands, the very genuine demands, of the students?

"Well, thank you for that, Jonathan. I appreciate your comments and will certainly mention them to the Under Secretary when we next meet."

At the next meeting of the Phoenix Project members, Faversham expresses his concerns over the incident involving the bogus police officers and Jonathan is quizzed about Mrs Bottomley and what she may have uncovered.

"You really must not be seen abusing the law, Miles—the people will not put up with that. We are trying to uphold the laws and protect law-abiding citizens here," says Faversham, concerned at what has happened to the young female student.

"Yes, of course, Walter. We understand what you are saying. Now, you are dealing with this Mrs Bottomley I hope, Jonathan? Has she uncovered anything? And what is this girl doing in the LSE? She needs to be watched carefully. We can't allow these two women to influence what we are about."

Miles Templeton is becoming frustrated that he cannot get more action to push the government into doing something irresponsible.

"I am getting closer to her every day, Miles. She will be mine soon enough I promise you, and when that happens, she will most certainly do as she is told. I will deal with her, I promise you. She has not discovered anything about the protests and I am steering her thoughts to the communists. Have no fear, she will not be a problem."

"She has to be convinced, Jonathan, but she has to find out for herself. The fact that this hasn't happened yet bothers me. Perhaps some sort of persuasion is required. Get her into a compromising position or just give her something that will stop her from wanting to carry on. Compromise her in some way, hurt her if you must, do what you have to do. It shouldn't be too difficult for someone with your talents. And as for the one posing as a student, I will arrange for her to get a good hiding that should slow her down," says Cedric Pershore.

"There is no need to talk about hurting anyone, Cedric. More subtle methods usually work better, I have found in my career," says Bertram Waverley, concerned at the mention of violence towards the two women. Faversham nods his support.

"Yes, yes, Bertie, they will be careful with them. Now these rallies up north, what have you found out about them?" replies Pershore dismissively.

"Again, I am astonished that we seem to be so concerned with what these young women are doing. Put them in their place, Miles. This Mrs Bottomley needs to be carefully handled, I agree, but she must be side lined as a nuisance and nothing more. The Home Secretary should be made aware that she is not up to the job and send her packing," says Lord Barton, annoyed that their plans seem to be influenced by these two young women.

"The rallies are taking place next week in Birmingham, Manchester and Leeds, Sir Ian. Could be that they will prove the tipping point. But we do need to get the trade unions on board somehow. They would convince everyone of a communist plot, including Mrs Bottomley. Her background suggests that she will most certainly want to believe that the communists are involved."

"Very well, I will see what can be done about that. I am hoping that we can force a vote of confidence in the House once we get enough publicity surrounding these protests. We must keep up the pressure on the government and you, Jonathan, have a responsibility," Pershore continues.

"I won't let you down, Cedric. I will do whatever is needed."

"Again, I say to you gentlemen, do not take the law into your own hands, it will do our cause no good, no good at all," says Faversham, who is becoming increasingly concerned by the constant talk of the use of violence and intimidation, especially against women.

At the first opportunity, Jonathan again enquires of Polly how her investigation is progressing.

"Well, I hope Penny is able to give me some news when she returns from next week's rallies."

"And Pamela, has she made any progress at all?" asks Miles.

"Pam has confirmed that the Europe demonstrations are in the hands of the communists, but yet, she cannot find any concrete link between the European protests and the protests here."

"Perhaps my colleagues may be able to help, Mrs Bottomley. I work with four MPs and they have expressed a wish to help if they can. Would you like to meet with them?"

"If you think that would help, Jonathan. Where do you suggest we meet?"

"I will arrange to meet in one of the conference rooms in the Commons. There are always rooms vacant and I know they are all at the house today."

Polly is surprised at the change of tone by Jonathan Miles, and this offer to introduce her to influential members of the house is one that Polly cannot refuse. Perhaps she may have misjudged his attitude towards her after all. He leaves her office, telling her they will meet at the Commons entrance at 1'o clock, and immediately contacts Cedric Pershore and asks him to make the arrangements.

"Leave that to me, Jonathan. We shall look forward to meeting Mrs Bottomley. It might be as well if Faversham and the Colonel are not at the meeting; we don't want her wondering what their interests might be."

"I will leave the arrangements to you then, Cedric."

Polly arrives at the House of Commons promptly just before 1'o clock to find Jonathan Miles waiting for her in the main entrance hall. She looks around as she enters, recalling the many times she had been here as an MP and when interviewing people while she was working at the Foreign Office.

"I expect this place brings back many memories for you, Mrs Bottomley?"

"Yes, it does, Jonathan. I have spent a lot of time here and do indeed have many memories. Now, where are your colleagues?"

"This way, Mrs Bottomley," says Miles, as he leads Polly towards one of the many conference rooms in the building. She follows him into the room—which has a large oval table— with members of the Phoenix Project sitting around it, who all rise as Polly enters.

They appear somewhat surprised at the sight of Polly, obviously expecting to meet someone far older. Dressed in a cream silk blouse, blue pencil skirt and jacket, she presents an attractive figure and the Phoenix members seem to be taken aback by her appearance. After a brief silence, Miles Templeton greets her.

"My dear, Mrs Bottomley, I am delighted to meet you. Let me introduce you to my colleagues: Bertram Waverly MP, Cedric Pershore MP, Horace Wetherby MP, Sir Ian Williamson and Lord Barton."

"I am very pleased to meet with you all, gentlemen."

"The pleasure is ours, Mrs Bottomley. Jonathan didn't tell us how young and attractive you were."

"Thank you for your compliments, Mr Templeton."

"I have arranged some lunch for us. I thought we might talk during the lunch if that is ok with you?"

"That's fine, thank you."

Templeton beckons to Jonathan to organise the lunch and the men proceed with their discussions with Polly.

"Your reputation with the Russians is well known, Mrs Bottomley. So tell me, how can we help you bring them to heel again?" asks Cedric Pershore.

"Well, firstly, I have to establish that they are responsible. If that is proven to be so then a conspiracy will have to be identified. The Soviets are very clever; they will hide their tracks and bully anyone who stands in their way. This time, I find it difficult to understand why they would want to be directly involved when we have a Socialist left-wing government in power."

The five men listen intently to Polly's arguments, appreciative of what she is saying and how she delivers her point of view. They know that she is an experienced speaker from her days as an MP and remember well her address at the UN building in New York some five years ago.

"Mrs Bottomley, are you saying that the Russian communists may not be responsible and if so, who in heaven's name is behind these violent protests? Something must be done to stop these thugs from attacking police and property," Pershore continues forcefully.

"Well, one point we have to consider, Mr Pershore, is that there may be no outside influence operating and that the students have genuine grievances that they wish to pursue. We must keep an open mind and not presume anything. The communists are very clever at sitting back and waiting for their opponents to make mistakes. They might become interested if the protests and public disorder escalate. That would suit them, but for the moment, that does not appear to be the case."

"Tell me, madam, why do you believe you can solve a problem which the elected government cannot? What do you bring to the table, Ms Bottomley?" Lord Barton says with scepticism.

"There may not be a problem to solve, my lord, that is what has to be considered. As for what I may bring to the table, perhaps you should ask the Home Secretary. It was he who invited me, remember?" replies Polly tersely.

"Mrs Bottomley, I have many connections in government circles and can tell you that they are very worried. You were called in to root out the communist agitators and pass them on to the authorities to be punished with the full force of the law. You were not expected to sympathise with the student's cause, which is what you are suggesting," Sir Ian Williamson says.

"Sir Ian, my remit is to determine whether the communists are behind the student protests. A reasonable assumption based on what is happening in Europe, France especially. However, I will not be railroaded into making any decisions until I have absolute proof of my findings. I do not respond to threats or bullying and will present an unbiassed report at the appropriate time. As I have said to date, I have not determined anything to link the communists with the student protests," Polly replies, annoyed at Sir Ian's implication.

"Have you questioned the ringleaders, the trouble makers in the student movement? Have they been asked directly to explain their outrageous behaviour? Mrs Bottomley, this is what you should be doing.

It seems to me that you will not find anything to link the damn communists with the students if you don't see to it that they are taken into custody and robustly questioned about their activities," Lord Barton says, almost dismissive of Polly and her position.

"Lord Barton, can I just repeat that my mandate was to find out what, if any, influence the communists may have on the student protests in Britain. I am not a policeman and have no authority to question anyone robustly, as you put it. That may have been the way years ago, but today, we must abide by the rules and until there is proof, no questioning of your suspects can take place.

"If you, my lord, are dissatisfied with how I am proceeding, I suggest you take it up with those responsible for asking my assistance. I am sure you must have many friends and acquaintances who can ask questions on your behalf. In the meantime, I shall proceed in my own way and would appreciate it if you do not badger me with your unworkable suggestions. As I have said, I do not respond to threats, sir, as you will very soon determine," replies Polly, furious with Lord Barton's manner towards her.

"Yes, well, I think now might be a good time to have some lunch everyone," comments Templeton, puzzled by the obvious antagonism expressed by Lord Barton but appreciative nonetheless.

In the meantime, lunch is delivered into the room and the tone of the meeting relaxes a little.

As they all go to the table to help themselves, the conversation is more about Polly for the moment.

"I have to say, Mrs Bottomley, I had no idea you were so young. I knew of you from the conspiracy trials of '52 and '62. You must have been very young when they took place?" Bertram Waverly comments.

"I was just eighteen, Mr Waverly, and at the very start of my career in the Civil Service."

"So, how on earth did you become a key player in uncovering a conspiracy in the Civil Service at such a young age?" Waverly enquires, puzzled by Polly's response.

"It is a long story, but briefly, I was living with my guardian at the time, who was in the security services, and one thing led to another. I was always passionate about our freedom and democracy and wanted to help, if I could."

"You say you lived with a guardian, Mrs Bottomley. Would that be Daniel Bottomley?"

"My husband, yes. Daniel and I were married that same year. Do you know him, Mr Waverly?"

"I certainly know of him as indeed do my colleagues, I'm sure."

"I believe he is a director in MI6, is that correct?" asks Horace Wetherby.

"Yes, sir."

"So, you married your guardian at eighteen. How did your parents view such a relationship?" Wetherby asks, rather surprised.

"My parents were delighted. I had known Daniel since I was thirteen and the family always knew that one day we would marry."

"You say you had known him since you were thirteen. Good God! What were your parents thinking, allowing you to have a relationship with a man when you were still a schoolgirl?" Miles Templeton comments, stunned by Polly's mention of her age.

Polly smiles, appreciating what the members must be imagining.

"I can assure you, gentlemen, it was all very respectable. Daniel moved in with my family when I was just thirteen as my bodyguard. He travelled with me everywhere, even sleeping in my room, protecting me against the black-market racketeers that my father was investigating."

"Good lord! You're Polly Spencer, are you not? I knew your father back in the 40s." Bertram Waverley comments with a smile.

"Yes, I was Polly Spencer then; I am Mrs Bottomley now, of course."

"You say your husband is in MI6—an establishment man, I am sure—perhaps you should get some advice from him about how to question these damn students," Lord Barton comments.

"I do ask my husband's advice, my lord, and value his suggestions, but he never instructs me about what I should do. We have been through many unpleasant incidences with the Soviets and only our love, understanding and our complete trust in each other has allowed us to prevail. But I do appreciate your suggestion very much," replies Polly.

Lord Barton is almost perplexed at this young woman's responses, but does confess to himself that perhaps she may have something to offer after all. The members go back to their seats and Polly believes she has commanded a degree of respect from them now that they have probed into her background, for that is exactly what they were doing.

"Well, Mrs Bottomley, you have certainly opened the eyes of my colleagues so far and we are very anxious to help you solve what appears to be a puzzle," Miles Templeton comments.

"I would appreciate any help you can offer, Mr Templeton. You have many contacts, I am sure; ask them what they are hearing. As far as the present government is concerned, I have no doubt that some members do have strong left-wing beliefs, you could talk with them. Is there a conspiracy within the government itself or might it be from another source altogether?"

"You may be able to secure information that I am unable to source, not being in Parliament. That is the difficulty with a conspiracy. It can be from anywhere and be endless. It has no beginning and end. I do appreciate your concerns, gentlemen, and welcome your offers to help."

"I still believe that you should be watching for the communist influence in all this, Mrs Bottomley," says Cedric Pershore, frustrated that Polly seems to have influenced the thoughts of some of the members present. He must not let this woman be allowed to stop the aims of the Phoenix Project, no matter what it takes.

"We shall be watching very closely, Mr Pershore. In fact, I have a colleague of mine who has enrolled as a mature student and is ideally positioned to find out if the students are in fact being manipulated in any way. My other colleague is trying to determine if there is any influence from Europe. She is an expert at analysing information and worked with me five years ago when we uncovered a Soviet conspiracy. If the European communists are involved, she will be able to tell us. So, I assure you that if the communists are involved, my team will find out. And, of course, their investigations will also determine if there is a conspiracy at all!"

"Yes, yes, Mrs Bottomley, but when are you going to have definitive proof of what is going on. There are riots and protests planned for the coming weeks and your contact is with them, no doubt engaging in their illegal activities. You should be making overtures to the government, suggesting that they introduce special powers to control the students and their leaders," Miles Templeton continues, wanting to push Polly into making some decisions here and now.

"That, Mr Templeton, is exactly what the communists would want us to do. Introduce draconian controls and restrictions on the public to ferment unrest. They would love to see our democratic process destroyed," replies Polly, angry at the suggestion.

'Mrs Bottomley, I think Miles is as frustrated as all of us over what is happening, but I'm sure he does not suggest that we should disrupt the democratic process," Sir Ian says.

"No indeed, I am just tired of seeing these people showing no respect for our country, that is all, Mrs Bottomley. I too am a passionate believer in the democratic way of life that we fought so hard for in the war," Miles Templeton replies, anxious to put his comments in context.

"Perhaps we should allow Mrs Bottomley to show us just what she is capable of, gentlemen. She seems to have a strategy of sorts, I must confess. But I tell you now, Mrs Bottomley, root out these agitators so that we can show this despicable administration that they are not up to the job," Lord Barton comments.

"I will do my best, sir. Very well, gentlemen. Well, I hope I have given your ideas as to what is needed and how you may be able to help. If you believe any further meetings may be useful, please let Jonathan know. Thank you for the lunch."

"Please remember me to your father, Mrs Bottomley. It was so nice to meet with you," says Bertram Waverley.

"I will, Mr Waverley. Thank you."

"Good bye, Mrs Bottomley, I am pleased to have met with you," says Lord Barton.

"Thank you, Mrs Bottomley," the men reply as Polly leaves the room and returns to her office.

The members of the Phoenix Project sit for a moment, contemplating what has been discussed, before Miles Templeton speaks.

"She is going to be a problem, gentlemen, unless we can prove that the communists are behind the current unrest. I had no idea she would prove to be such a formidable opponent."

"She can be taken care of if circumstances demand, Miles. There can be no turning back now, we have worked too hard to allow our aims and ambitions to be stopped by this woman's interference," replies Pershore firmly.

"Recognise the enemy for what she is, gentlemen. I must confess, she surprised me somewhat; let's see what she does and be prepared to act. She may prove to be insignificant. If she does become a problem, then ways and means, gentlemen, way and means," says Lord Barton.

However, one of the members finds himself warming to this young woman and although he doesn't say so, he will talk with her again in private, should he feel it necessary for her wellbeing.

Bertram Waverley will not allow any harm to come to the daughter of a close friend of his from the war years.

Jonathan Miles, meanwhile, decides he must talk with Pamela when Polly is absent to see what he can find out about her investigations of the communists in Europe.

"Have you found anything that confirms they are looking to get involved here, Pamela?" he says as he places his arm around her shoulders while talking to her. Pamela is uncomfortable yet flattered somewhat by his attention.

"Nothing definite yet, Jonathan. I am waiting for replies from both France and Germany."

"Very well, Pamela. Well, let me know if I can help at all," he comments as he leaves the office.

Pamela reflects on his actions as she studies some rather disturbing pieces of information she has received from France within the last day or so.

The first demonstration in Birmingham is attended by about 5000 students and goes on for about two hours. The police manage to contain the protesters when they are listening to the leaders encouraging more students to demonstrate, but it gets ugly as it is breaking up, with violence from both sides.

Penny stays well clear of any of the trouble spots and manages to avoid getting involved. There is a lot of damage done and several students are hurt falling down steps. Some of the students use the barricades to charge the police and several officers are injured before they manage to bring the crowd under control before it eventually disperses towards the city.

Penny has teamed up with two other female students and they are staying with friends in Aston. It is a bit cramped and although she is liberal-minded, she is embarrassed by some of the activities that the student get up to in the evenings. But she manages to sleep, eventually and the following morning, they prepare for the journey to Manchester, where there is a significant development in the dispute. The schedule for the protest in Manchester is to hold a meeting outside the University.

Unfortunately, the roads around the university were closed by the police and large groups of students move towards the centre to meet up near the station. There is chaos caused by the actual numbers and the organisers struggle to find a suitable spot for the rally. They eventually settle in the Angel Meadow park area not far from Piccadilly Station. The speeches are provocative, urging the Manchester students to join the protests in London.

"If we unite, the government must listen to what we have to say. We will not stop until they have given into our demands. We want a permanent voice in government so that we can decide what is best for young people and students. We are sick and tired of being ignored. We want more money spent on our education not on bombs, and we want to see that every person is given the chance to have a University education. So, if the Minister is listening: when are you going to give us what we want?" says Danny Cohen.

He is a powerful speaker and knows how to get the attention of his audience. Unfortunately, some of the students or the troublemakers that seem to emerge from the meetings, turn violent and attack the police. Passers-by are intimidated by them and run away from the park. A group of men manage to isolate a young WPC and assault her in an old shed in the park. She is badly shaken but the men disperse before they can carry out a serious assault on her. Penny is very concerned at the level of violence—which is far worse than in Birmingham—and worries that the students will lose the support of the public.

"The meetings are getting out of hand, Danny. You have to find out who has infiltrated the protests. I shall not be coming to Leeds, I have seen enough to convince me that the movement is being manipulated."

"I think Penny is right, Danny. There were a lot of faces I didn't recognise," Anna Baker, a member of the student board at LSE, comments.

"We must be wary of what may be happening to our movement," Jeremy Mayhew adds.

Both Jeremy and Anna are union committee members, dedicated to their struggle and determined to see that real social justice prevails in the country.

"Okay, I hear what you are saying. The problem is: how do we identify who these outsiders are?"

"I might be able to help you there, Danny, but you have to trust me," says Penny.

"If you can find a way to help us find who they are, Penny, then I don't care what you do, just do it. I'm disappointed that you will not be with us in Leeds, but realise that finding out who is responsible for the violence is vital to our cause," Danny replies.

So, after another night of drinking and various other activities which Penny is happy to avoid, she says goodbye to Danny and her colleagues the next morning before catching the train to return to London. She finds a carriage and decides that she will catch up on her sleep on the way back, settling down by the window and closing her eyes. She is not sure how long she has been asleep, when she is woken by someone grabbing her.

"Has anyone told you about asking too many questions?" the man asks as he slaps Penny hard. She screams as the man hits her again.

"Your meddling is going to get you in trouble, Miss. Hold her while I slap her again," he says.

The other two men take off Penny's jacket and the man slaps her again before hitting her in the stomach. The men then remove her jeans and pants and sexually assault her. The assault continues for about a half hour. Then, as the train slows down, the men hit her hard once more and as Penny slumps down on the floor, semi-conscious, the men leave the carriage and close the door behind them. She has been violently assaulted and beaten by the men, but manages to stagger to her feet before collapsing in the carriage doorway.

The rally in Leeds is again well-attended and causes major disruption around the railway station.

It soon becomes apparent that the rally is out of control as students break off and run into shops, taking articles and throwing them into the street. Danny Cohen tries unsuccessfully to stop students destroying property, but he is ignored. They are out of control and continue looting and abusing shoppers. Finally, the police arrive in sufficient numbers to break up the meeting and make several arrests. It has been a bad day for the students and done their cause no good at all. The press leans towards the trouble being highly organised and the government is urged to take action. But they seem powerless to react and have no strategy to put forward to stop the protests.

"Why don't we ask Mrs Bottomley to arrange a meeting with the student leaders? We have asked her to investigate possible interference by the communists, so why don't we see if she can meet with the students to discuss their demands?" Sir Matthew Parrish suggests at the cabinet meeting the day after the protests.

"Do what you have to, see if she is agreeable, Matthew. The situation is getting out of hand," the PM replies.

The meeting of the Phoenix Members in the aftermath of the student protests in the Midlands and the North is sombre and forthright. The protests have escalated and the level of violence is deplorable.

"Well, gentlemen, I think we can say that the protests have gone better than we could have possibly hope for. You have done well, Jonathan, your infiltrators really stirred up trouble for the police and have destabilised the student demands. And I understand that Mrs Bottomley's colleague was dealt with?" say Miles Templeton.

"Just a little slap to warn her to stop meddling, that was all."

"And just how many men did you manage to get at these meetings, Jonathan?"

"About a hundred so far, Bertram, but it will prove to be money well spent, I'm sure."

"We now need to secure a debate in the House and seek a no confidence vote in how the government is handling this."

"You should have no problems in the Lords, Miles. My colleagues are becoming ever restless at what is occurring," Lord Barton comments.

"Well, I would hope that the levels of violence and disorder will be enough to persuade Mrs Bottomley that the communists are behind the student unrest. You need to find out what she intends to do, Jonathan. If necessary, you need to get men from France to come over and get things moving," Cedric Pershore says.

"I will see to that, Cedric, if you wish. I am waiting to hear what her colleague has said about the protests, the one that attended the rallies. We can then decide about escalating the protests."

"Whatever it takes, Jonathan, and keep the members informed, please," Miles Templeton replies.

"Was the young woman badly hurt, Jonathan?" asks Bertram Waverley.

"Not at all, Bertie, just a few bruises, nothing else."

"My concern is just what level of violence your thugs will resort to, Jonathan. Please be wary of the circumstances, my friend," says Faversham, who is becoming increasingly concerned at the lawlessness of the Phoenix operation.

The information that Pamela has recently received from France is both alarming and significant. There have been enquiries about students coming over to Britain to join in the protests. She believes that they are being recruited since there has been no mention of any invitations from the students in Britain. Security services in France have deduced that many of the men approached are hard line activists with no agenda, just looking to cause trouble and enjoy violent confrontations.

Polly calls on Daniel and asks him if he will sit in on a meeting for his thoughts on what Pamela has discovered.

"I can make some more enquiries, Polly. From what you are hearing, Pamela, these men have definitely been recruited. You are sure that the student union has no knowledge of this, Penny?"

Penny has given a statement to the police about what happened to her but wants to continue the fight. She has been badly bruised across her face and abdomen and sexually assaulted but thankfully, not raped. Wearing dark glasses, she has turned up for work a couple of days after the assault occurred, looking decidedly worse for wear!

"Absolutely, Daniel, they do not want the European students involved in their fight; it would serve no real purpose. As far as Danny Cohen and his members are concerned, what is happening in France can have no bearing on the student demands on our government."

"Then what this means, Polly, is that there is someone in this country trying to infiltrate the union movement to escalate the unrest. And whoever they are, they are hoping to use the communists as a smokescreen. You might say that this is being done for your benefit to send you off in the wrong direction, but specifically so that you will see it as the work of the Soviets and report it accordingly. Your task has suddenly become more difficult and dangerous," replies Daniel.

"Then for now, we must keep this information confidential, it must not go outside my office and Jonathan must not be told at any cost. We will keep him in the loop with titbits of information, but we do not know enough about him to trust him with this information. Well done, Pam, once again you have proved invaluable," replies Polly.

"I will keep talking with my contacts in France and perhaps you could let me know of anything relevant, Daniel."

"I will do that, Pam," says Daniel as he gives Polly a kiss on the cheek, before leaving her office.

Penny then goes over the events of the last week. She is indeed concerned at the level of violence she witnessed at the student rallies in Birmingham and Manchester.

"I decided to come back earlier, Polly, because the violence was so very frightening."

"You did the right thing, Penny, although as it turned out, you may have been safer if you had remained, you were obviously targeted. I do not want to put in any more danger, whatever the cause. Were the leaders concerned at what happened both to you and in Leeds?"

"Danny seemed to lose control in Manchester and from what I have heard, Leeds was a shambles. He was very angry at what happened to me and I am wondering what is going on. I do not believe the students are wholly responsible for what is happening, but it is harming our cause, I am sure."

"Any suggestions, Penny?"

"I was wondering if there was any way you could check on the arrests and find out the details of the people concerned, where they come from and so on. We can then check if they are in fact students. Some of those arrested must be outsiders. If we can find out exactly who they are, you might be able to find out who they are working for. There is something very sinister and frightening happening here, Polly, and I do not think it is the students that are responsible."

"I will get onto that, Penny. Daniel may be able to help me. Now, I have a request for you. Have you mentioned to anyone that you are working with me, because I have been asked by the Minister to meet with the students and see if there is a solution to all this."

"No one knows what my role with you is, Polly, but I will try and explain to Danny and see if he will let you speak in front of the students. Even if he says yes, you need to be prepared for some hostility. They will see you as an establishment puppet, so be prepared."

"Will you come with me to the meeting, Penny? I could really do with your support."

"Of course, I will come with you, Polly, I want to do all I can to resolve this and prove that the students have a just cause. Their demands seem legitimate and while there are always those who will want to cause trouble, their demands will have to be considered by the government if there is to be any peace between them and the students."

After a lot of negotiation and persuasion, the student leaders at the LSE agree to meet with Polly.

Daniel only agrees provided she is escorted into the meeting by Joe Tidy. This will not pose any problems since he works at the LSE as a porter and is known by many of the students.

She arrives at the main entrance to the LSE to be met by Penny and Joe and is a little apprehensive since there are a large number of students assembled in the library and they are in no mood for consideration or talk of concessions.

Polly enters the library to mumbles and some boos, before a silence falls over the room. Many of the students are curious as to who this rather attractive woman is and what she is doing here, some of them making rather uncomplimentary comments when she passes by. She walks onto the raised platform accompanied by Penny, who has told Danny of her association with Polly. Joe Tidy, meanwhile, stands at the side of the platform, watching the students. Danny Cohen stands up and introduces Polly to the audience. He is the Union President and the organiser of all of the rallies and protests out of the LSE. A politics and economics student, he is a dedicated activist to the cause of the students and believes that they can ultimately achieve what they want by civil disobedience.

"Mrs Bottomley has asked to speak to us today on behalf of the government," says Danny Cohen to a stream of boos and uproar. However, he soon calms everyone down.

"Okay, now I wasn't convinced that she would be able to offer anything either, But I did speak with her previously and she seemed ready to listen to our demands and is sympathetic to what we are trying to achieve, so I ask you to listen to what she has to say. You will probably disagree with her, but we do not want anyone to say that we refuse to talk with the establishment. Whether we heed what they say remains to be seen. Mrs Bottomley, please."

Polly stands in front of the students and is conscious that all eyes are on her. Conservatively dressed in black skirt and white shirt, she stands out among the rather scruffily attired students. She is still a very attractive woman and, in fact, some of the mature students look at her with added interest. This is new territory for Polly—addressing a meeting of young people—and she knows that this speech will be like no other she has ever delivered and will be one of the most important.

"Thank you, Danny. Hello everyone, can I introduce myself? My name is Polly Bottomley and I am currently working for the Home Office. After I have spoken to you, I will answer as many questions as I am able, so if you would wait until I have finished I would be most grateful.

"Let me begin by telling you why the Home Office asked me to do this job. I have had a lot of experience dealing with the Soviets and their attempts to take control of our country—yours, and mine. Because of my experience and that of my husband's, the Home Secretary gave me a specific task."

Polly pauses for emphasis and looks around the room, noticing that most of the audience is listening to her!

"That task was to determine, one way or the other, whether your protests were being orchestrated by the communists with the backing of the Soviets."

There are shouts of 'No, No, get off and leave us alone. We don't need outsiders to interfere', before Danny Cohen stands.

'Okay everyone, I think you have given the lady something to digest, let her continue."

"Thank you, Danny. Now, I have no specific agenda and no specific allegiance to any political party. Five years ago, I resigned as a Conservative MP and have spent the last five years looking after my family. The sole reason the Socialist government approached me was to find out the reasons behind your protests. They are at a loss as to how to handle your movement and how you have turned the country upside down. The recent protests in the Midlands and the North have become a source for concern and they are very wary of what is happening in Europe, where it is obvious that the communists have an agenda.

"But the difference is that the communist party has strong representation in Europe, in France particularly, where they have representation. Here, they have no political power and despite their best efforts, that will remain so for some time to come. My own experience with the representatives from Russia is that they are bullies who only wish to look after themselves. They have no interests in serving the people; they only seek to enforce their political dogma on the population and rule by force. During our fight against Soviet interference in our country, my husband and I have been abducted, had our home bombed and both suffered gunshot wounds as we have pursued the Soviets attempts to bring down our government."

Polly pauses as the audience mumbles and stare at her in disbelief as she outlines what has happened to her and Daniel at the hands of the Soviets.

"So, what I would say to you all before you ask questions is this: if your cause is being manipulated by outside interference, by the Soviets, I will find out and put a stop to it. I have absolutely no desire to stop you from doing anything to better yourselves, I applaud you for that. My only concern is that you be allowed to do that without interference by the communists. Now, I will hand over to Danny and answer your questions."

Polly sits down and is surprised by the applause, albeit polite but applause nevertheless.

"Well, I think Mrs Bottomley may have surprised us with what she has said so far. She has surprised me although whether she can help our cause, I don't know. Okay, now can we have your questions?"

Polly must have given the students plenty to question, judging by the numbers that put up their hands.

"So, you are not here to offer us anything then?"

"On the contrary, I am here to determine just how genuine your arguments are. I have the authority to put a request to the government on your behalf, provided I am convinced that there is no outside interference in your struggle. I believe you have genuine demands and most of them can be achieved very quickly."

"Why do you think the communists are running the show? Don't you believe we are capable of fighting ourselves?"

This question brings shouts of anger from the students. Some of them obviously think Polly is trying to prove the communists are behind their protests.

"Please, if we can prove that you are indeed controlling your own protests and demands, that will be to your advantage. Help me here, ladies and gentlemen, we can fight this together. Once I can prove that the communists are not pulling strings, I can move on to determine if anyone else is trying to use your protests to further their own ends. So, don't you see how we can help each other?"

"I would like to know just who the hell you think you are, telling us who may or may not be helping our cause," a voice from the back shouts amid cheers.

"Let me say this to you, if the communists are involved, they will not be helping your cause, they will only be interested in helping themselves. You have nothing to fear from my investigation, in fact, it will ultimately be to your advantage."

"Why don't you tell us just how it will help us, your meddling in our affairs?" another voice shouts from the back of the room.

Polly pauses, waiting for the noise to die down before she responds.

"I will eventually report back to the government with my findings and my recommendations as to how your protests can be resolved. When I am satisfied that there are, in fact, no outside influences from anywhere, I will inform the government and recommend that they agree to implement most of your demands in this parliament. That will be my recommendation."

There is a lot of cheering in the room before Danny Cohen gets up again.

"Can I ask you, Mrs Bottomley, do you really have the authority to make those recommendations?" he asks with a degree of scepticism in his voice.

"Most definitely, Danny. It was a condition of my taking on this job that any recommendations I made would be acted upon. As I have said, I am on your side and want to see the student movement working to continually improve the student's lot. I have always believed that negotiation is better than confrontation."

"How long is all this going to take? Politicians are notorious for taking too much time to solve anything."

"Well, first, I am no longer a politician. Secondly, some of you may be aware of Penny Forsythe sitting behind me. Well, I have known Penny for some time and I asked her to help me when I was given this task."

There is uproar, as the students appear angry at what Polly is implying. She has the attention of everyone as she continues.

"I want to help you just as much as I want to find out who is using you. You will remember the terrible beating given to Samantha Montague at your London protest. I cannot believe that police officers were responsible for such an attack, yet the three men that carried it out were wearing police uniforms! So, you see why I am sceptical about all this. There are indications that the communists may be involved, but I have reservations and will continue to pursue all avenues that may lead me to the truth.

"I want our colleges and universities to be the best seats of learning in the world, I hope my children will attend when they are old enough. So, whilst you must continue with your protest, be aware of outside influences."

"What you said about being shot, abducted and bombed—was that true or was that just for our benefit?" Polly is asked.

Pausing again, reluctant to recall the events, Polly realises that she must to give her position more emphasis.

"My husband has been shot in the chest, shoulder and leg as well as being stabbed. I have been shot in the chest and shoulder and stabbed. I have also been abducted twice, the last time was from the constituency home I had in Leicestershire when I was an MP. But, perhaps the saddest thing for me was the explosion at my home, which killed my housekeeper. So, yes, they were very real events, I assure you."

There are gasps of astonishment from the students, who find it difficult to understand that these events could happen in Britain.

"Thank you for talking to us, Mrs Bottomley. Unless there are any more questions, I will close the meeting but would like to offer you some refreshments before you leave."

"Thank you, Danny, I am rather thirsty after all that talking."

Polly follows him from the stage to applause from the students, some of them warming to this slightly built young woman, who has painted a remarkable picture of what the communists are capable of.

Polly believes that the students will now be wary of outside influences now and who knows, they may even offer information. However, not all of the audience are appreciative and several older 'students' leave the hall quickly to report back to Jonathan Miles.

"How did your meeting with the students go down, Polly?" Daniel asks as they sit together after dinner as they do regularly, enjoying each other's company. The television is on, but they are not really watching it.

"Well, I think it went quite well. They gave me a rough ride to start with, but they listened to what I had to say and they asked a lot of questions, which is usually a good sign. I must deliver the right result, which I can if we are successful in finding out whether there are outside influences at work against the students. It might be an idea to ask your colleague Joe Tidy to keep an eye open, Daniel. He can walk around unobserved and he might just pick up some priceless bits of information."

"I will give him a call and we'll go and meet with him somewhere as soon as we can arrange."

They sit together for another hour or so and as they begin to get sleepy, Polly suggests it is time for bed.

"I cannot have you falling asleep just yet, Daniel," she says with a smile as she cuddles up to him when they are in bed. He kisses her passionately, fondling her breasts as he removes her nightgown.

Their lovemaking has always been passionate and fulfilling throughout their marriage. Perhaps it is because of the dangers they have shared together and the highs and lows from their activities. Polly has always been passionate in her love for Daniel, he is really the only man she has ever met and certainly the only one that she has ever made love to. Daniel also never tires of making love to his wife. She is still very attractive and always tries to give him something different whenever they make love to each other. Finally, after another satisfying session, they lie side by side, almost gasping for breath from their exertions.

"My God! I do love you so much, Mrs Bottomley."

"And I love you too, Mr Bottomley," replies Polly as she turns toward him before going off to sleep.

Later that week, Polly and Daniel arrange to meet up with Joe Tidy in the White Swan near Waterloo Station. In his late fifties, he is ex-army, a former batman to a friend of Daniel and is appalled by the antics of the students not only about their revolutionary stance but also their bad behaviour generally. He does not subscribe to their 'free love' beliefs, being very conservative in his outlook.

"These young girls walking about half naked, Mr Bottomley, they should be ashamed and god knows what drug concoctions they are experimenting with. I can move around with ease, no one will question what I am doing, so I will keep an eye and ear open for you. And I will watch over the young lady as well."

"Thank you very much, Joe. Tell me, has there been any unusual gathering or gossip that you have heard recently?"

"Now that you mention it, Daniel, there are a lot of older students about now. I can spot them because of the way they are dressed—too smart for students if you like. But there are quite a few about. And some of them don't appear to speak English."

"That is significant, Joe. They must be coming from France, where all the student protests are taking place, or at least most of them, but who is bringing them over here? Anyway, let me know if you hear anything, it might be better if you don't tell Penny who you are. We don't want her or you compromised in any way."

"I understand, sir, and I will keep an eye on her. Now, I must get back. Nice to have met you, Mrs Bottomley," Joe says as he leaves the pub to return to his duties.

"So, who do you think is dumping these outsiders into the LSE, Daniel? Is it possible that the communists may be involved after all?"

"I have no idea, Polly, but we must find out and quickly. If it is communist-inspired, we know how to react and what to expect, but for now, we must just keep digging and probing and see what we can determine. I still believe that Jonathan Miles is the key to this, but so far, I cannot pin him down, but I will keep a watch on him," replies Daniel.

The next meeting of the Phoenix Project members is a tetchy affair. There is concern about what may have been achieved by Polly's talk with the students. They are very aware that she is a good speaker, and they have been informed by Jonathan Miles that her speech was well received.

"My contacts that attended the meeting do not believe that she is convinced that the communists are behind the protests, and she presented a convincing argument," he says.

"Well, something must be done and quickly. We are losing the initiative here. She has to be stopped no matter what it takes. She has become a nuisance to us all," Miles Templeton replies with a degree of anger and menace in his voice.

"I thought you were going to get close to her and compromise her in some way, Jonathan. Have you lost your touch, man?" Cedric Pershore asks.

"I did try, Cedric, but she is fiercely loyal to her husband and so, I did not pursue what was obviously a lost cause."

"Yes, well, the last thing we want is for MI6 to start poking around, but you must silence her somehow, Jonathan."

"I hope you're not considering anything stupid, Miles?" Bertram Waverley comments. He was impressed by Polly when they met and will not endorse any harmful actions towards her.

"There are many ways we can silence her, Bertie. We mean her no harm but needs must, my dear chap. I am sure Jonathan will think up something. What about your colleagues in MI5, Jonathan? You must know someone in the organisation who could handle her discreetly?"

"Perhaps something a bit more visual, Miles? I am sure I can get some of the young men I have recruited to enjoy an afternoon with her and take a few snapshots of the entertainment if you can understand what I mean? Some of the drugs these people use make you crazy and you are likely to do anything while you are under the influence and I do mean anything!"

"That sounds reasonable, Jonathan. So, what about that idea, Bertie, does it meet with your approval?" Templeton asks rather sarcastically.

"I just do not want to be involved in any action that will hurt her in any way and I am sure Walter agrees with me on this. Some recreational drug taking and some sexual activity will not do her any real harm, I suppose, but I do find the suggestion rather distasteful. Just what do you intend to do with the pictures, Jonathan? Will they really be of any use?"

"Once I have shown them to her, she will realise that she will have no more credibility and must stop her investigation or risk exposure. I will shut her up once and for all when I have some compromising pictures."

"Whilst I can see some merit in this approach, Miles, it seems somewhat amateurish to me. If your operation is run effectively, we can show Mrs Bottomley precisely what she needs to see, namely communist influence in the unrest. I hope that you are not going to embark on this picture-taking episode to satisfy your own feelings towards this woman?" Lord Barton says to Jonathan Miles.

"I am looking to discredit her, sir, and this is a very good way of doing that. If we can show her behaving inappropriately with young students it will destroy her credibility and she will be finished," replies Jonathan Miles angrily.

"Okay, Jonathan, make the arrangements. I want to tackle this government as soon as possible. Once Mrs Bottomley has been neutralised, we should have a clear path, gentlemen," Miles Templeton comments as the meeting is concluded.

Waverley is uncomfortable over what is planned for Polly, but is reluctant to speak out against the other members of the Phoenix Project. He has a lot invested in the overthrow of the Socialist government, so for now at least, must go along with what is being planned.

However, he will keep a watch on just what Jonathan Miles does plan for her and if he has doubts, he will speak out. He remembers very well just what she and her family endured just after the war and does not wish to be involved with any harmful deeds towards her.

He has great respect for her family and was very impressed when he met with her at the meeting. In fact, he was charmed and attracted to her and hopes he can meet up with her again. He has been a widower for some time now and gets few opportunities to meet with beautiful women. However, he must not let any sentiment cloud the issue at hand and get in the way of the final goal of the Phoenix Project. Lord Barton also has misgivings but will adopt a wait and see attitude.

Jonathan Miles meanwhile has very definite plans to deal with Polly. He will instruct the men he hires to deal with her physically. He is determined that she will be made to suffer as much as possible for this constant meddling in the affairs of the members. A week after her speech to the students, Polly is surprised to be asked to talk with them again.

"I have been approached by some of the students to talk with you, Polly. I must admit, I did not recognise any of them, but they had heard about the meeting and wanted to know if some of them could be introduced to you. They had tried to attend your meeting but were not allowed in, they said. What do you want to do? Will you speak with them?"

"Well, that has to be a good sign, Penny. Yes, of course, I will talk with them. I will leave you to arrange a time and date."

The following week, Penny takes Polly to the main entrance at the LSE and introduces her to two of the students. They had apparently suggested the meeting place and were keen to have the meeting as soon as possible.

"I will have to leave you with John and James, Polly, I have a lecture to attend."

After thanking Penny, Polly is taken to a hospitality area off the main entrance, where she meets with four more male students and two female students.

"We are first year students, Mrs Bottomley, and we want to be involved in all this," one of the girls says.

"We were not invited to your meeting and want you to tell us your plans so we can pass them on to our colleagues. That is why we are crammed into this room, we couldn't get anywhere to hold a larger meeting at such short notice."

"Well, if I can determine what is causing so much unrest among all the students, I will be able to advise the government on how best they can solve your grievances. That was the main reason I met with your colleagues earlier," Polly replies smiling.

She is impressed by the enthusiasm of the young students, if not by their dress code. They are all very scruffy and look as if they need a good wash, but they are enthusiastic at least. The room is packed with far more people than it was designed for and the sickly aroma of drugs and tobacco is everywhere. It is apparent that many of them are smoking dope, which Polly finds rather overpowering but very relaxing. She sits down and is offered a drink, which makes her very sleepy. She senses that she is being undressed by some of the students, but seems quite relaxed and doesn't stop them.

"Now come along, Mrs Bottomley, enjoy the music and have fun with us," one of the students says as he too removes his clothes as do several other students attending to Polly. She hallucinates as she lies completely naked with the men, who take turns to assault her and abuse her. One student especially beats Polly while she is being assaulted and she soon becomes covered in bruises and bites on her breasts, stomach and thighs. She can sense that she is being touched by the men who are all naked. It seems so real and yet, she does not appear to be resisting them. They engage in all manner of sexual activity with her and she does nothing to stop them, although she wants to. Her mind is trying to stop what is happening to her, but physically she is unable to do anything. She is drifting in a world of dreams where everyone seems to be enjoying what is happening, even Polly! Then, she panics when she hears a voice close by.

"Wake up, Miss, here, cover yourself," she hears a voice saying as she stirs on the floor.

She is covered in bites, bruises and red marks, and covered in dried body fluids as she grabs at her clothes and looks up at the man who has woken her. Polly is completely disorientated and her thoughts are all a blur. She can sense that something terrible has happened to her and she has been involved with several men in some sexual activity, but she has no detail of what has happened to her.

"My God! It's Mrs Bottomley, isn't it? What on earth has been going on here?" the man asks.

It is Joe Tidy, the porter that Daniel has assigned to watch over Penny.

"This area is out of bounds for students. How did you get in?"

Polly is frantically putting on her clothes, tears in her eyes as she realises that she has obviously been compromised and sexually assaulted and beaten.

"I have no idea what I am doing here or how long I have been here. Please, can you take me home? Where are we, by the way?" says Polly, disorientated as she struggles to get dressed. Still very disorientated she holds onto Joe Tidy, unsteady on her legs.

"This is an executive suite for the governors of the LSE, Mrs Bottomley. It is out of bounds to the students. I only found you because the door was ajar when it should have been locked," he says as he helps her to the entrance, then drives her home.

As soon as they are inside, she calls Daniel and the doctor. She is still rather disorientated; her mouth is very dry and she has a bad headache. When Daniel arrives, he goes into the front room to talk with Joe Tidy as the doctor follows Polly up to the bedroom.

"What the hell has happened to her, Joe?" asks Daniel, with anger and confusion in his voice.

"I found Mrs Bottomley in one of the executive suites, Daniel. She was fast asleep and naked on the floor. She has obviously been beaten and assaulted. She is in a terrible mess. The room was full of cigarette smoke and there were signs of drug-taking everywhere. She didn't know where she was or how long she had been there. She was very upset and confused."

"Will you see if you can find out who used the room, Joe, anything so that they can be found?"

"Leave it to me, Daniel, I will do what I can."

Polly sits on the bed, struggling to compose herself, not sure what the doctor will find, not sure about anything, except that something terrible has happened to her. She is completely disorientated, her pupils are dilated, she is sweating yet feels cold and her mouth is dry.

She is also covered in bites and bruising all over her body and she is dirty with grime that seems to be sticking to her.

"It is obvious from your eyes that you have ingested a powerful drug, Mrs Bottomley, and I can smell tobacco on your breath, so I believe you may have smoked something. Let me take a blood sample before we do anything else, so that we can determine what has been given to you. Do you have any idea what you have been given?"

"No, Doctor, it must have been in a drink of some sort. My mouth is very dry and I have a terrible headache."

There is a knock on the door and Daniel enters. Polly goes to him and holds on to him for reassurance, sobbing.

"God, Daniel! What has happened to me? I feel as if I am going to die, I keep seeing weird figures in front of me like demons and I have strange noises in my head."

"It's okay, Polly, we will find out who did this, I promise. Now, you need to let the doctor look at you."

The doctor takes two samples of blood from Polly and then asks her to undress and lie down on the bed. Polly removes her clothes and Daniel is shocked at what he sees. She has bite marks all over her chest and on her thighs and there is also bruising and red marks all over her, her body is dirty and messy and her hair is matted.

"You seem to have been subjected to a sexual assault of some degree, Mrs Bottomley and had a beating as well. Let me examine you to confirm my fears."

After carefully examining Polly, the doctor tells them of his findings.

"Well, there is no sign of intercourse, Mrs Bottomley. So, I suppose that is good news, but you have been subjected to a sexual assault of some degree," he says with concern.

Polly sits up and reaches out for Daniel, who holds her in his arms to console her tears.

"I suggest you go along and have a long hot bath. It will be some while before you get the drugs clear of your system, but you need to clean yourself anyway."

"Thank you, Doctor," says Polly, wrapping her dressing gown around and going off to have her bath.

When she has left the room, the doctor turns to Daniel.

"She has had a horrific experience, Daniel, and I did not want to dwell too much on my findings in her presence. She has suffered a beating at the hands of several people and has obviously engaged in sexual activity of sorts. From the mess over her body, several men were involved. However, my internal examination indicated that no actual intercourse took place, which is surprising since there are no signs that she resisted. The powerful drugs made her a willing participant, even though she would have been aware of what she was doing. Some of these mind-bending drugs allow you to do anything that you would normally never dream of or dare. One or two subtle suggestions are all that is needed.

"You will need to watch her carefully over the next couple of days, she is in a very fragile state now. She will have flashbacks and panic attacks and as she slowly comes off the drug, she will begin to realise what she has done and the fact that she did not resist will make it more difficult for her to bear. I suggest she stays in bed, and I will call again when I have the results of the blood tests. Until we know what drugs she has in her body, we cannot be sure of how she will respond when she gets back to her normal self, but she will need all of your love and care."

"Thank you, Doctor. Let me ask Mrs Browne to make you some tea."

Daniel takes the doctor downstairs and leaves him in the front room for a moment while he looks in on Polly, who has fallen asleep in the bath!

"Come along, my dear, let's get you into bed," says Daniel as he lifts Polly from the bath and helps her dry herself, before carrying her to the bedroom and putting her into bed, kissing her on the cheek before leaving her asleep.

"She was fast asleep in the bath, Doctor," says Daniel as he joins the Doctor in the sitting room.

"The rest will be good for her, Daniel; you have a long road ahead. She should not venture out alone for at least two weeks and I suggest you have someone with her for a while. As I have mentioned, it is difficult to know how she will react as her body rids itself of the drugs."

"I will call her mother, Doctor, and ask her to come and stay with her. They have always been very close and she will want to be with Polly, I am sure."

"That sounds ideal. Now, I will call again in a couple of days when I should have the blood test results," the doctor replies as Daniel shows him out.

The children are anxious to go and see their mother, but Daniel tells them that she must rest and they can see her tomorrow.

"She will get better, won't she, Daddy?" asks William, who has always been very close to Polly.

"Of course she will, William, but she must be given time. Anyway, I am going to ask Nanny to come and stay with us for a while, so you all have got that to look forward to."

"You will take care of Mummy, won't you, Daddy? You always take care of her."

"Yes, Susan, we will all take care of her. Now, off you go while I phone Nanny about coming to stay with us for a while."

Daniel calls Polly's parents, who are naturally devastated by the news.

"Oh my God! Daniel, is she, all right? What on earth will happen to her?" asks Polly's mother.

"The doctor is unsure of what will happen until he knows what drugs she has been given, Margaret, but she needs a lot of care for at least the first couple of weeks."

"Then I will come and stay with you for as long as you think necessary, we must give her every opportunity to get over this as quickly as possible."

Daniel outlines to Ben, Polly's father, what the doctor said about how Polly may react to what she has been given—panic attacks, depression, nightmares, and hallucinations and so on—and why she will have to be closely watched.

"Margaret will stay as long as she is needed, Daniel. I will probably come along when Polly is better and do whatever is needed. Margaret, meanwhile, will be on the first available train. Take care of my daughter for me, Daniel, please," says Ben as he replaces the receiver and wipes a tear away.

Daniel makes a call to Conrad with the news and asks him to hold the fort.

"Is there anything I can do, Daniel, to find out who these beasts are?"

"Can you see what details you can get about students' arrests in the protests at Birmingham, Manchester and Leeds? I want to see if there is any pattern as to who the outsiders may be; hopefully, we may be able to talk to some of them. In the meantime, I will stay at home with Polly."

Daniel then calls Pamela and tells her what has happened.

"Please, do not tell anyone about this, Pam, apart from Penny, of course. In fact, could you and Penny come along to the house tomorrow? There are one or two things to discuss and I do not want anyone to know what has happened just yet."

"We will come along tomorrow morning, Daniel, please give Polly my best for now."

After making the calls, Daniel goes up to check on Polly. She is soaked in sweat and almost delirious, thrashing about in bed with her eyes open yet still asleep!

Daniel tries to calm her down as she lashes out and strikes him several times. Then suddenly, she stops and collapses back into a deep sleep. Daniel removes her nightgown and wipes her body, which is wet with sweat, then puts on a fresh nightgown before covering her again. He looks down at her as she sleeps peacefully and wonders what demons she will have to overcome before she is back to her normal self again.

His beautiful wife has suffered a great deal in the years that they have been together, but she has always overcome and with Daniel's help, she will do so again. He has very little sleep that night as Polly suffers from the aftereffects of the drugs she has ingested.

One moment she is sweating, then she is shivering, her heart races and she has panic attacks. Finally, Daniel decides to wake her and takes her downstairs into the sitting room. He looks at his watch, it is 4:00 am.

"Let's just sit here and listen to the radio, Polly. I am not convinced that being asleep is best for you now, do you understand?"

"I just feel so wretched, I keep seeing things that I know are not there and then I get into a panic because I cannot see you close by. What is happening to me, Daniel?" Polly says as she bursts into tears.

"We will get through this, my dear Polly, and you will get better soon, believe me. You just have to accept that what has happened to you will mean that you will be affected for some time."

"That's what I want to know, Daniel. What happened to me? I see pictures of me naked with all those men touching... slapping me, yet I am smiling while they do these things. But I don't know why. I am not sure whether I should be happy or sad and I am angry because you weren't there. Why weren't you there, Daniel?"

Polly continues to ramble as Daniel tries to make sense of what she is saying, before she eventually drops to sleep in his arms. Daniel sits with her for about an hour, then carries her upstairs back to bed, where she sleeps until about 7:00 am. He sees the children off to school and tells Mrs Browne, the housekeeper, that Polly's mother will be arriving sometime today.

"I will get the guest room ready for her, Daniel. Now, is there anything else I can do for Mrs Bottomley?"

"Just be prepared for her behaviour to be somewhat erratic until the drugs wear off, Mrs Browne and please do not be offended if she appears abrupt and short-tempered towards you."

"I will do my best, Daniel. I just hope she gets well soon."

Over the next two weeks, Daniel witnesses the desperation and despair of Polly as she struggles to shake off the effects of the powerful drugs that were forced on her.

Her mother is a great help and really makes a difference coping with Polly's mood swings and panic attacks as only a mother can. Penny and Pamela provide therapy through working with Polly and the children are always wanting to help. William, especially, watches over his mother and waits on her every need. Penny is unable to find out anything about the men who approached her for the meeting and is convinced they are no longer on campus.

"No one has any idea who they are, Daniel. They have just disappeared. What is obvious is that they were not students at all," says Penny.

Slowly, Polly begins to find her way through the dreadful fog and Daniel begins to see signs that she is returning to normal. At the end of the second week, Ben arrives to see his daughter and returns home with Margaret. He arrives with Maisy, who will stay for a few days to care for her sister and of course, she never misses a chance to see Daniel. Polly is absolutely delighted to see her sister as it has been some time and they have always been close.

"How are you, Polly? You look well or is that just you are putting on a show for me?"

"I do feel better, Maisy, but I still have nightmares and flashbacks. Mummy has been marvellous and Daniel has been there for me always. I know it has been very difficult for him, I have felt so dreadful the way I have been with him at times, but I just haven't been able to stop myself," Polly replies tearfully.

"Don't upset yourself, Poll, you are getting better and that is all that matters now," she says as she hugs her sister.

The two sisters sit in the sitting room to talk when Daniel arrives home to be greeted by Maisy.

"You will have to put up with me for a few days, Daniel. I hope you don't mind?"

"We are always glad to have you, Maisy, aren't we, Polly?" replies Daniel, moving away from Maisy's over enthusiastic hug. She has never hidden her love for him and he is always wary of getting too close to her.

He loves her as a sister but feels that Maisy would like more than brotherly love, given the chance. They enjoy the evening together, Polly and Maisy going for a short walk before returning around 9'o clock. After seeing the children off to bed, the three of them sit together, talking over what has happened over the last few months. Maisy's life is very orderly being a schoolteacher, but she accepts that and is expecting to be promoted to deputy headmistress for the start of next term.

"You have done well, Maisy, you must be very pleased."

"Well I have worked very hard for the position, Polly, so I am looking forward to it. And you have recently come out of your self-imposed retirement. Were you surprised by the offer?"

"Yes, I was, and this setback has made the job so much more difficult, but I am getting back to myself now, aren't I, Daniel?" she says, holding on to his arm.

"We are almost there, Polly, but you must take good care of yourself for some time yet."

After chatting for another hour or so, Maisy says goodnight and goes up to her room at the far end of the landing. Polly and Daniel follow soon afterwards and Polly soon falls into a deep sleep. This is a relief for Daniel as he has had many sleepless nights with her of late.

However, this one will prove to be more than a sleepless night for him as Polly wakes up screaming in panic after about an hour. Once again, she is sweating heavily and hysterical, shouting at imaginary beasts that she sees. Daniel struggles to calm her as Maisy enters the room, having been woken by the noise.

"Fetch her some water, Maisy and bring a towel please, if you would."

Daniel strokes Polly's forehead as he tries to calm her. She is half awake and takes a sip of water as he gently wipes the perspiration from her.

"God! She is on fire, Daniel," says Maisy.

Slowly, Daniel manages to calm Polly and pulls the covers over her as she falls into a deep sleep.

"She will sleep now, I think. This happens most nights but after I have calmed her, she usually sleeps through the night," says Daniel as he gets up and goes to the bathroom.

"Are you sure she will be all right, Daniel? She looked very feverish."

"She will be fine, Maisy, I promise. Now, you go back to bed," replies Daniel as he sees Maisy to her room.

"She is really suffering, isn't she? Those drugs have completely devastated her. I feel for her, I really do," says Maisy tearfully, holding on to Daniel for support.

"We have to give her all the love and support we can, Maisy. It will be some time yet before she is back to herself, but we both appreciate you being here."

"I will always be here for both of you, Daniel, you know that." Maisy looks up at Daniel with a look that tells him just how she feels for him.

He is holding her in his arms comforting her but their closeness has now become something else. Daniel looks at her and wrestles with his conscience. He has always found Maisy attractive, but has always loved his wife and will continue to love and cherish her. He kisses Maisy and stands back, not wanting to send the wrong signals to her. He is attracted to her and aware of her nakedness through the flimsy nightgown as she looks up at him and moves toward him again.

"No, Maisy, please, no more for now. I must go to Polly," he says as he gets up from her bed and returns to Polly, who thankfully sleeps soundly through the night until morning.

Daniel, meanwhile, makes every effort to find out who is behind the protest movement escalation with Penny and Pamela's help. He has made enquiries and discovered that several arrests from Birmingham, Manchester and Leeds are all connected to men who live in the East End. Few, if any, have student status, since he discovers that they are not student union members—membership of the union is compulsory for all students.

What he also discovers, when sitting in on police interviews, is that they were given large sums of money to turn up at protests and cause as much trouble and disruption as possible. However, they could not or would not say who was paying them. They are obviously scared of whoever hired them and would sooner go to prison than divulge who they are.

"We never see who he is; he leaves our cash at an agreed drop, usually a pub with any instruction for us. We're not interested who he is anyway."

Daniel has no reason to disbelieve what the men say, since whoever was behind this would cover his tracks very carefully. So, Daniel meets with Conrad and they decide to set up some surveillance on the men to see if they can determine who is paying them.

Polly, meanwhile, continues to have good days and bad days, but still manages to work with Penny and Pamela from her home. Slowly, her body heals of her bruises and bite marks, but the aftereffects of the drugs will linger on for some time.

"Penny, you must find out what you can about the men that did this to me. You are my best hope. I have to find out who did this, do you understand? I have to find out."

"We are all doing what we can, Polly, but I doubt whether it was students that assaulted you. In fact, I am almost sure it wasn't. I have asked questions of the first-year graduates but most did not know what I was talking about. They were not excluded from any of our meetings, and none of them knows of the hospitality suites. I even asked Danny about them, but all he would say is that they are always locked and not available to students. As I said to Daniel, they seem to have disappeared."

"Then how the hell did these men get entry to the hospitality suites, Penny? Someone must have given them the keys. Where did they get the keys from?" says Polly, almost shouting.

She becomes rather agitated and Penny gets upset by her actions. Fortunately, Maisy arrives with some tea and suggests they have a break. Polly leaves the room with Maisy, still rather agitated.

"Are you sure you wouldn't like to break off from this, Polly? You are becoming very agitated."

"Of course, I'm agitated, Maisy. Have you any idea what happened to me, what they did to me and how the drugs made it all seem okay? Have you any idea at all, Maisy?" says Polly, bursting into tears before she runs upstairs.

"Pamela, I wonder would you call Daniel, please? I think he should be with Polly," says Maisy.

She goes up to Polly's room to find her slumped on the bed, staring at the ceiling, with tears in her eyes.

"When will this end, Maisy? Will I ever be normal again? And how many of my friends will I upset in the meantime?"

"I can't imagine what you are going through, Polly. We are all here for you and will be for as long as it all takes. Why don't you have a rest now? I have sent for Daniel to come home so he can take care of you."

"Thanks, Maisy, but I must speak with Penny before she leaves."

Polly apologises to Penny and Pamela and asks them to keep up the good work. Then just before they leave, Daniel arrives and asks them to stay for a moment.

"I have just heard some unconfirmed reports that the unions are to meet with the student leaders. Have you heard anything, Penny?"

"I haven't, Daniel, but I will ask Danny when I return. He will tell me if that has happened."

"Well, my contact is a strong one, Penny, so I want you to do something for me. If Danny Cohen is to meet with them please try and be at that meeting. We need to determine, once and for always, whether this unrest is being organised by someone other than the communists."

"I will do whatever I can, Daniel. I see no reason why I cannot have a point of view at any meetings with union representatives. And the members may open up more to a woman."

"Give me a moment and I will give you both a lift back," says Daniel as he returns to the sitting room with Maisy and Polly.

Polly is calmer now and decides she will go and have a bath, it will help her relax.

"Do you think we should call the doctor for her, Daniel? She is very agitated and she really shouted at Penny. I am beginning to get concerned for her."

"It will be a longer process than we thought, Maisy. The drug LSD has very powerful hallucinatory properties, creating delusions and panic attacks. The doctor told me that it will be some time before she is completely free of its effects and of course, as she clears it from her body, she may begin remembering what happened to her."

"What did the doctor say about what might have happened to her? Was he able to form any conclusions at all?" asks Maisy with concern.

"Based on the mess she was in and after examining her, he concluded that no intercourse had taken place, but she had been violently assaulted by a number of men. She had been made a willing participant in a sustained sexual assault because of the powerful drugs she had ingested and she suffered a beating as well," replies Daniel with a tear in his eye.

"Oh, my good God! You both must have been devastated by that news. I feel for both of you, I really do."

'Polly does not know exactly what she may have been subjected to; the doctor is concerned about how she may react when she begins remembering what happened to her."

"Then you must watch her behaviour closely and try and help her through this."

Maisy takes Daniel's hand and holds it tightly as if to give him reassurance. For the moment, Polly's welfare is all that matters and nothing should divert their efforts from caring for her. Daniel goes up to see how Polly is and again finds that she has fallen asleep in the bath!

He lifts her out and helps her dry herself before taking her to their room and putting her to bed. He is puzzled why she should fall into such a deep sleep in the early afternoon, but is relieved that she is at least calm. He returns to the study and after being assured by Maisy that she will watch over Polly, he takes Penny and Pamela back to their office. Penny calls Danny Cohen and asks if she can meet up with him later, but when she meets with him, he is reluctant to let her sit in his meeting with the trade unions.

"But Danny, I can be more than useful to you being a colleague of Polly's. She will want to know what has transpired to see if it will influence her in any way when she reports to the Home Secretary. Your student's considerations must come first, Danny. I don't believe that the unions have anything concrete to offer you, just moral support."

"Okay, Penny, I will introduce you, but be careful how you answer any of their questions. They will be suspicious of you when they know who you represent."

So, representatives of the Trade Union Movement meet with Danny Cohen, Jeremy Mayhew George Davis and Penny at the LSE student union building. Despite being paymasters for the Labour government, they have grown further apart since the Socialists came to power in 1964. Many jobs have been sacrificed for technology and unions have reacted angrily. Restrictive practices, because of closed shops being created, have frustrated employers. But any attempts at controlling union power through legislation are rejected by the TUC and financial support for the party is even being threatened.

There are four union representatives present at the meeting: Joe Bingley, Will Foster, Ken Masters and Albert Cox. Two are from the engineers' unions and two are from the transport unions. Collectively, they represent some two million or more members.

"We will give you all the support we can, Danny. We believe your demands to be fair and will stand beside you on this."

"Thank you, Joe, we know that your support will help us tremendously. What we are asking for is for the benefit of the education of the children and workers and all of them to be given an equal chance to the very best education. Can I introduce one of my colleagues—Penny Forsythe? Penny has the ear of someone who is able to influence how the government sees our demands."

Penny can feel the eyes of the four men burning into her. She is a very attractive woman and intends to command the attention of the men with her looks.

"So, miss, how come you have the ear of someone with influence then?" asks Ken Masters with suspicion.

"My colleague has been tasked with determining how genuine the student demands are. There is some concern that the communists may be influencing what we are doing. Once she can establish that the students are not being used by any outsiders, she can recommend that the government acts on their demands. She has no political affiliation, she was called in by the government because of her unique experience in dealing with the communists in Britain."

"Who is this person, do we know her, Danny?"

"Her name is Polly Bottomley, Joe. She played a big part in breaking up a major communist conspiracy here and in Europe five years ago."

"I remember that business, it could have been messy, and didn't she used to be an MP though?"

"*Used to be,* Albert. She retired from public duties at the end of the conspiracy trial," replies Penny.

"Well, she can stop looking for reds under our bed, we want this government to put up or shut up and our members will bring them down if we have to, Danny."

"Okay, Joe. So, what about a demonstration in the capital to show the government that you are supporting us? With your members and the students, I bet we could get 50,000 to attend," says Danny.

"Okay, let's do that. We need to help you get what you are after, Danny, and the trade union movement stands with the students on this.

64

The government seems unsure what it should be doing and the fact that it has called on Mrs Bottomley shows a distinct lack of leadership. We need to force their hand and a big demonstration of our solidarity with the student movement. And you, miss, can tell your friend that we have no agenda with the communists. Some unions do have allegiance and some of our members are communist sympathisers, but there are no communists making executive decisions."

"Thank you, Joe, I will pass on your message to Polly," replies Penny.

When the Phoenix Project members next meet, they are delighted that the unions have agreed to support the students. They feel that the days of the socialist government are numbered and begin planning their bid to take over the party as soon as appropriate.

"I can't see how the Socialists can weather this massive show of discontent gentlemen. Their paymasters appear to be turning their back on them. There are strikes every day and now this show of solidarity with the students will force the PM's hand."

"My concern, Miles, is where we fit in with all this. We don't want Mrs Bottomley looking elsewhere if she determines that the communists are not involved with the student protests," Cedric Pershore comments.

"What is happening with Mrs Bottomley, by the way, Jonathan?"

"She is off work at present, Miles; something to do with her children is the official reason."

"What do you mean the *official reason?* She has not been harmed in any way, I trust?" asks Bertram Waverly with some concern at what may have happened to her.

"You worry too much for her, Bertie. She is recovering from her exertions with the young men she met up with at the LSE, that is all," replies Jonathan, smiling, almost grinning at Bertram Waverly.

"Speak up, man. What has been going on with this young woman?" asks Faversham, concerned that she may be able to implicate the Phoenix members.

"Yes, what the hell are you going on about, Jonathan? What have you done with her? You had better let us know," says Templeton.

"Okay, this is what I did with her. She was given powerful drugs and was engaged in sexual activity for quite some time with a number of young men. She appears to be a willing participant to a number of sexual activities with these young men, who got a bit excited and roughed her up a bit as you can see, but nothing serious," he replied, handing over the pictures that were taken of Polly with the students at the LSE.

"I think we can safely say that she no longer represents any risk to our organisation, gentlemen."

The men look at the pictures and are visibly shocked and disgusted by what they see. There is a strange silence among the members before Waverley speaks.

"Good God, Man! Did you have to subject her to such a degrading experience?" he says, sickened and disgusted at the photos, which show, in graphic detail, Polly engaged in all manner of sexual activities.

"I must say, you seem to have gone too far here, Jonathan. If these photos became public knowledge they will surely destroy her, but they are useless anyway since medical evidence will show that she was under the influence of drugs. It is obvious that she was never a willing participant as the pictures would seem to suggest. So, she was effectively raped by these men Jonathan, since what occurred happened against her will and it looks as though she took a hell of a beating as well. Good God, man, they are deplorable!" Miles Templeton comments, visibly shocked at what he has seen.

"That is not true, Miles. The pictures were taken to give the impression that she was having intercourse with several men, but actually, none of them did have sexual intercourse with her. I did not want any rape charges to be brought, it would have damaged the effectiveness of the photos," replies Jonathan Miles.

"Oh, so that makes it okay, Jonathan? Good God, man! You are unbelievable! That she was not physically raped is of no consequence, what happened to her was far worse, far worse. I will hold on to these for safekeeping, Miles. We don't want Jonathan showing them at one of his parties, especially as you have told him they are of no use to us anyway," says Waverly.

He is determined that no one shall see what has happened to this woman and will hand her the pictures as soon as possible. He has made up his mind to look after her interests as much as possible and see that she is protected from any further indignities at the hands of Jonathan Miles.

"Yes, okay, Bertram, it doesn't seem that we will need them now," Jonathan replies.

"A complete waste of time then, Miles. I suggest you think carefully before handing Jonathan any further tasks relating to this woman," Lord Barton comments firmly.

"And you say she has been out of her office since this happened?" Pershore asks.

"Yes, she has. Cedric and her colleagues are not saying anything so perhaps she has thrown in the towel already. I knew that she would in the end, you know," Jonathan smiles triumphantly.

"I wouldn't be too sure about that, Jonathan. She has fought some pretty fierce battles in the past and come out on top," replies Waverly.

The meeting closes and Bertram Waverly takes the pictures and negatives for safekeeping. He is troubled by what he has seen and questions the actions of Jonathan Miles in the name of the Phoenix Project members. He is very much a man of principle and finds the business too disgusting and distasteful to comprehend. He feels he must change his opinions on what the members are trying to achieve considering what has happened to Polly and is determined to give her whatever assistance he can if only to divorce himself from what Jonathan Miles has put her through.

When Penny next meets up with Polly, she informs her of her meeting with union members and Polly is delighted with what she has to say. Her drug-related incidents are less frequent now, but she is not yet confident enough to go out alone so is working from home. Daniel spends time with her, and Maisy is still staying with them, offering support. She has been a great help and has been subject to Polly's mood swings and panic attacks first hand.

Daniel is giving Polly all the love and support that he can but again, there are lapses in her behaviour.

"I would like to go back to work next week, Daniel. I am ready now I am sure, I feel stronger every day and do not want to burden you and Maisy any longer," she says as they lay in bed together.

"My dear Polly, you are not a burden, you are my wife who I love dearly. I am very happy caring for you and intend doing so for ever, so please never think of yourself as a burden of any sort."

Daniel takes Polly in his arms and just holds her to him. He is concerned that she should see herself as a burden and seeks to reassure her of his love. Polly nestles beside him and goes into a deep sleep.

Weekend sees the biggest rally in London for as long as anyone can remember. Estimates put the crowd at 50,000 and again, the meeting place is Grosvenor Square, as it was earlier in the year for the riots over the Vietnam War.

It all begins very orderly with the police and the protesters talking with each other as the police control where the protesters are marching. The speakers are very vocal and Danny Cohen leaves the marchers in no doubt of their aims.

"The government will either give in to our demands or suffer the consequences. Our demands are reasonable and fair and can easily be financed if they stop spending such hideous amounts of money on weapons of mass destruction. It's no use having the weapons to destroy your enemy if you also destroy the planet as well."

There are loud cheers and some of the students turn on the police and tell them to leave them to get on with their demonstration. Scuffles break out and there are many men, students, whoever they are, determined to cause trouble by breaking into smaller groups and wandering off. The police struggle to keep control of such a large crowd and the operation commanders keep asking for more men.

"We can go after that splinter group and arrest them," says 'Superintendent' Jack Walsh to 'Constables' John Beal and Philip Masters. As in the previous protest in London, they have turned out intent on grabbing students to harm them. They grab two slightly built students and pull them to one side.

"Looking for trouble, are you? Well, we can't have that," says Walsh.

"Leave me and John alone. We are not doing anything wrong," a slightly built girl says as she grabs hold of one of the constables. He retaliates by hitting her with his truncheon and pushing her up against the wall. He then rips her top and squeezes her breasts.

"What are you doing? Let go of me!" she says, trying to push him away.

"Leave her alone, you bully," her young companion says.

"You shut your mouth," He is told by the other constable as he and Walsh rain blows on him with their truncheons, kicking him when he is on the ground.

The other police officer is fondling the young girl and pushes his hand up her dress. She screams as he grabs her then hits her hard as he and the other two officers join the crowd and disappear. By now, the protest has become a riot. and there are several bonafide officers injured by placards as they desperately try to keep the crowd under control. People are watching from their windows and some properties come under attack. The road is jammed with people and some are being crushed in the crowd.

The mounted police try to contain the crowd, but they struggle with the overwhelming numbers of students and union members.

No one had any idea that the crowd would be so huge. The violence seems to be increasing as the frustrations grow. Some of the students begin fighting among themselves. Some of them deliberately target the police and sprinkle pepper over the horses and throw ball bearings to try and bring down the mounted police officers. Chief Superintendent Joe Burke of the Metropolitan Police liaises closely with Inspector Myers of the Special Patrol Group. Set up to specialise in public order policing, the SPG use snatch squads to grab those who are causing problems and attacking the police rather than just protesting. They snatch about 100 in all and sustain a few injuries in doing so. As the protest shows no sign of abating, the police decide that it must be broken up and begin using dispersal tactics.

The mounted police go into the main crowd and attempt to break up the protesters but only cause more problems as many of them become isolated and are attacked by the anarchists in the crowd. The local hospitals struggle to cope with the injured and King Edwards is overwhelmed. Finally, after about two hours of fierce fighting, tear gas is used to disperse the crowd and the police succeed in ending the march.

It has been a traumatic experience for people on both sides. Many police officers are hospitalised and many students crushed in the vast crowd. Eventually, the police succeed in bringing the rally under control and the students begin to disperse, leaving the area looking like a war zone.

When Polly finally returns to her duties at the Home Office, she asks for a meeting with the Under Secretary to present an interim report of her findings. She believes that health-wise she will never fully recover from the drugs, but has not had any nightmares recently and just feels that she must get on with her life. However, she is being taken and collected from work by Daniel just as a precaution.

"Do come in, Mrs Bottomley, I trust everything is now well at home?" Michael Wellings asks.

"Yes, thank you, sir."

Polly has arrived at the Under-Secretary's Office to present her report. Jonathan Miles, as expected, is also present.

"So, what is your consensus, Mrs Bottomley? Do we make a complaint to the Russians about this business? The Grosvenor Square protest was just not acceptable."

"Thus far, Mr Wellings, I have found no evidence at all to implicate the Russians or any communists in the unrest caused by the students and recently by the trade unions."

Jonathan Miles is visibly angry by her response, while the Under-Secretary expresses surprise.

"Then who is responsible, Mrs Bottomley?"

"That is a good question, sir, since all our efforts have leaned towards the communists, we will have to consider another group wanting to stir up trouble for the government."

"Really, Mrs Bottomley, are you seriously suggesting that there is a group of revolutionaries at work here? Isn't that a bit farfetched? You have said how well the communists hide their tracks, could that be the case here?"

"It's not that simple, Jonathan. The unions have shown no interests until recently in the protests and have the power to bring the government down by withdrawing their finances. There has been no word from inside the Civil Service that anyone is trying to stir up problems and what happened to me was not communist-orchestrated. They would not have gone to such lengths."

"What happened to you, Mrs Bottomley, I don't understand," the Under-Secretary comments.

"Yes, sir, as you know, I have been away with what I said was family business. In fact, I was subjected to a severe assault about three weeks or so now. The reason for my long absence was because of the aftereffects I have experienced from the powerful drugs I ingested during the assault."

"My dear, Mrs Bottomley, I am so sorry. Are you fully recovered now?"

"Enough to continue with my investigations, Michael. Both my husband and I are more determined than ever to find out what exactly is going on."

"You will need to be very careful in the future, Mrs Bottomley," Jonathan Miles says with a degree of menace in his tone of voice.

"Rest assured, Jonathan, my husband and I will be very careful. We have a great deal of experience in dealing with people who would seek to harm us."

"So, Mrs Bottomley, what do you propose now? If you believe the communists are not involved, will you continue?" the Under Secretary asks.

"If you wish me to pursue the matter further then yes, I will."

"Good, find out what is going on, Mrs Bottomley. We need to resolve this problem once and for all. Whoever is behind all this must be stopped."

Polly leaves the office and is followed by Jonathan.

"I hope you are fully recovered from your ordeal with those young students at the LSE, Mrs Bottomley. Please let me know if there is anything I can do for you."

"Thank you, Jonathan." Polly replies, noting what he has just said. How on earth did he know about the young students? All Polly had said to the Under Secretary was that she had been assaulted. How did he know students were involved at the LSE? Has he let his guard down and implied that he knew about the attack on Polly? Is he implicated and if so, who is behind his reasons for putting her through such a terrible experience? Jonathan Miles does seem to be the key in all this and Polly can't wait to meet up with Daniel for the trip home and tell him of Jonathan's comment.

"This may be just what we have been looking for, Polly. There may well be a conspiracy evolving by the actions of some of the members of the House of Commons. I will take a closer look at the men that you met there. They may very well be the cause of all this upheaval. Now, you and I need to start taking precautions, Polly. Conspirators close to home will be just as dangerous as the Soviets, in some cases more so. Therefore, I suggest you carry a pistol with you. I will get one for you and arrange a refresher course on how to use it since it has been five years or more since you last picked one up."

"Very well, Daniel. I didn't think it would come to this, but if you think it necessary, then I will do as you ask."

"I intend on having a close look at the men you met in the Commons and I will put a watch on Jonathan Miles now that he has shown his hand. My God! He will pay dearly if I find out he is responsible in any way for what happened to you. I will personally see that he is dealt with," replies Daniel with anger in his voice.

Polly settles down to her job in finding out what or who is behind the unrest and slowly begins to get back to normal. Unfortunately, this means that she begins to remember what happened to her and this causes her great distress. Daniel does everything he can to console her, but she becomes severely depressed at what she is witnessing.

"My God, Daniel! Those men, naked, all over me. Why did I not stop them? I can see their faces; I can smell them, Daniel. They are smiling and I am smiling. I can't believe this, Daniel. Why am I smiling? Why am I letting them do those things to me?" she screams in anguish, then bursts into tears.

Daniel decides that the doctor should have a word with Polly and calls him.

"What can I say to the doctor, Daniel? He cannot help me. I am slowly getting my memory back of what happened that day and nothing can stop that."

"I know that, Polly, but let's concentrate on dealing with those responsible. It will give you a focus, something to aim for."

The doctor arrives and talks for some time with Polly and Daniel, before prescribing a tonic for Polly and a sleeping draft when she struggles to sleep. Polly listens intently to what he has to say but cannot shake the images from her mind of what happened that day.

"Only you can fully appreciate what happened, Polly, but you have a caring husband who will be by your side through all this. Listen to him and enjoy his love for you and you will get over what happened eventually. Please do not dwell on the events and most importantly, please do not blame yourself for what happened."

Polly and Daniel thank the doctor for his advice and try to get on with their lives. Polly's work helps and she now has her weapon, which she carries with her always. Penny is keeping in contact with the students and the students are keeping up the pressure on the government. They believe they have genuine grievances that must be addressed with or without the support of the Trade Union Movement.

When the Phoenix Project members meet after the Grosvenor Square riots, they are convinced that the government will fall shortly and begin to plan their takeover. However, Jonathan Miles has some disturbing news. He has found out that Daniel is investigating him again.

"Well, get your friends in MI5 to deal with him, Jonathan. We cannot allow anything to stop our progress now, we are so close to our objectives. I want to put a proposal to the Conservative Party leader regarding our efforts and see how he responds," Miles Templeton comments.

"Please do not underestimate Mr Bottomley as you have done Mrs Bottomley so far, Miles. He is also a formidable opponent and you would do well to remember that," says Colonel Pitt.

The Colonel is beginning to have doubts about Miles making his actions almost personal towards Polly and is approaching his actions towards Daniel Bottomley in the same manner.

Polly speaks with her parents over the weekend and her mother detects her depression by her voice. She knows her daughter very well and is concerned at what she senses.

"Please do not worry, Mummy, I will be fine, really. Daniel has been wonderful and I know he will find these men and punish them. Unfortunately, that will not mean that my feelings will change over what has happened."

Maisy also talks with Polly and tells her to be strong and face this with Daniel.

"We all love you very much, Polly, and want you to enjoy your life. Think of the future rather than dwelling on the past. If you want, I will come and stay with you for a few days and we can have a long chat."

"Would you really, Maisy? I would so like that. Daniel has been wonderful but it would be so good to speak to a woman about what has happened."

"Then that's settled, Polly. I will take some holiday and stay with you for as long as you wish. We all want you to get back to full health Poll, so I will see you at the end of the week."

"Well that's wonderful news for you, Polly. Maisy will be good for you," says Daniel when Polly tells him the news.

He has mixed feelings about her visit while Polly is so fragile and it will put an added strain on his relationship with Maisy. He is very aware of her feelings towards him and is concerned how she will act around him. On more than one occasion, Maisy has offered herself to Daniel and he is under no illusions that she may well try again during her visit.

However, she will be good for Polly and her recovery is the most important aspect of all this. She has suffered terribly over what happened to her and Daniel wants to do everything possible to speed up her recovery. And Maisy will be a great help in doing that, he is sure.

Chapter 3

Daniel and Conrad begin investigating the men that Polly met in the House of Commons and believe they have an agenda of some sort. There have been several meetings and Jonathan Miles has also met with them several times along with members of MI5.

"Do you think I should meet with them again, Daniel? They might tell me something."

"Absolutely not, Polly, I do not trust them and your safety would be at risk no matter where you met with them. Anyway, I suggest you have Friday off with Maisy, it will be good for you."

Maisy duly arrives on Friday afternoon, and Polly is delighted to see her. Maisy notices how her manner has become strained. Polly has always been a bubbly person, now she appears somewhat withdrawn, and Maisy is concerned. Maisy mentions this to Daniel when Polly is tending to the children's baths and she notices how he too looks strained by what is happening.

"She does not look well, Daniel. I feel so desperate for her. We must do everything we can to help her through this. Is she remembering anything that happened to her?"

"Pretty much everything, Maisy. She blames herself because she sees images where she is not resisting the men and seems almost to be enjoying what she is doing with them. Her work is helping, but I am concerned for her because it can get dangerous as we close in on the conspirators. These men, whoever they are, must be desperate to resort to such methods. And you have to wonder just why it was personal against Polly."

"Please, don't tell me that you and Polly are in danger through your work, Daniel. I couldn't bear to go through that again," she says, grasping his hand.

Maisy cares deeply for both her sister and Daniel, and the thought of them being in danger again, after what has happened in the past, fills her with dread.

"No, nothing like we experienced with the Soviets, but we just don't know what we are dealing with here. A home-grown conspiracy is more difficult to determine."

Polly returns with the children, who descend on Maisy. They love their auntie very much, as she always has so much time for them. William, especially, enjoys talking with her about school as Maisy teaches his age group.

The rest of the evening passes with Polly seeming to be better for her sister being with her. In fact, they both go off for a short walk after dinner and Polly seems so much better for it upon their return. They spend the rest of the evening talking over family matters, and Polly decides on a bath before bed.

"I feel so much better for seeing Maisy, Daniel. She seems to have a way of making me feel calm. And I know she enjoys seeing you as well," says Polly with a smile.

Daniel smiles back, a little uncomfortable at Polly's comment. He remembers only too well his liaison with Maisy when she was with them last and knows that if the chance arises, Maisy will exploit it. However, for now he is happy that Polly goes into a deep sleep and wakes fully refreshed.

"I am hoping that we can follow up on some of the arrests today, Polly. The men concerned should be able to throw some light on who hired them."

"I hope so, Daniel, I still think I should talk with those colleagues of Jonathan Miles again, they may be able to help."

"I am not sure just how they may be involved in all this, Polly, so for now, please stay away from them. Meanwhile, Conrad and I will keep an eye on Jonathan Miles; he is the key to all this, I am sure."

Maisy stays on until the end of the week and returns home for the weekend.

"Let me know how Polly is getting along, Daniel, and remember I am here for you, both of you," says Maisy at the station as she kisses Daniel goodbye, leaving him in no doubt of what she is inferring with her comment. Daniel thinks over what she has said on his way home and smiles.

"What the hell is Bottomley up to, Jonathan? Why is he having you followed, are you sure about all this?" asks an irritated Miles Templeton at the next meeting of the Phoenix Project members.

"I have no idea, Miles. He knows nothing I am sure. The man is just twitchy over what happened to his wife."

"You made a mistake with her. You should have just given her a good hiding. Instead, these drugs will hang around for God knows how long and be a constant reminder. We will have to silence him and be done with it, Miles," Cedric Pershore replies.

He is becoming increasingly annoyed at distractions from their goal.

"Good God, man! You're not suggesting that you kill him, are you?" Bertram Waverly says, concerned at what he is hearing.

"Stop whimpering, Bertie. This man needs to be dealt with. How Jonathan deals with him is for him to decide. We leave those sorts of decisions to him, that's what he is here for. Now Jonathan, when can you organise this?"

"Whatever you plan for Bottomley will need to be effective; there will be no room for any errors, Miles. This man is an effective agent and will know how to handle himself," Colonel Pitt comments.

Miles Templeton is a ruthless man, and anyone who stands in the way of his route to power will be dealt with. He has spent years in the shadows of office and can feel the reins of power in his hands. He is convinced that he is now very close to achieving his lifetime aims and ambitions—to be the leader of a right-wing government, with strong discipline and values, and increased security against strikes and disorder.

"I'll talk to my colleagues tonight, Miles," says Jonathan, anxious to impress the members that he can do a good job and get rid of Daniel. Once he has done that, he will have his chance with Mrs Bottomley, he thinks to himself, smiling in anticipation at the prospect. He is determined that he will have her when all this is over and is encouraged at the thought.

"What's happening in Parliament about the unrest, gentlemen? Nothing can happen until you force the government to dissolve Parliament," Lord Barton asks.

"I have enough support to force a debate on this issue and ask the government to avoid a constitutional crisis. We can strangle Parliament with questions for as long as we must, in order to stop any legislation from being approved. If we obstruct for long enough, we can force the government to act. Meanwhile, my colleagues are moving to oust Bill, he doesn't have the stomach for this anyway."

Miles Templeton detests Bill Turnbull, the Tory party leader, and he never misses a chance to say how ineffective he has been since they lost the last election.

"You are quite sure that you have enough support, Miles? We shall only get one chance, you know, and once you have shown your hand, Mrs Bottomley will become very suspicious of your actions. Have you thought about that?" asks Lord Barton.

"I can assure you, my lord, that Mrs Bottomley will not stop us in what we have set out to achieve. When we next meet, I trust we shall be well on our way to victory," Miles Templeton says as the Phoenix Project members leave the room. Lord Barton, however, is not altogether convinced and believes that Mrs Bottomley is still a threat. And he is concerned about the discussion to get rid of Daniel Bottomley.

Daniel's colleagues watch the members disperse and notice that Miles Templeton and Jonathan Miles remain behind for another half hour before they do go their separate ways. They follow Jonathan but lose him in the London traffic. The following day, they watch his house, but Jonathan is nowhere to be seen. He seems to have disappeared.

"Do you think he knows he is being watched, Daniel?" asks Polly on their way home.

"It's possible, but my men are good at what they do, so it is unlikely. I believe he may be planning something and is being ultra-cautious with his movements."

It is about ten miles or so from the Home Office to their home in Richmond and they have just crossed Chiswick Bridge when a car pulls alongside and fires at their car, hitting Daniel. He is hit in the neck and shoulder and tries desperately to control the car. Polly fires back and hits one of the men as the car turns around and speeds off over the Chiswick Bridge. Daniel has driven the car into the cemetery railings and Polly manages to bring it to a halt.

"Daniel! God! You have been hit, please keep still," says Polly as she tries desperately to stem the bleeding. He is barely conscious from his efforts to control the car and save Polly as she frantically looks at where he has been hit. Two cars have pulled up, and the police arrive within minutes.

"Good God! Mrs Bottomley! What has happened? Are you okay?" the Sergeant asks.

Polly is well known by the police in the area from previous incidents and relates to him what happened.

"I'm unharmed, Sergeant, but Daniel has been hit twice and is bleeding heavily. Have you called for an ambulance?"

"The ambulance is on its way, Mrs Bottomley. Are you sure you haven't been hit? You are covered in blood."

"Yes, I'm sure, the blood is Daniel's. Can you help me make him more comfortable, please?"

The ambulance duly arrives and Polly goes off with Daniel to the West Middlesex Hospital, a short journey of about four miles. Daniel is immediately rushed into surgery, whilst Polly is almost hysterical with worry over what has happened. All her problems of the last few weeks have disappeared as she waits desperate for news about her beloved Daniel. She cannot focus, she is so concerned. He was hit at least twice, and she had never seen so much blood. God knows she has experience of witnessing gunshot wounds on Daniel close up, but never as bad as these injuries appear to be. Polly paces up and down in the corridor outside the operating theatre, desperate for news. Finally, after more than an hour, the surgeon appears and walks toward her.

"Mrs Bottomley, I am James Fitzpatrick, your husband's surgeon."

"How is he, Mr Fitzpatrick? He will recover, won't he?" asks Polly tearfully.

"Your husband received two gunshot wounds; one was very serious, missing his jugular by a fraction, the other tearing his bicep. We have managed to remove both bullets, but he has lost a lot of blood and had to have a transfusion. It took a while because of the closeness of the bullet to the vein. There are a number of scars on his body, Mrs Bottomley, I presume this is not the first gunshot wound he has received?"

"He has received too many over the years, Mr Fitzpatrick, most of them protecting me."

"Anyway, with care and rest, he should recover. He will be under for about another half hour or so, but you may sit and wait for him to regain consciousness."

"Thank you so much, I will make a phone call if I may. I need to get Daniel some protection while he is in here."

Polly calls Conrad and conveys the news, and he is devastated to hear what has happened.

"My God Polly! How is he, and how are you?"

"He is in recovery, Conrad, but it was touch and go. One bullet was so close to his jugular vein. Now, will you arrange for some security for him please, and can you take Pamela round to my house to get me some fresh clothes? Mine are soaked in Daniel's blood. Also, get his overnight things please. I will call Mrs Browne and tell her to expect you."

"I will get onto that straight away, Polly, leave it with me. Now, you get back to Daniel. I will be with you shortly."

Polly goes back to Daniel's bedside as the nurse brings her some tea.

"Would you like to use the washroom, Mrs Bottomley, to remove some of the blood from you?"

"I will wait a moment, nurse. I am having some fresh clothes brought to me, thank you."

Polly sits watching Daniel—the only man she has ever loved—swathed in bandages and with tubes connecting him to monitors. Once again, she finds herself watching over her husband as he recovers from yet another attempt on their lives. She stops for a moment and ponders who can possibly be behind this attack? Both Daniel and herself are convinced that the communists are not involved in any way with the unrest amongst the students. Nothing that has happened thus far points to their methods, and Polly is beginning to wonder if something more sinister is being plotted.

And there are the questions about Jonathan Miles. Who is he and what is he planning? For Daniel and MI6 to struggle to find out his details means that he is not just an ordinary fixer for MPs. There are many such men in the corridors of power that can arrange meetings and clear up any political mess that may have been left. Jonathan Miles is more than that. Polly is holding Daniel's hand with all these thoughts going through her head, when suddenly he squeezes it.

"Daniel, my dear Daniel, how are you?" she asks through the tears as he stirs and opens his eyes.

"Polly, are you okay? I'm not sure what happened, but I ache all over."

Daniel can see Polly's blood-stained clothing and fears the worst.

"I am unhurt, Daniel, what you see is your blood; you have been seriously wounded in your neck and shoulder. These people, whoever they are, seem determined to stop us from discovering their identity."

"You must be careful, Polly, arrange some protection."

"I have already spoken with Conrad on that, he should be along shortly as should agents to watch over you."

"Mrs Bottomley, there are some people to speak with you," the nurse says from the doorway.

Polly goes into the corridor to be greeted by Pamela, Conrad and two MI6 agents.

"How is he, Polly? My God! You look terrible! Are you sure you haven't been hit beneath all that blood?" asks Conrad.

"He is conscious, Conrad, but very weak. The bullet came within a whisker of hitting his jugular vein and the second bullet has made a mess of his shoulder, I believe."

"One of these agents will stay with him at all times, the other will escort you home when you are ready," says Conrad.

"Hello, gentlemen, I'm Polly. I don't believe we've met, forgive me for not shaking hands, I am still covered in Daniel's blood. Pam, do you have my clothes?"

"Everything you asked for, Polly. Mrs Browne asks that you call as soon as possible and speak with the children."

"Yes, of course. Now, Conrad, would you and Pam like to have a word with Daniel while I go wash and change?"

"Daniel, my dear friend, how are you feeling? You have taken a bit of a bashing, I see."

"Feeling a bit frail, Conrad; I'm getting a bit too old for firefights. Any news about Jonathan Miles at all?"

"He appears to have gone to ground, but no matter. For now, we should look at security for you and Polly. You are being targeted, so we must get you some protection."

I'm afraid so, Conrad. I suggest that we both have an agent escort us to and from work from now onwards. One of the two men already here can escort Polly home and she is now carrying her weapon again. I suppose we should assume that we may be getting close to determining who these people are, hence their actions towards me. But who the hell are they? Is this a political conspiracy from within the government or outside the government?"

"We will keep watching for Jonathan Miles, Daniel, I believe he is our best hope to find who may be involved in all this. In the meantime, you rest and get well my friend. I will talk with you again tomorrow."

Conrad leaves Daniel's room as Polly returns. She has been on the phone talking with the children and reassured them that Daddy is ok.

"We want to come and see him, Mummy. Please can we come and see him?" pleads Susan.

She is obviously in tears as she talks with Polly, who herself becomes upset.

"Very well, Susan. We shall arrange something for tomorrow, but for now Daddy must rest. Now, will you ask Mrs Browne to come to the phone?"

Polly talks at length with Mrs Browne, who will look after the children until Polly returns.

"I will be staying overnight with Daniel, but I will return home tomorrow and bring the children to see him. Thank you for being so helpful, Mrs Browne, I do appreciate it very much."

She tells Daniel about the children coming along tomorrow, which gives him a lift. He is in some pain from the damage to his shoulder and the surgeon has told him to keep as still as possible to allow the wound to heal in his neck. It is so close to his jugular that it could become a problem very easily.

Meanwhile, she has arranged for the two agents to have something to eat and has asked for some more easy chairs that they might rest on overnight.

"Thank you, Mrs Bottomley. How is Daniel by the way?"

"He is recovering well now and please, call me Polly. Have you been with Daniel long? I only ask since I have met several of his colleagues over the years, but I do not believe we have met, have we?"

"That's true, we are relatively new to Daniel's department, having been installed as part of a special protection group. We are called in if a threat is issued against a foreign diplomat and provide close cover. We are both very familiar with Daniel's exploits with you over the years, Polly. He is a bit of a legend from your activities against the Soviets."

"Daniel has suffered many injuries saving me from the Soviets and indeed even before that. However, I had no idea he was a bit of a legend. For now, we must take care of him, gentlemen. We are unsure of who the enemy is now, which makes our task more difficult."

"So, you don't think the communists are responsible this time?"

"We can find no evidence to link them with what is happening and this is of concern now. That is why we must be on our guard. One of you can be inside the room with Daniel and me, while the other watches outside in the corridor."

Daniel has a restful night and the following morning, one of the agents takes him to the washroom before the doctor makes his call. Polly is with him when they remove his bandaging and is shocked by his injuries. The muscle is indeed badly torn and his neck injury is a mess as well, with soft tissue ripped away, leaving a gaping hole.

"Well, the good news, Mr Bottomley is that all seems to be well. Your wounds probably look a mess to Mrs Bottomley but they are clean and already showing signs of healing," he says as he stands aside for the nurse to redress Daniel's wounds.

"Thank you, Doctor. When will I be able to take him home?"

"It will be another day at least, Mrs Bottomley. We must make absolutely sure that he is healing properly before we move him. How do you feel yourself, Mr Bottomley?"

"I have some pain from my shoulder, Doctor, but otherwise, I just ache and I am tired."

"Yes, that is the body telling you to rest. Well, I will leave you to it and will see you again this evening."

"Will it be okay for the children to come along and see him, Doctor? I did say they could today."

"That will be good for both of you, Mrs Bottomley," he says, leaving the nurse to finish as he leaves the room. After lunch, Polly goes with one of the agents to collect the children and bring them to visit Daniel. When they arrive, the children are anxiously waiting to go and see their Daddy.

"Please remember, children, Daddy has been badly hurt so do take care."

"Where is your car, Mummy, and why have you got a driver?" asks Richard.

"I'm afraid our car has to be repaired, Richard. It has been badly damaged and John is going to drive me to and from work until it is repaired."

Polly hopes that will stop any more questions or the time being. But she knows that she will have more questions from the children as time goes by. She is only too aware that, now that they are a little older, they will want to know what is going on with their parents.

"Daddy, Daddy, it is so good to see you," says Susan as she goes up to Daniel and grabs his hand. They are shocked at seeing their Daddy in such a state, but just want to be close to him for now. William, especially, will have lots of questions about what has happened. Now that he is that much older, Polly and Daniel will not be able to keep anything from him.

"When are you coming home, Daddy?"

"As soon as the Doctor says I can, Richard, probably another day or so."

"What happened to you, Daddy? Have you been shot?"

"Yes William, I have and when we are home, I will tell you about it in more detail, I promise."

The children spend about an hour with Daniel before Polly decides he should be allowed to rest.

She takes them home and sits with them for a while, trying to explain to them what has happened to Daniel. It is a difficult conversation for her.

"We believe Daddy was shot by men trying to stop him from doing his work. As you know, I have been doing some work for the government and Daddy has been helping me. We have been making some enquiries and asking questions. The people we are trying to find and stop from causing trouble for the government must be getting concerned and are trying to stop us."

"Yes, but why try to shoot you, Mummy? You are only doing your job," asks William.

"There are dangerous people out there, William, who would stop at nothing to get what they want. Daddy and I have experience of how they work."

"What do you mean, Mummy? Have you met these bad men before?" asks Richard, confused that his Mummy and Daddy have been shot at by these men.

"Okay, children, enough questions for now. I have to get back to Daddy. Mrs Browne will take good care of you and I will see you tomorrow."

After hugging her children, Polly then returns to the hospital to find Daniel with the doctor.

"Progress continues, Mrs Bottomley. I will decide tomorrow on whether he can go home, bye for now."

"Good bye Doctor, and thank you so much. Did you hear that Daniel? We may be able to get you home tomorrow," says Polly with a beaming smile. She wants desperately to get Daniel home so that she can care for him.

And so, after another rather uncomfortable night in a chair, Polly waits patiently for the Doctor to make his assessment. He arrives just after 9 'o clock and gives Daniel the all clear to go home after lunch.

"He must remain in bed for at least another three days, Mrs Bottomley, and must be kept very quiet. Make sure he has plenty of liquid with his food. The nurse will come in daily to dress his wounds and make a decision about when he can get up, and then it will be only for a few hours. He needs a lot of care, but from his scars I would guess you are used to taking care of him."

"Yes, Doctor, more times than I would want to mention. Thank you very much for all your help."

After lunch, Daniel is taken home by ambulance and taken up to the bedroom on a stretcher. As soon as Polly is sure he is okay, she goes downstairs to talk with the agents assigned to their protection.

"I shall be off work for at least a week with Daniel, but will need someone to accompany me to take the children to school and pick them up. William will probably find his own way home, but Richard and Susan need to be looked after. Can you please arrange that, John?"

"Leave it with me, Polly. I assume they will need collecting this afternoon?"

"Yes, I will just check on Daniel and join you. Ben, perhaps you can wait in the sitting room. I will ask Mrs Browne to make you a cup of tea."

Over the next few days, Daniel's injuries improve and on the third day, Polly brings him downstairs to the sitting room. He is rather pale and gaunt from his experience, but his wounds are clearing very well. On the weekend, he is sitting with Polly when the children ask if they can talk with them.

"Can we have a word with you, Mummy and Daddy, please?"

Both Polly and Daniel are a little surprise by William's formal request.

"Of course, William, what is it?"

"Well, Mummy, after what you said the other day, I have been looking up some events that have taken place in Britain since the end of the war. It really is surprising what you can find out from the reference library."

Both Polly and Daniel realise that their children are about to give them a history lesson with them as the main characters.

"I remembered you saying how you were only 13 years old when you first met Daddy and going back to 1947, I found details of a big court case at the Old Bailey involving Grandpa and Nanny as well as you and Daddy. That was how you met, wasn't it, when Daddy became your bodyguard against these gangsters that were trying to stop Grandpa from bringing them to justice?"

"You have been busy, William. I had no idea that the archives would have recorded that event."

84

"But Mummy, your family brought down an empire of racketeers almost single-handed, it needs to be out there for everyone to read."

"Well, that was a long time ago, William, but full marks for your detective work."

"I didn't finish there, Daddy. I went on to find out just how much the country owes you and Mummy for discovering plots by the Russians to take over our government and an attempt to start another world war."

Daniel and Polly are astonished at William's outburst and at a loss for words as to how they should respond. When the children were younger, they had no conception of what their parents were involved in and injuries to Daniel and Polly were hidden from them as much as possible. Now, they find themselves facing questions from their eldest son, who has discovered what his parents were involved in before he was born and since!

However, they can no longer hide anything since William has discovered for himself just what they did for their country. The downside for Daniel and Polly is that it would not be good for him to tell his friends of his parents' work, especially under the present circumstances.

"You have been busy, William, Mummy and I are impressed. The events that you refer to occurred some time ago now when the world was a different place."

"But what you and Mummy did was amazing and I am sure that everyone that you worked for were very proud of you."

"Thank you, William. Daddy and I worked very hard back then to help keep our country a safe place to live and Daddy is still involved in doing that today. Our work was always kept as confidential as possible and we both tried very hard not to let it stop you, Richard and Susan from growing up in a normal family atmosphere. I am sure you will remember some of the events, the terrible explosion which killed Mrs Brodie and how you were escorted to and from school. Daddy and I hoped all that was behind us, and as you know, I have not worked for five years now until recently. When the present government asked me to help, I was happy to look at the problem and as always, Daddy and I have worked on this together."

"So, you and Daddy are in danger, Mummy, you must be. What will happen to us if anything happens to you?" asks Susan tearfully.

"Mummy and Daddy will sort out the problem for the government and the villains, whoever they are, will be arrested. Isn't that right, Mummy?"

"I certainly hope so, William. Daddy and I want to clear up this business and get back to normal as soon as possible. We have spent too much time fighting criminals and both of us have the scars to show for it. When you occasionally see Daddy and I hugging and kissing each other, it is because we love each other so much and have been through so many situations where our love for each other has kept us together. Daddy has saved my life many times and I will be forever grateful to him. But more than that, we have worked for the good of our country and been fortunate enough to have spent so much time together in our work.

"The main thing to remember now, William, is that while what you have discovered is not a secret, we really wouldn't want you to talk about us to anyone. Once again, Mummy and I find ourselves up against desperate men so we will have to be extra careful."

"I understand, Daddy, but can I ask you, Mummy, were you really only 13 years old, the same age as me when this all started?"

"Yes, William, I was first introduced to your daddy when I was just 13 years old and we spent almost every moment together for a number of months when he lived at my house with your grandparents. When the trial of the racketeers was over, Daddy went back to London and I would go and stay with him most weekends."

"Why did you do that, Mummy?"

"Well, Richard, we had got so used to each other's company that when we were not together we missed each other very much. And that is why I went to live with Daddy when I got my job as a Civil Servant. He was given the responsibility, by Grandpa, to be my guardian, which he was until we married later in the year."

Daniel looks at the three children who seem captivated by what Polly is relating to them. They have always been a close-knit family and hearing about how they met and the time they spent together, gives the children another insight into their parents' lives.

"Did you sleep with Mummy when you stayed at Grandpas with her Daddy?" asks Susan, a question that was bound to be asked after Polly had mentioned how much time they spent with each other.

"No, certainly not, Susan, I slept in her room in a chair. Mummy was only a 13-year-old, remember? I only slept in Mummy's room with the permission of Grandpa and Grandma because Mummy was scared to be on her own."

"Why were you scared, Mummy?"

"Well, I think we will leave that for another time children. It's time for dinner and Daddy needs to rest."

Polly too is relieved to break off from the storytelling, since the memories of her abductions and assaults when she was still at school are still very vivid. Only Daniel's heroics and Polly's incredible courage saved her on more than one occasion at the hands of desperate men.

When the children have gone off to bed, Daniel and Polly sit together reminiscing over what they have been talking about. They both realise that there can be no secrets from the children from now onwards and this is something that concerns them both.

"I suppose the children were going to find out about our activities eventually, Daniel. We just need to impress upon them how important it is not to talk about any of it to anyone. I wonder what they would think if they knew that you did in fact sleep in my bed back then, Daniel," says Polly with a smile as she holds on to Daniel's hand.

"Yes indeed, that is something that will have to remain a secret forever Polly."

"As will the times I slept in your bed in Kensington before we were married."

They both never tire of talking about their time together. They have an indestructible bond that will always be there and what has been their strength through so much adversity.

While Daniel is recovering from his gunshot wounds, Conrad has been watching Jonathan Miles closely and finally gets the breakthrough they have been seeking. Miles meets up with some of the men arrested during the London rally and packages are exchanged. In all, Miles meets up with ten men and it appears that they are being paid off.

"We need to round them up, Daniel, and see what we can find out about Miles and his activities. As we have said, he seems to be a key figure in all this, but he has gone to ground for the moment. I wonder what else they may be planning and I am concerned for you and Polly."

"We are taking precautions, Conrad, and will not be caught so easily again. I would like to be present when you interview them by the way, they may have a clue as to who assaulted Polly at the LSE."

Polly continues having meetings with Pamela and Penny at her home while Daniel is recovering. Since little information is coming from the continent, Pamela is using her expertise to analyse the detail from the student rallies and anything else Polly feels will help in finding whoever is attempting to manipulate the students. And Penny has some significant news.

"Danny Cohen is planning to ballot all members of the student union in the country for a rally in London to present their demands to the government. They are becoming very frustrated, Polly, by the lack of response and I fear that there may be some violence as they release their frustration. Can you not talk with the Minister on this? He will listen to you, I'm sure."

"I will contact him as soon as possible, Penny. Do you have any details of the date of this rally?"

"Well, it will take some time to ballot their members, but they will want to get it organised as soon as possible."

"And Pam, any news on these men that have been used in the recent rallies, do we know any more about them?"

"Conrad wants to round them up and question them, but they have gone to ground for the moment. Jonathan Miles is the key to this, Polly, but he has disappeared."

"Well, if he has disappeared, it must be for a reason and while he is out of action, he will not be able to find out any information from our side, so sooner or later he must resurface."

Polly's comments are confirmed when she meets with Michael Wellings and finds Jonathan waiting with him in his office.

"My dear Polly, how are things, I understand you have some important news for the Minister?"

"I have, hello Jonathan. I wondered where you had got to, we haven't been able to contact you for a while," Polly asks Jonathan.

"As I have mentioned before, Mrs Bottomley, I do have other interests to keep me busy."

"Well, I do have some news for the Minister, Michael. The students are to ballot all their members for a national student demonstration in London. They will march on Downing Street to deliver their demands to the Prime Minister. I believe that the time has arrived for decisions to be made, Michael."

"What are you saying, Mrs Bottomley, that the students are acting independently, despite all the evidence to the contrary?"

"That is precisely what I am saying, Jonathan. There is absolutely no evidence of a communist plot to manipulate the students for their own ends. I would like to speak with the Home Secretary personally on this, can you make the arrangements?"

"Of course, Polly, if that is what you want, I will get onto that immediately."

Jonathan Miles is clearly frustrated and annoyed by Polly's comments.

"I find your analysis of all this astonishing, Mrs Bottomley. This is clearly a communist plot and is being hidden within the student protests."

"I have no evidence of that, Jonathan, and do not believe for one moment that the communists are involved in this."

"You may live to rue your decision on this, Mrs Bottomley," replies Jonathan Miles as he leaves the office, annoyed and angry at Polly's stance.

The next meeting of the members of the Phoenix Project sees the members furious at Polly's refusal to blame the communists for what is happening.

"That woman is up to something, Jonathan, and we need to find out what it is."

"I can't see what it is she wants with the Home Secretary, Miles, but I am concerned what she may have found out," says Cedric Pershore.

"This news about the students is worrying. If she convinces the Minister that the communists are not involved, it will seriously hamper our aims. Damn the woman," Sir Ian Williams comments.

"Well, so far your attempts at stopping her have not succeeded at all, so we need to adopt a more constructive argument against her and the student protests. Tell me Jonathan, do you still have contacts in MI5?" asks the Colonel.

"Yes, I do, Colonel, about three or four who are always looking to make some easy money."

"In that case, I suggest that we show the government that Mrs Bottomley is not all that she appears, quite the opposite, in fact."

The members of the Phoenix Project listen as the Colonel tells them of his idea; an idea that will test Polly and Daniel's loyalties and question their integrity as well.

Polly follows the secretary who takes her into the Office of the Home Secretary on the top floor of the Home Office. As always, Polly gets admiring glances from the men in the office as she goes forward to meet the Home Secretary.

"Mrs Bottomley, so good to see you again, I believe you know Chief Superintendent Burke and my secretary. Can I introduce you to Rupert

Hardy of MI5? I asked Rupert to sit in, as I thought you may have information that will be pertinent to his department.

"I am pleased to meet you, Mrs Bottomley, I have heard so much about you, but did not realise you were so young."

"Thank you, Rupert, but not as young anymore," replies Polly with one of her trademark smiles.

"So, Mrs Bottomley, I believe you have some news for me?"

"Yes, Minister, I have been making extensive enquiries over recent weeks to get to the bottom of what did appear to be a communist driven plot against your government. However, I have to inform you that there is absolutely no evidence to support the theory of a communist plot."

"Are you quite sure about that, Mrs Bottomley? It did seem that all the evidence pointed to just that."

"Almost all that evidence was placed before me so that I would come to that conclusion, Minister, the facts are quite different. Firstly, the attacks against me and my husband were not made by any communist-led perpetrators; it is just not the way they do things."

"Just a moment, Mrs Bottomley, I have not been informed of any attacks."

"That is because Daniel and I were hoping who was behind them may show their hand, so we kept them secret."

"May we ask what happened, Mrs Bottomley? I have not heard of any attacks from anywhere," the Chief Superintendent enquires.

"Let me answer that by saying that we were fortunate to have colleagues that were able to cover up what happened, although they now are a matter of public record."

"So, do tell us what happened, Mrs Bottomley."

"You will recall my meeting with the students at the LSE a few weeks back and the positive points that came from it?" Well, about two weeks after that, I was asked to speak again to first year students who had not been able to get to the first meeting. Again, it was at the LSE in one of the executive suites reserved for senior staff and dignitaries. I was not aware of this so did not suspect anything. Unfortunately, it was a ruse to get me alone whereupon I was drugged, sexually assaulted and beaten by a group of men, before I was discovered by the porter."

"Good God, Mrs Bottomley! Why on earth would anyone do that, there seems no good reason! How are you by the way? It must have been a terrifying experience."

"I have no real recollection of what happened to me since I was given a powerful drug known as LSD, but I am still suffering from side effects to this day. As to why it was done to me, I believe it was absolutely nothing to do with the communists, it was far too personal for that, but I do have my suspicions as to who may be involved. As for the shooting of Daniel, I believe that I was the target."

"What happened? Is Daniel okay, Mrs Bottomley?"

"Daniel is on the mend, Minister. We were attacked on our way home and he secured a serious neck wound and a wound to his shoulder. Yet again, he saved my life."

"You say you know who may be involved, do you have any proof yet?"

"I know the person concerned let slip some information that only someone who was involved could have known."

"So, Mrs Bottomley, if there are no reds under the bed then what is going on and why?"

"Well, Minister, I believe something equally sinister is being planned from inside our own political system. There is a plot being put in place to destabilise your government, it would seem. Trying to secure evidence from those involved in our political system is very difficult, but I will keep trying and Daniel will help.'

"And how can I help you?"

"For the moment, Minister, I would prefer to carry on alone if you understand what I am trying to say?"

"Very well, Mrs Bottomley, but do be careful, your life is obviously in danger."

"Daniel and I have taken steps to protect ourselves, both of us carry a weapon and we are escorted to and from our offices. I hope to be able to give you some definitive information and names very soon, Minister. In the meantime, you will have to listen to the student's demands and consider just what you are going to offer them. Their demands, by and large, are reasonable and will be of benefit to all students and improve their lot. They are the politicians and industrialists of tomorrow and we need to be sure that everyone gets the same opportunity and the best education that we can provide."

"Well thank you, Mrs Bottomley, I will pass your message on to the Prime Minister and look forward to your next report."

Polly bids farewell to everyone and leaves the Home Secretary's Office.

Daniel continues to get better and his wounds have completely closed. He has been for some short walks and even ventured into his offices with his escort.

The students have given a date for what they hope will be their biggest demonstration ever and Polly has discussed with Pamela all the information she has and how Jonathan Miles fits into the equation.

"I think you need to consider his connection with the MPs that you met at Westminster. They will have powerful connections Polly as will Sir Ian Williams, Lord Barton and the retired Colonel Pitt. Jonathan Miles is obviously a dangerous man, I do not trust him. I know Conrad was disappointed when he lost him and now he has turned up again. He must believe that his friends will protect him."

"He obviously doesn't realise the mistake he made when he let slip to me about my assault by 'young students.' The only way he knew they were young students was by being involved. But apart from that, we have very little and it needs Daniel and Conrad to put a watch on him."

Polly discusses this with Daniel after dinner that evening, after again being quizzed by William about their activities when Polly was at the Home Office and later as an MP. William had discovered their awards for service and wanted to know just why they were awarded to them.

Their eldest is obviously fascinated to know that he has such famous parents and is immensely proud of them. However, they draw the line when he asks to see the scars from Daniel's several bullet wounds!

"I am bursting to tell everyone about you both, but I understand why it must remain a secret, especially now that you are working for the government again, Mummy. It has made my mind up about what I want to do when I go to work. I want to be a civil servant and serve my country."

"Do you think we may have a budding politician in our family, Daniel?"

"It seems that way, Polly, and he is very determined, just like his mother."

Polly curls up beside Daniel, hugging him close, reaches up to kiss him and whispers in his ear.

"Do you think you are recovered enough to make love to a forlorn woman, Mr Bottomley?"

"I was thinking that I might do just that, Mrs Bottomley," he says as he takes her hand and leads her upstairs. His severe injuries had curtailed their lovemaking for too long and Polly begins undressing before they reach their room. In no time at all, they are both naked and kissing passionately as they explore each other's bodies.

"God, how I have missed you, Daniel!" she says as she strokes him firmly. He is soon aroused, having missed their lovemaking just as much as Polly. He kisses her breasts and gently strokes her. Polly takes him and guides him inside her, gasping with pleasure at their union.

Polly's terrible ordeal at the LSE, then Daniel getting seriously wounded has meant their lovemaking being restricted somewhat. Polly kisses him passionately as she moves on top of him and as Daniel pulls her to him. Sixteen years of marriage has not dimmed their love for each other and this is reflected in the intensity of their union. Although they both know every inch of each other's bodies, they always manage to find something different each time they make love.

Chapter 4

The following morning, Daniel and Conrad sit in the police interviews with some of the men arrested after the student rally in London. They insist that they have no knowledge who paid them for taking part, although they do admit that they have nothing to do with the LSE.

"We were just paid to rough up a few police officers and generally make a nuisance of ourselves. It was easy money and no real harm was done."

"You must have been contacted directly by someone to offer you the chance to take part in this demonstration. Surely, you would have to be given details of what was involved?" asks Daniel, frustrated at the lack of information from the men.

"We met two men a while back in some of the pubs in the East End. They were asking questions about anyone looking for part-time work cash in hand, no questions asked. They were ignored at first, everyone was suspicious of them being outsiders, but they kept turning up and buying drinks and eventually some of us listened to what they had to offer."

"And did they say why they were offering you money to join a mass demonstration? Didn't you think the request was strange?"

"Mate, with the money they were offering, we didn't ask too many questions. We were more concerned who they were."

"And did they say who they were?" asks Conrad.

"They said they were patriots who were sick of seeing this government hand over power to unions and socialists. They went on about making the country great again; I didn't pay a lot of attention to be honest."

The police ask them to describe the men and from their descriptions, one of them could have been Jonathan Miles. The men then offer some information, which makes Daniel sit and listen.

"After they had given us details of the demonstration and paid us some cash, they made an unusual request. They asked us if we knew any students or young blokes that would enjoy taking part in some sort of rough free love escapade. They mentioned about some woman who liked to be entertained by young men. They said that they could deal with her any way they liked if they roughed her up. We found this request a bit weird, but again they talked about cash payments and no questions asked."

"Can I ask you to try and remember what they said? It is very important and could help you with the charges you are facing," Daniel asks in anticipation.

"All they would say was that the woman would pay handsomely to be entertained by young men. There would be a lot of drink and drugs available to anyone who wanted to use them. And they also asked that a couple of young woman attend. They mentioned some college where they would meet and after a couple of hours or so, they could leave her and would get paid before disappearing."

"Do you have the names of any of these young people?" asks Daniel.

"Look, Mister, they didn't mean to hurt her, things just got out of hand and because she had taken the drugs, they said she was okay. What will happen to them if I do tell you who they are?" the man asks, concerned.

"Providing that they agree with what you have said, the only charges they may face will relate to taking drugs, but I doubt that the case will get to court. They will be asked to identify the woman they were with at the LSE and the person or persons that approached them to carry out what was effectively an assault, although I know that charge would never stick in court. All we are concerned about is that you identify the men who hired you."

"I don't think that will happen, guvnor, the men made it very clear what would happen to us if we told anyone," one of the men replies with a degree of fear in his voice.

"You and your colleagues will have nothing to fear. We will protect you from any reprisals. We are not the police and we do have the authority to watch you all day every day until we are able to bring these men to justice. Now, the police will charge you and you will be put through the system. This is in case these people check on what has happened to you. We will interview your young colleagues in secret, so no one will know and no record will be made of the interview. That should be enough to satisfy them that we will look after them if they cooperate," replies Daniel. The men seem reassured and are bailed to appear in front of the magistrate's court later. Daniel gives them a number to contact him as soon as they have spoken with the young men who were involved in the unsavoury events with Polly. He is sure that one of the men they dealt with was Jonathan Miles, but has no idea who the other one may be.

Polly, meanwhile, receives a call from Mrs Montague, asking if they might meet as soon as possible. Mrs Montague is the mother of Samantha Montague, who was viciously attacked by men posing as police officers at one of the student rallies in London.

"I have been making enquiries with my colleagues and it was first thought that they may have indeed been members of the SPG, Special Patrol Group. Now, it appears that they have been inserted into the Metropolitan Police with the assistance of powerful political contacts. To be able to move around unchallenged within the police force, they would have to have powerful friends. We believe there are just three of them and we have managed to get very good descriptions of them from the two students they attacked in the recent rally in London. I have mentioned the descriptions to Samantha and she agrees they fit the men who assaulted her."

"Thank you for this information, Mrs Montague, I will pass it on to Daniel to investigate further. Once we can apprehend these men, we can begin determining who they are working for. For now, I would ask you to keep this information confidential please."

"Yes of course, Mrs Bottomley, I will only print any story once all the people concerned have been arrested."

"Can you continue making enquiries in the meantime?" asks Polly.

"Most definitely, I want to see these men brought to justice for what they did to my daughter."

"How is Samantha, by the way?"

"She is recovering well, thank you, Mrs Bottomley. But it was a terrible assault and she just cannot understand why anyone would want to hurt her," replies Mrs Montague rather tearfully.

That evening Polly talks with Daniel about her conversation with the journalist.

"If she can find out who the rogue police officers are that would be a tremendous breakthrough Polly. There seems to be is a conspiracy in place, of that I have no doubt, but now all we have is bits, nothing joins up."

"But being able to identify Jonathan Miles will be a big step forward, Daniel. I know I'm going to find it difficult to remain civil towards him from now onwards, but realise how important it is to carry on normally. We have to find out just who he is working for, although I feel sure I have already met them at Westminster. There cannot be any one else I am sure, but until we can get definite proof of who the leaders are, we shall just have to be patient."

Polly and Daniel are now being driven to and from work on a regular basis by MI6 agents. The morning was the same as any other, and Daniel was in conversation with his driver when the first shot hit him. The car swerved across the road before coming to rest in the garden of one of the houses. Daniel returned fire but wasn't sure whether he had hit anyone. Thankfully, he was unhurt, but his driver had a wound to his shoulder.

"Keep still, John, and press on the wound, I will get an ambulance."

Daniel knocks on the door of the house and asks to use the phone.

"Yes, of course, what on earth has happened?" the lady asks.

"My driver has been shot. Do you have a towel I might use to place on the wound until the ambulance arrives?"

The householder brings a towel for Daniel and asks if she can do anything else.

"Perhaps a glass of water, thank you."

The ambulance arrives and takes the injured agent, accompanied by Daniel, to the West Middlesex Hospital, where he is operated on to remove the bullet in his shoulder. While he is in surgery, he calls Polly, who is very concerned about yet another attempt on their lives.

"How is he, Daniel, will he be ok?"

"I think so, Polly, but we will know more when he is out of surgery. I have to call the office for another car and find out who to call for John."

Daniel calls his office to recall what has happened and discovers that John has a long-term girlfriend working somewhere in Whitehall. He asks that she be contacted and a car used to collect her and bring her to the hospital. Fortunately, the bullet has caused no real damage and is soon removed. When John is returned to the recovery room, Daniel tells him that they are arranging for his girlfriend Sarah to be driven here as soon as possible.

"Thank you very much, Daniel, I appreciate that."

"It's the least I can do under the circumstances, John; you took a bullet marked for me today."

The latest meeting of the Phoenix Project members is again one of frustration at the lack of progress towards forcing the government's hand. Miles Templeton is becoming impatient by the continuing failure to stop Polly from interfering in their plans and the fact that the unions do not appear to be showing any interest in helping the students in their cause.

"Jesus Christ, Jonathan, what's wrong with your men? Do they have inferior eyesight? You have had two attempts to get rid of these people and have failed. What the hell is going on?"

"We did not expect that Mrs Bottomley would return fire when we made the attempt a few weeks ago. Yesterday was just bad luck, Bottomley fired back almost immediately so the men drove off rather than run the risk of capture.

"My God! She can also handle a gun, a talented woman is Mrs Bottomley," replies Bertram Waverly with a smile.

"I'll tell you what she is, Bertie, she's a bloody menace to this operation and has to be stopped," Cedric Pershore comments.

"I thought you had some new plan to stop her Jonathan, something rather subtler than turning the A316 into a firing range!"

"I do have a plan that I am putting together, Miles, but it is taking a little time to put in place. I must be careful that it is not discovered before I have had chance to carry it through. One way or the other, I will stop her Miles, believe me," he replies with menace in his voice.

He is becoming frustrated by Polly continually getting in his way and causing friction between the members and is determined it must stop.

However, his menacing comments are noted by one member of the Phoenix Project, who is becoming increasingly disturbed by the violence being directed at Mrs Bottomley. Indeed, he is about to make a very significant decision that will have consequences for the members and for himself. Bertram Waverley will not stand idly by while his colleagues plot to harm this young woman further.

"This grand plan you have, Jonathan, by God, it had better be good. So far you have only caused more problems! With all your contacts, I really do not see why Mr and Mrs Bottomley have not been eliminated or neutralised. Stop trying to kill these people and find something more substantial. We don't kill people in our country, Miles, but that does not stop us from getting rid of those that we need to," says Lord Barton.

He is angry at Jonathan's botched assassination attempts and concerned that it will rebound on them.

"Now, Jonathan, you will have to speak with some of these union men and convince them that the government is considering introducing strike laws because of the student unrest. We must get them out on the streets and call a national strike. Then, we can get a no confidence vote and test the PM's mettle. I do not believe he has the stomach for a fight," Sir Ian Williams comments.

"A good point, Sir Ian. Jonathan, speak with Michael Wellings and convince him to push the Home Secretary to refuse to accept the student's petition. This should anger the students enough to create more chaos in the capital."

"I have listened to your comments, gentlemen, and feel that you need to approach this like a military operation," the Colonel comments.

"What do you have in mind, Colonel?" Miles Templeton replies.

"Well, let me say that your behaviour towards Mrs Bottomley has been infantile, if she presented a threat as great as you believed, then she should have been neutralised at the beginning. Now, she and her husband will be taking steps to protect themselves from future attacks.

"As for Mr Bottomley, you are dealing with a decorated army officer and a member of MI6. This man knows how to handle himself and you are all familiar with his record, especially in protecting his wife. You must respect the opposition's strengths and exploit any weaknesses that can be discovered. Mrs Bottomley also has proved to be a formidable opponent with a proven record. Anyone who has fought against Soviet intervention in our country from the tender age of eighteen must command respect from us. Your attempts to blackmail her with lurid pictures, quite frankly I find astonishing."

"I have to agree with you on that, Colonel," says Lord Barton.

Jonathan Miles sits listening to the Colonel and cannot contain his anger.

"The Colonel talks as though he is sympathetic to the enemy. For that is what Mrs Bottomley is. She is in the way of our ambitions to make this country a better place," he comments, red-faced with anger.

"Firstly, Jonathan, your aims are to overthrow the Socialist government anyway you can, don't preach to me about making the country a better place. And I will say this to you before I continue. Given a choice, I know who I would trust with my life in a difficult situation, you or Mrs Bottomley, and it would most certainly not be you! Now, if you are regarding the government of the day as the enemy, then your plan should be carried out so that the enemy is mortally wounded as quickly as possible. You must meet with the unions and offer them a deal if they initiate a national strike. You must decide what you are prepared to offer them and have a plan before you meet with them.

"And you, Miles, must determine how many of your party colleagues will fall in behind you, because the four members you have here is obviously not enough. Once the unions have called a national strike, the efforts of Mr and Mrs Bottomley will be insignificant.

"And finally, no more talk about the communists controlling what the students are doing. That was a nonstarter since the unions did not pick up the challenge. Forget the communists, this government is far more afraid of the unions, who after all are their paymasters. You need to get in bed with the trade unions, gentlemen, the sooner you do that the better for your operation."

"I must say, Colonel, I like what I have heard from you and thank you for your candour. Jonathan, get these union men to a meeting as soon as possible and gentlemen, what can we offer them that they will find attractive to their cause?" asks Miles Templeton, somewhat mesmerised by the comments of the Colonel.

In fact, all of those present, apart from Jonathan Miles, are impressed with what the Colonel has said. The meeting is adjourned and Jonathan hangs back to speak with Miles Templeton.

"I hope I still have your support in my actions, Miles, despite the Colonel's comments?"

"He is a military man, Jonathan, they think in straight lines. You will continue with the plan to get rid of Mrs Bottomley's interference, but we must meet with these union men as soon as possible. I'm sure you agree."

"Yes, of course, Miles, I will get onto that immediately," replies Jonathan, reassured by Templeton's words.

He will get Godfrey Summers to put out feelers with a view to meeting senior union officials, while he will concentrate on making sure that the Home Secretary dismisses the student claims.

Sir Bertram Waverly had intended to contact Polly as soon as possible after the meeting. However, after listening to the Colonel, he believes that she is in no immediate danger and is anxious not to show his hand too soon. He is not at all happy with Miles Templeton's reliance on Jonathan, who he considers to be an uneducated thug. For now, he will listen closely to what happens and when the situation is right perhaps speak with the Colonel.

When Conrad meets up with Daniel later in the week, he has some intriguing news.

"Are you absolutely sure, Conrad? What in God's name is Jonathan Miles doing, meeting with leading members of two of the biggest trade unions? It makes absolutely no sense."

"They met yesterday, Daniel, the agents positively identified them and took relevant pictures. They were together for over an hour in a pub in Croydon."

"Okay, Conrad. Can you bring Pam along to Richmond? We cannot meet in Polly's office, and let's see what she can make of this."

Conrad is delighted that both Daniel and Polly turn to Pamela for her expertise. She has become a key member of Polly's team and a great asset in their business. That evening, Conrad and Pamela arrive and spend some time with the children before retiring to the study.

"Well, Pam, we are hoping that you can come up with some ideas regarding Jonathan's meeting with trade union leaders," says Daniel as Polly brings them all some tea.

"We really are at a loss to understand what he is up to, Pam. What can it be about?"

"I have had a little time to think about this, Polly. Conrad spoke to me this afternoon. I must say, there does not seem to be any logical reasoning behind this move. There is no connection between Jonathan and the two men he met. So, why would he meet with them? We know he represents a group of MPs and businessmen because he introduced them to Polly.

"Apart from the four MPs, there was an ex-army Colonel, but I doubt he would have any connections with the unions. Then there was Jonathan himself and a Godfrey Summers—who doesn't appear to have any sort of work—together with Sir Ian Williams, Lord Barton and Walter Faversham. Sir Ian and Lord Barton will obviously have many connections in the Lords and elsewhere and I can only presume that Faversham will handle the legislative detail for them when the time arises. So, as individuals they have nothing to offer the trade unions, but together, that is a different matter. They could have much to offer them, especially if there were a change of government and the conservatives took power."

"Gosh! Pam! Are you saying that they could be acting together and, in doing so, are talking with the unions to see what demands they would have on a conservative government?"

"It makes sense, Polly, there is no point in seeking power if you cannot work with the unions in this country."

"There is a change taking place here and in Europe and the trade unions are very much a part of that change. Anybody who can get the unions on their side will present a very powerful force. If they do decide to flex their muscles in the dispute that the students are involved in, we will see just how powerful they are and this government needs to be aware of that."

"I will speak with Michael Wellings and find out what the mood of the government is with the unions at present. They may be ready to make concessions of their own."

"I would wait a moment before you talk with the government, Polly. You need to see how they react to the student's demands. If they agree with what they are asking, or agree enough to stop them calling a strike, then that will take some of the heat out of the present situation. We really need to find out what the men that Polly met are really up to. Can you remember if any of them showed any signs of disagreement with anyone when you met with them Polly?"

"No, not really, Daniel, they were all polite, Lord Barton was a strange man, but a man of integrity, I believe and I do recall Bertram Waverly talking to me about knowing Daddy. He was very polite and seemed to take a shine to me once he knew who I was. He might be worth meeting again."

"Perhaps we should meet him then, Polly, if he agrees there may be grounds for asking him what his colleagues are doing talking with the unions."

Jonathan Miles had arranged to meet with senior stewards in the Transport and Engineering Unions. He poses as a journalist, saying that he can give them a voice if needed against the government aims. The four union men are experienced campaigners, good speakers and are suspicious of the press.

"So, what exactly do you want from the unions, Mr Miles?" asks Joe Bingley of the Engineering union. He has been a union official for more than twenty years and is a very experienced negotiator.

"Well, gentlemen, it is no secret that the government has got itself in a corner over the students, and are convinced there is some sort of plot against them. What are the unions doing to assist the students in their struggle for what is a reasonable set of demands?"

"We have talked with them and want to help, they are brothers after all. Rest assured, we will not let the government bully them," replies Will Forster. Another veteran with twenty years' service in the Transport Union, Forster has a reputation for being a powerful speaker and very left wing in his politics.

"Would you back any strike actions by the students? Just what would the unions be prepared to do for them?" asks Miles, waiting for the opportunity to ask them to meet with his masters.

"We will do what has to be done to back these young people, Mr Miles. Believe me, we have watched their struggle and admire what they are trying to achieve. We will not let this government, or any government, keep from them what they deserve in terms of fees, freedom of movement and enough university places for everyone who wants to go," adds Ken Masters.

Ken Masters and the fourth member, Albert Cox, have been monitoring the student struggle closely to determine when would be the best time to join forces with them. They have openly expressed support for the students, and believe they should be supported in whatever action they decide.

"But, surely, you would not support a national strike against the government that you support financially?"

"Mr Miles, we can be flexible if we have to be, whatever party is in power. We only want what is best for our members and the government must appreciate this," comments Ken Masters.

Miles sees an opportunity here to mention the Phoenix Project members and gauge the response of the union men.

"Your comments are most interesting, gentlemen. Now I have a confession to make. I am not a journalist, heaven forbid, but I do have powerful friends in business and in politics. They asked me to speak with you because of their concerns about how the Socialists are handling the student requests and because in Westminster there are whispers about legislation to stop strike actions. That smacks of desperation to me and my colleagues are most concerned."

"These men that you represent, Mr Miles, are they sitting MPs?"

"Some of them are, they want to talk to you because they believe the trade unions should have a voice and that the future of our country is so very dependent upon them."

"Perhaps we should meet with your colleagues and see what they have to say. The unions are angry with the current administration, which has not helped the workers at all since it came to power," replies Joe Bingley.

"So, Mr Miles, tell your colleagues we will meet with them and listen to what they have to say. Make the arrangements and get back to us and of course this meeting and any future meetings will remain confidential."

"Of course, Mr Forster, and thank you all for your time," says Miles as he leaves the room above a pub in Croydon. He is feeling pleased with what he has achieved and is anxious to tell Miles Templeton as soon as possible.

Chapter 5

Polly contacts Bertram Waverly as soon as she is able and he is delighted to speak with her.

"My dear Mrs Bottomley, how nice to hear from you again. Are you well?"

"Very well, thank you, Mr Waverly. My husband and I were wondering if we might have a word with you when it is convenient."

"Well, I was hoping to speak with you actually, but I have no wish to meet with a member of the security forces. My colleagues would be deeply suspicious of any motives Mr Bottomley may have wanting to meet with me. You do understand I have a certain reputation to consider?"

"Yes, of course, you say you were hoping to speak with me?"

"Yes, I do have some information for you, rather sensitive information, which I would prefer to give to you personally."

Polly is intrigued by Waverly's comment and pushes him for details.

"May I ask what it is you need to discuss with me in person, Mr Waverley? I am intrigued, I have to say."

"Well, as you contacted me asking to meet, perhaps we should do that and I will explain. But you must come alone, Mrs Bottomley."

"Yes, very well, when can we meet then?"

Bertram Waverly suggests tomorrow evening around 6 'o clock at his flat. It is not too far for Polly to drive and he is obviously concerned about being seen with her. Polly would have preferred to have been accompanied by Daniel, but it was a condition of Waverly meeting with her that she came alone.

He lives in Fulham in a flat off the Fulham Road not too far from Parsons Green Station. Polly mulls over what she should say to him as she drives the short journey to his home. She does not want to embarrass him in any way, nor does she want him to incriminate himself. What she needs is for him to tell her why Jonathan Miles is talking with leaders of the trades union and she is curious what he has for her. She was aware of his feelings towards her when they met with his colleagues at

Westminster and hopes that he may be able to help with solving what Jonathan Miles is up to.

"My dear Mrs Bottomley, please come in, let me take your coat," he says as he greets Polly at the door of his flat.

The flat is spacious and lavishly furnished with luxury furniture and expensive paintings on the walls. In fact, all the trappings of a very rich man.

"I don't get many visitors now that my wife has gone, so I am delighted to have you," he says with a smile.

Waverly is well-built, a little overweight and immaculately dressed. With his silver-grey hair and appearance, he has the look of a man younger than his 69 years.

Polly, as usual, has dressed well in a black pencil slim skirt and white blouse. At 34 years old, she is still a very attractive woman and Waverley is very conscious of this as he sits beside her. Polly too is aware of his admiring glances.

"I have made us some tea," he says as he pours into the china cups.

"I must say, I was surprised and delighted when you contacted me. I was considering getting in touch with you myself. My colleagues are so hell-bent on power whatever the consequences, they cannot comprehend what they are letting themselves in for. As soon as I met you and realised who you were, I knew I needed to help you, if I could."

"Well thank you, Mr Waverly, that is most kind."

"My mind was made up when I realised what Jonathan Miles had done, quite frankly what I saw made me feel quite sick. I will have no part in violence or abuse towards women, Mrs Bottomley and I told him so. In fact, none of the members approved when they saw the pictures."

Polly pales at his comments, realising he can only be talking about what happened to her at the LSE. So, Jonathan Miles was responsible for what happened. He will pay dearly for his actions. However, she is puzzled by Waverley's words, as he can have no real knowledge of what occurred that day.

"I don't understand, Mr Waverley, what are you saying?"

"My dear Mrs Bottomley, I was so sorry and horrified for what happened to you and I secured the photographs and negatives with the aim of returning them to you as soon as I was able," he says as he gets up from the sofa and returns with an envelope, which he hands to Polly.

Polly opens the envelope, glances at the pictures and is devastated by what she is seeing. Shaking with distress and with tears in her eyes, she looks at the pictures of her engaged in sexual activities with several men. The pictures are very graphic and detailed, taken over a long period of time and from every angle to get the maximum effect of just what is happening to her. Polly is distraught at what she is seeing, and becomes hysterical as the memories come flooding back to her.

"Oh my God! Is this what really happened to me?" she says, sobbing uncontrollably at the pictures of her with the men who treat her roughly while engaged in sexual activity.

Waverley puts his arm around Polly to comfort her. She sobs with dismay letting the photos fall from her grasp to the floor in front of her. The pictures show clearly many men engaged in various sexual activities with her and Polly seemingly a willing participant.

"I am so sorry for upsetting you, Mrs Bottomley. It must be a terrible shock for you to see them. That is why I took them from Jonathan for safekeeping"

"How could he do this to me, Mr Waverley, how could they? The pictures are of no use to anyone. I was subjected to a horrible experience just to take some disgusting pictures of me. Why did he have to do this, I don't understand?"

She says holding tightly onto Waverley for support, before getting up and going to the bathroom to be violently sick. Waverley follows her and suggests she lie down on the bed for a moment.

"Please, Mrs Bottomley, you must calm yourself, you are becoming quite hysterical. You must not blame yourself for what happened. It is obvious from the pictures that you were not aware of what you are doing."

She reaches for Waverley, seeking solace from him as she sobs uncontrollably. He realises that this woman is very vulnerable now and seeks to reassure her, struggling to know what he should do next. She is hysterical at what she is seeing and he tries hard to calm her.

"Perhaps you should rest a while and compose yourself, Mrs Bottomley, you have had a terrible shock. Rest here and you will soon feel so much better, I promise."

Waverley holds her in his arms, she appears almost childlike, seeking his reassurance. Images of her naked with all those men around her fill her mind as she slowly calms down, thanks to Waverley's comforting embrace.

"The pictures have been a terrible shock to you and I was determined that no one else should see them, that is why I bought them to you. I am so sorry, Mrs Bottomley," he continues.

She needed some sort of reassurance over the pictures and Waverley has done his best to comfort her, appreciating how wretched she must feel. Polly looks up at him and smiles as he kisses her lightly on her cheek. "I will make us some fresh tea, my dear."

Waverley brings in the tea and pours a cup for Polly, who has by now composed herself.

"Thank you, Mr Waverley, and thank you for being so kind. I feel much better now."

"I was only trying to help. Can I ask if there is anything else that I may do for you?"

The pictures had completely disorientated her and she feels terrible, but not as bad as she felt when she first saw them. She composes herself before answering him.

"Do you think you can find out why Miles met with trade union officials and what happened at the meeting. It would also be of help to me in my investigations if you can enlighten me about your colleagues. What are they really up to?"

"Yes, Mrs Bottomley, I understand perfectly and will find out all I can for you, I promise. But we must keep our meeting confidential, you understand?"

"Thank you, Mr Waverley. Please call me as soon as you have that information. Good evening."

Waverley bids Polly good evening and ponders over their meeting.

The drive home gives Polly just enough time to compose herself before talking with Daniel, trying to explain why she was so long.

"He wanted to show me his paintings and went on about knowing Daddy and he insisted on making endless cups of tea.

"I have asked him to contact me as soon as he has details of the meeting between Miles and the unions. I believe he could be a very useful ally for us, Daniel. We have to find out just what these men are planning and quickly."

Polly decides she will not tell Daniel about the pictures and will destroy them at the first opportunity. She lays in her bath, hoping to wash away the images that she saw, and finds herself in tears again but quickly composes herself as she puts on her nightclothes and gown, before re-joining Daniel in the front room.

She just wants to sit with him, holding him and feeling the reassurance that only this man can give her. The pictures too will be forgotten, eventually. From now onwards, she must focus on her work and determine what level of conspiracy is taking place and secure the necessary evidence to bring those concerned to justice.

Despite their best efforts, Daniel and Conrad fail to locate Jonathan Miles and presume he has gone to ground somewhere. Whatever is being planned, he is very much part of it and securing a statement from him is vital.

"Where the hell is he, Daniel? I have watched his haunts and there is no sign of him."

"Something is being planned, Conrad, and he is part of it, I'm sure. He is very much the fixer for those MPs that Polly met and my bet is that they will be hiding him somewhere. For now, let's concentrate our efforts on what Waverley may tell us. He may prove to be the key in all this. He has said he will get back to Polly as soon as he has anything significant.

"You have done well to get the unions to meet with us, Jonathan. I suggest that you make the arrangements as soon as possible. I would like them to be able to support us, but we need to know just what it is they will want, if we are successful and topple this government. So, gentlemen, suggestions as to what we can offer them and what we cannot offer them in return for their support in this," asks Templeton as the Phoenix Project meet for an update.

"You can offer them a range of reforms so long as it is in the form of legislation and so legally binding. We have to be able to outlaw unofficial strike action somehow, if we can do that then we can move forward," says Pershore.

"Well, you will struggle to get them to agree to any legislation, which takes away their right to strike, unofficially or officially," Templeton comments.

"So, we use a cooling off period, make them serve notice of their intention. That way we get time to make arrangements and time to negotiate without undue pressure."

"I like that idea, Colonel. We can work on that and use it in our discussions with them."

"And we may have to be prepared to sacrifice a seat in government to them as well," Sir Ian Williams comments.

"Well, God forbid, Sir Ian, but you may very well be right and would it really be so bad?" Templeton concludes.

"I do hope you don't live to regret getting into bed with the trade unions, gentlemen," Lord Barton comments with a degree of scepticism.

"Well sir, we have to be prepared to accommodate them if we are to succeed as a government, because without their support, you will not be able to secure power. Properly handled, the unions can be very useful and their input is very much needed," Colonel Pitt replies.

"Okay, gentlemen, so the sooner you set up this meeting, Jonathan, the better," Templeton says as the meeting closes.

In the meanwhile, the students hold a rally to deliver their petition to Downing Street. It is peaceful and over very quickly. In all, there are about two to three thousand students and Danny Cohen speaks to the press after it has been delivered.

"We hope the Prime Minister will consider our demands very carefully as we think they are fair and for the good of every student today and in the future.

"We want the voting age reduced to 16 years, we want freedom of movement of students throughout Europe, we want student leaders to have a voice in government, we want employment guarantees for students, we want the Education budget to be significantly increased, by reducing the amount of money spent on defence budgets. We also want the government to begin an immediate programme of building, to allow for up to twenty more universities, within the next five years. Finally, we want a new system of student grants that will make university education affordable for everyone.

"So, take our message back to your editors and be sure that you print the content in full for your readers to examine. We want our demands met in full and will continue our fight with this and any government, until we get what we feel is just and fair for the young people of this country."

When the union members meet with the members of the Phoenix Project, the introductions are somewhat tense and Miles Templeton hope that the jugs of ale and bottles of Scotch available will help relax the mood of the meeting.

"Gentlemen, please come in and let me introduce you to my colleagues, Horace Wetherby, Cedric Pershore, Bertram Waverly and myself are MPs. Sir Ian Williams and Lord Barton are in the second chamber, Colonel James Pitt is a retired veteran of the Korean war, Walter Faversham is a barrister and Godfrey Summers and Jonathan work tirelessly for our cause, arranging such meetings as this. I'm Miles Templeton, by the way."

"Thanks, you, Miles, I'm Joe Bingley. This is Will Foster, Ken Masters and Albert Cox. We are all senior union representatives in the

Transport and Engineering Unions. We have met with you without any agenda, curious to know why a right-wing organisation would want to meet with the trade union movement."

Jonathan Miles and Summers pass round the jugs of ale and pour out the scotch for some of the Phoenix Project members.

"We believe that we both have concerns about our present government. Its lack of response to the reasonable demands of the students and their apparent refusal to accept that they, the students, are being manipulated by communists we find frustrating and dangerous for our country. We would like to do something about it, but realise that with such a large majority, the government seem content to let things slide."

Miles Templeton pauses, giving the union men time to respond. Ken Masters stands and makes his points to the meeting:

"Albert and myself have been monitoring the struggle of the students and have been impressed with the way they have proceeded. Like yourselves, we are appalled that the government has chosen to ignore them and that is why we eventually gave them our support. The student uprising in Europe is turning ugly and is being driven by the communists that we know from our union brothers in Europe. Not sure what is happening here, but the violence in Manchester and Leeds at the student rallies does suggest outside influence."

Cedric Pershore likes what he is hearing about the communists and makes the point, "That is exactly what we have been saying all along, gentlemen. But this ramshackle excuse for government would prefer to listen to some young woman, who has no idea what is going on underneath her nose."

"What is this about some young woman, Miles?" asks Joe Bingley.

"The Home Secretary has called upon the services of a woman with some degree of experience in dealing with Soviet interference. She used to be an MP but retired from public life some years ago. So far, she has not been able to show conclusively that the communists are not involved despite her efforts and those of her colleagues. She is chasing shadows, Joe, the communists are very clever at hiding their work—even she admits this—but she still believes that they are not involved. In the meantime, we stumble on and nothing gets done. We are concerned that the communists will move on your members next and want to do something about it quickly," replies Miles Templeton, hoping to encourage the union men to agree with him.

"This young woman you mention, is it Mrs Polly Bottomley?" asks Joe Bingley.

"As a matter of fact, it is. Do you know her, Joe?"

"I know of her from the battle waged against the communists, back in 1952. The communists took over the docks and were also trying to plant one of their members into high office in the Civil Service. She and her husband were the key witnesses in a big conspiracy trial at the 'Bailey'. You remember that, Ken, it was all over the papers and there were some communist union men in the dock."

"And you say the Home Secretary has enlisted her help against this communist threat?" asks Ken Masters.

"Yes, they have, she is very precise in her investigation so far, which doesn't seem to have revealed anything one way or the other. Perhaps Jonathan can help you here, he has been working in close contact with her, haven't you Jonathan?" comments Miles Templeton.

"She has failed to accept the obvious, gentlemen, and has suggested that union legislation be introduced if unions strike against the government," says Miles, anxious to discredit Polly in the eyes of the union.

"Are you sure about that, Jonathan?" Asks Waverley, surprised that the woman he so admires would suggest such a move.

"Yes, Bertie, I know you have a liking for the woman, but she has pushed for this legislation to cover the fact that she has not found any conclusive evidence about the communists."

"She says this despite her experience in knowing how they can manipulate and infiltrate any organisation without anyone knowing until it is too late. They are like a cancer, the way they spread."

Jonathan Miles hopes his strong words will dismiss any notion that Polly's ideas can be considered with any credence. He is hoping to discredit her in the eyes of the members and the union representatives, before he plants the evidence necessary to have her accused of conspiracy.

"I understand what you are saying, Jonathan, but would it not be an idea to talk with her and see what she may have uncovered?" asks Ken Masters.

"Already done that, Ken, she was focussed on the communist connection but would not commit her findings until she had analysed all of the information she said she had received," replies Cedric Pershore.

Joe Bingley has been listening to the comments made by the Phoenix Project members and believes it may be an idea to meet with this woman when circumstances allow. For now, however, he will keep that thought to himself.

"So, gentlemen, you must have something to offer our members if we decide to back you on what is an attempt to throw out this government using us as your means of removing them. I warn you that we will want something very comprehensive if we are to give you the full backing of the trade union movement in your venture," Joe Bingley comments.

"Well, firstly, Joe, it will be our intention to get some agreement with you on paper to prevent wildcat strikes. They are the bane of our industrial sector and give every Tom, Dick and Harry the chance to make a name for himself. This undermines not only business, but your authority also, I'm sure you appreciate that," Miles Templeton says.

"I can tell you now, Miles, the membership will not put up with any legislation curbing their power."

"We don't seek to curb your power, Joe. No one is better positioned to do that than you are. We want to introduce a definite cooling off period to allow for negotiation, after that you do as you see fit. We do not believe that is unreasonable."

"We could look at something along the lines of time to consider negotiations," Will Forster comments.

"But, what we really want from government, gentlemen. Is a place at the top table? Let us put one of our men in your cabinet meetings and we would really be interested in helping you get rid of this government."

"That is a big ask gentlemen, so if we could give you a place in our cabinet, would that be enough to get your full support?" asks Horace Wetherby.

"I think that would be more than enough, that and a satisfactory agreement over a cooling off period," replies Joe Bingley.

"So, if we draw up an agreement and endorse it, when can we expect to be able to move on the government with a no confidence in government ultimatum, also endorsed by yourselves?" asks Templeton in anticipation.

"We would need a week, ten days the most, to secure a vote for a national strike. We would then want to present the ultimatum with you instructing government to dissolve Parliament and install an interim authority until a general election can be arranged."

"Believe me, gentlemen, if we decide to go down this road, it could blow up in our face if the electorate consider it too revolutionary," Joe Bingley replies.

"We are confident that the electorate will back us on this, Joe, and this will be reflected by the mood of your members. You need to convince them that a change is in their best interest, in fact is in the best interests of us all," Miles Templeton comments.

"You need to be aware, gentlemen, of precisely what is happening here. We are asking you to unite with us and conspire to bring down the elected government. The stakes are very high for all of us. If it succeeds, we will have control very quickly and be able to dictate when a general election will be held. If we fail, then we shall all be held on conspiracy charges. I tell you this so that you appreciate how high the stakes are," Colonel Pitt makes his point very firmly and the men round the table take due note before Ken Masters replies,

"The Colonel is absolutely right, of course, but with the backing of the trade union movement, exercising its absolute right to strike, your actions can only be acting for the best interests of the country. What you must do however, Miles, is remove your present party leader. Our deal and any further negotiation must be with your colleagues around this table. We cannot begin fresh negotiations once you have the reins of government. Can you make those arrangements?"

"The vote of no confidence has already been lodged and I expect to be voted in as leader after the first count," replies Miles Templeton.

"Good, then for now, our business is concluded. You will contact me if you need to, Miles, for now we wish you a good evening," says Joe Bingley as he and his colleagues leave the room.

The members of the Phoenix Project sit for a moment before Templeton comments, "Well, I believe that went better than we could have hoped for, gentlemen."

"Getting in bed with the unions is going to be a risky business, Miles, they have to know who is running the show from the outset you know," Pershore comments with a degree of scepticism in his voice.

"They will be choking with the amount of power they will see before them. It will not be difficult to steer them through the procedures of government and lean them our way. Once they have tasted the trappings of power, they will not want to lose it and will agree to how we want them to operate. Yes, we will give them their say, but we will maintain the absolute right to govern. Gentlemen, we have much to do," replies Templeton.

"Aren't we forgetting Mrs Bottomley, Miles?" asks Waverly, wondering what the woman may be uncovering in her investigations.

"You can forget about her, Bertram; she is about to have a visit from the police and will be charged with conspiracy. Everything is in place to prove that she has conspired to deliberately conceal the communist's actions. So, forget about Mrs Bottomley - she is finished, believe me, and will be spending some time at Her Majesty's pleasure," Jonathan Miles comments with venom and smug satisfaction.

Waverly is shocked by his words but says nothing. He has a respect for this woman, an affection even and is rather upset that she may be given a prison sentence on charges that Jonathan Miles appears to have fabricated against her.

Polly is alone in her office when there is a knock on the door and two police officers and a plainclothes Detective enter.

"Mrs Bottomley, Chief Superintendent Joe Burke, we have a search warrant for your office, will you step aside please?"

Polly is shocked by this intrusion and moves to one side as the officer's search through the drawers of Polly's desk and remove a large folder handing it to the Chief Superintendent.

Polly looks across puzzled at the discovery of such a folder in her desk. It certainly does not belong to her, but she has a very good idea of who may have put it there. The Chief Superintendent glances through the folder and appears surprised at what he sees.

"Mrs Bottomley, will you come with us please?"

"Am I being arrested, Chief Superintendent?"

"At the moment, you are helping with our enquiries, Mrs Bottomley. So no, you are not under arrest."

"Very well, will I be allowed to make a call when we reach the station?"

"We will inform Mr Bottomley, if we feel it is necessary." The Chief Superintendent replies, as Polly is escorted from her office to the waiting car and driven to Metropolitan Police Headquarters at New Scotland Yard.

"Mrs Bottomley, we believe this folder contains evidence that you have conspired with persons unknown to cause civil unrest. It contains details of payments made to a long list of people in exchange for their cooperation in disrupting the recent student rallies. There is also evidence of a rendezvous between yourself and a group of students at the LSE. From the pictures it is obvious that you engaged in sexual activities with some them at the time, presumably to persuade them to do your bidding, although now we do not know what you were intending them to do for you. Have you any comment to make about this, Mrs Bottomley?"

Polly sits in her chair, completely devastated by what she has heard, before replying tearfully.

"I have no knowledge of that folder until you showed it to me and I completely deny the accusation relating to the LSE. Now, may I contact my husband please?"

Daniel arrives at the Yard after the short journey from MI6 headquarters in about twenty minutes to be met by a tearful Polly. He is known at the Yard and is given every courtesy to be with his wife at such a difficult time.

"The police searched my office and found a bundle of documents detailing payments to men interviewed by the police after the student rallies, Daniel. They know about my visit to the LSE and implied that I went with the men as a favour, to induce them to cause trouble at the student rallies. God, Daniel! This is the work of Jonathan Miles, you must find him, please," Polly bursts into tears as Daniel holds on to her. She is desperate for his help and comfort.

"We will get to the truth, Polly, try to calm yourself. I will ask the police if I can take you home.

"We can release your wife to you, Daniel, while we study these documents. You should be prepared for charges to be brought against her and that MI5 may be involved if conspiracy is proven," says Chief Superintendent Joe Burke.

"Thank you, Chief Superintendent," replies Daniel as he takes Polly's arm and leads her to his car. Polly sobs in despair on the way home. So, Miles had kept some of the photos and now they are to be used as evidence against her.

"Why will MI5 need to interview me, Daniel? Is it not a police matter?"

"No, Polly, conspiracy is always handled by the security services. I will try and find out who will be interviewing you and when, but the first thing that we must do is get you counsel."

Polly and Daniel make their first call to their solicitor and give him details of what has happened.

"They do have a great deal of evidence here, Mrs Bottomley, but can they link it directly to you? Only if these men can prove that you paid them can it be proved. The pictures with the students don't really prove a conspiracy, although one can put any interpretation on them. Again, it can only be proven if these young men stand up in open court and state that you offered them sexual favours to commit acts of riot at the student rallies."

"Oh God, Daniel! I feel sick I cannot allow those pictures to be handed out to the jury, I cannot."

"Unfortunately, they are evidence, Mrs Bottomley. You may be able to get your barrister to come to an arrangement with the Crown. For example, if you admit to having sexual liaisons then there will be no need to show the evidence to the court."

"I do hope so, Mr Jones. In fact, I would like to see the case thrown out before trial, but that is too much to hope for."

"I'm afraid it is, Mrs Bottomley, but you do need to prepare for a trial, which on the evidence may go against you, unless you can find some evidence that will exonerate you. What we have here is convincing," her solicitor tells Polly.

Polly and Daniel leave their solicitor's office and drive home in silence. Polly is in despair of what is happening. Jonathan Miles has succeeded in discrediting her to such an extent that she is almost certainly going to face trial for conspiracy against the government.

A dedicated servant all her working life, awarded for her services to the country, she now finds herself being brought to court to be disgraced.

As they arrive home, Polly dashes inside and runs upstairs to their room, where she collapses on the bed sobbing. Daniel goes to her, taking her in his arms, trying desperately to console her.

"Come along, my dear Polly, we will fight these bogus charges that Miles has created against you. I would dearly love to get hold of him and punish him for what he has done, but for now I cannot. We have to think what we are going to do, my love. We will not give in to this and we will find some way of answering these charges against you. Now, we know that Miles is mixed up with those MPs that you met so they too must be involved in all this."

"That's it, Daniel, I will ask Bertram Waverley to help, he might be able to find some evidence linking Miles with this. He will be able to help me I am sure. I must contact him as soon as possible."

Polly goes to the bathroom to wipe away her tears and decides she will call Waverly this evening. Whilst the trial is some way away, she must have any evidence available as soon possible to give her barrister ample time to study it. Because of the accusation, Polly will not be allowed back into the Home Office, so she calls Pamela and Penny to tell them the news. She asks if they might call round so that she can explain in more detail what has happened.

"God, Polly! I am so sorry, the man is a beast and must have something to fear if he is behind this. We will continue digging unofficially, you never know what we may be able to uncover," says Pamela, who is upset at what she has heard.

"Rest assured that Conrad will do everything he can, along with Daniel, to get to the bottom of this."

"Thanks, Pamela, if you and Penny can carry on we might just get to the bottom of this. Whoever is behind what is going on are desperate to get rid of me one way or another."

Both Penny and Pamela say they will continue trying to find evidence that could exonerate Polly and say goodbye as they leave her house. When they have left, Polly tells Daniel that she will call Waverley to see if he can offer any assistance. With a degree of apprehension from the upset of their last meeting, Polly calls Bertram Waverley.

"Mrs Bottomley, how nice to hear from you again, I hope you are well, my dear."

"I'm very well, thank you, Mr Waverly, but I need your help."

"Of course, anything to help you, Mrs Bottomley. What can I do for you?"

"I am to be charged with conspiracy against the government and although the evidence is circumstantial, it is very detailed and can easily be considered as clear and definite. My solicitor believes that with a convincing argument from the Crown I could be convicted. Both my husband and I are desperate to seek some proof of my innocence Mr Waverley and believe you may be able to help me. You may have some evidence, which can prove beyond doubt my innocence in all this. Is there anything that you can do for me, we are desperate for something to show that this has all been fabricated?"

Polly is becoming tearful, knowing just how high the stakes will be when a conspiracy trial does take place. Both she and Daniel are desperate to find answers.

"Please, do not worry, I am sure we can find something to exonerate you, Mrs Bottomley, it is obvious that the charges are bogus and that Jonathan is behind this. Why don't you call round my flat this evening about 6 'o clock tomorrow and I will see what can be done."

"Thank you so much, Mr Waverley, Daniel said you would be able to help me."

"Of course, my dear, now there is just one thing. Please come along alone there will be no need for Daniel to attend, do you understand?"

Polly understands exactly what Waverley is saying, but knows that this man just may have the evidence that can clear her completely of the charges being drawn against her.

"Very well, Mr Waverley, I will see you at 6 'o clock tomorrow evening."

Polly is in tears at what she believes Waverley has planned for their meeting, but also realises that the alternative could be disgrace for her family and imprisonment for her. After wiping her tears and composing herself, she contacts Daniel with the news. He is delighted for her and although he would have liked to hear what Waverley has to say, knows of the man's suspicions with regard to the security services.

"Do you really believe he can help us, Polly? We really do need something to tie in Miles with the unions and an attempt to destabilise the government."

"I am sure he will have something, Daniel, he is a man of influence, and I believe that the men that I met in Westminster are behind this. If so, then Waverley just might have the details to exonerate me."

Polly leaves for Waverley's Fulham flat, unsure of how long she will be with him, knowing that he will want to prolong their liaison for as long as possible.

"I shall be a while, Daniel. I believe he will be serving me dinner asking me to be there at six."

"Well, let's hope he has some information Polly, good luck," says Daniel as he kisses Polly at the doorway.

Polly finds herself holding on to him before finally kissing him again, then walking down the path to her car. She is very tense during the journey, knowing what Waverley may be expecting from her and knowing she will have no choice but to comply with his demands.

"Mrs Bottomley, please come in," says Waverley, greeting her with a kiss on the cheek.

"You look absolutely stunning this evening, my dear," he says, admiring Polly's pleated skirt and white pinafore dress.

"Thank you, Mr Waverley. I hope that you have something for me. I know what you will expect from me in return, but I need to be assured that this is not a ruse on your part to take advantage of my position."

"Mrs Bottomley, I have the documented evidence, which I am sure will exonerate you from any charges that may be brought. I want very much to see that no harm comes to you believe me. Now, shall we have some tea? Please, call me Bertie. May I call you Polly?"

"Of course, it would seem appropriate under the circumstances."

They sit drinking their tea and Waverley mentions that he has all the information that she will require.

"I hope so, Bertie," replies Polly as she stands and goes with him to the bedroom. Waverley kisses Polly affectionately and begins to unbutton her blouse. Polly tenses, anticipating what is going to happen. They both continue undressing in silence before Waverley mutters.

"My God! You are beautiful, Polly."

"Thank you, Bertie," she replies as she stands naked in front of him, before moving to his bed.

Although she has had three children, Polly has kept her slim figure and Waverley cannot take his eyes off her. It has been many years since he has seen a young woman's body. He moves onto the bed beside Polly, his movements rather awkward as he strokes her breasts and gasps with pleasure.

"I will try and make this as pleasurable as I can, Bertie, but you must realise that I have never given myself to any other man except Daniel," she says, struggling to hold back her tears.

"I know, Polly, and that is what will make it so special. I know what it must mean to you."

Waverley feels between Polly's legs and as she becomes used to his closeness and touch, she begins to relax a little. He is very gentle towards her and is moving slowly not to embarrass her any more than is necessary. The feel of another man's body is strange and yet exciting in a way for Polly and she finds herself more relaxed than she expected by the gentle touch of this older man.

"My dear Polly, you are really rather wonderful," he says as he kisses her, holding her face in his hands, then gently pulls her towards him, as Polly finds herself responding to his actions.

Waverley straddles her, seeking a union, by now fully aroused and Polly helps him to achieve their union, gasping as she feels his fullness inside her. He is a big man in every way and she responds to their union pushing hard against his rather large body. Polly finds herself responding to this man and holds him tightly as she feels his final thrust. Waverley remains for a moment as Polly holds him tightly, before he gets off her, exhausted by his efforts. Polly gets up from the bed and goes into the bathroom, where she is violently sick, realising what she has just done. She has just made love with a stranger and yet it was a far more pleasant experience than she expected. She washes herself before she returns to his bedside, weeping.

"I hope you were satisfied, Bertie, I feel so wretched. I have betrayed my husband for you, do you understand?"

Waverley is genuinely upset at seeing Polly so distressed and seeks to comfort her.

"My dear Polly, please do not upset yourself. I know it must have been difficult for you but I hope it was not too bad after all. I did so much enjoy it," he says as he strokes her gently. Polly admits to herself that she did find some aspects of their liaison exciting, his touch and feel so different to Daniel and he did try so hard to be gentle with her.

"Bertie, please," she says as she turns toward him, responding to his gentle touch. Then, she stops from getting dressed and finds herself seeking to arouse him again!

"Bertie, I am so confused about this." She says as she strokes him, then slides beneath him and guides his firmness inside her, gasping with excitement at their second liaison.

Polly is unsure what has just happened, other than she has just giving herself willingly to this man, who initially had almost forced himself on her!

"You have made an old man very happy, and I would not presume to force you into any more liaisons against your will, you have my word on that. Now, let me dress and get you those papers," says Waverley after the unexpected second liaison with Polly.

He hands her the documented evidence of the intentions of the Phoenix members, which she hopes will exonerate her. The evidence lists the meetings with the trade unions and mentions Jonathan Miles paying thugs to stir up trouble at the Student rallies.

All the members of the Phoenix Project, including Waverley himself are named with details of their ambitions when they form a new government. Polly glances through the document, hoping that it will be sufficient to at least exonerate her from any charges. She has had to pay dearly for this evidence. She would be devastated if her actions counted for nothing. She has given herself to another man to prevent shame on her family and keep her from possible imprisonment. However, when she pushes Waverley to give evidence in person, he is adamant in his refusal.

"I cannot give evidence in person, Polly, my life would be in danger if I did, and you have all the evidence you need in these documents. There is enough there to at least exonerate you and possibly for the Crown to look at the Phoenix Project as well. That is how the members refer to the operation to overthrow the government. They see the Phoenix as the new party rising from the ashes of socialism."

"Very well, Bertie and thank you for your help," she says as she kisses him on the cheek at the door of his flat.

She drives home feeling mentally and physically sick at what she has done. This has been the only time she has willingly given herself to any man except Daniel. She has betrayed her beloved husband to save herself from a possible prison sentence and yet there were some aspects of her liaison which she found exciting. As she gets closer to home, she composes herself, knowing she must face Daniel with a smile on her face despite the remorse she feels for her actions and move forward in preparation for her trial.

However, she finds herself having to contact Waverley again, when the Crown decide that there is sufficient incriminating evidence to convict her. The written information she presents could be seen to be hearsay, they conclude, and her defence barrister does not believe he has enough clear evidence to create the doubt needed to clear her.

"You really need someone to substantiate what we have in writing, Mrs Bottomley. What we have is not enough, I fear. It needs to be substantiated and enlarged upon. Whilst it is detailed, it generalises. The Crown will say that whilst names have been named, as no one is available for your defence, it means nothing. We need witnesses, Mrs Bottomley, someone to stand up for you in court and substantiate the written evidence we have. Can you not get someone to speak for you and confirm the documentation you have given me?"

"There may be someone, Mr Blythe, but he has already said that he will not stand up in court, as he fears reprisals from his colleagues."

"Well, you must find a way to persuade him, Mrs Bottomley, it may be your only chance to keep your freedom," the barrister concludes.

Polly knows that she must talk with Waverley and calls him, asking if she may meet with him.

"Of course, my dear, pop round this evening around six, I will be waiting for you," Polly is apprehensive of his comment but duly arrives at his flat at 6 'o clock.

"Polly, my dear, please come in."

Polly enters and remains standing as Waverley approaches and kisses her on the cheek. She smiles her famous smile and tries to relax, knowing that this man has so much control over what may happen to her.

"Can I get you some tea?"

"No thank you, Bertie. Can I get straight to the point please?"

"Of course, what is it you want from me?"

"My barrister seems to think that the written evidence that you have supplied will not be enough to convince the court of my innocence in all this. I ask you to reconsider and give evidence for me in court please," replies Polly with a sense of desperation in her voice.

"I'm sorry, Polly, it would be far too risky for me whatever you were able to offer me in return."

"Bertie, would you see me go to prison rather than help, I thought you cared for me," says Polly, trying to remain composed but with desperation sounding in her voice. She takes his hand in hers before she pleads with him to reconsider.

"You are really my only hope. Without your testimony, I fear I may go to prison. Can you really let that happen?" Polly is now in tears, desperate for Waverley to help her.

"Please, Polly, do not cry, I will help you, I promise," he says, holding her to him. Polly is not sure what will come next, but will not indulge in any activity with him at this meeting. She needs his firm assurance that he will give evidence, then will decide what will happen next.

"You will give evidence for me in court, Bertie, you promise you will?" she asks, looking him in the eye through her tears.

"I will give evidence in court naming my colleagues and telling of Jonathan Miles complicity in planting evidence in your office and I will tell what happened at the LSE. So please, do not upset yourself any more Polly, you are safe with me, I will see that nothing happens to you"

Polly sits by his side wiping away her tears, relieved to hear what he has just said.

"Thank you, Bertie, thank you so much," she says, leaning forward and kissing him on his cheek.

"You have my word, Polly, I will testify for you, I promise."

Polly leaves Waverley with his assurances and hopes that will be the end of his advances. She is relieved that he did not persist, but also admits that their forced physical liaison was not as bad as it might have been and the fact that she prompted the second liaison is proof enough to Polly that perhaps this man has something to offer her that she never imagined. Whilst she does hope it will be the end of his advances towards her, something is telling her that she would not be disappointed if he did pursue her again!

Daniel and Conrad are still trying to contact the men that they have been told were at the LSE when Polly was so violently assaulted. Finally, they contact two of them and a young woman who was with them. All three are terrified of what will happen to them so Daniel makes every effort to reassure them.

"We are not really interested in you, we want the man who hired you. What happened was disgusting but you were all under the influence of powerful drugs so cannot really be held to full account. How many were at this gathering in total, do you think?"

"There were about fifty or so, sir, and we were told to keep a clear path around the lady so that pictures of her could be taken."

"They were instructed to slap her around a bit but not harm her, as she was totally out of it on LSD. She really had no idea what was happening to her."

Daniel struggles to control his anger at what he is hearing. His beloved Polly treated like a piece of meat by these men, who were obviously hired by Jonathan Miles. Were it not for the trial, he would surely kill him for his actions.

"Now will you lead us to this man?" he asks with anger showing in his voice.

"We will do our best, guvnor, we don't know his name but can try and contact him and ask him to meet with us. We can tell him we are looking for some more work as we are skint."

As expected, Polly is formally arrested and charged with conspiracy against the Crown. There is a list of accusations that MI5 have drawn up against her including the planted evidence in her office and the alleged remarks she made to Jonathan Miles about legislation to curb unions. They will also infer that she made every effort to dissuade the government of communist intervention, when there was implied evidence to the contrary. Further accusations that she was sympathetic to the student cause and that she used her 'charm' to persuade some of them to stir up trouble at student rallies are also included.

"Do you deny, Mrs Bottomley, that you met with several students at the LSE and engaged in sexual activity with them?"

The security agents put this question to Polly, who knows that she will most certainly be asked this again at the conspiracy trial. They are aggressive towards her during questioning and she is relieved when she is returned to New Scotland Yard, where she would normally be detained.

However, after speaking with Daniel, Chief Superintendent Burke releases Polly on condition she remains in her home, effectively under house arrest. A police officer will be placed outside the house as a matter of routine. Daniel finds this rather ironic, since they are also being watched over by MI6 agents!

"Thank you for keeping me out of jail, Daniel, I feel so much better being at home with the family around me."

"This is where you belong, Polly, there was no real justification for detaining you. You are admired and respected by many people and they would not have expected to see you incarcerated."

In fact, Polly has many letters of support, from the establishment and from former constituents from her days as a politician and flowers are delivered to her home from well-wishers. She is touched by this and it helps her through the day when she is home on her own with time to think.

Since her liaison with Waverley, she has become withdrawn, racked with remorse and guilt over her actions. She asks Daniel if they might have the weekend away, just the two of them, before the start of the conspiracy trial. Daniel thinks it will be good for both and readily agrees. As the weekend draws near, she decides that she will tell Daniel of her liaison with Waverley. She will not go into any detail, there will be no need since telling him will be difficult enough. She realises that her future with Daniel could never progress with such a terrible secret hanging over her head. He is her husband and she loves him dearly and she must tell him the truth. She just wants to be his wife again and spend the rest of her life with him.

"Shall we go to Stratford on Avon again, Daniel? I have always enjoyed our visits there and it holds such wonderful memories for us."

"That's sound perfect, Polly, it will put you in just the right frame of mind to approach the trial positively. Let me tell you, we are going to win this Polly, the charges are nonsense and at best can only be circumstantial, and when we have identified all of those concerned in the real conspiracy, you will be completely exonerated."

Polly feels so much better knowing that they are going away for the weekend, although she knows her task will be daunting. She will be reminded of her activity with Waverley. Quite why she behaved so lasciviously with him, she does not know. She felt that she had to prostitute herself with him, that if she made their liaison almost unreal, that if she acted so unlike her true self then she could pretend that it was someone else engaging in the sexual activity. Polly sits pondering all this when her phone rings. It is Bertram Waverley.

"Hello, Bertie, what can I do for you?" asks Polly with a degree of apprehension in her voice.

"My dear Polly, I just wanted to reassure you that I will be giving testimony on your behalf at this ridiculous trial next week. I gave you my word and wanted you to know that I will be available to give testimony on your behalf."

"Well thank you, Bertie, I appreciate that."

"Thank you, Polly, I will never forget you and rest assured I would not want to share what happened between us with anyone no matter the circumstances. Good bye for now, my dear."

Polly stands with the phone in her hand, tears running down her cheeks. She can almost smell Waverley and feel his touch on her as hearing his voice brings back the memories of when she gave herself to him. She is relieved to get his confirmation for next week, although there will be a degree of awkwardness meeting him again, especially as Daniel will be aware of their liaison by then. She wipes away her tears and gets ready for the children to arrive home from school. She has enjoyed having time this last week or so with them and again has been subjected to a lot of questions about her time with Daniel.

"Mummy, when you first went to live with Daddy, did you love him?" asks Susan.

"I suppose I did, Susan. Daddy and I had been so close for so long by that time that I believe I was growing to love him even though we were not married."

"But you lived with each other, didn't you, so you must have loved each other."

"You remember saying that Daddy slept in your bedroom when he lived with you at Grandpa's house. Well, did he sleep in your bedroom when you lived with him?"

"Sometimes, if I was frightened, Daddy would stay with me until I went to sleep. You must remember that Daddy and I were attacked by bad men twice in Daddy's flat, so I did get scared sometimes and Daddy would stay with me. And then, when we were married, Daddy stayed with me all the time, like he does now."

"Daddy is very brave isn't he, Mummy?"

"Your Daddy is bravest, most wonderful man I have ever known, Susan. Now off you all go and change from your school clothes."

Polly enjoys the questions that the children ask her. They remind her of good times and bad times, but mostly they remind her of just how wonderful her time with Daniel has been, a time spanning almost twenty years of her life.

Polly is sitting with her thoughts when William enters the room, looking rather pensive. He worships his mother and thoughts of the conspiracy trial are weighing rather heavily with him. One or two of his school friends have been asking him questions and he is unsure how to answer them.

"I do not understand, Mummy. You were asked to help our government and now they are accusing you of conspiring against them. How can they do that, how can they be so stupid as to believe you would do that?" William gets rather upset, and struggles to compose himself. Polly hugs him for reassurance.

"William, listen to me, there is no real evidence of a conspiracy by me against anyone. The men who are conspiring against our government are smearing me with these charges to try and stop me from bringing them to justice. My barrister has enough evidence to clear me, but the trial has to go ahead because the Crown has insisted. Do you know, when I was your age, I was about to be subjected to far more upsetting experiences that a conspiracy trial. And the trials that I attended were very upsetting for me, since they were against men who had hurt me."

"But you were always saved by Daddy."

"That's right, William and Daddy is helping to save me again today. He is making enquiries and questioning people who will help me present the real conspiracy case in good time."

Polly sits with her son in her arms, hoping that her confidence has satisfied his concerns. He is very special to her and she would not want him to get upset because of what is happening.

"Now come along, William, let's see when dinner will be, and Daddy should be home soon as well."

Daniel spends some time in discussion with Chief Superintendent Burke asking him to give permission to let him take Polly away for the weekend.

"This is very unusual, Daniel, and I am not sure what the precedent is here. Only because I have known you both for so long do I trust you to return and make yourselves available on Monday morning. This will be unofficial, Daniel, paperwork would take too long to generate, so please don't do anything that will make me regret my actions. Enjoy your weekend."

"Thank you, Joe, I will have Polly at the court on Monday morning, you have my word," replies Daniel with a firm handshake.

The drive to Stratford on Avon takes over two hours and Polly approaches it with both delight and with apprehension. Daniel notices how quiet she is and comments.

"Please try not to think too much about the trial, Polly, we want to enjoy this weekend and be ready for whatever Monday throws at us."

Polly smiles at him, hoping to mask the anxiety she is suffering regarding what she must tell him later this evening. They arrive at their hotel at around 4 'o clock and enjoy some tea on the hotel veranda. There are not many people about, which suits both of them. The last thing they want is to be questioned by some well-wisher or nosey parker. For this reason, they have decided to eat in their room. Polly has a long soak, while Daniel browses the local paper, before they sit and enjoy a glass of wine together. Polly finds herself becoming tense and has another glass of wine before she turns to Daniel. They are sitting on the large sofa, Polly dressed casually in slacks and a pinafore dress.

"Daniel, one of the reasons I asked if we could come away this weekend was because I needed to speak with you."

"That was obvious to me, Polly, you have been withdrawn for some time, but I assumed it was the trial that was bothering you."

"God, Daniel! My dear Daniel! If only it were just the trial. What I must tell you is so much worse than any trial for us. I love you so very much, my dear, but have to tell you something, which I fear may destroy our love forever."

Polly is by now in some distress as Daniel takes her in his arms to console her.

"Polly, there is nothing you can say to me that will destroy our love for each other, no matter how bad it may seem to you. Now, what is it you have to tell me?"

"I have betrayed you, my dear Daniel. I was forced to give myself to Waverley in exchange for the documents he gave me for the trial. I am so sorry, Daniel, it just seemed that I had no choice."

Polly is clinging on to Daniel and shaking with a mixture of fear and dread of how he will respond. Daniel kisses her forehead and looks at her.

"I feel so ashamed, so dirty, so used."

And with that, Polly begins sobbing uncontrollably as she gets up from the sofa and goes into the bedroom and collapses on the bed.

Daniel sits on the sofa, numb at what Polly has just told him. His wonderful, beautiful wife has just told him that she gave herself to another man in exchange for his testimony, which will probably save her from prison. There is a tear in his eye as he gets up from the sofa and goes to the bedroom, where he finds Polly in a state of hysterics. She looks at him through her tears, seeking signs of his forgiveness for what she has done. Daniel goes to her, takes her in his arms, and just holds her for a moment before he speaks.

"My dear Polly, nothing has changed between us. You are still my wife, I am still your husband, and we still love each other."

"Can you ever forgive me, Daniel? I am so sorry, I…."

"There is nothing to forgive, and you have nothing to be sorry for, my dearest Polly. You were given no choice and I will not accept any other reason for what happened, whatever happened. The fact that we are talking about a man in his 60s does not concern me, as I am sure that you will not be keen to see him again, my dear!" says Daniel, smiling.

"Definitely not, Daniel," replies Polly with a smile of relief on her face. She feels as if a huge weight has been lifted from her shoulders. Daniel's reaction so far has surprised her somewhat, although she was not sure what he would say. Yet once again, he has managed to make her feel normal again and reassured her that all is well between them.

"The choice you made was better than losing you to a prison cell. I will not mention this again to you, my dear Polly and I don't believe it is something you wish to discuss, so let us focus on each other, my love," says Daniel as he kisses her on her forehead.

"Daniel, my dear Daniel, make love to me please," says Polly as she begins removing his clothes. They have not made love since her liaison with Waverley, and Polly feels so good with Daniel inside her. She has experienced him so many times, but this time is so very special. It will wipe the memory of Waverley she is sure. She is coupled with the only man she ever wants to be coupled with and is excited by his touch. They kiss passionately and Polly can feel herself coming to a climax, something that she has wanted with Daniel so very much over these past few days.

"Oh Daniel, my dear Daniel, I love you so much," she says as she reaches her peak, just as Daniel achieves his and they lie, still coupled enjoying the moment. They lie together for some little while and Polly can feel the tears welling up inside her. Daniel turns to her and seeing the tears asks what the matter is.

"They are tears of joy, Daniel, hold me please, just hold me in your arms, I want to stay here with you forever," she says as she nestles beside him, feeling warm and comfortable.

Finally, they get up and dress before ordering their dinner. Polly finds herself hungry and enjoys a delicious meal. Afterwards, they have a walk round the gardens before retiring early and enjoying a night of each other. They make love until the early hours, Polly seeking to give her man every conceivable pleasure, which he readily accepts, before they go off into a deep sleep.

Chapter 6

The Trial of Polly Bottomley begins at the Old Bailey amidst a blaze of publicity. Both Polly and Daniel are still well remembered for their efforts against the Soviets, dating as far back as 1952. Because she enjoyed such a good rapport with the press, she is given a sympathetic hearing, no one really believing that she could possibly be involved in any kind of conspiracy.

However, there is an apparent wealth of evidence against her and, even though Waverly will appear in her defence and exonerate her of all the conspiracy charges, the Crown believe the case should be heard. Daniel is particularly angry that the Crown has decided to proceed.

So, on Monday morning, Polly arrives at the Old Bailey, where a media scrum is waiting for her from all over the world. Even the Soviet press is present, hoping to see Polly convicted no doubt after the trouble she caused them over the years. And the Americans have an interest too, remembering Polly when she spoke at the UN and when she and her family met the President.

"Mrs Bottomley, do you have anything to say to us regarding the charges against you?"

"Daniel and I believe that I will be exonerated from all charges and the real conspirators will ultimately brought to justice."

"Are you saying that there is a conspiracy in the country, Mrs Bottomley?" the press asks, surprised at Polly's response.

"I can tell you this. The men who have conspired to discredit me with these charges will be found out and they will pay for their actions, I promise you that, thank you," Polly replies as she and Daniel push their way into the courtroom.

She presents herself to the usher and is lead into the dock. There is a buzz around the courtroom and all eyes are on this attractive woman with shoulder-length dark hair, dressed in her customary black skirt with a white blouse. The usher asks her to stand while he reads out the charges against her.

The presiding judge Eustace Barnet looks across at Polly standing in the dock. He is known as a strict disciplinarian with a conservative attitude.

"Mrs Polly Bottomley, you are charged with conspiracy against the Crown in that you did incite riotous behaviour with financial inducements and sexual favours, the purpose of which to cause embarrassment to her Majesty's government. You did further collude with persons unknown to induce them to influence government in its decisions. How do you plead?"

"Not guilty, sir," Polly replies.

"My lord, I represent the Crown, Meredith Fitzwilliam QC and I call my first witness, Mr Jonathan Miles."

Polly grasps the bar of the dock tightly and looks down to where Daniel is sitting, desperate to see his face.

"Can you tell the court what it is you do for a living, Mr Miles?"

"I work with a number of MPs and Ministers helping solve problems that they may encounter."

"And I understand that you know the accused, is that correct?"

"Yes, sir, I was assigned to assist her by the Under Secretary at the Home Office."

"And what did you do for her exactly?"

"Very little, I found her to be very secretive and obviously resented my position. I had no idea what she was doing from one day to the next and I suppose it is now easy to understand her behaviour. The woman was plotting behind everyone's back."

Miles's comments bring uproar from the court and a protest from Polly's defence barrister.

"Mr Miles, please do not make accusations from the witness box," the judge comments.

"And when did you begin to suspect that Mrs Bottomley was in fact conspiring with people to plot against the Crown?"

"Well, I could not understand why she would not accept that the communists were causing trouble with the students. It was so obvious and with her experience of the Soviets, she must have been aware of what was going on. I tried to get her to see this, but she refused to accept any argument. I became suspicious of her behaviour and started to make some enquiries about her."

"And what did you discover, Mr Miles?"

"That she was meeting with groups of men in various locations and handing over large brown envelopes to them. I challenged a couple of them after she had left and asked them to explain their meeting with a civil servant."

"And what did they say to you, Mr Miles?"

"They said she had given them the money to stir up trouble at the student rallies, attack police and so on and if they did a good job there would be other benefits on offer to them."

"First of all, Mr Miles, why do you think Mrs Bottomley wanted to cause trouble at the student rallies?"

"So that she could recommend legislation be put in place to curb the power of the trade unions. Once this was done, any plans she had would be easier to achieve. This woman was very clever in the way she was planning this conspiracy against her Majesty's government."

"Yes, and tell me what were these other benefits that she was to offer the men in exchange for their help?"

"Sexual favours, she was offering herself to them in exchange for their help. She was quite precise in that she said she would be available and offer them sexual favours as a sort of bonus for their actions."

"You sir, are a liar and a charlatan. My wife promised no such favours," shouts Daniel at Miles.

The court cheers and the judge calls for order.

"Mr Bottomley, any more outbursts from you and you will be removed, do you understand?"

"My apologies, my lord, but I will not stand by and listen to such outright lies about my wife."

"And Mr Miles, what would have been the purpose of introducing legislation to curb the unions in all this?"

"Mrs Bottomley is obviously involved with others in all this. Whether she will name them remains to be seen. What is clear is that before she can offer her colleagues any guarantees, she has to stir up trouble for the government."

"And how will curbing the unions help?"

"It will do just the opposite, any threat of legislation and the unions will flex their muscles and call for a national strike, which could bring the government down. That is what she is hoping to achieve for her colleagues. As I have said, this woman was very clever in the way she had planned this conspiracy."

"So, let us be clear on this, Mr Miles. The written evidence together with the conspiracy theory you have put forward, this is what Mrs Bottomley has been planning with persons unknown, is that correct?"

"Yes sir, that is correct."

"Thank you, please wait there."

Rupert Blythe Polly's barrister stands and gives Miles an icy stare.

"You don't like Mrs Bottomley do you, Mr Miles?"

"She is a work colleague, nothing else."

"Really? Did you not try to forge some sort of liaison with her when you first met and did she not chastise you and threaten to have you removed?"

"She couldn't have me removed. I was installed at the specific request of the Under Secretary."

"Oh, so she did threaten you then."

"As I said, she was just a work colleague."

"Isn't it true, Mr Miles, that you resented the fact that not only would Mrs Bottomley not engage in a liaison with you, but she also kept you at arm's length regarding information she had received. In fact, you might say she snubbed your advances and your assistance, despite your contact with the Under Secretary?"

"The woman was full of her self-importance. I knew people of influence who could help her but she remained aloof as though she was better than me."

Miles becomes agitated by the barrister's line of questioning and wipes his brow.

"But, Mr Miles, did she not take your advice and meet with some of your colleagues of influence in Westminster, hardly the actions of someone full of their self-importance?"

"Well yes, she did accompany me to…"

"So, Mr Miles this woman disregarded your advances and would not confide in you, so you decided to smear her with ridiculous conspiracy story."

"It is not a story, sir, you have the evidence collected from her office by the police, isn't that enough for you?"

"Ah yes, this detailed evidence of meetings and liaisons with unknown persons. They will of course confirm this when they give evidence I trust, Mr Miles?"

"Well no, not exactly, they will not be called to give evidence."

"But Mr Miles, surely, they will be called by the Crown to back up your story, I mean your evidence in all this?'

"No, we haven't been able to find any of them at all."

"Really, and I wonder why that is, Mr Miles. I have no further questions for this man, my lord."

After lunch, the Crown calls Chief Superintendent Joe Burke.

"Chief Superintendent, will you tell us the circumstances surrounding your visit to the Home Office please?"

"Acting on an anonymous tip, we secured a search warrant for the office of Mrs Polly Bottomley. We were told that she was a member of a group conspiring to cause unrest that could precipitate a national strike. The person was quite specific telling us precisely where the documents could be."

"And where did you find the documents, Chief Superintendent?"

"In Mrs Bottomley's desk drawer."

"And will you tell us something of their contents?"

"The documents itemised payments to a number of persons over a period. There were references to the recent rally by the students in the city and to a clandestine meeting with Mrs Bottomley and students at the LSE."

"Have you been able to interview any of the men detailed in the document?"

"No, we haven't, I have to say they all appear to have disappeared. We are of course continuing with our enquiries."

"Now, you also mentioned clandestine meetings at the LSE, can you tell us about that?"

"Yes, there is a reference to Mrs Bottomley meeting with a group of students to engage with them in sexual activities in exchange for their help in creating unrest at the student rally."

"And how did Mrs Bottomley react to all this evidence against her?"

"She denied completely any knowledge of the document or its contents, but she did admit to the liaison with the students at the LSE."

There is a gasp around the court and Polly is devastated by this being made public in court. All eyes turn to her and many show signs of disgust at her actions.

"So Chief Superintendent, whilst denying the evidence in the document, she openly admitted having a sexual liaison with men at the LSE, is that correct?"

135

"Yes sir, she did but said that she had been drugged and could not remember anything that happened that day."

"Yes, thank you, Chief Superintendent," the Crown barrister says, anxious to cut him off so as not to diminish the gravity of his comments.

Rupert Blythe stands and begins his cross-examination.

"Chief Superintendent, you say you found the document in question in Mrs Bottomley's desk, is that correct?"

"Yes, sir."

"Can you tell us where precisely in the desk please?"

"They were in the right hand top drawer on top of a lot of other papers."

"So, these highly sensitive documents, with details of names and payments, were placed for all to see on the top of other documents in an unlocked drawer, is that correct?"

"Yes sir, that is correct, the drawer was unlocked and no attempt had been made to conceal the documents."

Defence counsel pauses for a moment, allowing everyone to take in the officer's comment.

"Did you not think that was rather careless of Mrs Bottomley, assuming she had put them in the drawer in the first place? You might almost say they were asking to be found."

"I suppose you might say that."

"Now that you say that, Mrs Bottomley denied all knowledge of the documents but not the liaison at the LSE?"

"Yes sir, she was quite specific, saying that she had been given a hallucinogenic drug when she had agreed to meet with the students. She had no idea how long she was with them and no idea what had occurred."

"Thank you, Chief Superintendent."

"My lord, we shall produce medical evidence to show that Mrs Bottomley did indeed ingest a powerful hallucinogenic drug and I understand she still suffers side effects with bad dreams."

The following morning, the Crown calls the MI5 agents who had questioned Polly. They could offer very little additional evidence and were almost matter of fact when they were questioned.

"You questioned Mrs Bottomley for some time, is that correct?"

"Yes, we did, and we could get nothing from her regarding any other members of this conspiracy against the government. She was adamant that the documents had been planted and said she was sure she knew who had done so, but would give no details. Nor would she give any details about any fellow conspirators."

"Do you believe there are others involved then, sir?" the Crown asks.

"Well, there has to be. You could not orchestrate a conspiracy to overthrow a government single-handed. It takes a great deal of planning and manpower. There is no doubt that she would have to have had assistance from several others for a conspiracy against the government to be successful. Such an operation would require detailed planning and a lot of financial backing."

"And why do you think she is refusing to tell you who the other conspirators are?"

"Either because she does not know who they are, which would be unlikely or because no one else is involved."

"Yes, thank you, please wait in the box."

The last comment by the agent is noted by the defence barrister.

"I represent Mrs Bottomley; now tell me do you think there is anyone else involved? You must have made extensive enquiries sir as this is your area of expertise at MI5 is it not?"

"From our enquiries so far, there is nothing to suggest that anyone else is involved."

"So, do you not think it unusual that a conspiracy trial be called when there is only one conspirator on trial?"

"Yes, it is unusual but not unique. If the evidence is overwhelming, the Crown may choose to go ahead with the trial of just one conspirator hoping they will lead them to others during the proceedings."

"And when this trial is over, do you expect to find any other conspirators related to Mrs Bottomley?"

"On the evidence received so far, I would say probably not."

"Thank you for that, sir. My lord, I propose to call my first witness immediately after lunch," says the barrister for Polly.

Meanwhile, Polly is escorted from the dock and goes over to Daniel who, together with the ushers, leaves the courtroom. They are restricted to the confines of the court building during the interval and are directed to a side room, where lunch has been prepared for them.

"How do you think the case is going, Daniel? Are we going to win?"

"I think your barrister is doing a wonderful job, Polly, and you might like to know that we are tailing Miles round the clock. As soon as the trial is over, he will be arrested. I don't believe the trial will last the week unless the judge has other ideas."

They sit together until the ushers arrive to take Polly back to the court. Daniel kisses her and gives her a hug as she moves off to be called into the witness box by her barrister. All eyes are on this attractive woman, who is no stranger to controversy as the court waits to hear her evidence.

"Now, Mrs Bottomley, we have heard the conspiracy theory about you giving money to young men to cause unrest at the student rally and offering yourself. Would you like to respond to this in your own words? Perhaps you could first tell the court why you were involved in the student dispute to begin with."

"About two months or so ago, I was asked by the Home Secretary to meet with him at the Home Office. He wanted my advice on whether the student unrest was being influenced by any communist interference."

"And why did he think you would be able to help him determine if the communists were involved in all this?

"Because I have a certain amount of experience in dealing with the Soviets and their methods of interfering in the democratic process."

"In fact, you have an enormous amount of experience in dealing with the communists, Mrs Bottomley, is that not correct?

"Let me enlighten you. In 1952, were you, together with your husband, responsible for breaking up a communist conspiracy within the Civil Service and the trade union movement?"

"Well, Daniel and I did contribute, yes."

"And again, in 1962, were you not responsible for uncovering a global conspiracy by the communists to instigate a third world war, for which the West would surely have been blamed."

"Yes, we did uncover some pretty convincing evidence against them."

The courtroom is buzzing, trying to digest the sensational comments that Polly's defence barrister has just uncovered. The judge calls order, before turning to Polly.

"Mrs Bottomley, if what your counsel has just recited is correct, I have to say I wonder why you are standing here. Please go on, Mr Blythe."

"So, Mrs Bottomley, our government called on you from your retirement from public life because they felt you could help them."

"Yes, I suppose they felt that I may be able to help."

"And what did you discover, Mrs Bottomley? Is there a conspiracy taking place by the communists in our country?"

"I found no evidence to support the suggestions that had been put forward in some quarters that the communists were responsible for any activities that could be seen to be a conspiracy and I have made my findings clear to the Minister."

"Have you found any evidence of a conspiracy from any other source?"

"Well, it is obvious that troublemakers were installed into the student rallies both here in London and in Birmingham, Leeds and Manchester. Now, while there may have been some of those troublemakers who were just locals looking for trouble, the numbers involved suggest differently and there have been two cases of brutality to students by men dressed in police uniforms."

Again, there is a buzz around the court and the judge call for order before speaking to Polly again.

"Mrs Bottomley, may I ask how you have been acquiring your information?"

"Yes, sir, I have two trusted colleagues who I have known for many years. One has enlisted at the LSE as a mature student and keeps me informed, with the blessing of the union, of any unusual student activities. The other is a data analyst who digests all the information presented to her to determine if there is conspiracy in place. As a data analyst, she is well-respected for her work in government. And finally, I have the help and support of my husband."

"And what does your husband do, Mrs Bottomley?"

"Daniel is a director with MI6, my lord," says Polly with a smile as she looks at Daniel, who smiles back at her.

"Thank you, Mrs Bottomley. Now, I want to adjourn early for the day but would ask counsel and Mrs Bottomley to join me in chambers please."

There is a murmur around the court and Polly looks surprised as she seeks Daniel. She is reassured by his confident smile as she is escorted to the judge's chambers.

"Gentlemen and Mrs Bottomley, I have called you to my chambers because I find it difficult to understand why the Crown has instigated these proceedings against Mrs Bottomley."

"Whist I appreciate that conspiracy can be very difficult to prove, it seems to me that we may have a conspiracy within a conspiracy here. The evidence against Mrs Bottomley has come from a single source primarily, Jonathan Miles. I believe his evidence to be flawed and it may very well be that Mrs Bottomley's investigations are leading to the discovery of a real conspiracy in place. But that is for another time I'm sure. Therefore, I am to dismiss the charges against Mrs Bottomley, usher will fetch Mr

Bottomley so that he might take his wife home. I will deliver my official verdict in the morning, gentlemen, but for now we are adjourned."

"Thank you, sir, thank you very much," says Polly as Daniel arrives with the usher. She hugs him as they walk off to face the press. The judge has asked that they make no comment until he has delivered his verdict in the morning. Nevertheless, they must pass through the press in order to leave the courthouse.

"Mrs Bottomley, can you tell us why the judge has halted the trial, have you been acquitted?"

"The judge will deliver his verdict in the morning and for that reason, I cannot make any comment to you now. I promise you all that I will give a full statement as soon as it is appropriate. For now, Daniel and I just want to go home, thank you."

Conrad has arranged a car for them with two security men to accompany them on their journey back to Richmond.

"I cannot believe that it is over, Daniel, the judge was obviously annoyed that the trial had gone ahead and I am sure that he will refer to that tomorrow. But for now, you and I are going home to have some lunch before the children return. I just want to spend some time alone with you. I know we still have much to do, but can we just enjoy this time together please?"

The time spent away before the trial had strengthened their love for each other and Polly was returning to her confident self. She relied so much on the support and love of her husband. It was the very foundation of their relationship and without it there would be nothing.

Daniel was delighted to see that his wife was finally getting back to her old confident self again, although he did appreciate that there was still some way to go. The effect of the drugs would be around for some time as would the guilt of her liaison with Waverley. But they will both get through these ordeals and Polly will continue with her work. She is more determined than ever to secure the evidence needed to uncover the conspiracy, because there obviously is a conspiracy taking place. That Miles sought to fabricate evidence against her is proof enough. However, she and Daniel will have to be extra careful from now on as their lives will no doubt be in danger from the conspirators.

"We shall have to make special arrangements for you Polly and I am also concerned for the children as well."

"Of course, Daniel, you do whatever you think is necessary. I am sure whoever they are will keep trying, but they will not stop me. Now that

Miles has shown his hand, we must move quickly. Have you arrested him yet by the way?"

"He must have powerful friends, Polly; he has gone to ground and is nowhere to be seen."

"I have every available man looking for him, rest assured we will find him. Meanwhile, I will begin making those arrangements for your security and that of the children. I will get two agents to travel with you always and to escort Mrs Browne with the children to and from school. We do not want a repeat of that terrible incident back in 1962."

Daniel was referring to the delivery to their home of an explosive device which killed their housekeeper, Mrs Brodie. She had been with the family for many years and it was a particularly upsetting experience for Polly. Meanwhile, Polly calls home to tell her parents the news and they are very relieved for her.

"The judge is absolutely correct, Polly, the Crown had no case to answer, and why on earth they went to trial is beyond my comprehension. You must be very pleased, my dear?"

"Yes Daddy and more determined than ever to find who is behind this and see them brought to justice."

The children also are delighted for their mother, although Richard and Susan did not quite understand what it was all about. William, however, was very angry that Polly had been subjected to so much in open court.

"You and Daddy will find the men responsible, won't you, Mummy? They are beasts and I hope they get sent away for a very long time. I do not understand why someone would want to make up such lies about you after everything you and Daddy have done for our country."

William is almost shaking with anger as Polly gives him a hug before she seeks to reassure him about what has happened.

"There will always be evil people in the world, William, trying to impose themselves on us and not caring if they hurt people while they are doing it. Daddy and I have come across many such people and have always beaten them and we will again I promise you," she says, holding him close to her. There is a very special bond between them, similar to the bond Polly had with her father when she was young and she is very protective of him and her other children as well.

"Now, go and fetch Susan and Richard. I need to have a word with all of you."

The children sit down together on the sofa, waiting to hear what Polly must say to them.

"Daddy and I are concerned that the men who tried to get me put away may try and hurt me some other way. So, from now onwards you will be taken to and from school escorted by two of Daddy's work colleagues together with Mrs Browne, who will continue to escort you as always.

This is a precaution that we feel is necessary until we can find out what is happening and who is responsible. Daddy is working very hard to find out all he can and I will continue to investigate any relevant information that I receive from Pam and Penny."

Daniel arrives in the sitting room as Polly is talking with the children.

"You will find the nasty men that tried to have Mummy put away, won't you Daddy?" asks Susan as she moves to sit on Daniel's lap.

"We shall find them, Susan, and they will be put away for a very long time."

"Will we have your men staying with us, Daddy?" asks William.

"For now, William, they will escort you to and from school and Mummy to and from work. If we feel the need to increase security further then we will. Keeping you all safe is most important and we will do everything that needs to be done for you."

And so, the next morning, the children are escorted to school and Polly and Daniel return to the Old Bailey to hear the judge give his summation. Again, there is a heavy press contingent and Polly and Daniel struggle to get inside the courtroom. Polly is escorted into the dock and waits for Judge Eustace Barnet to arrive.

"Ladies and gentlemen, I have halted this trial because it is my considered opinion that Mrs Bottomley has no case to answer. I am therefore dismissing all charges against her. Mrs Bottomley, you are free to join to your husband if you wish before I continue."

Polly dashes from the dock and runs into Daniel's arms with tears of joy in her eyes.

"It really is all over now, Polly," he says as he kisses her affectionately on the cheek.

"Thank you, sir, thank you so much," she says to the judge as she sits beside Daniel to listen to what the judge has to say.

"Whilst I appreciate that a conspiracy is often difficult to prove, I feel that in this case it was very easy to prove that there was no conspiracy attached to Mrs Bottomley. The whole case was based on the testimony of a man who sought to discredit her because she had spurned his advances. I am sure that the security services will be anxious to talk with him shortly.

"Mrs Bottomley had acted quite properly in her quest to see if there was a conspiracy developing and the dirty tricks employed against her I found distasteful and disgusting. The use of hallucinogenic drugs to induce her to perform unnatural acts is the most heinous thing I have ever had to hear in a courtroom. It is to her credit that she did not complain but held herself together while the so-called evidence was being given. And so to the actual case for the Crown. I find it to have been a complete waste of public money and will be saying as much in my case report. The courts are busy enough without having to listen to cases, which should never have been filed in the first place.

"And finally, I speak to Mrs Bottomley personally. I did take the trouble yesterday evening to consider your background and admire the service you have given to our country. You are to be applauded by what you have achieved in your career and I do not believe that you have finished yet. Thank you all, this case is now adjourned."

There is applause around the court as Polly and Daniel attempt to leave through the crush of spectators wishing them well. They move to the court entrance and Polly gives her statement as she promised to the waiting press and media.

"How do you feel, Mrs Bottomley, now that you have been exonerated?"

"Daniel and I are obviously delighted and anxious to move on now that it is over."

"Can you tell us, Mrs Bottomley, do you believe there is a conspiracy against our government?"

"From what has happened these last few days, it may very well be that there are forces at work seeking to undermine our government. The payment to men to cause trouble at the student rallies, the brutal attacks on young students by bogus police officers and the attempts to silence me would indicate that someone is trying to stir up trouble."

"You say there have been attempts on your life, Mrs Bottomley, can you elaborate for us please?"

"Yes, Daniel was seriously injured when travelling with me and my driver was also shot, thankfully that was not too serious."

"And do you have any idea who may be behind the attempts to silence you?"

"Yes, I do have an idea but it would be premature of me to comment since our investigation will continue now that I am free to go back to work. I am just so relieved that this is all over and I thank you all for listening," Polly replies as she and Daniel go off to their waiting car.

The following morning, Polly meets with Michael Wellings to update him on her enquiries. She is anxious to move forward with her investigation now that she is free to do so.

"Mrs Bottomley, I am so pleased that the unpleasant business has now been resolved. I should say that I did not for one moment think you were involved in anything improper. Now what do you need to be able to continue?"

"Well, Pam and Penny will still be available to me and their input will be invaluable when we eventually get the conspirators into court. I propose that we refer to the conspiracy as the Phoenix Project. I have it on good faith that this is the title that the conspirators refer to in discussion and we have managed to revive our conspiracy case, also like the Phoenix rising from the ashes.

"Very well, Mrs Bottomley, the Phoenix Project it is."

When Polly returns to her office Pam and Penny are waiting for her and greet her warmly. They had not thought for one moment that she was involved in anything illegal and were astonished that the accusations went to a trial.

"Well, what we must now do is get any relevant information that will help in finding out who is behind what is obviously some attempt to destabilise our government. We can dismiss the idea of communist interference now and concentrate on what is left.

"Pam, this is a copy of the document that Bertram Waverley handed to my solicitor that was to have been used to exonerate me. Although we did not use it, the information is detailed and will be most useful. Perhaps you could look at it and let me know what you think?"

"Of course, Polly, I will get onto that right away."

"And Penny, will you tell your student colleagues that I am going to try and arrange a meeting with the Home Secretary on their behalf. I believe now is a good time to sit down and present their case to him."

"If you can do that it will be a great help, Polly, and I am sure they will listen to you."

"I hope so, Penny, now just one small thing before you continue. I have told Michael Wellings that we shall call our investigation the Phoenix Project for reference. We shall use this as the codename for anything relating to the possible conspiracy"

When the members of the Phoenix Project gather, about a week after Polly's trial collapses, there is anger and recrimination at what has happened.

"For God's sake, Miles! You should never have trusted Jonathan to attempt to set conspiracy proceedings against Mrs Bottomley; it was a complete disaster. I can't see how we can move on the plan now. We need to cover our tracks."

"I tell you what we must not do, Cedric, we must not panic. That would be fatal. We can do nothing with Mrs Bottomley now, she will be well protected and it would be counterproductive. We have to make sure that Jonathan disappears for a while since the security services will want to speak with him," replies Templeton.

"And you can bet your pensions that he will sing like a bird to save his skin, Miles. The man was a poor choice, obviously out of his depth in all this and his attempts to silence Mrs Bottomley were pathetic," the Colonel comments.

"I am beginning to wonder just what I have allowed myself into becoming involved with, Miles. Good God, man! I am a peer of the realm, I cannot be seen to be involved in such a tawdry business that you have been left with now that the case against Mrs Bottomley has been dismissed. What do you intend to do now?" Lord Barton comments, angry that he has allowed himself to become involved in such a mess.

"My lord, I can assure you that I shall see to it that we are all protected, Jonathan Miles will not be a problem, I promise you that," says Miles Templeton, hoping to calm the fears of the members.

"Has anyone seen Jonathan since the end of the trial?" Waverley asks.

"He spoke with me briefly but he is scared that the security services will arrest him as soon as they find him. He knows that the evidence planted in Mrs Bottomley's office could be used against him, so he is staying out of sight at his brother's house in Croydon," replies Godfrey Summers. He is a close friend of Jonathan and advised him to go to ground as soon as the trial ended.

"Well, you tell him to stay out of sight until I can decide what's best for him. Now gentlemen, how do we divorce ourselves from any of this? Apart from Jonathan, no one outside this room has anything to gain from knowing our plans. The union representatives would have to implicate themselves so will not want to be involved at all."

"Aren't you forgetting someone, Miles, Mrs Bottomley has actually met with us so may form her own opinions as to our involvement. That woman is the key to this Miles and could have us put away."

"Yes, I am aware of that Cedric and I have a contingency plan to deal with her. For now, I will not elaborate. Godfrey, I need you to get a message to Jonathan and ask him to call me as soon as possible. So, gentlemen, for now the key is not to do anything to draw attention to ourselves, just go about your business as usual and we should be fine," Miles Templeton concludes.

"I hope your so called contingency plan does not involve Jonathan at all, Miles?" Colonel Pitt adds as the members disperse.

Meanwhile, Waverley is especially concerned for his position, not least because of his evidence presented to Polly. Whilst it was not called upon and he was not asked to give evidence, the detail is still with Polly and he feels sure that Daniel will be most interested. And he is proved to be correct in his assumption when he receives a call from Polly the following afternoon.

"My dear Polly, this is a surprise, can I say how relieved I was that the case against you was dismissed."

"Thank you, Bertie, but you did not get off being questioned that easily I assure you. Daniel wants to speak with you as soon as possible."

"Well yes, of course, anything I can do to help."

"Good, then we shall call on you around 6 'o clock this evening."

"You will be coming along too, Polly?" he asks with surprise.

"Believe me, Bertie I am coming along to make sure that Daniel doesn't lose his temper with you. He views your demands on me as an insult to both of us and is understandably very angry. I know it did work out somewhat differently and I must say I was pleasantly surprised myself, but nevertheless, Daniel is very upset. Anyway, Bertie we shall see you this evening, good bye for now."

Polly sits pondering over a meeting again with Waverley in his flat, albeit under very different circumstances. She finds herself becoming tense at the thought of going back to where she was forced to give herself to him and then found herself giving herself willingly. She is still at a loss to explain her behaviour towards him and what happened fills her with despair. How on earth did she find herself wanting this man after he had made such a demand on her?

She ponders over this and she decides she will go home early. Having the children around her will make her feel so much better. She must wait a while for her car with her escorts, but is still home in time to go with them to collect the younger children from school. Richard and Susan are delighted to see their Mummy waiting for them outside the school gates and run to greet her. She is asked all sorts of questions on the way home, as it is seldom that she can go along and collect them.

"Well sometimes, I stop what I am doing and come along to see you."

William too is delighted to see Polly and wonders why she is home so early.

"Well, Daddy and I do have to pop out this evening for about an hour or so, but that isn't why I am home early, I just felt like having some extra time with you."

"My friends at school are all pleased that the accusations against you were false and I have been asked so many questions about what happened at previous trials that your barrister mentioned. In fact, I have a request for you, Mummy."

Polly is intrigued by what Daniel has said and wonders just what he has lined up for her.

"What is it, William?"

"Well, my headmaster is a bit of an historian and has obviously made a study of communism in Britain since the war. You and Daddy are featured in many of the articles he has researched and he has asked me if I would invite you to be our guest speaker at our next prize-giving day. It really is a great honour, Mummy."

"Please tell your headmaster I should be delighted, William, and thank him very much for asking me and tell him I am honoured by his request."

This piece of news from William is just what she needed to put her in the right frame of mind for what will be a difficult meeting with Waverly later this evening. Just how Daniel will react when he meets the man who coerced her into being intimate with him, she has no idea.

But she knows that she must be with him just in case it turns ugly. The last thing she wants is for Daniel to attack Waverly and so jeopardise any evidence that he may be able to offer. And she must consider her own position with Waverley.

They drive to Waverly's department is rather tense and Polly wants to make sure that Daniel is focussed on what must be done.

"You will be ok when you meet Waverly, won't you, Daniel, it is important."

"Don't you worry, my dear Polly, I know what we have to do and although inwardly I shall be struggling not to give him a good hiding, I know what is at stake here. And, ultimately, he will pay for his demands on you. However, I do appreciate that he is very important to your case."

They arrive at the flat and Polly rings the bell. Waverly answers and warmly greets them.

"Polly, Mr Bottomley, please come in, will you have some tea?"

"Thank you, Bertie, Daniel and I would like that."

He pours the tea and they sit down at the dining table as Daniel speaks direct to Waverly.

"Mr Waverly, before we begin you need to be aware that Polly has told me of your demands on her. I find your behaviour to have been offensive and under normal circumstances, would give you a bloody good hiding. In fact, you have Polly to thank for that not happening as she insisted on accompanying me in case I lost my temper when I met you. She has a very forgiving nature and would not want anything to happen to you, I'm sure. We recognise that you may be an important witness in this conspiracy case and do appreciate anything that may be able to help us. Now, do you have anything to tell me that will assist in bringing to justice those responsible?"

"Thank you, Mr Bottomley, and yes, I do. The evidence I presented for Polly's trial was enough I felt to exonerate her. But the members had other plans, one of which was to give a non-voting cabinet post to a senior union official in exchange for them calling a national strike. They were confident that if a national strike was called, the Prime Minister would resign. Then Miles Templeton would form an interim government until a general election could be called.

"He firmly believed that he could win and would use the way the students had been treated to tell the public how out of touch the government was with the voters. Miles Templeton made his mistake giving Jonathan Miles too much leeway. The man is a psychopath and became obsessed with Polly and how he could have her for himself before he got rid of her. I objected to his tactics all along, Mr Bottomley, I want you to know that. Despite what you may think of me, I have a great deal of respect for Polly."

"And what about Miles, Mr Waverley, do you have any idea where he is?"

"According to Templeton, he is staying with his brother in Croydon, but you had better move quickly to find him because Templeton has given instructions for him to disappear. Meanwhile, he has suggested that all the members lay low and carry on as normal. However, he did make one very disturbing comment about Polly."

"Why would he be interested in me, Bertie?" asks Polly, puzzled at Waverly's comment.

"Because one of the members mentioned you and what you may be investigating."

"And how did he respond?" asks Daniel.

"All he would say is that he did have some sort of contingency plan that he may use against her. I fear he may be looking to harm you, Polly. I pressed him but he would not say anything. Rest assured that I will do what I can to find out what is plan is, Mr Bottomley."

"Very well, I appreciate that," replies Daniel, getting up to leave.

"Before you go, Mr Bottomley, can I ask that you consider my help when you present the evidence to the authorities?"

"Mr Waverly, that you coerced Polly into giving you favours in return for evidence, means that you did not cooperate voluntarily with us but used the opportunity for your own ends. You will be tried with the rest of your conspirators, although I expect your barrister will refer to your cooperation and it will certainly be taken into consideration when any decisions are finally made. What I will say to you is that if you ever mention why you gave up the evidence to Polly, I will hunt you down like a dog, do you understand?"

"I do and I give you my word that no one outside this room will ever know. I have too much respect for your wife to ever mention anything distasteful about her," replies Waverley with conviction in his voice.

"Thank you, good evening, I will contact you again if I need to," replies Daniel as he and Polly leave Waverly's flat.

The journey home is quiet, both Polly and Daniel deep in their own thoughts. It was a difficult meeting for both and now they must put it behind them. So, they arrive home and have some late dinner before seeing the children off to bed. Polly sits close to Daniel on the sofa after dinner, holding on to him for reassurance before turning to him and smiling.

"Can we go up now, Daniel, I do so want to be with you?" They hold hands and walk up to their bedroom and enjoy each other as only two people can who are as much in love as they are.

Afterwards, Polly lies in Daniel's arms contented and relaxed as she falls into a peaceful sleep.

The security arrangements surrounding Polly and the family are now firmly in place. The children are escorted to and from school each day and Polly has two agents with her always. Daniel is determined that no harm shall come to the family as they pursue the men responsible for the conspiracy that is unfolding. Miles's pathetic attempt to implicate Polly proved that there was something to hide and Waverley's written statement has endorsed this. Polly decides that she will sit down with Pamela and Daniel and see what they can determine from the evidence so far. However, she has only just arrived in her office when her phone rings.

"Hello, this is Polly Bottomley."

"Mrs Bottomley, my name is Joe Bingley, I am a senior member of the Engineering Union Executive."

"Mr Bingley, good morning, how can I help you?"

"I was hoping that I might have a word with you as soon as you are free. It concerns your investigations into a possible attempt to destabilise the government. I had no idea it was so serious and have information which I believe may be of use to you."

"Well, any information which will prove or disprove will be useful, Mr Bingley, how soon can we meet?"

"After lunch today will be okay with me. I have three senior union members I would like to bring along, if I may?"

"Shall we say 2 'o clock in the Home Office building, Mr Bingley? I look forward to meeting with you."

Polly asks Pam to sit in on her meeting with the union members. Her interpretation of what they say will be critical to her investigations.

"This is a bit of a surprise, Polly, what they have to say will be very interesting and could really help your case against the members of the Phoenix Project. When we talked about their meeting with the members, we could only speculate. The fact that they have contacted you must mean that what they have to say is relevant," says Pam.

"Well, let's all go and have some lunch because I need to speak with you, Penny. When you next see your colleagues at the LSE, tell them I am arranging a meeting with the Minister as soon as it can be arranged. Ask Danny to limit the numbers to himself, yourself and one other. There will be no need for anyone else and make sure that he appreciates that he will not get everything he is asking for, so he needs to decide what his absolute priorities are. I suggest we meet here about an hour before any meeting so that he can tell me what he has decided."

"Thanks, Polly, Danny will be over the moon that he can actually get in front of the Minister."

"Well, I did tell him that I would do whatever I could to help, Penny. Now that it seems that there is no possibility of the unions calling a national strike, it is important that the students settle their differences and the government gets on with the job."

Polly and Pamela return to their office after lunch, while Penny goes off to the LSE to tell Danny the news. She is delighted to be able to tell him about a meeting with the Minister, although she knew that Polly would be arranging it. She has always kept her word in anything she has been involved and that what makes her a special person in Penny's eyes.

Just after 2 'o clock, there is a knock on her door and she sees the four union officials standing there.

"We are looking for Mrs Bottomley," Joe Bingley enquires.

"Yes, I am Polly Bottomley," replies Polly, standing and going to greet him.

The middle-aged union officials are somewhat taken by surprise, as they were expecting to meet with someone older.

"Can I introduce you to my colleague, Pam Wilberforce, she will take notes for me during our meeting. She is an expert data analyst and I rely heavily on her when making any decisions."

The four men introduce themselves and sit down facing Polly and Pamela across her desk.

"I must confess, I had no idea I would be meeting with someone quite so young Mrs Bottomley, especially since I can recall your fight with the communists goes back a long way, to 1952 I believe?"

"That is correct, Mr Bingley, you have been doing your homework on me. I was just eighteen when I joined the Civil Service in 1952, it all seems a long time ago now."

"Yes, I suppose so but you are to be congratulated in what you achieved," comments Ken Masters.

Polly is unsure how to accept these comments from experienced union men. Are they genuine or are they trying to influence their conversation with her? They will be experienced negotiators, of that Polly is sure.

"Well, thank you for your compliments, gentlemen. Now, can I ask why you asked to see me?"

"Well, I am sure you will be aware that my colleagues and I met with a group of MPs and businessmen recently? "

"Yes, my husband has been made aware of your meeting."

"Your husband, Mrs Bottomley?"

"Yes, my husband Daniel is with MI6 and they have been monitoring certain individuals and their activities at my suggestion. I was tasked by this government to see if the communists were behind the student unrest. However, my investigations were halted when I was falsely charged with conspiracy, based on papers planted in my office."

"Yes, I did read about the trial and because we assumed that you would continue with your investigations, we wanted you to be sure that we had not entered into any agreements with the MPs and their colleagues. We want no part in manufacturing a national strike to suit the interests of a small group of men."

"So, what transpired when you met with these men, Mr Bingley?"

"They talked about forcing the government to resign if we called a national strike. Your name was mentioned and that is why I am here now. These men are attempting to overthrow the elected government, but knew that this could not happen without the backing of the trade union movement. When your trial collapsed, we realised that we should tell you what had happened," Ken Masters comments.

"Will you write down the names of the men that were present at your meeting so that we know who we are talking about please?" says Polly, handing a notepad to Joe Bingley.

"Can you tell me how you were first contacted?"

"Yes, we were contacted by Jonathan Miles. He seemed to act as their go between," replies Ken Masters.

"And what do you expect to get from this meeting, Mr Bingley? I cannot give you any assurances, I'm sure you can understand that?"

"We ask for no favours of you, Mrs Bottomley, we know you have a job to do and believe you will see it through. We merely wanted to tell you about our meeting first-hand. We have nothing to hide, so we have nothing to fear and we know that you will accept our meeting with you for what it is worth," Joe Bingley replies.

"Thank you, Mr Bingley, can I ask if you would be willing to stand up in court and repeat what you have just recounted to Pam and myself?"

"We would have no qualms about repeating our comments to you in open court, in fact we would want to let our members know that their leaders cannot be bribed by anyone. Our integrity is very important to all of us. Did I mention that Templeton actually offered a cabinet post to the union in exchange for our cooperation?"

"Really, well, that does surprise me, but does show how desperate these men are. Thank you for being so open with me, gentlemen, perhaps you would be good enough to contact me should our friends get in touch with you again. In the meantime, I have your assurance that you will testify if necessary?"

"Yes, we will, Mrs Bottomley."

When the men have left, Polly turns to Pam.

"Well, that was a bit of a surprise, Pam."

"I would say that the union men were most anxious to separate themselves from the Phoenix Project Polly. They are very powerful men and there will always be those seeking to bring them down. What is happening now will have scared them because they could be tainted by association. They know you are pursuing the men they met and so will soon discover for yourself what they talked about. That is why they were anxious to set the record straight first. These men want to be having the interests of their members above all else. The last thing they want is to become embroiled in a conspiracy."

"So, you feel there wanting to meet was a genuine attempt to put the record straight?"

"That is precisely why they wanted to meet with you, Polly. And you noticed that they knew of your reputation, so did not want to challenge you in any way."

"Well, once we can get hold of Miles we should be able to move on the Phoenix members and Daniel will be able to present his case to the Crown."

"Let's look for a moment at what you have, Polly. You have Waverley who will give evidence for you, Daniel has witnesses who will identify Jonathan Miles as the man who recruited them to disrupt the student rallies and possibly who assaulted you at the LSE and now you have been given assurances from senior union officials who are anxious to divorce themselves from the Phoenix Project."

"It looks very encouraging, Pam, but we need Miles so that Daniel can question him. He is a major player in all this, I am sure. The members relied on him to organise, arrange and do the dirty jobs for them. His testimony alone could help us convict all the Phoenix Project members."

Then, later in the afternoon, Polly receives a phone call.

"Hello, this is Polly Bottomley."

"Mrs Bottomley, Miles Templeton, we met in the Commons a while back."

153

"Mr Templeton, what can I do for you?" replies Polly, quite shocked to receive his call.

"I would appreciate meeting with you again. There have been some significant developments since we last spoke and I would like to offer you some information which may be useful to you."

"I see, well, I cannot imagine what you may have which may be useful to my investigation, but I am always ready to listen. When would you like to meet, Mr Templeton?"

"Would tomorrow at 2 'o clock be convenient, same place the House of Commons?"

"Very well, Mr Templeton, I will see you then, goodbye."

Polly puts down the phone and ponders just what Templeton really wants with her. She is apprehensive as to his motives, but will have her two-armed escorts with her.

"I am not sure meeting with these men is a good idea, Polly, what can they possibly have that will be useful, more like they are looking for a way out."

"There will be no deals, Daniel. I can assure you of that. But I do have a duty to explore all avenues that I am given."

"Yes, very well, but do be careful and make sure your escorts are nearby."

Polly duly turns up at the House of Commons, together with her two escorts.

"Please stay close by, gentlemen, I do not completely trust the motives of these men."

"We shall be just outside, Mrs Bottomley."

Polly knocks on the door of the room in the lobby area and walks inside.

"Mrs Bottomley, do come in, thank you for coming," Templeton shakes Polly's hand as he guides her to a seat at the end of the large table.

All the members that she met previously are present apart from two noticeable absentees, Jonathan Miles and Bertram Waverley. Polly sits and waits for Templeton to begin the conversation.

"Mrs Bottomley, it's fair to say that circumstances have changed somewhat since our last meeting, but I hope we may be able to help each other."

"I fail to see how I may be able to help your members, Mr Templeton. What is done is done and you must suffer the consequences for your actions."

"I think you will find it very difficult to prove that we have done anything improper, Mrs Bottomley. You forget that we have been around a long time and have influence in high places," Cedric Pershore comments with a degree of menace in his voice.

"I think you may find that some of your friends will desert you when they find out what you have been planning, Mr Pershore."

"Mrs Bottomley, have you any idea how dangerous your investigation is to you and others close to you?" the Colonel says with almost a concern in his voice.

"Yes, Colonel, I am very aware, you have already shot and wounded my husband, have subjected me to a horrific assault and had me falsely accused of conspiracy, so please don't insult me by asking if I am aware of the dangers involved. I have lived my life coping with people like you who would seek to harm me or my husband, so we are able to take care of ourselves. And for the record, I have two armed escorts the other side of that door and am carrying a weapon myself."

"I was not implying that you were in any danger from me, Mrs Bottomley, I was merely stating facts."

"Well, now that you have failed to scare me with your comments, what exactly do you hope to gain from this meeting?" replies Polly, annoyed at what has been said.

"Gentlemen please, there is absolutely nothing to be gained by bullying Mrs Bottomley, tell her what you think and allow her to make up her own mind," comments Lord Barton, angry at Templeton's tactics.

"We believe that there may very well be a conspiracy, Mrs Bottomley, one that you are not aware exists. Despite your insistence that the communists are not involved in this, we believe they are planning to take control of the union movement and so disrupt government. That is the conspiracy that you should be addressing," says Templeton.

"And you have proof of this, Mr Templeton?"

"You know from your own experience, Mrs Bottomley, that it is notoriously difficult to build a case against the communists, but the signs are there. They are working to infiltrate the unions and I am not convinced that they have not orchestrated the trouble at the student rallies. What I am saying is that there is enough evidence to cast doubt on any details you may have."

"Details against you and your members, Mr Templeton, is that what you wanted to say?"

"That's exactly what he is trying to say, you don't have a shred of evidence to link us with any of your conspiracies. Quite frankly, Mrs Bottomley, I am surprised that the government hasn't dismissed your findings and sent you packing!" says Pershore with a dismissive attitude.

"Well, it's a good job that you don't appear to be in possession of any facts and do not appear to know what you are talking about. I came here thinking you may have had something to say to me. You clearly have not, other than to issue a veiled threat. Our discussion is at an end, gentlemen, good afternoon," replies Polly as she storms out of the room, visibly angry by the attitude of the members.

"Are you okay, Mrs Bottomley? You seem upset," one of her escorts asks.

"I am just angry at having my time wasted, John. Will you take me home please?"

Polly is indeed very angry at what has happened. The Phoenix Project members efforts to put up a smoke screen were amateurish to say the very least. They had no evidence whatsoever that would lessen their involvement and the meeting has merely strengthened Polly's resolve.

She tells Daniel of her meeting and he is not surprised at their tactics.

"They are splashing about before they drown, Polly. Obviously, they were hoping you would divulge some information to them. The comments about the communists were just a smokescreen. Once we have Miles, we can begin preparing our case for the Crown.

In the meantime, the meeting between the student leaders and the minister at the Home Office is duly arranged by Polly, who escorts them to the top floor to meet with the Minister and his aides.

"Minister, may I introduce you to Danny Cohen and Jeremy Mayhew, the leaders of the student movement and this is Penny Forsythe; Penny has been liaising with the students for me."

"Please come in, won't you, and take a seat. I am delighted to meet with you. Mrs Bottomley was most insistent that we meet to show you that we do take your demands very seriously and are considering implementing most of them during this Parliament. I have to say that we had received mixed messages as to your intentions and it was only Mrs Bottomley's intervention that clarified your position for us."

"Well thank you, Minister and thank you, Mrs Bottomley," replies Danny Cohen. He is obviously surprised and delighted that the student demands have been discussed and most will be implemented.

"We have appreciated for some time the need for more universities, Mr Cohen and do have a committee looking at this. Regarding free movement of students in Europe, that is something that would have to be agreed with our European partners, but I am sure that it could be arranged using student union membership details. So you see, we have been looking at your demands closely."

"Thank you, Minister, but we are also interested in the other demands we have listed. We are concerned that not all children get the opportunity to go on to a university and we believe that you should spend more on education and less on defence."

"Danny, it may be best at this first meeting if we concentrate our efforts in pursuing the demands that relate directly to education rather than the broad political spectrum. I do feel that some of your demands require political debate."

"Very well, Mrs Bottomley, so we want you to look at the student grant system Minister to make it more accessible to everyone. And we believe there should be some plans put in place which give employment guarantees to graduates. Finally, for now, we want the voting age to be reduced to 16."

"We will look at those three demands very closely, Mr Cohen. Can I suggest that we continue to liaise through Mrs Bottomley, who appears to be championing your cause, providing she doesn't mind?"

"I will be delighted, Minister, I do have an interest in what happens to the students. I have three children of my own that I hope will one day go to university."

"Thank you, Minister, we have no problems liaising with Mrs Bottomley. The students are aware of her interests from when she spoke with them."

"That's settled then; we will be in touch, Mr Cohen, Mr Mayhew and Miss Forsythe."

The student leaders, Penny and Polly return to Polly's office, Danny and Jeremy Mayhew satisfied with the progress of their meeting with the minister. That the meeting took place at all is thanks to Polly finding the time to talk to him on their behalf.

"Thank you for your help, Mrs Bottomley, we will report back to the students what the minister has said and let you know."

"I believe you have made some progress, Danny, and I will keep in touch with the minister. Sometimes, politicians have to be given a nudge of encouragement to keep them focussed."

And with a final handshake, they leave Polly's office to return to the LSE. Polly sits for a while, pleased that she has been able to help them with their demands, knowing how important it is for everyone that education remains at the forefront of any government's ambitions.

Kingston High School for boys is an old, established school, with a long history. Polly and Daniel had no hesitation in selecting it for William's secondary education and he has settled in very well. He is obviously bursting with pride when he arrives with his parents, because Polly is the guest of honour. The ceremonies will take place in the theatre, which is full for the occasion with the added attraction of the guest speaker.

"Mr and Mrs Bottomley and William, welcome to Kingston High," says the headmaster, greeting them as they arrive at the school.

"Thank you, Headmaster; we are delighted to be here," Polly replies.

Polly is wearing a knee length cream two-piece suit, with three quarter sleeves and looks stunning as she takes her place on the stage the front of the hall. At 34 years, she shows no signs of age and her dark shoulder length hair shines in the stage lighting. There is a buzz around the hall as many pairs of eyes are on her, including a number of the sixth formers.

"Ladies and gentlemen and boys of the school, welcome to our annual prize giving. This year has been a very good one for the school both academically and on the sports field. We have secured a record number of places at university and we have won the School's Rugby cup, so we are feeling rather proud of ourselves. As you know, it is a tradition on speech day to have a guest speaker and we have had several distinguished people talk to you from this stage. Today is no exception. Our guest today is also the parent of one of our pupils so it makes her extra special."

"She has a record in public service, which is quite outstanding having served her country with great dedication over many years. Along with her husband, she has fought and overcome severe problems at some considerable cost, and brought to justice those who have sought to destroy our way of life. May I introduce you to, Mrs Polly Bottomley."

Polly stands to a quite amazing round of applause from everyone, pupils, staff and parents.

She is quite overwhelmed and stands for a moment at the lectern to compose herself.

"Thank you so much for your applause and good afternoon everyone. When William told me, I was to be asked to speak at his school speech day, I was absolutely amazed and honoured to be asked to such a wonderful school as Kingston High. Your achievements are well known and your Hall of Fame very impressive. Your pupils have always strived to achieve the very best for the school and for themselves and should be applauded for their efforts. Throughout my public life and career, I have always tried to do the same. No matter what the adversity or how hard the task may be, if at the end of it you can truthfully say that you did your very best, then you will have achieved your goal.

"Sometimes the tasks will seem daunting, impossible even, but if you have the courage and conviction and believe in what you are doing then, believe me you will succeed. I have been very fortunate in my career in having a very special mentor. Someone who was always there for me and who gave me strength when all seemed lost. We have known each other for over twenty years now and for 16 of those years, we have been married. I refer, of course, to my husband Daniel."

Polly pauses and looks down at Daniel sitting beside William. Daniel smiles back at her as she continues.

"During my career as an MP, I met with many inspirational people, not least when I headed a delegation to a conference in Russia. There, I met with members of the Ukrainian underground movement who were desperately seeking independence from their Russian masters. These men risked their lives and the lives of their families to meet with me and ask for my help. If they had been caught, they would have surely been killed.

"But they were prepared to risk everything in their fight for freedom. And you too must be prepared to fight for your freedom and that of your country no matter what it takes. The world is full of those who would seek to dominate their neighbour. You must not let this happen to you and do everything you can to maintain your freedom and that of your neighbour. Don't be bullied into anything you disagree with, you have an opinion so be sure to use it."

Polly pauses for a moment, as the audience listens attentively to her. The boys are in awe of her and William gleams with pride for his dear mother.

"I have had to overcome many adversities during my professional life and before that," Polly continues.

"I was just 13 years old when my family was subjected to the most terrible bullying from professional criminals. But my Father refused to give in despite our family suffering at the hands of these men. We prevailed, the men were all sent to prison and we all recovered to fight another day.

"You are fortunate to live in a democratic society, but do not take your freedom for granted because there may be those seeking to take it from you. Indeed, this has been the case in our country several times over the years and only hard work and some good fortune have prevented these attempts from interfering with our way of life. But please don't think it is all gloom and doom out there. I have been fortunate to meet some wonderful people in my career and visit some marvellous places. So, enjoy your life, whatever path you choose, there is so much for you to explore and enjoy. Thank you and good luck."

Polly returns to her seat to a huge round of cheers and applause. Her speech seems to have captured the imagination of her audience, not least the boys who cheer her enthusiastically. And William is almost in tears as he hugs his father. He is so very proud of his mother and delighted at the applause she has received.

"Thank you, Mrs Bottomley, for your inspirational speech, it seemed to have gone down very well. Now it is time for the prize giving."

Polly is required to hand the prizes to the pupils as the headmaster reads out the descriptions and she is especially delighted to be able to hand one to William for being first in his class.

"Thank you, Mummy," he says as she kisses him on his cheek.

Polly is overwhelmed by the warm response she receives from staff, parents and boys after she has presented the prizes. Many of them speak with her as she is enjoying a welcome cup of tea with William and Daniel.

"Mrs Bottomley, may I have a word with you? My name is Rupert Benjamin, I am the head boy."

"Certainly Rupert, what is it?" replies Polly to a tall, well-built young man.

"I am hoping to secure a position in the diplomatic corps and wondered if you might be able to offer me some advice?"

"Well, I am a little out of touch Rupert, but I will make some enquiries and let you know as soon as I have something."

"Thank you so much." He says as he goes off, a little embarrassed that Polly said she would help him.

"Thank you once again for coming along, Mrs Bottomley, everyone enjoyed your speech."

"The pleasure was all mine, Headmaster."

On the way home, William never stops talking. "Everyone loved you, Mummy, I knew they would."

"Thank you, William, I enjoyed it very much."

Chapter 7

The day following the school speech day, William arrives home and hands his mother a message which has been left for her.

"Did the reception give you any idea who it was, William?"

"No Mummy, only that a woman left it around lunchtime today."

Polly opens the envelope and reads the message, which is from Miles Templeton.

My dear Mrs Bottomley,

Please forgive the odd manner of sending you this message. It was the only way I could be sure that it reached you personally. I was obviously disappointed that our meeting ended so badly and do apologise for any unpleasantness. The fact remains that my colleagues and I do need to speak with you so that we may resolve any differences that may have been caused by Jonathan Miles. I blame myself for allowing him to be involved with my colleagues. It went to his head and his behaviour was inexcusable. Now that he seems to have gone away, I want to set the record straight with you and do earnestly request that we meet again soon. I have booked a suite at the Savoy Hotel in the Strand for Monday next at 2 'o clock. I would appreciate you not mentioning this to your husband, for the moment, but wait and see what we have to say to you first. I do most earnestly hope you are able to attend.

I remain yours most sincerely,

Miles Templeton MP.

Polly sits reading the letter in the study and wonders just what Templeton should offer. There is every reason to mention it to Daniel, since he will no doubt be most interested in this latest move by the Phoenix Project members.

"I don't believe he can have anything to offer, Polly, and am concerned that you are meeting with him in a hotel."

"A very special hotel for us as I remember, Daniel?"

Polly recalls the wonderful reception they had at the Savoy after they were married.

"Very special, Polly, and I should not like it to be the place where you are compromised in any way."

"I will take my two agents into the hotel with me and tell them which room I am in and to collect me if I am any longer than say an hour. That should give me more than enough time to meet with Templeton and find out what he has for me. We cannot dismiss the request, Daniel. If he has some information then we need to find out what it is. We know it will not exonerate him and his colleagues whatever it is, but it may give us more names."

"Yes, you may be right, well so long as you take every precaution, Polly, and call me from the Savoy as soon as you have finished."

After enjoying a family weekend, Polly goes into her office Monday morning and discusses her afternoon meeting with Pam.

"I have no idea what he may be planning for you, Polly, but please be careful and make sure your bodyguards know exactly where you are."

"Thanks, Pam, I will be careful, I promise," says Polly as she goes off with the two MI6 agents to the Savoy Hotel.

They park their car in Carting Lane just off the Strand and make their way to reception. The receptionist tells her which room the Phoenix Project members are in and she passes this information onto her two bodyguards who settle down to wait for her in reception.

"One hour, Mrs Bottomley, then we will come and get you," they chorus.

Polly knocks on the door and is greeted by Templeton.

"Do come in, Mrs Bottomley, I believe you have met all my colleagues except for John and Michael. They are two men who look after my interests outside of Parliament.

Polly is introduced to large men, probably security for Templeton, and the Phoenix Project members.

"I wasn't sure you would have had lunch, so I have some sandwiches and tea, if you would like."

"Thank you, Mr Templeton," says Polly.

She sits down in the room full of men and feels somewhat intimidated. She is relieved to see Waverley, something she did not think she would ever have considered.

"Now, Mrs Bottomley, we want to clear the air at this meeting. We still believe you have no real evidence against us and want to offer you some advice. Keep considering the Russians as an option. We mean you no harm, but we do have very powerful connections we can call on, if we so desire. We have no intention of being humiliated in a trial and will do what is necessary to avoid that," says Templeton.

Polly is shaking with anger and with some degree of concern. She is beginning to feel very uncomfortable at her position in the room with these men. She knows her security agents will come for her after one hour, but is uncertain what may happen in the meantime.

"Are you threatening me, Mr Templeton? That is what it sounds like to me."

"Walk away, Mrs Bottomley, and enjoy your life free of any upset or heartache. You can easily introduce the Russian connection without anyone becoming suspicious of your actions.'

Polly is conscious of Templeton's two 'bodyguards' standing either side of her and grasps her handbag tightly, aware that her weapon is inside.

"You are asking me to fabricate evidence and so clear you of any wrong dealings. Is that what you are hoping will happen, Mr Templeton? Because if it is, then you don't know me very well. I will not change my mind about the evidence I have and when Miles is finally apprehended, we will go to trial with what we have."

"Don't be so sure about that, Mrs Bottomley, we will not be intimidated either. I will not permit you to take away from me, or any of us that which we have worked so hard all our lives. I will fight you with everything in my power and you will suffer, do you understand? "

"Believe me, if you leave this meeting without giving us assurances, then there will be serious consequences, I promise you.'

"Mrs Bottomley, what my colleague is trying to say, albeit rather badly, is that we mean you no harm, I give you my personal assurances on that. But we need a get out from this mess that Jonathan Miles has made, and we hoped that you would help us with that," says Lord Barton with concern.

"You cannot un-ring the bell, my lord, the damage is already done by Miles. The trial was very upsetting for me, although I knew that the evidence was tainted. Nevertheless, what transpired is now a matter of public record. Clear evidence is in place that the men in this room conspired to bring down our government. Now, I suggest that you get yourselves counsel and prepare for a trial," Polly goes to stand and leave but is pushed back in her seat by Templeton's men.

"Sit down, Mrs Bottomley, we haven't finished yet."

"For God's sake, Miles! You're frightening her, can't you see?" says Waverley, upset at Templeton's behaviour towards Polly.

"That is what I intend, Bertie; she must realise what is at stake here."

"You are fortunate I am not running this operation, Mrs Bottomley, for I would have got rid of you a long time ago. We are wasting our time with talk, Miles. Mrs Bottomley, either you give us assurances or you will suffer most severely one way or another and you have too much to lose to be a hero," says the Colonel.

"Colonel, I suggest you monitor your tone, I will have no threats issued while I am present."

Polly looks down at her watch and notices that the hour is almost up. She tries to remain calm, but is indeed frightened by the tone of the meeting. The two men standing behind her seem poised to make a move towards her as Pershore makes a comment.

"Be sensible madam, before it is too late, you cannot win this argument believe me and just how badly losing it becomes is entirely up to you."

Just then there is a knock on the door, which Templeton answers to be confronted by the two MI6 agents.

"We are here to collect Mrs Bottomley," says John Benjamin.

"We haven't finished with Mrs Bottomley yet," replies Templeton as his two security men grab hold of her.

"Sir, if you do not tell your men to let go of Mrs Bottomley, I will shoot you dead where you stand!"

"Very well, let her go, but I warn you, Mrs Bottomley, this is not finished," says Templeton, visibly angry that the meeting has come to nothing.

Polly rushes to the two MI6 agents, visibly shaken but otherwise unharmed.

"This way, Mrs Bottomley," says John Benjamin as he and Paul Mason escort Polly down into the reception and back to the car.

"Will you take me home please, John? Then I must contact Daniel. Thank God we arranged for you to collect me, it was becoming rather ugly in there."

"Do you want us to stay with you until Daniel arrives?"

"No thank you, Paul, the children will be home soon and I will be fine," replies Polly as she goes into the house, going straight upstairs to the bedroom before sitting on her bed and sobbing with relief.

She had indeed been frightened by what was said at the meeting and wishes Daniel was home to comfort her.

However, she did not have long to ponder over what had happened, before she is given some devastating news. She had just come off the phone, telling Daniel of her meeting, when the children arrive with their escorts.

"Mummy, Mummy, William wasn't there when we called at his school," cries Susan.

"Mrs Bottomley, William was taken by two men from the school playing fields this afternoon," says Phil Beecham—one of the MI6 agents assigned to the children.

"Oh my God!" replies Polly, holding onto Richard and Susan tearfully.

"Please come into the study, I have to call Daniel straight away and he may want to talk with you."

Polly leads the way into the study, Richard and Susan holding her hands tightly. She must remain calm for the children's sake, she is thinking, as she calls on Daniel for the second time.

After a long conversation with both agents, asking them to remain with Polly and the children for the moment, he speaks with Polly.

"I have asked Phil and Robert to stay with you. I must make enquiries this end. See if you can get hold of Waverley. I hate the thought of you talking with that man but I do believe he will help, if he can. He may be able to get some idea of who was used to take William. Try not to worry too much, I will find our son, I promise."

"Thank you, Daniel. I will do as you say and will see you when you are ready."

Mrs Browne has bought in some tea and Polly asks her if she might get some dinner for the two agents.

"Certainly, Mrs Bottomley, I will let you know when it is ready."

"Now, children, off you go, change and do your homework, I need to speak with Phil and Robert," says Polly as she leads the way into the sitting room.

"Will you give me a moment please, gentlemen? I must make one more call."

Polly goes back into the study and calls Waverley, hoping he will have returned from the Savoy Hotel.

"My dear Polly, I am so sorry for what happened earlier. How you are?"

"Thank you, Bertie, especially for speaking up for me. I have some bad news, it appears Templeton has made his move, my son William has been taken. Can you help me?" asks Polly tearfully.

"My dear Polly, I am so sorry. I have no news right now but I will make some discreet enquiries for you. Could you call round later, about 7 'o clock?"

"I will be there, Bertie. Please help me, I will do anything to get our son back."

"Please do not worry too much my dear and I will see you later."

Daniel contacts Conrad and they make enquiries about any moves made by the Phoenix Project members. None of them could have been directly involved as they had Polly as their perfect alibi, but they are obviously responsible. Their meeting with Polly was obviously planned to be their alibi when they arranged for William's abduction.

"Get on to our colleagues at MI5, Conrad; they need to be informed and they will give us extra men to search for William."

"He is strong and determined like his mother, Daniel, so I am sure he will be okay," replies Conrad, hoping to reassure his friend.

"The fact is, we really have no idea where they might take him, I have asked Polly to contact Waverley, and he has always been understanding and has some affection for her knowing her father during the war."

Daniel struggles to make the comment about Waverley, recalling his actions with Polly. But, nevertheless, he does seem to be the best chance of finding where William may be held, at least for the moment. And Daniel is sure he does have some affection for Polly, despite his actions towards her.

"I don't believe they will harm William, Daniel, and the longer they hold him, the more difficult it will be for them. This is a message and, on the positive side, it means that they are really desperate of their position."

"I am concerned that if we do not find him quickly, Polly will become hysterical. She worships William as she does Richard and Susan, but she and William have always been very close. She will do anything to get him back."

"Well, we will have every available man following the Phoenix Project members within the hour, Daniel. If they make any contacts we will jump on them."

"Thanks, Conrad, I am going to hold off bringing them in just yet because they will simply deny all knowledge and I will lose my temper. Polly too must be considered. If I bring them in for questioning, she will want to be involved and that will be counterproductive. Once we have everyone in place and spoken with MI5, I will coordinate from home so that I can be with her."

Daniel realises that Polly will be desperate to get William back and reflects on any help that Waverley should offer. That the man who so cynically used his wife is now their best hope of getting information is ironic and Daniel appreciates that. However, for now, nothing matters except finding William safe and well.

After a meal with the two MI6 agents, Polly sets off for Waverley's flat desperate for some news about her son. Nothing else matters for the moment, the conspiracy trial will have to wait. Whatever she must do she will do to get her beloved William back safe and well? She wipes away her tears a she gets from the lift and knocks on Waverley's door.

"My dearest Polly, come in. I am so sorry about all this," he says as he takes Polly's coat.

"Do you have any news, Bertie? You must be able to help me," she says miserably as he holds her in his arms to comfort Polly who has become tearful. Once again, he revels in the smell of her close to him and allows their embrace to linger.

"I am sure that Templeton is responsible, Polly. I have spoken with him about what happens next after the meeting earlier and he said that they had plans to force your hand. I pushed him to know what his plan was, but all he would say is that your family will suffer if you do not change your mind. He that said he was going to contact you tomorrow. However, Cedric was more forthcoming and mentioned your family."

"He knows of my affection for you from our very first meeting and warned me not to be sympathetic towards you as it may influence any decisions I may have to make. I am still hoping that they will mention Jonathan Miles and where he is. It may well be that he is behind the abduction of your son."

"You have to keep pressing your colleagues for details, Bertie, you must do this for me," Polly says as she looks up into Waverley's eyes pleading with him. He takes her in his arms and kisses her gently.

"You know I will do everything in my power to help you, my dear." He says kissing her again, this time more firmly. Polly responds with an air of desperation as Waverley sits her down on the sofa, taking her in his arms as he lies her down.

"Anything, Bertie. You may do with me as you wish, just find my son."

He takes her in his arms and once more seeks to comfort the woman he has become so fond of. However, whist being tempted by Polly's offer, he will not put demands or take advantage of her in her present state of mind.

"My dear Polly, I want our next liaison, if there is to be one, to be because you want it to happen as much as I do. You know I care for you very much, but I will not place any demands on you, especially now."

Polly responds by kissing him warmly. "Thank you so much, dear Bertie."

Polly is beginning to warm to this man and drives home deep in thought about how her feelings are growing towards him. At 69 years of age, he is older than her father. And yet she has become quite attached to him in the short time that she has known him. Polly has only ever known one man in her life. Daniel has been her saviour, friend and husband for 21 of her 34 years, but Waverley has opened a new chapter for her. She will always love Daniel, of that she has no doubts at all, but this mature man has awakened something and she is not sure what it is or where it is going.

Over the coming weeks, circumstances will dictate that Polly will become more emotionally and intimately involved with him, but for the moment, she has far more pressing needs, namely finding her son William.

The following morning, Conrad has bad news for Daniel regarding the whereabouts of members of the Phoenix Project. Apart from Waverley, they have disappeared, none of them have been seen since they met with Polly at the Savoy.

"They have just gone off the grid, Daniel, this is a move to stop us from questioning them about William's abduction. Did you get anything from Waverley?"

"He is going to make enquiries. He is our best bet, our only bet now. I am relying on his fondness for Polly and hope he will get some answers quickly. He did tell her that Templeton will phone her this morning, so we may have some news."

Templeton does indeed call Polly that morning and Polly presses him for information.

"Whilst I do not deny knowledge of your son's abduction, Mrs Bottomley, you know that I was not involved myself since I was with you at the Savoy."

"Please Mr Templeton, tell me you have not harmed my son," Polly replies tearfully.

"I assure you your son is safe and well, Mrs Bottomley. We shall look after him until you give us the assurances we ask for. Now, I will give you time to discuss this with your husband and will call again tomorrow. And please tell your husband to stop looking for my colleagues, as he will not find us until we are ready. Good bye."

Polly sits and sobs uncontrollably at the news that Templeton has given her and immediately calls Daniel.

"I will come home straight away, Polly. Conrad will keep in touch with me and let me know the moment he hears anything."

"What am I to do, Daniel? I cannot give in to any demands that result in these men getting away with their actions, but I must get our son back safely."

However, Polly has more bad news that evening when the phone rings and Waverley desperately asks for her help.

"What on earth has happened, Bertie?" asks Polly who can sense that he is in trouble.

"I have been badly beaten by Templeton's men, please help me, Polly."

While Daniel remains in case he hears any news from Conrad, Polly dashes round to Waverley's flat to find him slumped on the floor. She calls for an ambulance and tries to make him comfortable. He has indeed taken a severe beating, his face badly bruised and his arm and wrist are either broken or dislocated. He also has damage to his ribs from being kicked.

"My God, Bertie! What have they done to you?" she says as she cradles his head on her lap, careful not to move him.

"Templeton became suspicious of my questions about William, Polly, I am so sorry."

"Please lie still, Bertie, the ambulance will be along shortly."

She has developed a genuine affection for this elderly man and feels responsible for what has happened to him.

She tends to him as best she can before the ambulance arrives and goes with him to hospital, where his injuries are attended to. Polly waits while the doctor's treat his injuries, anxious to know how he is.

"How is he, Doctor?" she asks when he finishes looking at his wounds.

"Mr Waverley has taken a severe beating, he has two cracked ribs a broken arm, which appears to have been stamped on and dislocated wrist. And he has a lot of bruising to his face as well. He will need a lot of care when he returns home. Are you related at all?"

"No, my name is Polly Bottomley. I am a friend of Mr Waverley. May I see him, Doctor?"

"Of course, but try not to tire him, he needs to rest for the moment."

Polly enters his room and Waverley is delighted to see her and smiles despite being in pain.

"My dear Polly, I thought you had gone home."

"I would not leave you without saying goodbye anyway, Bertie. How are you feeling now, you have indeed been given a beating? I blame myself for what has happened and will take care of you until you are better," replies Polly, holding his hand.

She wants to be able to treat him like an uncle but finds it difficult after what has transpired between them.

"My dear Polly, you have far too much to do to bother about me."

"Now, listen to me, Bertie. You will not be able to cope on your own for a while and you have told me that you have no relatives, so who will look after you while you are healing?"

"But you have so much to do at present, my dear. How can you possibly care for me?"

"Please don't worry yourself about that now, Bertie, you must rest. I have to speak with Daniel to arrange protection for you while you are in hospital," she replies as she goes off to call Daniel.

"He has taken a terrible beating, Daniel, and will need care when he is released. I will look in on him and get him his meals and whatever else he may need, we owe him that much. Can you arrange him some protection while he is in hospital?"

Daniel assures Polly that he will arrange some protection as soon as possible. He understands how she feels towards this man and tells her she should stay with him overnight, in case she is needed.

"There is no more news at present, Polly, so if you can help Waverley through a difficult night, it would be helpful. We must protect him because his evidence is so crucial to our case and he might just get some information about William. I will see you in the morning."

Polly is a little tearful after talking with Daniel. So typical that he should suggest that she stays with Wetherby overnight. She returns to his room to find him asleep. She sits looking at the middle-aged man who has come into her life in the most distressing way. And now, she will tend to him while he recovers from the injuries she believes he has received when trying to help her again.

"I have spoken with Daniel, Bertie, and he has said I should stay with you tonight. He will arrange a guard on your room in case Templeton tries again. And we agree that I will take care of you when you return to your home."

Waverley is overcome by Polly's comments and has a tear in his eye.

"My dear Polly, you are so kind, both of you. Thank you so much."

"It is my pleasure, Bertie," says Polly as she kisses him on his forehead.

He drops off to sleep and Polly sits with him, wondering just how long he will be in hospital and what has happened to her son. Bertie's injuries had put William out of her mind for a moment, but now she sits fretting, wishing she were with Daniel. Waverley has a restless night and Polly sits in while the doctor looks at him.

"No complications, Mr Waverly, you may go home after lunch if Mrs Bottomley can accommodate you."

"I will be there for him, Doctor."

"Now, Bertie, I must go home and change and get myself some things if I am to be spending time at your flat. Let me have a key and I will let myself in and be there waiting for you when the ambulance brings you home."

"Thank you so very much, Polly, I do not know how to thank you my dear."

Polly arrives home just as the phone rings. It is Templeton.

"I hope you are carefully considering my demands, Mrs Bottomley. I can tell you that your son is missing you very much."

"What have you done with him, Templeton, I warn you, harm him and I will kill you!" screams Polly down the phone.

"Mrs Bottomley, you are in no position to make demands and your friend Bertie cannot help you now, so listen carefully. Give me some positive news when I call again tomorrow or else—" replies Templeton.

Polly collapses into Daniel's arms, sobbing at what Templeton has said.

"God! Daniel, I swear I will kill that man if he harms William. How can he be so cruel, and where is our son?"

"I am to speak with MI5 later today, they may have some ideas, and Conrad is trying to locate the members of the Phoenix Project. Other than that, we must wait Polly. It may be as well you have Waverley to take your mind of things now. I did not expect to hear myself say that but he has proved to be a welcome distraction for you."

Polly agrees with Daniel and ponders over his comments as she packs a bag to take with her to his flat. She kisses Daniel goodbye, drives over to Waverley's flat and lets herself in. She makes his bed and tidies up his lounge as the ambulance arrives.

"Come along, Bertie, we need to get you into bed, my dear," she says as the officers leave.

Waverley collapses exhausted into his bed as Polly goes to make some tea.

"I am going to get you some lunch. What would you like?"

"Do you know what I would really like, Polly? A bath. I have not washed since yesterday morning and am very grubby, can you help me?"

Polly is rather taken back by his request and manages a smile.

"I do believe you are being rather presumptive, Bertie, I would not be able to lift you into and out of a bath. I can wash you while you stand in the bath if you wish, but that is the best I can do for you."

"Thank you so much, Polly, you are so kind," he says as Polly helps in from his bed and into the bathroom.

She runs his bath, then removes his pyjamas and helps him as he steps into the bath. His body is very badly bruised and Polly realises she will have to be careful that she doesn't aggravate any of his bruises when washing him.

"I will be as gentle as I can, Bertie, and you must behave yourself," she says looking at him and smiling. She washes him all over his body, taking care not to get any of his strapping or bandaging wet as he holds on to her.

Despite what she said, he gets excited by her touch. She tries not to linger but does touch him several times while washing and rinsing him. In fact, when she has finished, Waverley is almost fully aroused by her gentle touch. Polly dries him and as she is helping him on with his pyjamas, he holds on to her hand and places it between his legs.

"Bertie, I told you to behave yourself. I have not come here to be at your pleasure. Now, come along. Let's get you back into bed," says Polly, becoming flustered and perspiring at her efforts to wash him.

"I apologise, Polly, but I am only human and do appreciate your touch so much."

"Bertie, you must control yourself. You cannot remain aroused all the time I am with you; it is uncomfortable for you and for me."

"I am so sorry, Polly, but your closeness makes me want to be with you. Can you not relieve me before you go?"

"You are taking advantage of me now, I have not time for your insatiable demands, you are being unfair," replies Polly annoyed by his request.

"I am sorry, Polly, I did not mean to offend you, you are far too precious to me for that, please accept my apology and my promise that it will not happen again."

"Very well, Bertie; now let me go and get us some lunch."

After sitting and having lunch with Waverley, Polly moves off to go back home.

"You have everything you need close to you, water, magazines and your radio. I will be back later to get you some dinner, so I suggest you have a nap," she says as she kisses him goodbye and returns home.

During the drive home and later in the day, Polly ponders over the relationship that has formed between her and Waverley.

She wants to see him as an uncle figure who has helped her, when she has needed him, but he is more than that. She admits to herself that there have been a couple of occasions when she has been excited by his touch. She has only ever given herself willingly to one man, Daniel, the man she loves deeply. And she was angry and dismayed at being forced to give into Waverley's demands in exchange for his testimony. And yet she found herself giving in to him willingly in the end.

And her emotional state over Williams's abduction meant that she sought comfort from him and was willing to give herself to him again for that comfort. She cannot believe that she would want to betray Daniel again, but knows she has developed a special affection for this man.

"How is he, Polly?" asks Daniel when she enters the sitting room.

"He is as comfortable as he can be considering the beating he took, Daniel. It will be a while before he can take care of himself, even wash properly. I am going to ask Mrs Browne if she will make him a dinner and I will take it to him later," says Polly, going off to the kitchen.

Daniel wonders just what demands Waverley may be making of his wife, but never once questions what she is doing with the time she spends with him. He loves her dearly and understands that she feels an obligation to this man. Anyway, he would not be in any position to make any demands on her with his injuries, Daniel thinks to himself.

Meanwhile, there is still no news of William's whereabouts and Daniel calls on his opposite number at MI5. He has known Rupert Hardy for many years and knows he will help if he can.

"I will do whatever I can, Daniel, you have my men at your disposal."

"Thank you, Rupert, I appreciate that. We have lost track of the main players in the conspiracy, I can only believe they have left town."

"'I don't understand why there have been no sightings of the Phoenix Project members, Daniel, they can't have just vanished," says Polly tearfully as they try and eat some dinner, before she returns to Waverley.

"See if he can help with a location Polly, or whether he can contact any of them."

Polly returns to Waverley with a cooked meal, which she warms up before serving it to him.

"Thank you so much, Polly, this is most kind of you. Will you sit with me?"

"Of course, Bertie, I wanted to ask you if you had any idea where your colleagues may have gone, we cannot locate them, and I am getting desperately worried for my son," replies Polly tearfully.

'Please don't get upset, Polly. I will see if I can contact any of my colleagues who did not contribute to the attack on me they may be able to shed some light on what is happening,"

"Thank you, Bertie," says Polly, taking his tray and going off to make some tea.

"Come and sit beside me, my dear," asks Waverly when she returns with the tea and takes her hand. He has become very fond of Polly and he has a genuine affection for this beautiful young woman who has changed his life so dramatically.

"I believe Sir Ian Williams may be our best bet, he would not have agreed to William's abduction and he was disgusted by the actions of Jonathan in getting you assaulted at the LSE," he says as he rests his hand on Polly's leg. Polly just lies there and allows him to touch her intimately, more concerned for her son than his actions.

"Please, Bertie, you are in no position to start anything now," she says as she pushes his hand away.

"I'm sorry, Polly, I just wanted to touch you and feel you close to me."

"Well, I must go now, see what you can find out for me please."

"I will make some calls, Polly, I promise."

Polly kisses him on the cheek and returns home. She and Daniel make love when they finally retire, Polly anxious to show Daniel just how much she loves him. When they are finished, she turns to him.

"You know I love you very much, don't you Daniel? No matter what happens, I will always love you," she says, kissing him passionately before nestling in his arms and falling asleep.

The following morning, Templeton calls her and is in a rage over Polly not making any concessions.

"You do realise what is at stake here, Mrs Bottomley. We have your son and will hold him for as long as we need."

"Let me say this to you, Mr Templeton, if you harm my son, you need have no fear of standing trial; I or my husband will shoot you dead before that happens."

Templeton is shaken by Polly's comments.

"We have no intention of harming your son, Mrs Bottomley; you have until the end of the week to give us what we want," replies Templeton.

Polly sits and sobs with rage at what he has said and Daniel consoles her as best he can.

"At least he has told us that he has no wish to harm William, Polly, so that must be good news. Now I am going to contact Conrad and see if MI5 have come up with anything. You go and tend to Waverley, I expect he will be wanting some breakfast."

"Good morning, Polly, I am so glad to see you. I have spoken with Sir William and he is going to make some calls, He seems to think he may be able to help."

"Really, Bertie, that's wonderful news, thank you," replies Polly, kissing him on his cheek.

"I thought you would be pleased, now I wonder if you will bathe me before you make breakfast, I get so sweaty just lying in bed."

"Of course, Bertie," she helps him from his bed to the bathroom and runs some water, before removing his pyjamas and helping him to stand in the warm water.

Waverley stands and smiles at Polly as she washes him. She is careful not to get him too excited by her touch, but he does become aroused again. Polly dries him and helps back to his bed before finding him some pyjamas.

"Thank you, Polly, you are so very good to me, you make my life so very special," he says as he takes her hand. She looks down at him, wondering how this is going to end.

He will continue to make demands on her and she is annoyed and frustrated by his actions, but feels an obligation, however distasteful it is to her.

"Will you undress for me, Polly, I so desperately want to see you again."

"Bertie, you are being unfair and are making impossible demands. I care for you, but I will not let our friendship become a sordid affair, do you understand? Now, please put on your pyjamas and get back into your bed."

"I am so sorry, Polly, I care for you also and only want our friendship to grow if that is what you want also. You have become very special to me, I'm sure you understand that my feelings for you have grown very much over the past few weeks," Waverley replies with a genuine tone.

Polly sits beside him and holds his hand, wanting to reassure him of their friendship, but is unsure of her own feelings in all this.

"I know you care for me and I find myself wanting to be with you, but please don't make it sound like a cheap hotel liaison. Now, let me make you comfortable."

Polly leans over him to adjust his pillow and Waverley kisses her gently. She responds by kissing him passionately, before pushing her hand inside his pyjamas.

"Oh God, Bertie! I suddenly feel I need you," she says as she undresses and lies by his side.

Waverley fondles her as best he can, before Polly pushes herself beneath him and is excited at feeling his hardness. She cannot understand her actions, but desperately wants this man.

"My God, Polly! You are wonderful, my dear."

"Very well, Bertie, but please be careful not to harm yourself."

She holds him gently, wary of his injured ribs and moves up and down responding to his firmness and enjoying their union, not thinking of what the consequences may be. Waverley responds, gasping as he finishes completely exhausted, as Polly must gently pull away and slide from beneath him. For a moment, she lies wondering just what she is doing with this man. Why has she suddenly given herself to him? She kisses him gently and just lies beside him, trying to come to terms with what has just happened. She feels shame and delight at what has occurred. Her emotions are so stretched now. What on earth is she doing betraying Daniel with this man?

"I will get you some lunch and then I must go home, Bertie. You are monopolising time I should be using to look for my son," she says as she moves off his bed and goes off to make him a sandwich.

She makes him some lunch and goes to wash herself before returning home, telling him she will see him in the evening.

The first thing she does on her return is to have a bath. She feels shame and guilt for what has happened and seems to be operating in a daze. She does not know what to do and cannot think straight anyway because of her worry for her son William.

She goes downstairs and sits with Daniel in the study, just wanting to be near her husband. Then, at around 4 'o clock, the phone rings and Waverley is on the line. Daniel answers the phone and Polly is a little apprehensive at why he is calling.

"I have some news, Mr Bottomley, my colleague Sir Ian Williams has just called and he believes William is being held by rogue MI5 officers."

"Let me talk with him, Daniel," says Polly as she takes the phone.

"Bertie, what does Sir Ian say, does he know where William is?" Polly asks frantically.

"He doesn't know his exact location, Polly, but Daniel should be able to locate these MI5 agents and so find William. Let me speak with Daniel again, my dear."

Apparently, there are four rogue agents in the MI5 who have been operating with Jonathan Miles for the benefit of the Phoenix Project members. So, after discussing them with Waverley, Daniel contacts MI5.

"Rupert, I have just been given some news that our son William may have been taken by MI5 agents that have gone rogue. Do you have any knowledge of agents operating outside of your control?"

"I understand that some four agents have been investigated, but I haven't heard anything more. It would appear they may have been available for hire."

"Do you know who they are, Rupert?"

"Yes, I have the names, Daniel. Come along to our headquarters and we will consider this further."

"I will come along straight away," replies Daniel.

After relaying his conversation to Polly, Daniel prepares to leave.

"I will come with you, Daniel. I have to know what is happening."

"No, Polly, it really is best if you stay with the children, they need you, and I am afraid that your emotions could jeopardise any operation to rescue William. Please understand, Polly, it really is for the best." says Daniel, holding Polly in his arms to reassure her.

Tears run down her cheeks as she becomes emotional both on hearing the news and for the closeness of her dear Daniel.

She knows he is right and she will stay with Richard and Susan, who have entered the study to be with Polly.

"Have you found William, Daddy? Please find him and bring him home," says Susan tearfully.

"We will find him, Susan, now you both stay with Mummy while I go and organise this search."

Polly clings to Daniel in the doorway and pleads with him to bring home their son safely.

"Bring him home, Daniel, please bring him home safely," says Polly as Daniel goes to his car and drives off into London and MI5 headquarters.

When he arrives, Conrad and his team are already waiting outside and they enter to be greeted by Rupert Hardy. His office is on the second floor and he has assembled many his men to be briefed by himself and Daniel.

"We believe that these rogue agents are probably holed up in the old tunnels that use to extend beneath the river, but have now been sealed. However, there are several tunnels leading off the main one and these lead to old maintenance storage rooms. It is a veritable warren, gentlemen, but we have identified the two most obvious ones that they would use, because they still have utilities, water and electricity, Daniel," Rupert asks Daniel to have a word.

"It will be difficult to get close to these tunnels if they are in fact guarded, but I don't think they will be, at least not until some way inside. So, we may be able to surprise them. And I do not believe there will be more than four of them with William. I do not need to remind you that his safety is most important, gentlemen, but we must take this chance, we may not get another. Thank you."

"Okay, now looking at this old map, the main tunnel entrance is about a mile away beneath some warehouses which are no longer in use. We will meet outside the entrance in about ten minutes or so."

The agents move out to the car park and drive off to the old warehouse entrance close to Lambeth Bridge. Daniel, Conrad and two other MI6 agents take the tunnel to the left of the entrance, while Hardy and the MI5 agents take the tunnel to the right. The tunnels are damp and murky with water running down the walls. Their torches give them just enough light to see rats scurrying everywhere as they head deeper into the tunnel. They listen for any unusual sounds when Daniel notices what appears to be alight coming from a room ahead with its door ajar.

"I think we may have found them, Conrad, keep alert," says Daniel as he removes the safety from his weapon. They move slowly forward and can see the doorway and hear voices, one of which obviously belongs to William. He is calling one of the men to task for not playing fair over something!

"You're cheating, I won and you cheated," Daniel can hear him say.

Then, suddenly, a man appears at the doorway, sees Daniel and fires at him before disappearing back into the room. Daniel and his colleagues rush in as the men push William to the floor and fire again, hitting Conrad in the arm, before Daniel shoots two of them with several shots as they fall to the floor, obviously dead from their injuries. The other two immediately surrender as William runs to his father.

"I knew you would come, Daddy, I just knew you would," he says with tears in his eyes.

"You are safe now, William, let's get you home," replies Daniel as he wipes away a tear.

William is dirty and unkempt, but otherwise he is unhurt. The others tend to Conrad as they take the two agents, at gunpoint back to the entrance where, having heard the gunshots, Hardy is waiting for them.

"How is he? Are you okay, William?" Hardy asks with concern.

"I am fine, thank you sir, just hungry."

"Take him home, Daniel, we'll talk tomorrow."

Daniel takes William home where he is greeted by Polly sobbing with tears of joy at the safe return of her son.

"William, are you all right, we are so pleased that you are safe and well," says Polly, hugging her son, tears of joy and relief run down her cheeks.

'I am okay, Mummy, but I'm starving, those men didn't give me much to eat."

"I will ask Mrs Browne to get you something, but first you must have a bath, you look terrible."

Polly follows William upstairs and runs his bath as he undresses. He stands in his underwear, waiting for Polly to leave, who smiles, realising just how much her son has grown up.

While William is in the bath, Polly calls Waverley.

"Hello, Bertie, it's Polly. William is safe and back home, please thank your friend and thank you for helping me find my son."

"I am delighted for you, Polly. Enjoy your time with him and I will see you again tomorrow."

William goes to bed early as he is exhausted. He has not slept in a bed since he was abducted and is very tired.

"I am so relieved, Daniel, I feel as if a great weight has been lifted from us and we can continue pursuing the members of the Phoenix Project again," says Polly as she lays by Daniel's side before kissing him goodnight.

The following morning, William is much better for his rest, but Polly decides she will keep him off school for next couple of days. He has had a terrible ordeal and the rest will do him good.

"You can come along with me this morning, William, and meet with Mr Waverley. He gave Daddy and me information that led to you being found yesterday."

"I'm very pleased to meet you, Mr Waverley, thank you for helping Mummy and Daddy find me," says William when Polly takes him to meet Waverley.

"You're very welcome, William, I was pleased to be able to help. Your Mummy and I have become close friends recently, so it is nice to meet with you at last," says Waverley, delighted that Polly has seen fit to introduce him to her son.

He sees it as a sign that she is accepting him into her life on a permanent rather than a temporary basis.

"Mummy says that you worked with my grandpa during the war."

"Yes, that's right, I did; we worked together until he successfully broke up the criminal gangs that were operating in what was known as the 'black market'."

"And now you are helping Mummy and Daddy in their work?"

"Well I am trying, William; the men Mummy and Daddy are pursuing are very dangerous and your parents need all the help they can get. I know of some of these men and am hoping I can help put them away.

"Did you ever meet Mummy when she was my age, Mr Waverley, when she met Daddy?"

"I'm afraid not, William, I only worked with your grandpa in London, but I do know a little bit about what happened to your Mummy during that time and, as I mentioned, I have become very close to her while she has been helping me recently. She really is a very special person, William."

Polly has been busy making Waverley some lunch while he has been talking with William and notices just how well they are getting on together. She realises that Waverley is becoming more than an acquaintance in her life and now her family also. So, she will continue to divide her time and her emotions between Daniel and this man who has become a part of her life over the last few weeks. It is not affecting her love for Daniel in any way but forcing her to accept that he has shown her something that she may not want to be rid of when the trial is over. She is beginning to enjoy what he is giving her; his demands being replaced by enjoyment.

The next day, Polly collects Waverley from the hospital after his injuries have been looked at by the doctor.

"Mr Waverley still has some way to go, Mrs Bottomley. One of his ribs is taking longer than I thought so I have applied some more strapping. The break to his arm is healing well and we can probably remove the plaster next week. His wrist will take a little longer, but he seems to be coping well, you have obviously been looking after him."

"I have helped where I can, Doctor, with his meals, washing and so on."

"Well, take good care of him, he took a fearful beating and I wonder just how long the mental scars will remain. He must be very resilient for his age, because a beating such as that could have killed him."

Polly ponders on the Doctor's comments as she drives Waverley home. She is under no illusions of the demands he will continue to make on her and hopes that the trial will not be too far away. However, she must admit that his demands are no longer upsetting her, in fact quite the opposite.

"Thank you for bringing me home, Polly, I really do not know what I would do without you."

"Let me go and make us some tea, Bertie."

"Can we wait for the tea, Polly, I need to be with you for a while," he says as he leads Polly into his bedroom.

"Really Bertie, you are becoming incessant in your demands. Don't spoil what we have by being too demanding of me please! I must get back to my son. I will make you some lunch and bring you dinner later."

"Of course, Polly, I understand, I just so want to have you for myself, my dear," he says as he returns to the sitting room.

182

Polly prepares his lunch and leaves to spend the afternoon with William, who is curious about Waverley and his mother being so keen to help this man whom she barely knows.

"Mr Waverley has no family or anyone who can help him, William. He took a fearful beating from the men Daddy and I were pursuing when they found out he was to testify on my behalf and then said he will do the same at the conspiracy trial. So, we are indebted to him in a way and I felt I should help him until he is able to fend for himself. You do understand that, don't you?" asks Polly, almost wanting her son to endorse what she has been doing with Waverley.

"Of course, Mummy, I think Mr Waverley is very lucky to have someone like you to help him. He is very fond of you, that is obvious," comments William, making Polly ponder just what he may be thinking about his mother and Waverley.

Polly, meanwhile, talks at length with Daniel about the trial details and suggests they sit down with Pam as soon as possible to see what they have. Then after dinner, she takes a meal back to Waverley; Daniel suggesting that she sits with him for a while.

"He must get very lonely and probably a little apprehensive after what happened to him, Polly."

She is thinking over what Daniel has said when she knocks on his door and enters using her key, which Waverley has given her.

"My dear Polly, I was beginning to miss you, I do so miss you when you are not here," he says, kissing her affectionately.

"I came as soon as we had dinner, Bertie," says Polly, as she puts his dinner on the table.

He must have been hungry because by the time she has made tea, he has almost finished eating. They sit drinking tea for a moment, a little tense since both know what is going to happen next. Polly gets up from the table and goes with him to the bedroom. They kiss passionately as Polly removes her clothes down to her underwear and does the same for Waverley.

"I even have to undress you, Bertie!" she says with a smile.

"You think of everything, my dear Polly."

She turns to him kissing him passionately, aware that she may be developing feelings for him from the time they are spending together. She enjoys the feel of him and knows that he will not finish quickly this time. She looks at him and smiles, realising that she is beginning to respond to their liaisons. She does not know how she should react, but for the moment, she just enjoys the liaison and responds to his movement inside her.

"You are getting much better at this, Bertie."

"You make it so wonderful for me, Polly," he replies as he holds her tenderly, then kisses her passionately.

Finally, he lets out a cry as he finishes and lies on top of her, gasping. Waverley is 69 years old and his body has never experienced the physical exertions of the last week or so. Polly lies with him for a while, reflecting on what has happened, before dressing and going into the lounge.

"I have a lot of work with Daniel over the next week or so, Bertie, but I will still take care of you as much as I can. But we will not necessarily have a physical liaison every time I visit, you are putting a strain on me that I am finding difficult to cope with. I love my husband very much; can you understand that?"

"Yes, I understand, Polly, and I know you will care for me as you see fit. Just seeing you is satisfying enough for me, my dear."

Polly drives home in turmoil, her emotions telling her that she has allowed herself to become too attached to this man and now seek solace with him. She admits to herself that she has developed some physical attraction for him. Being so much older, he touches and feels her differently to Daniel, and his lovemaking is becoming more enjoyable. What she cannot understand is how she has allowed her emotions to get so out of control that she finds herself looking forward to their liaisons. She still loves her husband and nothing will change that, but suddenly she finds a need for Waverley in her life.

Now that William is safe back at home, Polly and Daniel put all their efforts into finding the Phoenix Project members so that they can present the evidence needed for the conspiracy trial. They locate some of the members but Jonathan Miles continues to give them the slip.

"We have to see if Pershore and Wetherby can give us any ideas on how to locate him, Daniel. Do we have enough information to hold them in custody?"

"I would hope so, Polly; they will be questioned over the next few days. I can only sit in on the interviews, which will be conducted by MI5. They may also want to interview Waverley and seek some bond from him to make sure he does not abscond."

"I doubt very much whether he will leave, Daniel. He has been a help and wants to continue to be a help to our investigations," replies Polly, sure that he will not be going anywhere while Polly is visiting him. And his plaster is due to be removed at the end of the week, so Polly will be taking him to the hospital. She does take William to visit him again in the meantime, and Waverley is delighted to see him.

"I hope you have recovered from your ordeal, William. Your mother was terribly worried about you," he says while Polly is making tea.

"Yes, thank you, Mr Waverley, I'm fine now. I knew Mummy and Daddy would find me, but it was a bit scary for a while."

Waverley has become very attached to William, whom he sees as the grandson he has never had. He is very appreciative of Polly bringing him along to see him, even though he appreciates that she may be using him as a distraction. However, despite that he is always delighted to see this young woman who has brought so much joy into his life.

Polly goes and collects Waverley the next morning to have his plaster removed and let the doctor assess his injuries. There is still some concern over his ribs taking so long to recover, so the strapping will remain for the time being. However, his arm has fully recovered and his wrist only requires a crepe bandage for support.

"Is he on the mend, Doctor?"

"He will still suffer some discomfort from his ribs for a while and his wrist will require support for a little while also, but he is recovering well, Mrs Bottomley. I must say that his demeanour is very good considering the beating he took. You must be good for him."

Polly smiles at the doctor's comment, *Yes, I must be good for him!* she thinks to herself.

"I cannot thank you enough for what you have done for me over the last few weeks, Polly, I really am grateful. Perhaps when everything has calmed down, I can take you and your family to dinner to say thank you."

"That would be very much appreciated, Bertie," says Polly as they arrive back at his flat around lunchtime.

"Now, you do know that you will shortly be interviewed by MI5, Bertie?"

"Yes, I guessed as much, Polly, but I am fully prepared."

"You must also be prepared that they might want to place you in custody; however, I have spoken with Daniel and said we will stand surety if necessary. I don't believe you are a flight risk, Bertie!"

"My dearest Polly, while I am enjoying your company, I have no intention of going anywhere."

"Yes, I that's what I thought, now shall I get you some lunch."

Waverley takes Polly's hand and kisses her on the cheek, leading her to his bedroom.

"My dearest Polly, I do so want you at this moment."

"My God, Bertie! I have actually missed you!" she blurts out as she kisses him passionately.

She has no idea why she said it, but she suddenly realised that she is getting pleasure from her liaisons with this man.

"Polly, my dear, that is the most beautiful thing I have ever heard," he replies as he moves on Polly and responds as she pulls him onto her. She revels in his touch, his smell and the feel of him inside her and grasps hold of him tightly, enjoying their union. Despite having had three children, at 34 years of age, Polly is quite immature regarding relationships with men. Waverly, with all his maturity of years, has been able to exploit this whilst finding himself becoming more and more attracted to her. She is a beautiful woman who is now giving herself completely to him, and he revels at being so fortunate. She has brought something to his life that he has never had before even through all his years of marriage.

"Stay with me, Bertie, please stay with me," says Polly.

On her way home, Polly ponders the dilemma she finds herself in. She has indeed just enjoyed what has happened and actively encouraged their bouts of lovemaking. Waverley has also brought something into her life which she is struggling to explain, and this from a man who is older than her father!

For the remainder of the week, Daniel makes every effort to find the whereabouts of The Phoenix Project members and especially Jonathan Miles. Taking him into custody is of paramount importance since Daniel believes that he holds the key to the conspiracy.

"He has all the information we need, Polly. He has orchestrated the trouble at the student rallies, and he was responsible for arranging the assault on you at the LSE. And I believe he probably arranged for Penny to be attacked also. We simply have to find him."

"And I am sure that he organised the brutal attack on Bertie, Daniel," says Polly, recalling the terrible beating he took.

"We will keep looking, Polly. Meanwhile, we hope to get the members of the Phoenix Project in custody shortly. They may be able to shed some light on where Miles is hiding out."

186

"Well, the sooner the better, Daniel; they may well have some idea where Miles is, especially Templeton. Miles was very much his enforcer in everything that has happened."

"I agree, so I will authorise the arrests as soon as we know their whereabouts."

Unfortunately for Polly, circumstances will determine the whereabouts of Jonathan Miles very soon as she will find out to her cost.

Polly always enjoys a day on her own, it gives her time to think and do jobs which normally would be left. Mrs Browne is away for a couple of days, so Polly has been taking the children to school before the agents escort her into her office as required. Today, there is no need for her to go into the office, so she will enjoy the day at home. She has just finished making tea after returning from taking her children to school, when the doorbell rings. Polly opens the door to find Jonathan Miles standing there. He pushes her inside, then grabs hold of her tightly.

"Mrs Bottomley, I understand you and your husband have been looking for me. Well come along, you can tell me all about it," he says as he half drags, half pushes her up the stairs.

"What do you think you are doing, Jonathan, get out of my house!" Polly screams at him.

They reach the top of the stairs and Miles grabs Polly by the hair and asks her, "Which room is your bedroom, Mrs Bottomley? I guess it is this one. This is where I will have you. This is where I will finally have what I believe is mine," he replies as he pushes Polly inside and shoves her down on the bed.

"Why can't you learn to stop meddling, I have given you chances and warned you, but you continued to meddle and now you are going to pay for that. Do you enjoy being hurt? I hope so because that is what I am going to do to you when I have finished, Mrs Bottomley. You are going to pay the price when I have had what I want. Do you have any idea how much trouble you have caused my colleagues and I?" he says as he moves towards her menacingly.

Polly is almost petrified with fear as she screams at Miles.

"You stay away from me, you will pay for this intrusion into my house," she says as Miles grabs her and slaps her hard across her face, before he rips open her blouse, fondling her roughly, before pulling hard at her skirt, causing the zip to burst. Polly desperately fights to stop him as he strikes her again, pulling at her skirt.

"Keep still, you stupid woman, you are going to get what is coming to you so there is no point in resisting me. I am very good at hurting women, Mrs Bottomley; in fact, I quite enjoy it. And believe me, I will especially enjoy hurting you!"

Miles yanks off Polly's skirt, then rips her slip as she tries desperately to stop him, twisting and turning, hoping to prevent him from doing what he intends. Miles squeezes between her thighs, trying to force himself on Polly, who continues to fight him off, kicking out at him but beginning to tire from her efforts.

Miles grabs her hair as he kisses her crudely trying hard to have his way. He has managed to get her skirt off and has torn her pants, but Polly is determined that she will not let him take away from her that which is so precious and kicks and punches him as he tries to pin her down as he fumbles with his own clothing.

"You may as well lie back and enjoy it, Mrs Bottomley. I will have you, I promise you that, and we are going to be here for some time."

He has torn off Polly's skirt in his frantic attack and is desperately trying to couple with her, while she kicks and writhes beneath him.

By now, he has managed to remove her underwear and he is aroused, knowing she will soon be his. In fact, she is all but naked from his frenzied attack.

"Keep still, you bitch! Stop moving about, you cannot stop me and when I have finished I will kill you, do you hear me?" Miles screams, slapping her face hard as he moves on top of her.

Polly can feel him against her as he desperately tries to push her legs apart and again slaps her hard hoping to distract her. By now, they are all but coupled; Miles on top of her and Polly with her legs forced apart. She can feel him close to her as he pushes himself against her thighs and breathing heavily in anticipation.

Fighting desperately, she manages to free her arms and pulls at his hair, before scratching him deeply across his face. As Miles recoils in pain, she manages to push him off her, kicking him as he falls to the floor. She dashes over to the dresser where she keeps her pistol, aims it, and shoots him at point blank range, once in the chest and at the top of his thigh.

"My God! You bitch! You've shot me!" he yells as he struggles to get to his feet before falling to the floor.

Despite the man's actions towards her, Polly goes to his aid.

"Keep still, you fool, or you will bleed to death, I will call for an ambulance. Here, press this against your chest wound," urges Polly, handing him her gown from the bed.

Miles is now in some distress from the bullet wounds as Polly, virtually naked, dashes downstairs and calls an ambulance. Then, she calls Daniel before returning to Miles, who has almost lost consciousness. She quickly puts on what's left of her underwear before going to Miles, who is bleeding heavily from his chest wound.

"Don't fall asleep, Jonathan, you must stay awake. Do you hear?" she says, shouting at him.

"What do you care if I die, Mrs Bottomley?"

"Because I want you to stand trial for what you have done to me and for your part in whatever plot is being hatched by your colleagues, so I will do everything I can to keep you alive," Polly replies pressing a towel against his chest.

She has his blood over her legs and some on what is left of her blouse. She is a mess from Miles' action towards her, but she stays with him. The wound to his thigh is obviously giving him pain so she dares not try to move him, but does manage to prop him up against the wall. Finally, after about fifteen minutes, the ambulance arrives and the officers set about treating him before they dare move him.

"You did the right thing not moving him, Mrs Bottomley; you probably saved his life, in fact."

They are still working on him when Daniel arrives.

"Daniel, thank God, you are here, he tried to…I thought he would..." Polly collapses, sobbing with relief at seeing Daniel. He is visibly shocked at seeing the mess she is in and hold her close to comfort her after her terrible ordeal.

"Come along, Polly, it's okay now, you're safe; let's get you cleaned up before the police arrive," he says as he takes Polly down to the bathroom.

She is covered in Miles's blood and her clothes are in tatters.

Daniel helps her remove what is left of her underwear and ripped blouse and suggests it might be best if she has a bath. She soaks for about a half hour, before she dresses and goes downstairs, then makes some tea and brings it through to the sitting room just as the police arrive.

"I know this must be difficult for you, Mrs Bottomley, but can you give us a brief statement of what happened please?"

Polly outlines briefly what has happened, with Daniel's help, struggling at times recalling Miles's behaviour towards her.

"His attentions were made obvious to me, Chief Superintendent. After he had finished having his way, he was going to kill me," Polly recalls tearfully as she holds on to Daniel.

"He said that, Mrs Bottomley? That he was going to kill you?"

"Yes, he did and I am quite sure that he would have carried out his threat, the man is a psychopath."

"And yet you probably saved his life after you had shot him?" the officer comments with surprise.

"Well, I couldn't see him bleed to death, Chief Superintendent. But I do want him to pay for his crimes eventually."

"I find your wife's actions quite extraordinary Daniel, she really is a very special person," the Officer comments.

"I agree with you on that, Joe," replies Daniel to the officer, who he has known for many years.

"Well thank you, Mrs Bottomley, that is all for now, we have more than enough to charge Miles with."

"Just to let you know, Joe, I will have two men guarding him while he is in hospital. I don't want any of his colleague getting to him. He will be a key witness in the conspiracy trial that is being prepared."

"Whatever you think best, Daniel, I welcome any moves to keep him safe for any pending trials."

And with a final goodbye, the Chief Superintendent leaves Polly and Daniel alone. Polly sits by his side for a while saying nothing just holding on to the man who is so special to her, before she turns to him.

"We have to clean up the mess in our bedroom, Daniel. Will you come with me please?"

They go up to their room, which is indeed a mess. There is a lot of blood on the carpet and on some of the bed linen. They decide that the carpet will have to be replaced, as will the bed linen, and all the clothing that Polly was wearing during Miles's attack. Polly will choose a new carpet when time allows so for the moment, it is rolled back to the wall so that the bloodstain is not visible.

Finally, they settle down for some lunch and go over what will happen over the coming days.

'I think it may be an idea to go and visit Miles, Polly, he is in no position now to do anything other than cooperate; and he must know where some of the members are."

"I want to come with you, Daniel."

Daniel is astonished by Polly's request after what the man did to her and questions whether it is a good idea.

"Are you sure, Polly, this man tried to rape you and told you he would kill you and now you want to visit him in hospital!"

"I know it sounds strange, Daniel, but I want to face him and make him see that he cannot win. I want to look him in the eye and tell him of my contempt for him, can you understand that?"

"Well I think so, Polly, you are indeed a special person," he replies as he holds her close to him.

So, two days after his vicious attack on her, Polly goes with Daniel to visit Miles. Despite an armed guard, there is an assassination attempt on him by Pershore and Summers whilst Daniel and Polly are with him!

Two men convince the agents to let them in when Polly and Daniel are with Miles, hoping that without his evidence the conspiracy trial will collapse. Daniel manages to grab Summers and wrestles him to the ground, while Polly fires at Pershore as he reaches for his gun, hitting him in the chest. Polly has again saved Miles' life despite his attack on her.

"I find myself in your debt again, Mrs Bottomley, although I must confess I am unsure why you are here," Miles says.

"Daniel and I wanted to make certain that you were being closely looked after. We are both anxious that you are well enough to stand trial when the time comes, Jonathan. Believe me I feel nothing but contempt for you after what happened, but I am determined that you and your colleagues will pay for your actions."

'Yes, I understand, Mrs Bottomley, but the trial is a way off yet and anything might happen. For now, thank you, but I have nothing more to say."

The Phoenix Project members were hoping to silence Jonathan Miles so that he could not testify against them. The attempt on his life was not very well organised, signalling the panic that has set in. With Bertram Waverley's testimony already logged, the net is closing around them and they have nowhere to go and no one to turn to for assistance.

In the meantime, Pershore and Summers are taken and held in custody by the police, closing the net ever tighter.

Over the next few days, Daniel begins putting in place all that they will need for the conspiracy trial to commence. Miles is formerly issued with an arrest warrant while he is still in hospital, and he is given added protection by the security services. His testimony is vital to the conspiracy case and Daniel makes every effort to ensure that no harm will come to him while he is recovering from his gunshot wounds.

The three bogus police officers are located and arrested, as are the men involved in the assault on Polly at the LSE, whilst some of the men involved in the escalation of violence at the student rallies are also arrested and held in custody. Waverley too is questioned and bailed to appear before magistrates later, on consideration that he will give evidence for the Crown.

As a precaution, he is also given police protection until the trial is over. Two officers will be stationed outside his flat block and vet any callers.

"It is for your protection, Bertie, I insisted that Daniel arrange it for you. Whilst we need your evidence, I cannot let anything happen to you, you are too important to me now," says Polly, who has gone along to see Waverley to tell him of the protection that he will be given until the trial is over.

"My dear Polly, you make an old man very happy when you say that and thank Daniel for his consideration also," he says as he embraces her.

"You have become part of my life over the past few weeks, Bertie, and I want that to continue. I care for you very much and cannot allow anything to happen to you," replies Polly as she kisses him passionately.

Waverley responds, hoping that they will make love while Polly is here.

"I have to talk with you first, Bertie, please," she says as she resists his moves and sits down on the sofa.

"Daniel needs to find out where the Phoenix Project members are hiding, we have Pershore and Summers in custody after their attempt to kill Jonathan, who we also have in custody in his hospital bed. But we really need to find the rest namely Templeton, Sir Ian Williams, Wetherby, Lord Barton, Walter Faversham and the Colonel, can you help us?'

"I will do what I can, my dear, I am sure that Jonathan will know where Templeton is hiding so perhaps I should pay him a visit. Miles Templeton was the driving force behind the Phoenix Project and he will be key to your conspiracy trial," Waverley replies.

"Would you, Bertie? Thank you so much," says Polly, holding him to her then gets up from the sofa and leads him to his bedroom.

"I have missed you, Bertie. I know I shouldn't have, but I have missed you so very much," she says as she sits by him on his bed.

Polly is unsure why she said that, but being honest as she always tries to be, she merely tells Waverley what she is feeling.

"And I have missed you too, Polly," he replies as he leans towards her and they embrace.

Polly undresses and gets into his bed waiting for him to join her as she pleasures him. She is getting use to the feel of this man and enjoys his gentle touch. He has a way of fondling her, which is so different to what she has experienced, and it excites her as kisses her with a new-found passion slowly moving down her body. This is new to Polly, who has never been touched like this before.

"My God, Bertie! You are full of surprises," she says a she is writhing with pleasure at what is happening to her. This man seems to be able to introduce so much more into their lovemaking.

"My dear Bertie, you amaze me with your stamina, I am exhausted," she says when they are finished.

"I am rather tired myself after that, Polly," he replies, smiling as he clasps her to him in a firm embrace.

Polly wants more of this man, who has found so many ways of pleasing her and she slides beneath him anxious to couple again and enjoy the pleasure of his gentle touch.

"Polly, my dear Polly, I love you so much!" Waverly blurts out when he finishes. Polly is stunned at what she has just heard.

"My dear Bertie, what did you say?"

"I have fallen in love with you, my darling Polly, being with you, our lovemaking, it has become so much to me. I am so sorry to have blurted out my feelings, but now you know."

Polly turns and kisses him affectionately.

"My dear Bertie, I am flattered and surprised at what you have said. To hear your feelings for me in that way is a wonderful compliment and I do care for you very much, you know that."

Waverly is beginning to tire from this long period of their lovemaking but does not want to stop, fearing it may be sometime if ever when he can enjoy her again.

Polly, for her part, is enjoying this newfound passion as she urges Waverly on, writhing beneath him. Their lovemaking is especially tender, and Waverley is learning to prolong their coupling, giving Polly extra pleasure.

At his age, passionate lovemaking takes an enormous amount of effort, but Polly makes it so easy for him. His feelings for her give him the energy and drive needed to prolong the enjoyment, which they are now both getting from their lovemaking. Afterwards, they lie in each other's arms, Polly in her usual turmoil over what she is doing and Waverley not really being able to comprehend what he has done to deserve this beautiful young woman, but for now both savour the moment. Finally, Polly gets up from his bed, gets dressed and goes into the sitting room. She makes some tea and then leaves for home, telling Waverley to contact her if he can find the whereabouts of Templeton and the other missing members.

After their long period of lovemaking with Waverley, Polly too is exhausted. She drives home trying to come to terms with what is happening to her. The conspiracy trial is almost ready to begin and she has a lot of work to be done, but she is struggling with her life at the moment because of how it has been affected by her relationship with this man. She knows that she should endeavour to see less of him, especially when the trial is over. But in her heart, she also knows that she will want him to remain a part of her life, not being with him is now almost unthinkable. But how can she think that way with her love for Daniel so much a part of how she feels? She cannot comprehend what has happened to her, so for the moment is almost relieved that she has so much to focus on.

Jonathan Miles is somewhat surprised when the door of his hospital room opens and Waverley steps inside. He does not know the man very well, only that he has contributed financially to the Phoenix Project.

"Waverley, what on earth are you doing here?"

"Jonathan, how are you; I understand you have had other visitors recently?"

"You heard then, Templeton would have me dead with the information I have. I despise the man for what he has done."

"But are you really surprised, Jonathan? He was just using you for his own ends; I'm sure you knew that?"

"Yes, well, the security services are taking good care of me, so I should be okay to stand trial and give evidence.

And you have Mrs Bottomley to thank for saving your life despite your trying to kill her and then again when you were attacked here in hospital."

"I have to admit I misjudged that woman, Bertie; her behaviour towards me has been astonishing given what happened."

"She is a remarkable young woman, Jonathan."

And you made it quite clear that you cared for her from the beginning," comments Miles, smiling.

"Her father was a close friend of mine during the war years Jonathan and I made it my place to make sure that nothing happened to her," replies Waverley, anxious that Miles does not read anything into his relationship with Polly.

"Well, anyway, why are you here, Bertie? I'm sure you want to know more than just how I am?"

"Templeton, Jonathan, where is Templeton? I am most concerned what he may have planned for Polly. You must have some idea where he might be. He confided in you."

"I may be able to help you, Bertie, but understand I know nothing of his plans for Mrs Bottomley. And if I tell you his whereabouts, perhaps you will make sure that the Crown is informed."

"I will pass on any information that you give me to the security services, Jonathan, but I am sure Polly will make sure they will know of your cooperation. It was she that suggested I call on you."

"Really, so you have been seeing her then, Bertie?" says Miles with surprise.

"When Templeton set his thugs on me, it was Mrs Bottomley who cared for me, got my meals and did everything for me, Jonathan. Without her assistance, it would have been difficult for me to have recovered so completely from the beating I suffered, so yes, I have been seen by her, Jonathan. Without her care, I would surely not be standing here."

"It would seem we both owe her, Bertie, now I believe that Templeton has a cottage in Chepstow in Monmouthshire. He enjoys going racing there from time to time. I am not sure of exactly where it is but he would be easy to find. I would guess he is well-known in the area, he is the sort of man that gathers people around him. Once you have him, you should have no trouble locating any of the others. The Colonel may be more difficult to locate however, but the security services will have contacts in the military. Not sure about Lord Barton either, the aristocracy have a way of closing ranks."

"I will pass that information on, Jonathan, now have you no idea what Templeton may be planning for Polly? I really am most concerned about what he may do. He is becoming desperate."

"I give you my word on that, Bertie, but I will make some calls and see what may be happening. Now if you wouldn't mind I would like a nap, but thank you for calling," says Jonathan Miles.

"Well, thank you for the information, Jonathan. Good bye for now," says Waverley.

He was hoping that Jonathan may have been able to have shed some light on Templeton's plans for Polly, but it was not to be and his concerns will soon prove to be well-founded.

Chapter 8

Waverley contacts Polly and passes on the information about Templeton as soon as he arrives back in his flat.

"Thank you for that, Bertie, I will inform Daniel immediately. We have to get Templeton before he does any more damage."

"You be careful, my love, I couldn't bear it if anything were to happen to you," replies Waverley with concern.

"Nothing will happen to me, Bertie, and I will be able to spend time with you again shortly, I hope."

But Polly's fortunes take a severe turn for the worst the very next day outside of the Home Office.

"Mrs Bottomley, this is the reception here, there are two MI5 agents asking for you."

Polly goes off to reception, fearing the worst.

"What is it, I am Polly Bottomley."

"I'm sorry, Mrs Bottomley; we have been asked to collect you right away, there has been an incident involving Mr Bottomley."

Polly leaves immediately with the men, then, when it is too late, realises that if it were to do with Daniel, then she would have been contacted by MI6 and not MI5 agents. She is driven a short distance to MI5 Offices, but is not taken inside but to an adjacent building, which appears to be an underground car park. She becomes apprehensive as the car is driven deep inside what appears to be a long tunnel, before stopping next to a doorway. She is taken inside and confronted by two men.

"Mrs Bottomley, despite repeated warnings, you have continued to meddle in our affairs. You have been given every chance to cease with your investigation, now you leave us with the only alternative left. I am sorry it has come to this but we must know just exactly what you have uncovered and you will tell us, believe me. No one will find you here because no one knows of its existence save for a small number of my colleagues. Most people interrogated here are disposed of anyway so you will simply disappear eventually. Understand me, Mrs Bottomley, this trial will not go ahead and you, madam, will soon be disposed of if you do not cooperate."

"I will tell you nothing, and believe me it is you who will pay for your deeds."

Two more men enter the room and roughly handle Polly as they remove her clothing and underwear. She struggles desperately but it is of no use. They then tie her to an old bedstead, which has its mattress half on the floor and half on the bed.

"I thought you would have learned your lesson when my men dealt with you recently at the LSE. My colleague will give you something to make you sleep. It won't make you sleep now and it will make you dream the most horrifying dreams imaginable. You will want to sleep, but the drug will only let you drift into a state where your worst nightmares become real. So, for now, sweet dreams, Mrs Bottomley," he says as all four men leave Polly in the cold dark room.

Polly sobs in despair and desperately tries to free herself as she slowly appears to lose consciousness. She has not been asleep for too long it seems when she hears the scuffling sounds and senses movement across the stone floor.

Then, when the squeaking noises start, Polly's worst nightmare begins to unfold. What she can hear is rats running across the floor. She screams when she realises that they are biting at her bare feet, when suddenly they have run up her legs using the old mattress as a ramp, and are on her lap nibbling and biting her between her legs. There seems to be dozens of them running all over her body, biting her, then suddenly they all disappear. There are no rats—it was all a dream.

Then, she hears footsteps, as men enter the room and beat her with canes. Polly screams in pain as the canes bite into her flesh. She cannot see how many men there are because of the darkness, but the pain she feels from the blows is terrible and she knows that she is bleeding badly. Then they stop and leave the room. She is sweating from her fear at what is happening to her, when suddenly she hears a voice, which chills her to her bones.

"Hello, Mrs Bottomley." It is Barinov, but how can it be, he is dead. Polly shot him six years ago, but no, he is here and he fondles her, preparing to have his way.

"Mrs Bottomley, wake up!"

Polly wakes to see one of her captors standing over her. It was all a dream after all.

"You seem to be sweating heavily, Mrs Bottomley, so we are going to give you a bath."

Two men pick her up from the old mattress and take her to the room next door where there is a large bath full of water.

"As I said, Mrs Bottomley, we are going to give you a bath, several baths in fact, enough to make you not want to never bathe again."

Two of the men pick her up and throw her into the bath of icy cold water. She is taken out and put back in several times, gasping for breath at the coldness of the water. Whilst she is in the bath, she is held under for varying periods of time so that when the men are finished, she is completely exhausted. Finally, they stop and throw her a dirty old towel. They then take her back to the room and give her another injection, before they push her down onto an old mattress and tie her hands behind her back.

"Now, you will be left for my men to take care of you, Mrs Bottomley. They specialise in hurting people and are especially brutal towards women. When they have finished with you, you will be begging to tell me everything you know."

Polly begins to feel drowsy, his words echoing in her mind. What will happen next? Then, she becomes aware of the men in the room who begin to fondle her roughly before pushing her legs apart and seriously sexually assaulting her. She cannot believe what is happening to her, as the men carry out despicable acts of depravity and she is soon bruised and battered, yet still they carry on, becoming almost frenetic in their actions. Each man violently assaults Polly while she is held down on the mattress and she is soon barely conscious from the assaults. She screams and desperately tries to escape, but she is no match for them as they continue to abuse her, taking turns to brutally assault her. "I wish I was dead!" she screams and is suddenly aware of someone slapping her face.

"Mrs Bottomley, wake up you are becoming hysterical, it's time for some tea and I have also brought you some clean dry clothes."

Polly looks up and sees a table with tea and scones; and she is handed clean underwear and a skirt and blouse to put on. Once again, she realises that it was all a dream since she has no marks on her. It is obvious that nothing has happened at all. Whilst she is relieved that nothing has in fact happened, her mind is tired of being subjected to highs and lows and she feels very tired and weak. The treatment handed out to her is designed to make her susceptible to suggestions and so become more cooperative. Already, Polly is becoming confused by her treatment as it swings from brutality to offering her clean clothes and food. She is trying to come to terms with her confusion when, after about half hour or so, one of the men returns.

"Now, Mrs Bottomley, I hope you enjoyed your tea, it's time for another injection now."

Polly falls into a deep sleep and this time the reality of the situation is more vivid than before. The men have Daniel and they are torturing him to get the information about Polly's whereabouts. He is strung up and severely beaten until he is unconscious. The images are very real and Polly can clearly see the terrible wounds on Daniel's back as the men beat him with whips. She is in the room and witness to his terrible ordeal.

"For God's sake! You'll kill him! I will tell you everything, please stop hurting him please."

Polly is hysterical with fear for Daniel's life and suddenly begins to feel cold and starts to lose sight of Daniel. It's as if he is a ghost, not really with her at all.

"Now, Mrs Bottomley, will you start telling us what you have presented to the Crown? Listen to me very carefully. We intend to get this information from you whatever it takes."

Polly is struggling to come to terms with what is going on is it real or is it all imaginary? What will happen to her if she gives them the details they require? Is she asleep or awake? These men will surely dispose of her eventually anyway whatever she decides.

Pamela was with Polly in her office when she received the call from reception and when she fails to return she goes to find out what is happening. Not being sure, she decides to call Daniel, who immediately realises she has been abducted. The trial is all but ready to go ahead and the main Crown witness, his beloved Polly, has been taken.

"Thanks, Pam, I'll come down straight away; let's see if the receptionists can give us any more details."

The receptionist is very upset about what has happened but can only give a very general description of the man who asked for Polly.

"I am so sorry, Mr Bottomley," she says with tears in her eyes. Daniel reassures her that it is not her fault before going back with Pamela to the office where he contacts Conrad.

"We have no idea who they were Conrad and they really could be anywhere by now," says Daniel with concern in his voice.

"We will find her, Daniel, I promise. Now, let's pull in Templeton now that we have his whereabouts and see if he knows anything. I suggest you go home and wait by the phone, in case you are contacted."

Daniel agrees that would be best and goes home, frantically trying to determine what might have happened to his beloved Polly. He has barely finished consoling the children when the phone rings. It is Waverley.

"Mr Bottomley, Daniel, I believe I may have some vital information for you about Polly, do you think you can call round as soon as possible."

"I must stay here, Mr Waverley, in case I am contacted. If you have some information, please come around as soon as possible."

Waverley duly obliges and calls on Daniel about half hour later.

'Please come in, Mr Waverley," says Daniel as he shows him towards the study.

"Hello, Mr Waverley, please help Daddy find Mummy," a tearful William says going up to him.

"Don't you worry, William, Daddy will find Mummy, I promise. Now, I must talk with him most urgently," he says as he follows Daniel into the study. As soon as the door is shut, Daniel asks Waverley how he knew about Polly.

"I had a visitor about an hour ago, Daniel, Colonel Pitt. He told me of his intentions to surrender to the authorities and that Polly had been abducted. He was aware that I was looking out for her and knew her father and I believe he now realises that the Phoenix Project is very much a lost cause."

"Yes, Mr Waverley, but how did he know of the abduction?"

"Because he had been with Templeton, Pershore and Sir Ian when it was discussed."

"And how soon will he hand himself in, do you think? The sooner we begin questioning him, the sooner we find Polly."

"That's just it, Daniel, he told me where they would most likely be holding her. He knew how much I would want to help so gave me all the details. I have written everything down. You need to get your men together and go now and get Polly."

"You are a remarkable man, Mr Waverley. When I first met you, I could willingly have killed you for what had happened between you and Polly. It is now obvious that it was completely out of character. You make it clear that you care for her very much and I appreciate that. When this is all over, we will talk more of this. In the meantime, my house is your house. Would you stay with the children while I go and arrange a rescue operation?"

"Of course, Daniel; I will take good care of them, now off you go and get your wife."

The old warehouses are close to the Thames not too far from the tunnels used to hold William by the rogue MI5 agents. They are much more accessible since there are many roads surrounding them and they can be observed from flat rooftops. Daniel and Conrad have twenty men for the operation. They are obviously unsure how many will be watching Polly, but must assume they will be prepared for any rescue attempt.

According to the details supplied by the Colonel, some of the warehouses are linked by large doors so that they can be made into smaller or larger areas depending on the requirements of those using them.

"We will have to leave the vehicles a little way away, Conrad, and proceed on foot. We cannot risk daylight so will have to wait until dark. I suggest that you take half the men and approach from the riverside and I will head from this side. Conrad, you select three of your men and yourself and concentrate on getting Polly if you are in the best position to do so before me. Because we are literally going in blind, I may encounter more resistance than you so we must have a contingency plan to rescue Polly whatever happens, do you understand?"

"Perfectly Daniel, I reckon it will take us about ten minutes or so to locate which warehouse Polly is in. You should be there first, but as you say because you are going in the front entrance, you will probably encounter more resistance. Good luck, my friend."

"Thank you, Conrad, and remember all of you we are here to rescue Polly, I am not interested in taking any prisoners," says Daniel with a degree of menace in his voice.

"Come along, Mrs Bottomley, we have been very patient with you but now is the time for you to tell us what we want to know. We know you have spoken with Jonathan Miles. We hoped to eliminate him, but again you foiled our attempt. You really have become a menace. Now, we also know that you have recruited Waverley. Templeton should have eliminated him when he spoke of knowing your father and formed an attachment to you. Your husband has posted a guard on him, so all we have left, Mrs Bottomley, is you and my God, we will stop you one way or the other. We must find out what you have before we get rid of you."

"You are going to kill me anyway, so I will tell you nothing!" she screams.

The man strikes her hard and grabs her by her hair. He is incensed by Polly's continuing refusal to tell him the Crown's plans and calls two of his men to tie Polly to the beam.

"So far, Mrs Bottomley, you have only received imaginary pain. Now you will feel real pain and continue to feel that pain until you tell us what we want to know. We can take as long as we need, Mrs Bottomley, but believe me the longer you resist, the worse it will be for you. Strip her to her underwear and fetch the canes."

The men remove Polly's dress and manhandle her as they take her from the chair and tie her to the beam.

"Why don't we enjoy her for a while boss, before we give her a good hiding. It seems such a waste not to take advantage of this beautiful body," says one of the men as he strokes Polly.

"Take your filthy hands of me you, beast. Daniel will kill you when he finds me," she screams tearfully.

"Mr Bottomley won't find you, Mrs Bottomley. The Thames will take care of your body and the tides will carry you halfway to France before anyone will know what has happened to you," replies the man giving the instructions. Polly is strung up like a piece of meat as the men go off to fetch the canes. She is terrified of what is going to happen, knowing that this time it will not be a dream.

As soon as it is dusk, Daniel and his men move along the street towards the warehouse complex. They stop at the corner and peer round to see if anyone is about. The street is dark and deserted, since most of the street lights are switched off. Conrad, meanwhile, is working his way into the warehouses from the riverside.

"I doubt they would have bought her this far down to the waterfront, it's a bit of a trek and difficult to leave if you need a quick getaway. But we will continue moving through them so be alert."

Daniel and his men have moved the length of the street and entered the door of the first warehouse, which is unlocked.

"We may be getting close, gentlemen, this door is unlocked, which suggests this group of warehouses is in use."

Then, as he leads his men inside, they are fired upon.

The men are just about to begin beating Polly when they hear the gunshots.

"Quick, grab her and let's get to the boat, we can move down river and use the other site."

Two men cut Polly down from the beam and drag her screaming through two doors and into a long dark corridor with warehousing on either side. She looks up and can see flashes from the gunshots and screams out Daniel's name as loud as she can.

One of the men slaps her hard and she is told to shut up or she will be hurt. Daniel hears the scream and quickens his pace. His team can move much quicker than the men with Polly, who is slowing them down as they must drag her between them.

"For Christ's sake, leave her, else we shall all get caught, she ain't worth the trouble," says one of the men as they drop Polly and run down the corridor and around the corner, to be confronted by Conrad and his men. Daniel dashes in from the other side and sees Polly lying slumped on the floor. She is shivering from cold, is otherwise uninjured but suffering from shock. They wrap her in blankets before Daniel picks her up in his arms.

"Daniel, I knew you would come. You always come," she says, sobbing tears of relief.

Conrad and his men round up the men trying to escape, while Daniel's team leave a trail of bodies to be collected by the morgue. One of the team has bought the car to the entrance of the warehouses and Daniel carefully places Polly in the back seat.

"Let's get you to hospital, Polly."

"No Daniel, just take me home. I will be fine once I have had a bath, I just want to go home and be with you."

Daniel has a brief word with Conrad, telling him they will meet tomorrow and asking him to clean up.

"Leave it with me, Daniel; you get off with Polly and give her my best."

It is a journey of about 40 minutes to Richmond, Polly having been abducted to warehouses in Battersea.

"How did you find me, Daniel? You always manage to find me but this time I was so frightened."

"It was your friend Bertie, Polly; he came to see me and gave me the information. He really is a remarkable man, I truly misjudged him."

"You have no idea, Daniel, but how on earth did he find out I had been taken?"

"The Colonel went to see him, he had been in the conversation when Templeton gave the details. He wasn't sure of the precise location but gave a very good general description of the warehouses in Battersea."

"I must go and thank him tomorrow, Daniel."

"There is no need, Polly; he is at the house looking after the children, so you can thank him very shortly."

Polly snuggles up to Daniel, feeling so much better in many ways. The man she loves so much has rescued her yet again and she is about to see the man who has brought something extra to her life, waiting in her house.

"Daddy will find Mummy for us won't he, Mr Waverley?" asks William with a deep frown on his face.

"Of course, he will, William, he will be back with Mummy before you know it."

"Mrs Browne, I think it might be an idea to let the children remain until we hear something, they will only fret if they go to bed.'

"I agree, Mr Waverley. I will make them a drink and would you like some tea?"

"Thank you, now come along children let's wait in the sitting room for Mummy."

"You are Mummy's very special friend, aren't you, Mr Waverley?" Susan asks.

"Yes, I am, Susan, your Mummy is very special to me, and I will always be there to take care of her when she needs me," replies Waverley with emotion in his voice.

He is so happy to have become a part of Polly's life and just hopes that Daniel will find her safe and well.

"You will you stay with us until Mummy returns, won't you, Mr Waverley? She will be so pleased to see you, I am sure," says William.

"I will stay here for as long as is necessary, William. I promised your Daddy I would stay with you and that is what I will do. Now, come along and have your drinks."

Waverley watches them as they sit pensively, thinking what wonderful children they are and hoping that they will become very much a part of his life from now on.

'Tell us about when you worked with Grandpa, Mr Waverley, was it dangerous?" asks Richard.

"We had to be careful, Richard, but your grandpa was very clever. He could get information about the people he was investigating from a number of sources and no one really knew what he was doing. I just helped with jobs that he was not able to take care of.

Like your mummy, he was a very determined person who would never give in until his work was completed. And that is what your Mummy will do. She will not stop, no matter what the danger may be, until she has brought these bad people to justice. You should be very proud of her."

"So how did you meet Mummy then?"

"Well, Susan, I met Mummy in the House of Commons, when she was trying to find out who was causing trouble for the students. I was a member of a group of men who were seeking change in our government. It was only when I spoke with her that I realised I knew your grandpa. She was very polite and spoke with me about him.

"I then decided I would like to know a little more about her and you. You see, I have no family of my own and I was pleased to have the friendship of someone who was related to an old friend of mine. Since I first met with your Mummy, she has been very good to me, especially when I was badly injured. She cooked my meals and tended to me because I was unable to care for myself. So, she has become very special to me Susan and so are you too children."

"Well, we think you are very special too, Mr Waverley; you have helped Mummy so much with this trial. I know she is fond of you because she has said so."

"Well thank you, William, what a wonderful compliment."

Suddenly, there is a commotion in the hall and Daniel arrives with Polly in his arms and four security agents.

"Mummy, Mummy, I knew you would be home. Mr Waverley said Daddy would save you," says William as he hugs Polly. She only has her underwear on so wraps the blanket around herself as she stands with the children. When she sees Waverley, her eyes light up.

"Bertie, how lovely to see you and thank you for helping Daniel find me," she says as she hugs him affectionately.

"I am so glad to see you safe and well, my dear Polly."

"Okay children, now I think Mummy would like to go and have a bath. Bertie, please stay, won't you? I would like to have a word."

Daniel takes Polly upstairs, where Mrs Browne has already begun running her bath.

"Thank you, Daniel. I will come down as soon as I have had a good soak. I must speak with Bertie."

"Take your time, Polly. I am going to ask him to stay the night, Mrs Browne would you see to that for me please?"

"Thank you, Daniel. I would not like him to have to go home to an empty flat, especially after what has happened tonight."

Polly lies in her bath, contemplating the circumstances of Waverley being in her home as a very welcome guest. This man has now become very much a part of her life, and that of her family.

Daniel returns to the sitting room after he has spoken with Mrs Browne about something for supper. The children have had something earlier but he is feeling rather hungry now.

"You will have some supper with us, Bertie?"

"Well thank you, Daniel. Then I will leave you with your family to enjoy Polly's safe return."

"That is what I wanted to talk with you about, Bertie. Polly and I insist you stay the night. Polly does not want you to go home to an empty flat after what has happened. Then tomorrow, I will get one of my men to take you back whenever you are ready. Our house is at your disposal. I cannot thank you enough for what you have done for Polly, for all of us in fact. Without your help, I feel sure we would have lost her, I am indebted to you, my friend," Daniel stands and shakes Waverley's hand firmly before he sits down again.

"You humble me, Daniel, with your kind words; thank you so much."

"He is our very special friend too, isn't he, Daddy?" says Susan.

"Yes, he is, Susan."

"Well children, I think you should go up now; say goodnight to Mr Waverley."

To Waverley's delight, Susan goes up to him and gives him a hug before the children go off upstairs.

"You must be something special for Susan to take to you, Bertie, she is very much a Daddy's girl," says Daniel with a smile.

His attitude to Waverley is now very much that of a close family friend, all thoughts of what he did to Polly when they first met now forgotten.

Daniel is very aware of just how much this man means to her but is happy to let her give her affections to him. That he is a past colleague of her father is significant to Daniel and he believes that Polly has furthered the relationship because of that. She has no elderly relatives other than her parents, and this man satisfies that need. For Polly, however, he satisfies another need. She does have a genuine affection for him, but there is very much a physical attraction also.

"Are things progressing satisfactorily for the commencement of the trial, Daniel?"

"They are, Bertie, and I hope we can begin very soon now. We know where Templeton is, you say the Colonel is going to surrender himself and I expect to have everyone in custody within a day or so. My colleagues in MI5 will want to ask them some questions to make sure that there are no other conspirators that we need to be aware of. Now Bertie, regarding your position: we know that you were to finance any operation that involved employing any additional personnel, but to date no money has been used for that purpose, is that correct?"

"Yes Daniel, there has not been a need to finance anything other than our meetings which have been at the Conservative club in Blackfriars. There was one meeting at the Savoy, but again it would have been financed by the club."

"Well, that's a relief, because it virtually absolves you from just about everything to do with the conspiracy apart from being present at the meetings. Your barrister would be able to argue that it was from being at those meetings that you were able to give the Crown vital evidence as well as protect Polly, at some risk to yourself. What I am trying to say Bertie, is I believe when the time comes that any charges against you will be dismissed."

"Well, thank you for your comments, Daniel, I appreciate what you have said and must confess that I am indeed relieved to hear that."

Polly arrives in the sitting room wearing her nightclothes and immediately goes to Bertie.

"Bertie, thank you so much for helping Daniel and you will stay with us tonight, won't you?" she says as she hugs him and kisses him on his cheek.

"Of course, my dear Polly, it will be my pleasure."

After discussing briefly, the trial and what will be occurring, they go and have their light supper prepared by Mrs Browne.

"Mrs Browne has given you a pair of Daniel's pyjamas, Bertie, they should fit okay."

"I'm sure they will be fine, Polly, now I think I would like to retire."

"Come along I will show you to your room," says Polly, leading him upstairs.

She can hardly believe she is walking upstairs in her home with him. As soon as they are in his room, Polly grabs him and kisses him passionately. Waverley can feel her warm body through her nightclothes but realises that they can do nothing for the moment.

"I will see you in the morning, my dear Bertie," says Polly as she closes the door behind her and returns downstairs to Daniel.

"It was kind of you to invite Bertie to stay with us, Daniel," she says as she hugs him to her.

"It was the least I could do after his help, Polly; and I believe you would have asked him any way!"

"Yes, I had thought about that when I saw him, especially as he had stayed with the children while you came and rescued me."

After a short time, when Polly mentions only briefly what happened to her they go up to bed.

She is absolutely exhausted because of her ordeal.

"I do so want you, my dear Daniel; but I am so very tired and would not be at my best for you," she says as she kisses him passionately.

"You need your rest, Polly. I am sure we can make up any time lost," Daniel replies, smiling.

Polly does indeed sleep soundly but is up early and goes to make tea, before taking a cup to Bertie.

"Wake up, Bertie. I have made you tea," she says, leaning over him and kissing him on his forehead.

"I must be dreaming," he says with a smile as he embraces Polly affectionately.

"I have to get the children ready for school, Bertie, but I will be with you soon, I promise," she says as she leaves his room.

The children never stop talking with Waverley during breakfast, enjoying the company of this new man in their family. They do not get to see their grandparents often and Waverley is filling the gap that they leave. As Daniel has no parents, so Waverley is taking the place of a second Grandparent to the children, a role which he is enjoying.

"When will you be coming to see us again, Mr Waverley?" asks Susan as she says goodbye to him before she is escorted to school.

"Once the trial is over, we shall see Bertie more often, children, I promise. Now off you go," says Polly.

She is almost glowing at this newfound enjoyment with Bertie as a family member.

"Can I come along with Mummy and see you soon, Mr Waverley?" asks William, who has become especially attached to him.

"Very well, William, we will try and get to see him as soon as circumstances allow," replies Polly as William goes off to school. Mrs Browne reminds Polly that she is going into town and won't be back until after lunch.

"Now, Polly, I suggest you stay home at least for today, Bertie will you stay with Polly for me please, at least until Mrs Browne returns? When you are ready, one of the security men will take you back to your flat."

"I will be delighted to keep Polly company, Daniel, and thank you for the offer of an escort."

"Polly, perhaps you should call your office to let them know you are safe. I have a very full day, putting the pieces together for the trial hearing," says Daniel as he kisses Polly goodbye and bids farewell to Waverley. Polly watches him drive off reflecting on the moment. It is as if fate has decided she will spend the next few hours with the man who has become so special to her and gives her so much joy now. Polly makes her call to the office and Pam is very relieved to hear her voice. She tells her that she will most certainly be in tomorrow, but today she will be resting at home.

"My dear Bertie, I cannot believe that I have you all to myself at last. I was going to make some more tea but it can wait," she says as she leads him upstairs to her bedroom.

"I want you so very much, my dear Bertie," she says as she quickly undresses. They embrace when they are in bed as Waverley kisses her passionately.

"Oh my God, Bertie! I cannot believe this is happening. I am making love to you in my own bed."

"It doesn't matter where we are Polly so long as I am with you. I want you so badly," says Waverley. They are so tightly embraced they can hardly breathe as they seek to be as closely coupled as possible

My God, Polly! I am in heaven," he says as he pushes hard against her and finishes with a final gasp of passion.

Polly lies beside him, caressing him as she looks at this man who is giving her so much pleasure in her life now.

"I am so confused with my life at the moment, Bertie," she says as she lies wrapped in his arms.

She looks up at him with tears in her eyes.

210

"I am making love to you in my bed, the bed that I share with my husband that I love dearly. Can you begin to understand how I am feeling?"

"You are obviously feeling some guilt, but you haven't stopped loving your husband, have you?"

"No, I love Daniel very much, Bertie," she replies with conviction.

"Then let us just enjoy the moment, my love. You are my whole world but I know and accept that I must share you with your dear Daniel. But that doesn't stop me from loving you, my darling Polly," he says as he takes her in his arms and kisses her.

He is becoming very good with his lovemaking and his efforts would do a man half his age very proud. But this woman brings out so much in him, he believes he could make love with her all day and not get tired. Their passion for each other is becoming so much more intense, with Waverley drawing on his senior years to pleasure this woman, who has so captured his life recently. He kisses her with long passionate and tender kisses and Polly gasps with delight at the length of their coupling. He has explored every inch of Polly during their lovemaking but still gets pleasure from their long coupling, and finishes gasping as he grips Polly tightly and caresses her neck.

"We must have a break, my dear Bertie. You are wearing me out, and shall I go and make us some tea?"

"Whatever you wish, my dear Polly."

Waverley lies in Polly's bed contemplating on how his life will change from now onwards once the trial has ended. He will want to spend as much time as possible with Polly, but will respect her family and her husband. It will be a difficult balancing act but he believes he will be able to still enjoy her often without it putting unnecessary pressure on her marriage. Sadly, circumstances will make his mind up for him all too soon.

They sit drinking their tea and talking about what is going to happen with the trial date drawing ever near.

"Soon, we will be able to spend more time with each other, Bertie. Once the trial is over, I will go back to be a housewife, so will have lots of time for you. You are so much a part of my life, I cannot imagine not being with you," she says as she pulls him to her and seeks to couple with him yet again.

They continue their lovemaking until almost lunchtime by which time they are both exhausted. It has been intense and passionate, both of them giving themselves completely to each other.

"You have worn me out, my dear Bertie. Now I need to have a bath," says Polly as she leaps from the bed and runs naked to the bathroom!

Waverley smiles, revelling in his good fortune at having met this wonderful woman. He waits downstairs for Polly, who looks radiant when she joins him. There are no signs of her ordeal from the abduction; in fact, she looks very well indeed after spending time with Waverley. This man has a way of lifting her spirits with his lovemaking and Polly responds accordingly.

"I will make us some lunch, Bertie, and ask one of the security agents to drive you home. It might be best if you are not still here when Mrs Browne returns."

"Of course, my dear, we will see each other again soon I am sure." "My dear Bertie, now that you are so much a part of my life you and I will see a lot of each other.

"You are a very special member of my family," she says kissing him on his cheek. Then, after they have had lunch, Polly goes with him to her car and asks if one of the agents will drive Bertie to Fulham. Polly waves to him as he drives off, before returning to her thoughts of what has happened over the last couple of hours or so with this man.

Polly returns to her office the next day, looking radiant rather than someone who only two days ago was being treated very badly by her abductors.

"I am absolutely fine thank you, Pam, it was very upsetting at the time, but Daniel and Bertie have been a great help."

"Did Waverley help with your rescue then, Polly?" Pam enquires.

"Bertie got the information where I was being held and then stayed with the children while Daniel and Conrad came for me. Without his help, Daniel may never have found me, Pam."

"He has become a friend to all the family then, Poll?"

"He has become a very special friend to me, Pam. He has brought something to my life that has made it so much more fulfilling," blurts out Polly, realising what she has said when it is too late!

"Do you care for this man then, Polly?" asks Pamela, a little concerned at what she has heard.

"I do care for him, Pam; he has helped me and my family so very much and suffered for it. Having an older man in my life is a rewarding experience. Other than Daddy, I do not know any men of mature years and he has brought a wealth of experience into my life."

"I see. Well, you obviously care for him very much, Polly and I must say you look so much better for that."

Pam wonders just how much this man is influencing Polly's life now not least whether there may be a physical attraction. But she quickly dismisses this idea. He is 69 years old after all!

"Now Pam, I have to prepare my final report for the Under-Secretary Michael Wellings, so if we can work on that today, I will make an appointment with him tomorrow."

"Certainly, Polly, we have all the pieces in place. I believe Conrad arrested Templeton yesterday and Colonel Pitt has presented himself to the authorities as have Cedric Pershore, Horace Wetherby and Sir Ian Williams. That leaves just Lord Barton and Walter Faversham. They must believe that it will be better to hand themselves in than suffer the indignity of being arrested. Jonathan Miles is still recovering in hospital, the only other person is Waverley and how will he fit into this trial. You wouldn't want him in the dock with the other conspirators, would you?"

"Good God, Pam! Absolutely not, Bertie will be a major witness for the Crown. Daniel believes he may even be able to be questioned and released without having to face a trial. He cannot be put on trial after what he has been put through and what he has done for me," replies Polly emotionally.

"No, of course not, Polly," says Pam, realising that perhaps Polly's feelings for Waverley are more than she would want to admit.

"I went to him when he was attacked for offering information to help me, Pam. You should have seen the mess he was in; he could have been killed."

"It must have been very upsetting, Polly."

"You have no idea, Pam, no idea," Polly replies, reliving the terrible sight when she went to Waverley's aid after he had been attacked.

"So, Pam, we appear to have all the pieces at our end so I can tell Daniel that we are ready to proceed when he is. Then, he will confirm a date with the Crown."

Then, just as Polly has finished talking, the phone rings and she is informed that Lord Barton and Walter Faversham are in reception and would like to speak with her! After instructing that they should be directed to her office, she turns to Pamela.

"Good heavens, Pam, Lord Barton and Walter Faversham have arrived and wish to speak with me," says Polly, somewhat surprised by her visitors.

"This could be very significant, Polly, more pieces to the puzzle, I hope," she replies as there is a knock on the door and the two men are summoned to enter by Polly.

"Mr Faversham, Lord Barton this is indeed a surprise. Please sit down, gentlemen," says Polly, as Pam moves two chairs for them.

"May I introduce to you Pamela Wilberforce? Pam is my data analyst and has been a main player in my presentations to the Minister."

After nodding to Pam, Lord Barton addresses Polly.

"Mrs Bottomley, firstly can I apologise for what happened to you recently? It is mainly because of Templeton's actions that Faversham and I are here today. We both would like to explain our roles in what Templeton was planning and seek no favours for whatever actions you may take."

"Mrs Bottomley, if I may as a member of the bench, this has all been very unpleasant for me. I joined the group as their legal advisor because I genuinely felt that the rule of law was being eroded in our country. Whilst offering no excuses, I had no idea of the methods that Templeton would resort to further his aims and ambitions. After I have presented my evidence formerly to the authorities, it is my intention to remove myself from the bench," Faversham comments with genuine remorse in his voice.

"I find myself being sympathetic to the dilemma you found yourself in Mr Faversham and I hope the authorities duly note your genuine apology. Now, can I ask you Lord Barton, what else you wish to say to me?"

"I was told of the Phoenix Project some while ago when the social unrest first began. Templeton was looking for someone in the second house who could carry his proposed coup through and so bring down the government. It all seemed so simple and I was duly promised a seat in his government for my cooperation. It was only after meeting with you that I realised that his ambitions would never materialise and sought ways of divorcing myself from his plans."

"I don't quite follow what you mean by meeting with me and how it affected your plans."

"Mrs Bottomley, I am a peer of the realm and very much old school in my thinking. My whole life has been planned out for me and my

214

ancestry can be traced back 500 years. That a woman, a young woman, could influence government decisions and foil a conspiracy, I found quite astounding and difficult to understand. When I asked our family solicitor to make enquiries about you, I found his comments intriguing and did begin to think that perhaps I had misjudged you. Your record of public service was beyond reproach and as Templeton, through his association with Miles, actively sought first to harm you and then kill you, I knew that I must withdraw.

"I am an honourable man, Mrs Bottomley, and I felt ashamed at being party to the treatment meted out to you in the name of progress. It is my intention to give a full statement implicating Templeton's actions, including letting his thugs loose on Waverley. I knew of his affection towards you, he had mentioned it in discussions when Templeton talked about Miles treatment of you. It was the discovery of what Miles organised for you at the London School of Economics which made some of us realise that we were never going to succeed in our ultimate goal. Templeton's ambitions were more like a dictatorship replacing our democracy and I wanted no part of that, no part at all," Lord Barton continues.

"You say Mr Waverley mentioned me during your discussions?"

"Yes, he did, he is very fond of you, Mrs Bottomley; believe me he was adamant that no harm should come to you."

Polly finds herself becoming a little uncomfortable at Lord Barton's comments, especially with Pam present.

"Yes, thank you for your comments, Lord Barton; now you said you had been made aware of Templeton's aims some time ago?"

"Yes, indeed. There were right-wingers in his party and outside, who wanted to get rid of this government, but recognised that the current leader of the conservative party was too weak to do anything about it.

"What was more of a concern was the possibility of the labour government remaining in power after the next election and beyond. No one could have foreseen the extreme lengths that Templeton would go to achieve his ambitions. Colonel Pitt was brought on board to further strengthen his grip if some sort of military intervention was required to curb union disruption. Soldiers put on the streets, Mrs Bottomley, the thought was unbelievable. Using the communists as a smokescreen was Pershore's idea. He was obsessed with the idea that the Soviets were trying to take over our country and Templeton fed his fears.

"As for your Mr Waverley, his businesses were suffering shortages because of industrial action and he was ready to try anything. He never really fitted in at all and I believe he would have pulled out had you not arrived on the scene. He was very concerned at what Templeton and Pershore were planning for you and voiced his opinions on more than one occasion. Indeed, it cost him dearly with the beating he suffered. I am unsure whether Templeton recruited anyone that has remained in the background, but I doubt that. This project was to replace the Socialists and introduce law and order however draconian.

"In hindsight, I now realise that we were fighting a lost cause as soon as Templeton allowed Miles to satisfy his psychopathic tendencies. When I think what that man did to you, Mrs Bottomley, fills me with hate and disgust towards him. That you chose to save his life after that is truly commendable and I applaud you for your actions."

"Thank you, Lord Barton, is there anyone else that we should be made aware of and have arrested?"

"There is not, Mrs Bottomley."

"And Mr Faversham, do you have anything to add at all?"

"Only that I will give the Crown my fullest cooperation, Mrs Bottomley and I too apologise for the behaviour of my colleagues towards you. Lord Barton and I will present ourselves to Scotland Yard this afternoon."

"Thank you, gentlemen. I shall inform my husband, who will also want to talk with you I'm sure," says Polly as the two men leave her offices.

"Well, Pam, did you get all the relevant notes from that discussion?"

"I did Polly and I'm sure that their statements will reinforce the Crown's case. I was surprised that Waverley should discuss you personally at their meetings. He must have formed an attachment to you early on," says Pam, hoping for a response from Polly on her relationship with Waverley.

"Pam, you are my friend and I trust you implicitly, but I cannot discuss my feelings towards Waverley because I do not wish to put pressure on our relationship before the trial. You have determined that I am fond of this man and it is obvious that he cares for me, but for now, we have to leave things there please. Do you understand, Pam?"

"Very well, Polly, I understand and will not mention it again, I promise," says Pam, almost apologetically. It is obvious that Polly's feelings for his man are more than those for just a friend, but for now, she will say nothing as Polly has asked of her.

That evening, Daniel confirms with Polly that the trial is due to commence in two weeks' time.

"This additional information will prove damning to the accused Polly and will strengthen the case. I understand the defence barristers have had all the evidence for almost two weeks now, ample time to prepare their cases, despite this latest information. There will be at least five defence barristers, Polly, so it will be very demanding on you, so you must be prepared."

"So long as you are with me, Daniel, I will be fine," she replies and Daniel notices how well she looks despite her recent ordeal.

This can only be a good sign, since she will need to be very strong during the trial. That evening, they make love and Polly seems to display added vigour and Daniel struggles to keep up with her enthusiasm.

"I do love you so very, very much, Daniel. You do know that, don't you?" she says when they are finished, almost seeking some qualification from her husband.

The following morning, Polly has an appointment with Michael Wellings to present her final report.

"Come in, Polly. I trust you have recovered from your terrible ordeal."

"Yes, thank you, Michael."

"Good, I must say you look well considering what happened to you. Now what do you have for me?"

Polly goes over her report in detail with Wellings referring to all the conspirators and that they are all now in custody except for Lord Barton and Walter Faversham who are restricted to the confines of their homes.

"What about Bertram Waverley, Polly, why has he not been arrested?'

"He has been formally charged, Michael, but he is a key witness for the Crown and has supplied valuable information helping to detain some of the conspirators. In fact, it was his information that helped Daniel to rescue me."

"Oh, and how did he come by such information?" asks Wellings suspiciously.

"He was given the details by Colonel Pitt, one of the conspirators, before he surrendered himself to the authorities."

"And why on earth did Pitt hand such valuable information to one of his fellow conspirators, Polly? A strange move, don't you think?"

"Mr Waverley is no longer considered as one of the conspirators, Michael. It was because of his help when I was wrongfully accused that I was eventually exonerated. The security services do not consider him a threat, more of an asset with the information he has forwarded. And I might just add that he suffered a terrible beating for giving the information that was to have been presented on my behalf. Pitt knew that I had become a close friend and he also knew that my husband is with MI6 so it made sense to pass on this information the most direct way possible."

"You say that Waverley has become a close friend, Polly?"

"Yes, Michael, can I ask why you are asking questions about him?"

"We have to be sure that your report is complete in every detail, Polly. Your relationship with Waverley might be misinterpreted in some quarters, I'm sure you understand?"

"Michael, I can assure you that any relationship Mr Waverley has with myself and my family is a very special friendship. He has become close with my son, and Daniel is indebted to him for the help he has given in bringing the conspiracy members to trial."

"Yes, of course, Polly, now to this report are you absolutely sure that we will not have any backlash about communists? Are you still monitoring the movements of the main players in the trade union movement? I still believe they represent a danger to our democratic process."

Polly is shocked by Wellings' comments. Does this man have some agenda of his own here? Why is he bringing a communist threat into the argument when it has been proved by Polly that there is absolutely no connection?

"I have spoken with the senior union officials who were approached by Templeton and they have agreed to give evidence for the Crown."

"Really? I had no idea."

"Probably because Jonathan Miles was trying to convince you of a communist plot and knowing of my meeting with the union officials would not have helped his cause. He did his very best to convince you of a communist conspiracy, Michael, under instruction from Templeton and his colleagues."

"Yes, I was surprised about Jonathan. He seemed very genuine to me."

"Jonathan Miles is a dangerous psychopath who has showed his true colours when he attacked me in my own home."

"Indeed, Polly, and I do apologise again for that. Well, if you are sure that everything has been covered in this report, I will pass it on to the Minister. But we do have to be sure, you understand?"

"Yes of course, Michael. I can assure you that the evidence collected is very conclusive. Apart from the main conspirators, we shall have evidence from the bogus police officers and from some of the men hired by Miles to disrupt the student rallies. With such a weight of testimony in the hands of the prosecution, the evidence presented will be very conclusive."

"Yes, I just worry about Waverley in all this. He may have some sort of hidden agenda. He is a very powerful man Polly with vast financial resources. Did you know he was to finance the conspiracy?"

"Yes, I did know, Michael...."

"Really, he confided in you then," replies Wellings abruptly.

"No, Michael, he did not confide in me. He was questioned by Daniel about his financial involvement. Since the conspiracy never really got off the ground, none of his financial resources had yet been used. And since he was recruited solely for his financial backing, he has nothing to answer for," replies Polly, annoyed at Wellings' persistent comments about Waverley.

"You must understand my scepticism in this. I need to be sure that he does not have a hidden agenda which might surface later."

Polly is astonished and suspicious of Wellings' comments but remains calm in her response to his probing.

"Yes of course, Michael, you have a job to do. If the Minister has any misgivings regarding Mr Waverley, I am sure he will bring to the attention of the authorities."

"He seemed to be wanting to create a smoke screen using Bertie as a lever, Daniel. I am concerned he will try and create doubt in the Minister's mind. Why did he mention the communists again? You need to find out. What if he, in fact, has a hidden agenda, we cannot have him trying to blame Bertie," says Polly that evening, concerned by Michael Wellings' comments.

"Very well, Polly, I will make some enquiries. Don't worry, nothing is going to happen to Bertie," he says with a smile as he gets up to answer the phone.

"Hello, Daniel, it's Bertie. I hope I am not disturbing you."

"Not at all, Bertie, as a matter of fact, Polly and I were just talking about you. What can I do for you?"

"I wanted to ask a favour of you, Daniel. As you know, I run many successful companies. Well, each year we have our annual dinner where I present awards for service and so on. It's quite a grand affair, but I believe my colleagues enjoy it. I like to take someone with me so as not to feel left out, and I was wondering if I might ask Polly, with your permission, of course."

"My dear chap, that would be wonderful for her. A grand night out is just what she needs before this trial. Thank you for considering her, let me go and get her to speak with you. When is the dinner, by the way?"

"It's on Thursday."

Daniel calls Polly and leaves her talking with Bertie.

"Bertie, I shall be delighted to accompany you and thank you so much for asking me."

"It's an overnight stay, my dear, and we shall have our own suite at the Berkswell Hotel in Kensington. We shall be able to have the whole night together, Polly."

"I don't know what to say, I am overjoyed; in fact, I am almost in tears, my dear Bertie."

"I will be the envy of all my directors and managers, Polly, and you will be the talk of all the ladies, my dear. Now, just to say the dinner is on Thursday. I will talk with you again before the then."

Polly puts down the phone and wipes a tear away before joining Daniel in the sitting room. She is beaming when she mentions it to Daniel.

"The Berkswell in Kensington, Daniel, is it very grand?"

"Probably one of the most grand and luxurious hotels in London, Polly. You will never be the same after staying at such a wonderful place. It be will be a once in a lifetime experience for you," says Daniel as he hugs Polly, delighted that she will have something to focus on for the next day or so to take her mind off the trial.

"He must think a lot of you asking you to be his date for the evening, Polly. And you will be staying overnight, you say?" asks Pamela when Polly tells her of her invitation.

She is convinced that this man is more to Polly than just a special friend, but for now, she will keep her thoughts to herself.

Waverley calls Polly on the Wednesday to make the arrangements.

"Daniel will arrange for you to be collected by one of his agents on Thursday evening, Bertie. He will then call for me and drive us to the hotel. Then on Friday, he will collect us again at 10 'o clock."

"Thank you, Polly, now the dinner is for 8 'o clock so I suggest that we leave around six. This will give you plenty of time to get ready before drinks at 7:30 pm."

"No time for anything else then, my dear Bertie?" replies Polly with a smile.

"I hope we shall have plenty of time for that later, my dearest Polly. Bye for now. I will see you tomorrow."

"I do so love you, my husband," says Polly as she hugs Daniel when they retire on Wednesday evening. They enjoy each other as only they can and Polly drifts off into a blissful sleep. She has just made love to the man she has loved for so very long and tomorrow she will be with the other man in her life who has become so important to her.

Polly spends a great deal of time on Thursday deciding what she will wear, before she decides on a black strapless evening gown. The gown was only bought last year, when she and Daniel went to a government dinner in Whitehall. Polly will look stunning in it as she always does. She carefully places it in a carrier together with her shoes. Polly wears very little jewellery, preferring just a plain gold cross around her neck. For her nightwear, she has a sheer silk nightdress and gown, which she hopes Bertie will enjoy! Then after a long soak in the bath, she spends some time with her hair, which has always been a trademark. She has always had the same style, preferring to keep it shoulder length and natural.

"You look beautiful, Mummy, doesn't she, Daddy?" says Susan as Polly sits waiting for Bertie to collect her. She is wearing her reliable black skirt and cream blouse with a shawl for the journey to the hotel.

"She certainly does, Susan. Mummy always looks beautiful," says Daniel as the doorbell rings.

"Bertie, please come in. Polly is all ready to go," says Daniel.

"Bye, Daniel, I will see you tomorrow," says Polly as she kisses Daniel good-bye.

"Bye, Mummy, enjoy yourself, bye, Mr Waverley."

"Take care of her for me, Bertie," says Daniel as he waves them goodbye.

Polly and Waverley arrive at the Berkswell Hotel in Kensington to be given a warm greeting.

"Mr Waverley, how lovely to see you again."

"Thank you, George. May I present my guest, Mrs Bottomley."

"Mrs Bottomley, it is indeed an honour to have you as our guest, I have your suite all prepared for you. Mr Waverley if you would follow me please."

They follow the manager to an executive suite on the second floor. Polly is quite overwhelmed by the grandeur and opulence of the furniture in both rooms and the spacious bathrooms. The suite is vast but what attracts Polly most is the king-sized bed, it is indeed huge.

"Bertie, this is magnificent, I am overwhelmed," she says as she kisses him affectionately. I would make love to you right now if I didn't know we have the whole night together, now I must go and get ready for you and your guests."

So, after taking some tea, Polly moves off to her room and gets dressed for the evening. When Waverley sees her, he is speechless.

"My dear Polly, you look wonderful," he says.

"Thank you, Bertie, now before we go downstairs, can you tell me what will be happening this evening?"

"Of course, my dear. This is my annual company awards dinner. I have several companies and each year I hold an awards dinner for many my employees together with their wives and husbands. It is my way of saying thank you to them for all their efforts throughout the year. This year will be the fifth such event and they are usually well received. I invite about a hundred of my employees from across all of my companies.

"I will introduce you to some of them during the evening and I must apologise early for any interruptions we might get, some of my staff can't help but talk shop."

"I had no idea you had so many people working for you, Bertie. In fact, I know so very little about you at all."

"I suppose there are about four or five hundred across all of my companies, Polly. It keeps me busy, but enough of that, it is nearly 7:30 and I want to show you off to my guests. Come along, my dear," says Bertie as he leads Polly out of the suite to the lift.

They enter the magnificent banqueting suite, which is already full of Waverley's guest. Polly enters with Waverley and all eyes are on this beautiful guest of the Company Chairman. Many of the men are transfixed by Polly and many of the women make comments also. There is polite applause for Waverley as he introduces Polly to his colleagues. The waiter intervenes and Polly is handed a drink.

"Hello everyone, good to see you all again. Let me introduce you to my very special guest, Mrs Polly Bottomley. Some of you will be familiar with her exploits five years or so ago. I have known Polly's father since the war and Polly and I have become very good friends over the past few months. Polly, let me introduce you to Mrs Baxter my personal secretary who takes care of my office in Fulham, this is Jim Pearson and George Walters; they run my manufacturing companies making fridges washing machines, TVs and so on. And finally, can I introduce Rosalind Makepeace and Jack Bentley who take care of my property companies."

"I am very pleased to meet with you," says Polly with her trademark smile.

Most of the people she has been introduced to are in their fifties or older and she notices Jane Baxter giving her a stern look.

"What do you do, Mrs Bottomley?" Jane Baxter asks almost dismissively.

"Well, up until a few months ago, I had retired from public life, Mrs Baxter. But I was asked by the Home Secretary to carry out some work for him, which I am finalising now."

Jane Baxter seems surprised at Polly's response.

"Up until five years ago, Polly was an MP who led the government's fight against the communists together with her husband," comments Waverley.

"Mrs Bottomley, I remember now, you and your husband were key witnesses in a conspiracy trial about five years ago as I remember," George Walters comments.

"That's right George, dark days I'm afraid, but Daniel and I got through it all."

"You seem very young to have been an MP back then, Mrs Bottomley," comments Jane Baxter.

"I was the youngest MP in the commons back then, Mrs Baxter, and please, call me Polly."

Waverley is pleased that Polly can fit in so easily. He was concerned that she may be overawed by it all, but she has taken it all in her stride.

"So, Polly, what is it that you are up to for the Home Secretary?" asks Jack Bentley.

"I cannot tell you just yet, Jack, but you will find out soon enough when it becomes public knowledge."

Polly continues chatting with everyone who wants to talk with her, so Waverley is quite happy to let her mingle as he speaks with his managers.

"So, Polly, may I ask how you got to know Bertie so well?"

"Bertie has been helping me and my husband with some of the work I am involved in for the Home Office, Jane. I hope you understand that for the moment I cannot say more than that. But we have become close friends as have my family, especially my children."

"He is a fine man, Polly, and everyone in this room admires him."

It is obvious that Jane feels much more for Waverley than she wants to admit.

"You must know him very well, Jane, perhaps we might have lunch on day when my work for the Home Office is done."

"Well thank you, Polly, I look forward to that very much," replies Jane Baxter with a smile.

Polly is rather overwhelmed by the number of people who want to speak with her. This beautiful young woman accompanying the boss has created quite a stir and it has not gone unnoticed, by those who have known him some time, just how good she is for him. He most definitely has a spring in his step.

"The young lady seems to be doing you some good, Bertie," says one of Bertie's old friends who has worked for him for many years.

"More than you will ever know, Paul, more than you will ever know."

The dinner gong is rung precisely at 8 'o clock and Polly and Bertie lead the guests into the dining hall. The tables are laid out in a U-shape, with Polly and Waverley at the top table in the middle. Polly is indeed now very much on show.

"I feel a bit like a goldfish, Bertie," she says to him as she smiles and squeezes his hand below the table.

"You have become the main topic of conversation here, Polly. Everyone I have spoken to is asking about you."

Polly is indeed the topic of conversation. This is obvious as she glances round the room and notices how many of the guests are looking at her. Waverley is positively beaming with Polly by his side. The meal is sumptuous, as you would expect with best Angus beef, a huge variety of vegetables and many different potatoes to choose from. Polly is not a big eater so only takes on small portions. After the best part of two hours, as the guests are enjoying their coffee, Waverley stands.

"Ladies and gentlemen and my special guest, welcome to our fifth annual dinner here at the Berkswell. Before we all sit down and relax, it is customary to hand out the rewards now to thank you all for your efforts. We have just had a record-breaking year across all our companies and our order books are full. In fact, our automotive manufacturing sector has outgrown its present site and we are looking for much larger premises. I am hoping that Rosalind and Jack can find something very soon, although both are very busy soon since we are negotiating to build some 250 houses in south London as we speak.

So, it all looks good for the future thanks to your efforts and I thank you all for that. Now, to the awards ceremony."

Waverley hands out some twenty awards for effort in performance and for long service before he sits down and Jane Baxter stands. She has been with him for fifteen years and knows his business inside out. A woman in her early fifties she is quite imposing in her manner.

"I am sure you will all join me in thanking Bertie for another wonderful evening, he certainly knows how to entertain us. As you may know, I have been with him for some time now and I must say he has never looked better and long may he continue to do so. I think it is true to say that many of us are intrigued by his guest this evening, Mrs Polly Bottomley. I wonder if we might ask her to say a few words. Polly, would you mind?"

Polly is somewhat stunned by the request but is far too polite to refuse. She stands and faces the guests who are transfixed by this young woman who seems to have given Waverley a new lease of life.

"Thank you, Jane, well, what can I say? As Bertie said, I was an MP up to five years ago and was involved with my husband in a high-profile conspiracy case. As a mother with three children, I have spent the last five years being a mum and thoroughly enjoying it.

"However, it is true that the government has asked for my advice recently. This matter will become widespread news very shortly. I am grateful to the government for giving me this opportunity because without it I would never have met Bertie. Apart from being most helpful to my husband and me in our enquiries, he has also become a good friend. In fact, although we have only known each other a short time, I feel as though he has been part of my life for so much longer. Good friends are very hard to come by. Throughout my life, because I have been involved in so much danger, my only friend has been my husband who has been my saviour so many times and who I love very much. Now, I have a new friend a dear friend in Bertie. You are all very fortunate to have him as your boss and I suspect your friend. So, may I offer a toast—to Bertie."

Polly sits down to a large round of applause and kisses Bertie on his cheek.

"Thank you so much, my dear Polly," he says.

The tables are then replaced by round ones so that the guests can mingle easier and there is some music for those who are interested.

"Would you mind, Polly, I have to lead the way to encourage the guests to use the floor." Polly gets up with Waverley to find that he is very accomplished on the dance floor. Yet again, she is the focus of many pairs of eyes.

"You never cease to surprise me, Bertie, I had no idea you were such a good dancer."

"My wife and I enjoyed dancing very much, Polly, perhaps we might go out occasionally?"

"I would like that very much, Bertie."

Polly sits back down at a table with Jack Bentley, Rosalind Makepeace, Jane Baxter and an older man who Waverley introduces to her.

"Polly, this is my old friend, Bill Peters. Bill has been a friend of mine for twenty-five years."

"I am delighted to meet you, Polly, Bertie had mentioned you but I had no idea he was talking about someone so young. I know about you from when you were a schoolgirl when your father was involved with the black-market racketeers. Bertie is very fortunate to have you as his good friend."

"Thank you so much, Bill, I do appreciate that."

"I have army colleagues who were with your husband when he raided those tunnels in Milford Haven. What is your husband doing now, Polly?"

"He is a director in MI6 Bill, still catching villains."

The rest of the evening is spent with Polly enjoying some dancing with Waverley and one or two of the younger guests as well as indulging in conversations. Finally, around midnight, Bertie suggests she might like to retire.

"We shall see you at breakfast no doubt, Polly," one or two of the guests call as Polly goes off to her room, to be followed shortly afterwards by Waverley. On his arrival, Polly kisses him passionately on his lips.

"My dear Bertie, I have been waiting so long," she says as she slips her dress to the floor and removes her underwear before climbing into the huge bed. Waverley quickly joins her and they couple almost immediately.

"My dear Bertie, I cannot believe I have you for the whole night!" she says.

Waverley holds her tight to him, enjoying the feel and touch of this beautiful woman that has become so much a part of his life of late and for Polly, the man who has given her so much joy that she wants their lovemaking to last forever. "You have me for ever if you want me, my darling Polly," says Waverley.

"Oh my God, Bertie!" she yells as she feels herself coming to a climax, before they collapse over their exertions. Waverley kisses her tenderly as he caresses her breasts. Polly feels for him hoping she can arouse him quickly, then gasps with added pleasure as she feels his firmness. "Oh God, Bertie! You are so good for me. I shouldn't say that but it is true," she says as she kisses him passionately and moves with him.

Their lovemaking is intense and passionate but now is more tender, Polly's feelings for Waverley showing in her responses. She is beginning to feel so much more for this man than just passion and this is reflected in her lovemaking. "You make me feel so good and so happy with you," she says as she nestles beside him.

Waverley, pleased for the respite holds her in his arms and smiles.

"You know I love you, Polly. I will always love you my dear but will accept that you can only ever be mine occasionally. I am happy to enjoy whatever moments you give me."

"Thank you, Bertie, now enough talking," replies Polly as once again she seeks to arouse him.

They make love for about another hour before falling asleep in each other's arms. Polly sleeps very soundly whilst Waverley continues to reflect on this beautiful young woman now in his bed with him. They both stir around 7:00 am, Waverley because he is an early riser and Polly who suddenly realises she is in bed with him! She has never spent a night with anyone other than Daniel and feels pangs of guilt over her behaviour. However, she looks at Waverley, then finds herself wanting him again.

"This has been a wonderful time for me, Bertie. We will spend more time with each other when the trial is over I promise you. I want to be with you as much as I can, you are now such an important part of my life, can you understand that?" she says as she hugs him closely when they have finished.

"I would be with you every minute of every day if I could, my dear Polly, but will be content to share you with your family who I know must always come first."

"Thank you, Bertie, I appreciate that," she replies as there is a knock on the door. Waverley opens the door and the waiter enters with a breakfast tray. He sees Polly in his bed, noticing that she is obviously naked!

"Thank you, James," says Waverley as the waiter smiles and leaves the room.

"Good God, Bertie! He saw me in your bed naked!" shouts Polly, fearful that she may be discovered.

"Don't worry, Polly, James is very discreet. He will not say anything to anyone it's more than his job is worth, now come along and have some tea."

Polly drinks her tea then has a bath before dressing ready to go downstairs with Waverley. She tries very hard to be as natural as she can but can't help thinking that some of the guests will be guessing where she spent the night. She is also rather tired from her exertions with Waverley, but tries very hard to be polite with everyone and chats away to those who engage her in conversation.

"It has been a pleasure meeting you, Polly, and I'm sure we'll meet again soon," says Jane Baxter.

"Thank you, Jane, I look forward to that."

And so after saying goodbye to all the guests at breakfast, Polly and Waverley leave in the car driven by the agent assigned by Daniel to protect them.

"Thank you for a wonderful evening and night, Bertie. We shall be in touch over the weekend; in fact, why don't you come for lunch on Sunday? I'm sure Daniel and the children will be delighted."

"Thank you, Polly, I would like that very much; I also have a small favour to ask you. Would you mind if I asked the children to call me 'uncle'? Mr Waverley sounds so formal."

"My dearest Bertie, what a wonderful idea and I know Daniel will agree with me."

Polly is a little tearful when they arrive at his flat. She tells the driver she will only be a few moments as she goes up with Waverley.

"I would love to stay, Bertie, but I must get home now, I will speak with you tomorrow, my love," she says as she holds him in a long embrace before she goes back to the car to be driven home.

"Did you have a good evening, Polly?" asks Mrs Browne.

"It was wonderful, Mrs Browne, The Berkswell Hotel is very grand and the food was magnificent, not as good as yours, of course," Polly replies with a beaming smile.

"Well, you certainly look as if you enjoyed yourself, Polly," says Mrs Browne, noticing how Polly appears positively radiant.

Polly goes upstairs with her overnight bag and her evening dress, places them down in the bedroom, sits on her bed and weeps uncontrollably. She has just realised what she has done. She has spent the night in another man's bed, which means that she has truly betrayed her husband. There is nothing she can do about it now, it is too late, but she needs this other man in her life and must accept that. She just feels so bad for betraying her wonderful Daniel, the man who has been by her side for so long and who she loves so very much. Then, after composing herself, she goes downstairs and sits in the sitting room with a cup of tea that Mrs Browne has brought in to her. She then goes along with Mrs Browne to collect the children, who are delighted to see her and ask all sorts of questions about her night out William especially is very interested in Waverley's business interests.

"He must be very important to have so many businesses, Mummy."

"Yes, William, I must confess I had no idea he had so many people working for him in a range of business interests," says Polly, happy to talk about Waverley to the children. Somehow, it seems to ease the pain she is feeling for what has taken place with him. Although she had been intimate with him many times, sleeping with him overnight was quite different. When Daniel arrives, she dashes to him and smothers him in kisses.

"Daniel, I have missed you so much," she says, almost in tears as she feels the guilt of her liaison with Waverley.

"My dear Polly, you were only away for one night. Did you enjoy it?"

"It was very grand, I have just been telling William I had no idea Bertie had so many business interests."

"Bertie is a very rich and influential man, Polly. I found out about his business interests when we were investigating his connections with the Phoenix Project. He is also a very good employer with a very loyal workforce."

"Yes, I met with some of them, his personal secretary especially. She gave me a hard look but we became friends before I left."

"How was your room? Pretty grand I would have thought at The Berkswell."

Polly almost forgets that she had an annexe and almost blurts out about the huge king size bed she shared with Bertie.

"The room was marvellous and the main room was as big as a house. By the way, I have asked Bertie to lunch Sunday, Daniel. With the trial due to start a week on Monday, I thought you might like to go over some points with him."

"That's a good idea, there are several pieces of information that need to be sorted."

"And Daniel, Bertie has asked if the children may call him Uncle Bertie, Mr Waverley is so formal."

"I was going to suggest just that Polly. This man has become an important part of all our lives and will continue to be so long after the trial has finished. He is very much part of the family now."

If only you knew just how important, my dearest Daniel, Polly thinks to herself.

"Did you hear what Daddy and I said children, Mr Waverley wants you to call him Uncle Bertie now. He is so much a part of our family and you don't have too many uncles, do you?"

"I think he will be the best uncle we could have, Mummy, and I love him very much," says Susan to the surprise of both Daniel and Polly.

"Well thank you, Susan, I'm sure Bertie will appreciate that very much," replies Polly, delighted that her children have formed such an attachment to this man who has become so much a part of her life.

Waverley duly arrives for Sunday lunch and is overwhelmed by the children and the fact they address him as Uncle Bertie.

"You are one of the family now, Bertie," says Polly as she squeezes his hand out of sight of anyone.

It is noticeable how relaxed she is when he is around and Daniel believes this will be good for her preparation for the trial.

"It will be long and arduous, Bertie, and both you and Polly will face some pretty hostile questioning. The defence barristers will know of your association with her and you should be prepared for them trying to undermine your evidence because of that. No doubt, the Crown will also mention this. Fortunately, the fact that you are accepted as one of our family should destroy any suggestions of impropriety."

Polly is a little uncomfortable at Daniel's last remark, but feels she must comment.

"I am prepared for questions about our relationship, Daniel. I am not afraid to say I care for Bertie. He has been invaluable in helping you rescue me when I was abducted and we know that he suffered terribly for trying to help me when I was accused of conspiracy."

"Polly and I are very close, Daniel, you know that, and we don't try and hide what is obvious. But I also know that she is your wife and I respect that. I have spent some time in my life facing tough decisions and hostile businessmen. I think I can handle whatever the defence counsel throws at me. And you can rest assured that I will not allow anyone to question Polly's integrity," replies Waverley with conviction.

"Well thank you for that, Bertie, Polly and I do appreciate what you have said."

"Yes, thank you so much, Bertie," says Polly, holding his hand this time quite openly.

"Now, we have one week before the trial begins. I want you and Polly to spend as much time as you need going over what may or may not be said to both of you. Think hard about what the defence barristers will look to ask you. They will know how much time Polly has spent at your flat, when Polly was looking after you and will question whether the Crown have tried to 'buy' your evidence. Polly has been through this before, defence barristers implying her impropriety and questioning her integrity. This time it will be different because you do have a relationship with her."

"I understand, Daniel, I will try and take the sting from any personal questions. I will be glad when it is all over, of course. I do have plans which involve Polly and your family, but for now, I intend focussing my efforts on the trial and looking forward to seeing Templeton and his Associates put away. Now, I think it is time I was going. I have a board meeting tomorrow, Daniel; will your men accompany me?"

"Most certainly, they will be with you everywhere you go until after the trial has ended."

"Very good, can I call you tomorrow evening, Polly, and arrange to meet up say Tuesday?"

"Of course, Bertie, I will see you out as soon as the children release you!" says Polly, smiling as the children say goodbye to Waverley.

Polly has a restless day at the office on Monday with some probing questions from Pam about her evening out with Waverley.

"How was your evening, Polly, did you enjoy it?"

"It was marvellous, Pam, I had no idea Bertie was so important. He has several companies and his employers seem to love him. I knew so very little about him despite spending time with him, he is a very important man it would seem. I have only seen one side of him and the children adore him. He had Sunday lunch with us all and he has hinted that I may be involved with his business after the trial is over."

"You obviously care for this man very much, Polly. Is there anything else you want to tell me about your relationship with him?" asks Pam, probing Polly who becomes rather embarrassed at the question.

"Pam, you are a dear friend to me, but for now, as I mentioned before, I cannot say more about Bertie and me. To begin with, it may compromise you if you were called to give evidence, which I doubt. All I will say to you now, Pam, is that Bertie is very dear to me and very much a part of my life and that of my family."

"I understand, Polly, I will not mention it again, I promise."

During the day, Polly and Daniel are both contacted by the Crown barrister Peter Beasley who asks that they meet with him when convenient. Polly will meet with him on Tuesday morning, but Daniel cannot see him until after lunch.

"When you call Bertie, I suggest you arrange to meet with him after lunch to go over what the barrister discusses with you," says Daniel as they chat after dinner.

"Okay Daniel, if you say so I will call and arrange to meet with him tomorrow. I must admit, I am becoming a little nervous as the trial date approaches."

"That's why the more you discuss the evidence and typical questions you will get asked, the easier it will be to answer them with conviction and not be put off by what is said. Now, off you go and call Bertie."

"Polly calls Bertie and feels a sense of excitement as she hears his voice."

"My dear Bertie, I have missed you so much," she blurts out.

"And I have missed you too, now when will I see you again, my dear?"

"Tomorrow, Bertie, Daniel has suggested that I meet with you after my meeting with the Crown barrister."

"That is wonderful, Polly, I will get us some lunch. Bye for now."

Polly can feel the excitement a she anticipates her meeting with Waverley, but first she must meet with the Crown barrister, something she is not looking forward to at all.

Polly turns up at the barrister's chambers at 9:30 am and is shown into his office.

"Mrs Bottomley, Peter Beasley, I am delighted to meet you. I shall be representing the Crown along with my colleague, James Pattinson."

"Pleased to meet you, Mr Beasley," replies Polly, shaking his hand. He is a tall man with an air of authority about him.

"Now Mrs Bottomley, the trial will be especially arduous for you since you are one of the principal Crown witnesses. I understand that you have been through two previous conspiracy trials so you will know how draining the questioning can be."

"Yes, I expect to be questioned at length by the defence."

"Most of the evidence that has been gathered is pretty conclusive, so the defence will seek to discredit it in some way by asking questions of a personal nature. This is where we might have a problem regarding your friendship with Bertram Waverley."

"I don't see why it should be a problem, Mr Beasley. When I first met Bertie, we realised that he knew my father, had worked with him in fact during the war. I believe he was just looking out for me after that and it was just as well since his information proved invaluable when I was abducted recently," says Polly with a determined tone of voice.

"Yes, of course, you and I know that Mrs Bottomley but it is common knowledge that you have spent some time with him in his flat. And because he has a guard they will be able to relate just how many times and for how long. I must ask this Mrs Bottomley but is your relationship with Mr Waverley a physical one? Are you having a physical relationship with this man?"

Polly is stunned by the Barrister's question and must compose herself before answering him.

"Mr Beasley, all of my meetings with Bertie were with my husband's blessing. Some of them were quite long because I had to care for him when he was so badly beaten, again providing evidence to exonerate me. The man could not care for himself I had to wash him and get all his meals. That can occupy a great deal of time. And I might add that my son accompanied me on some of my visits."

"Very well Mrs Bottomley, I will not question you further on your relationship, but be prepared to be questioned very aggressively on it by defence counsel. They might not accept your answer so readily as I have. Now, are there any questions that you want to ask me?"

"Can I ask who you will be calling to give evidence for the Crown?"

"Well, apart from yourself, Mr Bottomley and Mr Waverley, Jonathan Miles, Lord Barton, Walter Faversham and Colonel Pitt are the other main prosecution witnesses. I am confident that their testimonies will close the case conclusively for us."

"Thank you, Mr Beasley, will you want to talk with me again?"

"I wouldn't think so, but I have your contact details. Thank you, Mrs Bottomley."

Polly leaves his office and decides she will travel straight to Waverley's flat. She asks her driver to collect her at 2'o clock and knocks on Waverley's door before letting herself in.

"My dear Polly, you are earlier than I expected, what a lovely surprise!" he says as he kisses her.

"Bertie, I have come straight from the barrister's office, please take me to bed, I need to be with you."

She quickly undresses and pleasures him orally to get him aroused before gasping with the pleasure of their union. Their coupling lasts for some time before he lies by her side enjoying the moment.

"I needed you, Bertie, after talking with the barrister for the Crown. I am so afraid that our special relationship will be tarnished by defence counsel."

"They will try of course, Polly, but no one can take away what you and I have. Our strength and feelings for each other will see us through; now let me get you some lunch," Polly goes off to the bathroom before joining Bertie for the lunch he has prepared for them.

"Bertie, can I ask you something? When we were in bed together at the Berkswell Hotel, you mentioned about how our relationship will go forward after the trial. What did you mean?" asks Polly curious at the comment he made.

"Well, Polly, since you will have time on your hands, I want you to be involved in my business interests. You have a talent and a reputation, which will be very useful to me and it will give us an ideal opportunity to spend time together as business partners."

Polly is stunned by what Waverley has said. He wants her to be part of his business as well as part of his personal life. And of course, it would mean spending so much more time with him.

"But Bertie, I have no business qualifications or experience."

"You are a politician, Polly, that is all the experience I require of you."

"But what would I do?"

"You would sit in my board meetings as my advisor. You would use your negotiating skills and your powerful way with words to beat down my opponents and give confidence to any members that are unsure of what they should do. You could be my big stick, if necessary, and my calming influence when needed. You are very well-known and respected for your exploits against the Soviets. I believe we could exploit your reputation within my business and I want you by my side. You may recall my mentioning expansion into the Midlands. Well you could come with me to my meetings up there," says Bertie with a smile.

"I don't know what to say, Bertie, you have obviously been planning this for some time."

"Yes, I have, Polly, I have known for a while that I want and need you in all of my life, not just our meetings in my flat."

"Well thank you, Bertie. Have you told anyone else about this at all?"

"Yes, I have. I have mentioned it to some of my directors and I have drawn up some documents, which Jane is holding for me until the trial is over and we can make your position official."

Polly sits and ponders what Bertie has said as he goes off to make some tea. It would seem that he has a whole new life planned for her, one where she will be involved closely in his businesses and remain close to him. After taking tea with him, she returns home deciding that she will not discuss what he has said to her with Daniel because they must focus on the trial.

Daniel is edgy when he comes in that afternoon after his meeting with the Crown barrister.

"He seems to be attaching a lot of significance to your relationship with Bertie, Polly. I had to remind him that Bertie is twice your age. He did not appreciate that and was more than satisfied that the age gap would be sufficient to silence the scandalmongers. I am sure that defence counsel will seek to exploit your relationship with Bertie my dear, so you must be prepared for some aggressive and unpleasant questions from them."

Polly smiles to herself at Daniel's comment of how the Crown saw the age gap as significant regarding her relationship with Bertie.

"I suggest you see Bertie again one more time before the trial begins, say Thursday, then leave things as they are unless something urgent turns up."

"Well, I thought it might be nice to take the children over to see him on Saturday but otherwise one more visit Thursday should be fine, Daniel."

When Polly visits Bertie on Thursday, he tells her that he has been interviewed by the Crown.

"He did not touch on our relationship at all, Polly, other than to mention how I had helped you and Daniel. So, I do not think you need worry about any embarrassing questions."

"I thought I might come along on Saturday after lunch and bring the children, Bertie, they have been asking about you," says Polly as they lie together after making love.

"My dear Polly, what a wonderful idea, I will prepare a tea for them," he says as he kisses her goodbye.

When Polly returns home, she goes up to have a bath and notices she has a discharge and she is very tender as well. That evening she is violently sick and suffers severe stomach pains, so Daniel calls the doctor. He examines Polly internally and asks her some personal questions about her relations with Daniel.

"Whilst I would always encourage a healthy sex life between couples, it seems you may have been overdoing it somewhat. You have an infection brought on by prolonged sexual activity, Mrs Bottomley."

Polly is relieved that Daniel is not with her when the doctor mentions this.

"I should be obliged if you would not mention this to my husband, Doctor."

The doctor agrees and suggests that she rests a few days before continuing any relations with anyone! Polly is understandably very embarrassed by what the doctor has said, appreciating that her sexual activities with Waverley have been intense and excessive. However, she will not mention this to him with the trial so close. When Daniel enquires about the doctor's visit, Polly passes it off as 'woman's troubles'.

On the Saturday, Polly takes the children to tea at Waverley's flat. He had invited them the day before and they are delighted to meet with 'Uncle' Bertie again. They are in awe of his paintings and ornaments in his flat. Polly sits and watches as he tells them tales of where he has been on business and some of the people he has met.

He has taken to her children and Polly delights in seeing them with him. He has made enough food and drink for an army and the children tuck in to cakes, jellies and fruit. They are with him for almost two hours before Polly signals the driver from the window to come and collect them.

"When can we see you again, Uncle Bertie?" asks Susan who has taken to Waverley and holds on to his hand.

"Well, once this wretched trial is over children, we shall see much more of each other I am sure," he says at the door. Polly asks the driver to take the children to the car as she turns to Waverley and kisses him passionately.

"Thank you, Bertie, we shall see each other in the week I hope."

"Good bye, my dear Polly," he says as Polly follows the children out to the car.

"He really is so very good with the children, Daniel, having no grandchildren he has taken them to his heart. We should have him for dinner one more time before the trial."

"Good idea, Polly, I suggest next Friday then all we will have left to wait will be the weekend."

"I told him I would call on him in the week, Daniel, just in case there is anything we have overlooked," says Polly, wanting to be with him on her own one more time before the trial begins.

"Well, you are both going to be questioned about each other so you need to be singing from the same hymn sheet. You must not contradict each other in any way and more importantly, you must not let defence counsel bully you into saying something that is just not true. I know you care for the man and he cares for you Polly. No one must be allowed to taint your relationship with him."

Polly is surprised and pleased with Daniel's comment. Whilst feeling guilt over her intimate relationship with Bertie, it has not affected her love for Daniel. She will always love him and he will always be her husband.

"I will give him a call Monday, Daniel," says Polly as she kisses him before she goes off to find the children.

Daniel spends Monday and Tuesday finalising arrangements for the trial and making sure that the children will be adequately protected while he and Polly are at the Old Bailey. Polly checks that the student requirements are being fully addressed by government and while she has a few moments, secures details of the diplomatic corps enrolment for William's friend at school.

"I will hand it over to him, Mummy. I know he will be very grateful."

"Well I did promise him, William," Polly replies.

"Polly, how lovely to see you again," says Waverley taking Polly's coat.

"I have missed you, Bertie," says Polly, leading him to his bedroom.

Polly is as passionate as always and Waverley struggles to keep up with her demands on him!

"My dear Polly, you will wear me out. Now, much as I enjoy our lovemaking, I need to talk with you before you go."

Polly goes off to make some tea, before she sits down on the sofa curious at what Waverley has to say.

"You, my dear Polly, have become so much part of my life over the past few weeks and I want it to continue not only on a personal but a professional level as well. I love you passionately and I truly believe that you could be an asset to my business. And of course, were you to join me then I would get to see more of you," he smiles.

"I still don't quite understand what you are saying, Bertie, how can I help your business?"

"You are well-known and respected Polly, and your knowledge and experience could be an enormous asset to me in the boardroom. You would view proceedings quite differently to the members with no fixed agenda and that could prove invaluable."

"But I have no qualifications to offer you or your board, Bertie."

"Polly, listen to me. Over the last few weeks, you have woken something in me which has been dead for some time, namely an enthusiasm to go forward in the business. I recognise that I am not getting any younger and have no one that I can turn to that could run my business empire. I know that you could be that person, Polly. I could give you all the tuition you need until you are qualified to take my position and I could then step down. And I would have so much more time to enjoy your company, my dear."

Polly sits stunned at what Waverley is saying. He has told her that he wants her to be his shadow before ultimately handing the reins of his empire over to her!

"Now of course, you will want to talk this over with Daniel and I appreciate that, but do think very seriously over what I have said to you," he says as she makes her way to the door.

She is driven home in a daze, trying to digest the enormity of what Waverley has said.

"He wants to groom me to take over his whole business empire!" she tells Daniel over dinner.

"And why not, Polly? There is nothing that you could not do if you have a mind. And the world that you have experienced in politics would stand you in good stead. This man must see something in you which he believes can carry his business forward when he finally decides he has had enough. He is not getting any younger, Polly, and cannot go on forever. Your unique negotiating skills, your experience in government and your ability to hold an audience are qualities that many people twice you age don't possess. I would be pleased for you, Polly, if only to know that you will not be shot at or abducted in the role that Bertie is planning for you," smiles Daniel.

'I have to admit it does sound exciting, shall we invite Bertie for dinner on Friday and see what he says?"

"That sounds a good idea and it will take our mind of the trial, which is beginning to wear me down before it has started."

So, Polly calls Waverley the next day and asks him to dinner on Friday so that they may discuss his proposal.

"Wonderful, Polly. I will see you around 7 'o clock."

Polly is just not able to focus for the rest of the week. Waverley's offer to her has captured her imagination and she knows that once the trial is over she will want to begin her new career. That he will be under the wing of a man she has come to care for so deeply is a bonus. She will want to make him proud of her while being completely professional with him in public, whilst in private she will continue to enjoy their passionate intense lovemaking.

So, on Friday she bids farewell to Penny and Pam, telling them that they will meet up again after the trial to tie up any loose ends regarding the students. She is very aware that the next few days will be arduous and exhausting for her and her family, but after that, there is so much for her to look forward to in her life. She then leaves for home ready to help Mrs Browne prepare dinner.

"Bertie, please come in," says Polly, kissing on his cheek as Waverley arrives around 6:30 pm.

"Uncle Bertie, are you going to stay with us?" asks Susan, who has become very close to Waverley in the short time she has known him.

"Just for some dinner, Susan. How are you, my dear?" he asks as he hugs her. William and Richard are close behind and Bertie is struggling to get into the hallway!

"Come along children, let Uncle Bertie get into the house please," says Polly.

"Good to see you again, Bertie," says Daniel with a firm handshake.

"Now, let's go into the sitting room while we wait on dinner. Drink, Bertie?"

"Thanks, Daniel, whatever you have."

"We have spoken long and hard about your proposal, Bertie, and Daniel thinks it will be good for me and good for your business."

"And Daniel is right, Polly. I have thought long and hard about what I have outlined to you and believe me, you will be a tremendous asset to my business and will have taken a load off my mind. I have wondered for some time how I could ease off a bit and have been fretting as to what will happen when I eventually retire. You are the perfect solution for me and I can continue with my expansion plans which I had put on hold for the moment."

"How will your directors see Polly, Bertie; will they not be resentful in any way?"

"Not at all, Daniel. None of them have the capability to run my whole operation. They are all very much involved in their individual companies. I have always overseen what is happening and been hands on. It has proved difficult sometimes with my parliamentary duties, but I have managed. Polly has all the attributes needed to control my organisation. She will have a lot to learn, but I imagine she will learn very quickly."

"I thank you for your confidence in my ability to eventually run your business, Bertie, but I find the prospect rather daunting I have to say."

"That is to be expected, Polly, I do have a number of companies and my business is widespread. Once the trial is over, I propose that we sit down, and I would like you to be present initially Daniel if you wouldn't mind together with some of my directors and Jane Baxter and apprise you of what is involved. Then we can draw up a contract that will hand over control to you over a prearranged period."

"I'm sure Polly will do you proud, Bertie, she is very determined and will want to prove her worth very quickly," says Daniel holding her hand.

"Thank you, Daniel, I am very fortunate to have two wonderful men in my life with so much confidence in me," Polly replies as she hugs both Daniel and Bertie.

"Have you told Jane Baxter any of your plans, Bertie?"

"I have hinted that there will be changes as soon as the trial is over and I believe she may have guessed my intentions. Jane has been with me for fifteen years and knows me very well. What I will say to you, Polly, is that Jane will prove to be a very good friend to you."

"So, what you are saying is that Polly will be responsible for total control of your company portfolio, Bertie, and that your various company directors will be answerable to her and no one else?"

"That is correct, Daniel, and that is why I would like you to be present at that first meeting so that you are aware of what Polly will be involved in when she eventually takes control of my business empire. The responsibility will be enormous, but in the short time I have known her, I have been impressed with how she handles herself professionally. She is a born leader, Daniel."

"I think that has been known for some time, Bertie," replies Daniel with pride at hearing the compliments Waverley is giving to his wife.

After a wonderful dinner where Waverley entertains the children who have become so fond of him, Polly and Daniel thank him for coming and being so entertaining!

"Now, I will be off but will keep in contact throughout the trial, Daniel," he says.

"I suggest you meet and liaise with Polly again before you are called, Bertie. Your evidence and that of Polly is crucial to the case for the Crown and we cannot afford any slip ups."

"I will be in touch with Bertie as required, Daniel," says Polly, with a smile on her face. She will be desperate to meet with Waverley while the trial is commencing, not knowing when she will be able to see him afterwards with all that is being unfolded.

Polly and Daniel spend the weekend relaxing with the children and enjoying each other's company. She still loves her husband dearly and shows no let-up in her lovemaking with him, despite her liaisons with Waverley. In fact, if anything, her love for him has strengthened since she has been seeing this other man. She does not consider for one moment that Waverley is replacing Daniel, he is complimenting her love for the man she has known for over twenty years of her life.

The trial will be especially difficult for Polly, who will be aggressively questioned by defence counsel. They will question her integrity over the incidents at the LSE and imply impropriety with Waverley, over their relationship. Her evidence is crucial to the success of the Crown's case, but she is very familiar with procedure and what is involved having been a key witness at two previous conspiracy trials. As the day of the trial draws near, she is somewhat apprehensive, knowing just how important her evidence will be and appreciating that defence counsel will do their utmost to discredit what she has to say. But she is determined to see that the men responsible will be brought to justice.

What Polly is unaware of as the trial date draws closer, is that the events of the next few weeks will shape her future in a manner she was never expecting. Her whole life is about to change and Polly will have her emotions stretched to breaking point as her love for her husband and her feelings for Waverley are sorely tested. Her life is about to change forever because of circumstances over which she will have absolutely no control.

Chapter 9

The trial at the Old Bailey attracts worldwide headlines. In the dock are three MPs, a Knight of the Realm, a lord of the Realm, a high court judge and an army Colonel, together with Jonathan Miles and Godfrey Summers.

The case is presented by Judge Meredith Pierce Q.C. and the Crown is represented by Peter Beesley Q.C. and James Pattinson Q.C.

For the defence, Bernard Porter QC will represent Templeton and Pershore, Jonathan Makepeace QC will represent Horace Wetherby MP, Conrad Maslin QC will represent Colonel Pitt, George Holmes QC will represent Sir Ian Williams, Theodore James QC will represent Godfrey Summers and Paul Evans QC will represent Jonathan Miles.

Lord Barton and Walter Faversham QC have all agreed to give evidence for the Crown but will be seated in a dock separate from the accused and will have their own barristers.

The court usher reads out the charges against the accused.

"Miles Templeton, Cedric Pershore, Horace Wetherby and Godfrey Summers you are all charged with conspiracy to overthrow the democratically elected government of Her Majesty. You are further charged with conspiracy to commit murder and the abduction of Mrs Bottomley and William Bottomley. "

"Will the barristers enter pleas on behalf of their clients please?

The barristers for four men all enter pleas of not guilty to all charges.

The usher then reads out the charges against Jonathan Miles.

Jonathan Miles, you are charged with conspiracy to overthrow the democratically elected government of Her Majesty. You are also charged with conspiracy to commit murder and the abduction of Mrs Bottomley and William Bottomley and with the serious assault and attempted rape of Mrs Bottomley. How do you plead?"

"Not guilty, sir."

The usher then reads out the charges relating to the men in the second dock area.

"Colonel Pitt, Lord Barton and Walter Faversham, you are charged with conspiracy to overthrow the democratically elected government of Her Majesty. You are further charged with conspiracy to commit murder and the abduction of Mrs Bottomley and William Bottomley.

"Will the barristers enter pleas on behalf of their clients please?"

The barristers enter guilty pleas conditional on their giving evidence for the Crown.

"Thank you, usher. Are you ready to proceed, Mr Beesley, we really must get on with proceedings?" the judge comments, impatient after the long presentations.

"Quite ready, sir," says Peter Beesley as he begins his deliberations and opens the case for the Crown. There is a hush of anticipation around the courtroom.

"A conspiracy is defined as that which is conspired to overthrow the democratically elected members of Her Majesty's government. It is usually difficult to prove, but in the case, you are about to here, that is not so. In fact, it is very clear-cut due to the hard work of the security services and Mrs Bottomley. You will hear evidence of how influential members of the public, MPs, a Knight of the realm, a peer, a retired army officer and a high court Judge no less did conspire to overthrow the government by seeking to infer communist interference within the student movement and by offering inducements to the trade union movement to call a national strike, in return for a seat in government.

"That is the depth of the conspiracy we have before us in this courtroom today. You will also hear of the violence and intimidation against Mrs Bottomley and of the abduction her young son by the actions of the accused in furtherance of their ambitions. All of this will be proved over the course of the coming days. Some of the evidence will be harrowing, the brutal attack on Mrs Bottomley and the mental torture she endured during her abduction will beggar belief, but it will finally prove the guilt of the men in the dock in their pursuit of their ambitions. Do not be influenced by their respectability.

"Indeed, they sought to use their influence and respectability to further their own ends and overthrow our government before seizing power. These are dangerous men who played for high stakes and you will hear of the whole sordid business they embarked upon for their own ends. I now call on my first witness, Mrs Polly Bottomley."

Polly squeezes Daniel's hand before leaving him and walks into the courtroom. There is a buzz as all eyes follow this small attractive woman to the witness box. Many people recognise her and Polly is aware that some are discussing her as she finally enters the box. She is no stranger to the Old Bailey having been involved in two previous conspiracy trials.

"Will you confirm your name for the court please?"

"My name is Polly Bottomley?"

"And what do you do, Mrs Bottomley?"

"Recently, I have been working for the Home Secretary."

"Would you be more specific please?"

"About three months or so ago, I was asked to attend a meeting at the Home Office by Michael Wellings the Under Secretary. The government was becoming increasingly concerned about the student unrest and whether it was being influenced in some way by the communists. I was asked to investigate."

"And why did they ask you especially, Mrs Bottomley? You had after all been retired from public office for some five years I believe?"

"Yes, that is correct; they thought I may be able to help because of my past experiences in dealing with Soviet conspiracies against Her Majesty's government."

"Yes, indeed, my lord. Mrs Bottomley, together with her husband was the architect in uncovering two Soviet conspiracies in 1952 and 1962. The trials were extensive and attracted worldwide attention."

"Perhaps I might look at any notes you may have on that, Mr Beesley?"

"Of course, my lord."

"In fact, Mrs Bottomley, you were uniquely suitable to investigate all things Soviet related I would say. Now, will you tell the court what transpired when you began your investigations?"

"The more I investigated what was happening about the student protest rallies, the more it became clear that no communist influence was involved."

"And how did you go about determining this?"

"I had two of my colleagues help me who had been with me back in 1962, and of course I had my husband."

"Your husband, Mrs Bottomley?" the judge asks with surprised.

"Yes sir, my husband Daniel is a director with MI6, so is uniquely positioned to assist in my investigations."

"Thank you, my lord, and what about your two colleagues, Mrs Bottomley, how did they fit in?"

"Penny Forsythe had previously been a student at the London School of Economics, where the student unrest had originated. She enrolled as a mature student and became my eyes and ears. In fact, she arranged for me to address the students during my investigations."

"You addressed the students inside the London School of Economics?" the judge comments again with surprise in his voice.

"Yes sir, I arranged the meeting through Penny. I felt that it would be a good idea to tell them what I was doing regarding possible communists' involvement. They listened to what I had to say and their questions were very constructive."

"You said you had two colleagues helping you with your investigations, Mrs Bottomley?"

"Yes, my other colleague, Pamela Wilberforce is a data analyst. She is widely respected in the service and was a great help to me in 1962. All the data relating to Europe was utilised by Pam and she was very much a part of my success in uncovering a conspiracy. I used her skill to analyse the information received about the student rallies, the violence and the obvious intervention from outsiders.

"Pam was able to say conclusively that no one from Europe was involved. The students in Europe were being influenced by communist agitators, but that was not the case in Britain. And we spoke with the trade unions who gave valuable information about being approached by the accused. Pam concluded that there was no evidence at all to substantiate the claims that the communists were involved and was key to my moving on the accused after she had analysed the evidence against them."

"Yes, now, Mrs Bottomley, I understand that you did, in fact, have a meeting with the accused is that correct?"

"Yes, Jonathan Miles suggested I meet with them. The Under Secretary suggested that I liaise with him, as he was known by the Under Secretary and might be able to help with my investigation. I have to say I didn't take to him at all, but remained polite as he did seem to know people that may be able to help with my investigations and he was introduced to me by the Under Secretary."

"Why did you form this dislike, Mrs Bottomley, you say you didn't take to him?'

"He was very familiar and unprofessional towards me, talking about becoming friends and so on, but he came across as a cold person as I found to my cost later."

"Yes, we will talk about his attack on you in a little while if we may. Now, can I ask what happened when you met with these men in the dock?"

"Jonathan Miles arranged that I should meet with them in the House of Commons. I readily agreed to this venue being very familiar with it from my time as an MP. All the men were very polite to me and the conversation generally was related to the apparent communist interference with the student actions. It was obvious from the comments of all the members that they were convinced that it was the communists that were responsible for what was happening, or rather that was what they wanted me to believe."

"Can you perhaps elaborate on that point please?"

"We now know that it was the intention of the accused to force the government to resign and blame the communist for the continued unrest from the student movement. It was then their intention to seize control of government with the backing of the trade union movement. They hoped that my experience in dealing with communist interference would lead me to blame them out of hand. I had no intention of doing that and told them that until I had made all my enquiries I would not be making any recommendations to the Minister."

"So, your stance would have caused them some concern, no doubt?"

"My job was to find those responsible whatever the consequences."

"And I believe you made quite an impression, Mrs Bottomley, and you found someone who was to prove a valuable ally I believe?"

"Yes, Mr Waverley, it turns out, was a close friend of my father during the war years. They had worked together at the Ministry of Information. He was very polite and I sensed that he could be an ally for me. He said very little while the other members were discussing what they saw as an obvious communist threat."

"So, it is fair to say that you saw Mr Waverley as someone you may be able to turn to if circumstances demanded?"

"Very much so, and I was proved correct as I will relate later."

"Perhaps we might break for lunch, Mr Beesley, thank you."

"Mrs Bottomley, I understand that not long after your meeting with the accused at the House of Commons, you met with the students is that correct?" the Crown QC begins after lunch.

"Yes, I wanted to judge the mood of the students and tell them of my position and how I may be able to help with their demands. I was sure that if there was communist interference at grassroots level, it might just show itself if I met with them face to face."

"And how was your meeting with them?"

"It was very constructive, especially when I told them that I could influence the Minister on their behalf."

"And how would you have been able to influence the Minister, Mrs Bottomley?" the Judge asks with a degree of scepticism in his voice.

"Well sir, the Minister had assured me that he would act on whatever recommendations I put forward to him. It was a condition of my taking on the work for the Minister that I would have full autonomy in my investigations."

"And after your meeting with the students, events began to take a sinister turn Mrs Bottomley, is that correct?"

"Yes, sir."

"Can you tell the court what happened during your second visit to the London School of Economics?"

Polly looks across at Daniel who smiles at her hoping to give her the encouragement and confidence to continue with what will be a difficult discussion.

"I was asked by my colleague Penny Forsythe to meet some other students. She had been approached by some of the younger students who said they had been unable to attend my meeting and would I go along and talk to them."

"And what happened at this second meeting with students, Mrs Bottomley?"

"I'm afraid it is difficult to answer that question because I cannot remember anything that happened. I was given the drug labelled LSE. This causes the user to hallucinate and brings on feelings of euphoria followed by despair and a general feeling of depression. When I was found by the college porter, I had been left naked in a room and disorientated."

Polly pauses for a moment, trying very hard to keep control of her emotions.

"Are you okay to continue, Mrs Bottomley?" the Judge asks. Polly nods.

"And what happened next, Mrs Bottomley."

"I asked the porter to take me home where I called for the doctor and Daniel. I did not know where I was or what had happened to me. The doctor examined me and determined that I had been badly beaten and involved in sexual activity with a number of men." Polly stops, unable to keep control as she begins to sob.

"Fifteen minutes recess, gentlemen," says the judge as Polly dashes from the box to Daniel.

She sobs uncontrollably, recounting the events at the LSE.

"God, Daniel! I feel wretched, I know we have to give all the details but it is painful, so painful."

"I know it must be, but you have to be strong my love, you will get through this I know you will."

Daniel replies as he holds her close and slowly Polly begins to feel strong enough to carry on.

"Are you quite well to continue, Mrs Bottomley?"

"Yes, thank you sir."

"Now, Mrs Bottomley, I know this must be very painful for you but would you continue please?"

"Yes, of course. My doctor took blood samples from me so that he might determine what drug I had been given. I was having severe mood swings and seeing strange and weird figures in my head. I had no recollection of what had happened, just the occasional flashback of seeing a number of men with me. Then the doctor told Daniel and me that I had been given LSD."

"My lord, you have details of what this drug will do to anyone who takes it. Please continue Mrs Bottomley."

"For the next two weeks or so, I went through a nightmare of dreaming about strange and weird creatures of seeing Daniel beaten and tortured of seeing myself being assaulted. I could not sleep and was either sweating or freezing cold and I was bad tempered and gave my husband a pretty rough time. He was my rock through this period as was my family. Slowly I began to get back to normal. Unfortunately, that brought me vivid pictures of what had happened. So, I was living the nightmares for real if you like. It was a very difficult time for me, but I have now fully recovered."

"And then I believe events took a turn for the worse for you, Mrs Bottomley?"

"Yes, Daniel and I were driving home from work together when we were driven off the road and shots were fired. Daniel was shot twice, taking bullets that were meant for me. I was able to fire back and did hit one of our assailants before they drove off."

"There are gasps around the court on hearing Polly's testimony. Polly's recalling shots been fired on the streets of London in the daytime is something that is difficult for the public to understand."

"You fired back, Mrs Bottomley; you carry a weapon with you?" the judge asks, astonished at what he is hearing in his courtroom.

"Yes, sir. Daniel felt it would be wise after the attack on me at the LSE and then his driver being shot and wounded."

"And how badly injured was Mr Bottomley during this attack?"

"He was shot in the neck and shoulder, it was a difficult time for both of us, but thankfully he has fully recovered. And was not the first time that my husband has taken a bullet saving my life," adds Polly with emotion in her voice.

"Going back to the unfortunate incident at the LSE Mrs Bottomley, I understand you were given some details as to what exactly transpired from an unusual source?

"Mr Beesley, I think we might now adjourn for the day, Mrs Bottomley may continue tomorrow."

Polly goes over to Daniel and they leave the courtroom in each other's arms.

"How do you think the trial is progressing for you, Mrs Bottomley?" a voice calls from the dozens of reporters waiting outside the Old Bailey.

"There is a long way to go yet, but Daniel and I will see that justice will be done, thank you everyone."

Polly and Daniel are driven home by their escorts and look forward to an evening with the children.

Polly is exhausted by the long day of answering questions and enjoys a long soak in the bath before bedtime and a night with her husband.

"I need you so very much after today, my dear Daniel," she says as they couple and enjoy each other before going off to a satisfying and restful night's sleep.

The following morning, Polly continues with her evidence to the Crown.

"Mrs Bottomley, you were going to relate to the court details that you were given relating to your unfortunate incident at the LSE?"

"Yes, Daniel was anxious that we find out why Jonathan Miles was meeting with trade union members."

"And why was your husband watching over the accused?"

"He was only watching over Jonathan Miles at my request. Miles had referred to young students that had attacked me at the LSE when we were

250

in conversation after leaving the office of Michael Wellings. I had not told him that it was students that assaulted me, in fact I had told no one other than my husband, so was very suspicious that he may have been involved or at least knew who was involved."

"And you found out indirectly I understand?"

"Yes, as I mentioned we were anxious to get information about his meeting with the trade union members."

"So, what was decided, Mrs Bottomley?"

"Daniel suggested that I contact Bertram Waverley."

"And why did he think that Mr Waverley would help?"

"Mr Waverley had been very pleasant towards me when I met with him and the accused and of course he knew and had worked with Daddy. I told Daniel of his kindness toward me and he suggested that I contacted him."

"Yes, but Mrs Bottomley, why on earth should he want to help you, he was one of the conspirators, wasn't he, when you met him at the House of Commons?"

"Yes, but when I contacted him to ask if he would help he agreed to meet with me. In fact, he said he was going to contact me anyway as he had some information for me."

"And you went alone to meet with him?"

"Yes, I did, I would have gone with my husband, but Mr Waverley was concerned for his safety if it had been discovered by his colleagues that he had met with someone from MI6. It was a condition of my meeting with him that I went alone.

"And what happened when you visited him?"

"He was very apologetic for what he was about to give me. He had photos and negatives taken of me with the men at the LSE. Apparently, Jonathan had arranged to have pictures taken of me when I was drugged showing me involved in indecent acts with men and would use the photos to discredit me. However, most of the accused were disgusted by what they saw and Mr Waverley took the pictures for safekeeping with the intention of handing them to me."

Polly is somewhat upset recalling the content of the pictures.

"And what happened when you visited Mr Waverley?"

"He handed me the photos and apologised for what had happened. He was genuinely apologetic and wanted no part of the actions of Jonathan Miles. In fact, he recalled that several his colleagues were angry and annoyed by Miles's actions. I was distraught when I saw them and he was very sympathetic and kind towards me. You can imagine how I felt when I saw what Miles had arranged to happen at the LSE, but Mr Waverley was a great comfort to me. I was quite hysterical on seeing such graphic images, then when I finally calmed down, I asked for his help and he offered to let me know what was being planned when his colleague met with the trade union representatives."

"He offered his help, just like that why do you think he did that, Mrs Bottomley? This was a man who was a member of an organisation plotting to overthrow our government after all." the Crown barrister asks with a frown.

"I can only believe that he felt guilty for being part of what had happened to me, other than that I really don't know. He may have had fixed ideas of what his colleagues were planning, but when Jonathan Miles arranged to have me assaulted he had second thoughts, I really don't know. He was a man of means with several companies but he was also a man of principles and what he saw obviously shook him. When I finally asked him about Miles's meeting with the union representatives he readily agreed to try and find out what it was about. Perhaps he felt obligated to make amends for the behaviour of his colleagues towards me."

"Yes indeed, but I understand that circumstances then took a turn for the worse for you?"

"Yes, I was arrested and charged with conspiracy, based on evidence that had obviously been planted in my office. Whist it was obviously circumstantial my solicitor strongly suggested that I get some evidence to dispute what had been found and get someone to give evidence on my behalf."

"And this trial that was brought by the Crown, interrupted by the judge, is that correct?"

"Yes, he stopped the trial, adding there was no case to answer," Polly replies.

"I think now would be a good time to break for lunch, Mr Beesley." says the Judge.

Polly and Daniel have little time to talk but at least he is by her side.

"God, Daniel, I feel as though my whole life is on display. Standing for hours in that box can be very tiring."

"You have been marvellous so far, Polly, the court is watching your every move and listening intently to what you have to say. Everyone is on your side, you need to remember that when you next go into the witness box," says Daniel hoping to give Polly added encouragement.

After lunch, the second Crown barrister takes over from Peter Beesley.

"My lord, I am James Pattison also for the Crown. Now, referring back to your trial Mrs Bottomley, I understand that you did, in fact, have evidence to present and someone who was also prepared to stand up in court on your behalf is that correct?"

"Yes, sir. Mr Waverley had evidence that he was to present on my behalf which would have exonerated me."

"So, Mr Waverley was actively assisting you and your husband now is that correct and if so, why would he do that?"

"I believe he wanted to divorce himself from what was happening with the accused. He obviously did not have the stomach for their methods and was hoping to exonerate himself by helping my husband and I bring those concerned to justice.

"And I understand that Miles Templeton asked you to meet with him on two more occasions over the coming weeks. Mrs Bottomley, is that correct?"

"That's correct, but my husband insisted that I only meet with him if I was escorted to the meetings. The second meeting at the House of Commons was merely to see if I would make any concessions to Templeton and his colleagues. I said I would not and left the meeting annoyed that my time had been wasted. His calling the meeting was, I felt almost an admission by him that I was getting close to finding the truth and there was absolutely no possibility that I would offer anything to him the third meeting was called after Templeton left a message at my son's school and asked me to meet with him at the Savoy Hotel. This time I was reluctant but decided I must follow all leads to bring those concerned to trial. So, I went again with my two escorts and told them to collect me after one hour if I had not left the meeting room.

"It was a very unpleasant meeting and Templeton had two men with him who stood each side of me. That was very intimidating and he too was threatening without saying anything. Some of his colleagues did show signs that they were uncomfortable by his actions, but some of them also made veiled threats and I was indeed very relieved when I heard a knock on the door and my escorts asking for me. When he saw my escorts, he first refused to let me go until one of them threatened to shoot him where he stood if I was not allowed to leave with them."

There is a murmur around the court as the judge asks: "Mrs Bottomley, your escorts actually said that?"

"Yes, my lord."

"And this catalogue of events perpetrated by the accused continued with the abduction of your son Mrs Bottomley?" the Crown continues.

"Yes sir, the day after my meeting with Templeton and his colleagues at the Savoy, my son William was abducted from his school playing field." There are gasps from around the court at Polly's last comments.

"It must have been very upsetting, Mrs Bottomley, and I understand that you again turned to Mr Waverley to see if he could help?"

"Yes, we did. Daniel and I were desperate and Templeton was making demands that I cease my investigations, I just did not know what to do. My children are my life, Daniel and I would do anything to protect them."

Polly breaks down in tears as the judge calls the court to adjourn until Wednesday morning. Daniel goes over to console Polly and leads her out of the court past the press to their waiting car. Polly has a very restless night and Daniel struggles to console her.

The mention of William's abduction has upset her and she does not sleep very well at all. She is up early the next morning and thinks that she would like to be with Waverley at this moment. She will contact him this evening, he will have an added calming influence on her she is sure, and she misses his intimacy. So, Polly and Daniel arrive back at the Old Bailey the following day, for Polly to begin her third day in the witness box.

The public in the courtroom have become fascinated by this young attractive woman, who seems to be uncovering the conspiracy almost singlehanded and the press coverage has now extended to representatives from America as well as some from Europe.

"So, Mrs Bottomley, you were telling the court that you again asked Mr Waverley to help when your son was abducted is that correct? So, can you tell the court what transpired after you had asked for his help?"

"I received a desperate call from him asking me to help him after he had been attacked in his flat. I rushed round to find him on the floor badly bruised about his face and in some pain. After calling an ambulance and following him to hospital, I discovered the full extent of his injuries. He had a broken arm and broken wrist severe damage to his ribs and was badly bruised on his face. It was a cowardly attack on an elderly man. Whilst he did not recognise any of his attackers, he was sure it was

254

punishment for asking questions about Williams's whereabouts. The accused were obviously suspicious of his questions about my son."

"And I understand that you took care of him when he was recovering from his ordeal, Mrs Bottomley. May I ask why you decided to do that?'

"Mr Waverley is a widower with no relatives. His injuries meant he could not care for himself, could not wash himself or get any meals. Daniel and I felt obliged to help him for what he had done for me and felt responsible for what had happened to him. We were the only persons he could turn to and were very pleased to offer him help with his recovery from the terrible beating he had suffered. For myself, it was a whole new experience having an elderly man in my life. I had only ever known anyone of a similar age and that was Daddy," replies Polly with conviction in her voice. She was happy to answer why she had wanted to care for her Bertie.

"So, you cared for him while he was recovering from his attack?"

"Yes, I called round most evenings, sometimes with my son and cooked his meals and washed him as required. Both Daniel and I were most grateful for his help in finding William. Without him I am not sure what may have happened with my son."

"In the meantime, I gather your husband would have been making enquiries and trying hard to secure enough evidence to bring those concerned to trial?"

"Yes, Daniel had questioned men who had been engaged in stirring up trouble at the student rallies and was closing in on finding out who had ordered the assault on me at the LSE."

"And I understand your husband had still not been able to find Miles in all this time, but that was about to change?" the Crown barrister asks

"Yes, despite all his efforts, Daniel had been unable to locate Jonathan Miles. He was key to the evidence that was being compiled against the accused. But things changed when I arrived home early on the day in question and Miles was waiting for me. The man behaved like a beast towards me," replies Polly as she looks across at Jonathan Miles, who shows no emotion as he looks away from her stare.

"Can you be more specific please?"

"He dragged me upstairs and threw me down on the bed as he began to rip off my clothes. He told me he would hurt me, he would rape me and then he would kill me. I was terrified and fought desperately to stop him. It was..."

"Are you quite all right to continue, Mrs Bottomley?" the Judge enquires.

Polly has to pause for a moment, but nods before she continues.

"It was clear to me that he was angry and annoyed that he had not been able to get close to me and was determined to seek his revenge. He slapped me several times as he was removing my clothes but I fought him as hard as I could, desperate that he would not have his way. By this time, he had all but torn off my clothes and I was beginning to tire from his attack on me. He was becoming more violent as he sought me. I ..." Polly falters and begins sobbing.

"Fifteen minutes adjournment please, gentlemen," instructs the judge.

Polly dashes from the witness box and into Daniel's arms, sobbing uncontrollably.

"I am so sorry, Daniel, the memories are just so real."

"Just calm yourself, Polly, everyone is very sympathetic, I'm sure." Daniel replies as he holds her close. And after the short adjournment, Polly enters the witness box again.

"Are you happy to continue, Mrs Bottomley?" the Crown barrister asks as Polly nods.

"Now, moving on with your description of Jonathan Miles' frenzied attack, how were you able to free yourself from your terrible ordeal?"

"I was able to free one of my arms as he was trying hard to couple with me, and I scratched his face as hard as I could. He fell back screaming and I was then able to get free of his grasp, dash to my dresser and grab my weapon. I then shot him twice before he could get to me, once in his chest and again in his thigh."

Polly pauses as there are gasps from around the courtroom. The audience is gripped by Polly's tail of events and listen intently to her every word. They struggle to understand how this woman could overcome so much and still give her evidence so clearly.

"You had your weapon in the dresser in your bedroom Mrs Bottomley?" asks the Judge.

"Yes sir, I had my weapon close by at all times as my husband recommended."

"And can I ask you what transpired next Mrs Bottomley after you had shot Miles?" the barrister for the Crown asks.

"It was evident that he was seriously injured, since I had fired on him from close range, so I dashed over to him and tried to stem the bleeding before running downstairs to call for an ambulance."

"Mrs Bottomley, can you be clear for me? You tended to his gunshot wounds before going downstairs and calling for an ambulance? You did this for a man who had violently attacked you and threatened to kill you?" asks the judge, obviously amazed at Polly's actions.

"Yes sir, I did not want him to die. I wanted him to stand on trial for his actions."

"Mrs Bottomley, you are indeed a remarkable woman," the judge comments.

"Please continue, Mrs Bottomley."

"I also called my husband and he arrived shortly after Miles was taken to hospital. Daniel wanted to question him as soon as possible so we visited him two days after the attack to question."

"You went to visit the man who had tried to rape and kill you?"

"Yes sir, Daniel wanted to be sure he would make a full recovery for the trial and arrange a guard on him in case he was targeted by any of the accused and I wanted to face him to let him know that I would not back down on what I had been asked to do. I wanted him to see for himself that he could not intimidate me no matter what he did."

"And Mrs Bottomley, I understand you saved Miles again by your swift action while you and Daniel were with him?"

"Yes, that's correct. Despite having an armed guard, Pershore and Summers managed to get into his room at the same time as we were there. Daniel struggled with Summers and I shot Pershore as he reached for his weapon. Had they been successful it would have damaged the conspiracy case no end, of that I am sure."

"So, Mrs Bottomley, for the second time in two days you saved the life of the man who tried to rape and kill you?"

"I only did what had to be done, Miles was important to our case and I could not stand by while he was shot in cold blood. And Daniel was keen to talk with him to see if he could get any information about the men who were still wanted for questioning."

"And I understand that Mr Waverley was able to help you yet again?"

"Yes, he went and spoke with Miles at Daniel's request. He was very cooperative and told him the possible whereabouts of Templeton, the man we believed was one of the leaders of the conspiracy."

"And what happened next, Mrs Bottomley?"

"I think now would be a good time for lunch, Mr Beesley," says the judge.

Polly and Daniel struggle through the media scrum outside the court to be driven off for lunch. Polly knows that the real difficult questions are yet to come when she is cross examined by the defence barristers.

"I am sure you will do fine, Polly, you have some experience in this after all," replies Daniel, seeking to assure his dear Polly, although he knows she will be sorely tested by the defence

After lunch, The Crown continues with his questions for Polly.

"Mrs Bottomley not long after your visit to Miles events against you took a particular nasty turn for the worst I believe?"

"Yes, I was abducted from outside the Home Office by men posing as MI5 agents."

"You were taken in broad daylight, Mrs Bottomley?" the Judge asks.

"Yes, sir. I was taken to some old warehouses close to the Thames, then injected with a drug which gave me the most terrible nightmares. I felt rats crawling over me, I saw a man who had abused me terribly some years ago, and I saw Daniel being beaten, all in my imagination but very real and very distressing.

"Then, when I realised that it was my imagination playing tricks the men stopped and took me to another room where I was dowsed in a tub of cold water several times before being left on the floor and again I was injected. This time, I dreamed of being terribly abused by the men. They did the most degrading acts with me and I was so sure that it was real until I was woken to discover that I had imagined it all again. What I thought had happened was again just my imagination.

"Then when the men finally returned, they told me they were going to beat me until I told them how much information we had secured for the case against the accused. They were very rough with me and stripped me naked before they tied me to a beam. They said that when they had finished with me they would get rid of me in the Thames."

Polly hesitates for a moment, trying to compose herself as she relives her nightmare.

"Are you quite well to continue, Mrs Bottomley?" asks the judge with concern in his voice.

"Yes, thank you sir."

"You say they were about to beat you, Mrs Bottomley?"

"Yes, the man who seemed to be in charge told his colleagues to go and fetch canes when gunshots were heard, so they cut me down and were told to take me out to a boat. It was their intention to move me elsewhere and continue, but fortunately, Daniel and his colleagues were close by so they left me in a dirty walkway and ran off. They were caught by Daniel's men approaching from the other direction. Then, I heard Daniel's voice and knew I was safe. My husband wrapped me in a blanket and took me to a waiting car. Once again, Daniel had saved me," says Polly, looking out at Daniel with tears in her eyes.

"A fifteen-minute adjournment, gentlemen," calls the judge.

Polly goes with Daniel to recover outside the courtroom, where the Crown barrister is waiting.

"I apologise for the upsetting questions Mrs Bottomley, this must be very difficult for you."

"Thank you Mr Beesley, I shall be fine in just a moment," says Polly as she holds on tightly to Daniel before returning to the courtroom. As usual, all eyes are on this attractive woman who has suffered so much in the cause of her country.

"Now, Mrs Bottomley, how exactly did your husband discover where you were exactly? It must have been difficult and time was of the essence especially as the men's intentions were to dispose of you in the Thames."

"Daniel received precise information from Mr Waverley."

"Mr Waverley again came to your husband's assistance?"

"Yes, he was approached by Colonel Pitt who gave him details of where I was being held. Pitt had been with Templeton when the abduction was planned and it seems that he no longer wished to be a part of what was happening. He contacted Mr Waverley, gave him the details and told him of his intention to surrender himself to the authorities. Without his help, I would have been killed by these men I am sure."

"So, Colonel Pitt contacted Waverley, aware that he would immediately get in touch with Mr Bottomley? It is obvious that you and your husband owe Mr Waverley a great deal for his help over the past few weeks Mrs Bottomley."

"Very much so, he has become a trusted friend to all my family, not least the children who adore him," replies Polly with a warm smile as she thinks about her Bertie.

"And are you fully recovered from your terrible ordeals, Mrs Bottomley?" the judge asks. He is beginning to warm to the bravery and determination of this woman.

"Yes, thank you sir, my husband and Mr Waverley have both been a great comfort to me."

"Thank you, my lord, that concludes my questions for Mrs Bottomley for the moment."

"Then I suggest we adjourn for the day a little early, court is adjourned."

Polly goes over to Daniel who leads her out of the courtroom and towards the large press gathering. Polly feels that she must say something this time.

"How are you feeling, Mrs Bottomley?" she is asked.

"Tired and weary but ready to continue tomorrow. Rest assured gentlemen, we shall prove the conspiracy of these men and they will pay for what they have done and for what they had conspired to do. I have been very fortunate in having the support of two very special men in this fight, my dear husband who has always been there for me over many years and lately Mr Waverley who helped us find my son for which we will be eternally grateful. Now, I just want to go home, thank you."

Polly and Daniel move through the crowd of reporters and are driven home by their security agents.

"How did I do, Daniel?" Polly asks as they drive off.

"You were brilliant, Polly, you told them what they wanted to hear I'm sure. Now about Bertie, I think you might call on him later. I want him to be kept in the loop about everything. He did want to be present in court, but I felt it would be too dangerous."

"I didn't know he had asked you that, Daniel, I know he was going to talk with some of his directors about me, but I would think he would wait until the trial is over before any firm decisions are made."

"He will no doubt talk with Jane Baxter first. She is key to your smooth transition to Chairman of his group of companies."

"I will ask him about that later, Daniel. I must confess I have missed him these last few days. He does seem to have a calm composure which certainly helped when William was missing.'

Polly is not afraid to express her feelings for Waverley to Daniel. He has indeed become very much a part of their lives now. So, after having dinner, Polly goes off on the short distance to meet with the man who has become so much a part of her life and will become even more so in the future she hopes.

"Bertie, I have missed you," she says as she embraces him on entering his flat and kisses him passionately as she almost drags him to the bedroom, gently stroking him.

"Oh, I have so wanted to feel you inside me Bertie, make it last please," says Polly, kissing him passionately.

"My dearest Polly, I love you so very, very much, he says.

'Will we be able to see each other often when I work for you Bertie?"

"Yes Polly, we will travel to board meetings together and I will try to arrange nights that we can spend together. I have so much planned for you. You are my whole life now, nothing else matters." replies Waverley as he kisses her gently on the forehead. Polly responds, anxious to couple with him again. When they are finished, Polly is calm and relaxed as she goes off to the bathroom to wash.

"I have to go now, Bertie, but you must come around for dinner again on Friday," she says as she bids him farewell in the doorway.

Polly returns home feeling so much better despite her ordeals of the last three days. Waverley's maturity and his lovemaking with her seem to give her the calming influence she needs to carry on in the witness box. Daniel and the children ask about Bertie and are pleased to hear that he will be having dinner with them again on Friday.

"I believe he will want to talk again about his plans for me and his business Daniel and it will take our minds of this trial. I know I am going to have to face defence barristers tomorrow and probably the next day so come Friday I shall be pleased to talk about something else."

"It will be difficult for you, Polly, but I think you have weathered the storm very well so far. How was Bertie by the way? Is he ready to face the court when he is called, do you think?"

"He is Daniel and he will cope very well, I'm sure. He is a very mature man and will not be intimidated by anyone least of all a barrister.

"He is anxious for the trial to end so that he can begin showing me what is involved with the running of his business. You have no idea just how satisfying it is to have an older man to turn to for guidance from time to time. You have always been my rock, Daniel, but having Bertie is so comforting to have another point of view sometimes and seek his advice. I miss Daddy, being able to talk with him and so on and Bertie has filled that gap. Do you understand what I am trying to say, Daniel?'

"Of course, I do, Polly. For the last sixteen years, it has always been just the two of us and no one else apart from when we go home to your parents. Bertie has given you something very special and he will continue to do so. I can see how much he is a part of your life now when you are in his company."

"Can you really, Daniel?" just a little concerned that she may be giving away her feelings for Waverley.

"It is good to be able to share you with a mature man who will offer you a different perspective on life and guide you to the success that you obviously deserve when you join his company."

"Thank you for saying that, Daniel, I do love you so very much," says Polly as she goes off to have a bath before bedtime.

The following morning, Polly enters the witness box on Thursday morning as Bernard Porter QC rises for the defence.

"My lord, Bernard Porter for Mr Templeton and Mr Pershore. I believe that this prosecution has been brought by the Crown with no clear case for my clients, indeed for all the accused, to answer.

"The defence will prove that it was indeed a communist led conspiracy at work here and that Mrs Bottomley and the security services have fabricated a case against these men for their own ends. Mrs Bottomley has cleverly manipulated what has occurred to spin a web of deceit and lies and I would like to begin the defence by asking her some questions."

Porter looks across at Polly giving her a long hard stare.

"Now, Mrs Bottomley, your Mr Waverley seems to be the key to some of your claims about what has transpired, doesn't he?"

"He is not, my Mr Waverley sir."

"You are very fond of him, are you not?"

"Yes, I am, this man helped find my son William when he was abducted and got valuable information that helped Daniel find me when I was abducted, so my husband and I will be forever grateful to him for that."

"Yes, yes, Mrs Bottomley, I'm sure you are grateful, but let's go back to the beginning when he first offered you help when you yourself were accused of conspiracy. Why would he do that, why would a stranger, a member at that time of a group of men allegedly planning to overthrow the government decide to help you? Why Mrs Bottomley, can you tell the court please?"

"Firstly, you will have the opportunity to ask him that later in this trial. Secondly, as I have already mentioned, Mr Waverley had worked with my father during the war years and I believe he was looking out for me."

"Was it not because you offered him the opportunity to have intercourse with you?" Porter asks amid uproar in the court.

"You will withdraw that sir or suffer the consequences," Daniel screams at him.

"Please Mr Bottomley, sit down, I assume you have justification for asking that question, Mr Porter?" the judge asks.

"I do sir, I believe this was the start of Mrs Bottomley offering herself to Waverley in exchange for him fabricating evidence against my clients."

"Very well, please continue but I urge you to be careful, Mr Porter."

"Now, Mrs Bottomley, how many times were you and Mr Waverley alone in his flat?"

"Many times, over the last few months. When he was recovering from his beating, I visited him every day to get his meals, wash him and generally care for him. As there were security guards present they would have been able to tell you precisely how many times I was there."

"Yes, yes, Mrs Bottomley, well I have checked with the security agents and know you visited him a great many times and were with him alone for long periods of time. My question to you Mrs Bottomley is what did you do during all that time you were alone together?"

Polly pauses before replying hoping that the pause will give added emphasis to her reply. "As I have said, when he was so badly beaten I spent a great deal of time with him. He was unable to do anything for himself. I cooked his meals and removed his plates when he had finished, I washed him as best I could, trying hard not to get his bandages wet and helped him dress and undress as necessary. It was hard work and did take up considerable time.

"As for my other visits, we were preparing a conspiracy trial and Mr Waverley was to be a key witness. I had several discussions about his relationship with the men in the dock, indeed I'm sure it was as a direct result of his seeking information for me that was the reason for the terrible beating he suffered. So yes, I did spend lot of time with this man, which my husband was fully aware of. I found him to be charming and a gentleman at all times, but I don't suppose you want to hear that, do you?" replies Polly causing smiles and cheers from the court.

"Mrs Bottomley, please confine yourself to answering questions, not making flippant remarks," comments the judge.

"That was not a flippant remark, your honour, I do not believe that counsel would be able to appreciate or wants to understand a relationship where a man and a woman shared a bond of friendship as I have done with Mr Waverley."

"Yes, very well. Please continue, Mr Porter."

"So, all the time you spent alone with Mr Waverley was filled with you looking after him like a servant almost then asking him questions? Nothing else, Mrs Bottomley?"

"Well, we did sit talking sometimes. He became a close friend with my son and lately with my three children. He would tell me how much enjoyment they gave him not having any family of his own, so yes there was something else that happened when I was alone with him. Again, you know how much time we spent together and how my son accompanied me sometimes."

"I have no more questions for this witness," Porter comments realising that he is going nowhere with his line of questioning.

"My lord, I am George Holmes for Sir Ian Williams, Mrs Bottomley, I should like to know what became of the alleged pictures that Waverley was supposed to have given you."

"They were disgusting and I destroyed them."

"Yes, these were pictures showing you indulging yourself with a group of young men in return for information from them, is that correct?'

"That is a damn lie and you know it," shouts Daniel, incensed at what the defence barrister has alleged took place.

"Fifteen minutes recess," shouts the judge over the uproar in the court.

"Can nothing be done to stop this, Peter?" asks Daniel of the Crown barrister.

"I imagine the judge will comment when we return, but I will certainly have a word."

They all return to court after the recess and the judge makes his comment.

"We are having too many interruptions and you, Mr Bottomley, will behave yourself or you will be removed. And counsel will only ask questions that can be substantiated with evidence, is that clear? Now please continue."

"Mrs Bottomley, since we do not have the pictures in evidence perhaps you will confirm or deny that they showed you indulging in sexual practises with young men a number of young men, can you confirm that Mrs Bottomley?"

"Yes, that is correct.'

"So, you were engaged in outrageous sexual acts with a group of young men. Why was that Mrs Bottomley, there must have been a reason for you allowing it to happen and I understand you offered no resistance even appeared to be enjoying the proceedings is that correct Mrs Bottomley?"

"As previously mentioned and I believe you have the medical proof, I was drugged with LSD and did carry out sexual acts with these men. I did not know what I was doing and did not even know what had happened until I was shown the pictures, so yes sir, that is correct. Is that what you want to hear from me you disgusting little man? Your questions make me feel sick!" Polly screams before bursting into tears.

"My lord, might I have a moment with my wife, please."

"Very well, Mr Bottomley, I think now might be a good time for lunch, court adjourned."

Polly rushes to Daniel, who ushers her out of the courtroom and outside to the waiting car.

"Just drive us to a pub somewhere John so that Polly can sit quietly for a while," Daniel says to his agent.

"I can't take any more of this Daniel, I feel dirty and ashamed. These men are destroying me."

"You must not let that happen Polly, you must fight back. They are only doing this because they have no real evidence in defence of their clients. It is time for you to go on the offensive Polly, you have nothing to hide and need to tell the court precisely that. Will you do that for me?"

"Okay Daniel, I will try," replies Polly.

So, after lunch, Polly returns once more to the witness box.

"Are you ready to proceed, Mrs Bottomley?" the judge asks.

"I am your honour, but may I make a short relevant statement?'

"Very well, please proceed."

"I do not deny, nor have ever sought to deny the activities that occurred at the LSE. Indeed, I admitted as much to the police when I was wrongly convicted. What I would add is that the counsellors have medical evidence showing that I had been given LSD, a hallucinogenic drug, which removes all your inhibitions. It will let you believe that what is happening is for real and even gives you the impression that you can fly. You are fully conscious always but powerless to stop whatever you are doing. Then later, as the drug finally leaves your system you begin to remember some of what may have happened to you. I thank you for allowing me to explain my feelings my lord and I am ready to continue."

"Thank you, Mrs Bottomley. Do you have any more questions for this witness, Mr Holmes?'

"Thank you, my lord, Mrs Bottomley, my question to you is very clear. What exactly is your relationship with Mr Waverley? Before you answer that is it not true that you will begin working for him when this trial is over?"

"That is two questions, sir."

"Very well, let me rephrase, are you in an intimate relationship with Mr Waverley Mrs Bottomley?"

"No, I am not."

"Would you care to elaborate at all?"

"What do you want me to say, Mr Holmes? That I have engaged in sexual practises on many occasions with a man who whilst I care for very much, is older than my father!"

There is a murmur of laughter around the courtroom as the barrister moves on.

"Yes, very well Mrs Bottomley; now is it true that you have been offered a position in Mr Waverley's business?"

"Not exactly, I will tell you what will be happening as soon as circumstances will allow. Does that answer your question?"

"Thank you, Mrs Bottomley, no further questions my lord."

Percival Montgomery QC for Lord Barton rises and introduces himself to the court.

"Mrs Bottomley, can I ask you if my client at any time threatened or intimidated you?"

"No sir, he did not, I only spoke with him on the first meeting at the House of Commons. Whilst it was apparent that he dismissed my actions as somewhat frivolous, he was very polite towards me."

"Thank you, Mrs Bottomley, nothing further my lord."

Then in a surprise move, Conrad Maslin QC for Colonel Pitt stands and make an announcement.

"My Lord, represent Colonel Pitt and have been asked to make a statement on his behalf now. Colonel Pitt offers his wholehearted apology for his part in the abduction of Mrs Bottomley's son and of Mrs Bottomley, in fact for his terrible behaviour towards her. He congratulates her on what he says is a job well done comparing her actions to that of a military strategist and wishes her every success in the future. Thank you, my lord."

Polly stands in the dock with a tear in her eye as the judge tells her she may leave the witness box and he announces a short adjournment in proceedings.

After the short adjournment, the Crown calls Bertram Waverley to the stand. Waverley stands in the witness box casting a look at Polly and smiling. He is immaculately dressed in an expensive dark suit, white shirt and silk tie.

"Will you tell the court your name and occupation please?"

"My name is Bertram Waverley and I am a Member of Parliament for Fulham and Chairman of the Waverley Group."

"Now Mr Waverley, a lot has been mentioned about your relationship with Mrs Bottomley. In fact, it has dominated proceedings thus far. So, because she is a key witness for the Crown, can I ask you to comment on this relationship for the record please?"

"I have known Mrs Bottomley for some little while now and have formed a very close attachment to her and with her family and am delighted to be known as uncle to her children."

"And would you say you attracted to her, Mr Waverley?"

"Of course, Mrs Bottomley is a beautiful and intelligent woman and any man would be attracted to her. But she is devoted to her husband, a man she has been with almost constantly since she was a 13-year-old schoolgirl.

"Excuse me counsel, Mr and Mrs Bottomley have been together since she was 13 years old, you say Mr Waverley?" asks the judge.

"Yes, my lord, you may recall the trial in 1947 when a number of men were given heavy prison sentences for black market racketeering? Polly's Father Ben Spencer, led the fight against these men and as a result his family was subjected to horrific abuse, not least his daughter Polly. Mr Bottomley was assigned to protect her and spent every waking hour by her side. It was, I am sure, that because of her treatment by these criminals, she became very dependent on him before finally falling in love and marrying him."

"Thank you, Mr Waverley, please continue Mr Beesley."

"And will you confirm that the time spent with Mrs Bottomley in your flat has always been professional, Mr Waverley?'

"Whilst any time spent with Mrs Bottomley has always been enjoyable, I have never entered any behaviour that I would consider improper with her, I respect her and her family and would never do anything to abuse our very special relationship."

"Thank you, Mr Waverley; now can I ask you why you decided to assist Mrs Bottomley in her investigation? After all, you were intending to finance an operation to remove the government. That is the reason for this trial is it not?"

"Yes of course, I was involved with the men in the dock because I was concerned by the liberal attitudes of this administration. My business, like so many was suffering through shortages caused by industrial unrest and we needed a change of course in the country. That is why I offered my financial support.

"Then when I met with Mrs Bottomley in the Commons with my colleagues, and realised who she was, I took it on myself to keep an eye on her. She was the daughter of a man I knew very well and had worked with some years ago and Ben would have expected me to do just that. But what changed everything for me was the attack on her at The LSE and the subsequent pictures that were taken under the instruction of Jonathan Miles. This was a truly despicable act of abuse by Miles and I did not wish to be a part of any indecent assault on this young woman or indeed any young woman. His whole attitude I found most distasteful and was surprised how much latitude Templeton allowed him.

"Whist I still hoped that a change in government attitudes would eventually come about, I realised that Templeton's whole strategy was unprofessional and would undoubtedly fail. His dismissal of Mrs Bottomley as just a distraction was naive and he should have realised that Miles's interests in her were bound to cloud his judgement.

"The man lusted after her and when she spurned his advances, he was hell-bent on revenge as his actions proved. And I was not alone in my disgust over what occurred at the LSE. Other members of the group realised that he had made a mistake, but by then the damage was done."

"Now moving on, Mr Waverley, a lot has been made of the time Mrs Bottomley spent alone with you in your flat, especially when she cared for you after you were attacked. Would you like to comment on that at all?"

"During that time, Mrs Bottomley was my nurse, housekeeper and companion. If she had not been there to care for me at that time, I really have no idea what I would have done. I was completely incapacitated with injuries to my wrist, arm and ribs. She had to do everything for me and I will always remember her kindness towards me at that time and of course spending so much time with her I did grow fond of her.

"After that, it was an easy decision to decide to help her and her husband build a case against Miles Templeton and his colleagues. I might just add here that because of my association with Templeton, I am under no illusions that I will have questions to answer later but for now I am pleased to have been a help."

"Yes indeed, Mr Waverley now there has been mention of a position for Mrs Bottomley in your company, could you tell the court about any plans you have for her in that direction?" the Crown asks, anxious that the court should hear precisely what Waverley has planned for Polly.

"For some time now, I have been thinking about how I might ease up on my work schedule. With no family or hobbies, my work has been my life. But I am 69 years old and would like to pass on some of the responsibilities of management. I believe Mrs Bottomley is the ideal person to take over the reins from me. She is articulate and intelligent with a vast amount of experience from her time in government and her powers of oratory are well-known and will serve as an asset at board meetings. As I have mentioned, I have come to know her very well and believe she is the ideal person to carry my business forward. I hope to be around for a few more years yet and look forward to seeing the business flourish under her leadership."

"Thank you, Mr Waverley, please wait there."

Bernard Porter QC for Templeton and Pershore rises to question Waverley.

"Mr Waverley, why are you not standing with my clients in the dock, you were party to what was discussed were you not?"

"To answer your first question, you should ask the Crown for an answer, but I imagine my contribution to evidence against your clients may have something to do with why I am here and your clients are in the dock. Regarding the second question, yes, I was party to their discussions and did believe that a change of government was needed as a matter of urgency and was prepared to finance the campaign. What I did not wish to be a part of what was a disgusting series of events designed to degrade and intimidate the woman who had been asked to investigate if there was any Soviet links with the unrest in the country."

"Yes, thank you for that Mr Waverley. Now about that woman, Mrs Bottomley. By your own admission in evidence, you have admitted to many liaisons alone with her in your flat. Do you really expect the court to believe that during all that time spent in the intimate company of your flat that you and Mrs Bottomley did not form an intimate relationship, a man and an attractive woman alone together Mr Waverley?"

"There was certainly a liaison between Mrs Bottomley and myself during the times we spent together. A liaison is defined as a close working relationship, communication, cooperation together so yes that part of your question is correct. We did have much to discuss regarding this trial and lately we have had a conversation relating to Mrs Bottomley's position within my company, but can I just enlarge on the inference that a man and a woman alone together in a room must, by definition, engage in some sort of intimacy. Doctors are alone with their patients as are nurses in many instances and college lecturers with their students.

"They have a liaison with each other but no impropriety is ever implied. You are trying desperately to find something that will taint not only the evidence before you but also the very integrity of Mrs Bottomley, a woman who has been honoured for her services to her country and who was invited to meet the President of the United States no less! And yet, you sir, would question our time together.

"As I told the Crown, Mrs Bottomley cared for me during my recovery from my assault and her care included washing and dressing me, so I suppose you can say there was some close contact in that regard," replies Waverley looking hard at the defence barrister who can feel the hostility of the court towards him.

"I have no more questions for this witness, my lord." The defence barrister comments, frustrated that he was unable to make a convincing argument relating to any impropriety between Mr Waverley and Mrs Bottomley.

"Your honour, may I redirect?" asks the Crown barrister.

"Very well, Mr Beesley."

"Mr Waverley, you made mention of Mrs Bottomley's achievements, would you like to elaborate for the court please?'

"Yes, of course. The court has heard of Mrs Bottomley's efforts with her husband on two previous occasions when the freedom of our country was threatened by Soviet interference. In 1952, she was awarded the MBE for outstanding service to her country in helping to foil a Soviet conspiracy. Then again in 1962, Mr and Mrs Bottomley were key players in uncovering what was a global conspiracy by the Soviets. After the trial and conviction of those responsible, she was invited to the White House, with her family, and presented to the President, who thanked her for her efforts."

"Thank you, Mr Waverley, no more questions my lord."

The judge asks the remaining defence counsel if they have any more questions, but they decline. Waverley steps down from the witness box and Polly goes over to greet him to warm applause from the court.

"Gentlemen, it is rather late to begin questioning a new witness, I propose we adjourn for the day and resume tomorrow morning."

As expected, Polly, Daniel and Waverley are besieged by the press at the Old Bailey entrance and realise that they must comment.

"Mr Waverley, how soon do you expect Polly to take control of your business interests?"

"As soon as the necessary legal documents have been finalised and Polly has completed her work for the government. I shall be talking with my colleagues early next week and hope to have some papers for her to look at very soon."

"And Mr Bottomley, after what has been said about your wife's relationship with Mr Waverley, how do you feel about her being given this position by him?"

"I am delighted for her. Polly is a very determined person and will make up her own mind on what must be done. We have talked about her position as we always do about any important decisions. I am very proud that Mr Waverley has chosen Polly to take over his business and have complete confidence in her ability to do so. And for the record, I trust my wife implicitly and know that she would never enter into any relationship which would jeopardise our marriage."

"And Mrs Bottomley, are you looking forward to your new venture?"

"Yes, I am very much but for now gentlemen we have a court case to win, so will talk to you again after the verdict has been delivered."

And with that comment they leave the courthouse, Polly and Daniel to return home and Waverley to return to his flat, after telling Polly that he will see them tomorrow evening. On Friday morning, Daniel is called to the witness stand. James Pattinson for the Crown stands.

"For the record, please will you tell the court your name and occupation?"

"My name is Daniel Bottomley and I am an operations director with MI6."

"Mr Bottomley, I want to ask you specific questions concerning the main reasons why we are here, namely to prove a conspiracy has taken place, would you tell us how you fit into all this?"

"Conspiracy is very difficult to prove as both my wife and I know from previous trials. The plan that Templeton and his colleagues put forward, namely to blame the communists for student unrest then bring in the trade unions to back them in taking over government was a very good one and could so easily have succeeded but for one fatal flaw.

Giving Miles so much responsibility to organise outside distractions and take care of Polly.

"Initially, he dismissed her as someone of no significance just there for his pleasure and he allowed this lust he had for her to impair his judgement. Polly had a definite plan to determine the source of the unrest. You must understand she is very experienced in what constitutes a conspiracy. In 1952 and again in 1962, she was the prime mover in the conspiracy trials involving the Soviets as Mr Waverley commented. That is why the present government asked for her help. Templeton and his colleagues should have done their homework instead of leaving Miles to arrange a distraction against Polly. She hoped to discover firstly if the communists were involved. This was the reason for the government asking for her help and she was helped in her task by two of her trusted colleagues, Pamela Wilberforce an expert data analyst and Penny Forsyth a former student at the LSE.

"Polly used Penny to determine the mood of the students and Pam to find out whether the communists had in fact infiltrated the student protests. It was by a process of elimination that she was able to conclusively determine that there was no communist involvement in the student unrest. She had a strategy which she had used previously and it was proven to be successful."

"And then what happened, Mr Bottomley?"

"After Polly met with Templeton and his colleagues she commented on how they appeared convinced and wanted to convince her that the communists were behind the unrest. Then there was a series of events designed to bolster the idea they had put to Polly. The incident of police officers brutally attacking a young female student for example

"This was obviously staged since no police officer would openly attack anyone with such violence when in uniform. Then we had the terrible assault on Polly at the LSE. There was absolutely no logic to such an attack, nothing to be gained by anyone. It was a vindictive attack on her personally, nothing else," replied Daniel, looking hard across the courtroom in the direction of Jonathan Miles.

"I have the statements of the men he paid to attack Polly and I tell him now in open court that if he ever gets out of prison, I will hunt him down like a dog!"

There is uproar in the court as the crowd cheer Daniel's comments. Polly sits in tears at what she has heard her husband say.

"Mr Bottomley, you must refrain from making threats to members in the dock."

"Thank you, my lord, now Mr Bottomley can you confirm when you and your wife realised that Mr Miles was indeed responsible for this attack on your wife?"

"It was after Polly returned to work at the Home Office and when she was leaving the Under-Secretary's Office accompanied by Miles. He commented on the 'young students 'that had attacked her. Well, Polly had not mentioned young students to anyone other than myself so how did he know? From then onwards we watched Miles, saw him meet with trade unionists and the conspiracy began to unfold."

"And of course, this was when you began to get help from a surprise source, namely Mr Waverley?'

"Yes, that is correct and may I just say something here? Myself and my family are indebted to Mr Waverley for his help in finding William and Polly when they were abducted. He is a man of great courage and integrity and the special relationship he and Polly share will always be with my blessing."

"Thank you, Mr Bottomley, now I understand that some of the members actually tried to do a deal with Mrs Bottomley?"

"Well that was the consensus behind the meeting called at the Savoy Hotel, although it turned out to be more of a threat in the end."

"Thank you, Mr Bottomley. Will you remain in the witness box please?"

"Mr Bottomley, my name is Bernard Porter. I represent Mr Templeton and Mr Pershore. There is no real conspiracy to answer here and my clients believe that the communists are indeed behind the student unrest. They dismiss the idea that they offered the trade unions an inducement in exchange for calling a national strike. They also dismiss Mr Waverley's testimony and believe that there is ample evidence to suggest that Mrs Bottomley offered him favours in exchange for his testimony, despite Mr Waverley's comments."

The defence counsel pauses waiting for a comment from Daniel who stands and stares back at him.

"Mr Bottomley?" The counsel asks.

"Yes?"

"Do you have anything to say in response to what I have just said?'

"Since there is no question to answer, no, I have nothing to say."

"My lord, will you instruct the witness to answer?"

"Mr Porter, you must ask a question before it can be answered."

"Mr Bottomley, do you agree that there is evidence to support the fact that Mrs Bottomley offered favours to Mr Waverley in exchange for his evidence?'

"No."

"Would you care to elaborate please?'

"No."

"So, Mr Bottomley with all your experience in fighting the conspiracy attempts by communists, do you not agree that there was good reason to suggest that they were involved this time?"

"No."

"My lord, I must protest at Mr Bottomley's responses."

"He is answering your questions Mr Porter. He does not have to enter into dialogue if he chooses not to," replies the judge.

"You love your wife very much do you not Mr Bottomley?"

"Yes, I do."

"And you would do anything to protect her dignity and her life?"

"I have done whatever has been necessary to protect my wife throughout the twenty years or more I have known her."

"Would you kill for her?"

"If it meant the difference between her living and dying yes I would."

"And would you lie to protect her.?"

"Yes, I would."

There is a murmur around the courtroom as defence counsel seeks to gain an advantage from Daniel's comments.

"So, Mr Bottomley, I ask you again do you agree that there is evidence to support the fact that Mrs Bottomley offered favours to Mr Waverley in exchange for his evidence.'

"No."

"So, despite what has been said about the time spent by your wife with Mr Waverley, you persist in refusing to accept the obvious?"

"No."

"So, you do accept that there is evidence to support the fact that Mrs Bottomley offered favours to Mr Waverley in exchange for his evidence?'

"No"

"Mr Porter are we going anywhere with these questions?" the judge asks.

"No more questions now, my lord."

"Very well, then court is adjourned for lunch."

Daniel leaves the box to join Polly as they go off to lunch.

After the lunch break, the defence counsel continues to question Daniel.

"Mr Bottomley, I am Conrad Maslin for Colonel Pitt, might I ask you to comment on my client's statement?"

"Your client recognised a worthy adversary in my wife and I appreciate his comments."

"Thank you, Mr Bottomley."

Then there is an astonishing turn of events from defence counsel for Jonathan Miles.

"My lord, I would like to read a prepared statement by Mr Miles if I may before I call Mr Miles to the witness box."

"Very well, Mr James. You may step down Mr Bottomley."

"My client makes this statement without provocation or favour."

"I do sincerely apologise to Mrs Bottomley for my behaviour towards her. That she saved my life on no less than two occasions, despite my actions is testimony to her character and dignity.

I am so very sorry and wish her well in the future."

"Thank you, my lord."

There are gasps of astonishment from around the courtroom and Polly and Daniel hug each other. But the biggest surprise of all, which will surely influence the verdicts, is the evidence presented by Jonathan Miles. He lays bare the conspiracy plot of the Phoenix Project members and exonerates Polly of any improper behaviour.

"I do believe that now would be a good time to adjourn for the weekend," says the judge.

Polly and Daniel hurry from the court ready to prepare for their evening with Waverley.

"Uncle Bertie, I have missed you where have you been?" asks Susan as Polly opens the door to Waverley.

"We have all been busy children, but it is so nice to be with you again," he replies as Polly kisses him affectionately and squeezes his hand. Waverley responds and squeezes her hand in return as they go into the lounge where Daniel is sitting with the paper.

"Bertie, good to see you again," he says with a firm handshake.

"Well the trial looks as though it may be over sooner than was expected."

"I think the statements by Colonel Pitt's and Miles's Counsel should seal the guilt of all of them Bertie and the sooner the better."

"I am meeting with some of my colleagues on Monday and Tuesday Polly to confirm what will be happening over the coming weeks. I want them to be in no doubt about your position. I have talked with some of them in general terms over the last couple of weeks, now that the trial is coming to an end I want to move forward and get you installed as Chairman as soon as is practicable," replies Bertie.

"What is the general feeling with your colleagues about Polly being put in charge Bertie Is there likely to be any resentment?"

"Some of my older board members have expressed surprise and I expected that. But Polly's reputation is well known to all of them. Your battles against the Soviets in two conspiracy trials and her stance in the UN have earned her a reputation as a formidable adversary. Some have commented on how young she is, but that is understandable since there are not too many company chairmen around at 34 years of age!"

"The first few weeks will be challenging, but I have already assured them that this is a position that Polly is tailor made for and that they should judge her on merit and I'm sure they will."

"So, we may have one or two battles to begin with, but we are used to that, aren't we, Daniel?"

"Yes, we are and I expect you will give them a good fight and show them just how worthy you are of the position that Bertie has given to you."

Over dinner, the children monopolise the conversation with Waverley and drag him into the garden as soon as possible after dinner has finished. He never tires of being with them as both Polly and Daniel comment.

"He has taken to the children, Daniel. He obviously misses not having any children of his own."

"Why is that do you think, Polly?"

"He has never spoken of family at all and I have not wished to pry, but there must be a good reason. Anyway, he is making up for lost time now and the children obviously adore him. Like myself, they only have one senior man in their lives, that's Daddy and they don't get to see him too often. Until I met Bertie, I had no idea what a difference an older man can have on your life."

"I understand, Polly, Bertie has certainly made a difference to you I have noticed that you are calmer and more mature since you have spent time with him. And it is obvious you have brought something special to his life as well."

"I hope so, Daniel. He is a very special person to me," replies Polly as she watches the man who has so dramatically changed her life emotionally and romantically.

When Bertie finally leaves, he tells Polly he will contact her early next week for an update on his meetings with his board members. Then when Polly and Daniel finally go upstairs, they are both anxious to enjoy each other, Polly especially always wanting to show how much she loves her husband.

"How much longer do you think the trial will last now, Daniel?' Polly asks after they have finished and lie in each other's arms.

"It should be over by mid-week I would think. The defence counsel for Templeton might have something to say but Miles's testimony has really confirmed what we already knew. The members of the Phoenix Project are as guilty as sin and will be proved so. They will be found guilty of conspiracy and the terrible attacks on you and the abduction of William and the sooner the better."

Polly enjoys a wonderful weekend with the children and is with Daniel in the sitting room on Sunday evening when the phone rings. It is Waverley.

"Hello, Daniel, sorry to disturb you on Sunday, but I have had some conversations with board members over the weekend regarding Polly's position. We are drafting some papers over the next two days and would like you to look at them as soon as possible. I wondered if you might come over to my flat Tuesday?"

"You certainly believe in moving swiftly Bertie. Now I think it would be better if you looked at whatever arrangements are being discussed with Polly first, Bertie."

"Whilst she asks my advice on most things, in this case you need to sit down with her and go over just how she is to proceed. If she wants to run something past me she can do so later, but on Tuesday you should talk it over together."

"As you wish, Daniel. Perhaps you would pass on the message and tell her I will expect her on Tuesday evening, bye for now."

Whist Polly is always delighted to be able to spend time with Waverley, she would have preferred Daniel to be with her for these important meetings to decide her future with Waverley's companies.

"You really need to go over how you will begin your new career with Bertie on your own without distractions, Polly. If I am with you, I know you will ask for my advice, you always have. However, on this occasion, you must start as you mean to continue and approach the new job with a clear mind and no distractions."

"Whatever you say, Daniel, you always know what is best for me," Polly replies, reflecting that perhaps visiting Bertie on her own will have its advantages after all!

Court proceedings on Monday begin with counsel for Templeton opening proceedings.

"My lord, I represent Mr Miles Templeton and Cedric Pershore and would call Mr Templeton to the stand." Templeton walks the short distance to the witness box with all eyes on this tall, powerfully built man in his late 50s.

"Will you state your name and occupation for the record please?"

"My name is Miles Templeton and I am a Member of her Majesty's Parliament."

"And how do you respond to what was said by Jonathan Miles on Friday?"

"Well of course, he would say that wouldn't he? Jonathan was given some responsibility and it went to his head. But his biggest mistake was he fell for Mrs Bottomley and when he realised he could not have her he plotted to harm her and her family. I was always a little suspicious of him but he had proved useful in the past because he knows people and can get things done."

"And, what about this so-called conspiracy to take over the government? Were you plotting to overthrow Her Majesty's Government, Mr Templeton?"

"Absolutely not. My colleagues and I were as concerned as the government about what was happening with the students and the communists and we welcomed their initiative when they recruited Mrs Bottomley to help. We knew of her by reputation and knew that she would endorse the government's suspicions."

"But she didn't, did she, Mr Templeton? How do you respond to that?"

"She was obviously misinformed or the communists proved too clever for her. Whilst she may have experience in tackling the Soviets, she is still relatively immature, being just 34 years old. I think the Soviets were just too clever for her and whilst nothing is happening currently, I am sure they are just waiting for another opportunity now that she has failed to catch their ringleaders."

"But why did you feel it necessary to ask Miles to take care of Mrs Bottomley?"

"All I asked of Jonathan was to find out what she was doing, ask her how her investigation was proceeding. I was as concerned as everyone about this communist plot. I did not tell him to harm her or her family. I am not a violent man, I abhor violence. Jonathan's treatment of Mrs Bottomley was disgraceful and I told him as much."

"So, you did not tell him to have her drugged and violently assaulted, you did not tell him to rape her and have her abducted and you did not tell him to have her son abducted?"

"No sir, I did not."

"Thank you, Mr Templeton, please wait in the box."

" You don't like Mrs Bottomley, do you, Mr Templeton?" the Crown barrister asks.

"I have no particular opinion of the woman, she was given a job to do by the government, and when she realised that she was unable to deliver a communist threat, she looked round for an alternative."

"So, Mrs Bottomley made up this threat that we're trying to determine at this trial. Is that what you are implying?"

"Correct, she saw a group of concerned citizens making legitimate enquiries as some sort of government conspiracy. For someone with experience of government matters, she showed complete ignorance of the facts she was presented with. The woman has proved herself incompetent," replies Templeton angrily.

"So, Mr Templeton, let me just recap here, Miles acted on his own with the attacks on Mrs Bottomley and her family, it was he who paid the men to brutally assault her and to cause violence at the student rallies. You did not lure Mrs Bottomley to a meeting at the Savoy Hotel to intimidate her into dropping the conspiracy charges she was formulating, nor did you call her on more than occasion after her son was abducted and again ask her to cease her investigations? And before you answer, you need to be aware that we have sworn statements relating to this evidence, Mr Templeton."

Templeton stands for a moment, perspiring heavily struggling for an answer. All eyes are on him as he tries to find a suitable explanation to the damning evidence presented to him by the Crown.

"Mr Templeton?"

"Well, perhaps there were some hasty words said to her. We were annoyed that she was doing nothing to bring the communists to justice.

She seemed more intent on trying to use her charm to persuade my colleagues that there was no communist plot. She obviously gave herself to Waverley for his evidence. This man was one of my closest friends, who suddenly decided there was no communist plot to answer, although I have to admit I can understand how he must have been flattered by her attentions."

"But Mr Templeton, there never was a communist plot; this was a determined effort by you and your colleagues to seize power from a democratically elected government."

"That one woman was able to defeat you must have been a shattering blow to your ego?"

"She did not beat me or my colleagues, she simply sought to manipulate everyone she met to convince them there was no communist plot, then fabricated evidence to try and create another plot by using a concerned group of businessmen and MPs as bait. The woman is a menace and I believe that the judge made a grave mistake in dismissing the case against her. She is a very dangerous woman and has manipulated everyone in this courtroom"

Templeton replies perspiring heavily as he struggles to overcome the wealth of evidence against him.

"So, now you are saying that it is Mrs Bottomley who is in fact the conspirator here?"

"Well, I do believe she could very well be involved in some sort of conspiracy, yes."

There is a murmur of laughter around the court.

"Now, what about the evidence that you were involved with those concerned in taking Mrs Bottomley's son?"

"Yes, well, perhaps I was aware of what was going on there, but there was never any intention to harm the boy."

"No, of course not, you just had him taken from his family and held in some dirty old warehouse. So, what about the abduction of Mrs Bottomley, again please think before you answer, Mr Templeton?"

"I never gave any instructions to harm her, just hold her long enough to stop the proceedings so that we could find proof that the communists were in fact involved in a conspiracy. Once we had proved our case, she would have been released unharmed."

"Mr Templeton, you talk as though you truly believe your actions towards Mrs Bottomley were justified. Really, some of your comments beggar belief. You just cannot accept that she was too good at her job.

Her clinical analysis of the evidence and the cooperation of the students was more than enough to prove there was no communist conspiracy. She could have stopped there, but she realised that her efforts had in fact uncovered a conspiracy after all. As your colleague Colonel Pitt implied, her strategy was far too good for you."

"Not at all, she was out of her depth and I knew that from the start. Her behaviour towards my colleagues when we first met was inappropriate, flaunting herself for their attentions. She knew if she could affect how one or two of them felt then they would side with her. She had to be stopped...I mean she needed to be shown..."

"Needed to be shown what, Mr Templeton, needed to be taught a lesson perhaps, isn't that what you meant?"

"No, I mean she was pleasant enough but a distraction..."

"Oh, so now you're saying perhaps you were a little attracted to her, Mr Templeton. Is that what you're saying, were you attracted to Mrs Bottomley, Mr Templeton?"

"Well no, not exactly, I mean she is obviously...."

Templeton is lost for words as the Crown counsel presses home his advantage.

"As your colleague said, Mr Templeton, you were out manoeuvred by Mrs Bottomley and you could not accept that this young woman, a very attractive young woman, could destroy all your ambitions to be the Prime Minister of our country. You sought revenge the only way you knew how. To destroy her integrity and probably her life as you desperately sought ways to stop her from finding out the truth about you. I have no further questions for this witness, my lord."

"No, I didn't mean, I was sure that the communists were...she couldn't believe she could beat me...too immature so young...I was...."

"Mr Templeton, you may leave the witness box."

Templeton is still mumbling as he is escorted back to the dock.

"I think we might have an early lunch, Mr Beesley, court is adjourned."

After lunch, Crown counsel questions several men, who received monies from Miles in exchange for stirring up trouble at the student rallies and they all identified Jonathan Miles as the man who asked them to stir up trouble.

"The pay was good so who were we to refuse, gov.?" The same response comes from some of the men who assaulted Polly. Again, it was just for the money.

"We only did what we were told to do your honour, we did not know who the lady was and we were told that she had arranged the meeting. We are very sorry for what happened," one of the men says with genuine remorse in his voice.

Then two of the MI5 'rogue' agents are questioned by the Crown, and confirmed that they had been recruited by Templeton to abduct William Bottomley from his school sports ground.

"We did not harm him at all. In fact we quite enjoyed his company, sir," one of the agents commented.

The final links in the chain of events of the conspiracy are provided by the Affidavits of the Senior Union members that visited Polly. In the affidavits, they detail their discussions with the members of the Phoenix Project where they were asked to orchestrate a national strike.

Once this had achieved the aims of bringing down the government, Templeton's administration would offer the Trade Unions a place in cabinet. As the affidavit was read out, there were gasps from the courtroom and Templeton hung his head in desperation, realising that he was now a broken man in every respect.

So, as the Crown concludes, the counsel for Lord Barton and Walter Faversham QC call on their clients.

"My lord, I am Percival Montgomery, and I represent Lord Barton who I now call to the stand."

"Lord Barton, there must be many people asking how on earth a peer with your standing became involved in all this. Would you care to elaborate?'

"I was approached to sound out the second house about possible changes in the constitution that may become necessary. It was only after attending meetings of the members of this so-called Phoenix Project that I began to have serious reservations about their intentions.

"I joined the project as an advisor and because of my contacts in the House of Lords. When I saw the terrible ordeal of Mrs Bottomley and the subsequent behaviour towards her son and again towards her, I withdrew my contact. Yes, I wanted a change of administration, but only by exercising the democratic process. I wanted no part of the Templeton's plans and so surrendered myself to the authorities."

"Thank you, Lord Barton."

Since the Crown had no questions for Lord Barton, he steps down from the witness box as David Masters QC for Walter Faversham stands.

"My lord, I am David Masters for Walter Faversham, who I now call to the stand."

"Mr Faversham, as a high court judge what was your position in all this?"

"The members of the Phoenix Project approached me to oversee the legal challenge which, they said, they were going to make to the present administration. I was never involved in any discussions relating to their taking over government, I was to be available only if a legal challenge was thought necessary."

"So, why did you not simply walk away, Mr Faversham? Your career is now in tatters because of your association with these men in the dock."

"I know that, sir, and I have to confess, I am at a loss to know why I did not see what was occurring sooner. I was not party to all of the meetings, but heard enough to know that something sinister was being carried out. Perhaps I just did not want to believe what I was hearing. My whole life has been about upholding the law and I suddenly found myself embroiled in some right-wing plot to overthrow our government," Faversham hesitates in some distress before he continues.

"In any event, I finally presented myself to the authorities along with Lord Barton. All I would say in conclusion is to apologise profusely to Mrs Bottomley and the judiciary for my part in this plot to bring down our government."

Faversham steps down and returns to his place beside Lord Barton, a broken man for his part in the proceedings.

So, after all the relevant witnesses had been questioned and the Crown confirms that the evidence is concluded, the judge speaks.

"Thank you, gentlemen, we will adjourn for the day and Crown will begin their summations in the morning."

Once again, Polly and Daniel are besieged by the press as they leave the courthouse.

"Are you satisfied with proceedings so far, Mr Bottomley?"

"Perhaps you might ask me that question again when we have heard the verdicts."

"And what about you, Mrs Bottomley, it has been a long trial for you?"

"Yes it has, but like Daniel, I will leave all my comments until the verdicts have been delivered, gentlemen. Thank you very much," replies Polly as she and Daniel are driven home.

"Is it really all coming to an end at last, Daniel? I do so want to move on away from politics and start my new career."

"It is all but over for the conspirators Polly and you and I can look forward to the challenges that you are about to face," replies Daniel as he hugs Polly.

On Tuesday morning, Peter Beesley stands to deliver the Crown's closing arguments.

"My lord, this has been an unusual case for a number of reasons. Conspiracy can be difficult to prove generally, but in this case, it was a relatively simple procedure, thanks to the work of Mrs Bottomley and her team. The lengths that Mr Templeton and his colleagues went to in order to stop Mrs Bottomley from discovering the truth, were astonishing and very unpleasant.

To have drugs forced on you in order that unspeakable acts of indecency can take place beggars belief and our society has no place for people who would want to do this. The same applies regarding the abduction of children. Taking William Bottomley from his parents was a mean and spiteful act.

Yet, these were just two of the tactics employed by the accused in their pathetic attempts to prevent Mrs Bottomley from uncovering the truth. But perhaps their biggest mistake was in employing Mr Jonathan Miles to oversee tactics. Miles was out of his depth from the very beginning when Mrs Bottomley spurned his advances and he decided to exact revenge on her. For him, nothing else mattered but to satisfy his lust for this woman, no matter what the cost. Now, if we look at the individual conspirators, we get an idea of how the plot crumbled. Cedric Pershore is a bigot who was blindfolded into believing that there had to be a communist plot in place to endorse his actions along with Templeton. But, they had no strategy going forward and their efforts were amateurish considering their positions.

"Sir Ian Williams and Horace Wetherby just got caught up in events and did not have the courage to walk away. Again, here were two very experienced men in society who did not seem to grasp what was happening. Perhaps the thoughts of power turned their heads. Not so Bertram Waverley who could not stomach the appalling behaviour employed against Mrs Bottomley and decided to act for her. The court applauds him for his courage and integrity in what must have been difficult circumstances. He must have known how his actions would be perceived, but that did not stop him from acting as he saw fit.

"Then we had Colonel Pitt who at least had the guts to admit defeat graciously in the end. Quite what Lord Barton and Walter Faversham QC, a high court judge no less, were doing getting involved in all this has been difficult to comprehend and their explanations show that they seem to have become involved almost accidently only to discover too late just what Templeton was planning. Godfrey Summers, like Miles was out of his depth and just went along with everything that Miles wanted. And then we had Jonathan Miles himself. This man is indeed a psychopath, truly a cruel and vindictive man. He had no interest in the power grabbing that Templeton was conducting, his only interest was to find men who would hurt people under his instruction, before he committed the final act himself, the attempted rape and murder of Mrs Bottomley.

"And yet, despite his terrible treatment of her, she saved his life not once but twice! So, there you have the case for the Crown. A mismatched botched plan that was doomed to failure when confronted by someone with the knowledge and experience of Mrs Bottomley. That is the case for the Crown and I urge you to find the accused in the dock guilty of all the charges against them."

The rest of the morning is taken up with defence counsellors attempting a damage limitation exercise on what is a hopeless case for their clients. There can be no mitigating circumstances despite the comments made by counsel for Colonel Pitt and Jonathan Miles and the evidence presented by Lord Barton and Walter Faversham. All of the accused went into the attempt to overthrow the government with their eyes open and when their efforts stalled, tried to pin a conspiracy trial on the one person least likely to make an attempt at conspiracy, namely Mrs Bottomley. Those concerned try very hard to separate their clients from Templeton's actions and from Jonathan Miles, but it is doubtful whether they will be successful. When they have concluded their summations, the judge calls for lunch saying he will begin his summary in the afternoon.

After lunch, the judge begins his summing up of the trial and is scathing in his comments about the men in the dock.

"It has been some time since I have had to preside over a trial where so much unpleasantness to a single person and her family was used for greed and gain. The guilt of the accused is for you to decide but I do not imagine you will be long in your deliverance. I cannot understand how intelligent articulated men could so misjudge the efforts of Mrs Bottomley and go off on an abortive attempt to overthrow the democratically elected government.

"It is said that power corrupts and in this case, the prospect of power did just that. They were naive and immature in everything they did and relied heavily on a man with limited knowledge and intelligence of the political process to overcome what they saw as an irritation more than anything.

"There was never any cause to suspect communist activity was involved and they took on one of our foremost experts in Soviet criminal activity without having the slightest notion of just what a powerful adversary she would be.

"Mrs Bottomley had already been responsible for breaking up two attempts by the Soviets to conspire against our government. The men in the dock completely underestimated her prowess and she proved to be a formidable opponent, far too good for them. You must decide the extent of any guilt here, because the methods used to try and prevent justice from being done were extreme. Mr Bottomley was shot protecting his wife from a bullet and Mrs Bottomley suffered terrible injuries at the hands of men hired by Miles as well as being subjected to a horrific attack by Miles himself. And she had to endure the terrible waiting when her young son was abducted.

"So, you must decide just how culpable each one of these men is in the conspiracy and the attacks on Mrs Bottomley and I now ask you to retire to consider your verdict. Court is adjourned."

Polly and Daniel are driven away from the Old Bailey, deep in thought over the day's proceedings. They are looking forward to the end of the trial, which has been difficult for both, Polly especially. But she has so much to look forward to in her new role as Chairman of Waverley's group of companies. And, she is due to meet with Waverley this evening with all the emotions that it will generate. After enjoying a family dinner, she sets out for Waverley's flat around 6:30pm.

"My dear Polly, it's lovely to see you again, come in my dear would you like some tea? I have all the papers here ready for you to look at when you are ready," says Waverley obviously delighted that Polly is with him again.

"Thank you, Bertie. I did not expect to be with you again like this; it was Daniel who suggested it! I have to admit that I was pleased with his suggestion that I should call on you alone, I do so miss you."

"And I miss you too, Polly, you are so much a part of my life now. I know I cannot have you completely, I understand that, but I just so enjoy being with you whenever circumstances permit," he says as he kisses her tenderly. Polly responds and realises that the documents will have to wait.

"I want you, Bertie, I want you right now," she says as she leads him to the bedroom and begins to undress before Waverley quickly joins her and caresses her while they kiss passionately.

"Make love to me, Bertie," says Polly as she rubs him, gasping with pleasure at their union.

She wants this visit to be very special as Waverley sighs with pleasure at her touch and reaches to fondle her while they enjoy every moment of their passionate union with each other.

"My dear Bertie, I do so enjoy you, I really do."

Waverley is amazed how he can satisfy this woman, who is less than half his age and revels in their union before he finally climaxes. Polly turns to him and holds him tightly.

"I want you again, Bertie, as quickly as possible."

"Just lie with me for a moment, my dear Polly, I just want to hold you in my arms for a moment and enjoy the pleasure of you beside me," he says as he turns towards her and hugs her to him.

They lie together in a firm embrace as he slowly becomes aroused again by Polly's touch and the warmth of her body beside him.

Their couplings now last so much longer and this, at 69 years of age, takes a lot more out of him. Finally, with one last gasp of pleasure, they finish and after lying together for a while to recover, they dress and go into the lounge to look over the papers that Bertie has had drawn up for Polly to digest.

She sits next to him looking at the documents with a glow on her face. She always feels so satisfied from her lovemaking with this man who has become so much to her over the last few months.

"Now Polly, these are only drafts, suggestions of what will happen before you are finally put in place as Chairman of the group. As you can see, the transition can be swift and Janet Baxter will be able to assist you as much as possible.

"I want to be sure that you are in place within a specific timeframe and I have told my directors that. I do not want any delay since delay can lead to uncertainties, and I want everyone to know that my decision is final on this. So far, I have heard only favourable comments, but no one has had time to digest my decision yet and of course they haven't met you, my dear Polly!" says Waverley with a smile as he kisses her affectionately on the cheek.

"And I want to give Janet a new position to reflect how much her help will be needed, Bertie. I thought she could become known as the Company Executive Secretary, and I will select a new personal secretary to take her place. What do you think?"

"That is a wonderful idea, Polly, and I am sure that Janet will appreciate the promotion very much. She will be an asset to you I am sure. Now, the first job will be to call a board meeting of all the directors to formally introduce you. After I have introduced you, you will have the floor to put forward your own proposals as to how you wish to run the company. From that time onwards, it will be very much your job to continue as you see fit."

"Thank you, Bertie, I am looking forward to making you very proud of me. Now, will you make love to me one more time before I have to leave?"

This act will prove to be especially poignant for Polly, on consideration of events as they unfold within the next few days. Afterwards, Polly returns home and shows Daniel the documents that Waverley has had drafted.

"I had no idea that he wanted me to take over so soon, Daniel. It is a daunting task, I have to admit."

"I am sure you will cope very well, Polly."

"After listening to Bertie going over what is to happen, it is just beginning to sink in what is involved. Now I think I will go and have a soak, Daniel. I sometimes think better when I am in the bath." Polly is anxious to have a bath to rid any smells or mess from her lovemaking with Bertie, which again was very intense. Taking care of two men has become something of a strain on Polly, who recalls her conversation with the doctor recently. Despite this, she enjoys making love with Daniel when they retire for the evening. He is still very much the husband that she married, and she never tires of their lovemaking.

On Wednesday morning, they wait to be called to the Old Bailey to listen to the verdicts, and as expected they return just before noon. The courtroom is packed as Polly sits with Daniel, holding tightly onto his hand. The jury foreman announces unanimous verdicts by the jury on all the charges.

"On the charge of conspiracy and conspiracy to commit murder and kidnapping, how do you find Miles Templeton?"

"Guilty on all charges."

"On the charge of conspiracy and conspiracy to commit murder and kidnapping, how do you find Cedric Pershore?"

"Guilty on all charges."

"On the charge of conspiracy and conspiracy to commit murder and kidnapping, how do you find Horace Wetherby?"

"Guilty on all charges."

"On the charge of conspiracy and conspiracy to commit murder and kidnapping, how do you find Colonel Pitt?"

"Guilty on all charges."

"On the charge of conspiracy and conspiracy to commit murder and kidnapping, how do you find Sir Ian Williams?"

"Guilty on all charges."

"On the charge of conspiracy and conspiracy to commit murder and kidnapping, how do you find Godfrey Summers?"

"Guilty on all charges."

"On the charge of conspiracy and conspiracy to commit murder and kidnapping and attempted rape, how do you find Jonathan Miles?"

"Guilty on all charges."

The charges against Lord Barton and Walter Faversham are deferred for consideration and they are bailed to appear before the court at a date to be decided.

They will almost certainly receive custodial sentences, but their mitigated circumstances will it seems be taken into consideration. There is a murmur around the courtroom as the enormity of the charges is considered and the judge begins his conclusions to the court.

"The men in the dock have all been found guilty of conspiracy against Her Majesty's Government and a catalogue of other serious crimes. You can all expect long prison sentences for your actions. This court will send a message to anyone who seeks to destroy our democratic process and it appals violence against individuals especially women and children. Whilst appreciating the comments made by Colonel Pitt and Jonathan Miles, they can have no bearing on my sentencing verdicts, which I will deliver at 10:00am tomorrow morning." And with that, the judge leaves the courtroom. Daniel and Polly tell the waiting reporters that they will give their comments tomorrow after the judge has delivered his sentences to the accused, and they spend the rest of the day at home relaxing and enjoying each other's company. They do not often get free time during the week, so they take full advantage and ask the two agents if they might accompany them for a walk in Richmond Park.

"We won't get too many chances to enjoy a walk over the coming weeks, Daniel. I thought this might be just what we need to clear our heads of all the courtroom stuff. Now, I would like us to go out to dinner with Bertie and the children at the weekend to celebrate everything, what do you think?"

"Yes, I think we will all enjoy that after the last few weeks, Polly, and I'm sure the children will absolutely love being with Bertie. I must admit I had no idea they would take to him so much, especially Susan."

"He does have a genuine affection for them, having no family of his own. And children do relate to older people in a different way to their parents," replies Polly, thinking how she too has been affected by her meeting with Waverley. Her life will never be the same from now onwards, of that she is sure as they stroll around Richmond Park for about an hour, before returning home to wait for the children to come home.

"Mummy, Daddy you are home early again!" shouts Susan as she hugs Daniel. The children always appreciate extra time with their parents who lead such busy lives.

After dinner, Daniel calls Waverley and tells him of the guilty verdicts.

"Will you be along to hear the verdicts, Bertie? We could have some lunch afterwards."

"Thank you, Daniel, I would like that and I'm sure that you have some questions for me?"

"One or two, Bertie, see you in the morning."

And so, on Thursday morning, Daniel and Polly return to the Old Bailey on what will turn out to be the one of the most eventful and distressing days of their lives. They are besieged by the press as they arrive but insist on no questions until after the verdicts have been delivered. Polly has on a blue suit with a cream blouse, looking her very best as always, knowing that she will be watched by the hordes of press. She makes her way into the courtroom and sits between Daniel and Waverley as Judge Meredith Pierce arrives to deliver his verdict.

"The men in the dock have been found guilty on all counts for their crimes. I have been appalled by some of the evidence presented in this case and will be handing out severe sentences to you," he says as he addresses the men.

"Miles Templeton, Cedric Pershore, Horace Wetherby, Sir Ian Williams, Colonel James Pitt and Godfrey Summers you will serve twenty years for conspiracy against Her Majesty's Government and a further ten years for the attempted murder and kidnapping charges.

"Jonathan Miles, you too will serve twenty years for conspiracy against Her Majesty's Government and a further ten years for the attempted murder and kidnapping charges. You will also serve another seven years for the attempted rape charge. All of the sentences will run consecutively. Take them away."

The accused looked shocked at the sentences handed down to them as they are led down to the cells.

"Before I adjourn, may I just ask you to join me in thanking the remarkable courage of Mrs Bottomley in bringing these men to justice? Mrs Bottomley, you are to be commended for your diligence and determination. Your country is very appreciative of what you have done and what you endured in seeing the job done. Thank you, this case is adjourned."

Polly and Daniel leave the courtroom ready to face the press.

"I will see you both outside when you have finished with the press," says Waverley as he goes off unnoticed.

Polly and Daniel meanwhile go outside to answer questions from the press.

"Mrs Bottomley, can you give us your reaction to the sentences?"

"The men got no more than they deserved for their pathetic attempt to take over government of our country."

"And how are you feeling now that it is all over?"

"Relieved, of course, and anxious to get started on my new career. My family and I want to move forward now."

"And you, Mr Bottomley, are you satisfied with the sentences handed down today?"

"As satisfied as one can be after what has happened. I shall never forgive those men for what they did to Polly and to William and I have a long memory."

"May we have a few pictures of you together please before you leave?"

So, after giving their interview to the hordes of press gathered outside, Polly and Daniel move off toward Waverley. He has been standing to one side waiting for an opportunity to meet up with them for their lunch date.

"I expect you are relieved it is all over now, Polly, and you too, Daniel," he says as Polly embraces him.

He must have somehow noticed the weapon shining in the sunlight and pushes Polly to one side as the man fires and he is hit in the chest. He staggers and turns, still trying to shield Polly from the second shot, which hits him in the back, piercing his lung. He reels from this and falls to the ground severely injured and bleeding heavily from his wounds. Daniel responds quickly hitting the assailant twice in the chest, killing him instantly.

"Bertie, Bertie! My God! He's been hit, Daniel! Someone call an ambulance!" screams Polly as she cradles Waverley's head in her lap.

He is bleeding from his chest and Polly can feel blood from his wound in the back seeping through her skirt. She looks at him and fears he may be seriously hurt.

"Are you okay, Polly dear, you are not hit, are you?" Waverley mumbles, barely conscious and obviously in some distress from his injuries.

"Lay still, Bertie. I am unharmed, you took the bullets that were meant for me," she says tearfully as she tries to stem the flow from his chest with her neckerchief. Waverley looks up at her and tries to smile as Polly looks down on him, terrified that she is going to lose him.

"I will go with him, Daniel; will you follow as soon as you are able?" she says as the ambulance arrives.

Waverley is lifted carefully onto a stretcher and then into the ambulance. The officers try desperately to stem the blood flow but it is a hopeless task, he has been severely injured. He asks them if he may have Polly by his side for a moment. He is deathly pale and is beginning to recognise what is happening to him.

"I am here, Bertie, but you must let the officers tend to you," Polly pleads, tears running down her cheeks as she slowly begins to realise what is happening.

"My dear Polly, it's no use, please stay with me, my dear, I love you so much," he says as he clasps her hand tightly before she feels his grip steadily loosening as he passes away.

"I'm sorry, Mrs Bottomley, he's gone, I'm afraid. His wounds were just too severe," the officer comments.

"Polly lies across Waverley's body and sobs uncontrollably. She cannot believe that she has lost for ever the man who has given her so much over the last few months and promised her so much more. When they reach the hospital, the officer has to lift her from him to take his body inside.

"Mrs Bottomley, please it is no use, he has gone. Come along and let us take him inside."

Polly is hysterical and one of the nurses goes to her attempting to calm her before Daniel arrives. Waverley meanwhile is taken down to the morgue.

"He has gone, Daniel, Bertie is dead," she sobs as Daniel arrives and tries desperately to calm her.

He has never seen Polly so distressed and is most concerned for her.

"He gave his life to save me, Daniel. I will never forget him for that. God! I feel so miserable, hold me tight please, just hold me for a while," sobs Polly as she slowly begins to gain her composure.

"Try to relax a little, Polly. Bertie would want you to have the strength to face this. Think about how he would expect you to try and concentrate on the job ahead. That man cared for you very much and now you must take his love for you forward and see that his wishes are carried out do you understand?" says Daniel as he holds Polly in his arms

Polly looks up at Daniel, her eyes red from her sobbing and forces a smile.

"I know what I must do, Daniel, I must see to it that Bertie is never forgotten ever. I must carry out his wishes, just as if he were by my side. Thank you for saying those things, you always know just what to say."

Then, after the preliminaries with the hospital staff and officially identifying the body, Polly tells them she will make the arrangements to have him moved as soon as possible. She travels home with Daniel in a complete daze unable to comprehend what has happened. The last few moments have wiped out part of her life forever, but she knows she must be strong for the children who will be devastated by the news of their 'Uncle Bertie.' But most of all she must stay strong for Bertie. She must now go forward in her new position without him by her side, without his guidance and encouragement.

But she will have his love for her as a constant reminder and that will be enough to help her get over this tragedy that has befallen her and her family.

Chapter 10

The funeral of Bertram Waverley is attended by over 100 people and is a suitably sombre affair. He was a very popular MP and employer and many people want to pay their respects. Although he was not a regular churchgoer, Polly and Janet Baxter had made sure that his local church was available after discussions with the Minister.

Polly leads the mourners and together with Daniel and her children, sits at the front of the church ready to give her eulogy. She had expressed this wish to his Conservative Party Chairman and to Janet Baxter and they agreed it would be most appropriate coming from her. So, after the Minister has said his introductions of welcome and why they are all assembled, he calls on Polly to begin her remembrance of Bertie.

Polly goes to the front of the church and, after placing a single red rose, stands beside Waverley's coffin. Dressed in a black suit and black blouse, she still presents an attractive figure although her face is showing clearly her grief and upset over what has happened. All eyes are on her as she begins the eulogy.

"We are all gathered here on this sad occasion to celebrate the life of dear Bertie, a friend to so many of you, a respected politician and a very special person. Throughout his life you will all have got know him very well. Bertie was the sort of person that you got to know well. He had a larger than life personality and would always listen to his peers, even when he did not agree with them.

As an MP, he was very well-respected and served his constituents with distinction. Many of you, indeed, most you, have known him for much longer than I have, both in his business and his political life. I have known Bertie a short time by comparison, but in that short time, he has become very much a part of my life and that of my family."

Polly looks across at where Daniel is seated with the children who are all crying. The assembled audience in the church listens attentively to this young woman, some of them not sure who she is but curious despite this.

"On that fateful day last week, Bertie gave his life for me to survive and continue his work. He took two bullets that were meant for me, dear selfless Bertie. We are all, I'm sure, still numb with shock at what has happened. To lose this man so tragically, when he had so much more to give will take a long time to recover. But I ask that you all remember him as he was, a kind and gentle man who cared for you all. Thank you."

Polly returns to Daniel, fighting back her tears and sits down.

After the service, she is asked to attend the wake by Waverley's constituency Chairman.

"It's what Bertie would have wished, Mrs Bottomley. He has talked about you a great deal to all of us."

Daniel will take the children home and Polly goes along to the Conservative Party headquarters in Fulham, accompanied by Janet Baxter.

As usual, when Polly enters the room all eyes turn towards her. As always, she manages a smile despite her sadness of the occasion.

"Polly, I believe you may not have met with Paul Boswell, he is the club chairman."

"Hello, Paul, a very sad occasion to be meeting you."

"Indeed, Mrs Bottomley, I am so sorry."

"Please, call me Polly," she replies as she moves into the room.

"Mrs Bottomley, Polly, we were wondering if you might say a few words relating to what happens next. I appreciate how difficult this must be for you and many of us. But we are looking to you for some words of support now. What has happened has thrown us into turmoil and we need you to steady the ship," comments James Peterson, chief executive of Waverley Electronics.

"Very well, James, I will speak with you, give me a few moments."
Polly goes off to find Jane Baxter and Joe Gordon.

"Joe, I have been asked to speak with the company members present, I hope you don't mind they are rather apprehensive about what will happen with the sudden death of Bertie."

"Of course, Polly, you can use the small stage at the far end of the room."

Polly asks Jane to stand just in front of the raised stage and walks up the steps onto the platform.

Joe Gordon asks for the attention of the guests as Polly stands on the small stage.

"Ladies and gentlemen, I apologise for intruding on this sad occasion but I have been asked to have a word with those of you directly involved in Bertie's businesses. Understandably, there will be some uncertainties among you as to what happens next. Within the next few days, Jane will be contacting you to arrange a board meeting of all directors where I will put forward my proposals for moving the company forward. This was what Bertie had suggested I do during our informal talks over the past few weeks. This meeting needs to be arranged as soon as possible so please bear that in mind when Jane makes contact. Short term, very little will change and I will need your help. I do have some ideas for discussion, but can tell all of you that whatever we decide collectively will be with the blessing of Bertie." Polly steps down from the stage to mild applause from the guests.

"I know it is Friday tomorrow, Polly, but I wonder if you might call into headquarters tomorrow. The office is on King Street in Fulham, can we say about 10 'o clock?"

"Certainly, Jane, I wanted to have a word with you anyway."

After about an hour or so, Polly says her goodbyes and returns home to face Richard, Susan and William.

"Mummy, I don't understand why we have lost Uncle Bertie so soon after we found him, it's so unfair."

"It is very unfair, Susan, and now we have to be brave and try and remember Uncle Bertie for what a wonderful person he was to all of us," replies Polly, struggling to keep her emotions under control.

As Richard and Susan leave the room, William asks his mother about her relationship with Waverley.

"You and Uncle Bertie were very fond of each other, weren't you, Mummy?"

"Yes, William, we were, Uncle Bertie was very special to me and I cared for him very much. What I want to do now is to make him proud of me and take care of his business."

"Why do you think he wanted you to do that, Mummy?"

"I know he was very confident that I could do what was asked, but of course it was to be with his guidance to begin with. Now, I shall have to manage without the man who meant so much to me William," Polly replies a little tearfully.

"It was obvious how much you cared for each other by the way you looked at each other when you were together, so I know you must have cared for him very much."

Polly is somewhat taken by surprise by what William has said. Were her feelings for this man so apparent that even her son noticed when they were together?

"As you get older, William, you will understand how much two people can care for each other. I don't mean love each other the way your daddy and I love each other. Ours is a bond which has survived more than twenty years and is as strong as ever. My relationship with Uncle Bertie was one of mutual respect and feelings for each other that could only be expressed because we had so much to offer each other. Uncle Bertie was the only man I had ever known other than Daddy.

"Because my life had been so closely bound with Daddy's, I had no experience with any mature men other than your Grandpa and Uncle Bertie introduced me to a whole new world. What we must do now is make sure we never forget him, and I thank you for allowing me to talk about him to you, William," replies Polly as she hugs her son and reflects for a moment the enormity of her loss and the loss to her family.

The rest of the evening drifts by, Polly eats very little and has a restless night nestled in Daniel's arms.

The next morning, she arrives at the headquarters of Waverley Enterprises to be greeted by Jane Baxter.

"My dear Polly, how are you feeling today?"

"Still numb, Jane, but anxious to get on if only to stop myself from thinking too much about what has happened."

"Well, you will have plenty to occupy yourself over the next few weeks, believe me. Why I called you in today is because of the impact on the business of Bertie's sudden death. It means that so much will have to be moved forward no time for transition. You have a big responsibility going forward, Polly. I am aware of just how much he cared for you and I will respect that and you obviously cared for him despite having a husband and family. I can tell you now, Polly, you brought a light into his life that shone very brightly."

Polly struggles to hold back the tears as she responds to Jane Baxter's comments.

"Thank you, Jane, yes I did care for him very much. Now can I just say something before we proceed? Your position in the company will change as soon as I am formerly announced as Chairman. I want you to be my Executive Secretary with special responsibilities. This will mean that you will sit in with me at all board meetings and will have a vote on all company matters."

Jane Baxter looks at Polly in astonishment. She had wondered what would happen to her with a young woman taking over, but never expected to be elevated to such a high position.

"I am at a loss what to say, Polly," she replies.

"Well, you could say yes you accept," says Polly smiling.

"Well yes, of course, I accept Polly and thank you. But you will still need your own private secretary, won't you?"

"Yes, and I am going to ask a close colleague of mine who held that position five years ago when I was an MP, her name is Rachel Davies. I wonder if you might try and contact her and ask her to meet with me?"

"Yes, of course, now have you heard from Bertie's solicitor?'

"No, I haven't, Jane, why do you ask?" replies Polly puzzled by Jane's mention of a solicitor.

"Well, Bertie's will have to be read as soon as possible so I would guess that you will hear something next week."

Polly returns home in turmoil over what Jane has just mentioned. She had not given a thought to Bertie's estate, wasn't sure what it entailed as she has been too busy thinking about his business and how to run it. However, when she arrives home, there is a letter addressed to her from Bertram Waverley's solicitor asking her to attend a probate hearing and would she bring along her son William.

"Why do they want to see me Mummy, what does it mean?" asks William.

"It means that Bertie has mentioned you in his will, William."

On Monday morning, Polly goes into her office for the last time to say goodbye to Pam and Penny. After Penny has left, she tells Pam of her feelings for Waverley, admitting that they spent the night together when she accompanied him to his company awards dinner.

"You are my best friend, Pam, and I believe I owe you an explanation."

"You don't owe me anything, Polly, but if you want to tell me something then please go ahead."

"It is true that my relationship with Bertie did develop into a physical one. From what started by a forced encounter, we became lovers and I enjoyed the physical relationship so very, very much. As I had told you, I have only ever been with one man, indeed had only ever been embraced by one man in all my life, Daniel. I love my husband and always will and my love for him has never wavered despite my physical relationship with Bertie."

"How did this man become so important to you, Polly?"

"I really don't know. My first liaison was forced by him in return for his giving evidence in my conspiracy trial. He was so gentle and almost embarrassed that he had made such a demand on me and I found myself responding and making love with him a second time! In fact, I did tell Daniel of that encounter, but I did not mention that I had readily made love with him a second time! As always, Daniel was very understanding and it was never mentioned again. Bertie was so very kind and gentle and I began to look forward to our liaisons more and more and, as you may have guessed, I spent the night with him at the Berkswell Hotel when I was his guest."

"Are you sure you did not fall in love with this man, Polly?"

"Absolutely not, Pam, I will only ever love Daniel and our lovemaking, while not so often is still as passionate and fulfilling as it has always been. I think it must have been Bertie's maturity that attracted me to him. This man older than my father brought something into my life that I had never experienced before. And I enjoyed it, Pam; in fact, I couldn't get enough of him. Our lovemaking was passionate and intense and brought a new dimension for me because he was so different to my Daniel."

"And now you are going to run his business for him, you must be very excited."

"At the moment, I am still numb, Pam. It will take me a long time if ever to get over losing him.

Daniel has been very supportive and I will rely on him more than ever to help my emotions recover, but Daniel will be Daniel and look after me I am sure."

"Yes, of that I am very sure, Polly."

"Now, before I go, Pam, I am going to ask Rachel if she will join me as my private secretary. Then, when things have settled down, I am sure that I shall call on your expertise. I will have a wealth of data to analyse from my directors and hope you will be able to help."

"It will be my pleasure, Polly, whenever you are ready and thank you."

On Wednesday, Polly arrives at Bertie's solicitor's office in Fulham accompanied by William.

Also present is the secretary of the Fulham Conservative Association together with representatives of Waverley's preferred charities.

"The will reading will take some time so I propose to read it in two halves. I will outline what has been left to the Conservative Association and to Mr Waverley's preferred charities. And afterwards, I will only require Mrs Bottomley and her son to remain."

When the gratuities to the Conservative Association of one hundred thousand pounds and twenty thousand to each of his two favourite charities have been dealt with, the representatives leave and the solicitor addresses Polly directly.

"Mrs Bottomley, apart from fifty thousand left in trust for William, Susan and Richard and his gold watch and a number of paintings, Mr Waverley has left the whole of his remaining estate including his business portfolio, to you. Mr Waverley was a man of means and wealth Mrs Bottomley and I will briefly outline for you what is involved here."

"As you may be aware from his discussions with you regarding taking over the running of his business, he owns some 100 properties, which are managed by his property company and he has two manufacturing companies making televisions, record players, and washing machines, employing some 250 people, and a further company manufacturing auto component, employing about 100 people. He also has a large portfolio of shares in oil and steel companies, which he has accumulated over many years.

"Without a full inventory, it is difficult to estimate his full wealth, but it would be reasonable to put an estimate more than two million pounds. I will, of course, send you the details when everything has been finalised. Whilst he has his managers and there is a board of directors, The Waverley Corporation had but one sole beneficiary, Bertram Waverley. With his death, you have become his sole beneficiary of his estate Mrs Bottomley. And he has sent an open letter, here is your copy, to all his directors telling them of his decision to leave all his assets together with the control of his business to you. As you know Mr Waverley's business interests are varied and you have indeed inherited an enormous task. His businesses are all very profitable and debt is at a minimum so you will be able to go forward with or without any financial assistance.

"Finally, Mrs Bottomley, he instructed me to give you this letter, it was to be handed to you on the advent of his death. I wish you every success in your new venture and please do not hesitate to make contact if you have any further questions."

Polly leaves his office and drives William to school before returning home in a daze, unable to comprehend what she has heard. She has just become the sole heir to Waverley's estate and the Chairman of his business empire at the same time. She will have to talk with Daniel about what may be involved as soon as he arrives home. In the meantime, Polly goes into the study and opens the letter from Waverley. Inside is a gold

St Christopher with "Bertie" engraved on the back, which she places round her neck, then sits down to read the letter.

My dearest Polly,

If you are reading my letter, it is because sadly you and I will no longer be able to be with each other. You will have been informed of my decisions regarding my estate and been told that you are now in place as the Chairman of my group of companies and sole beneficiary. These last few months with you have given my life real meaning and you have made me very happy. I have grown to love you dearly, Polly, and make no apologies for saying so. You brought so much joy to my life and became so very special to me, not just because of our wonderful physical relationship, but your kindness in taking care of me despite my behaviour towards you when we first met. I ask you now to continue to enjoy your life with Daniel and your beautiful children who also gave me so much joy. You have so much to offer and I know that my company is in good hands. I ask that you go ahead and make me feel proud of your achievements. Good bye, my dear Polly, I will never forget you ever.

Bertie

Polly sits at her desk and sobs uncontrollably before wiping her eyes and going up to her room.

After composing herself, she goes into the kitchen and asks Mrs Browne if she might have an early lunch. She then calls Jane Baxter and tells her she will, be in the office at 2:00 pm.

"I will send your car for you, Polly."

Polly didn't realise that she has a car at her disposal with a driver for all company business.

The car arrives for Polly at 1:15 pm and she arrives at the offices of the Waverley Group just before 2:00 pm. All the staff have been informed of her position and look on with curiosity at this attractive young woman who has become their new boss. As always, Polly is polite smiling at everyone as she goes up to her office where Jane Baxter is waiting.

"Hello, Polly, I really did not expect to see you so soon, how are you feeling."

"Completely confused and overwhelmed by it all Jane, it will take a while to take in what has happened, but I believe the best thing I can do is press on, with your help. Bertie made a specific request that I ask you to help me in any way you can. The new position you have will now be

301

more important than ever. Now, I would like to address the staff as soon as it can be arranged, but first have you been able to locate Rachel for me?"

"Yes, and I have arranged for you to meet with her tomorrow at 10 'o clock, perhaps we could arrange for you to meet with the staff afterwards?"

"Thanks, Jane. Now, where are we with this first board meeting?"

"Subject to your approval, I have selected Friday morning at 10 'o clock. In all, there will be 14 members present together with myself. If Rachel accepts your offer, she will accompany you also. I thought Friday would be a good day with the weekend just around the corner and it gives you time to recover before you arrive back on Monday morning."

"That sounds wonderful, Jane, I can see that you are going to be a hard act for Rachel to follow.

"Now, I wonder if I might ask you to do something for me. I need someone to go and look over Bertie's flat. I would find it very difficult myself, I wondered if you would oblige?"

"I will arrange to have it maintained, Polly, and will go over with one of the staff to see what needs to be done and let you know. You may have to go over at some later date if only to endorse that everything is in order."

"Yes, I understand, but now it really would be too much for me."

Then, after looking over some documents and signing a few internal notes, Polly decides she will go home early and collect the children with Mrs Browne. She knows that she will have very few times to be able to collect them in her future schedule so takes advantage of this free time.

After enjoying the children's company, Polly goes into the study with Daniel to tell him of Waverley's will.

"Apart from his charitable donations and his gift to the Conservative Association, he has left everything to me, Daniel! I am still trying to take in what is happening. He has also left a bequest of 50,000 pounds for the children along with his gold watch for William and some paintings, but otherwise I am his sole beneficiary," says Polly, gripping his hands tightly.

"You were the only person that he cared for, Polly, and the only real person in his life outside of his business, so it is natural that he would want you to have his wealth. He sees you as the one person who can carry his legacy forward, you should be very proud of what he has offered you."

Polly just stares at Daniel with tears running down her cheeks, distraught and dismayed by the events of the past few days. Will she ever be able get over what has happened?

"Perhaps you should have a word with the doctor, Polly; talk with him and see what he has to say. He has always been most helpful."

Polly agrees with Daniel; her doctor has always been able to offer advice to Polly so she calls him and he arrives around 7:00pm.

"Perhaps we should go to your room, Polly. I might want to look at you."

"I just feel so wretched, Doctor, and am having difficulty coming to terms with what has happened," Polly comments when she is with the doctor in her room.

She has gone over briefly the events of the last few days including the shooting of Waverley.

"You could be suffering from delayed shock, Polly, and coupled with the responsibility you have been given and then to hear that you are his beneficiary it has all become too much for your body and mind to absorb. Perhaps I should examine you to check that all his well physically. As I recall when I last saw you I asked you to take a break from physical activity, didn't I?" the Doctor says as Polly removes her clothes and lies on the bed. She is still showing signs of strenuous sexual activity, which the Doctor comments on.

"It really does seem that your body has sent you a message Polly. The physical activity that you have been involved in and then the shock of Mr Waverley's death, plus the enormous task that you have inherited, have become too much to absorb. Can I ask you, Polly, the strenuous sexual activity, did it have any connection to your relationship with Mr Waverley?"

Polly is sitting on the side of her bed in her underwear as she replies tearfully.

"Yes, Doctor, Bertie and I were lovers, passionate lovers. I still love my husband deeply and our lovemaking has never been affected by my relationship with Bertie, but lovemaking with Bertie was very intense and lasted for some time."

"Yes, well, that has contributed to your general wellbeing."

"I will give you something to help you sleep. I know it's no use my telling you to rest since you must have a busy schedule ahead, but pace yourself and delegate Polly and you will be fine. And enjoy your husband

303

from now onwards. You both obviously love each other and long may it be so."

"Thank you so much, Doctor, as always you have been most helpful and thank you for coming around so promptly."

The next morning, after a restless night in Daniel's arms, Polly arrives at her office where Rachel is waiting for her. They greet each other like long lost friends as Polly leads her into her office and introduces her to Jane Baxter.

"Rachel, this is Jane Baxter, she was Bertie's private secretary. Now firstly, how are you?"

"Very well, thank you, Polly, still at the Home Office."

"How would you feel about coming to work with me again as my private secretary?"

"Gosh, Polly! I had no idea you would be offering me a job, I would be delighted to work for you again."

"Well, that's settled, now Jane will make all the arrangements and tell you what is involved. You will have a heavy workload, Rachel, but I know you will be the ideal person for the job. I needed someone that I was familiar with because there really is no time to get to know an outsider. How soon would you be able to start?"

"Well, I have some holiday owing so I could take that and start as soon as you wish."

"Jane, could we take on Rachel from next week?"

"Absolutely, but it would be useful if she could be at the board meeting on Friday. You need to introduce her to everyone as soon as possible."

"I could make myself available Friday, Polly, if that would help."

"That would really be helpful, Rachel. Jane is quite right, we need to introduce you right away. Now, the meeting that Jane has referred to is a meeting on Friday here at 10 'o clock. All of the directors of Bertie's companies will be present."

"Can I just interrupt, Polly, they are your companies now," says Jane Baxter with a smile.

"Yes of course Jane, I will get used to that eventually I suppose. Anyway, Rachel, there will be fourteen directors in all that I will be presenting to and telling them what we need to do with the company to move forward. Now, Jane has an executive position, which will allow her to liaise with all of the companies for me to ensure that my wishes are being carried out and report back to me on any problems.

For now, I suggest that you report back here at 9 'o clock on Friday so that Jane and I can go over what will be transpiring at the board meeting. That's about it for now, oh there is just one more thing, I think we had better refer to me formally when in company, Jane, don't you? The last thing we want is a male dominated board commenting on our familiarity."

"I understand, Polly; a united front will be a good idea," replies Jane Baxter, smiling.

"Okay, ladies. Well, for now I think that's it, Rachel, we will try and have a contract for you by Friday, if not early next week. Jane, you and I will meet up on Thursday to prepare for Friday's meeting.

"Any input you feel is relevant please tell me on Thursday. Now, Rachel, you and I will catch up with an early lunch."

Polly and Rachel go off for an early lunch before Polly again enjoys collecting the children. She spends some time making notes, preparing for the Friday meeting before meeting up again with Jane Baxter on Thursday. She has some very relevant points for discussion and is anxious to go over these a soon as possible.

"I am going to ask for proposals from each board of directors within one month outlining what needs to be done to increase their business. What do they need to move forward with their businesses, more plant, and more machinery, more personnel?"

"Then I will be setting up a working team to explore the possibility of a new manufacturing base for the automotive production in the Midlands. Those will be my main topics of discussion. I then propose to outline the legacy that I want to implement as a lasting memory of Bertie."

"Well, you sound as if you mean business, Polly. I see exciting times ahead and really do look forward to working with you."

Polly leaves the office to return home to spend some time with the family before the most important meeting of her life tomorrow. She is determined to make a lasting impression on the Waverley Group board when she meets with them.

She knows it will be difficult, the board comprises of men who have known Waverley for many years and will be naturally sceptical of the young woman to whom he has handed over total control. Some of them may know of Polly from her time previously as an MP and the publicity surrounding the two trials she was involved with Daniel. But she is under no illusion as to the enormity of the task ahead.

On Friday morning, Polly is up early to take a bath before the children are up. She slept soundly having taken a sleeping draft as prescribed by the doctor. She then spends some time getting ready, wanting to be her very best for her first meeting as Chairman of the Waverley Group.

She wears a white blouse with a scooped neck beneath a dark blue business suit. Around her neck she has on Bertie's St Christopher, and on her lapel, she has the pin presented to her when she received her MBE. Her hair has been meticulously cared for and Daniel is very supportive when she presents herself for his inspection!

"How do I look, Daniel, will I do?"

"You look beautiful Polly and very business-like, now go and dazzle them at your first meeting," he says giving her a hug as she leaves the house and goes to the waiting car. When she arrives at the offices, once again her staff passes admiring glances. She goes up to her office to be greeted by Jane Baxter and Rachel.

"Good morning, Polly, can I just say you look stunning."

"Thank you, Jane, now is everything organised?"

"The room is ready and lunch has been arranged for 12:30pm. We have extended the table to accommodate the number of board members in attendance and there is a board that can be used for presentation notes if need be. I suggest I go up 15 minutes before the meeting is due to start, so that coffee can be served and you arrive with Rachel at 10 'o clock precisely."

"Thank you, Jane, you seem to have thought of everything."

So, at 9:45 am Jane Baxter leaves for the boardroom, while Polly sits down with Rachel having a welcome cup of tea.

"This must be a proud moment for you, Polly, Jane has told me a little about Mr Waverley and how close you were."

"Yes, he was very special man, Rachel, believe me you have no idea. But now he has gone and I have the task of succeeding him. And I am going to make him proud of me. He was indeed a very special person and I am determined to be a success for him. Now let's go and meet the board."

Polly and Rachel enter the boardroom at precisely 10 'o clock to be greeted by warm applause. It is quite some walk from the door to the head of the table and Polly is taken by surprise at the applause. For those members who have not seen her before she presents a very attractive figure, not at all what they were expecting. Rachel takes her seat just behind Polly to her right as Polly remains standing, ready to address the board for the first time.

"Good morning everyone, for those of you who I haven't met before, my name is Polly Bottomley and this is Rachel, my private secretary. Now, you will all recall that Jane was previously personal secretary to Bertie, well I have given Jane the new position of Executive Company Secretary, and she will now have a vote on the board.

"Now, I asked Jane to call this meeting as soon as possible so that we could get to know each other and I could outline my immediate plans for the company, for all of us in fact. This is a joint venture, that is what Bertie would have wanted. Before I begin telling you of my proposals, I would like each one of you to know that I intend to be a working chairman. Together with Jane, I want to be involved with what is happening. Please do not think that means that I will want to run your businesses for you far from it. But I will want to be kept in touch through our regular monthly board meetings."

"Bertie gave us a free reign for the most part Mrs Bottomley. I hope you are not going to stop us from doing our jobs?" asks James Peterson.

"On the contrary, James. One of my reasons for calling this meeting was to put forward specific proposals to you about your businesses. When we have concluded here today, I want you all to return and determine what is needed to push your business forward over the next 12-month period. I want to hear those proposals within one month, ladies and gentlemen, at our next board meeting in fact. Talk with your managers and find out what is needed to increase their business, is it plant, machinery or labour or anything else.

"Also, throughout the month I shall be liaising with you, through Jane to get your input regarding a new manufacturing base in the Midlands. I shall need a working party of three of you to join Jane and myself to explore site selection, costings and time frames for the site to be operational. Bertie was very excited about this venture and I am anxious to get something moving as soon as circumstances will permit."

"Will this mean be closing my operation, Mrs Bottomley?" asks a worried George Watts.

"We will not be closing down any plant George, you have my word on that. Your plant is responsible for supplying many businesses in the south and they rely heavily on you for components. The new plant in the Midlands will be looking to serve the car plants in Birmingham and Coventry. They have a huge customer base and will operate entirely separate from Waverley Manufacturing, George. You are an old and trusted friend of Bertie's and I have no intention of closing down the plant that you have run so successfully for many years."

"Thank you, Mrs Bottomley, I appreciate that."

"Mrs Bottomley, do you have any specific plans regarding the property portfolio?" asks Rosalind Makepeace.

"I believe that as the country becomes more prosperous more people will want to buy their own houses. In the meantime, there are not enough available so renting is the only option. So, you need to watch the market Rosalind. It could take off in the next five years and in the Southeast, we do have a lot of people looking for somewhere to live. You can never have enough properties on the books and perhaps you should look at commercial properties also."

The board members seem impressed with how Polly has taken to her task and Janet Baxter makes the comment.

"I think we all agree that Mrs Bottomley seems to have applied herself to the task very quickly. I know I am going to enjoy working with her."

"Thank you, Jane, now do you have any more questions now?"

"I think you have covered the obvious questions Mrs Bottomley we thank you for being so direct."

"My pleasure, George, now please help yourself to coffee before I proceed."

The board members get themselves coffee while Rachel gets Polly a cup of her preferred tea. When everyone has settled Polly continues, pausing for a moment before proceeding.

"The second part of this morning I want to devote to telling you my plans to put in place a series of awards to celebrate the memory of Bertie. I am sure you will all have your own ideas regarding our relationship, he was a dear man and I cared for him very much and that is why I have decided to introduce these awards. I will set up a trust fund to celebrate his memory. It will be financed from the estate, of which I am the sole beneficiary and used to pay for two bursary scholarships at the Royal College of Art to embrace the period of social change that is taking place.

"I will chair the board of the College to help with the choice of who will benefit from the bursaries. Secondly, a further award for the most promising entrepreneur in industry will be introduced. This will be someone who has shown outstanding ability in his or her workplace and will be in the form of a grant to purchase whatever they need to improve their work environment.

"And, finally, the estate will sponsor a competition for schools in the London Boroughs to promote sporting excellence. This will be a trophy and 3000 pounds to be spent on sporting equipment. These awards will be our legacy to the memory of Bertie."

Over lunch, Polly is approached by several members commenting on what has transpired during the morning.

"Mrs Bottomley, I should very much like to put my hat into the ring to be a member of your working party to look at a new site consideration."

"Thank you, George, would you mention it to Rachel please?"

"I enjoyed your comments Mrs Bottomley and look forward to putting forward my ideas for expansion at Waverley Electronics. For some time now, I have wanted to put an expansion programme in place," comments James Peterson.

"Thank you, James. I look forward to hearing your ideas at our next meeting."

"You seem to have attracted a good deal of attention with your ideas and suggestions, Polly, I cannot recall a board meeting showing so much interest in events."

"Thank you, Jane, now let's get back and finish up for the day."

Everyone returns to the boardroom and Polly stands to address the board for the closing stages of the meeting. As she is about to begin, George Walters asks if he may say a word.

"Before you begin your closing comments, Mrs Bottomley, I would like to say a few words if I may. I speak for all the members when I congratulate you on your suggestions for the company. There is much that can be done to increase our profits and our share of the markets. I know this is something that Bertie would have been delighted to hear. If I can be plain speaking, I along with some of my colleagues were very sceptical of your appointment. We didn't know you having met you only once at the company dinner and were astonished that Bertie would hand over charge of his company to someone so young. Your performance today has shown us just how mistaken we were. Bertie obviously knew you very well and we congratulate him on his choice."

"Thank you, George, I do appreciate that. Now let me continue with what I am proposing in my early days as your chairman. I intend to pay visits to all your sites as soon as time permits. I want my visits to be constructive, not just me waving the flag. I feel sure that only by seeing how our business works can I be a good chairman. I want to be informed of what is going on so that I can converse at your level. Now that does

309

not mean I want to tell you how to do your jobs. I do not want to interfere with how you operate. But sometimes, an outsider looking in can give a different perspective, and I hope that will stand us in good stead. Bertie's death has left a huge hole in my life.

"Apart from my husband Daniel, he is the only man I have ever had any kind of relationship with outside of my family. His kindness and maturity have been a great help to me over recent weeks in my fight against those that sought to topple our government. As a person, he was indeed very special. As a man, he brought something into my life that was so different to anything that had happened before. When he first mentioned to me his intention that he was to make me Chairman of his company, I was overwhelmed. Whilst I have a good deal of worldly experience, I have no knowledge of running a business. And yet, Bertie saw something in me that convinced him I was the right person to move his business forward. I do not intend to let him down and I know you don't either. I will never ever forget him and ask you to help me honour his legacy."

The End